APRENDER DESDE O SUL

NOVAS CONSTITUCIONALIDADES, PLURALISMO JURÍDICO E PLURINACIONALIDADE APRENDENDO DESDE O SUL

CÉSAR AUGUSTO BALDI

Coordenador

Prefácio
Oscar Correas

APRENDER DESDE O SUL

NOVAS CONSTITUCIONALIDADES, PLURALISMO JURÍDICO E PLURINACIONALIDADE APRENDENDO DESDE O SUL

Belo Horizonte

EDITORA Fórum

2015

© 2015 Editora Fórum Ltda.

É proibida a reprodução total ou parcial desta obra, por qualquer meio eletrônico, inclusive por processos xerográficos, sem autorização expressa do Editor.

Conselho Editorial

Adilson Abreu Dallari	Flávio Henrique Unes Pereira
Alécia Paolucci Nogueira Bicalho	Floriano de Azevedo Marques Neto
Alexandre Coutinho Pagliarini	Gustavo Justino de Oliveira
André Ramos Tavares	Inês Virgínia Prado Soares
Carlos Ayres Britto	Jorge Ulisses Jacoby Fernandes
Carlos Mário da Silva Velloso	Juarez Freitas
Cármen Lúcia Antunes Rocha	Luciano Ferraz
Cesar Augusto Guimarães Pereira	Lúcio Delfino
Clovis Beznos	Marcia Carla Pereira Ribeiro
Cristiana Fortini	Márcio Cammarosano
Dinorá Adelaide Musetti Grotti	Marcos Ehrhardt Jr.
Diogo de Figueiredo Moreira Neto	Maria Sylvia Zanella Di Pietro
Egon Bockmann Moreira	Ney José de Freitas
Emerson Gabardo	Oswaldo Othon de Pontes Saraiva Filho
Fabrício Motta	Paulo Modesto
Fernando Rossi	Romeu Felipe Bacellar Filho
	Sérgio Guerra

Luís Cláudio Rodrigues Ferreira
Presidente e Editor

Coordenação editorial: Leonardo Eustáquio Siqueira Araújo
Preparação de originais: Equipe Fórum

Av. Afonso Pena, 2770 – 16º andar – Funcionários – CEP 30130-007
Belo Horizonte – Minas Gerais – Tel.: (31) 2121.4900 / 2121.4949
www.editoraforum.com.br – editoraforum@editoraforum.com.br

C425a	Baldi, César Augusto.
	Aprender desde o Sul: Novas constitucionalidades, pluralismo jurídico e plurinacionalidade. Aprendendo desde o Sul. / Coordenação: César Augusto Baldi – 1 ed. – Belo Horizonte: Fórum, 2015.
	507p.
	ISBN 978-85-450-0054-9
	1. Direito Constitucional 2. Pluralismo Jurídico.
	I. Título. II. Baldi, César Augusto.
	CDD: 342
	CDU: 342

Informação bibliográfica deste livro, conforme a NBR 6023:2002 da Associação Brasileira de Normas Técnicas (ABNT):
BALDI, César Augusto (Coord.). *Aprender desde o Sul*: Novas constitucionalidades, pluralismo jurídico e plurinacionalidade. Aprendendo desde o Sul. 1. ed. Belo Horizonte: Fórum, 2015. 507p.

Para Rita Laura Segato, por sua imensa contribuição na discussão do pluralismo jurídico, das questões indígenas e da colonialidade do poder e como um pequeno gesto de gratidão pelos laços de amizade firmados nestes anos.

Lo que sucede es que el mundo está siempre grávido de inmensidad. Y los hombres, moradores de infinitos, no tienen ojos para medirlo. Sus sueños van por delante de sus pasos. Los hombres nacieron para desobedecer mapas y desinventar brújulas. Su vocación es desordenar paisajes. (...) los vivos se esfuerzan como anarquitectos.

(COUTO, Mia. La muerte nacida del guarda-carreteras. *In: Ángeles borrachos*. Santiago: LOM, 2005, p. 141).

SUMÁRIO

UN PRÓLOGO — NUEVAS CONSTITUCIONES
Oscar Correas 17

A TÍTULO DE APRESENTAÇÃO DO PLANO DA COLETÂNEA
César Augusto Baldi 21

TOMO I

NOVAS CONSTITUCIONALIDADES, PLURALISMO JURÍDICO E
PLURINACIONALIDADE — APRENDENDO DESDE O SUL
César Augusto Baldi 27

PARTE I

HÁ UM NOVO CONSTITUCIONALISMO
LATINO-AMERICANO?

PLURALISMO JURÍDICO Y JURISDICCIÓN INDÍGENA EN EL
HORIZONTE DEL CONSTITUCIONALISMO PLURALISTA
Raquel Z. Yrigoyen Fajardo 35

Introducción 35
Antecedentes históricos 36
El Hecho Colonial 36
El Monismo Jurídico del s. XIX 36
El Constitucionalismo social integracionista del s. XX 37
El constitucionalismo pluralista de finales del s. XX 37
III. Ciclos del Horizonte del Constitucionalismo Pluralista 37
El ciclo del constitucionalismo multiculturalista (1982-1988) 37
El ciclo del Constitucionalismo Pluricultural (1989-2005) 38
Sobre el pluralismo jurídico 40
La demanda indígena 40
El desarrollo del derecho internacional 40
El multiculturalismo 41
Las reformas de la justicia 41
El fundamento 42
Contenidos del reconocimiento 42
La "excepcionalidad" 45
El límite del reconocimiento 45
Cómo resolver conflictos de interlegalidad y posibles vulneraciones de
derechos humanos 46
El Ciclo del Constitucionalismo Plurinacional (2006-2009) 46
Sobre el pluralismo jurídico 47
Contenidos 50
El derecho al propio derecho o el sistema jurídico indígena, a sus normas y
procedimientos propios, costumbres, usos, etc. Este derecho aparece:
Competencias/ Alcance 51

Control constitucional...53
Retos 53
Bibliografía 56

EL NUEVO CONSTITUCIONALISMO LATINOAMERICANO: PROMESAS E INTERROGANTES

Roberto Gargarella, Christian Courtis...59
Introducción 59
I.   La pregunta que la Constitución viene a responder 60
II. Política constituyente y política ordinaria 62
III. La filosofía pública y la Constitución 67
IV. Los "transplantes" constitucionales..69
V.   Sobre las relaciones entre las partes dogmática y orgánica de la Constitución 73
VI. Las largas listas de derechos y las "cláusulas dormidas"............................75
VII. Neutralidad, *status quo*, neutralidad del *status quo*...................................78
VIII. Las condiciones materiales del constitucionalismo.....................................82
Bibliografía 84

O IMPACTO DO NOVO CONSTITUCIONALISMO: OS EFEITOS DOS CASOS SOBRE OS DIREITOS SOCIAIS NA AMÉRICA LATINA

César Rodríguez Garavito 87
1   Introdução: sobre os estudos de impacto judicial.......................................87
2   O ponto cego no debate sobre a justiciabilidade dos direitos econômicos e sociais: os efeitos das decisões judiciais 92
2.1 Os efeitos das decisões sobre DESC: um marco analítico............................92
2.2 Os efeitos das sentenças sobre DESC: o caso da sentença T-025 96
Efeito de desbloqueio..97
Efeito de coordenação...98
Efeito de política pública 98
Efeito participativo 99
Efeito setorial...99
Efeito de enquadramento 101
3   Consequências judiciais e ativismo dialógico 101
3.1 Uma defesa empírica do ativismo dialógico 101
3.2 O funcionamento do ativismo dialógico...103
4   Conclusão...108

ESTADO PLURINACIONAL — APROXIMAÇÃO A UM NOVO PARADIGMA CONSTITUCIONAL AMERICANO

Bartolomé Clavero...111
Novidade do Estado Plurinacional na América Latina................................111
Plurinacionalidade, Natureza, Pachakuti...113
Constitucionalismo e Povos Indígenas no Equador, Bolívia e Venezuela 116
Sumak Kawsay: Uma nova antropologia dos direitos.................................121
Direitos constituintes e inércia dos poderes constitucionais.......................125
O paradigma constitucional entre Estado bolivariano e Estado plurinacional............128

PRINCIPALES INNOVACIONES EN LA CONSTITUCIÓN DE ECUADOR DE 2008

Agustín Grijalva..133
Rol del Estado en la economía 133

Derechos y garantías 135
Plurinacionalidad 136
Nuevas funciones: participación y función electoral 138
Organización territorial 139

LA UTOPIA ANDINA
Ramiro Avila Santamaría...141
Introducción 141
I   La Topía 142
II La utopía 149
III La utopía occidental 151
1   Las utopías ibéricas 151
2   Las utopías liberales 153
3   Las utopías del desarrollo, progreso y orden 154
4   El socialismo utópico 155
5   Las utopías constitucionales y de los derechos humanos 156
IV La utopia andina 157
1   La Pachamama, el Sumak Kawsay y la filosofía andina 159
(1) La relacionalidad 159
(2) La correspondencia 160
(3) La complementariedad 161
(4) El principio de reciprocidad 162
2   La plurinacionalidad 165
3   La interculturalidad 171
V   Reflexiones finales 174
Bibliografía 176

LA REFUNDACIÓN DEL ESTADO Y LOS FALSOS POSITIVOS
Boaventura de Sousa Santos 179
1   El Estado-comunidad-ilusoria 179
2   La refundación de Estado: las venas cerradas 180
a) El constitucionalismo transformador 182
b) El Estado plurinacional 189
c) Proyecto de país 190
d) Nueva institucionalidad 192
e) El pluralismo jurídico 195
f) La nueva territorialidad 198
g) Nueva organización del Estado y nuevas formas de planificación.......199
h) La democracia intercultural 202
i) ¿Otro mestizaje es posible? El mestizaje poscolonial emergente........204
j) Las mujeres y la refundación del Estado...206
k) La educación para la democracia intercultural y la refundación del Estado a partir
    de la epistemología del Sur 209
l) El Estado experimental 210
Bibliografía 211

CONSTITUCIONALISMO Y DESCOLONIZACIÓN: APORTES AL NUEVO CONSTITUCIONALISMO LATINOAMERICANO
Idón Moisés Chivi Vargas 215
Introducción 215
1   Constitucionalismo: los márgenes del colonialismo liberal 215

2 Constitucionalismo y descolonización: El saber jurídico plurinacional.........................220
Bibliografía general 224

CONSTITUCIONALISMO ASPIRACIONAL: DERECHO, DEMOCRACIA Y CAMBIO SOCIAL EN AMÉRICA LATINA

Mauricio García Villegas...227
Introducción 227
El constitucionalismo aspiracional y sus criticos 231
A Caracterización 231
B Los críticos 232
C La crítica a los críticos 235
I La constitucion aspiracional en la tension entre democracia y derechos.....................237
II Comentarios finales...243
Bibliografia...244

PARTE II
REVISITANDO O PLURALISMO JURÍDICO

CONSTITUCIONALISMO E PLURALISMO NA TRAJETÓRIA DO DIREITO BRASILEIRO

Antonio Carlos Wolkmer...253
1 Introdução..253
2 Evolução sociopolítica do constitucionalismo no Brasil 255
3 Conclusão: sobre o Novo Constitucionalismo Latino-Americano 259
Referências 261

HACIA UN PLURALISMO JURÍDICO FORMAL DE TIPO IGUALITARIO

André J Hoekema...263
1 Modernidad y derecho indígena..263
2 Los conceptos sociales de derecho indígena, pluralismo jurídico y autonomía 266
Desprecio terminológico del derecho indígena 267
Concepto social de derecho..267
Pluralismo jurídico 269
Pluralismo jurídico social 269
Pluralismo jurídico formal "unitario" 269

Pluralismo jurídico formal "igualitario" 270
Reglas y procedimientos legales federales...270
El concepto de autonomía 271
Tres conceptos de autonomía política 273
La autonomía política propia, o genuina 273
La autonomía política pública y étnica..273
Autonomía étnica: sistema de pluralismo jurídico formal igualitaria 274
3 Reconocimiento de "derecho penal" y poder jurisdiccional y su concertación con el derecho nacional..275
¿Qué tipo de Corte?...281
4 "Derecho civil", tenencia de tierra y recursos comunal, en el orden legal nacional 281

Derecho civil indígena 282
La (no)convivencia entre sistemas de disposición de bienes 284
5 "Derecho administrativo", formas de participar en las políticas nacionales 287
Observación final 289
Bibliografía 289

LA OFICIALIZACIÓN DE LO NO OFICIAL: ¿(RE)ENCUENTRO DE DOS MUNDOS?

Willem Assies 293
Introducción 293
El campo plural 295
Hacia una delimitación operacional de los subcampos 296
La (re)configuración de los campos 299
La pluralidad de los públicos 305
Recapitulación y perspectivas 307
Bibliografía 308

O EL PLURALISMO JURÍDICO DE TIPO IGUALITARIO NACE CRECE SE REPRODUCE O MUERE — EL CASO COLOMBIANO

Esther Sánchez Botero 313
El valor de la cultura propia 317
Cambios a los límites a la jurisdicción especial 322
Prepararse para conceptuar 324
Bibliografía 326

¡QUÉ TAL PLURALISMO JURÍDICO BOLIVIANO!

Marcelo Fernández Osco 327
Introducción 327
Perspectivas de pluralismo jurídico 328
Pluralismo jurídico en la historia de los pueblos indígenas 329
Pluralismo jurídico según "Pontifical Mundo" de Wamán Puma de Ayala 332
Pluralismo jurídico según el "Altar de Coricancha" 336
La cara oscura de la ley de deslinde jurisdiccional 338
En los hechos 339
Bibliografía 341

INTERCULTURALIDAD CRÍTICA Y PLURALISMO JURÍDICO: REFLEXIONES EN TORNO A BRASIL Y ECUADOR

Catherine Walsh 343
I Hacia una comprensión de la problemática y proyecto político de la interculturalidad 345
Las perspectivas y proyectos dispares de la interculturalidad critica y la interculturalidad funcional 346
II Los avances y las limitaciones del pluralismo jurídico 349
III La interculturalidad crítica jurídica, y la interpretación y construcción jurídica intercultural 353
A modo de cerrar 356
Referencias 356

PARTE III

DEMOCRACIA DE ALTA INTENSIDADE E DESAFIOS DA PLURINACIONALIDADE

CONSTITUIÇÃO X DEMOCRACIA. A ALTERNATIVA PLURINACIONAL BOLIVIANA

José Luiz Quadros de Magalhães...361
    Introdução...361
1   O constitucionalismo liberal e a conquista do voto igualitário. 364
2   Democracia "versus" constituição 367
3   Os problemas da democracia majoritária 369
4   Conclusão: A democracia consensual plural do novo constitucionalismo
    latino-americano...371
    Referências 372

POTENCIA SOCIAL Y PODER EN BOLIVIA: EN DEFENSA DEL PROCESO CONSTITUYENTE

Raúl Prada Alcoreza...375
    Lucha de clases y guerra anticolonial..379
    Modernidad y colonialidad 383
    Estado y comunidad...389
    La cuestión estatal en la Constitución 390
    Conclusiones..393

DEMOCRACIA PLURAL: SISTEMA DE GOBIERNO DEL ESTADO PLURINACIONAL DE BOLIVIA 395

Fernando L. García Yapur..395
1   La democracia en la CPE: análisis conceptual...397
2   Continuidades y/o "hegemonía incompleta" 406
    Bibliografía..410

LA CONSTITUCIÓN DE CÁDIZ O LA ANTIMATERIA DE LA DEMOCRACIA LATINOAMERICANA

Ricardo Sanín Restrepo...413
1   Presentación y planteamiento del problema 413
2   Atravesando las paradojas gaditanas..414
3   Reconstrucción del mito de la Constitución histórica....................................415
4   Las Cortes de Cádiz ¿Profeta o mesías? El advenimiento de la nación.......416
5   La Nación como evento de la modernidad y proyecto de exclusión 418
6   Las partículas indivisibles del colonialismo y la colonialidad.......................421
7   La independencia en América Latina: del colonialismo a la colonialidad.....422

ESTADO-NACIÓN Y ESTADO PLURINACIONAL: O CUANDO LO MISMO NO ES IGUAL

Fernando Garcés V...427
    Estado..428
    Nación...429
    Estado-nación...429
    Estado plurinacional...430
    Estado plurinacional en Bolivia...431

Estado Plurinacional y problemática territorial 439
Territorios en disputa: el caso del TIPNIS...441
Referencias...446

PLURINACIONALIDAD Y DESCOLONIZACIÓN: LOS CAMINOS DE LA INDIANIDAD
Carlos Mamani Condori 451
La propuesta política india 453
El espejo de la memoria 457
Reconstitución y Estado Plurinacional 458
Los retos de la implementación del Estado Plurinacional...................................459

CIUDADANÍAS INTENSAS. ALCANCES DE LA REFUNDACIÓN DEMOCRÁTICA EN LAS CONSTITUCIONES DE ECUADOR Y BOLIVIA
Marco Aparicio Wilhelmi 461
1   Introducción 461
1.1 El Estado, en cuestión 461
1.2 "No nos representan" 461
1.3 Memorias del sub-desarrollo (primermundista) 462
2   Ciudadanías *intensas*. Las ciudadanías social, cultural y ambiental 463
2.1 Derechos "políticos" y ciudadanías: más allá de la perspectiva liberal 463
2.2 Las dimensiones antipatriarcal y cosmopolita de la ciudadanía...................465
3   Alcances de la refundación democrática en Ecuador y Bolivia 468
3.1 Democracia, derechos y participación: los pueblos indígenas y el Estado 468
3.2 Derechos de participación y participación a través de derechos: la intensificación
     de la ciudadanía en Ecuador y Bolivia 470
4   Ciudadanía cultural: pueblos indígenas y refundación democrática............472
4.1 La igualdad entre culturas como presupuesto y como horizonte.................472
4.2 Hacia un nuevo paradigma: democracia plurinacional y descolonización en
     Bolivia...474
     Bibliografía citada..478

CONSIDERACIONES SOBRE EL ESTADO PLURINACIONAL
Luis Tapia 481
I   La configuración del horizonte plurinacional 481
II   El estado plurinacional imaginado por las organizaciones indígenas y campesinas...486
III   La plurinacionalidad en la nueva constitución política de Bolivia 490
IV   El estado plurinacional en la historia de la teoría política y la construcción de los
     estados modernos 490
V   Análisis del tipo de plurinacionalidad en la nueva constitución y la segunda fase
     de legislación..494
VI   Sugerencias sobre la implementación de la constitución y el proceso de desarrollo
     de un estado plurinacional en Bolivia 497

SOBRE OS AUTORES...503

UN PRÓLOGO
NUEVAS CONSTITUCIONES

El Derecho Constitucional latinoamericano, en pocos años, y sin permiso de los juristas de los países "centrales" o "grandes" democracias, ha llamado la atención de propios y extraños. De propios, como no podía ser de otra manera: jóvenes juristas, con premeditada ausencia de los pensadores jurídicos "clásicos", se encuentran frente a nuevas constituciones que la doctrina tradicional aún se niega a reconocer como fenómenos sociales novedosos y complejos. Y de extraños, extrañados porque en NuestraAmérica de pronto existen cosas nuevas, como ideas nuevas, que se salen de los moldes euronorteamericanos. Es la suerte de cualquier cosa, humana, animal, vegetal, o mineral, que tenga la osadía de apuntar hacia cambios, aunque sean mínimos. Tan pronto hay novedades, el gobierno yanqui comienza a mostrar su "preocupación" por el arribo de "conductas antidemocráticas" de gobiernos nacionalistas en tránsito aún no sabe a qué. Se reanudan los ataques a Cuba y se confirma el colonialismo inglés en las Malvinas y el norteamericano en Puerto Rico. E inmediatamente sus comparsas y corifeos —de derecha y de "izquierda"— de las plutocracias europeas se montan en el mismo discurso.

Pero ahora algunas cosas les salieron mal. En abril de 2012, la reunión de la OEA en Cartagena vivió una auténtica rebelión latinoamericana: el primer presidente de color, por eso supuestamente progresista, se fue a su blanca casa sabiendo que no podía imponer una declaración unánime sin previamente levantar el veto a Cuba. También se enteró de que algunas bases fuertes de la economía están en peligro de ser nacionalizadas. Y, como es un jurista de Harvard, seguramente sabe que del Sur soplan vientos frescos constitucionales.

Y seguirán saliéndoles cosas mal.

Constituciones novedosas no son totalmente novedosas en NuestraAmérica. En 1917, como hito de un proceso violento y contradictorio, en México sucedió un evento constitucional que sigue en pie pesar de muchos retrocesos. Nicaragua también estrenó constitución en los últimos setenta del siglo XX, como resultado de un proceso revolucionario. Cuba también, y con una de las propuestas menos comentada: la desaparición de los partidos políticos, justamente desprestigiados en todo el mundo. Hitos menores, Colombia y Brasil; oportunidades perdidas.

Pero en los últimos años, tres países, como resultado de procesos sociales incontenibles para el imperialismo y sus aliados locales, han conseguido darle nombre a sendos procesos normativos. Son Venezuela, Ecuador y Bolivia. *Nuevo constitucionalismo latinoamericano* se ha dado en llamar este movimiento que ha confluido en tres constituciones novedosas.

Las interrogantes son muchas. Más que las respuestas. Y ya hay abundante bibliografía. Y habrá más. Intelectuales de norte y sur, de español y portugués, de Tierra Firme y el Caribe, y hasta del otro lado del mar, se interesan cada día más por unos procesos sociales que van mostrando que el capitalismo es una vía muerta con topes en cualquier curva sin señales. Y van mostrando que las constituciones, el derecho y la ideología burguesa no son el fin del camino como se nos enseñó en la escuela y la facultad de leyes. Después de todo, los constituyentes norteamericanos eran propietarios de esclavos, los ingleses eran piratas y la *liberté* era la de Napoleón. Signo bien distinto tiene el nuevo constitucionalismo de NuestraAmérica.

Algunas enseñanzas nos proporciona este proceso en proceso. En América Latina, a la sombra de la victoria cubana, creció la idea de que la solución era la toma del poder por medio de las armas —guerrilleras, no de ejércitos formales—, con lo cual la cuestión del derecho se alejaba hacia el momento posterior al final: una nueva constitución era una cosa francamente apresurada; el asunto era ganar la guerra.

Fuese urbana o rural, la estrategia guerrillera fue derrotada y la gesta del comandante Guevara fue el hito más doloroso. Argentina, Brasil, Chile, ejemplos de guerra urbana, Bolivia, Perú, Venezuela, Guatemala, El Salvador, guerra rural, son historias que aún tenemos que contar los latinoamericanos. Y hay un par de historias que no se dejan contar fácilmente, que son las de Colombia, cincuenta años de guerra sin definición, y Nicaragua con triunfos todavía en peligro. Aún debe escribirse esta historia. Lo que sucede es que no ha habido tiempo suficiente para que se seque la sangre.

La constitución, y el derecho en general, fue un asunto para "después del triunfo". Y lo que vemos en las nuevas constituciones es otra cosa. Se trata de actores que han aceptado que la nueva carta magna es un instrumento de construcción de cosas nuevas. La constitución no va después sino antes. El derecho, la efectividad del nuevo derecho, es visto como la herramienta normativa imprescindible para lograr el triunfo de los procesos de cambio.

Y esto llama al recuerdo de la idea marxiana, de que nada cambia antes de que se hayan desarrollado en plenitud las contradicciones en el seno de lo viejo. Y de que la explicación de todo está en las relaciones sociales, "sobre las cuales *se levanta*" la superestructura jurídico-política. Pues bien, los fundamentos jurídicos, hoy, se han levantado casi sin que se haya hecho mella en la formación capitalista.

Esto no quiere decir que estas constituciones sean socialistas. Aún si los venezolanos dicen que avanzan imparablemente hacia allá. Pero el nuevo derecho algo tiene de nuevo si preocupa a los oscuros intereses de la casa pintada de blanco. En realidad, todo está por verse.

Con un componente indígena indudable y fuerte en Ecuador y Bolivia —mucho menor en Venezuela—, el nuevo derecho ha incorporado indelebles tintes claramente no capitalistas. Principalmente, la presencia de la *comunidad*. Claramente precapitalista, en franca, y ahora apoyada, resistencia a las formas mercantiles.

No es que la comunidad agraria sea desconocida para el constitucionalismo latinoamericano. En el México de inmediatamente después del término de la guerra civil, las tierras comunales fueron reconocidas y defendidas. Y si bien la lucha continuó, con claros avances del capitalismo agrario, la comunidad indígena se mantiene. A veces en franca resistencia, a veces en claro retroceso. Y allí donde la no propiedad de la tierra y el autoconsumo pierden terreno, las formas ideológicas, con los idiomas por delante, pueden mantenerse. Los indígenas siguen considerándose distintos y presentes. Y sus mecanismos ideológicos de pertenencia a la otredad, se conservan aún si la comuna está en retroceso.

Lo anterior también sucede en Ecuador y Bolivia: la comunidad no es la única forma indígena; pero se mantiene. A cambio, buena parte del mundo indígena transcurre en pueblos y ciudades, con formas mercantiles desarrolladas. La variedad es la regla. Totalmente a contrapelo de lo avizorado por el pensamiento revolucionario europeo —cuando lo era— pensamiento que sólo tenía al obrero fabril como fuerza de trasformación social. La variedad indígena es tal tanto frente al capitalismo, como dentro de ella. Y aquí hay que tener en cuenta que, dentro de su variedad, la presencia indígena se hace sentir como otras formas no capitalistas, como es el caso de zonas tropicales y selváticas importantes.

El reto del nuevo derecho trasciende la mirada tradicional del viejo pensamiento revolucionario.

El nuevo derecho apuesta a formas de participación ciudadana que a veces llega a ser de franco cuño radical, esto es, de democracia directa. Y no es que esto sea desconocido por el liberalismo más consecuente, sino que más bien, ahora, aparece en intentos de derecho positivo.

La Filosofía Política de siempre nos ha enseñado a ver la presencia de la democracia directa y popular, por ejemplo en Rousseau. Pensadores radicales han preconizado esta clase de gobierno, que, nacida su idea en tiempos de la burguesía revolucionaria, fue luego retaceada por la misma burguesía, pero ya a cargo del poder. Lo que ahora vemos son intentos de regresar al pensamiento que proponía estas formas desarrolladas de participación popular. Y la suerte está echada. Ahora hay que ver cómo esas formas democráticas radicalizan este nuevo derecho en estado de tinta fresca.

Asistimos a una inflación de nuevos derechos. Una gran cantidad de aspiraciones populares han encontrado su forma jurídica. Derechos que son aspiraciones a la vida buena, y que son negados sistemáticamente por los estados plutocráticos, los centrales y los autóctonos. Por algunos años pareció que las arcas llenas —piénsese en Francia o Alemania— se gastarían en mejorar siempre el estado del bienestar. Pero la crisis ha mostrado que no; que el paraíso ofrecido por las clases dominantes no era tal. O era tal, pero de poca duración. Todos los derechos euronorteamericanos se están viniendo abajo. Y vemos manifestaciones populares —mírese a España— que no terminan por descubrir que es el capitalismo el que no funciona, el que niega los derechos, el que achica los salarios y agranda el desempleo. Y es en tal contexto que el nuevo derecho es propuesto como defensa de los nuevos derechos —viejas aspiraciones. La tarea no es fácil.

El nuevo derecho es prudente. Mucho. No propone la expropiación revolucionaria de nada. Solamente los ya conocidos instrumentos jurídicos de la nacionalización mediante expropiación argumentada y pagada.

Pero los fondos revolucionarios son limitados, y algunos países no disponen de ellos o no en la misma cantidad. El desarrollo del proceso mostrará si las nuevas constituciones tienen la virtud de organizar a los pueblos de manera que puedan resistir las brutales presiones que harán los estados ricos —algunos cada vez menos— en contra de los habitantes del nuevo derecho. Esa agresión, que debe esperarse, sólo podrá ser resistida si la efectividad de las nuevas constituciones logra crear nuevas formas sociales que permitan nuevas formas de resistencia.

La ecuación más difícil de resolver, es el ejército. La mayoría nunca ha estado, ni por equivocación ni por algunas horas, de parte de los pueblos. Algunos se han signado por el crimen y la tortura. Otros, por construir aeropuertos para aviones que ni tienen, pero que servirán a unos que traerán los norteamericanos con autonomía de vuelo como para agredir hasta a la Antártida. Casi todos han sido formados en la escuela de los golpes de estado. Y no es cierto que se hayan disciplinado en los últimos lustros, como lo muestra el caso de Honduras. Los hay humillados y derrotados, como los argentinos; pero los hay triunfantes como los chilenos y brasileños. En verdad, no lo sabemos. El pueblo está inerme y el derecho puede poco contra el golpe apoyado por el yanqui.

El nuevo constitucionalismo latinoamericano está en marcha. Detenerlo será difícil por la vía pacífica. La crisis distrae al imperialismo euronorteamericano, y ya sabemos que cuando se distraen —o se hacen la guerra— conseguimos avanzar. La moneda está en el aire y hay que jugar.

Oscar Correas

A TÍTULO DE APRESENTAÇÃO DO PLANO DA COLETÂNEA

Neste livro, procuram-se reunir contribuições de diversos cientistas políticos, sociólogos, antropólogos, filósofos e juristas, de distintos países, em especial do Equador, Bolívia e Colômbia, mas também do México, Guatemala, Argentina, Peru, Uruguai, Brasil, Canadá, Portugal e Espanha. O motivo: discutir os novos processos constitucionais, a partir da Constituição colombiana, que tem 20 anos de desenvolvimento de jurisprudência relativa à diversidade cultural, mas também verificar os processos de "refundação do Estado", que vêm se desenvolvendo em especial no Equador e na Bolívia. No intervalo de tempo entre elas, a experiência mexicana que vem apresentando retrocessos no tocante à questão indígena.

A parte inicial discute a existência ou não de algo como um "novo constitucionalismo latino-americano", que não seja mera cópia de processos iniciados na Europa e que vinham sendo denominados de "neoconstitucionalismo", com ênfase na discussão sobre "princípios e regras" e que se converteu na produção bibliográfica hegemônica no continente americano. Nesta primeira parte, os autores vão procurar destacar as inovações nas constituições boliviana e equatoriana para os processos de descolonização, de superação de paradigmas e de criação de novos procedimentos de reconhecimento da diversidade cultural.

A segunda parte revisita a questão do pluralismo jurídico, dentro de uma perspectiva que avance parâmetros de tipo igualitário e que vá desconstituindo os processos de colonização vigentes e de subalternização das justiças que não sejam as hegemônicas, de molde ocidental.

A terceira parte dá ênfase a temas que vêm sendo sistematicamente negligenciados quando da discussão dos processos constituintes posteriores aos anos 80: a despatriarcalização, o reconhecimento das diversidades sexuais e o combate ao machismo e sexismo ainda imperantes em toda a América. Em alguns casos, analisam-se as questões de gênero em relação ao acesso de indígenas e a processos de criminalização de movimentos sociais. Outros artigos trabalham de forma comparativa tanto as Constituições dos países quanto a jurisprudência constitucional, experiências que usualmente são invisibilizadas pelos constitucionalistas, que preferem utilizar decisões da Corte Europeia, da Corte Suprema dos Estados Unidos e do Tribunal Constitucional Alemão, desconhecendo, negligenciando e menosprezando as contribuições mais próximas dos países vizinhos.

Na quarta parte, as políticas multiculturais são questionadas em diversos aspectos, em especial depois da internalização da Convenção 169 da OIT, por países da América Latina, e da aprovação da Declaração da ONU sobre os povos indígenas.

Em destaque, a jurisprudência da Corte Interamericana sobre a questão e a ênfase na territorialidade, a dificuldade de políticas envolvendo indígenas urbanos, os novos procedimentos de "segurança nacional" para limitação de direitos de tais povos à autodeterminação, os limites de "essencialismos" e a necessidade de descolonização do conhecimento. Um capítulo, contudo, foge da análise de países da América Central e do Sul, para concentrar-se nos processos de negociação de direitos indígenas no Canadá.

A quinta parte analisa os processos do continente a partir da intensificação da demodiversidade e dos desafios postos pela plurinacionalidade. Por um lado, alguns autores procuram recuperar as energias emancipatórias dos processos constituintes, que vêm sendo restringidas pela legislação infraconstitucional. Por outro, destacam-se as virtualidades e a necessidade de "cidadanias intensas" e de descolonização do processo democrático.

Na sexta parte, o protagonismo dos indígenas dá lugar às diversas lutas contra os racismos ainda existentes, salientando que a abolição da escravidão não significou o fim da colonialidade do poder. Ênfase especial é dada ao sistema regional de proteção de direitos humanos no campo étnico-racial, tema pouco explorado no Brasil, e também à jurisprudência da Colômbia em relação aos direitos dos ciganos, que tem muito a ensinar para as lutas antirracistas do continente. A questão quilombola no Brasil e a penalização da discriminação racial na Colômbia, por sua vez, demonstram a necessidade de estratégias distintas, solidárias e entrelaçadas entre os movimentos anticoloniais, antirracistas e descolonizadores.

O último tópico, recuperando conhecimentos indígenas e afros do continente, questiona a visão antropocêntrica de direito ao meio ambiente, para colocar em discussão os direitos da natureza numa perspectiva biocêntrica, de novos conhecimentos e profundamente questionadora do modelo de desenvolvimento atualmente hegemônico. Para além de um direito ambiental eurocentrado, uma "justiça ecológica"; muito mais que um "meio ambiente equilibrado", os direitos da "Pachamama", da "Madre Tierra" e do "buen vivir".

A coletânea não seria possível sem a colaboração e o esforço de todos os autores, alguns autorizando textos já publicados anteriormente, outros permitindo traduções e um grupo enviando contribuições inéditas dentro da proposta de uma melhor interlocução de saberes na América Afrolatina e Abya Yala. Daí que grande parte das contribuições seja de feministas e também de indígenas envolvid@s em diversas frentes de luta contra o colonialismo, o racismo, o sexismo, o patriarcalismo e o antropocentrismo.

Agradecimentos especiais vão para Mariana Filchtiner Figueiredo, Flávio Sueth, Roberto Cataldo Costa, Danielle de Ouro Mamed e Naila Freitas que fizeram as traduções de textos que, por razões contratuais, não poderiam ser publicados na língua original. O processo de elaboração da proposta do livro não teria sido possível sem a colaboração de Catherine Walsh, Daniel Bonilla Maldonado, Raquel Yrigoyen Fajardo e Raúl Llasag Fernández,que participaram de seminário em Brasília, em 2010, sobre constitucionalismo multicultural e pluralismo jurídico, organizado pela Escola Superior do Ministério Público da União. Os contatos deles, além das indicações feitas por Bartolomé Clavero, Antonio Carlos Wolkmer e Boaventura Santos, foram fundamentais para novas aproximações com os grupos boliviano e equatoriano, que se intensificaram quando dos dez anos do programa de doutorado em Estudos Culturais da Universidade Andina Simón Bolívar, em julho de 2011. Neste evento, novamente a atenção de Catherine Walsh foi fundamental para a realização do projeto. Roger Raupp Rios, Ricardo Sanín Restrepo, Ariel Dulitzky e Flavia Piovesan foram grandes incentivadores desta empreitada, que se revelou maior que a previsão original. E também a amável gentileza de Óscar Correas que escreveu um prólogo, mesmo diante de todos seus compromissos, a pedido de Luis Avila Linzán e Daniel Sandoval.

Por fim, a presença de Rachel Sieder, María Teresa Sierra, Rosalva Aida Hernández, Esther Sánchez Botero, Andre Hoekema, Catherine Walsh, Marcelo Fernández Osco, Aura Cumes, Claudia Mosquera e Anibal Quijano eram, também, uma justificativa para homenagear uma pessoa a quem todo este trabalho é dedicado: Rita Laura Segato, por sua dedicação, ousadia, luta por justiça e tantas outras qualidades admiráveis e por ter sido uma das grandes incentivadoras, no Brasil e em toda "Nuestra America", das discussões sobre pluralismo jurídico, reconhecimento de diversidades e novos direitos.

César Augusto Baldi
Coordenador.

TOMO I

NOVAS CONSTITUCIONALIDADES, PLURALISMO JURÍDICO E PLURINACIONALIDADE – APRENDENDO DESDE O SUL

Nos últimos anos, o tema do "novo constitucionalismo latino-americano" parece ter encontrado uma especial atenção. Mas justamente sobre sua caracterização ou periodização é que existem profundas divergências, algumas de cunho epistemológico.

Segundo Viciano Pastor e Dalmau Martinez,[1] este novo constitucionalismo seria caracterizado por: a) substituição da continuidade constitucional pela ruptura com o sistema anterior, com fortalecimento, no âmbito simbólico, da dimensão política da Constituição; b) capacidade inovadora dos textos, buscando a integração nacional e uma nova institucionalidade; c) fundamentação baseada em princípios, em detrimento de regras; d) extensão do próprio texto constitucional, em decorrência tanto do passado constitucional, quanto da complexidade dos temas, mas veiculada em linguagem acessível; e) proibição de que os poderes constituídos disponham da capacidade de reforma constitucional por si mesmos e, pois, um maior grau de rigidez, dependente de novo processo constituinte; f) busca de instrumentos que recomponham a relação entre soberania e governo, com a democracia participativa como complemento do sistema representativo; g) uma extensiva carta de direitos, com incorporação de tratados internacionais e integração de setores marginalizados; h) a passagem de um predomínio do controle difuso de constitucionalismo pelo controle concentrado, incluindo-se fórmulas mistas; i) um novo modelo de "constituições econômicas", simultâneo a um forte compromisso de integração latino-americana de cunho não meramente econômico.

A análise dos dois autores ora parece indicar o início do ciclo com a Constituição colombiana (1991), ora com a venezuelana (1999). Com isto, acaba por colocar dentro de um mesmo processo três ciclos distintos de "constitucionalismo pluralista", bem caracterizados por Raquel Yrigoyen, no artigo incluído na coletânea: a) constitucionalismo multicultural (1982/1988), que introduz o conceito de diversidade cultural e reconhece direitos indígenas específicos; b) constitucionalismo pluricultural

---

[1] PASTOR, Roberto Viciano; DALMAU, Rubén Martínez. Aspectos generales del nuevo constitucionalismo latinoamericano. *In*: VVAA. *El nuevo constitucionalismo en América Latina*. Quito: Corte Constitucional del Ecuador, 2010, p. 9-43.

(1988/2005), que desenvolve o conceito de "nação multiétnica" e "Estado pluricultural", incorporando um largo catálogo de direitos indígenas, afro e de outros coletivos, em especial como reflexo da Convenção 169/OIT, ao mesmo tempo em que se implantam políticas neoliberais, com redução de direitos sociais e flexibilização de mercados; c) constitucionalismo plurinacional (2006-2009), no contexto da aprovação da Declaração das Nações Unidas sobre os direitos dos povos indígenas e que propõe a "refundação do Estado", com reconhecimento explícito das raízes milenares dos povos e discutindo o fim do colonialismo. E é justamente a instauração de um novo paradigma constitucional, a partir do modelos equatoriano e boliviano, que os constitucionalistas citados não parecem reconhecer. Neste sentido, razão parece assistir a Raquel Yrigoyen, Bartolomé Clavero e Ramiro Ávila Santamaria, em suas contribuições aqui incluídas, quando destacam a especificidade destes dois processos em relação aos anteriores processos constitucionais latino-americanos. Um modelo que no dizer do último seria um "constitucionalismo transformador", porque fundado em outros parâmetros. Roberto Gargarella e Christian Courtis, por seu modo, salientam as promessas e as dúvidas deste rico processo latino-americano.

Trata-se, portanto, de um campo de fortes discussões e de disputas ideológicas e epistemológicas, longe ainda de um consenso. Esta coletânea procura destacar, portanto, alguns pontos que vêm sendo negligenciados nesta discussão.

Primeiro: a necessidade de um maior conhecimento das experiências constitucionais do continente. Continuam proliferando, por aqui, discussões sobre neoconstitucionalismo, diferenciação entre princípios e regras, posições contramajoritárias clássicas, precedentes da Suprema Corte dos EUA e ativismo judicial. Pouco se analisam, no âmbito constitucional daqui, as questões de descolonização, interculturalidade, plurinacionalidade e jurisdição indígena. Mesmo contribuições interessantes vindas da linha jurisprudencial colombiana, pós-1991, têm sido solenemente ignoradas e, consequentemente, os anseios de um "constitucionalismo aspiracional", como destacado por Mauricio García Villegas. Salientem-se apenas algumas temáticas que poderiam dar novas ênfases para discussões "surradas" na teoria constitucional brasileira.

Aquela Corte Constitucional, por exemplo, construiu a categoria de "estado de cosas inconstitucional", por ações e omissões dos poderes públicos que provoquem "vulneração massiva e contínua de direitos fundamentais", hipóteses em que suas "sentencias" e "autos" se estendem a toda a população afetada e não somente às partes proponentes, mediante fixação de políticas públicas definidas com a participação da sociedade civil em audiências públicas realizadas com tal finalidade. É questão diversa da simples participação de "amici curiae" ou de imaginar que o julgamento, pela Corte Constitucional, encerra o processo e decide, de forma final, o conflito posto em questão perante o Judiciário. Antes, pelo contrário, constituem, como define Bartolomé Clavero, "práticas judiciais de democracia deliberativa". São exemplares, nesse sentido, as discussões envolvendo o direito à saúde e também o "desplazamento forzoso" das comunidades indígenas e negras, questões muito bem documentadas por César Rodriguez Garavito no presente tomo e pouco divulgadas no âmbito brasileiro. Poderia, de forma muito consequente, ser utilizada para as comunidades guaranis do Brasil- e não somente as do Mato Grosso do Sul- em que situações de servidão, trabalho forçado ou "indecente" e mesmo de "instigação ao suicídio coletivo", por manifesta omissão dos Poderes Públicos, constituem evidente "vulneração massiva e contínua de direitos fundamentais".

Ademais, como salienta Rodríguez Garavito, não se trata de simples ativismo judicial, mas sim de processo eminentemente dialógico, em que a decisão inicial de reconhecimento da inconstitucionalidade vai sendo aperfeiçoada, modificada e mesmo revisada em seus parâmetros a partir das intervenções das referidas audiências. Tal situação foi desenvolvida já nos primórdios da Constituição colombiana, mas nada impede seja utilizada e perfectibilizada nos países vizinhos: Bolívia, com o mandato constitucional de "descolonização" para alcançar uma "plurinacionalidade"; Equador, com o mandamento transversal de "interculturalidade" e, no caso do Brasil, com o pluralismo de ideias, a redução de desigualdades e o compromisso com os direitos humanos.

Outro tema que poderia ganhar densidade jurisprudencial distinta é o princípio da igualdade. O STF, durante muito tempo, como bem analisa Roger Raupp Rios,[2] foi condescendente diante de "realidades discriminatórias e desoneração argumentativa perante tratamentos díspares", tendo, nos últimos tempos, alterado posicionamento no sentido de "maior rigor em face de diferenciações e a emergência do conteúdo antidiscriminatório do princípio da igualdade". Aqui, também, a Colômbia poderia ajudar: há mais de dez anos, tendo em vista a análise de direitos coletivos dos povos indígenas, a Corte vem entendendo que "sob o princípio da igualdade e na perspectiva de proteger a diversidade étnica e cultural do país é necessário, guardando simetrias legais, projetar simetricamente a outros grupos étnicos normas que garantam direitos coletivos para os povos indígenas"(Sentencia C-370/2002). E, neste sentido, estendeu-se, também com base na Convenção 169-OIT, o tratamento para as populações raizales e palenqueras daquele país e, hoje, as comunidades ciganas vêm peticionando junto à Corte o estabelecimento de uma política de habitação diferenciada, que a legislação nacional reconhece apenas para indígenas e comunidades negras. Da mesma forma, a situação da confissão religiosa ou da orientação sexual mais favorecida poderia ser considerada como "patamar normal de referência" e, portanto, qualquer desvio "de tratamento das minorias, em relação à maioria, é concebido *a priori* como restrição ao direito de igualdade."[3] Trata-se, pois, de estender a todos os outros grupos um direito que já se encontra concretizado, à falta de fundamento racional ou material que determine tratamento diferenciado: extensão, por igualdade, do regime mais favorável já disciplinado.[4] O STF, por exemplo, poderia ter trilhado esta argumentação no julgamento da união de pessoas do mesmo sexo, sem que, para isso, tivesse que discutir a existência de "mutação constitucional" ou "literalidade" da norma.

Do que se trata, pois, é de, inicialmente, conhecer a jurisprudência e doutrina dos países com realidades culturais e sociais próximas da nossa. E, com isso, como destaca Rodrigo Uprimny, desenvolver:[5] a) uma teoria da justiça constitucional "que

---

[2] RAUPP RIOS, Roger. O princípio da igualdade na jurisprudência do Supremo Tribunal Federal: argumentação, força normativa, direito sumular e antidiscriminação. *In*: SARMENTO, Daniel; SARLET, Ingo Wolfgang. *Direitos fundamentais no Supremo Tribunal Federal*: balanço e crítica. Rio de Janeiro: Lumen Juris, 2011, p. 289-339.

[3] MACHADO, Jónatas. *Liberdade religiosa numa comunidade constitucional inclusiva*. Coimbra: Coimbra Editora, 1996, p. 302.

[4] WEINGARTNER NETO, Jayme. *Liberdade religiosa na Constituição*. Porto Alegre: do Advogado, 2007, p. 204.

[5] UPRIMNY, Rodrigo. Las transformaciones constitucionales recientes en América Latina: tendencias y desafíos. *In*: GARAVITO, César Rodríguez (coord.). *El derecho en América Latina*; un mapa para el pensamiento jurídico del siglo XXI. Buenos Aires: Siglo Veintiuno, 2011, p. 122-126.

implique um exercício da proteção judicial dos direitos tendente a promover e não a debilitar a participação e a discussão democráticas"; b) um pensamento constitucional progressista, "comprometido com o aprofundamento democrático da região, que, em diálogo com experiências e tradições de outras regiões do mundo, acompanhe, criticamente, os processos constitucionais latino-americanos em curso, afim de reduzir riscos autocráticos e fortalecer as potencialidades democráticas desses esforços de experimentação institucional". Enfim, incentivar um caráter descolonizador, experimental e pluriverso de constitucionalismo e de práticas constitucionais.

Segundo: a refundação do Estado é a outra face do reconhecimento tanto do colonialismo quanto das origens milenárias dos povos e nações que foram ignoradas. Uma refundação que necessita reinventar instituições e processos de organização, de que são exemplos, no caso boliviano, do Tribunal Constitucional Plurinacional, da eleição dos juízes, dos quatro níveis distintos de autonomia, e, no caso equatoriano, de "funções" (e não poderes), incluídas a de "transparência e controle social" e a "eleitoral", bem como os regimes especiais de organização territorial, como bem observado por José Luiz Quadros de Magalhães, Agustín Grijalva e Fernando García Yapur. Mas que não pode ser aceita acriticamente, sem questionar o quanto de manutenção da antiga ordem vem sendo transposta na legislação infraconstitucional, como bem destacado por Fernando Garcés V, Luis Tápia e Raúl Prada, em suas defesas das energias emancipatórias abertas pelos processos constituintes. Ou mesmo de Marco Aparicio Wilhelmi destacando as "cidadanias intensas" (social, cultural e ambiental). Não há, de partida, garantias quanto à irreversibilidade dos processos, e Ricardo Sanín Restrepo, por exemplo, trata a Constituição de Cádiz como "a antimatéria da democracia latino-americana".

Terceiro: um catálogo de direitos que rompe tanto com o geracional (civis e políticos; econômicos, sociais e culturais; terceira geração) quanto o eurocentrado. Isto fica mais evidente no caso do Equador, que reconhece sete categorias de direitos: do "buen vivir"; de pessoas e grupos de atenção prioritária (velhos, jovens, gestantes, pessoas com deficiência, privadas de liberdade, usuários e consumidores, mobilidade humana, enfermidades catastróficas); de comunidades, povos e nações; de participação; de liberdade; da natureza; de proteção; além de um apartado de responsabilidades. Mas pode ser visto no caso boliviano com a introdução de direitos das nações indígenas e um catálogo de deveres constitucionais. A descolonização dos direitos humanos é também parte desse processo, uma análise que Carlos Mamani Condori e Idón Moisés Chivi Vargas realizam a partir da discussão da plurinacionalidade e do constitucionalismo, mas que ainda é pouco desenvolvida pelos brasileiros.[6]

Quarto: não somente as constituições equatoriana e boliviana recebem influxo da Declaração da ONU, mas fundamentalmente se constroem a partir do protagonismo indígena, de que são resultado, também, um papel diferenciado da justiça indígena (no caso boliviano, sujeita apenas ao Tribunal Constitucional) e um novo

---

[6] Para uma discussão inicial sobre descolonização de direitos humanos, veja-se: BALDI, César Augusto. Descolonizando o ensino de Direitos Humanos?. *Carta Forense*, São Paulo, 05 mar. 2012. Disponível em: <http://www.cartaforense.com.br/conteudo/colunas/descolonizando-o-ensino-de--direitos-humanos/8371 >.; BAXI, Upendra. *The future of human rights.* 3rd. ed. New Delhi: Oxford Univesity Press, 2012.; ESTÉVEZ, Ariadna. Por uma conceitualização sociopolítica dos direitos humanos a partir da experiência latino-americana. *Lua Nova*, n. 86, p. 221-248, 2012. Disponível em: <http://www.scielo.br/scielo.php?pid=S0102-64452012000200008&script=sci_arttext>.

léxico baseado na própria cosmovisão indígena (de que o reconhecimento de direitos a "pacha mama" no Equador e dos princípios- de cunho aimará- da nação boliviana são alguns exemplos). E ressaltam a necessidade de combate ao racismo (também em relação aos povos indígenas e não somente em relação a comunidades negras, como usual). Alguns temas que serão melhor desenvolvidos nos dois tomos seguintes.

Quinto: faz-se necessário revisitar a questão do pluralismo jurídico, um tema que vem sendo desenvolvido há anos por Antonio Wolkmer. Como salienta Boaventura Santos no artigo aqui incluído, o reconhecimento da convivialidade implica mudanças tanto no direito ancestral (internamente muito diverso), mas também no direito eurocêntrico, porque a questão envolve não somente legalidades, mas interlegalidades. Catherine Walsh, por sua vez, destaca a interconexão entre o pluralismo e a interculturalidade. Se, por um lado, Marcelo Fernández Osco, analisando os desenhos de Felipe Guaman Poma de Ayala, relê o pluralismo jurídico a partir da visão indígena, Esther Sánchez Botero aprecia a questão pelo ponto de vista da jurisprudência da Corte colombiana, aquela que talvez mais tenha procurado solucionar conflitos entre a jurisdição indígena e a "jurisdição ordinária". Nesse sentido, as contribuições de Andre Hoekema e Wilhelm Assies procuram redefinir pautas para um pluralismo formal de tipo igualitário.

Sexto: a insistência tanto na descolonização (mais evidente no caso boliviano, que destaca a própria educação como descolonizadora), quanto no processo intercultural (desenvolvido de forma mais consequente no caso equatoriano). Disto se segue, também, que a "plurinacionalidade" acaba por questionar os limites do Estado constitucional e obriga a uma nova institucionalidade.

O modelo eurocentrado de constitucionalismo foi tido, durante muito tempo, como exportável para todos os países colonizados, em especial os da primeira onda colonizadora (as denominadas Américas), dentro de uma teoria de transplantes em que estes últimos eram meros receptores de normas, teorias e doutrinas provenientes dos "contextos de produção", localizados no Norte global, em geral, e dos Estados Unidos, em particular. Isso resultou numa profunda reverência às contribuições de autores setentrionais e uma invisibilidade das contribuições do próprio continente, não reconhecendo que mesmo a recepção dos autores estrangeiros era extremamente seletiva e variava de país a país.[7]

Justamente no campo do reconhecimento da diversidade cultural é que foram se produzindo inovações jurídicas latino-americanas, que, conforme salienta Garavito, terminaram "sendo contadas muitas vezes a partir de visões de fora da região, e não por aqueles que as construíram ou as pensaram originalmente", de tal forma que, "para ganhar a atenção de seus colegas, os autores latino-americanos tenham primeiro que ser reconhecidos nos meios acadêmicos dominantes e, logo, em versões traduzidas de seus textos, reconhecidos por seus próprios vizinhos."[8] Uma inversão total, em que o original acaba retornado ao país de origem como se fosse uma cópia

---

[7] MEDINA, Diego Eduardo López. *Teoría impura del derecho*. Bogotá: Legis, 2004, p. 15-37. *Vide*, também, sobre transplantes jurídicos: TWINING, William. *General jurisprudence: understanding law from the global perspective*. Cambridge: Cambridge University Press, 2009, p. 269-292; MALDONADO, Daniel Bonilla. (org.). *Teoría del derecho y trasplantes jurídicos*. Bogotá: Siglo del Hombre, 2009.

[8] RODRÍGUEZ-GARAVITO, César. Un nuevo mapa para el pensamiento jurídico latinoamericano. *In*: *El derecho en América Latina*; un mapa para el pensamiento jurídico del siglo XXI. Buenos Aires: Siglo Veintiuno, 2011, p. 14.

ou sob a chancela dos países de "exportação". Um pouco por todos estes artigos é a grande questão que se coloca neste primeiro tomo.

César Augusto Baldi
Coordenador.

PARTE I

HÁ UM NOVO CONSTITUCIONALISMO LATINO-AMERICANO?

PLURALISMO JURÍDICO Y JURISDICCIÓN INDÍGENA EN EL HORIZONTE DEL CONSTITUCIONALISMO PLURALISTA

RAQUEL Z. YRIGOYEN FAJARDO

Introducción

El presente texto reseña cómo se ha dado el reconocimiento del pluralismo jurídico y la jurisdicción indígena en los tres ciclos de reformas constitucionales del *horizonte del constitucionalismo pluralista* (desde los ochentas del s. XX hasta la actualidad) en Latinoamérica. Dicho reconocimiento comprende las autoridades, el derecho consuetudinario y funciones jurisdiccionales de los pueblos indígenas, en el marco del reconocimiento de pueblos con igual dignidad y derechos, que no están sujetos a tutela colonial. La constitucionalización del pluralismo jurídico y la jurisdicción indígena pone en cuestión el monismo jurídico, esto es, la identidad Estado-derecho, y la monoculturalidad estatal, esto es, la identidad Estado-nación, ambos, heredados del s. XIX.

El primer ciclo del constitucionalismo pluralista se da con la emergencia del multiculturalismo en los ochentas del s. XX, pero sin llegar a reconocerse el pluralismo jurídico. El segundo ciclo de este horizonte, durante los noventas, se da luego de la adopción del Convenio 169 Sobre pueblos indígenas y tribales en países independientes de la Organización Internacional del Trabajo (1989), en el cual se reconoce el modelo de Estado pluricultural y el pluralismo jurídico. El tercer ciclo del constitucionalismo pluralista se da luego de la adopción de la Declaración de Naciones Unidas sobre los derechos de los pueblos indígenas (2007). Las constituyentes de dos estados andinos (Ecuador 2008 y Bolivia 2009), asumen que los pueblos indígenas constituyen naciones o nacionalidades originarias que, haciendo un nuevo pacto de Estado, conforman un "Estado Plurinacional". En el marco de un proyecto descolonizador, reconocen la jurisdicción indígena y aspiran a un pluralismo jurídico igualitario. Este nuevo modelo supone retos enormes de adecuación normativa interna, implementación institucional y cambio en la cultura jurídica, que se mueve aún entre el monismo jurídico decimonónico y la pesada herencia colonial.

Antecedentes históricos

El *horizonte del constitucionalismo pluralista* supuso una ruptura paradigmática respecto del *horizonte del constitucionalismo liberal monista* del s. XIX y del *horizonte del constitucionalismo social integracionista* del s. XX, llegando a cuestionar el mismo hecho colonial.[9]

El Hecho Colonial

El *hecho colonial* colocó a los pueblos originarios en una posición subordinada. Sus territorios y recursos fueron objeto de expolio y expropiación por terceros; su mano de obra explotada, y su destino mismo como pueblos alienado de sus manos. La ideología de la "inferioridad natural de los indios" y la figura jurídica de la tutela indígena permitieron estabilizar a lo largo del tiempo el modelo de subordinación indígena. La Independencia política de las colonias americanas respecto de las metrópolis no significó el fin de dicha subordinación. Los nuevos estados latinoamericanos se organizaron bajo flamantes constituciones liberales pero con proyectos neocoloniales de sujeción indígena.

El Monismo Jurídico del s. XIX

Los estados liberales del s. XIX se configuraron bajo el principio del monismo jurídico, esto es, la existencia de un solo un sistema jurídico dentro de un Estado, y una ley general para todos los ciudadanos. El pluralismo jurídico, como forma de coexistencia de varios sistemas normativos dentro de un mismo espacio geopolítico, aún en su forma colonial subordinada, no fue admisible bajo la ideología del Estado-nación. Estado-nación monocultural, el monismo jurídico y un modelo de ciudadanía censitaria (para hombres blancos, propietarios e ilustrados) fueron las vértebras del *horizonte del constitucionalismo liberal* del s. XIX en Latinoamérica. Un constitucionalismo importado por las élites criollas para configurar estados a su imagen y semejanza, en exclusión de los pueblos originarios, afrodescendientes, mujeres y mayorías subordinadas, y con el objetivo de mantener la sujeción indígena.

En el siglo XIX, el proyecto criollo de sujeción indígena del *horizonte del constitucionalismo liberal* se expresó bajo tres técnicas constitucionales: a) asimilar o convertir a los *indios* en *ciudadanos* intitulados de derechos individuales, mediante la disolución de los *pueblos de indios*, tierras colectivas, autoridades propias y fuero indígena, para evitar levantamientos indígenas; b) reducir, civilizar y cristianizar indígenas todavía no colonizados, a quienes las constituciones llamaron "salvajes", para expandir la frontera agrícola; y c) hacer la guerra ofensiva y defensiva a las naciones indias con quienes las coronas habían firmado tratados, y a quienes las constituciones llamaban "bárbaros", para anexar sus territorios al Estado.

Como resultado de las políticas de parcelación de tierras colectivas y despojo territorial del s. XIX, los indígenas no se convirtieron en prósperos propietarios como propugnaba Bolívar y los liberales, sino que se expandieron las haciendas y la servidumbre indígena. Mientras tanto, nuevas formas invasión de sus territorios,

---

[9] Para un mayor desarrollo, véase: Yrigoyen 1999, 2004 y 2006.

así como de tutela estatal y eclesial se impusieron sobre las naciones indígenas que no habían sido conquistadas en era colonial.

El Constitucionalismo social integracionista del s. XX

El *horizonte del constitucionalismo social,* inaugurado por la Constitución de México de 1917, permitió cuestionar el constitucionalismo asimilacionista e individualista del s. XIX mediante el reconocimiento de sujetos colectivos, derechos sociales y la ampliación de las bases de la ciudadanía. Ello, a su vez, posibilitó el reconocimiento de comunidades indígenas y derechos colectivos a la tierra, así como de otras especificidades culturales, dentro del marco de un indigenismo integracionista. El objetivo del *constitucionalismo social integracionista* era integrar a los indígenas al Estado y el mercado, pero sin romper la identidad Estado-nación ni el monismo jurídico. Tampoco cuestionó la potestad del Estado de definir el modelo de desarrollo indígena dentro de un marco tutelar. Monoculturalidad, monismo jurídico y modelo tutelar indígena recién son puestos en cuestión por los tres ciclos del *horizonte del constitucionalismo pluralista*, desde finales del s. XX a la fecha.

El constitucionalismo pluralista de finales del s. XX

Los tres ciclos del *horizonte del constitucionalismo pluralista*, esto es: a) el *constitucionalismo multicultural* (1982-1988), b) el *constitucionalismo pluricultural* (1989-2005) y c) el *constitucionalismo plurinacional* (2006-2009), tienen la virtud de cuestionar, progresivamente, elementos centrales de la configuración y definición de los estados republicanos latinoamericanos dibujados en el s. XIX, y herencia de la tutela colonial indígena, planteando un proyecto descolonizador de largo aliento.

Las reformas constitucionales expresan antiguas y nuevas demandas indígenas, las que les dan impulso. Sin embargo, las reformas constitucionales también son el escenario en el que se expresa la resistencia que viene de antiguos y nuevos colonialismos. Los contextos complejos en los que se gestan las reformas llenan de tensiones así como de contradicciones (aparentes o reales) a los textos constitucionales, exigiendo una interpretación pluralista para salvar sus limitaciones y resolver tales tensiones en favor de la realización de los objetivos y principios del proyecto constitucional pluralista. Tal ejercicio de interpretación es un ejercicio de poder y, por ende, se trata de un ejercicio que ahora también es compartido por los pueblos indígenas en el marco del Estado plurinacional.

III. Ciclos del Horizonte del Constitucionalismo Pluralista

El ciclo del constitucionalismo multiculturalista (1982-1988)

El primer ciclo de reformas constitucionales que cabe ubicar en el *horizonte del constitucionalismo pluralista* se desarrolló durante los años ochentas del s. XX (1982-1988) y está marcado por la emergencia del multiculturalismo y nuevas demandas indígenas. En este ciclo, las constituciones introducen el concepto de diversidad cultural, el reconocimiento de la configuración multicultural y multilingüe de sociedad, el derecho –individual y colectivo- a la identidad cultural y algunos derechos indígenas específicos.

La Constitución del Canadá (1982) abre la trocha con un pionero reconocimiento de su herencia multicultural (*multicultural heritage*) y la incorporación de derechos aborígenes (*rights of aboriginal peoples*). Dos constituciones centroamericanas, la de Guatemala de 1985 y la de Nicaragua de 1987, se inscriben en este horizonte, buscando reconciliar a sus sociedades y dar respuesta a demandas indígenas en el contexto de procesos bélicos.[10]

La Constitución de Guatemala reconoce la configuración multiétnica, multicultural y multilingüe del país y "el derecho de las personas y de las comunidades a su identidad cultural", así como ciertos derechos específicos para grupos étnicos y comunidades indígenas. La Constitución de Nicaragua reconoce también la "naturaleza multiétnica" del pueblo, así como derechos culturales, lingüísticos y territoriales a las comunidades étnicas del Atlántico, para que se organicen según "sus tradiciones históricas y culturales", llegando a desarrollar un régimen de autonomías. La Constitución del Brasil de 1988, que antecede en un año a la adopción del Convenio 169 de la OIT sobre derechos indígenas, ya recoge algunos planteamientos que se debaten en la revisión del Convenio 107 de la OIT, por lo que dicha Constitución está en el umbral del segundo ciclo.

En este ciclo, sin embargo, las constituciones no llegan a hacer un reconocimiento explícito del pluralismo jurídico. En algunos países que tampoco tenían reconocimiento constitucional del pluralismo jurídico, sin embargo, había normas secundarias o políticas, ya sea por vieja herencia colonial, o por fisuras intrasistémicas alentadas por el Convenio 107 de la OIT, que reconocían la justicia indígena pero reducida a la resolución de conflictos menores entre indígenas, con competencias no mayores a las de la justicia de paz, como contemplaba la ley de Comunidades Nativas de 1978 en el Perú.

El ciclo del Constitucionalismo Pluricultural (1989-2005)

El segundo ciclo de reformas, el *constitucionalismo pluricultural*, fue desarrollado durante los noventas (1989-2005). En este ciclo, las constituciones afirman el derecho (individual y colectivo) a la identidad y diversidad cultural, ya introducido en el primer ciclo, y desarrollan además el concepto de "nación multiétnica/ multicultural" y "Estado pluricultural", calificando la naturaleza de la población y avanzando hacia una redefinición del carácter del Estado.

El pluralismo y la diversidad cultural se convierten en principios constitucionales y permiten fundar derechos indígenas así como de afrodescendientes y otros colectivos. Las constituciones de este ciclo incorporan un nuevo y largo listado de derechos indígenas, en el marco de la adopción del Convenio 169 de la Organización Internacional del Trabajo sobre Pueblos Indígenas y Tribales en Países Independientes (1989). Tales derechos incluyen la oficialización de idiomas indígenas, educación bilingüe intercultural, tierras, la consulta y nuevas formas de participación, entre otros.

La novedad más importante de este ciclo es que las constituciones introducen fórmulas de pluralismo jurídico logrando romper la identidad Estado-derecho o el

---

[10] NE- Para uma discussão específica canadense, vide o artigo de James Tully, nesta coletânea.

monismo jurídico, esto es, la idea de que sólo es "derecho" el sistema de normas producido por los órganos soberanos del Estado (el Legislativo, Judicial y Ejecutivo). Las constituciones de este ciclo reconocen autoridades indígenas, sus propias normas y procedimientos o su derecho consuetudinario y funciones jurisdiccionales o de justicia. A partir de estos reconocimientos se pone en cuestión la visión clásica de soberanía, y el monopolio que las constituciones asignaban a los "poderes u órganos soberanos" del Estado para la producción del derecho y la violencia legítima. Las constituciones pluralizan las fuentes de producción legal del derecho y de la violencia legítima, pues las funciones de producción de normas, administración de justicia y organización del orden público interno pueden ser ejercidas tanto por los órganos soberanos (clásicos) del Estado como por las autoridades de los pueblos indígenas, bajo techo y control constitucional. Sin embargo, se trata de fórmulas no exentas de limitaciones y no siempre son introducidas de modo orgánico y sistemático. Este modelo se expande en Meso y Sudamérica (Colombia 1991, México 1992, Paraguay 1992, Perú 1993, Bolivia 1994, Argentina 1994, Ecuador 1996 y 1998 y Venezuela 1999).

La adopción del multiculturalismo y los derechos indígenas en los noventa, se dio paralelamente a otras reformas en sede constitucional destinadas a facilitar la implementación de políticas neoliberales en el marco de la globalización. Ello incluyó la contracción del papel social del Estado y de los derechos sociales, la flexibilización de mercados y la apertura a las transnacionales, como en Bolivia y Perú. Así por ejemplo, la Constitución peruana de 1993, si bien reconoció por un lado el carácter pluricultural del Estado y el pluralismo jurídico, por otro, eliminó las garantías de inalienabilidad, imprescriptibilidad e inembargabilidad que tenían las tierras indígenas desde las constituciones de 1920 y 1930. En la práctica, ello posibilitó que un gran número de corporaciones transnacionales se instalaran en los territorios indígenas para realizar actividades extractivas, dando lugar a nuevas formas de despojo territorial, como no se había dado desde el s. XIX. Es decir, la simultánea adopción de planteamientos neoliberales y derechos indígenas en las constituciones, entre otros factores, tuvo como consecuencia práctica la neutralización de los nuevos derechos conquistados. Súmese a esto otros factores, como violencia interna, acciones de poderes materiales locales, narcotráfico, paramilitares, etc.

La incorporación de nuevos derechos y potestades indígenas en sede constitucional, así como la ratificación de tratados de derechos humanos que entraron a formar parte del bloque de constitucionalidad generó, de alguna manera, una inflación de derechos sin correspondencia con mecanismos institucionales para hacerlos efectivos. Tales cambios constitucionales dejaron pendiente una tarea aún incompleta de revisión de todo el derecho constitucional, administrativo, civil, penal, etc., para poder dar cuenta de los nuevos derechos y atribuciones públicas reconocidos a los pueblos indígenas y otros colectivos.

Los nuevos derechos conquistados y la distribución de potestades que antes eran privativas de los órganos del Estado a los indígenas, dan lugar a un sinnúmero de disputas legales y políticas, aún no resueltas. Así por ejemplo, el Poder Legislativo en varios países sigue reclamando atribución soberana para dar leyes sin estar condicionado o limitado por el derecho de consulta de los pueblos indígenas. Hasta ahora, ni las leyes ni las cortes han logrado aclarar extensión de este derecho. Lo mismo pasa con el tema de la jurisdicción indígena o conflictos en torno a la interpretación de los derechos humanos. Aquí hay grandes avances, pero también preguntas pendientes.

Sobre el pluralismo jurídico

El reconocimiento del pluralismo jurídico en este ciclo fue posible en un contexto en el que se dieron varios factores: una demanda indígena de reconocimiento del derecho propio, el desarrollo del derecho internacional sobre los derechos indígenas, la expansión del discurso del multiculturalismo, y las reformas estructurales del Estado y la justicia.

La demanda indígena

En varios países, las organizaciones indígenas pasaron de demandar tierras a territorios, y ya no se contentaban con reclamar el derecho de acceder a la justicia (estatal), sino que reclamaban el ejercicio de potestades públicas en sus territorios. Por otro lado, la expansión de los estados en el s. XX dio lugar a una confrontación más evidente entre los aparatos estatales y las autoridades indígenas, por lo que se dieron casos de criminalización de indígenas y campesinos que administraban justicia en sus espacios territoriales (perseguidos como delito de "usurpación de autoridad" o "sedición"). De ahí que una importante demanda indígena y campesina era el reconocimiento de sus sistemas normativos, de autoridad y de justicia, tanto para frenar la criminalización de las autoridades indígenas y campesinas que administraban justicia, como para afirmar derechos territoriales.

El desarrollo del derecho internacional

El derecho al propio derecho consuetudinario y a los métodos de control de delitos de los pueblos indígenas es uno de los derechos consagrados en el Convenio 169 de la OIT. Este Convenio fue adoptado en 1989 y ratificado por varios países de la región en los noventas, paralelamente a las reformas constitucionales, dando fundamento legal internacional a la incorporación de derechos indígenas. El Convenio 169 supera el marco integracionista del Convenio 107 de 1957. El Convenio 107 sancionaba que el derecho consuetudinario indígena no debía ser incompatible con los objetivos de los programas de integración que los estados podían imponer a los pueblos indígenas. El Convenio 169, supone una evolución del derecho internacional, buscando superar el asimilacionismo y el integracionismo forzado. El Convenio 169 parte del reconocimiento de las aspiraciones de los pueblos a controlar sus instituciones propias, por lo que reconoce el derecho de los pueblos a tener sus propias instituciones y derecho consuetudinario, incluyendo sus métodos de control de delitos. Sólo limita el reconocimiento del derecho consuetudinario indígena a la no vulneración de los derechos humanos y fundamentales.

Convenio 169 de la OIT
Considerando (...) la evolución del derecho internacional desde 1957 y la situación de los pueblos indígenas (...) hacen aconsejable adoptar nuevas normas internacionales en la materia, a fin de **eliminar la orientación hacia la asimilación** de las normas anteriores;
Reconociendo las **aspiraciones de esos pueblos a asumir el control de sus propias instituciones y formas de vida** y de su desarrollo económico y a mantener

y fortalecer sus identidades, lenguas, religiones, dentro del marco de los Estados en que viven.

Art. 8, 2: Dichos pueblos deberán tener **el derecho de conservar sus costumbres e instituciones propias** siempre que éstas **no sean incompatibles con los derechos fundamentales** definidos por el sistema jurídico nacional ni con los **derechos humanos** internacionalmente reconocidos. Siempre que sea necesario, deberán **establecerse procedimientos** para **solucionar los conflictos** que puedan surgir en la aplicación de este principio.

Art.9,1: En la medida que ello sea compatible con el sistema jurídico nacional y con los derechos humanos internacionalmente reconocidos, deberán respetarse los **métodos** a los que los pueblos interesados recurren **tradicionalmente** para la **represión de los delitos** cometidos por sus miembros.

El multiculturalismo

En la arena teórica, se fue expandiendo el discurso del multiculturalismo, el cual permite afirmar el valor de la diversidad cultural y la necesidad de políticas públicas inclusivas que tengan en cuenta dicha diversidad. La diversidad cultural puede tener su fuente en la presencia de diversos conglomerados indígenas, pre-existentes al Estado, así como poblaciones de reciente inmigración. Teóricos canadienses como Taylor (1993) o Kymlicka (1995, 2001) desarrollaron teorías que permiten plantear políticas de reconocimiento de la diversidad y derechos de diversos grupos culturales en el marco de una "ciudadanía multicultural"; teorías que se exportaron a distintos países. El multiculturalismo favoreció el reconocimiento de derechos de grupo para los colectivos indígenas, incluyendo el derecho a su propio derecho y justicia, en tanto los indígenas eran concebidos como "grupos culturalmente diversos". La diversidad cultural sirvió de fundamento, pero también de límite para el reconocimiento del derecho indígena. Por ejemplo, en el caso de Colombia, los magistrados establecieron el principio de "A mayor conservación de sus usos y costumbres, mayor autonomía."[11] El derecho al propio derecho no se fundaba en la libre determinación del pueblo indígena sino en una evaluación externa de diversidad cultural. Cuanto más "conservado" o diverso culturalmente era un pueblo para los magistrados, tal pueblo tenía derecho a gozar de mayor autonomía.

Las reformas de la justicia

Durante los noventas, tendencias globales, impulsadas por programas de la banca mundial (el Banco Mundial o el Banco Interamericano de Desarrollo), así como por agencias de la cooperación internacional, promovieron políticas de reforma del Estado y la justicia que obligaban a una nueva mirada sobre el Poder Judicial y su capacidad para administrar justicia. En ese marco se incorporaron mecanismos

---

[11] T-254-94 de 30 de mayo de 1994 Corte Constitucional de Colombia (p. 16). En varias sentencias, la Corte Constitucional de Colombia se adscribe a una tesis multiculturalista externa, por la cual son los jueces de la Corte quienes determinan si un pueblo indígena se ha mantenido diferente culturalmente o no, y por ende es merecedor del respeto de su autonomía. En caso de no conservarse como diferente culturalmente, no sería merecedor del reconocimiento de su autonomía. Esta tesis recién es revisada en la sentencia de la Tutela 903/09 del 4 de diciembre del 2009.

alternativos de resolución de conflictos, la justicia de paz y la justicia indígena. Grosso modo, éstas políticas estaban destinadas a la modernización de los sistemas de justicia (diferenciación entre administración y jurisdicción, difusión del sistema acusatorio por sobre el inquisitivo, mayor transparencia en la gestión, garantías para el debido proceso, la automatización de los procesos, etc.). El reconocimiento de mecanismos alternativos de resolución de conflictos incluía tanto el arbitraje internacional (para conflictos relacionados a corporaciones transnacionales) como mecanismos locales más flexibles, baratos y cercanos a los pobres, así como también culturalmente más asequibles a grupos diversos, pero sin menoscabo de los derechos individuales (especialmente de las mujeres). Estas reformas permitieron tanto una apertura ideológica como el financiamiento para impulsar programas de reconocimiento o fortalecimiento de la "justicia comunitaria", pero concebida como una forma alternativa de resolución de conflictos locales para las comunidades indígenas pobres, y en tanto sólo resolvieran conflictos menores.

En el contexto de estos múltiples factores, las constituciones lograron superar el fantasma del monismo jurídico e incorporaron alguna fórmula de pluralismo jurídico interno buscando no afectar la integridad nacional, la seguridad jurídica y los valores de los derechos humanos. En este ciclo, todos los países andinos (excepto Chile), incluyeron alguna fórmula de reconocimiento del pluralismo jurídico interno en sus textos constitucionales: Colombia en 1991, Perú en 1993, Bolivia en 1994, Ecuador en 1998 y Venezuela en 1999. Además, otros estados como Paraguay (1992) y México (2001), también introducen alguna forma de reconocimiento del pluralismo jurídico y la jurisdicción indígena.

El fundamento

Durante los noventas, las constituciones andinas introducen en sus primeros artículos un reconocimiento de la existencia de diversas culturas, definen a la nación o al Estado como multicultural o pluricultural (Colombia, Perú, Bolivia, Ecuador) y garantizan el derecho a la diversidad cultural (Colombia, Perú) o la igualdad de las culturas (Colombia, Venezuela). Con este reconocimiento, las constituciones quiebran el modelo de Estado-nación monocultural diseñado en el s. XIX. Igualmente, estas cartas constitucionales contienen un listado de derechos de pueblos/ comunidades indígenas (Colombia, Bolivia, Ecuador, Venezuela) o de comunidades campesinas y nativas (Perú), con diverso grado de desarrollo.

Contenidos del reconocimiento

Específicamente, en cuanto al pluralismo jurídico interno, las constituciones andinas mencionadas reconocen que las autoridades de las comunidades/pueblos indígenas/campesinos pueden ejercer funciones jurisdiccionales/ resolver conflictos de acuerdo a sus propias normas y procedimientos o derecho consuetudinario. Es decir, estas cartas reconocen a los colectivos indígenas y campesinos (comunidades/ pueblos) las siguientes potestades:

a) La potestad de darse sus autoridades e instituciones (autoridades propias/ legítimas/ naturales).

b) La potestad normativa para darse sus propias normas y procedimientos, o su derecho consuetudinario o costumbres; y

c) La potestad de administrar justicia o de ejercer funciones jurisdiccionales (jurisdicción especial)/ función judicial/ solución alternativa de conflictos/ instancias de justicia.

Cuadro 1 Reconocimiento del pluralismo jurídico y la jurisdicción indígena en los Países Andinos en los noventas del s. XX

(continua)

Comparación	Colombia 1991	Perú 1993	Bolivia 1994	Ecuador 1998	Venezuela 1999
1. Fundamento: Pluricul- turalidad de la Nación/ Estado	**Art. 7: El estado reconoce y protege la diversidad étnica y cultural de la nación** colombiana.	**Art.2**: Toda persona tiene derecho, **Inc. 19**: A su identidad étnica y cultural. **El estado reconoce y protege la pluralidad étnica y cultural de la nación.**	**Art. 1:** Bolivia, libre, independiente, soberana, **multiétnica y pluricultural,** constituida en **República** unitaria, adopta para su gobierno la forma democrática representativa, fundada en la solidaridad de todos los bolivianos.	Art. 1. El Ecuador es un **estado** social de derecho, soberano, unitario, independiente, democrático, **pluricultural y multiétnico.** Su gobierno es republicano, presidencial, electivo, representativo, responsable, alternativo, participativo y de administración descentralizada. (...)	Artículo 100: Las culturas populares constitutivas de la venezolanidad gozan de atención especial, reconociéndose y respetándose la **interculturalidad** bajo el **principio de igualdad de las culturas.** (...)

(conclusão)

Comparación	Colombia 1991	Perú 1993	Bolivia 1994	Ecuador 1998	Venezuela 1999
2. Reconocimiento del pluralismo jurídico y jurisdicción indígena a) Derecho Consuetudinario, b) Jurisdicción Indígena y c) Institucionalidad indígena (autoridades e instituciones propias).	**Art. 246:** Las autoridades de los pueblos indígenas podrán ejercer **funciones jurisdiccionales** dentro de su ámbito territorial, de conformidad con sus **propias normas y procedimientos**, siempre que **no sean contrarios a la Constitución y leyes** de la República. La **ley** establecerá las formas de **coordinación** de esta **jurisdicción especial** con el sistema jurídico nacional.	**Art. 149:** Las autoridades de las Comunidades Campesinas y Nativas con el apoyo de las Rondas Campesinas, pueden ejercer las **funciones jurisdiccionales** dentro de su ámbito territorial de conformidad con el **derecho consuetudinario** siempre que **no violen los derechos fundamentales** de la persona. La **ley** establece las formas de **coordinación** de dicha **jurisdicción especial** con los Juzgados de Paz y con las demás instancias del Poder Judicial.	**Art.171:** (...) Las **autoridades naturales** de las comunidades indígenas y campesinas podrán ejercer **función de administración y aplicación de normas propias** como **solución alternativa** de los conflictos, en conformidad a sus **costumbres y procedimientos** siempre que **no sean contrarios a esta Constitución y las leyes**. La **ley compatibilizará** estas funciones con las atribuciones de los poderes del estado.	**Art. 191:** (...) Las **autoridades de los pueblos indígenas** ejercerán **funciones de justicia**, aplicando **normas y procedimientos propios** para la solución de **conflictos internos** de conformidad con sus costumbres o **derecho consuetudinario**, siempre que **no sean contrarios a la Constitución y las leyes**. La **ley** hará compatibles aquellas funciones con las del sistema judicial nacional.	Artículo 260: Las **autoridades legítimas** de los **pueblos indígenas** podrán aplicar en su **hábitat instancias de justicia** con base en **sus tradiciones ancestrales** y que **sólo afecten a sus integrantes**, según sus **propias normas y procedimientos**, siempre que **no sean contrarios a esta Constitución**, **a la ley y al orden público**. La **ley** determinará la forma de **coordinación** de esta **jurisdicción especial** con el sistema judicial nacional.

Con este reconocimiento, las constituciones quiebran la identidad Estado-derecho que se impuso desde en el s.XIX. El monismo jurídico es sustituido por un pluralismo jurídico interno, bajo techo constitucional. Ahora, el reconocimiento del pluralismo jurídico no es suficientemente orgánico ni consistente en todas las cartas constitucionales. Y tampoco aparece sistemáticamente en todas las secciones que debería, sino sólo en el capítulo sobre el Poder Judicial, en las secciones referidas a la función jurisdiccional (Colombia, Perú), o inorgánicamente en otras secciones (como en la referida a asuntos agrarios en el caso de Bolivia).

En cuanto al ámbito de la competencia territorial, material y personal hay variantes en los textos. En el texto de la constitución colombiana y la peruana prima la competencia territorial, por lo que cabe interpretar que la misma aplica para toda persona dentro del territorio indígena; mientras que la constitución venezolana dice que las instancias de justicia sólo alcanzan a los indígenas. En cuanto a la competencia material, sólo la ecuatoriana y boliviana aluden a "asuntos internos", mientras que las demás no restringen la materia a ciertos casos, como tampoco lo hace el Convenio 169 de la OIT. Estas competencias han sido restringidas por vía legislativa (como la Ley Orgánica de Pueblos indígenas de Venezuela) y jurisprudencial (Colombia).

La "excepcionalidad"

En el caso de Colombia, con una población indígena minoritaria, la Constitución distingue entre "jurisdicción ordinaria", que corresponde a la población en general, y "jurisdicción especial", que corresponde a los pueblos indígenas, dando a entender que la primera es la general o común, mientras que la segunda es particular, en el sentido de excepcional. Cabe recordar la larga tradición de Colombia –como la de Venezuela- de contar con "legislación especial" y fuero diferenciado (eclesial) para los pueblos no colonizados de la Amazonía o la guajira, a los que llamaba "salvajes" o no-civilizados en el s. XIX. Esta legislación se extendió hasta finales del s. XX, haciendo prácticamente un entronque con la nueva Constitución, en cuanto a la idea de un régimen de "excepcionalidad". Como Colombia fue el primer país en reconocer la jurisdicción indígena llamándola "especial", imprimió su huella en la dogmática constitucional pluralista, siendo seguido por Perú, no obstante que en el Perú la población indígena es mayor. Incluso Bolivia ha heredado esta nomenclatura, llamando "jurisdicción ordinaria" a la no-indígena, en un país mayoritariamente indígena.

El límite del reconocimiento

El Convenio 169 de la OIT reconoce el derecho de los pueblos a conservar sus costumbres e instituciones propias siempre que no sean incompatibles con los derechos humanos y fundamentales (art. 8,2). La constitución peruana es la única que guarda consistencia con el Convenio al establecer que la jurisdicción especial no debe vulnerar los derechos de la persona (art. 149), mientras que las demás constituciones andinas son más restrictivas: limitan el reconocimiento de la jurisdicción o justicia indígena a no contradecir "la Constitución y las leyes". Y Venezuela va más allá al incluir el orden público. Estas limitaciones se volvieron fuente de disputa política y legal, porque las mismas aparecen inconsistentes con el principio del pluralismo, la protección de la diversidad cultural e incluso la igualdad de las culturas, que las mismas cartas proclaman. En una progresiva sentencia, la Corte Constitucional de Colombia resolvió esta aparente contradicción constitucional, diciendo claramente que la adopción del principio del pluralismo podría quedar vacía si la jurisdicción indígena tuviese que someterse a toda la Constitución y leyes. De ahí, la Corte estableció sólo cuatro mínimos fundamentales, esto es, que las decisiones de la jurisdicción indígena no podían incluir pena de muerte, tortura, esclavitud, y que debían ser de algún modo predecibles, esto es, que debían respetar su propio debido proceso.[12] Esta sentencia realmente sentó un precedente pluralista en Colombia y la región. Lamentablemente, sentencias posteriores de la Corte han ido más bien en una tendencia limitativa de la jurisdicción especial. De hecho, muchas de las limitaciones

---

[12] Véase Sánchez y Jaramillo 2001.

acaban semejando el patrón de pluralismo jurídico subordinado colonial, bajo el discurso que la jurisdicción indígena sólo se explica por la diversidad cultural: una justicia entre indios, circunscrita al territorio comunal, para casos menores, y sin tocar a blancos, así tales vulneren bienes jurídicos indígenas. Este terreno sigue siendo el de una disputa de poder abierta.

Cómo resolver conflictos de interlegalidad y posibles vulneraciones de derechos humanos

Las constituciones hablan de una ley de coordinación (Colombia, Perú) o compatibilización (Ecuador), dando a entender una relación horizontal entre la jurisdicción ordinaria y la indígena (o especial). Y con relación a posibles conflictos o violaciones de derechos humanos por la jurisdicción especial, las constituciones no dicen que automáticamente tales casos deben pasar a jurisdicción ordinaria. Sin embargo, tal es la tendencia práctica. En el segundo ciclo no se desarrollaron procedimientos institucionales para encarar posibles conflictos de un modo plural, bajo el principio de la igual dignidad de las culturas y en diálogo intercultural, donde las autoridades indígenas tuvieran igual poder de definición que los jueces ordinarios. Algunos países, como Colombia, avanzaron en instalar el peritaje cultural como un medio para el entendimiento intercultural, a fin de que los jueces pudieran comprender las culturas indígenas y así resolver de mejor manera las tutelas que recibían (Sánchez 1998). Sin embargo, el principio de la igual dignidad de las culturas quedó sin traducción institucional, pues solo la institucionalidad jurídica hegemónica retuvo la capacidad para decidir en los conflictos entre sistemas. El constitucionalismo pluralista sentó principios cuya efectiva implementación desborda a las instituciones soberanas monoculturales tradicionales, las que no representan en su estructura, composición y funcionamiento institucional a la diversidad de pueblos y culturas del país. Y este fue uno de los retos que dejó el segundo ciclo al siguiente.

El Ciclo del Constitucionalismo Plurinacional (2006-2009)

El tercer ciclo de reformas dentro del horizonte pluralista es el *constitucionalismo plurinacional*. Está conformado por dos procesos constituyentes, Bolivia (2006-2009) y Ecuador (2008), y se da en el contexto de la aprobación de la Declaración de Naciones Unidas sobre los derechos de los pueblos indígenas (2006-2007).

Las Constituciones de Ecuador y Bolivia se proponen una refundación del Estado, iniciando con el reconocimiento explícito de las raíces milenarias de los pueblos indígenas ignorados en la primera fundación republicana, y se plantean el reto histórico de dar fin al colonialismo. Los pueblos indígenas son reconocidos no sólo como "culturas diversas" sino como *naciones originarias* o *nacionalidades* con autodeterminación o libre determinación. Esto es, sujetos políticos colectivos con derecho a definir su destino, gobernarse en autonomías, y participar en los nuevos pactos de Estado, el que se configura así como un "Estado plurinacional". Al definirse como un Estado plurinacional, resultado de un pacto de pueblos, no es un Estado ajeno el que "reconoce" derechos a los indígenas, sino que los colectivos indígenas mismos se yerguen como sujetos constituyentes y, como tales y junto con otros pueblos, tienen poder de definir el nuevo modelo de Estado y las relaciones entre los pueblos que lo conforman. Es decir, estas constituciones buscan superar la ausencia de poder constituyente indígena en la fundación republicana y el hecho de habérseles considerado a lo largo de la historia como menores de edad, sujetos a tutela estatal.

Luego de la crisis del modelo de ajuste estructural y de las políticas neoliberales, la población en general reclama al Estado derechos sociales y un papel activo frente a las transnacionales y los poderes materiales. Esta demanda se traduce en nuevos derechos sociales que incorporan la visión indígena, como el derecho al agua, al "buen vivir", la seguridad alimentaria, entre otros. Y, así mismo, reconocen el ejercicio del derecho propio en el marco de la cosmovisión indígena. Adicionalmente, la Constitución de Ecuador incorpora derechos para nuevos sujetos, como la naturaleza (la "pachamama", los cursos de agua), por fuera de la sistemática homocéntrica occidental.

Las constituciones del s. XXI se inscriben de modo explícito en un proyecto descolonizador y afirman el principio del pluralismo jurídico, la igual dignidad de pueblos y culturas, y la interculturalidad. La Constitución de Bolivia busca traducir esos principios en consecuencias institucionales estableciendo la paridad entre la jurisdicción indígena y la ordinaria. Por ejemplo, la Constitución de Bolivia establece la paridad de representantes de la jurisdicción indígena y la ordinaria en la conformación del Poder Judicial y del Tribunal Constitucional. Sin embargo, las resistencias conservadoras a las que fueron sometidos los procesos de aprobación constitucional, introdujeron una serie de limitantes que ahora conviven con formulaciones pluralistas en el mismo seno del texto constitucional. Más limitantes aún aparecen en la elaboración legislativa.

El entrampamiento del proceso boliviano producido luego del primer texto de la asamblea constituyente refleja las resistencias teóricas y políticas que despiertan estos planteamientos. La resistencia del pasado no es pacífica ni se trata de una "transición amigable", como había descrito Lee Van Cott (2000) al período de reformas anterior. Para salir del impase, las fuerzas políticas se vieron obligadas a pactar un nuevo texto constitucional por fuera de la asamblea, al costo de cambios importantes que buscaban introducir limitaciones al reconocimiento de la autonomía y la jurisdicción indígena. Ello ha dado lugar a la existencia simultánea, en el texto constitucional, de principios pluralistas (principio de pluralismo, autonomía indígena, principio de representación paritaria de jueces ordinarios e indígenas) y normas limitativas (jurisdicción indígena restringida a indígenas, para asuntos indígenas y dentro de su territorio). Para salvar los principios pluralistas y el objetivo descolonizador de la Constitución será necesario hacer una interpretación pluralista del texto constitucional.

Sobre el pluralismo jurídico[13]

El fundamento del pluralismo jurídico en las Constituciones de Bolivia y Ecuador ya no radica solamente en la diversidad cultural, que también es recuperada a través del principio de la interculturalidad, sino sobre todo en el reconocimiento del derecho de los pueblos indígenas u originarios a la autodeterminación (Ecuador) o libre determinación de los pueblos (Bolivia). Sin embargo, estas constituciones no se

---

[13] NE- Outras facetas da questão do pluralismo jurídico, vide a parte específica desta coletânea.

librarán de la tensión entre una visión descolonizadora - que reconoce que los pueblos indígenas ejercen su jurisdicción como parte de su derecho a la autonomía, bajo el principio de la igualdad de jerarquía entre la jurisdicción indígena y la ordinaria, y una tendencia neocolonial que busca circunscribir la jurisdicción indígena a una forma de control étnico, aplicada entre indígenas, para "asuntos indígenas", sin capacidad para ser aplicada a terceros que afectan sus bienes jurídicos dentro de sus territorios.

Cuadro 2 Reconocimiento del pluralismo jurídico en el tercer ciclo del horizonte pluralista (2006-2009)

(continua)

	Ecuador 2008	Bolivia 2009
Modelo de Estado	**Art. 1.**- El Ecuador es un Estado constitucional de derechos y justicia, social, democrático, soberano, independiente, unitario, intercultural, **plurinacional** y laico. Se organiza en forma de república y se gobierna de manera descentralizada.	**Artículo 1.** Bolivia se constituye en un Estado Unitario Social de Derecho **Plurinacional Comunitario**, libre, independiente, soberano, democrático, **intercultural**, descentralizado y **con autonomías**. Bolivia se funda en la pluralidad y el **pluralismo** político, económico, **jurídico**, cultural y lingüístico, (...). **Artículo 2.** Dada la **existencia precolonial** de las naciones y pueblos indígena originario campesinos y su dominio ancestral sobre sus territorios, se garantiza su **libre determinación** en el marco de la unidad del Estado, que consiste en su derecho a la **autonomía**, al **autogobierno**, a su cultura, al reconocimiento de sus **instituciones** y a la consolidación de sus **entidades territoriales**, conforme a esta Constitución y la ley. **Art. 9.** Son **fines y funciones** esenciales del Estado, (...): 1. Constituir una sociedad justa y armoniosa, cimentada en la **descolonización**, sin discriminación ni explotación, con plena justicia social, para **consolidar las identidades plurinacionales**.
Principios	**Art. 83.** [deberes y responsabilidades de las ecuatorianas y los ecuatorianos]: **10.** Promover la unidad y la igualdad en la diversidad y en las relaciones **interculturales**.	Art.9. 2. Garantizar el bienestar, el desarrollo, la seguridad y la protección e **igual dignidad** de las personas, **las naciones, los pueblos** y las comunidades, y fomentar el respeto mutuo y el **diálogo intracultural, intercultural** y plurilingüe. **Art. 178.** I La **potestad de impartir justicia** emana del pueblo boliviano y se sustenta en los principios de (...) **pluralismo jurídico**, interculturalidad (...). **Artículo 30.** II. [Las naciones y pueblos indígena originario campesinos gozan de los siguientes derechos] 4. A la **libre determinación** y **territorialidad**. Art. 179. II. La jurisdicción ordinaria y la jurisdicción indígena originario campesina gozarán de **igual jerarquía**.
Autoridad autónoma en sus territorios	Art. 57. [derechos colectivos] 9. Conservar y desarrollar sus propias formas de convivencia y organización social, y de generación y **ejercicio de la autoridad**, en sus **territorios** legalmente reconocidos y tierras comunitarias de posesión ancestral.	**Artículo 304.** I. [**Competencias exclusivas** de las autonomías]: 8. Ejercicio de la **jurisdicción indígena** originaria campesina para la **aplicación de justicia y resolución** de conflictos a través de **normas y procedimientos propios** de acuerdo a la Constitución y la ley. **Art. 179.** I. (...) la **jurisdicción indígena originaria campesina** se ejerce por sus **propias autoridades**; (...).

(continua)

	Ecuador 2008	Bolivia 2009
Jurisdicción indígena	**Justicia indígena. Art. 171.**- Las autoridades de las comunidades, pueblos y nacionalidades indígenas **ejercerán funciones jurisdiccionales**, con base en sus tradiciones ancestrales y su derecho propio, **dentro de su ámbito territorial**, con garantía de participación y decisión de las **mujeres**. Las autoridades aplicarán normas y procedimientos propios para la solución de sus **conflictos internos**, y que no sean contrarios a la Constitución y a los derechos humanos reconocidos en instrumentos internacionales. El Estado garantizará que las decisiones de la jurisdicción indígena sean **respetadas** por las instituciones y autoridades públicas. Dichas decisiones estarán sujetas al **control de constitucionalidad**. La ley establecerá los mecanismos de **coordinación y cooperación** entre la jurisdicción indígena y la jurisdicción ordinaria.	**Título III. Capítulo Cuarto. Jurisdicción indígena originaria campesina. Art. 190.** I. Las naciones y pueblos indígena originario campesinos ejercerán sus **funciones jurisdiccionales** y de competencia a través de sus **autoridades**, y aplicarán sus principios, valores culturales, **normas y procedimientos propios**. (...) **Artículo 191.** I. La jurisdicción indígena originario campesina se fundamenta en un vínculo particular de las personas que son **miembros** de la respectiva nación o pueblo indígena originario campesino. II. La jurisdicción indígena originario campesina se ejerce en los siguientes ámbitos de vigencia personal, material y territorial: **Están sujetos** a esta jurisdicción los **miembros** de la nación o pueblo indígena originario campesino, sea que actúen como actores o demandado, denunciantes o querellantes, denunciados o imputados, recurrentes o recurridos. Esta jurisdicción conoce los **asuntos indígena** originario campesinos de conformidad a lo establecido en una Ley de Deslinde Jurisdiccional. Esta jurisdicción se aplica a las relaciones y hechos jurídicos que se realizan o cuyos efectos se producen **dentro de la jurisdicción de un pueblo** indígena originario campesino.
Límites	**Art. 21.** (...). **No se podrá invocar la cultura cuando se atente contra los derechos reconocidos** en la Constitución. **Art. 57.**- [Derechos colectivos]: **10.** Crear, desarrollar, aplicar y practicar su derecho propio o consuetudinario, que **no podrá vulnerar derechos constitucionales**, en particular de las **mujeres, niñas, niños y adolescentes**.	Art. 190. II. La jurisdicción indígena originaria campesina **respeta** el derecho a la vida, el derecho a la defensa y **demás derechos y garantías** establecidos en la presente Constitución.
Efectos	**Art. 76.** [el derecho al **debido proceso** incluirá las siguientes garantías básicas]: inc. 7, **i)** Nadie podrá ser juzgado más de una vez por la misma causa y materia. Los **casos resueltos por la jurisdicción indígena** deberán ser considerados para este efecto.	**Artículo 192.** I. Toda autoridad pública o persona **acatará las decisiones** de la jurisdicción indígena originaria campesina. **Artículo 192.** II. Para el cumplimiento de las decisiones de la **jurisdicción indígena** originario campesina, sus autoridades podrán solicitar el **apoyo de los** órganos **competentes del Estado**.
Coordinación	171.[La ley establecerá los mecanismos de **coordinación y cooperación** entre la jurisdicción indígena y la jurisdicción ordinaria.]	**Art. 192.** III. El Estado **promoverá y fortalecerá la justicia indígena** originaria campesina. La **Ley de Deslinde Jurisdiccional**, determinará los mecanismos de coordinación y cooperación entre la jurisdicción indígena originaria campesina con la jurisdicción ordinaria y la jurisdicción agroambiental y todas las jurisdicciones constitucionalmente reconocidas.

(conclusão)

	Ecuador 2008	Bolivia 2009
Control constitucional	171 [Dichas decisiones estarán sujetas al **control de constitucionalidad.**]	**Artículo 197. I. El Tribunal Constitucional Plurinacional** estará integrado por Magistradas y Magistrados **elegidos con criterios de plurinacionalidad**, con **representación** del **sistema ordinario** y del **sistema indígena** originario campesino. **Artículo 199. I.** (...) Para la **calificación de méritos** se tomará en cuenta el **haber ejercido la calidad de autoridad originaria bajo su sistema de justicia.**
Que estructuras sean parte del Estado		**Art. 30. II. 5.** A que sus **instituciones** sean parte de la estructura general del Estado. **Art. 182. VI.** (...) Para la calificación de méritos [de **Magistradas y los Magistrados**] del Tribunal **Supremo** se tomará en cuenta el haber ejercido la **calidad de autoridad originaria bajo su sistema de justicia.** Art. 199. II. Las **candidatas** y los candidatos al Tribunal Constitucional Plurinacional podrán ser propuestas y **propuestos por** organizaciones de la sociedad civil y de las **naciones y pueblos indígena** originario campesinos.

Bajo el concepto del "Estado plurinacional", se reconocen nuevos principios de organización del poder, basados en la diversidad, la igual dignidad de los pueblos, la interculturalidad y un modelo de pluralismo legal igualitario, con un expreso reconocimiento de las funciones jurisdiccionales indígenas que las constituciones precedentes de Bolivia y Ecuador no contemplaban con tal claridad. Se pluraliza la definición de derechos, la democracia y la composición de los órganos públicos y las formas de ejercicio del poder. Así por ejemplo, la Constitución de Bolivia reconoce simultáneamente varias formas de participación política, incluyendo la forma clásica, representativa (a través del voto y cupos), pero también formas de participación directa (consulta, referéndum) y nuevas formas de participación, como la democracia comunitaria, esto es, el reconocimiento de formas de elección y ejercicio de la autoridad indígena de acuerdo a su propio derecho y procedimientos.

A diferencia de las constituciones precedentes, que apenas tenían un artículo sobre el derecho y la justicia indígena, estas nuevas cartas, sobre todo la de Bolivia, tienen varios artículos específicos, y a su vez menciones al derecho indígena que atraviesan todo el texto constitucional. Considerando los poderes que se consideraban privativos del Estado -y hacían colisión con las potestades que reclamaban los pueblos indígenas-, las constituciones, en particular la de Bolivia, han incorporado, de modo transversal, el reconocimiento de potestades que hacían colisión con el organismo legislativo, ejecutivo y judicial.

Contenidos

Las Constituciones de Ecuador y Bolivia reconocen a los pueblos indígenas:
a) La potestad de darse sus normas. La aplicación de sus principios, valores culturales, normas y procedimientos propios (Bolivia: art. 190)/ tradiciones

ancestrales y derecho propio/ normas y procedimientos propios (Ecuador: art. 171).

b) Sus propias autoridades/ autoridades de las comunidades, pueblos y nacionalidades indígenas (Ecuador: art.171)

c) Funciones jurisdiccionales (Ecuador: Sección sobre Justicia indígena, art. 171. Bolivia: Cap. IV. Jurisdicción indígena originaria campesina).

El derecho al propio derecho o el sistema jurídico indígena, a sus normas y procedimientos propios, costumbres, usos, etc. Este derecho aparece:

De modo específico en ciertos artículos, como el referido a los derechos colectivos.

De modo transversal a todo el texto constitucional. En el caso de Ecuador de modo más puntual. Pero en el caso de Bolivia, las referencias al derecho propio, aparecen en casi todos los capítulos y secciones de la Constitución: la definición de formas democráticas, las formas de elección de autoridades, la gestión del agua, los conocimientos, la tierra, la educación, la salud, etc.

Ejercicio de sistema jurídico es de acuerdo a su cosmovisión (Bolivia, art. 30, II, 14)

a) En cuanto a las **autoridades indígenas**:
- Ambas constituciones reconocen la autonomía indígena. Bolivia con un desarrollo (y también límite) más expreso. Al interior de las autonomías, los pueblos eligen sus autoridades de acuerdo a sus mecanismos de elección propios.
- En ambos casos, pero con más reiteraciones en el caso de Ecuador, las constituciones garantizan la equidad de las mujeres en la representación y participación en sus propios sistemas de autoridad.
- En cuanto a instituciones electivas, Bolivia busca garantizar que los/as representantes indígenas ante las mismas sean elegidos/as mediante sus formas de democracia comunitaria.
- En lo que toca a nuevas instituciones plurinacionales, como el Tribunal Constitucional plurinacional, la jurisdicción agroambiental, la corte suprema, previstas en la Constitución de Bolivia, tales deben tener una composición plural o estar integradas de modo paritario, y reflejar una visión intercultural o plural, incluyendo la visión indígena y ordinaria (esto le falta a la Constitución de Ecuador).

b) En cuanto a la **jurisdicción indígena** o la potestad de ejercer funciones jurisdiccionales, las constituciones de Bolivia y Ecuador:
- Se adscriben al principio del pluralismo jurídico (Bolivia: art. 1).
- Reconocen la libre determinación de los pueblos (Bolivia), autodeterminación (Ecuador).
- Reconocen autonomías indígenas (Bolivia) o Circunscripciones territoriales indígenas y afroecuatorianas (Ecuador: art. 257)
- Establecen el principio de la igual jerarquía entre la jurisdicción indígena y la ordinaria (Bolivia: art. 179, II)

• Instauran el control constitucional (Ecuador art. 171) o el control por una institución mixta como el Tribunal Constitucional Plurinacional de composición plural y paritaria (Bolivia).

• Afirman los principios de justicia, solidaridad, diversidad (Ecuador: art. 83).

• Reconocen funciones jurisdiccionales a las autoridades indígenas de acuerdo a su propio derecho, a diferencia de las constituciones previas de Bolivia de 1994 y de Ecuador de 1998, que eran vagas.

En cuanto a los efectos jurídicos del derecho y la jurisdicción indígena, las constituciones establecen que:

• Las decisiones deben ser respetadas por instituciones públicas y privadas (Ecuador: 171)/ Toda autoridad pública o persona acatará las decisiones de la jurisdicción indígena originaria campesina (Bolivia: 192. I)

• Los casos resueltos por la jurisdicción indígena deberán ser considerados como cosa juzgada para el efecto del *non bis in idem*. (Ecuador: 76, inc. 7, i)

Competencias/ Alcance

Cabe anotar que lo avanzado de estos planteamientos generó mucha resistencia. Así, en Bolivia, el primer texto constitucional aprobado por la asamblea constituyente, contemplaba un reconocimiento de la jurisdicción indígena de modo amplio, con competencia territorial dentro de las comunidades y por fuera en caso de indígenas, con amplia competencia personal para indígenas y no-indígenas que afectasen bienes jurídicos indígenas, sin mayor limitaciones que la de no violar los derechos humanos, entendidos interculturalmente. Igualmente, dicha versión preveía el principio del pluralismo jurídico, la igualdad de jurisdicciones, la conformación paritaria del Tribunal Constitucional Plurinacional, con representantes de la jurisdicción indígena y ordinaria. Sin embargo, luego del entrampamiento del proceso y del pacto político que permitió salvarlo, se introdujeron una serie de limitaciones de modo inconsistente con el modelo de pluralismo igualitario, lo que generará disputas legales y políticas.

Entre las limitaciones que, inconsistentemente se introdujeron en el texto boliviano final, cabe anotar:

• La autonomía indígena fue reducida por debajo de los límites departamentales, de modo inconsistente con el principio de la libre determinación de los pueblos.

• Se introdujo una cláusula para la restricción del ejercicio de la jurisdicción indígena desde una mentalidad colonial, con limitaciones a la competencia territorial (para que la jurisdicción indígena sólo se aplique dentro del territorio del pueblo indígena), personal (sólo entre miembros de un pueblo indígena) y material (asuntos indígenas), de modo inconsistente con el principio de la igualdad de jurisdicciones y el derecho a la libre determinación de los pueblos indígenas dentro de su territorios que el mismo texto consagra.

Limitaciones afines se debatieron en el Ecuador respecto de los derechos de participación y consentimiento, así como con relación a la justicia indígena. La Constitución estableció límites a la competencia territorial y material de la jurisdicción indígena:

• Dentro de su ámbito territorial.

• Para la solución de "sus conflictos internos".

Control constitucional

Con relación a los mecanismos de control, en ambas constituciones se establece que hay un control constitucional. La novedad es que la Constitución boliviana es explícita en indicar que el Tribunal Constitucional debe tener una composición "pluri-nacional", esto es, conformada por autoridades provenientes de ambas jurisdicciones, la jurisdicción indígena y la ordinaria. En el Ecuador no se incluyó la constitución de instancias mixtas interculturales para resolver conflictos de interlegalidad, desde un pluralismo jurídico igualitario; pero sí se aseguró la paridad de género. En este sentido, estas constituciones rompen con la ceguera étnica y de género en la composición de las instituciones públicas, buscando garantizar la paridad étnica (sobre todo la de Bolivia) y la equidad de género (sobre todo la de Ecuador). También encaran el tema de posibles conflictos entre derechos de las mujeres y derechos indígenas, resolviendo que la cultura no puede ser invocada para vulnerar derechos (Ecuador). La creación de instituciones mixtas plurinacionales (como el Tribunal constitucional plurinacional de Bolivia) permite resolver posibles alegaciones de violación de derechos humanos por la jurisdicción indígena con base en el diálogo intercultural, donde los pueblos tienen poder de definición institucional.

Retos

Un primer reto que estos textos constitucionales plantean es la necesidad de construir herramientas para una hermenéutica y una doctrina pluralista, a fin de salvar sus limitaciones o inconsistencias y garantizar que el principio del pluralismo igualitario y el proyecto descolonizador se puedan realizar en las normas secundarias, la jurisprudencia y políticas públicas.

Otro reto reside la necesidad de un fortalecimiento interno de los sistemas jurídicos indígenas y de la capacidad de todos los actores para que puedan entrar en auténticos procesos de diálogo intercultural que permitan construir espacios plurinacionales efectivos.

No es corto el horizonte ni poca la tarea.

Anexo

Cuadro 3 Ciclos del Horizonte del Constitucionalismo Pluralista[14]

(continua)

Ciclos/ reformas constitucionales	PRIMER CICLO: 1982-1988 Constitucionalismo Multicultural	SEGUNDO CICLO: 1989-2005 Constitucionalismo Pluricultural	TERCER CICLO: 2006-2009 Constitucionalismo Plurinacional
Modelo de Estado	La emergencia del multiculturalismo y el derecho a la diversidad cultural en el marco del Estado que reconoce sociedad multiétnica y multicultural	De la Nación multicultural al Estado Pluricultural, con pluralismo jurídico interno.	Proyecto descolonizador Estado Plurinacional, con pluralismo jurídico igualitario, que reconoce libre determinación a los pueblos indígenas o naciones originarias
Ejemplos de países	• Canadá, 1982. • Guatemala ,1985. • Nicaragua, 1987. • Brasil, 1988.	• Colombia, 1991. • México, 1992. • Paraguay, 1992 • Perú, 1993. • Bolivia, 1994, 2004. • Argentina, 1994. • Ecuador, 1998. • Venezuela, 1999.	Bolivia, 2006-9. Ecuador, 2008.
Derecho internacional	Aún en vigencia: -La Convención del Instituto Indigenista Interamericano. -El Convenio 107 de la OIT, que entra en revisión entre 1987-1989 1982: Creación del Grupo de trabajo de UN sobre poblaciones indígenas.	-Adopción del Convenio 169 de la OIT sobre pueblos indígenas en 1989. - México ratificó Convenio en 1991. Le siguieron los países andinos, entre otros.	Aprobación de la Declaración de Naciones Unidas sobre los Derechos de los Pueblos Indígenas. -Por el Consejo de Derechos Humanos: 2006. -Por la Asamblea General: 2007.
Política internacional	-Crítica al integracionismo del Convenio 107 de la OIT. -Constitución del Grupo de Trabajo de ONU sobre pueblos indígenas (1982) con participación indígena.	Superación del integracionismo: -Convenio 169 reconoce *las aspiraciones de los pueblos a asumir el control de sus propias instituciones y formas de vida y desarrollo y a fortalecer sus identidades, lenguas y religiones, dentro del marco de los Estados.*	Libre determinación: - *Pueblos y personas indígenas son libres e iguales a todos los demás pueblos* -*Los pueblos indígenas tienen derecho a la libre determinación,* -*Autonomía, autogobierno.*
Contextos nacionales	-Países con alta diversidad cultural y presencia indígena. -Tensiones internas con pueblos indígenas, en contextos bélicos o post-bélicos (Nicaragua, Guatemala).	-Articulación de movimientos y demandas indígenas - Adopción de políticas neoliberales: Reformas estructurales del Estado, reducción de derechos sociales, apertura a transnacionales.	-Alta presencia indígena en constituyentes. -Fracaso de políticas neoliberales. - Presión para que Estado retome protección de derechos sociales.

---

[14] Adaptado de Yrigoyen 2010:35.

(continua)

Sujetos de derechos	-Comunidades (Nicaragua). -Grupos étnicos, comunidades indígenas (Guatemala). -Poblaciones (Brasil). -Canadá: pueblos aborígenes.	-Comunidades (indígenas, campesinas, nativas, rondas campesinas). -Pueblos Indígenas. -Pueblos originarios (Perú).	-Comunidades. -Pueblos indígenas. -Naciones originarias/ indígenas (Bolivia). -Nacionalidades indígenas (Ecuador).
Ejes de Reconocimiento	-Multiculturalidad (Canadá). -Derecho a la identidad cultural (Guatemala, Nicaragua). -Multietnicidad (Nicaragua). - Régimen de autonomías (Nicaragua) - Derechos indígenas (Brasil, Guatemala).	-Se reafirma el derecho a la identidad y diversidad cultural. -Del derecho a la diversidad se pasa a la definición de la nación/ multicultural república/ estado pluricultural. -Inclusión de un listado de derechos colectivos indígenas. -Derechos de consulta y participación. -Pluralismo jurídico.	-Estado plurinacional -Reconocimiento de existencia precolonial de naciones/ pueblos indígenas, y su libre determinación. -Responsabilidad social del Estado. -Nuevos derechos de individuos, grupos, comunidades, pueblos, naciones, nacionalidades indígenas. -Nuevos derechos sociales (al agua, "al buen vivir", seguridad alimentaria). -Derechos de la Naturaleza (Ecuador). -Autonomías indígenas. -Instituciones mixtas plurinacionales interculturales. -Se reconoce jurisdicción indígena de modo explícito.
Pluralismo jurídico	La Constitución de Guatemala reconoce "costumbres". Estas Constituciones no reconocen el pluralismo jurídico propiamente: el derecho ni la jurisdicción indígena. Los países que ratifican el Convenio 107 reconocen el derecho consuetudinario indígena sin afectar programas de integración.	-Introducción del pluralismo jurídico interno: - Autoridades - Derecho consuetudinario - Jurisdicción especial indígena o sistemas de justicia o mecanismos alternativos de justicia. Competencias -Territorial: dentro del territorio indígena. -Personal: amplia, salvo Venezuela (sólo entre miembros) -Material: sin límite de materia o cuantía	-Principios de pluralismo jurídico y representación paritaria de autoridades indígenas y ordinarias en el sistema judicial y el Tribunal Constitucional (Bolivia). -Reconocimiento de: -Derecho indígena o consuetudinario (transversal a la Constitución) -Autoridades indígenas, dentro de régimen de autonomía o autodeterminación. -Jurisdicción indígena.

(conclusão)

Límites/ problemas	-El reconocimiento de la diversidad no modifica el carácter del Estado. -No se reconoce pluralismo jurídico ni la jurisdicción propia. (en los casos en los que se ensaya reconocimiento del derecho y justicia indígena por vía infra-constitucional, tal es sumamente limitado).	-Nuevos derechos no suponen reforma estructural del Estado (ejem. falta acomodación de nuevas formas de participación y consulta con estructuras institucionales). -Reducción de derechos sociales. -Adopción simultánea del multiculturalismo y contracción del papel social del Estado, lo que neutraliza derechos. -Introducción inorgánica de la justicia indígena (Perú, Bolivia). -Pluralismo jurídico: limitado a no contradecir Constitución ni leyes. -Confusión entre mecanismos alternativos (voluntarios) y jurisdicción (Bolivia, Ecuador).	-Pactos políticos para viabilizar constituciones dan lugar a ciertas restricciones. -Bolivia: texto final reduce algunos avances de texto inicial: No cabe autonomías indígenas supra-departamentales. Si bien se dejaron los principios pluralistas, se puso límites a la jurisdicción indígena: entre indígenas, sobre asuntos indígenas, dentro de su territorio. - Ecuador: jurisdicción indígena para asuntos internos.

Bibliografía

Ariza, José. 2009. Derecho, saber e identidad indígena. **Bogotá: Siglo** del Hombre Editores, Universidad de los Andes - Facultad de Derecho y Pontificia Universidad **Javeriana-**Instituto Pensar.

Bonilla, Daniel. 2006. La Constitución multicultural. **Bogotá: Siglo** del Hombre Editores, Universidad de los Andes- Facultad de Derecho y Pontificia Universidad **Javeriana-**Instituto Pensar.

Chivi, Idón. 2006. Justicia Indígena. Los Temas **pendientes. La Paz:** Azul Editores.

Kymlicka, Will. 1995. Ciudadanía multicultural. Una **teoría liber**al de los derechos de las minorías. Barcelona: Paidós.

Kymlicka, Will. 2001. Politics in the vernacular. **Nationalism,** multiculturalism, and citizenship. New York: Oxford University Press.

Sánchez, Esther. 1998. Justicia y pueblos indígenas en **Colombia.** Bogotá: UNC y UNIJUS.

Sánchez, Esther e Isabel Jaramillo. 2001. La Jurisdicción **especial** indígena. Bogotá: Procuraduría General de la Nación y Procuraduría Delegada para Minorías **Étnicas.**

Stavenhagen, Rodolfo y Diego Iturralde. 1990. Entre **la ley y la** costumbre. México: III-IIDH.

Taylor, Charles 1993. El multiculturalismo y la políti**ca del** reconocimiento. México: FCE.

Yrigoyen Fajardo, Raquel. 1999. Pautas de coordinación **entre el** Derecho indígena y el Derecho estatal. 1ra Edición. Guatemala: Fundación Myrna Mack.

Yrigoyen Fajardo, Raquel. 2004. "Vislumbrando un *horizonte pluralista*: rupturas y retos epistemológicos y políticos" En: Castro, Milka. Los desafíos de la **interculturalidad.** Santiago de Chile: Universidad de Chile. (p. 191-228).

Yrigoyen Fajardo, Raquel. 2006. "Hitos del reconocimiento **del plura**lismo jurídico y el derecho indígena en las políticas indigenistas y el constitucionalismo andino". **En: Berra**ondo, Mikel. 2006. Pueblos indígenas y Derechos humanos. Bilbao: Universidad de Deusto (**p. 537-567).**

Yrigoyen Fajardo, Raquel (ed.). 2010. *Pueblos indígenas. Constituciones y reformas políticas en Latinoamérica.* Lima: IIDS, INESC, ILSA.

Van Cott, Donna Lee 2000. *The friendly liquidation of the past. The politics of Diversity in Latin America.* Pittsburgh: University of Pittsburgh Press.

Informação bibliográfica deste artigo, conforme a NBR 6023:2002 da Associação Brasileira de Normas Técnicas (ABNT):

FAJARDO, Raquel Z. Yrigoyen. Pluralismo jurídico y jurisdicción indígena en el horizonte del Constitucionalismo Pluralista. *In:* BALDI, César Augusto (Coord.). *Aprender desde o Sul:* Novas constitucionalidades, pluralismo jurídico e plurinacionalidade. Aprendendo desde o Sul. 1. ed. Belo Horizonte: Fórum, 2015. p. 35-57

EL NUEVO CONSTITUCIONALISMO LATINOAMERICANO: PROMESAS E INTERROGANTES

ROBERTO GARGARELLA

CHRISTIAN COURTIS

Introducción

Las cuestiones que se abordan en este texto son las siguientes. I) En primer lugar, se reflexiona en torno al sentido último de las constituciones con las que contamos. La pregunta es cuál es el objetivo principal que se proponen alcanzar las Constituciones que se han escrito en la región. Nos interesará señalar que, en una mayoría de los casos, las nuevas Constituciones lamentablemente han quedado a la merced de objetivos cortoplacistas. II) Examinamos, además, la famosa tensión entre constitucionalismo y democracia, dos ideales que –a pesar de su larga convivencia– se mueven a partir de lógicas distintas, más bien opuestas. III) Luego, nos interrogamos acerca de los presupuestos filosóficos del constitucionalismo y nos planteamos qué es lo que ocurre cuando se mantienen estructuras constitucionales forjadas a partir de presupuestos de raíz elitista, en un marco social que descree de, y confronta tales presupuestos. IV) Más tarde, nos planteamos algunas cuestiones referidas a la estructura básica que encierra cualquier Constitución; esto es, a sus dos partes relacionadas con la organización del poder (i.e., la división del poder; el establecimiento de un sistema de frenos y contrapesos) y a la definición de los derechos fundamentales (la "declaración de derechos").

En este caso, se exploran los modos en que se articulan y entran en conflicto estas dos partes de la Constitución. V) Reflexionamos, además, en torno a la estructura de derechos de las nuevas constituciones regionales. Consideramos que tiene sentido dedicar una atención especial a este aspecto de los nuevos textos fundamentales, dado que ha sido objeto de los principales ataques por parte de los críticos del nuevo constitucionalismo.

Se dice, con cierta razón, que las nuevas Constituciones incorporan listas interminables de derechos, degradando así al texto fundacional, para convertirlo en un mero listado de promesas que no se pueden cumplir. Nos preguntamos, entonces, acerca de la pertinencia de este tipo de observaciones. VI) Nos ocupamos, asimismo, del problema de los "transplantes" constitucionales: es decir, la posibilidad de introducir en los "viejos" textos instituciones "nuevas," desvinculadas de aquellos orígenes. Ello permite desarrollar una reflexión más general en torno a las posibilidades y límites de las reformas constitucionales. VII) Nos preguntamos, también, sobre la posibilidad cierta de contar –como muchos quieren– con una carta constitucional "neutral," es decir, una que no tome partido por concepción del bien alguna. VIII) Para finalmente, plantearnos algunas cuestiones básicas acerca de lo que denominamos las condiciones materiales, o condiciones de posibilidad, del constitucionalismo: ¿es cierto –es la interrogante– que las Constituciones pueden sólo florecer en contextos económico-sociales determinados?

I. La pregunta que la Constitución viene a responder

Una forma de comenzar a examinar el contenido de las nuevas Constituciones latinoamericanas consiste en preguntarse cuál es la principal pregunta que ellas se formulan o, más directamente, cuál es el principal mal que ellas vienen a remediar. La pregunta puede ser pertinente ya que, cuando miramos atrás, una y otra vez, nos encontramos conque el constitucionalismo siempre apareció asociado a la necesidad de poner fin a un cierto mal: se dictaba entonces una nueva Constitución como contribución institucional clave a una empresa social más vasta, orientada a remover a la sociedad de la peculiar situación de crisis por la que atravesaba.

Por caso, la Constitución norteamericana de 1787 puede ser leída –conforme a la propia exposición de James Madison en *El Federalista* No 10– como un intento de poner fin al peso de las *facciones*, que amenazaban con arrasar con los derechos de parte de la ciudadanía. Según sostuviera Madison, en dicha situación, era imposible atacar las causas de las facciones (en última instancia, la diversidad de pensamiento y la libertad de las personas de agruparse con otras con intereses comunes), por lo cual sólo quedaba apuntar a los efectos de las mismas, y es allí donde aparecía la Constitución como dique destinado a dificultar que las irracionales apetencias de algunos tomaran forma de ley. Simón Bolívar, mientras tanto, pensó en el constitucionalismo como un instrumento al servicio de la causa de la independencia. Por ello mismo, en el Manifiesto de Cartagena, tuvo duras palabras contra el primer proyecto constitucional aprobado en su país, al que consideró la causa "más importante" de la debacle política que se produjera en Venezuela, luego de la independencia (Bolívar, 1976). De allí también que él se ocupara, reiteradamente, de redactar propuestas constitucionales dirigidas, inequívocamente, a fortalecer la autoridad presidencial –en su opinión, la clave para garantizar la independencia de las nuevas naciones. Asimismo, Juan Bautista Alberdi –el gran constitucionalista argentino– entendió que la Constitución podía resultar una herramienta clave para poner fin al azote de la anarquía y el caudillismo que asolaban a la Argentina. Ella podía y debía convertirse em la gran carta de garantías para que los inmigrantes europeos se animaran a repoblar el país, y así cambiar las bases culturales del autoritarismo político imperante.

En definitiva, los ejemplos anteriores nos ilustran acerca de un punto más general, cual es el de que las Constituciones nacen habitualmente en momentos de crisis, con el objeto de resolver algún drama político-social fundamental.[1] En todos los casos se asume que en la Constitución no se encuentra la llave mágica capaz de resolver el problema en cuestión, pero al mismo tiempo se considera que allí reside parte de lo más importante que se puede hacer, colectivamente, en pos de un cambio.

Dicho esto podemos plantearnos, entonces, cuál es la gran pregunta que los nuevos textos constitucionales han venido a responder. O, en otros términos, cuál es el gran drama que las nuevas Constituciones latinoamericanas pretenden resolver, a partir de su dictado. La pregunta puede ayudarnos a reconocer los atractivos y los límites de los proyectos de reforma constitucional más recientes, aparecidos en la región. Por caso, podría decirse que muchas de las reformas propuestas en los años 80 –luego de la larga década de gobiernos autoritarios que asoló la región en la segunda mitad del siglo XX– se dirigieron a combatir o a morigerar el híper-presidencialismo, que se identificaba como causa fundamental de la inestabilidad política de las jóvenes democracias regionales. El mal a combatir, entonces, era la inestabilidad, y el principal remedio constitucional, frente al mismo, consistía en la limitación del presidencialismo (Linz y Valenzuela, 1994; Nino, 1992; Riggs, 1987).

Ahora bien, aunque el objetivo de moderar al híper-presidencialismo fue tal vez el más importante del constitucionalismo de los años 80, no es tan claro que los reformadores de entonces hayan tomado siempre seriamente tales consejos. El caso de la Argentina resulta de especial interés, en tal sentido, por la enorme inversión de energía intelectual que precedió a la convocatoria constituyente. De modo relevante, nos encontramos allí con la creación de una nueva institución –el Consejo para la Consolidación de la Democracia– que desde principios de los 80 tuvo por misión casi excluyente elaborar un proyecto de reforma no presidencialista. La Constitución aprobada en 1994, sin embargo, desoyó fundamentalmente aquellos consejos, para concentrarse, esencialmente, en asegurar la reelección al presidente entonces en ejercicio. Dicho objetivo condicionó a toda la reforma, quitándole mucho de su potencial atractivo. Es decir, la nueva Constitución como la Argentina, al igual que otras aprobadas en la región, por la misma época, pareció desperdiciar la oportunidad y el conocimiento a su alcance, para ponerse al servicio de fines eminentemente cortoplacistas.

De todos modos, el cortoplacismo no es un defecto atribuible a todos los proyectos reformistas aparecidos en la región durante los años 90. Por ejemplo, Constituciones nuevas como las del Estado Plurinacional de Bolivia y Ecuador, por tomar dos casos relevantes, sirvieron al propósito reeleccionario de quienes las promovieron, pero también fueron largamente más allá de dicho objetivo. Esto resulta más claro en el caso de la Constitución boliviana, que puede verse guiada de modo muy especial por el ánimo de terminar con la marginación político-social de los grupos indígenas.[2]

---

[1] Decir esto no implica sostener, de ningún modo, que la creación o reforma de una Constitución responda siempre a un único objetivo. Lo que sí se sostiene es que, habitualmente, las Constituciones reconocen detrás de sí, y como causa motivadora, algún motor fundamental, que puede ayudarnos a reconocer el perfil del proyecto bajo estudio, y a entender la lógica que lo anima.

[2] La nueva Constitución, en efecto, establece cuotas de parlamentarios indígenas (por ejemplo, artículo 146, VII), la justicia indígena originaria campesina, a la que coloca en el mismo nivel que a la justicia ordinaria (artículo 192), un Tribunal Constitucional plurinacional, parte de cuyos miembros son escogidos conforme al sistema indígena (artículo 196 y ss.), un órgano electoral plurinacional con representación indígena, un

Dicha idea fuerza –defendida públicamente por quienes favorecieron la Constitución, y reconocible en el texto aprobado– parece dar sentido, en efecto, al documento finalmente dictado.

Como dijera el Vicepresidente boliviano, el sociólogo Álvaro García Linera: "Esta Constitución es buena, es poderosa. Incluye a toda Bolivia. Hay que sentirse orgulloso porque aquí se está coronando el liderazgo y la vanguardia política del movimiento indígena campesino respecto al resto de los sectores sociales."[3] En tal sentido, podríamos agregar que la pregunta-objetivo planteada por los constituyentes bolivianos era, cuanto menos, una muy relevante, bien escogida. Pocos temas resultan más cruciales y parecen más justificados, en la actualidad boliviana, que el de la marginación indígena. En tal sentido, es un mérito del constituyente boliviano el haber salido a la búsqueda, y el de haberle hecho frente, a dicha decisiva cuestión.

Dicho lo anterior, podemos plantearnos una pregunta a futuro, pertinente para muchos de los restantes países latinoamericanos que, a diferencia de los casos del Estado Plurinacional de Bolivia o Guatemala, por ejemplo, no parecen estar fundamentalmente marcados por la marginación de los grupos indígenas. ¿Qué problema debería escoger el futuro constituyente latinoamericano, como problema-objetivo a atender a través de una eventual reforma de la Constitución? ¿Tal vez el problema de la desigualdad, que viene afectando de modo decisivo el desarrollo constitucional de la región? Posiblemente, pero en todo caso la pregunta está abierta, y es una que el constituyente no puede dejar simplemente de lado, como a veces ha hecho.

II. Política constituyente y política ordinaria

En todo caso, la cuestión de la "pregunta" abordada por la Constitución merece una mayor reflexión, al menos a la luz de algunas distinciones que sugiere la teoría política y constitucional. Algunas de las distinciones que nos interesan aquí son aquellas destinadas a diferenciar el ámbito de conveniencia de la política constituyente –es decir, de aquella dirigida a crear una nueva constitución o modificar la establecida– de aquel de la política constituida u ordinaria –es decir, aquel que supone la existencia de cierto marco de referencia constitucional estable, y se desarrolla dentro de los parámetros que ese marco fija.

La Constitución es, por definición, un tipo de norma distinta de la legislación ordinaria. Basta recordar, sin pretensión de exhaustividad, algunos de los rasgos que marcan esta diferencia. Algunos de estos rasgos están estrechamente interrelacionados, de manera que seguramente existen superposiciones entre ellos. Primero, la Constitución es la ley suprema, y subordina tanto la forma de creación como el contenido de la legislación inferior. Segundo, la Constitución establece las instituciones fundamentales del Estado y define sus facultades y objetivos. Tercero, la Constitución consagra el catálogo de derechos fundamentales de las personas. Y cuarto, la Constitución prevé una serie de garantías para preservar su supremacía,

---

modelo económico social comunitario basado en la cosmovisión indígena (artículo 205 y ss.), derechos especiales de los indígenas sobre el agua y sobre los recursos forestales de su comunidad (artículo 304), derechos a la tierra comunitaria e indígena (artículo 293 y disposiciones transitorias), etcétera.

3   http://www.fmbolivia.com.bo/noticia5108-garcia-linera-explica-a-campesinos-la-nueva-cpe-y-se-inicia-su-socializacion.html.

entre las que interesa destacar la llamada *rigidez constitucional* –es decir, el hecho de que la reforma de la constitución requiera un procedimiento más gravoso que la aprobación o modificación de legislación ordinaria.

Todos estos rasgos tienden a reservar la reforma o modificación de la Constitución para momentos relativamente extraordinarios, por oposición al desarrollo de la política ordinaria y de la adopción de legislación ordinaria, que constituyen actividades de carácter permanente. La idea de rigidez constitucional refleja claramente esta idea: la propia Constitución establece los procedimientos para la adopción de la legislación ordinaria, y agrava esos procedimientos –en algunos casos, de manera notoria[4] – cuando se trata de su propia modificación. De modo que no es aventurado inferir que el propio modelo constitucional prevé una cierta estabilidad de la Constitución, frente a un mayor dinamismo de la legislación ordinaria.

La política constituyente tiene, entonces, un lugar propio, distinto del de la política ordinaria. Esta diferenciación puede vislumbrarse al menos en dos sentidos.

El primero, tal vez más sencillo de asir, es temporal: la Constitución se concibe como un documento cuyos cambios deben ser menos frecuentes que los de la legislación ordinaria. Las reformas constitucionales requieren un consenso reforzado y sortear procedimientos especiales: con esto se pretende que sucedan de manera mucho menos habitual que los cambios de la legislación ordinaria.

El segundo sentido está vinculado con el contenido de las reformas de la Constitución: sin pretender agotar el tema aquí, diremos al menos que un modelo de Constitución rígida sugiere que las modificaciones constitucionales deben quedar reservadas a cuestiones de máxima trascendencia institucional o axiológica. El esfuerzo político necesario para lograr una reforma constitucional parece imponer cierta cautela: tal empeño sólo debe llevarse a cabo cuando la cuestión no pueda resolverse en el marco de la política ordinaria, y resulte necesario cambiar las reglas mismas del juego. De modo que sólo razones de especial peso aconsejan desplazar la discusión de una cuestión del marco de desarrollo legislativo ordinario al marco de una reforma constitucional.

Distintos autores han abordado la cuestión de la dualidad entre el lugar correspondiente a la política constituyente y el correspondiente al debate político ordinario. El filósofo del derecho y constitucionalista Bruce Ackerman ha intentado tematizar esta dinámica en el marco de la historia constitucional estadounidense (Ackerman, 1991, 1999). Dada la gran rigidez de la Constitución de los Estados Unidos, que hace prácticamente inviable una reforma total, Ackerman dirige su atención a cambios que podrían considerarse emparentados con una reforma constitucional, es decir, a modificaciones estructurales de la interpretación de una constitución.

En su análisis, el constitucionalista estadounidense pone cierto énfasis en el aspecto temporal de los grandes cambios de orientación en la interpretación en la Constitución, relacionándolos con la noción de "revolución científica" debida al filósofo de la ciencia Thomas Kuhn (Kuhn, 1971). La historia constitucional se caracterizaría, de acuerdo con Ackerman, por un número discreto de "momentos constitucionales" extraordinarios, sustentados sobre una base de consenso político y

---

[4]   Por ejemplo, algunas constituciones requieren para su reforma la convocatoria de una convención constituyente –es decir, un órgano distinto de la legislatura ordinaria. Otras requieren además la aprobación por un número determinado de Estados, o la aprobación por mayoría calificada de la legislatura subsiguiente.

participación popular también extraordinario, y por largos períodos de "normalidad" constitucional, durante la cual la política y la adopción de legislación ordinaria se desarrolla dentro del marco pautado por el "paradigma" constitucional vigente, y se limita al funcionamiento del sistema político instituido, con el periódico respaldo de los votantes.

Las analogías con el esquema propuesto por Kuhn son evidentes: las "revoluciones científicas" triunfantes son las que determinan un cambio de paradigma científico que, una vez establecido, ofrece el marco para el desarrollo de la "ciencia normal". El crecimiento de la ciencia normal requiere la estabilidad de un paradigma científico y, por ende, se ve alterado con el acaecimiento de una nueva revolución científica. La tarea ordinaria de los científicos sería la de resolver problemas y "acertijos" dentro del marco de un paradigma científico aceptado –y no el de cuestionar o modificar permanentemente ese paradigma (Kuhn, 1971). En el esquema propuesto por Ackerman, los "momentos constitucionales" significan la ruptura con las bases interpretativas aceptadas anteriormente, y siembran el camino de nuevos desarrollos de interpretación constitucional y de consiguiente modificación del marco de discusión de la política ordinaria. Por analogía, la política ordinaria consiste entonces, como la tarea ordinaria de los científicos, en el desarrollo de las posibilidades que ofrece el marco constitucional establecido por esos momentos constitucionales –y no en la nueva modificación de ese marco.

Una de las principales críticas dirigidas a Ackerman es la dificultad de determinar cuándo nos enfrentamos a un "momento constitucional" que revolucione la interpretación de la Constitución, de modo de inaugurar un nuevo paradigma. Tal dificultad, sin embargo, tiene menos peso en aquellos ordenamientos constitucionales en los cuales la reforma significativa de la Constitución es menos gravosa: en tales regímenes, no es arriesgado postular que los momentos de ruptura constitucional no consisten primariamente en cambios interpretativos llevados a cabo por jueces, sino justamente en la puesta en marcha y concreción de una reforma constitucional significativa –en ambos casos, en línea con la movilización de gran participación popular y amplios consensos políticos. Por reforma constitucional significativa entenderemos, sencillamente, aquella que modifica sustancialmente el contenido de una constitución, o la reemplaza por una constitución nueva. Es evidente que la ocurrencia de reformas constitucionales de este tipo –o de cualquier tipo– es bastante más fácil de verificar que la de grandes cambios interpretativos reflejados en una serie de sentencias de un tribunal emblemático, como la Corte Suprema o una Corte Constitucional. Sin necesidad de sobreestimar la certeza de un texto legal escrito, parece sin embargo mucho más fácil evaluar la radicalidad de un cambio constitucional ocurrido a través de una reforma –basta comparar el texto nuevo con el anterior– que determinar las posibles derivaciones de una o varias interpretaciones constitucionales que emanan de sentencias de tribunales, que desde ya plantea una serie de dificultades: si la tendencia se consolidará o surgirán decisiones que la desmientan o la moderen, o cuál es la magnitud o trascendencia del cambio interpretativo.

En todo caso, lo que importa a efectos de este trabajo es que este esquema supone la existencia de muy contados picos de cambio constitucional profundo y, entre ellos, de mesetas prolongadas de desarrollo legislativo ordinario, como efecto del juego regular de la política. Los dos momentos se diferencian claramente: el constitucional es extraordinario, y sucede en aquellas raras ocasiones en las que un proyecto –un proyecto de constitución o un proyecto interpretativo novedoso– cuenta con un aval político también extraordinario. El desarrollo legislativo infraconstitucional, en cambio, sucede dentro del marco establecido por la Constitución, y es el resultado de la negociación política ordinaria.

Jon Elster, el notable teórico social noruego, también sugiere un esquema dualista para interpretar el diferente papel de las reglas de juego constitucionales en relación con las reglas generadas por la política ordinaria, en el marco de su análisis de lo que el denomina "precompromisos". El análisis de Elster pone menos énfasis en la dinámica temporal de los cambios constitucionales: su mirada se centra más bien en el tipo de regla o compromiso que surge de la creación de reglas constitucionales, y de sus consecuencias sobre la creación de reglas ordinarias. Así, Elster señala que existe una diferencia cualitativa entre la acción de quienes crean una nueva Constitución y la de quienes se mueven en el marco de acción creado por tal Constitución: "Sólo la asamblea constituyente es un actor político, en el sentido estricto de la *politique politisante*; todas las generaciones ulteriores quedan limitadas a la *politique politisée* o a la aplicación cotidiana de las reglas básicas" (Elster, 1979, p. 94). Elster presta especial atención a los mecanismos a través de los cuales funciona el "precompromiso constitucional" –comparado metafóricamente por Elster con el gesto de Ulises de atarse al mástil de su nave para escuchar el canto de las sirenas sin perder su libertad. Estos precompromisos constituyen, en la mirada del teórico noruego, limitaciones impuestas a las generaciones futuras, entre las que se encuentran los límites y contrapesos a la facultad legislativa: el veto presidencial, el bicameralismo, la rigidez constitucional (Elster, 1992, pp. 40-41). Paradójicamente, estas limitaciones permiten constituir un espacio de libertad para obrar, con el que sería difícil contar si la política consistiera en la discusión permanente de las reglas del juego. De modo que, según este esquema, ciertas restricciones en las posibilidades de discusión política se traducen en un marco acotado pero que a su vez posibilita la generación de nuevas reglas y acuerdos políticos. La distinción de niveles recuerda también a aquella formulada por el filósofo del derecho inglés Herbert Hart entre reglas primarias, que crean obligaciones y sanciones para las personas, y reglas secundarias, que establecen los modos de creación y modificación de las reglas (Hart, 1963, cap. V).

Cabe anotar que la mirada de Elster pone tal vez un énfasis excesivo en las limitaciones y restricciones creadas por la Constitución, a expensas de lo que uno podría denominar aspectos habilitantes de una Constitución. Así, las Constituciones pueden ser leídas como documentos que no sólo establecen restricciones, sino que también crean facultades de distintos modos: dotando de poderes a los órganos de gobierno, estableciendo tareas y metas concretas a cumplir y, más generalmente, fijando los fines de la actuación estatal. Quizás Elster haya tenido exclusivamente em mente Constituciones como la estadounidense, que carecen casi completamente de enunciación de metas o finalidades sustantivas, dedican mayor espacio a delinear los pesos y contrapesos entre órganos de gobierno y definen derechos en un sentido primordialmente negativo –como obligaciones de no interferencia del gobierno. Pero la Constitución estadounidense es la más antigua de las vigentes, y su modelo ha sido claramente abandonado, al menos en la experiencia comparada posterior a la segunda guerra mundial, por el de Constituciones que dedican bastante más espacio a definir las metas y finalidades que el gobierno debería cumplir, y las cosas que el gobierno debería hacer –y no sólo las que debería dejar de hacer. Las Constituciones latinoamericanas adoptadas en los últimos veinte años se alinean claramente dentro de este modelo sustantivo– por oposición a un modelo meramente procedimental de Constitución.

En todo caso, también puede ensayarse una lectura dualista de las Constituciones sustantivas: en la medida en que las Constituciones multiplican las indicaciones hacia las metas o finalidades estatales, y hacia las cosas que los gobiernos deberían hacer, ellas desplazan al plano de la política ordinaria la negociación y la adopción de aquellos instrumentos a través de los cuales se harán efectivas esas metas o finalidades. Dada su concisión y grado de generalidad, resulta imposible que la Constitución describa con lujo de detalle esos instrumentos: la adopción de un programa sustantivo fuerte por parte de la Constitución habilita entonces una discusión política acerca del detalle de los medios que se adoptarán para concretar aquellas metas o finalidades. Si la Constitución fija como meta la protección del derecho a la salud, corresponde a la política ordinaria decidir la manera en que esa meta se traducirá concretamente en instrumentos de política pública –como leyes, programas o planes de salud.

Las reglas de los juegos –como el ajedrez o los juegos de cartas– constituyen otra analogía útil para entender esta dualidad. Parece sencillo distinguir entre las reglas de un juego, y las jugadas o combinaciones concretamente realizables a partir de esas reglas. Es justamente el establecimiento de las reglas lo que permite jugar. Las jugadas o combinaciones son posibles a partir de la existencia de esas reglas, en función de la interacción recíproca de los jugadores y de otros factores –como el azar. Ahora bien, si la existencia de las reglas es una condición necesaria para jugar, es evidente que no basta sólo con esas reglas para que el juego se desarrolle efectivamente: para ello, los jugadores deben ponerlas en práctica. Por otro lado, si la actividad de los jugadores se dirige no a poner en práctica esas reglas, sino a cambiarlas, lo que ha sucedido es que han creado un juego distinto –que de todos modos exigirá poner esas nuevas reglas en práctica para ser jugado. A la luz de esta analogía, la política constituyente fija las reglas del juego, mientras que la política ordinaria es semejante al desarrollo del juego a partir de esas reglas.

Una mirada dual del espacio que corresponde, respectivamente, a la política constituyente y a la política ordinaria, permite alertar, entonces, sobre ciertos riesgos de recurrir a reformas constitucionales como instrumento de gobierno. Si la Constitución fijas reglas básicas del juego, y el desarrollo del juego queda librado al espacio de la política ordinaria, acudir a reformas de la Constitución como estrategia para jerarquizar ciertas metas o finalidades acarrea el inconveniente de convertir lo extraordinario en ordinario, al tiempo que se perpetúa el cambio de las reglas del juego. Como consecuencia, el juego no se empieza a jugar jamás: se renueva constantemente la voluntad fundacional, sin que arribe el momento de comenzar a desarrollar el proyecto sugerido por la Constitución.

En sentido similar, dado el esfuerzo político e institucional que requiere una reforma constitucional en sistemas de Constitución rígida, cabe preguntarse si semejante energía resulta bien canalizada cuando el desarrollo del programa constitucional requiere de todas maneras del concurso de la política ordinaria. Tal inversión de esfuerzo puede tener un valor simbólico importante –aunque decreciente, en caso de reformas reiteradas–, pero lo cierto es que la concreción de la promesas de una Constitución, por más cargada sustantivamente que ella esté, dependen del buen funcionamiento de la política ordinaria. Lograr el consenso necesario para emprender una modificación constitucional destinada a incluir reivindicaciones en materia de salud o de derechos de los pueblos indígenas, por ejemplo, puede ser más gravoso y al mismo tiempo menos efectivo en términos de resultados que el esfuerzo necesario para crear consenso sobre una política de Estado en materia de salud o de derechos de los pueblos indígenas y para implementarla. En el primer caso, el resultado es simplemente una modificación del texto constitucional, mientras que en el segundo, el grado de concreción del objetivo político deseado parece mayor.

Acudir a reformas constitucionales como solución política corre el serio riesgo de constitucionalización de la política ordinaria, o bien, expresado a la inversa, de ordinarización de la Constitución. Tal fenómeno no ha sido infrecuente en países de la región: el caso paradigmático el es del México, cuya Constitución, adoptada en 1917, fue reformada en ciento ochenta y nueve oportunidades desde entonces.[5] Esta inclinación hacia la reforma constitucional como solución a cuestiones de política coyuntural tiene un efecto institucional pernicioso: con cada cambio importante del balance de las fuerzas políticas se produce un impulso para introducir nuevas modificaciones a la Constitución, bajo el argumento de que mis reivindicaciones también merecen una consagración constitucional, y de que, de todos modos, otros ya lo han hecho antes.

En resumen, la necesaria dualidad entre política constituyente y política ordinaria parece disolverse cuando se recurre frecuentemente a reformas constitucionales como medio de consagración de ciertas metas o finalidades sustantivas, por más loables que ellas sean. El orden constitucional parece requerir cierta estabilidad, cierto sentido de intangibilidad –de lo contrario, corre el riesgo de banalizarse y de confundirse con el de la política ordinaria.

Lo dicho permite reformular la cuestión de la pregunta que pretende contestar la Constitución. Tal vez el primer interrogante a formularse al respecto es si tal pregunta requiere necesariamente de una modificación constitucional, o bien podría canalizarse a través del debate político ordinario.

III. La filosofía pública y la Constitución

Un elemento clave, a la hora de entender la lógica de una Constitución, es el de sus presupuestos básicos, normalmente asociados con la filosofía pública dominante.[6] Típicamente, ¿cómo considera la Constitución a los individuos? ¿Los ve como seres racionales, autónomos, capaces de decidir por sí mismos, o como sujetos fundamentalmente incapaces de reconocer y evaluar sus intereses, ineptos para definir qué es lo mejor para ellos? ¿Cómo concibe la actuación conjunta de los individuos, las asambleas colectivas? ¿Considera que la acción colectiva potencia o socava la racionalidad individual? ¿Entiende –aristotélicamente– que actuando en conjunto se gana en sabiduría y conocimiento? ¿Afirma –rousseaunianamente– que la acción conjunta es una precondición indispensable para el reconocimiento de la decisión pública correcta? ¿O presume más bien –burkeanamente– que el actuar colectivo es em principio, siempre, un actuar irracional?

---

[5] Cfr. http://www.diputados.gob.mx/LeyesBiblio/ref/cpeum.htm. Como algunas reformas introdujeron modificaciones en várias artículos, se estima que, desde 1917 a 2009, la Constitución mexicana –que se supone "rígida"– sufrió alrededor de seiscientas modificaciones. Ver Carbonell, 2009, pp. 133-136.

[6] Se toma la expresión de Sandel, 2005.

La cuestión de los **presupuestos** filosóficos de la Constitución es obviamente importante, porque ellos quedan traducidos inmediatamente en la adopción de instituciones de un cierto tipo. Así, es dable esperar que cuanto más confianza se tenga en la capacidad de los individuos para escoger su propio plan de vida, más espacio tendrán los derechos individuales, y menos las políticas de imposición religiosa o perfeccionistas.

Del mismo modo, y por ejemplo, cuanta más desconfianza se tenga en las disposiciones y habilidades de la ciudadanía para actuar colectivamente, mayores tienden a ser las posibilidades de que se adopten instituciones contra-mayoritarias, o que se limiten las facultades de los órganos representativos.

En América Latina, y desde la independencia (pero no antes), convivieron cosmovisiones constitucionales muy distintas a este respecto, que obviamente tuvieron expresión en la propuesta de modelos constitucionales también muy diferentes. Bartolomé Herrera, tal vez el más influyente constitucionalista conservador en Perú, durante el siglo XIX, sostuvo, por caso "(el) pueblo, esto es, la suma de los individuos de toda edad y condición no tiene la capacidad ni el derecho de hacer las leyes. Las leyes son principios eternos fundados en la naturaleza de las cosas, principios que no pueden percibirse con claridad sino por los entendimientos habituados a vencer las dificultades del trabajo mental, y ejercitados en la indagación científica" (ver Basadre, 1949, pp. 217-8). Encontramos allí una clara ilustración del modo en que se correlacionan ciertos presupuestos em torno a las (in)capacidades de la ciudadanía para actuar colectivamente, con la adopción de soluciones institucionales determinadas (en este caso, relacionadas con fuertes restricciones sobre el sufragio). En el extremo contrario, encontramos proyectos constitucionales de orientación radical, como el de Apaztingán –fundado en la *voluntad inerrante* de la ciudadanía, al decir de uno de sus mentores, Ignacio Rayón– o el defendido por Francisco Bilbao, a mediados de siglo, inspirados en una ideología rousseauniana. Ambos ejemplos nos hablan de la existencia, em América Latina, de una filosofía igualitaria, propuesta en su momento como base para organizar las nuevas instituciones.

Sin embargo (y a pesar de esa multiplicidad de proyectos existentes), el hecho es que la enorme mayoría de las Constituciones latinoamericanas que trascendieron al siglo XX, aparecieron "vaciadas en el molde" (según la expresión del constituyente Benjamín Gorostiaga) de un modelo particular: el la Constitución de los Estados Unidos. Y resulta claro, también, que las instituciones elaboradas en los Estados Unidos estaban claramente apoyadas en una filosofía particular, bien sintetizada en los papeles de *El Federalista*. (White, 1978, 1987). Dicha filosofía era liberal y elitista, es decir, respetuosa de las decisiones personales individuales, y a la vez extremadamente escéptica frente a las capacidades de la ciudadanía para actuar concertadamente. Como dijera Madison en *El Federalista* n.55, en las asambleas colectivas "la pasión nunca deja de arrebatarle su cetro a la razón."

La Constitución que emergió en los Estados Unidos, en 1787, parece claramente ligada a tal tipo de presupuestos individualistas/elitistas, en su combinación de una lista significativa de derechos individuales inviolables; sumada a una estructura de poderes en donde el papel de la Legislatura aparece fragmentado y sujeto a múltiples controles contra-mayoritarios (por ejemplo, un Senado conservador o jueces de elección indirecta y estabilidad vitalicia); y donde el sistema representativo parece diseñado para separar de modo extremo a ciudadanos y representantes (Manin, 1997).

Prestando atención a lo dicho, cabe plantearse una pregunta como la siguiente: si las instituciones que hoy distinguen a muchas de nuestras democracias reproducen las bases de la estructura institucional norteamericana, y dicha estructura es el resultado de una serie de presupuestos relacionados con las (in)capacidades de los individuos para actuar de manera independiente y concertada, ¿qué es lo que debería pasar con aquellas instituciones, si estos presupuestos fueran repudiados en la actualidad? La pregunta resulta pertinente porque nuestra filosofía pública actual puede representar muchas cosas, pero claramente no es idéntica –y, podríamos agregar, parece ser bastante diferente, en general– a aquella que resultaba predominante en los años fundacionales del constitucionalismo.

Hoy por hoy, afirmaciones como las que distinguieron a los debates constituyentes norteamericanos (sobre la irracionalidad popular, o las desventajas de la democracia) resultarían, por lo general, insostenibles en público (Farrand, 1937).

Aunque es dable pensar que la filosofía pública actual contradice directamente la que predominaba en aquellos años (hoy resulta más bien imposible encontrar casos de constituyentes asumiendo el elitismo político que entonces parecía dominante), para los fines de este escrito basta con partir de un punto más modesto: ¿qué es lo que debería pasar con nuestras instituciones–diseñadas a partir de aquellos presupuestos– si reconociéramos que nuestras actuales convicciones difieren de modo significativo de aquellos presupuestos originales? ¿No deberíamos entonces, y en consecuencia, modificar o reajustar nuestras instituciones, para tornarlas, por caso, más permeables al debate público, para estrechar los lazos entre representantes y representados, para reducir el impacto del control judicial sobre las políticas mayoritarias, para repensar el rol del Senado, para revisar la función del veto Ejecutivo, para reajustar los equilibrios entre las distintas ramas del poder?

Lo cierto es que, salvo excepciones, las nuevas Constituciones latinoamericanas no parecieron registrar la necesidad de modificar sus instituciones a la luz de los cambios habidos en la filosofía pública. Ello puede deberse a una multiplicidad de razones, incluyendo la inexistencia de tales cambios (una afirmación empírica que parece refutable), o la conformidad con (o la indiferencia frente) al núcleo de las viejas instituciones, y los problemas que pudieran plantear.

En todo caso, es interesante reconocer que al menos dos de las nuevas Constituciones, la del Estado Plurinacional de Bolivia y el Ecuador, que son las que muestran los principales cambios en su organización interna, son las que aparecieron más claramente comprometidas con un rechazo frente a tradiciones constitucionales de raíces individualistas/elitistas. En ambos casos, además, las nuevas Constituciones incluyeron en sus textos explícitas referencias a cuál sería la "nueva filosofía" a plasmar a través de un renovado texto constitucional.[7]

IV. Los "transplantes" constitucionales

La discusión sobre los "transplantes" en materia jurídica –referida a la posibilidad de "injertar" en un cuerpo constitucional existente, instituciones "ajenas" al mismo– tiene un fuerte vínculo con la que planteáramos en la sección anterior.

---

[7] Ambas hacen referencias celebratorias a la naturaleza, a la Pacha Mama, y a sus tradiciones milenarias. La de Ecuador, en su preámbulo, anuncia su pretensión de construir una nueva forma de convivencia ciudadana, en diversidad y armonía con la naturaleza, para alcanzar el buen vivir, y el sumak kawsay", una declaración que pretende ser una muestra de apertura a una nueva filosofía, y que encuentra manifestaciones más específicas, por caso, en la sección de derechos y en particular en los derechos del "buen vivir" (Título II, cap. 2).

Ello así, porque ambas discusiones se refieren a la posibilidad de mezclar o combinar concepciones constitucionales diferentes, y sugieren la presencia de tensiones significativas susceptibles de desatarse al momento de concretar el "injerto" o la "recepción" de las ideas o iniciativas "ajenas".

En alguna de sus variantes, el tema de los "transplantes" ha sido objeto de una muy vasta reflexión teórica en los últimos tiempos.[8]

En todo caso, la discusión ha tendido a concentrarse básicamente en dos aspectos de la cuestión: la importación de instituciones o la recepción de decisiones judiciales provenientes de un país extranjero; y el valor mismo de tal tipo de operaciones.[9] En América Latina, la polémica sobre las instituciones "importadas" fue la más habitual en la materia pero, cabría decirlo también, ella fue, desde un principio, una polémica muy poco atractiva. Ello así, en parte, y por un lado, porque la importación de instituciones es inevitable: qué institución latinoamericana no deriva, en mayor o menos medida, de una institución extranjera?[10] Pero por otro lado, y sobre todo, porque dicha discusión –que tuvo una extraordinaria relevancia política– aparecía cargada de hipocresía. Para tomar un caso relevante, podríamos decir que Bolívar repudiaba, como tantos, la fascinación de sus opositores con las "máximas exageradas de los derechos del hombre" –máximas a las que descalificaba por ser importadas de Francia (Bolívar, 1976, p. 12). Sin embargo, su reivindicación de lo local no llegaba demasiado lejos: todos los proyectos constitucionales bolivarianos se basaron ya sea en el constitucionalismo conservador inglés, ya sea en el constitucionalismo autoritario napoléonico.

De modo similar, Miguel Antonio Caro, y Ospina Rodríguez, en Colombia, repudiaban también la importación de ideas francesas, en nombre de lo nacional. Sin embargo, sus reivindicaciones de lo local aparecían apoyadas en el hispanismo reaccionario y católico. En definitiva, se trataba de una disputa menos teórica que de

---

[8] Ello así, por ejemplo, al calor de las fuertes disputas que aparecieron al interior de la Corte Suprema norteamericana, y en las más altas esferas judiciales de este país, en torno a si –a la hora de interpretar el derecho– debían tomarse en cuenta o no las decisiones adoptadas por tribunales extranjeros, en casos similares (por ejemplo, típicamente, en torno a la pena de muerte). Destacan al respecto, por ejemplo, las serias disputas planteadas al interior mismo de los fallos, entre los Jueces Scalia y Brennan o Breyer. En el caso *Printz v. U.S.*, por ejemplo, Scalia sostuvo que "el análisis comparativo es inapropiado para la tarea de interpretar una constitución, aunque fuera por supuesto relevante para la tarea de redactarla" ("comparative analysis [is] inappropriate to the task of interpreting a constitution, thogh it was of course relevant to the task of writing one)" y de este modo, se enfrentó a lo expresado por el Juez Breyer en su disidencia, que afirma que "la experiencia de otras naciones puede proporcionar una ilustración empírica de las consecuencias de diferentes soluciones a un problema jurídico común" ("[the experience of other nations] may…cast an empirical light on the consequences of different solutions to a common legal problem"). Interesa también recordar, por caso, la afirmación del juez Guido Calabresi, que señaló en el caso *U.S v. Then* la importancia de que los Estados Unidos comiencen a prestar atención a las decisiones que se toman en países inspirados institucionalmente en el sistema americano – "los padres sabios no dudan en aprender de sus hijos" ("[w]ise parents do not hesitate to learn from their children"). Pueden leerse algunas reflexiones al respecto en Epstein y Knight 1993 y Tushnet 1999.

[9] Buenas discusiones sobre el "valor" de la importación, en el *International Journal of Constitutional Law* 2003, vol,. 1, n. 2; Tushnet, 1999; Ackerman, 1997; Kennedy, 1997; Rosenfeld, 1997; Ferejohn, 1997; Balkin & Levinson, 1998.

[10] En definitiva, y como dice Wiktor Osiatynsky, "los "préstamos" son inevitables porque existe un número limitado de ideas y mecanismos constitucionales generales, que han estado en danza durante bastante tiempo" ("[b]orrowing is inevitable because there are a limited number of general constitutional ideas and mechanisms, and they have been in the air for some time") (Osiatynsky, 2003, p. 244).

política coyuntural, destinada a descalificar a –antes que discutir con– la propuesta del adversario.

Dicho lo anterior, sin embargo, correspondería agregar que hay al menos una versión de la discusión sobre los "transplantes" e "injertos" que sí muestra atractivo, para pensar sobre las potencias y límites del constitucionalismo regional. Esta discusión parte de la siguiente hipótesis general. Con independencia de su lugar de proveniencia, algunos injertos tienden a ser inocuos y otros no, dependiendo de los lazos de parentesco (los "vínculos genéticos") existentes entre el material que se injerta –las instituciones injertadas– y el "cuerpo" constitucional que las recibe.[11]

Para no convertir a la anterior en una afirmación tautológica, podemos pensar en una situación como la siguiente. Si es cierto, como aquí afirmamos, que en América Latina se enfrentaron al menos tres proyectos constitucionales muy distintos –uno conservador (políticamente elitista y moralmente perfeccionista), otro liberal (antiestatista, defensor de los "frenos y contrapesos" y la neutralidad moral) y otro radical (mayoritarista en política, populista en términos de moralidad)– luego, es dable esperar que muchas de las "cruzas" imaginables entre unos y otros proyectos estuvieran destinadas al fracaso, o exigieran el desplazamiento de uno de los proyectos en nombre del otro. Liberales y conservadores, por caso, lograron pactar y colaborar en la redacción de las nuevas Constituciones de mediados del siglo XIX, gracias al enorme espacio de coincidencias existente entre ambos proyectos (ambos repudiaban el mayoritarismo político; ambos proponían una defensa firme del derecho de propiedad; ambos coincidieron sin mayores dificultades en la implementación de políticas económicas anti-estatistas), pero sin embargo tuvieron que limar largamente sus diferencias, en todo lo relacionado con la religión. Convenciones constituyentes enteras, como la Argentina de 1853, estuvieron dedicadas casi exclusivamente a ello.

El caso más interesante al respecto, sin embargo, se refiere a los vínculos –y sobre todo, a las tensiones existentes– entre el constitucionalismo liberal (o liberal-conservador, después de 1850), y el constitucionalismo más radical. Esta última versión del constitucionalismo fue la que resultó desplazada de las discusiones constitucionales del siglo XIX, lo que implicó que las Constituciones de entonces quedaran moldeadas a partir de reflexiones que eran ajenas al proyecto rousseauniano.

Notablemente, sin embargo, casi todas las Constituciones latinoamericanas resultaron modificadas, en la *primera oleada* del reformismo constitucional aparecida en el siglo XX, a los fines de incorporar instituciones que eran propias del modelo

---

[11] Por ejemplo, hacia finales del siglo XX, América Latina se vio recorrida por multiplicidad de iniciativas de reforma jurídica, financiadas por importantes agencias internacionales, y destinadas fundamentalmente a servir a las demandas de intervencionistas preocupados por la falta de seguridad jurídica en la región (Thome, 2000). Dichas reformas fueron más o menos exitosas pero en ningún caso podría decirse que generaron tensiones o disrupciones en los "cuerpos receptores" – ellas de ningún modo amenazaron o pusieron en crisis a la estructura jurídica vigente. La introducción de Consejos de la Magistratura, por ejemplo, redundó en ocasiones en formas de nombramiento judicial indudablemente más transparentes (ver, por caso, Constitución de la Argentina, artículo 114; Constitución de Colombia, artículo 254; Constitución del Perú, capítulo IX). Y aunque son múltiples las críticas que merece hacerse sobre la institución; múltiples los obstáculos que se encontraron para poner la institución en marcha; y múltiples las "disfuncionalidades" que todavía hoy pueden reconocerse en las acciones de este nuevo organismo, parece evidente que la institución pudo funcionar sin grandes inconvenientes, y cumplir con varios de los limitados objetivos que habían sido propuestos en los orígenes de la misma. El ejemplo resulta de interés porque desafía nuevamente las injustificadas críticas que podían hacer los enemigos de la "importación" de instituciones, en nombre de la "identidad" local, y reafirma que el problema no está en la importación de instituciones, sino en la importación de *ciertas* instituciones, en la medida en que no se tomen ciertos serios recaudos.

constitucional antes desplazado –en particular, derechos sociales: derechos de los trabajadores, respaldo a las organizaciones sindicales, protecciones para los más pobres.[12] El problema planteado por dichos "injertos," sin embargo, resultaba uno de gravedad, dado que el constitucionalismo radical se apoyaba, en su reivindicación de los derechos de los más vulnerables, en un entramado institucional más bien opuesto al que el liberalismo conservador era capaz de ofrecer. El proyecto radical, en efecto, suponía para su vigencia la existencia de una diversidad de instituciones y prácticas que podían incluir, por caso, a la activa participación política de la comunidad; el mayoritarismo político; el "cultivo" de la virtud; etc. Ausentes todas estas condiciones, luego, no extraña que nos enfrentemos a lo que parece haber sido, al menos durante largas décadas, el caso de un "transplante" constitucional fallido.[13] El "cuerpo receptor," genéticamente asociado al proyecto liberal-conservador, se encontraba bien preparado para obstaculizar la "importación" de aquellos cuerpos extraños, que pasaban a quedar en manos de jueces y tribunales. Como era esperable, estos últimos no reconocieron el sentido de los derechos nuevos, a los que sistemáticamente pasaron a describir como derechos programáticos o de segunda categoría.[14]

Una historia similar puede contarse en relación con la introducción de cláusulas participativas, sobre todo en la *segunda oleada* importante de reformas constitucionales, en el siglo XX.[15] Para simplificar una historia larga: si mecanismos "promotores de la participación cívica," como los del plebiscito y el referéndum, pueden socavar la autoridad de los Parlamentos actualmente existentes, y son éstos, a su vez, los que quedan a cargo, constitucionalmente, de la definición o promoción de aquellos mecanismos participativos, entonces no hay muchas esperanzas que abrigar acerca de la suerte que van a correr, en lo inmediato, aquellas cláusulas.

No se pretende sostener aquí que, ocasionalmente, algunos jueces o grupo de jueces, como los miembros de alguna legislatura particular, no puedan identificarse con los más desaventajados, o trabajar por hacer realidad las promesas de participación escritas por los constituyentes. Lo que se afirma es que la implementación efectiva de aquellos mecanismos y aquellos derechos (vinculados con un modelo

---

[12] La primera oleada reformista apareció de la mano de la crisis social de los años 30, y puede ser considerada como la respuesta político-jurídica frente a un nuevo pico de radicalización social –una forma de evitar lo que ocurría en Europa a partir de la expansión de la ideología y demandas propias del socialismo. Estas reformas constitucionales se concentraron a mediados del siglo XX pero tuvieron su origen a comienzos de siglo, primero, con la sanción de la Constitución de México (dictada luego de la Revolución), en 1917; y luego, con la Constitución de la República de Weimar, en 1919. Esta era la época, además, de la creación de la Organización Internacional del Trabajo (OIT, 1919), y del paulatino crecimiento del llamado Estado de Bienestar y de la visión económica keynesiana. Las Constituciones americanas que primero incorporaron este tipo de reclamos sociales fueron – junto con la de México, en 1917 – las de Brasil en 1937; el Estado Plurinacional de Bolivia en 1938; Cuba en 1940; Ecuador en 1945; Argentina en 1949; y Costa Rica también en 1949, entre otras.

[13] Aunque hablaremos, más adelante, sobre la lenta recepción de aquellas instituciones de origen radical.

[14] ¿Podía esperarse de los jueces, sobre todo, una sensibilidad especial hacia los intereses de los más desaventajados, dada la distancia –geográfica, económica, social– que los separa de aquellos, y los estrechos vínculos que desarrollan con los sectores más poderosos de la sociedad? Jueces y doctrinarios, por su parte, crearon categorías especiales para, directamente, desactivar y quitar toda vida a aquellas reformas, hasta asegurar su ingreso en el cajón de los descartes. Pero, ¿son sorprendentes, acaso, este tipo de resultados? ¿Podía esperarse otra reacción de la justicia – con miembros elegidos como son elegidos, y dotados de la estabilidad de la que están dotados, y caracterizados por la homogeneidad de origen que los caracteriza?

[15] A partir de esta segunda oleada, hubo reformas en Ecuador, en 1978; en Chile y Brasil, en 1989; en Colombia, en 1991; en Paraguay, en 1992; en Perú y Bolivia, en 1993; en la Argentina, Guatemala y Nicaragua, en 1994.

constitucional radical) requiere de un entramado social e institucional peculiar, que habitualmente no se busca recrear o favorecer (pero que aquel modelo constitucional presuponía, como indispensable para darle sentido y operatividad al mismo).

V. Sobre las relaciones entre las partes dogmática y orgánica de la Constitución

En esta sección nos ocuparemos de un punto relacionado con el anterior, en la medida en que prestaremos atención a los modos en que las "nuevas" cláusulas o instituciones constitucionales ingresan y se adaptan al texto reformado. En particular, nos ocuparemos de los modos en que se da esa integración, entre cláusulas distintas y, sobre todo, entre distintas secciones de la Constitución –así, típicamente, entre sus partes dogmática y orgánica (es decir, una relacionada con las listas de derechos fundamentales, y otra referida a la organización y división del poder).

Para ingresar al tema, puede resultar de ayuda una imagen elaborada por el influyente jurista hispano-argentino, Sebastián Soler, hace muchos años. Soler decía que la llegada de un nuevo artículo a una Constitución o a un Código (el pensaba en el Código Penal), podía verse como la caída de la hoja de un árbol, sobre un lago. Al principio, ambos aparecen como dos cuerpos extraños, ajenos el uno al otro, pero luego las cosas empiezan a cambiar. La hoja cede parte de su firmeza, su textura se hace más suave, y poco a poco pasa a integrarse al lago, y sin desaparecer del todo, queda asociada físicamente con él.

Como suele ocurrir, la metáfora es más seductora que reveladora, pero al menos sugiere dos cuestiones interesantes, sobre las que puede valer la pena detenerse, y muy vinculadas con nuestro previo análisis en torno a los transplantes constitucionales.

En primer lugar, el relato de Soler señala que la introducción de nuevos elementos en la Constitución no suele ser inocua respecto de los distintos elementos en juego: ambas partes tienden a comenzar un paulatino diálogo de adecuación mutua, y ambas terminan siendo impactadas por el cambio. En segundo lugar, la historia muestra que son las partes nuevas incorporadas –sobre todo, cuando se trata de reformas parciales y aisladas– las que más tienden a "ceder," en ese encuentro, frente a las partes dominantes o ya establecidas.

Un criterio general que podría proponerse como variable de análisis sería el siguiente. Las modificaciones que se hacen sobre una parte de la Constitución suelen tener impacto sobre el resto de la Constitución. Típicamente, una reforma que se introduce en la parte orgánica de la Constitución, genera repercusiones en la parte dogmática, y viceversa. Para reconocer de qué modo va a darse ese impacto, una buena aproximación pueden darlas preguntas como éstas: ¿cuál es la cláusula nueva, y cuál la vieja? ¿Se trata de una reforma significativa (que viene a cambiar de cuajo la estructura constitucional existente) o puntual (concentrada en algunos retoques sobre lo existente)? La sugerencia de Soler era que, en principio, lo nuevo es lo que más tiende a ceder, frente a lo que aparece como lo permanente, lo más viejo y abarcador. En todo caso, lo que debe resultar claro es que sería un error ver la incorporación de nuevos artículos constitucionales como cláusulas que van a impactar (sólo, y si es que de algún modo) sobre la realidad externa, sin reconocer que tales reformas van a dirigirse de modo previo, y de forma tal vez más relevante, sobre el resto del entramado constitucional sobre el cual se incorpora.

El punto tiene algún interés, por caso, a la luz de muchas de las reformas introducidas en las Constituciones latinoamericanas, en los últimos años. Dos ejemplos pueden ser apropiados para ilustrar lo dicho. Según veremos, ambos ejemplos nos refieren a aproximaciones más bien miopes sobre los efectos que traen consigo las reformas, al interior de la propia estructura constitucional a la que se integran. A veces, los reformadores y analistas no son conscientes del *impacto interno* de las reformas que se promueven, y en otros casos no son conscientes del modo en que la estructura constitucional existente y dominante puede terminar por "absorber" o diluir la reforma que se le introduce en los márgenes (*reformas diluídas*).

El primer ejemplo (referido a una cierta negligencia sobre el "impacto interno" de una reforma) se relaciona con una afirmación que soliera hacer Carlos Nino, uno de los principales constitucionalistas latinoamericanos de las últimas décadas. Nino acostumbraba a resaltar el paradójico hecho según el cual, en las nuevas Convenciones Constituyentes (y luego de años de repudio al constitucionalismo), las fuerzas más progresistas y pro-mayoritarias insistieran con la idea de expandir las listas de derechos incorporados en la Constitución. El punto de Nino –paralelo al que aquí estamos ofreciendo– era que, inadvertidamente, y de ese modo, tales agrupaciones reforzaban los poderes del Poder Judicial (encargado de velar por, y decidir el alcance de esos derechos), es decir, del órgano más típicamente contra--mayoritario de la Constitución. En otros términos, ellos no advertían que con los cambios que proponían en la parte dogmática de la Constitución generaban, a su vez, cambios que impactaban también en la estructura de los poderes vigente. La misma se reforzaba entonces en su ya potente carácter contra-mayoritario. El punto de Nino conserva su sentido, más allá de que el impacto de aquellas reformas fuera más complejo del que él describiera provocadoramente.

El segundo ejemplo (relacionado con lo que llamáramos "reformas diluidas") tiene que ver con los cambios que se han ido gestando sobre el híper-presidencialismo latinoamericano. Muchas de las nuevas Constituciones, al menos las de los años 90, se escribieron bajo la invocada idea de reducir o moderar los poderes del Presidente. Lamentablemente, en una mayoría de casos, ellas se apartaron de sus promesas iniciales, o incumplieron las mismas. Peor aún, muchas de estas nuevas Constituciones parecieron escritas, fundamental sino exclusivamente, con el objetivo "urgente" de autorizar la reelección inmediata del Presidente en ejercicio.[16] Sin embargo, lo cierto es que no son pocos los constitucionalistas y doctrinarios que dudaron de estas afirmaciones, o las atemperaron, para decir que en verdad Constituciones como las de Argentina, Bolivia, Colombia, Ecuador o Venezuela, en parte aumentan pero en parte también moderan los poderes del Presidente.[17] Ello así, por caso, a través de la

---

[16]   Así, por ejemplo, Constitución de la Argentina, artículo 90; Constitución de Bolivia, artículo 169. La Constitución colombiana fue objeto de una enmienda reciente, destinada a favorecer la reelección presidencial; la Constitución del Ecuador autoriza la reelección en el artículo 144; la Constitución de Venezuela la permite en su artículo 230.

[17]   La novedad más interesante, en este respecto, la incluye la Constitución del Ecuador, que establece un mecanismo de "muerte cruzada" entre el Presidente y el Parlamento. Así, el Título IV referido a la Participación y Organización del Poder, Capítulo Tercero de la Función Legislativa, incluye el artículo 129 que sostiene que la Asamblea Nacional puede hacer un juicio político al Presidente por delitos contra la seguridad del Estado, o de concusión o conmoción, peculado, cohecho o enriquecimiento ilícito, o delitos como genocidio, tortura o desaparición forzada. Para la destitución, la Asamblea requiere el voto de las dos terceras partes de sus miembros. El artículo 130, mientras tanto, dispone que en un plazo máximo de

inclusión de numerosas cláusulas que abren espacios para la participación popular (Hartlyn y Luna, 2009).[18] Tales cláusulas –nos dicen– implican una transferencia de poder desde la Constitución hacia la sociedad. Por lo tanto –concluyen– cuanto más poder de control tienen la sociedad civil, menos poder tienen las autoridades del gobierno.

El problema con este tipo de afirmaciones, sin embargo, parece obvio. Y es que la relación entre un "presidencialismo" que se fortalece o consolida y las cláusulas constitucionales que quieren promover la participación popular no es pacífica, sino que más bien es de tensión. Ocurre que, en principio, el ideal de la democracia participativa requiere descentralizar y desconcentrar el poder, y no a la inversa. Hacer ambas cosas al mismo tiempo (fortalecer al Presidente y abrir espacios para una mayor participación) suele resultar entonces una operación contradictoria, que conlleva el grave riesgo de que uno de los dos ideales u objetivos termine resultando opacado o directamente suprimido.

Conforme a las sugerencias exploradas más arriba, es dable esperar que la vieja estructura presidencialista, ya sólida además de fortalecida por las nuevas reformas, corra con ventajas, entonces, por encima de las instituciones participativas más nuevas, jóvenes, y sujetas a regulación por parte de las autoridades ya en el poder.

En definitiva, el hecho es que las reformas no se ponen de pie por sí solas, sino que requieren de la colaboración del resto de la Constitución, que se "activa" cada vez que una nueva cláusula resulta incorporada. Y allí –en el marco constitucional dominante– las nuevas reformas pueden encontrar ayuda, capaz de dotarlas de vida y fuerza; o trabas, capaces de dificultar o hacer imposible su crecimiento. En el contexto del constitucionalismo regional, es una mala noticia la que nos dice que la estructura constitucional frente a la que nos toca operar, es una que sienta las bases de presidencialismos históricamente híper-poderosos.

VI. Las largas listas de derechos y las "cláusulas dormidas"

Uno de los aspectos más importantes y criticados de las nuevas Constituciones (por ejemplo, las recientemente aprobadas en Ecuador y el Estado Plurinacional de Bolivia, o la Constitución de Colombia de 1991, o la Argentina de 1994) es que ellas incluyen largas listas de derechos (sociales, políticos, culturales, económicos). Las referencias a los derechos de los ancianos, los niños, el derecho al deporte, a la alimentación adecuada, los derechos de la naturaleza y un larguísimo etcétera, han generado, habitualmente, burlas y menosprecio sobre los nuevos textos. Si uno mira a la muy austera Constitución de

---

siete días, después de publicada la destitución, el Consejo Nacional Electoral debe convocar a elecciones anticipadas para el Presidente pero, al mismo tiempo, para la Asamblea Nacional. Por otra parte, en el Título IV, en el Capítulo Tercero de la Función Ejecutiva se incluye el artículo 148, conforme al cual se determina que el Presidente podrá disolver la Asamblea Nacional cuando considere que la Asamblea se ha arrogado funciones que no le competen, como así también en casos de obstrucción reiterada e injustificada del Plan Nacional de Desarrollo, o por grave crisis política y conmoción interna. Aquí también, luego de un plazo máximo de siete días después de publicado el decreto de disolución, el Consejo Nacional Electoral debe llamar a elecciones legislativas y presidenciales.

18 Véanse, por ejemplo, las cláusulas referidas a la participación popular en la Argentina (artículo 39); el Estado Plurinacional de Bolivia (artículos 240); Colombia (artículo 103); Ecuador (artículo 103); Venezuela (artículo 204), entre muchas otras.

los Estados Unidos, que contiene siete artículos (y una veintena de enmiendas), y la compara con los más de 400 artículos que uno encuentra en las Constituciones de Brasil, Ecuador o Bolivia, uno no puede sino sorprenderse. Muchos han hecho referencia, entonces, a las nuevas Constituciones latinoamericanas como "poéticas": Constituciones que no hablan de la realidad, sino que incluyen expresiones de deseos, sueños, aspiraciones, sin ningún contacto con la vida real de los países en donde se aplican.[19]

La crítica se apoya en una base obviamente cierta pero resulta –correspondería decir, contra lo que muchos afirman– exagerada y en buena medida errada. En efecto, y por un lado, dicha crítica no advierte que en algunos países como Colombia o, más recientemente Argentina, estos textos tan exigentes y llenos de derechos no se han convertido en "pura poesía". Por supuesto, la distancia que separa a las aspiraciones y exigencias de estos textos de las realidades hoy existentes en países como los citados, es abrumadora. Sin embargo, también es cierto que, en buena medida gracias al status constitucional que se le ha asignado a algunos reclamos, se han reivindicado los derechos de muchas personas de carne y hueso. Por ejemplo, grupos de indígenas y homosexuales, habitualmente maltratados en sus derechos fundamentales, han encontrado respaldo en estas Constituciones y litigado –en algunos casos importantes,

---

[19]   Por ejemplo, la nueva Constitución de la Argentina dio jerarquía constitucional a numerosos tratados internacionales de derechos humanos, a través del artículo 75 inc. 22 (seguramente su principal novedad, en materia de introducción de nuevos derechos); además de prescribir expresamente otros no incorporados en su versión previa, como los relacionados con el medio ambiente, los consumidores, las acciones de amparo y *habeas data*, etcétera (ver, por caso, artículos 41, 42 y 43). La Constitución del Estado Plurinacional de Bolivia incluye, entre otros, los derechos de los grupos sociales (niños, adolescentes, jóvenes: artículos 58 al 61), las familias (artículos 62 al 66), adultos mayores (artículos 67 a 69), personas con discapacidad (artículos 70 a 72), personas privadas de libertad (artículos 73 y 74), pueblos indígenas (artículos 30 a 32), usuarios y consumidores (artículos 75 y 76). También hace referencia a los derechos económicos, al medio ambiente (artículos 33 y 34), a la salud y seguridad social (artículos 35 a 45), al trabajo (artículos 46 a 55), a la propiedad (artículos 56 y 57), a los derechos sexuales y reproductivos (artículo 66); a la educación (artículos 77 a 90), las culturas (artículos 98 a 102), el deporte (artículos 104 y 105), y la comunicación (artículos 106 y 107). La Constitución de Brasil establece los principios de la actividad económica, de la política urbanística (artículos 182 y ss.), la agrícola (artículos 184 y ss.) y la financiera (artículo 192); a la vez que refiere a los derechos derivados del *"orden social"* (artículos 193 y ss.), la salud (artículos 196 y ss.), la previsión social (artículos 201 y 202), la educación (artículos 205 y ss.), la cultura (artículos 215 y 216), el deporte (artículo 217), la ciencia y tecnología (artículos 218 y 219), la comunicación social, el medio ambiente (artículo 225); y regula los derechos de la familia, el niño, el adolescente, los ancianos y los indios (artículos 226 y ss.). La Constitución de Colombia también incluye una larga lista de derechos, ordenada en derechos fundamentales (título II, capítulo 1); sociales, económicos y culturales (título II, capítulo 2); colectivos y del ambiente (título II capítulo 3); derechos de los habitantes y del territorio (título III); derechos de participación democrática y de los partidos políticos (título IV). La Constitución del Ecuador incluye una larga sección dedicada a los derechos (Título II), que incluyen derechos del buen vivir (capítulo 2, referido a los derechos al agua y alimentación, al ambiente sano, a la comunicación e información, la cultura y ciencia, la educación, el hábitat y la vivienda; la salud; y el trabajo y la seguridad social), derechos de las personas y grupos de atención prioritaria (capítulo 3, que incluye los de las personas adultas y mayores, los jóvenes, los de las mujeres embarazadas, los niños, los adolescentes, los discapacitados, las personas con enfermedades catastróficas, las personas privadas de libertad, los usuarios y consumidores), los derechos de las comunidades, pueblos y nacionalidades (capítulo 4), los de participación (capítulo 5), libertad (capítulo 6) y naturaleza (capítulo 7). La Constitución de Venezuela, por su parte, incluye un extenso apartado (el título III), referido a los deberes, derechos humanos y garantías, y que incluye derechos de la nacionalidad y la ciudadanía (capítulo 2), derechos civiles (capítulo 3), derechos políticos y los referidos al referendo popular (capítulo 4), derechos sociales y de las familias (capítulo 5), derechos culturales y educativos (capítulo 6), derechos económicos (capítulo 7), derechos de los pueblos indígenas (capítulo 8), derechos ambientales (capítulo 9), y deberes (capítulo 10).

al menos– de modo exitoso, frente a los tribunales. Y ello, en buena medida, gracias a lo escrito en estas nuevas Constituciones.

Conviene repetirlo: nadie duda de que presenciamos una "inflación" de derechos, y que muchos de los derechos incorporados en las nuevas Constituciones serán de difícil o imposible satisfacción. Pero ello no nos debe llevar a descalificar automáticamente a la operación de expandir el apartado de los derechos propio de estos nuevos textos. Al respecto, el mencionado ejemplo de la espartana Constitución de los Estados Unidos es interesante, y nos permite aprender algunas cuestiones de interés. En efecto, Constituciones austeras como la estadounidense –o, en América Latina, la de Chile– vienen de la mano de una práctica judicial muy hostil frente a los derechos sociales, culturales o económicos, en general. Ocurre que, típicamente, cuando los jueces no encuentran respaldo escrito a esos derechos nuevos (por ejemplo, cuando no ven escrita en la Constitución ninguna mención al derecho a la salud, o a los nuevos derechos indígenas), ellos tienden a negares toda relevancia. Es decir, parece haber una alta correlación entre la no inclusión de nuevos derechos y el no reconocimiento judicial de los nuevos derechos. Entiéndase bien: decir lo dicho no implica afirmar que, por incluir nuevos derechos en las nuevas Constituciones, esos derechos van a convertirse, mágicamente, en realidad. Lo que se afirma es lo opuesto, es decir, que la ausencia de tales derechos tiende a trabajar negativamente contra su posible, y por lo demás deseable, materialización.

Lo que parece estar en juego, en estos casos, es un fenómeno al que podríamos llamar el de las "cláusulas dormidas," que es un fenómeno finalmente saliente en la historia del liberalismo y los derechos. Ocurre que, desde sus comienzos, el liberalismo siempre defendió la adopción de listas de derechos expresadas en un lenguaje universalista. Puede haber ocurrido que el liberalismo defendiera esas primeras listas de derechos a partir de una casi exclusiva preocupación por proteger los derechos de propiedad tal como existían entonces –derechos distribuidos de un modo absolutamente desigual. Sin embargo, tal circunstancia no nos importa ahora, tanto como las consideraciones siguientes. Por un lado, se encuentra el hecho de que esas cláusulas fueron redactadas en un lenguaje universal (tal vez por la sola razón de dotar a las mismas de una aceptabilidad de la que, de otro modo, no hubieran merecido), y que tales invocaciones universales quedaron constitucionalmente "adormecidas" (tal vez porque el propósito con el que habían nacido era uno diferente al de "ponerse en marcha"). Sin embargo, y por otro lado, nos encontramos con que ese "adormecimiento" constitucional no implicaba la anulación o completa pérdida de sentido de aquello que una vez había sido escrito: interesa señalar que las cláusulas incorporadas habían quedado "adormecidas," más que anuladas. En la práctica, el texto constitucional seguía diciendo que todos los ciudadanos tenían derecho a la propiedad, a la expresión, a la vivienda o al trabajo, por más que tales reclamos aparecieran como ilusorios o utópicos. Podía ocurrir, entonces, que alguna persona del común invocara, alguna vez, alguno de los derechos escritos, "adormecidos," diciendo: "éste derecho también habla para mí, y pretendo entonces que se haga efectivo." El texto explícito de la Constitución reconoce la legitimidad de ese reclamo que, eventualmente, entonces, puede ganar vigencia a partir de las acciones de algún funcionario público bien dispuesto. En esse caso, sorpresiva, subrepticiamente, una cláusula relegada o "adormecida" puede cobrar inesperada realidad, puede despertar de su letargo –un hecho que de ningún modo puede verse como una anomalía en el derecho, ya que es puro y directo producto de la incorporación explícita de ciertas cláusulas en un texto que se asume como plataforma social compartida.

Un ejemplo de interés, en este sentido, puede encontrarse en el desarrollo de los derechos sociales en las últimas décadas, y desde su tardía incorporación constitucional (concentrada, sobre todo) a partir de mediados del siglo XX. Aquella inclusión original pudo haber estado motivada en muchas razones. Tal vez, se recurrió a ellos para aquietar ciertos reclamos sociales, o sin mayor convencimiento, o como puro producto de la hipocresía política –no nos importa ahora la causa. El hecho es que tales disposiciones quedaron adormecidas durante décadas (en América Latina, de hecho, entre cuatro y ocho décadas), para luego comenzar a desperezarse, lentamente, hasta ganar alguna inesperada realidad, en los últimos años. Tal vez sus propulsores no imaginaban ni deseaban este resultado (o tal vez sí). Lo cierto es que se trata de cláusulas que fueron ganando vida propia, mediante una paulatina erosión de las barreras que enfrentaban para tornarse efectivas. Hoy por hoy todavía estamos lejos de contar con Constituciones socialmente "activadas," "despiertas." Sin embargo, parece un hecho que –como ha ocurrido ya con otras cláusulas constitucionales– una sección entera de la Constitución, que parecía dormida, ha comenzado a desperezarse, y muestra voluntad de ponerse de pie, de ir incorporándose de a poco. Es difícil saber, todavía, si ello terminará ocurriendo y, en todo caso –y lo que es más relevante– cuáles podrán ser las implicaciones que se sigan a partir de tal acontecimiento.

VII. Neutralidad, *status quo*, neutralidad del *status quo*

Lo dicho en secciones anteriores nos abre a otro tema complejo, cual es el carácter neutral o no neutral de la Constitución. Reviste especial interés dado que, para muchos, el principal dato distintivo del constitucionalismo moderno es su compromiso con el ideal de la neutralidad, es decir, el ideal conforme al cual el Estado debe restringirse a apoyar nuestra capacidad para elegir libremente. Según esta postura, al Estado no le corresponde "legislar la moralidad" o "cultivar la virtud".

Aunque la importancia del ideal de neutralidad en las últimas décadas resulta innegable, también es cierto que no parece ser claramente dominante en Latinoamérica, cuando, conforme a algunos, sería dominante en los Estados Unidos, cfr. Sandel 2005, 9). En efecto, y al menos durante mucho tiempo, uno de los rasgos salientes del constitucionalismo regional resultó, justamente, su vocación por imponer modelos de virtud, fundamentalmente a través del apoyo a alguna religión particular –la religión Católica– con la que se comprometía el Estado y a partir de la cual se trataba de organizar la vida de la ciudadanía. Parece claro, por ejemplo, que el modelo constitucional dominante en Latinoamérica durante el siglo XIX fue el inspirado en el conservadurismo y basado en las ideas de orden y religión, ideales que muchos alentaron en contraposición a los impulsos anárquicos que a su parecer hacían imposible la vida en las nuevas naciones, y su progreso.

La influencia del conservadurismo, sin embargo, no fue pacífica. Como sabemos, el constitucionalismo conservador disputó con el liberalismo el lugar predominante en la escena regional, durante todo el siglo XIX. Durante décadas, liberales y conservadores se enfrentaron en combates armados, sangrientos. Sólo hacia mediados de siglo y frente al temor de la llegada de la "marea roja" de las revoluciones europeas de 1848, liberales y conservadores comenzaron a trabajar juntos y llegaron a escribir entre ambos los textos de las que se convertirían en principales Constituciones de las nuevas sociedades.

En definitiva, las nuevas Constituciones latinoamericanas no fueron –como la de los Estados Unidos– organizadas en torno a ideales como el de la tolerancia religiosa. Ellas serían –y en buena medida lo siguen siendo– Constituciones fundamentalmente ambiguas en ese aspecto, dado el extraordinario peso que tuvieron siempre los sectores religiosos dentro de las Convenciones Constituyentes. La Constitución Argentina de 1853 representa uno de los ejemplos más altos de la ambigüedad en la materia, al consagrar al mismo tiempo la tolerancia religiosa (art. 14) y el "sostenimiento" estatal de la religión católica, por parte del Estado. Lo mismo la Constitución mexicana de 1857, que al no poder consagrar ninguna fórmula de acuerdo sobre el punto entre liberales y conservadores, decidió guardar silencio sobre la materia religiosa. En definitiva, la aspiración a la neutralidad religiosa de las Constituciones regionales es cuanto menos ambigua.[20]

Ahora bien, aún si las Constituciones locales no tuvieran lo que tienen (es decir, compromisos ambiguos, más o menos explícitos, con una religión particular), ¿podríamos decir que ellas son neutrales? (y podríamos decir esto, acaso, acerca de la propia Constitución norteamericana)? ¿En qué sentido es que Constituciones como las que conocemos podrían ser consideradas neutrales con respecto a los ideales de virtud, a las concepciones del bien, a los modelos de vida? ¿En qué sentido podríamos decir que ellas privilegian nuestra capacidad de elección, antes que un cierto modelo moral? Finalmente, ¿cuándo podríamos decir, realmente, que una Constitución es o no es neutral?

El caso de la religión, otra vez, nos ofrece el ejemplo más evidente: la Constitución no es neutral cuando, por ejemplo, consagran una religión como religión oficial, y condicionan la estructura de derechos al respeto de tales creencias. Juan Egaña, el gran constitucionalista conservador chileno, se distinguió por defender Constituciones de este tipo, que por ejemplo incluían listas de derechos a la usanza en el tiempo, pero dejando en claro que esos mismos derechos dependían del respeto del catolicismo: la expresión se iba a respetar en tanto y en cuanto no comprometiese a los fundamentos de la fe católica, y la libertad de asociación también, en la medida en que la asociación en ciernes no viniera a poner en riesgo a la única Iglesia reconocida por el Estado. Ejemplos como éste ilustran a las claras lo que significa una Constitución no-neutral, a la vez que nos dan una sugerencia aparentemente fácil de comprender, acerca de los requerimientos de la neutralidad –en este caso, la no imposición de una religión.

Sin embargo, un punto importante a marcar es que la neutralidad no se juega, exclusivamente, en el terreno religioso, y en relación con lo que la Constitución diga

---

[20] La última oleada de reformas, sin embargo, tendió a reforzar el carácter neutralmente religioso de los nuevos textos. La Constitución de la Argentina, por ejemplo, suprimió el requisito de pertenecer a la religión católica para ser presidente o vice de la Nación, como en su formulación anterior; la del Estado Plurinacional de Bolivia eliminó a la religión católica como religión oficial (artículo 4); la de Colombia también puso fin a la idea de que el catolicismo era religión oficial (artículo 19); la del Ecuador "invoca" el nombre de Dios, en su preámbulo, a la vez que reconoce "nuestras diversas formas de religiosidad y espiritualidad." Muchas de estas Constituciones, por lo demás, destacan por la sensibilidad que demuestran hacia las creencias y tradiciones de los pueblos indígenas (ver, por ejemplo, las novedades introducidas en la Constitución del Estado Plurinacional de Bolivia– que discutiéramos más arriba – o las que incluye la nueva Constitución del Ecuador – por ejemplo, Título II, capítulo 4, en general, y el artículo 57, en particular).

al respecto. Por ejemplo: ¿qué quiere decir que la Constitución es neutral, cuando (en el cajón de las herramientas constitucionales) tenemos disponibles una serie de instrumentos que favorecerían la participación política (rotación obligatoria en los cargos; elecciones frecuentes; revocatoria de mandatos; audiencias públicas obligatorias antes de la aprobación de una ley; jurados para todas las causas, entre tantas otras), pero sistemáticamente incorporamos en nuestras Constituciones otras, que se les oponen (reelecciones para todos los cargos, mandatos largos y de por vida, decisiones concentradas en equipos técnicos-ejecutivos)? ¿No deberíamos hablar, entonces, de Constituciones no neutrales en relación con la participación política –Constituciones que toman partido por un cierto modelo de ciudadano y un cierto modo de vida política? Pareciera claro que sí, pero sin embargo, todas las Constituciones que pueden mencionarse cuando hablamos de constitucionalismo neutral, incluyen cláusulas como las señaladas en segundo término (cláusulas que no alientan la participación), sin que ello obste a que nadie deje de llamarlas Constituciones neutrales.

De modo similar, ¿en qué sentido podemos aceptar el calificativo de neutralidad, para referirnos a Constituciones que consagran fuertes protecciones a los contratos y a la propiedad; que desalientan la expropiación; que consagran como derechos básicos a la libertad de comercio, de navegación, la libertad de circulación de productos? Sin embargo, otra vez, cláusulas como las señaladas son referidas como cláusulas distintivas de una Constitución neutral.[21]

Ello es así, entre otras razones, porque tal estructura constitucional fue la promovida por el liberalismo, al mismo tiempo en que el liberalismo disputaba su espacio con el conservadurismo, en materia religiosa. Para ello, consistente y lúcidamente, los liberales utilizaban el mismo lenguaje y la misma lógica de razonamiento que utilizaban en su enfrentamiento contra el perfeccionismo moral de los conservadores. Primero, afirmaban la libertad de elección de los individuos, marcando el valor y la conveniencia de dicha libertad; luego, mostraban de qué modo el Estado representaba la peor amenaza frente a ese tipo de libertades; y finalmente, extraían como conclusión la necesidad de "maniatar" al Estado: la libertad individual (y finalmente el bienestar del país) aparecían entonces como sinónimos del anti-estatismo. En la fórmula del renombrado constitucionalista colombiano José María Samper, lo que se requería era una política marcada por el *individualismo, anticolectivismo y antiestatismo* (Samper 1881, 486-8).

En sus dos sentidos –privado y público– la idea de neutralidad estatal entendida como "retiro" del Estado, resulta más compleja de lo que sugería el discurso del liberalismo entonces dominante. Ello resulta especialmente visible en el ámbito público, en donde la pretendida inacción estatal no nos deja, como en el primer caso, enfrentados a una diversidad de proyectos personales, de corto, mediano y largo plazo, que podemos adoptar sin mayor costo ni dificultades (desde leer un libro a adoptar una religión u otra, un modelo sexual u otro, un estilo de vida más o menos consumista, etc.). En el ámbito público resulta más claro que la "libertad de mercado," estabelecida en el marco de fuertes desigualdades económicas y de oportunidades, inclina el campo de juego, de modo decisivo, a favor de ciertos jugadores y en contra

---

[21] Afirmar que las Constituciones no son neutrales, en este sentido, no significa abrir juicios acerca del valor o no de tales tomas de partido. Lo que se señala es meramente descriptivo: nuestras Constituciones, para bien o mal, toman partido por un cierto modelo de organización política y económica.

de otros. Para quien hereda fortunas o nace en el seno de una familia rica; como para quien goza de privilegios heredados, en materia de educación, salud o trabajo; la abstinencia estatal (que, aún en un sentido estrecho, resulta extraña,

en la medida en que se acompaña de un explícito y creciente activismo estatal, en materia de seguridad, por ejemplo) puede ser considerada una toma de partido en su favor –a favor de los privilegiados. En cambio, para quien nace en el extremo opuesto, de pobreza y desamparo, la llamada inacción estatal representa una condena que, inevitablemente, tendrá consecuencias a lo largo de toda la vida de los integrantes del grupo desaventajado.

En tales ocasiones tenemos que hablar, entonces, de *neutralidad del status quo* (Sunstein 1993), de respeto a un orden cuya valoración debe depender, en todo caso, de su servicio a la libertad de las personas. Lo que no corresponde hacer, en cambio, es asumir que ese estado de cosas es "natural" o "neutral." Por un lado porque, como señalara Hart en su polémica con Lord Devlin (1963b), no hay razones para superponer los conceptos de *vigente* y *válido*: un cierto estado de cosas puede representar el estado de cosas vigente pero, al mismo tiempo, puede ser moralmente inaceptable, y podemos contar con razones para modificarlo. Por otro lado, no corresponde considerar al mismo como estado de cosas "natural" o "neutral" porque, como cualquier otro, él es producto de previas, intensas, repetidas, múltiples intervenciones estatales (Holmes y Sunstein 1999). Es decir, en todo caso, se trata de construcciones estatales que pueden ser aceptables o no, pero que no representan el punto de reposo o estado de naturaleza de la sociedad, en relación con el cual debe justificarse cada movida que nos aleje de allí, como si se tratara de un orden en sí mismo justificado. Por el contrario, dicho estado de cosas requiere también de una justificación especial si es que pretende ser mantenido inmodificado.

Finalmente, merece llamarse la atención sobre el modo en que la estructura básica de la sociedad contribuye a forjar el carácter; educar un cierto tipo de ciudadano; resaltar ciertas cualidades y disposiciones morales, y desalentar otras (Sandel 1996). El punto tiene interés, dada la extendida creencia conforme a la cual el Estado educa el carácter sólo cuando torna explícito un cierto modelo educativo moral; o se asocia de forma más o menos activa con una religión. Y lo cierto es que el Estado compromete su neutralidad no sólo cuando apoya una cierta religión sino también cuando, por ejemplo, defiende reglas políticas que desalientan la participación; o fortalecen a la economía capitalista. Las primeras ayudarán a la forja de ciudadanos más alejados de la política partidaria; menos interesados en una vida pública que amenaza con rechazar o simplemente ignorar cada una de sus demandas. Las segundas, mientras tanto, tenderán a promover (ya que se alimentan de, a la vez que alimentan) cualidades personales como las de la codicia y el miedo (Cohen 2009). Tales cualidades pueden ser útiles para mantener vital una cierta estructura productiva, pero a la vez pueden ser nocivas para otros tipos de proyectos, más vinculados con el auto-gobierno. Esto es lo que entendían, por ejemplo, muchos "antifederalistas," y figuras públicas como Thomas Jefferson, quienes defendían la promoción de políticas agraristas –frente a la alternativa de una economía organizada en derredor del comercio– por sus consecuencias asumidamente atractivas, en cuanto a la formación de individuos más comprometidos con su comunidad, y menos dispuestos a mirar a sus vecinos como competidores o clientes (Sandel 1996).

VIII. Las condiciones materiales del constitucionalismo

Las largas listas de derechos que caracterizaron a las Constituciones del siglo XX fueron la marca de identidad de un tipo diferente de constitucionalismo, que enfrentaba al que había sido predominante durante el siglo XIX: un constitucionalismo "negativo," destinado a establecer barreras de protección hacia los individuos, frente a los riesgos provenientes de los ataques o interferencias de los demás, y del Estado en particular. Como viéramos en la sección anterior, la imagen del Estado como enemigo de la libertad resulta central dentro del imaginario de la elite dominante en América Latina, durante el siglo XIX.

El nuevo constitucionalismo –con claras raíces en el siglo XIX– se mostraba ansioso por ir más allá de la función negativa que se le asignaba de modo habitual, y pretendía ponerse al servicio de la construcción de nuevas relaciones sociales, más igualitarias. Dicha actitud tenía que ver, ante todo, con un gesto de supervivencia. Muchos de sus defensores parecían reconocer que si el constitucionalismo no se fundaba en una práctica social distinta, aún la Constitución más perfecta iba a convertirse –según la frase de Ferdinand LaSalle– en una "mera hoja de papel." Esto es esencialmente lo mismo que expresaron los "liberales puros" o "radicales," en México, durante la Convención Constituyente de 1857.

El presidente de la misma, Ponciano Arriaga, sostuvo entonces "nos divagamos en la discusión de derechos y ponemos aparte los hechos positivos. La Constitución debiera ser la ley de la tierra; pero no se constituye ni se examina el estado de la tierra."

Para él, el pueblo no podía ser "libre ni republicano, y mucho menos venturoso, por más que cien constituciones y millares de leyes proclamasen derechos abstractos, teorías bellísimas, pero impracticables, en consecuencia del absurdo sistema económico de la sociedad" (Zarco 1956, 387- 8). De allí los proyectos de reforma agraria avanzados, durante los debates en curso, por los convencionales Olvera y Castillo Velasco, o la propuesta de una suerte de ingreso universal, presentada por el periodista y publicista Ignacio Ramírez (Reyes Heroles 1957). Todos ellos parecían reconocer las graves implicaciones de promover relaciones jurídicas basadas en la igualdad, en un contexto marcado por una desigualdad extrema. Así organizado, el derecho quedaba condenado a la irrelevancia.

Ahora bien, uno puede admitir que la Constitución no puede germinar en cualquier contexto y, más específicamente, que una Constitución igualitaria tiende a transformarse en una "mera hoja de papel," si el marco en el que nace es el de la plena desigualdad. Sin embargo, frente a dicha observación –que por ahora concedemos como válida– ¿qué significa tomarse en serio la tarea de la creación constitucional? ¿Qué puede hacerse, sensatamente, desde el texto constitucional, para no prohijar una Constitución sin vida? En definitiva, ¿qué es lo que se requiere para tomarse en serio las *condiciones materiales del constitucionalismo*?

Los problemas en juego –vinculados con la pregunta acerca de cómo tomarse en serio las condiciones materiales del constitucionalismo, cuando se quiere llevar a cabo una reforma constitucional– parecen ser numerosos, y de diverso tipo. En primer lugar, se encuentran nuestras dificultades para diseñar obras de macro-ingeniería –en este caso, reformas sustanciales sobre las reglas de juego y, al mismo tiempo, la organización económica de la sociedad. Nuestra racionalidad es limitada, y son demasiadas las consecuencias no intencionadas de nuestros actos que no podemos prever ni controlar. En tal sentido, emprender una reforma a tan vasta escala parece involucrar el riesgo de la hiperracionalidad (Elster 1989). En segundo lugar, aún si tuviéramos la capacidad para diseñar, al mismo tiempo, un programa de reformas tan amplio, deberíamos preguntarnos acerca de nuestra capacidad política para implementarlo, sobre todo cuando dichas reformas, previsiblemente, afectan fuertes intereses establecidos. ¿Tiene sentido, en tal caso, avanzar cambios simultáneos, en todos los frentes, a riesgo de tornar más difíciles las reformas posibles y alcanzables?

Parecemos quedar, entonces, en una encerrona: o tomamos el camino de una reforma mayúscula, a riesgo de cometer graves errores, y aún de impedir lo bueno, buscando lo óptimo; o condenamos la Constitución a convertirse en letra muerta, al poco de nacer.

Algunas de las nuevas Constituciones latinoamericanas han intentado, sin embargo, adentrarse en este difícil camino, y procurado actuar sobre las bases materiales de la sociedad, que son aquellas sobre las que la Constitución debe apoyarse. Para ello, han optado por dos vías principales. Por un lado, y de modo más habitual, algunas de ellas han consagrado en su texto directivas económicas intangibles, normalmente relacionadas con la propiedad pública de los recursos naturales, o el rol del Estado en la economía.[22] De modo más ambicioso, y por otro lado, algunas de tales reformas fueron acompañadas por simultáneas medidas de reforma económica, destinadas a cambiar relaciones de poder previsiblemente amenazantes sobre la Constitución. El caso más notable, en este sentido, es el del Estado Plurinacional de Bolivia, cuyo texto aprobado fue puesto a referéndum de la sociedad (el 25 de enero del 2009), en una jornada en donde también se preguntó a la ciudadanía cuál debía ser la extensión máxima de tierra que podría acumular un ciudadano sin estar sujeto a la expropiación: 5.000 o 10.000 hectáreas –un tema sobre el cual los constituyentes no habían logrado ponerse de acuerdo. Es decir, la reforma constitucional arrastró consigo, y de la mano, otra discusión que afectaba directamente la organización económica de la sociedad (la discusión, sin embargo, tuvo un límite muy importante porque, contra lo que era la iniciativa original, la misma debió contentarse con establecer frenos para la acumulación futura de tierras, en lugar de extenderse hasta afectar la distribución de tierras existente al momento de la reforma).

Todavía tenemos que ver de qué modo es que evolucionan estas reformas; si es que las decisiones de cambio económico dictadas "desde arriba," de un día al otro, alcanzan a ganar realidad en la práctica, y a afianzar (antes que socavar) la estabilidad del nuevo documento constitucional. Sobre todo, resta por ver si las reformas allanan unas el camino de las otras, o si por el contrario lo que se ha hecho, con tantas iniciativas radicales simultáneas, es despertar de un golpe a algunos de los monstruos adormecidos de un autoritarismo que marcó toda la historia boliviana, desde

---

[22] Por ejemplo, la Constitución del Estado Plurinacional de Bolivia establece que los recursos naturales son del Estado (artículo 349); que los hidrocarburos son propiedad del Estado (artículo 359); prohíbe el latifundio (artículo 398); prohíbe la importación, producción, y comercialización de transgénicos (artículo 408); a la vez que establece que la energía sólo puede ser manejada por el Estado, que el agua no se puede concesionar ni privatizar; y que la coca recibe una protección especial. La Constitución de Ecuador, por su parte, establece desde su artículo 1 que los recursos naturales no renovables forman parte del patrimonio inalienable, irrenunciable e imprescriptible del Estado; la de Perú sostiene que los recursos naturales, renovables y no renovables, forman parte del patrimonio de la Nación, y que el Estado es soberano en su aprovechamiento (artículo 66); la de Venezuela considera al latifundio contrario al interés social (artículo 307), a la vez que establece un papel central para el Estado en la explotación de los recursos naturales incluyendo, de modo muy particular, el petróleo, cuya propiedad se reserva (artículo 303).

su independencia y hasta nuestros días. En todo caso, iniciativas como la boliviana representan la expresión más visible de un constitucionalismo que buscó cambiar los ejes fundamentales –las condiciones materiales del constitucionalismo– antes que proponer meramente ciertos cambios sin hacerse cargo de las consecuencias que tales cambios conllevan.

Como nota final, podemos señalar que las nuevas Constituciones son instrumentos más complejos de lo que parecen. Ellas merecen ser estudiadas con atención, antes que ser simplemente rechazadas o ridiculizadas. Contra lo que muchos piensan, ellas han representado una condición importante para el mejoramiento de la vida de muchos individuos y grupos, aunque todavía encierren fuertes tensiones y defectos sobre los cuales es necesario seguir trabajando y reflexionando.

Bibliografía

Ackerman, B. A. (1991), *We the People. Foundations. Volume 1*, Cambridge: Harvard University Press. (1997), "The Rise of World Constitutionalism," 83 *Va. L. Rev*. 771.

(1999), "¿Un neo-federalismo?" en Elster, J. y Slagstad, R., *Constitucionalismo y democracia*, México: Fondo de Cultura Económica, pp. 176-216.

Alberdi, J. B. (1920), *Obras Selectas*, Buenos Aires: Librería La Facultad, edic., ordenada y revisada por J. V.González. Univ. Nacional del Litoral, pp. 23-48.

Balkin J. & Levinson, S. (1998), "The Canons of Constitutional Law", 111 *Harv. L. Rev*. 963.

Basadre, J. (1949), *Historia de la República del Perú*, Lima: Editorial Cultura Antártica.

Bolívar, S. (1976), *Doctrina del Libertador*, Caracas: Biblioteca Ayacucho.

Carbonell, M. (2009), *Dilemas de la democracia constitucional*, México: M. A. Porrúa-Cámara de Diputados-CEDH de Aguascalientes.

Cohen, G. (2009), *Why not Socialism?*, Princeton: Princeton U.P.

Elster, J. (1979), *Ulysses and the sirens. Studies in rationality and irrationality*, Cambridge: Cambridge University Press (hay edición en castellano: *Ulises y las sirenas. Estudios sobre racionalidad e irracionalidad*, Fondo de Cultura Económica, México, 1989).

(1989), *Salomonic Judgements: Studies in the Limitations of Rationality*, Cambridge: Cambridge University Press.

(1992), "Intertemporal Choice and Political Thought", en George Lowenstein, G. y Elster, J. (coords) *Choice over time*, New York: Russell Sage Foundation, pp. 35-56.

Epstein, L. & Knight, J. (2003), "Constitutional Borrowing and Nonborrowing", 1 *International Journal of Constitutional Law* 196.

Farrand, M., ed. (1937), *The Records of the Federal Convention of 1787*, New Haven, Conn.: Yale University Press.

Hart, H. L. A (1963), *El concepto de derecho*, Buenos Aires: Abeledo-Perrot.

Hart, H.L.A. (1963b), *Law, Liberty and Morality*, Oxford: Oxford University Press.

Hartlyn, J. y Luna, J. P. (2009) "Constitutional Reform in Contemporary Latin America: A Framework for Analysis", paper presentado en LASA, 2009.

Kennedy, D. (1997), "New Approaches to Comparative Law", *Utah Law Review* 545.

Kuhn, T. S. (1971), *La estructura de las revoluciones científicas*, México: Fondo de Cultura Económica.

Linz, J. and Valenzuela, A. (1994), *The failure of presidential democracy*, Baltimore: John Hopkins University Press.

Manin, B. (1997), *The Principles of Representative Government*, Cambridge: Cambridge University Press.

Nino, C. (1992), *Fundamentos de derecho constitucional*, Buenos Aires: Astrea.

Osiatynski, W. (2003), "Paradoxes of Constitutional Borrowing", 1 *International Journal of Constitutional Law* 244.

Riggs, F. (1987), "El presidencialismo en los Estados Unidos", en Nino, C. (ed.), *Presidencialismo vs. Parlamentarismo*, Buenos Aires: Consejo para la Consolidación de la Democracia.

Reyes Heroles, J. (1957), *El liberalismo mexicano*, México: Universidad Nacional de México.

Rosenfeld, M. (1998), "Justices at Work", 18 *Cardozo L. Rev.* 1609.

Sandel, M. (2005), *Public Philosophy*, Cambridge: Harvard U.P.

Thome, J. (2000), "Heading South But Looking North: Globalization and Law Reform in Latin America", *Wis. L. Rev* 691.

Tushnet, M. (1999), "The Possibilities of Comparative Constitutional Law", 108 *Yale Law Journal* 1225.

White, M. (1978), *The Philosophy of the American Revolution*, Oxford: Oxford U.P.

(1987), *Philosophy, The Federalist, and the Constitution*, Oxford: Oxford U.P.

Zarco, F. (1957), *Historia del Congreso Constitucional de 1857*, México: Instituto Nacional de Estudios Históricos.

Informação bibliográfica deste artigo, conforme a NBR 6023:2002 da Associação Brasileira de Normas Técnicas (ABNT):

GARGARELLA, Roberto.; COURTIS, Christian. El nuevo constitucionalismo latinoamericano: promesas e interrogantes. *In:* BALDI, César Augusto (Coord.). *Aprender desde o Sul:* Novas constitucionalidades, pluralismo jurídico e plurinacionalidade. Aprendendo desde o Sul. 1. ed. Belo Horizonte: Fórum, 2015. p. 59-85

O IMPACTO DO NOVO CONSTITUCIONALISMO: OS EFEITOS DOS CASOS SOBRE OS DIREITOS SOCIAIS NA AMÉRICA LATINA[*]

CÉSAR RODRÍGUEZ GARAVITO

1 Introdução: sobre os estudos de impacto judicial

A literatura acadêmica sobre justiciabilidade dos DESC se multiplicou em proporção à proliferação de decisões judiciais ativistas, tanto na América Latina como em outros lugares. Dois enfoques dominaram a análise acadêmica. Em primeiro lugar, algumas das principais contribuições se concentraram em dar fundamento teórico à exigibilidade judicial dos DESC, à luz das exigências da teoria democrática e da realidade de sociedades caracterizadas por profundas desigualdades econômicas e políticas.[1] Em segundo lugar, há várias obras acadêmicas que se ocuparam de analisar o problema desde uma perspectiva própria da doutrina dos direitos humanos, o que proporcionou por um lado, uma maior precisão aos critérios/padrões judiciais cujo propósito é defender a efetividade dos DESC e, por outro lado, impulsionou

---

[*]   Este texto é a tradução do artigo publicado in *Texas Law Review* (Vol. 89, No. 7, 2011), sob o título "Beyond the Courtroom: The Impact of Judicial Activism on Socioeconomic Rights in Latin America". Esta tradução para o português foi feita a partir da versão em espanhol, publicada como *Un país inconstitucional: el impacto del activismo judicial sobre los derechos sociales en Colombia* (Bogotá: Uniandes: 2012). Reconheço agradecido o apoio de Camila Soto e Carolina Bernal na investigação para este trabalho. Agradeço em particular a Diana Rodríguez Franco por sua contribuição decisiva ao estudo do caso*- central da investigação, que foi publicado em versão extensa em coautoria como C. Rodríguez Garavito e D. Rodríguez Franco, *Cortes y cambio social: cómo la Corte Constitucional transformó el desplazamiento forzado en Colombia* (Bogotá: Dejusticia, 2010). Traduzido por Mariana Filchtiner Figueiredo.

[1]   R. Arango, *El concepto de derechos sociales fundamentales* (Bogotá: Temis, 2005); D. Bilchitz, *Poverty and Fundamental Rights: The Justification and Enforcement of Socio-Economic Rights* (Oxford: Oxford University Press, 2007); R. Gargarella, "Dialogic Justice in the Enforcement of Social Rights", in A. Yamin y S. Gloppen eds., *Litigating Health Rights: Can Courts Bring More Justice to Health?* (Cambridge: Harvard University Press, 2011).

seu uso pelos órgãos judiciais e organismos de supervisão, tanto na esfera nacional como internacional.[2]

Estes enfoques permitiram avanços consideráveis na precisão conceitual e na força prática da justiciabilidade dos DESC. Sem embargo, a atenção quase exclusiva prestada à fase de elaboração das decisões judiciais criou um ponto cego para a análise e a prática: a fase de cumprimento das decisões judiciais. Por essa razão, não houve estudos sistemáticos sobre o destino das decisões ativistas depois que estas foram deferidas.[3] Para além das salas dos tribunais, o que é que se passa com as ordens que se dão nessas decisões judiciais? Até que ponto os funcionários adotam as condutas exigidas pelos tribunais com o fim de proteger um determinado DESC? Qual é o impacto que têm essas decisões sobre o Estado, a sociedade civil, os movimentos sociais e a opinião pública? Em definitivo, contribuem para a realização dos DESC?

Neste artigo encarto estas perguntas para ajudar a enxergar dentro da caixa preta que é hoje a execução das decisões judiciais sobre DESC. Com esse fim, procedo em duas etapas. Primeiro proponho um marco analítico para compreender os efeitos dessas decisões. Na primeira seção, portanto, ofereço uma tipologia dos efeitos e analiso as consequências metodológicas para os estudos sociojurídicos sobre o impacto de decisões judiciais.

A partir deste marco analítico, na segunda seção me ocupo de uma pergunta que requer explicação: o que explica os diferentes níveis de impacto das decisões judiciais sobre DESC? Por que algumas decisões têm efeitos profundos e variados, enquanto que outras permanecem no papel? Uma vez que o resultado final das decisões judiciais depende de quais sejam as respostas frente a elas de uma grande variedade de atores (por exemplo, das estratégias de ativistas e litigantes por detrás das decisões judiciais, das reações governamentais às ordens judiciais e do papel dos tribunais na fase de cumprimento), a multicausalidade por detrás da resposta a essas perguntas é inabordável a menos que a análise se constrinja a um conjunto específico de fatores. Por conseguinte, aqui me concentro naqueles que dependem da atividade do tribunal. Se o resto dos fatores permanece constante, a pergunta mais relevante seria quais são as classes de decisões judiciais que têm uma maior probabilidade de ter um impacto profundo no cumprimento dos DESC. Ou, formulada de maneira prescritiva, o que é que podem fazer os tribunais para aumentar o impacto das decisões judiciais sobre DESC?

Para intentar jogar luz sobre estas perguntas, neste capítulo me concentro em um tipo específico de decisões judiciais que – por ser de uma magnitude, duração e complexidade consideráveis – permitem os estudos de casos detalhados que são necessários para documentar os efeitos do ativismo judicial. Denomino "casos estruturais" a este tipo de processos judiciais, caracterizados por: a) afetar a um grande número de pessoas que denunciam a violação de seus direitos, por si mesmas ou mediante organizações que apresentam demandas judiciais em seu nome; b) envolver a vários

---

[2] V. Abramovich y C. Courtis, *Los derechos sociales como derechos exigibles* (Madrid: Trotta, 2002).

[3] Para exceções destacáveis onde se analisa o cumprimento de sentenças ativistas, veja-se V, G. e D. Brinks, eds. *Courting Social Justice: Judicial Enforcement of Social and Economic Rights in the Developing World* (Cambridge: Cambridge University Press, 2008); R. Uprimny y M. García Villegas, "Corte Constitucional y emancipación social en Colombia", in B. Santos y M. García eds., *Emancipación social y violencia en Colombia* (Bogotá: Norma, 2004); A. Yamin y Siri Gloppen, eds., *Litigating Health Rights: Can Courts Bring More Justice to Health?* (nota 1 *supra*).

órgãos e setores do Estado, que se consideram responsáveis pelas persistentes falhas de política pública que contribuem para a violação desses direitos, e c) levar aparelhadas medidas estruturais, como por exemplo, ordens de cumprimento imediato nas que se instrui a diversos organismos administrativos tomar ações coordenadas para proteger toda a população afetada e não só aos denunciantes específicos do caso.[4]

Argumento que esta classe de ativismo judicial é parte de uma tendência incipiente na América Latina e em outras regiões do Sul Global. Este tipo de neoconstitucionalismo progressista cuja ilustração mais clara, a intervenção judicial em casos estruturais que se ocupam de violações generalizadas de direitos sociais, econômicos e culturais (DESC) – recebe diferentes nomes e tem distintas características nas diferentes partes do Sul Global.[5] Entre os exemplos melhor conhecidos estariam a jurisprudência do Tribunal Supremo da Índia, que se ocupou de problemas sociais fundamentais com a fome e o analfabetismo. Nas sentenças desse tribunal se criaram comissões judiciais assessoras que supervisionam o cumprimento das decisões do tribunal.[6] No mesmo sentido, o Tribunal Constitucional Sul-africano se converteu em um foro institucional crucial para promover direitos como o direito à moradia ou à saúde, e para obrigar o Estado a tomar ações contra o legado econômico e social do apartheid.[7] A Corte Constitucional sul-africana despertou também a atenção nos círculos judiciais e acadêmicos internacionais, como demonstra o interesse dos acadêmicos europeus e norte-americanos no estudo de suas decisões, e o uso de sua jurisprudência na teoria constitucional europeia e norte-americana.[8]

Na América Latina, o ativismo judicial com relação aos DESC adquiriu uma maior relevância pública nas últimas décadas. Recebeu diferentes nomes: "litígio estratégico",[9] "casos coletivos"[10] e "direito de interesse público" (ao estilo

---

[4]   Ainda que a CCC não se tenha baseado explicitamente no direito constitucional comparado para desenvolver sua jurisprudência sobre o estado de coisas inconstitucional, há semelhanças entre a jurisprudência da CCC e a doutrina das medidas provisionais estruturais de jurisdições de *Common Law* como Índia, África do Sul e Estados Unidos. Veja-se S. Muralidhar 2008. "India," in M. Langford, ed. *Social Rights Jurisprudence. Emerging Trends in International and Comparative Law* (Cambridge: Cambridge University Press, 2009). Sobre Estados Unidos, veja-se A. Chayes, *The Role of the Judge in Public Law Litigation*, 89 Harv. L. Rev. 1281, 1281 (1976), e C. Sabel e W. Simon, *Destabilization Rights: How Public Law Litigation Succeeds*, 117 Harv. L. Rev. 1016, 1019 (2004). Sobre o caso da África do Sul, veja-se D. Hirsch, *A Defense of Structural Injunctive Remedies in South African Law*, 9 Or. Rev. Int'l L. 1, 3–4 (2007).

[5]   C. Rodríguez Garavito, *A globalização do Estado de Direito: o neoconstitucionalismo, o neoliberalismo e a reforma institucional na América Latina*, en O. Vilhena e D. Dimoulis, eds. *Estado de direito e o desafio do desenvolvimento* (São Paulo: Editora Saraiva, 2011).

[6]   Veja-se S. Muralidhar (nota 4 supra). Veja-se também S. Shanker y P. Mehta, "Courts and Socioeconomic Rights in India", in V. Gauri y D. Brinks (eds.) *Courting Social Justice* (nota 3 *supra*).

[7]   Veja-se S. Liebenberg, *Socio-Economic Rights: Adjudication under a Transformative Constitution* (Jonanesburgo: Juta Law, 2010); J. Berger, "Litigation for Social Justice in Pos-Apartheid South Africa: A Focus on Health and Education", in V. Gauri y D. Brinks, eds. *Courting Social Justice* (nota 3 *supra*).

[8]   F. Michaelman, "Economic Power and the Constitution", in *The Constitution in 2020* (J. Balkin y R. Siegel eds., 2004); C. Sunstein, *The Second Bill of Rights* (Nueva York: Basic Books, 2006); R. Dixon, "Creating Dialogue about Socioeconomic Rights: Strong-Form Versus Weak-Form Judicial Review Revisited", 5 *International Journal of Constitutional Law* 391, 391-393 (2007); S. Fredman, *Human Rights Transformed: Positive Rights and Positive Duties* (Oxford: Oxford University Press 2008).

[9]   Veja-se, entre outros, Asociación por los Derechos Civiles, *El litigio estratégico como herramienta para la exigibilidad del derecho a la educación: posibilidades y obstáculos* (Buenos Aires, ADC, 2009).

[10]   G. Maurino, E. Nino e M. Sigal, *Las acciones colectivas: análisis conceptual, constitucional y comparado* (Buenos Aires: Lexis-Nexis, 2005).

norte-americano).[11] Em países tão distintos como Brasil e Costa Rica, a intervenção dos tribunais tem sido decisiva para que se provejam serviços sociais fundamentais, como por exemplo, serviços de saúde.[12] Na Argentina, alguns tribunais decidiram sobre casos estruturais e introduziram mecanismos públicos novos para supervisionar o cumprimento de sentenças de natureza ativista como a ditada no caso Verbitsky, relativo à sobrepopulação carcerária, ou o caso Riachuelo, sobre degradação do meio ambiente.[13]

Para conceituar e documentar os efeitos deste tipo de decisões, neste capítulo me concentro na jurisprudência da Corte Constitucional Colombiana (CCC), que tem sido particularmente inovadora em suas decisões em casos estruturais sobre DESC por meio de sua doutrina do "estado de coisas inconstitucional."[14] A sentença paradigmática desta doutrina é a T-025 de 2004, em que a CCC cumulou as petições de amparo (tutelas) apresentadas por mais de 1.150 famílias deslocadas forçosamente no meio do conflito armado colombiano. Em sua direção, a CCC declarou que a emergência humanitária causada pelo deslocamento forçado constituía um "estado de coisas inconstitucional", quer dizer, uma violação massiva de direitos humanos associada com casos sistêmicos da ação estatal. Como mostravam as demandas procedentes de todos os lugares do país que se apresentaram ante a CCC, não houvera nenhuma política estatal séria e coordenada para prestar ajuda às PID, nem existia tampouco informação confiável sobre o número de PID ou sobre a situação na qual se encontravam. Ademais, o orçamento assinado a esse problema era claramente insuficiente. Para eliminar as causas que estavam detrás desse "estado de coisas" inconstitucional, a Corte ordenou um conjunto de medidas estruturais que, como se verá, motivaram [dieron pie] um processo de execução e acompanhamento longo, que ainda hoje continua.

A sentença T-025 não foi a primeira decisão estrutural da CCC em que se declarou um estado de coisas inconstitucional.[15] Desde 1997, a CCC proferiu várias decisões dessa classe, para circunstâncias muito variadas, como o descumprimento,

---

[11] F. González, *El trabajo clínico en materia de derechos humanos e interés público en América Latina* (Bilbao: Universidad de Deusto, 2003).

[12] O. Ferraz, "The Right to Health in the Courts of Brazil: Worsening Health Inequalities?", 11 *Health and Human Rights* 33, 35; B. Wilson, "Changing Dynamics: The Political Impact of Costa Rica's Constitutional Court", in R. Sieder, L. Schjolden y A. Angel, eds *The Judicialization of Politics in Latin America* (Londres: Palgrave, 2005).

[13] Centro de Estudios Legales y Sociales (CELS), *La lucha por el derecho: Litigio estratégico y derechos humanos* (Buenos Aires: Siglo XXI, 2008); C. Fairstein, G. Kletzel e P. García, "En busca de un remedio judicial efectivo: Nuevos desafíos para la justiciabilidad de los derechos sociales", in P. Arcidiácono, N. Espejo y C. Rodríguez Garavito, eds. *Derechos sociales: justicia, política y economía en América Latina* (Bogotá: Uniandes, CELS, UDP y Siglo del Hombre, 2010.).

[14] Veja-se M. Sepúlveda e C. Rodríguez Garavito, "Colombia: la Corte Constitucional y su contribución a la justicia social", en M. Langford, ed. Teoría y jurisprudencia de los derechos sociales: tendencia emergentes en el derecho internacional y comparado (Bogotá: Uniandes y Siglo del Hombre, 2012). Concentro-me nos casos estruturais, que, devido a seu alcance e duração, permitem um exame mais detalhado de seus efeitos. Ao escolher esta opção analítica, não quero dizer que sejam os únicos tipos de casos para fazer cumprir os DESC, nem necessariamente os mais importantes. De fato, o cumprimento destes direitos depende também de uma variedade de casos cotidianos e usuais que talvez nunca cheguem aos tribunais.

[15] Para uma análise da doutrina do "estado de coisas inconstitucional", veja-se C. Rodríguez Garavito, "Más allá del desplazamiento, o cómo superar un estado de cosas inconstitucional", in C. Rodríguez Garavito (ed.), *Más allá del desplazamiento: políticas, derechos y superación del desplazamiento en Colombia* (Bogotá: Uniandes, 2009).

por parte do Estado, da obrigação de afiliar a numerosos funcionários públicos ao sistema de seguridade social,[16] a enorme sobrepopulação das prisões,[17] a falta de proteção para os defensores dos direitos humanos[18] e a convocação de um concurso público para prover postos de notários.[19] A CCC, sem chegar a declarar formalmente o estado de coisas inconstitucional, em várias ocasiões também cumulou por iniciativa própria, ações de tutela que afetavam a um mesmo problema e ordenou medidas provisionais estruturais. A última vez que o fez foi na sentença T-760 de 2008, que resolvia 22 demandas sobre casos sistêmicos no sistema de saúde pública.

Com base em um estudo mais amplo,[20] neste capítulo destaco três casos. O estudo de caso principal, a decisão T-025 sobre PID é o resultado de uma investigação realizada conjuntamente com Diana Rodríguez Franco, em que se examinou em detalhe a execução durante seis anos das decisões contidas na sentença.[21] Procedo a comparar o impacto relativamente profundo da sentença T-025 com os efeitos muito mais modestos de outras sentenças estruturais, a T-153 e T-760. A T-153 foi uma decisão de 1998 pela qual a CCC declarou que a situação penosa dos detidos em cárceres sobrepovoadas era equivalente a um estado de coisas inconstitucional. Ainda que a Corte tenha aprovado várias ordens com efeitos a curto prazo cujo propósito era solucionar as falhas administrativas e orçamentárias mais graves que ocasionava a sobrepopulação dos cárceres, não se criou um mecanismo de acompanhamento efetivo. Esta omissão ajuda a explicar os pobres efeitos gerais da decisão. Para mostrar o contraste com a T-153, analiso também a sentença T-760, que é uma sentença mais recente sobre o direito à saúde. Apesar de que nela não se usa formalmente a doutrina do estado de coisas inconstitucional, na T-760 a Corte aprovou uma série de medidas provisionais estruturais e iniciou um processo de acompanhamento ambicioso não muito distinto ao da T-025. Esse processo tinha como fim obrigar ao governo a ocupar-se das demoras legislativas e administrativas que debilitavam enormemente o sistema de saúde pública e sobrecarregava os tribunais com milhares de solicitações de pacientes que reclamavam medicamentos e tratamentos básicos. Sem embargo, o acompanhamento perdeu força rapidamente e a decisão teve consequências moderadas, em um ponto médio entre a decisão sobre PID e a sentença sobre as prisões.

Em consonância com a estrutura deste artigo, meu argumento se divide em duas partes. Por um lado, sustento que com o fim de apreciar a plena variedade de efeitos que têm as decisões da Corte, os estudos sobre impacto necessitam aumentar os enfoques teórico e metodológico convencionais. Ademais dos efeitos materiais diretos que têm as ordens da Corte (os efeitos que seguiriam imediatamente ao cumprimento da ordem da Corte), devem-se considerar suas consequências mais gerais, que incluem efeitos indiretos e simbólicos igualmente importantes. A partir dos dados do estudo de caso, considero que a variedade potencial de efeitos relevantes

---

[16] Sentenças SU-090/00, T-535/99, T-068/98 e SU-559/97.

[17] Sentenças SU-966/00, T-847/00, T-847/00, T-607/98, T-606/98 e T-153/98.

[18] Sentença T-590/98.

[19] Sentença SU-250/99.

[20] C. Rodríguez Garavito, *Legalismo mágico: la Corte Constitucional y la transformación de un país inconstitucional* (Bogotá: Ediciones Uniandes, 2011).

[21] C. Rodríguez Garavito e D. Rodríguez Franco, *Cortes y cambio social: cómo la Corte Constitucional transformó el desplazamiento forzado en Colombia* (Bogotá: Dejusticia, 2010).

incluiriam, ademais da ação governamental ordenada especificamente pela Corte, a reformulação de problemas socioeconômicos como problemas de direitos humanos, o fortalecimento da capacidade institucional do Estado para tratar desses problemas, a formação de coalizões ativistas para participar no processo de execução, e a promoção da deliberação pública e a busca coletiva de soluções com relação aos complexos problemas de alocação de recursos que afetam aos casos estruturais sobre DESC.

Por outra parte, a segunda parte do argumento reflete sobre os fatores controlados pela Corte que podem melhorar os efeitos gerais de uma determinada decisão. Dois fatores importantes são a classe de ordens que se dão e a existência e a natureza do acompanhamento estabelecido pela Corte. Argumento que é mais provável que os efeitos sejam maiores quando os tribunais iniciam um "ativismo dialógico" [22] mediante dois mecanismos institucionais. Em primeiro lugar, as sentenças dialógicas estabelecem fins gerais e processo de execução claros, com prazos firmes e exigência de informes de avanços na execução, ao mesmo tempo em que deixam as decisões substantivas e os resultados detalhados aos órgãos administrativos. As ordens desta natureza não só são compatíveis com o princípio da separação dos poderes, senão que podem também promover a eficácia geral de uma determinada decisão. Em segundo lugar, um enfoque dialógico dos casos de DESC fomenta os mecanismos participativos de acompanhamento, como as audiências públicas, as comissões de vigilância nomeadas pelo tribunal e os convites à sociedade civil e aos órgãos administrativos para que apresentem informação relevante e participem em debates promovidos pelo tribunal. Esses mecanismos promovem a deliberação democrática e melhoram os efeitos das intervenções dos tribunais.

2 O ponto cego no debate sobre a justiciabilidade dos direitos econômicos e sociais: os efeitos das decisões judiciais

2.1 Os efeitos das decisões sobre DESC: um marco analítico

Existe uma literatura acadêmica interdisciplinar, cuja autoridade se reconhece amplamente, sobre a relação entre tribunais e transformação social. Essas obras oferecem um marco conceitual e metodológico útil para valorar os efeitos das diferentes ondas de processo judiciais e ativismo judicial sobre DESC. Nessas obras se estudaram os efeitos de destacadas decisões judiciais sobre uma variedade de temas, como a igualdade de gênero no mercado laboral,[23] a discriminação racial[24] e a superpopulação carcerária.[25] Desde diferentes pontos de vista, estes estudos efetuaram contribuições teóricas e avaliaram empiricamente os resultados da "revolução dos direitos"[26] e a

---

[22]   R. Dixon, "Creating Dialogue about Socioeconomic Rights: Strong-form Versus Weak-form Judicial Review Revisited" (nota 8 *supra*).

[23]   M. McCann, *Rights at Work: Pay Equity Reform and the Politics of Legal Mobilization* (Chicago: Chicago University Press, 1994).

[24]   G. Rosenberg, *The Hollow Hope* (Chicago: Chicago University Press, 2d ed. 2008).

[25]   M. Feeley e E. Rubin, *Judicial Policy Making and the Modern State: How the Courts Reformed America's Prisons* (Cambridge: Cambridge University Press, 2000).

[26]   Veja-se C. Epp, *The Rights Revolution* (Chicago: Chicago Univ. Press, 1998).

"juristocracia" correspondente,[27] representada pela intervenção crescente dos juízes em problemas políticos e sociais fundamentais.

Os estudos de impacto das decisões judiciais se dividem em dois grupos, segundo quais sejam a classe de efeitos nos quais se concentram. Alguns autores focam sua atenção nos efeitos diretos e visíveis das decisões. Desde uma perspectiva neorrealista, que considera o direito um conjunto de normas que configura a conduta humana, essa corrente aplica um teste estrito de causalidade para avaliar os efeitos das intervenções judiciais: uma sentença é efetiva quando produz uma mudança observável na conduta daqueles aos quais se dirige diretamente.[28] Por exemplo, o problema de determinar os efeitos da sentença T-025se resolveria mediante a análise das consequências da conduta das autoridades públicas encarregadas da política pública sobre deslocamento forçado e, em última instância, mediante a avaliação de suas consequências para a situação das PID.

A obra que melhor representa este enfoque é o estudo realizado por Rosenberg sobre os efeitos que teve a sentença da Suprema Corte dos Estados Unidos no caso *Brown v. Board of Education*.[29] Frente à opinião convencional sobre Brown, que considerava que essa decisão revolucionou o movimento de direitos civis na década de setenta, o estudo empírico de Rosenberg concluiu que a decisão judicial teve poucos efeitos e que a crença nos tribunais como mecanismo de mudança social era uma "esperança vazia". Na opinião de Rosenberg, foi a mobilização política da década de sessenta e a legislação contra a discriminação que originaram o que resultou a reagregação racial, e não a decisão judicial estrutural.

Por outro lado, há autores que se inspiram na concepção construtivista das relações entre direito e sociedade, o que os leva a criticar Rosenberg e os neorrealistas por se concentrarem só nos efeitos diretos e materiais das decisões judiciais. Segundo estes críticos, as decisões judiciais e o Direito produzem transformações sociais não só quando provocam mudanças na conduta dos grupos e dos indivíduos afetados diretamente pelo caso, senão também quando produzem transformações indiretas nas relações sociais, ou quando modificam as percepções dos atores sociais e legitimam a visão de mundo que têm os afetados pelo processo judicial.[30] Por exemplo, é possível que os efeitos simbólicos e indiretos da sentença T-025 tenham sido de igual importância que os efeitos materiais que teve: poderia haver contribuído para mudar a percepção pública sobre a urgência e a gravidade do deslocamento forçado na Colômbia, ou poderiam legitimar as reclamações e reforçar o poder das ONGs de direitos humanos e dos organismos internacionais de direitos humanos que têm estado pressionando o governo colombiano para que faça mais em favor das PID.

O trabalho mais notável que emprega este enfoque construtivista é o estudo de McCann sobre os efeitos das estratégias jurídicas usadas pelo movimento feminista em sua luta pela igualdade salarial nos Estados Unidos.[31] As descobertas de McCann indicariam que os efeitos indiretos dos processos judiciais e o ativismo judicial podem ser mais importantes que os efeitos diretos nos quais se concentram os neorrealistas.

---

[27] Veja-se R. Hirschl, *Towards Juristocracy: The Origins and Consequences of the New Constitutionalism* (Cambridge: Harvard University Press, 2004).

[28] Veja-se M. McCann, *Rights at Work* (nota 23 *supra*), p. 290.

[29] G. Rosenberg, *The Hollow Hope* (nota 24 *supra*).

[30] Veja-se P. Bourdieu, "La fuerza del derecho" in P. Bourdieu, *La fuerza del derecho* (Bogotá: Uniandes, 2002).

[31] Veja-se M. McCann (nota 23 *supra*).

Por conseguinte, "[a] inda que muitas vezes as vitórias judiciais não se traduzem automaticamente na mudança social desejada, pode ajudar a definir os términos das lutas imediatas e de longo prazo que se dão entre grupos sociais".[32]

Estas diferenças conceituais vão acompanhadas de desacordos metodológicos. O positivismo epistemológico dos neorrealistas implica prestar uma atenção quase exclusiva às técnicas de investigação quantitativas que permitem avaliar os efeitos materiais diretos.[33] Isso se faz evidente nos estudos de impacto inspirados pela análise econômica do direito, cujas conclusões tendem a compartilhar o ceticismo de Rosenberg, como o ilustra a literatura econômica contra o ativismo da CCC.[34]

O contraste, o enfoque construtivista amplia a variedade de estratégias de investigação para incluir técnicas qualitativas que permitam apreciar os efeitos simbólicos e indiretos de uma determinada decisão. Entre essas técnicas estariam as entrevistas em profundidade de funcionários, ativistas e membros da população beneficiária para examinar a consequência da decisão judicial na sua percepção da situação e as estratégias para solucioná-la. A essas técnicas se lhes concede a mesma importância que técnicas quantitativas como a análise dos indicadores sociais para a população beneficiada ou a medição da cobertura na imprensa antes e depois da decisão.

Para esclarecer e destacar a diferença estas duas perspectivas, elaboro à continuação uma tipologia dos efeitos que se estudam por cada uma delas.

TABELA 1
Tipos e exemplos dos efeitos das decisões judiciais

	Direto	Indireto
Material	Desenho de políticas públicas, como se ordena na decisão judicial	Formação de coalizões ativistas para influenciar a questão afetada
Simbólico	Definir e perceber o problema como uma violação de direitos	Transformar a opinião pública sobre a urgência e a gravidade do problema

Como se mostra no eixo horizontal da tabela, as decisões podem ter efeitos diretos e indiretos. Os efeitos diretos incluiriam as ações ordenadas pelo tribunal que afetam aos participantes do caso, quer sejam estes litigantes, beneficiários ou órgãos estatais que são destinatários das ordens do tribunal. Nos casos estudados, os efeitos diretos das sentenças estruturais da CCC incluíam a decisão do governo de declarar o estado de emergência econômica em fins de 2009, o que permitiu aprovar uma série de decretos aparentemente destinados a solucionar a crise do sistema de saúde e cumprir com algumas das ordens da Corte ditadas na sentença T-760 de 2008.[35] No mesmo

---

[32] Veja-se *ibíd.*, p. 91.

[33] Ibidem, p. 285.

[34] Veja-se S. Clavijo, *Fallos y fallas de la Corte Constitucional* (Bogotá: Alpha-Omega, 2001); S. Kalmanovitz, *Las instituciones y el desarrollo económico en Colombia* (Bogotá: Norma, 2001); A. Carrasquilla, "Constitución de hecho", *El Espectador*, 20 de junio de 2011.Para uma análise do enfrentamento entre os economistas e os acadêmicos dedicados ao direito constitucional com respeito ao ativismo judicial na Colômbia, veja-se C. Rodríguez Garavito, *La globalización del Estado de derecho* (nota 5 *supra*).

[35] C. Rodríguez Garavito, *Legalismo mágico*(nota 20 *supra*). É interessante mencionar que o decreto do governo que declarou a emergência (e os decretos correspondentes que reformaram os principais componentes do sistema de saúde pública) foram declarados inconstitucionais pela CCC baseando-se em que a administração

sentido, para cumprir com a principal ordem da sentença T-153, o Departamento Nacional de Planejamento, um órgão do governo, aprovou um documento em que se estabelecia a estratégia política para solucionar a superpopulação carcerária.

Os efeitos indiretos incluem todas as classes de consequências que, sem estar estipuladas nas ordens do tribunal, derivam da decisão judicial Afetam não só às partes do caso, senão também a outros sujeitos sociais. Por exemplo, as medidas provisionais estruturais frequentemente impulsionam órgãos administrativos e ONG's simpatizantes a aproveitar a oportunidade que cria a decisão judicial e envolver-se no processo de acompanhamento mais além do que contemplado inicialmente pela Corte. Por exemplo, por detrás da aprovação da decisão sobre superpopulação carcerária a Defensoria do Povo colombiana foi proativa no momento de pressionar o governo para que empreendesse uma reforma das prisões, e se formaram várias coalizões de ONGs para defender a necessidade de uma reforma dos serviços de saúde pública seguindo o exemplo da decisão T-760.

Ademais, como mostra o eixo vertical da tabela, as decisões judiciais podem produzir efeitos materiais ou simbólicos. A primeira categoria se refere às mudanças tangíveis na conduta dos grupos ou indivíduos. Os efeitos simbólicos são mudanças nas ideias, percepções e concepções sociais coletivas relativas à matéria objeto de litígio.[36] Em termos de teoria social, implicam modificações culturais ou ideológicas com respeito ao problema colocado pelo caso.[37]

Por exemplo, quando as intervenções judiciais recebem ampla cobertura pelos meios de comunicação, podem configurar a maneira pela qual os meios de comunicação e o público compreendem o problema correspondente. Assim ocorreu com a sentença T-760, que levou a reformular o problema da saúde pública na Colômbia. A análise do conteúdo das notícias e dos artigos de opinião publicados pelos principais editoriais de imprensa indica que antes da decisão da CCC, o contexto mais provável em que se falava do tema era de "crise institucional", que dominava 60% dos escritos publicados entre 2004 e metade de 2008.[38] O processo de reformulação se pode ver claramente na ação na cobertura da imprensa que seguiu à decisão: entre metade de 2008 e o final de 2010, a imprensa situou a grande maioria (72%) dos artigos no marco do "direito à saúde".

Como mostra a tabela, os cruzamentos entre ambas as categorias dão lugar a quatro tipos de efeitos: efeitos materiais diretos (p. ex., formulação de uma política pública ordenada pelo tribunal); efeitos materiais indiretos (p. ex., participação de novos atores no debate); efeitos simbólicos diretos (p. ex., novo marco para as notícias nos meios de comunicação) e efeitos simbólicos indiretos (p. ex., a transformação da opinião pública sobre o problema).

Com esta tipologia presente, proponho voltar a examinar a diferença entre os enfoques neorrealistas e construtivistas. Enquanto que os neorrealistas se concentram nos efeitos materiais diretos, como o cumprimento da sentença, os construtivistas

---

não podia recorrer à legislação de estados de emergência para solucionar problemas de política pública de sua própria negligência, como era a inação frente às ordens estruturais da sentença T-760. Veja-se Corte Constitucional, sentencia C252 de 2010.

[36] M. García Villegas, *La eficacia simbólica del derecho* (Bogotá: Uniandes, 1993).

[37] Veja-se A. Swidler, "Culture in Action: Symbols and Strategies", 51 Am. Soc. Rev. 273, 273 (1986).

[38] Os meios de imprensa incluídos no estudo foram o periódico *El Tiempo* e a revista semanal *Semana*.

considberam as quatro classes de efeitos. Isso explica por que uma sentença pode ser considerada ineficaz pelos neorrealistas e eficaz pelos construtivistas, na medida em que o que se considera que tem impacto para o segundo grupo inclui um conjunto maior de efeitos.

Neste sentido, uma análise neorrealista incluiria que praticamente todos os casos históricos na jurisprudência de DESC tiveram poucas consequências. Considere-se, por exemplo, a sentença bem conhecida da Corte Constitucional sul-africana sobre o direito à moradia no caso *Grootboom*.[39] O fato desafortunado de que a demandante, Irene *Grootboom*, morrera em uma inframoradia enquanto ainda esperava por uma moradia digna, oito anos depois de haver obtido uma sentença favorável, sugeria que essa sentença foi inútil, visto que os efeitos materiais diretos nunca se produziram.[40] Sem embargo, esta conclusão não leva em conta os resultados do caso. Por exemplo, não leva em conta os diversos efeitos materiais e simbólicos indiretos produzidos pela sentença *Grootboom*, resultado de um fluxo contínuo de demandas judiciais parecidas interpostas por comunidades de diferentes partes da África do Sul com as que se conseguiu evitar desalojamentos forçados e criar políticas de moradia de emergência.[41]

Meu estudo das consequências das decisões estruturais da CCC oferece evidência em favor do enfoque construtivista. De fato, meus estudos de caso sugerem que os efeitos indiretos e simbólicos podem ter consequências jurídicas e sociais que são tão profundas como os efeitos diretos, materiais, da decisão. Estas diferentes classes de efeitos das decisões judiciais puderam ser vistas mais claramente no processo de acompanhamento da sentença T-025 sobre PID, que nos sete anos que durou mostra a tipologia explicada.

2.2 Os efeitos das sentenças sobre DESC: o caso da sentença T-025

Na sentença T-025, a CCC ditou três ordens principais. A primeira era que o governo devia formular um plano coerente de ação para abordar a emergência humanitária das PID e superar o estado de coisas inconstitucional. Em segundo lugar, ordenava à administração calcular o orçamento que fora necessário para pôr em prática um plano de ação como esse e explorar todas as vias possíveis para investir na prática a quantidade calculada para os programas dirigidos às PID. Em terceiro lugar, ordenava ao governo garantir ao menos a proteção do núcleo essencial da maioria dos direitos fundamentais das PID: alimentação, educação, saúde, moradia e terra. Todas essas ordens se dirigiram diretamente aos órgãos públicos relevantes, entre os quais estavam as entidades administrativas nacionais e as autoridades locais.

Depois de sete anos, que efeitos tiveram essas ordens e as posteriores? As entrevistas com participantes fundamentais, a análise do conteúdo da cobertura

---

[39] *Gov't of the Republic of S. Afr. v. Grootboom* 2000 (1) SA 46 (CC), p. 86 (S. Afr.) (em que se determinou que haviam violado os direitos à moradia de pessoas que viviam em assentamentos informais na Cidade do Cabo).

[40] P. Joubert, "Grootboom Dies Homeless and Penniless", *Mail & Guardian Online* (8 de agosto de 2008), http://www.mg.co.za/article/2008-08-08-grootboom-dies-homeless-and-penniless.

[41] M. Langford, "Housing Rights Litigation: *Grootboom* and Beyond", in M. Langford et al., eds. *Symbols or Substance? Socio-Economic Rights Strategies in South Africa* (Cambridge: Cambridge University Press, 2011).

na imprensa, a observação participativa em reuniões e audiências promovidas pela Corte, e os dados extraídos da muito numerosa documentação que deixou este caso permitem defender a existência de seis efeitos principais, como se representa na Tabela 2 e se explicam à continuação.

TABLA 2
Efectos de la sentencia T-025 de 2009[42]

	Directos	Indirectos
		Política pública
	Desbloqueo	Coordinación
Materiales		Participación
	Sectoriales	
Simbólicos		
		Encuadre

Efeito de desbloqueio

O efeito imediato da sentença T-025 foi sacudir as burocracias estatais encarregadas de atender à população deslocada.[43] La CCC, ao ordenar ao governo que redigisse uma política coerente para proteger os direitos das PID e estabelecesse prazos para avaliar o progresso, usou os DESC como "direitos desestabilizadores":[44] como pontos de apoio para romper a inércia institucional e impulsionar a ação governamental. Quer dizer, segundo a tipologia aplicada, esse efeito foi uma consequência material direta da sentença.

Vários dos entrevistados enfatizaram esse efeito. Por exemplo, o advogado encarregado das questões relativas às PID na Defensoria do Povo explicou que os prazos iminentes para informar à Corte dos avanços serviram como um empurrão efetivo para as agências governamentais relevantes. Recordou que "em reuniões preparatórias das sessões de acompanhamento do cumprimento da sentença, um escuta funcionários do nível nacional como do nível territorial que dizem que se tem de apurar porque têm sessão com a Corte, ou porque se lhes vai vencer o prazo que

---

[42]   Adaptado de C. Rodríguez Garavito e D. Rodríguez Franco, *Cortes y cambio social* (nota 21 *supra*) p. 64.

[43]   Ibidem, p. 50–51.

[44]   Veja-se R. Unger, *False Necessity: Anti-Necessitarian Social Theory in the Service of Radical Democracy*, (Londres: Verso, 1987).

a Corte estabeleceu".[45] Como se verá, a Corte manteve a pressão sobre o governo mediante ordens e reuniões de acompanhamento, que empurraram ainda mais o governo a tomar ação.[46] Por conseguinte, como o expressou o editorial de um jornal, publicado em 2007, a sentença "foi chave para dinamizar a atitude estatal. Audiências periódicas do alto tribunal, que chegou a pedir a um juiz para abrir processo por desacato contra funcionários do Governo – e críticos informes da Procuradoria, da Controladoria e da Defensoria sobre as falências na atenção –, mantiveram a pressão para que o Estado cumpra suas obrigações".[47]

Efeito de coordenação

Os casos estruturais da política pública relacionada com a emergência humanitária as PID eram produto não só da inação das instituições relevantes, senão também da falta de coordenação entre elas.[48] Ao ordenar-se a estas instituições que colaborassem no desenho, no financiamento e na execução de uma política pública unificada para as PID, a CCC promoveu essa classe de coordenação, tanto entre os órgãos administrativos destinatários diretos da decisão como entre as agências relacionadas indiretamente com o caso. Por conseguinte, como se indicou na Tabela 2, é um efeito material que tem manifestações diretas e indiretas.

Nas palavras de uma funcionária do Ministério da Educação que participou no processo, a mensagem da Corte foi: "aqui tem de se fazer uma parada. Vamos organizar a casa. [...] E a sentença permitiu ao Governo começar a dizer, o que toca a todos, o que toca a alguns e o que é que vamos começar a responder de modo mais pontual."[49] Ainda que esteja longe de ser perfeito, o resultado dessa necessidade de colaboração foi o estabelecimento de um comitê de coordenação interadministrativo, que se reúne regularmente e envia seus informes à Corte.

Efeito de política pública

A sentença T-025 teve efeitos notáveis no desenho da uma política nacional a longo prazo para as PID, e também para estabelecer mecanismos para executá-la, financiá-la e supervisioná-la. De fato, um ano depois da sentença, como resposta direta à primeira ordem da Corte, o governo aprovou um Plano Nacional de Atenção Integral para a População Deslocada pela Violência. É interessante assinalar que conquanto essa novidade seja em aparência um efeito material direto, revela também as consequências simbólicas da sentença, visto que o governo adotou explicitamente a linguagem e o marco legal do enfoque de direitos neste e em documentos de política

---

[45] Entrevista com Hernando Toro, coordenador, Oficina de Atención a los Desplazados de la Defensoría del Pueblo (22 de enero de 2009).

[46] Veja-se C. Rodríguez Garavito e Rodríguez Franco, *Cortes y cambio social* (nota 21 *supra*), p. 84–90.

[47] *El Tiempo*, "El año de los desplazados" (21 de mayo de 2008), http://www.eltiempo.com/archivo/documento/CMS-4200986.

[48] Veja-se Rodríguez Garavito e Rodríguez Franco, *Cortes y cambio social* (nota 21 *supra*), p. 142–168.

[49] Entrevista com Yaneth Guevara Triana, Ministerio de Educación, Bogotá, 9 de janeiro de 2009.

pública e normas administrativas posteriores. É por isso que este efeito se situa em uma posição intermediária na Tabela 2.

Ademais a sentença T-025 teve um efeito direto na alocação de fundos efetuada pelo governo para programas dirigidos às PID, devido à segunda ordem da Corte. Na prática a sentença fez com que a administração pública triplicasse o orçamento assinado a esses programas em 2004 e teve um efeito de incremento contínuo ao longo do tempo.[50] O orçamento nacional de 2010 para programas dirigido às PID, ainda que todavia seja insuficiente, foi dez vezes maior que o de 2003.[51]

Efeito participativo

O processo de acompanhamento da sentença T-025 abriu os procedimentos judiciais e a criação de políticas públicas a uma variedade de participantes governamentais e não governamentais. Esse efeito material crucial foi em parte consequência direta da sentença e em parte uma consequência indireta e inesperada dela. Desde o começo, as ordens da CCC envolveram não somente aos principais órgãos administrativos responsáveis pela situação das PID (o Ministério do Interior e Ação Social, o organismo administrativo encarregado dos programas antipobreza), senão também a outros com responsabilidades relacionadas nas esferas internacional, nacional e local.

É interessante assinalar que um resultado indireto da sentença foi a formação de organizações e coalizões da sociedade civil para participar no processo de acompanhamento. ONGs como *Codhes, Dejusticia* e *Viva la Ciudadanía* uniram seus esforços com organizações de base e também com setores da Igreja católica e o mundo acadêmico para fundar uma coalizão cujo propósito específico era contribuir para a execução da T-025: a Comissão de Acompanhamento da Política Pública sobre Deslocamento Forçado (*Comisión de Seguimiento a la Política Pública sobre Desplazamiento Forzado*).[52] Num efeito de retrocesso surpreendente, a CCC reconheceu à continuação a Comissão como parte nos procedimentos de acompanhamento e se apoiou firmemente nos dados e recomendações que ela apresentou. Por conseguinte, ainda que não tenha sido criada oficialmente pela CCC, a Comissão teve na prática uma participação parecida com a de muitos comitês de acompanhamento estabelecidos pelo Tribunal Supremo indiano para supervisionar o cumprimento de sua decisão.

Como se explica logo, a CCC estimulou a participação dos órgãos administrativos e das organizações da sociedade civil, e o diálogo entre eles, mediante audiências e solicitações periódicas de informação, com o que promoveu o tipo de ativismo judicial dialógico que a meu juízo pode melhorar o efeito das sentenças sobre DESC.

Efeito setorial

Cada decisão judicial sobre DESC tem setores específicos da população como beneficiários, sejam cidadãos sem teto que reclamam seu direito a uma moradia

---

[50] Acción Social, Desplazamiento forzado en Colombia, p. 3 (2011), *disponible en* http://www.accionsocial. gov.co/documentos/Retornos/CIDH%20Desplazamiento%20Forzado%20en%20Colombia%20Marzo%20 2010%20para%20Canciller%C3%ADa1.pdf.

[51] Ibidem.

[52] C. Rodríguez Garavito e D. Rodríguez Franco, *Cortes y cambio social* (nota 21 *supra*), p. 119–120, 178.

digna, como em *Grootboom*, pacientes maltratados que pedem aos tribunais que façam cumprir seu direito à saúde, como na sentença T-760, ou detidos em cárceres superlotas que acodem aos tribunais para exigir condições dignas de encarceramento. Uma pergunta essencial é que efeitos tem uma determinada decisão judicial sobre as condições de um setor social específico? No caso que nos ocupa, a sentença T-025 contribuiu para melhorar a situação socioeconômica das PID na Colômbia?

Não há nenhuma resposta definitiva a essa pergunta. Especificamente, um dos sinais definitivos das falhas sistêmicas da política pública é a falta de dados confiáveis sobre as condições da população afetada. De fato, essa foi uma das razões pelas quais a CCC declarou um estado de coisas inconstitucional na T-025. Portanto, carece-se de um critério de base com o qual se façam comparações na relação com a situação socioeconômica das PID depois da decisão.

Sem embargo, porquanto a organização civil que se mencionou, a Comissão de Acompanhamento da Política Pública de Deslocamento Forçado (*Comisión de Seguimiento a la Política Pública sobre Desplazamiento Forzado*), recolhe dados confiáveis a partir de pesquisas, ao menos é possível ter uma ideia da evolução das condições das PID depois das sentenças. As últimas cifras mostram que a situação mudou pouco: ainda que o acesso à educação e aos serviços de saúde tenham melhorado enormemente, e que 80% das PID se beneficiem disso,[53] as condições relativas ao resto de DESC continua sendo insatisfatória. Como exemplo, basta ver que 98% das PID vivem na pobreza, somente 5% têm uma moradia adequada e unicamente 0,2% das famílias desalojadas recebeu a ajuda humanitária de emergência, ordenada pela lei, nos meses imediatamente posteriores a seu desalojamento forçado.[54] Ademais, o desalojamento forçado continua crescendo de maneira exorbitante: 280.000 pessoas foram desalojadas no ano de 2010, com o que o número de pessoas desalojadas na Colômbia chegou a quase 5 milhões, a segunda maior quantidade de população desalojada forçosamente no mundo, depois do Sudão.[55]

Como se indica com a localização deste tipo de efeito na Tabela 2, as decisões da Corte podem ter também efeitos simbólicos sobre o setor social beneficiado, à medida em que seus membros e organizações acabam adotando a linguagem do direito para enquadrar suas reclamações. Isso resultou evidente nas entrevistas e a observação participante com os líderes da população internamente desalojada, cujo discurso está adornado agora com alusões que remetem à linguagem técnica da Corte. Conceitos como tutela, auto ou audiência se mesclam frequentemente com os relatos de pessoas de desalojamento e privação radical.[56]

---

[53] Comisión de Seguimiento a la Política Pública Sobre el Desplazamiento Forzado, *Séptimo informe de verificación sobre el cumplimiento de derechos de la población en situación de desplazamiento* (Bogotá: Codhes, 2008), p. 71, 87.

[54] Ibidem.

[55] Internal Displacement Monitoring Center, *Internal Displacement: Global Overview of Trends and Developments in 2010* (Oslo: Consejo Noruego para Refugiados, 2011)

[56] Entrevista com o líder de ADACHO (Asociación de Afrocolombianos Desplazados de la Provincia del Chocó), em Quibdó, Colômbia (24 de julio de 2008); entrevista com Eusebio Mosquera, co-fundador, AFRODES (Asociación Nacional de Afrocolombianos Desplazados], Genebra, Suíça (9 de agosto de 2009).

Efeito de enquadramento

A análise do conteúdo da cobertura da imprensa sobre o desalojamento forçado oferece uma pista sobre a atuação deste efeito. Enquanto que no período anterior à sentença (2000-2003), a cobertura da imprensa sobre o desalojamento se realizou sob o conceito de "conflito armado", no período posterior (2004-2010), as categorias jurídicas terminaram dominando a cobertura da imprensa sobre o tema. De fato, faz-se referência ao desalojamento forçado sobretudo em textos cujo conceito dominante são "violações de direitos humanos" ou "descumprimento de direito".

Em resumo, para além do conteúdo específico da T-025, a análise empírica de seus efeitos ilustra uma característica geral: o ativismo judicial com relação aos DESC pode ter efeitos que vão muito mais além das consequências diretas, materiais que derivam das ordens dos tribunais. E se fazem visíveis com a ajuda de um conjunto de ferramentas analítico e metodológico mais amplo.

Como é óbvio, isso não quer dizer que as decisões estruturais sobre os DESC em geral, e a T-025, em particular, produzam todos e cada um dos efeitos, nem que quando têm efeitos, sejam substanciais. De fato, o resultado da T-025 foi ambíguo. Enquanto que alguns de seus efeitos – como os efeitos de desbloqueio e de enquadramento – foram profundos, outros – como os efeitos setoriais e de coordenação – foram moderados.

Sem embargo, o alcance e a profundidade dos efeitos da T-025 seguem sendo surpreendentes se se comparam com outras decisões estruturais da CCC e de outros tribunais. O que explica essa diferença? Por que decisões como a T-025 têm maiores efeitos que outras, como a T-053 ou a T-760? Na seção seguinte, argumento que os mecanismos institucionais associados com o ativismo judicial dialógico proporcionam pistas úteis para responder a essas perguntas.

3 Consequências judiciais e ativismo dialógico

3.1 Uma defesa empírica do ativismo dialógico

Um conjunto de obras acadêmicas do constitucionalismo comparado, inspiradas por decisões como a T-025 e *Grootboom*, contribuiu depois para o conteúdo de decisões judiciais que ademais de protegerem os DESC, promovem a deliberação democrática. Os defensores desde tipo de ativismo dialógico buscam uma via intermediária entre a restrição judicial e a juristocracia.[57] Se bem que defendam a exigibilidade judicial dos DESC, criticam as decisões que ao impor políticas e programas detalhados invadem o âmbito de poder dos ramos Executivo e Legislativo, e reduzem as oportunidades de debate público sobre os problemas socioeconômicos subjacentes.[58]

Até agora, a defesa do ativismo dialógico se baseou na teoria democrática e no direito constitucional. Em resposta às objeções clássicas contra o ativismo judicial, que alegam que careceria em princípio de legitimidade democrática e violaria o princípio da separação dos Poderes, os acadêmicos do direito constitucional e os teóricos da

---

[57] Veja-se, p. ex., R. Dixon, "Creating Dialogue about Socioeconomic Rights" (nota 8 *supra*).

[58] Ibidem, p. 407.

democracia deliberativa demonstraram razoavelmente a natureza democrática das intervenções judiciais que promovem a colaboração entre os diferentes ramos do Poder e a deliberação sobre problemas públicos.[59] Ademais, os enfoques que têm uma concepção expansiva do papel dos tribunais assinalaram as deficiências das políticas impostas pelos tribunais quando estes tomam atalhos e preferem evitar os mecanismos da representação democrática e a deliberação.[60] Nos regimes constitucionais comprometidos em conseguir níveis dignos de bem-estar econômico, estas e outras contribuições permitem defender o ativismo dialógico sobre fundamentos que reforçam a legitimidade democrática.[61]

É neste ponto que gostaria de fazer uma defesa distinta, ainda que complementar, do ativismo dialógico, baseada no potencial que tem este último para melhorar os efeitos dos tribunais sobre o cumprimento dos DESC. Este argumento se ocupa de outra objeção clássica contra o ativismo, segundo a qual os tribunais carecem da capacidade institucional requerida para se ocuparem de problemas socioeconômicos complexos e fazer cumprir suas decisões.[62]

Examinadas de maneira cuidadosa, é evidente que essa classe de críticas identifica o ativismo com um tipo específico de intervenção judicial. A partir dos critérios de Tushnet para distinguir as medidas judiciais "fortes" das "débeis" – é dizer, a amplitude das ordens e o grau em que as ordens são obrigatórias e peremptórias –,[63] a crítica supõe que os tribunais ativistas optam por medidas fortes não só para estabelecer uma via que permita solucionar os casos das políticas públicas, senão também para determinar os detalhes das novas políticas. O que têm em mente os críticos é a classe de ativismo que marcou a jurisprudência norte-americana desde a década dos anos cinquenta até os oitenta, caracterizada por decisões que ordenavam uma política particular e reformas institucionais.[64]

Como exemplificam muitas intervenções judiciais que pretendiam reformar o sistema disfuncional de prisões, os juízes não se limitavam a declarar a existência de uma violação estrutural dos direitos dos prisioneiros, senão também solucionar a violação mediante ordens detalhadas sobre assuntos tão específicos como o número de guardas que se deveriam contratar e os detalhes do desenho das instalações carcerárias.[65] É a mesma variedade de ativismo que se viu nas sentenças da CCC durante a década dos noventa. Por exemplo, na sentença C-700 de 1999, a CCC não só declarou inconstitucional o sistema nacional de financiamento da habitação, senão

---

[59] Veja-se, p. ex., Abramovich, V. "Líneas de trabajo en derechos económicos, sociales y culturales: herramientas y aliados," in *Sur: Revista Internacional de Derechos Humanos*. Año 2, No. 2, 2005; C. Nino, *The Constitution of Deliberative Democracy* (New Haven: Yale Univ. Press, 1996); Rodrigo Uprimny, "Should Courts Enforce Social Rights? The Experience of the Colombian Constitutional Court", in F. Coomans, ed. *Justiciability of Economic and Social Rights: Experiences from Domestic Systems* (Amberes: Intersentia, 2006) V. Gauri y D. Brinks, "Introduction", in V. Gauri y D. Brinks, eds, *Courting Social Justice* (nota 3 supra)

[60] Veja-se, p. ex., R. Gargarella, "Dialogic Justice in the Enforcement of Social Rights" (nota 2 *supra*); C. Sabel y W., "Destabilization Rights" (nota 4 supra).

[61] Veja-se, p. ex., R. Dixon, "Creating Dialogue about Socioeconomic Rights" (nota 8 supra), p. 394.

[62] Veja-se, p. ex., G. Rosenberg, *The Hollow Hope* (nota 24 *supra*), p. 21.

[63] M. Tushnet, *Weak Courts, Strong Rights: Judicial Review and Social Welfare Rights in Comparative Constitutional Law* (Princeton: Princeton Univ. Press, 2008).

[64] Para uma crítica deste tipo, veja-se D. Horowitz, *The Courts and Social Policy*(Washington: Brookings, 1977).

[65] M. Feeley e E. Rubin, *Judicial Policy Making and the Modern State* (nota 25 *supra*), p. 13-14.

que também estabeleceu parâmetros detalhados para a nova legislação, que a Corte ordenou ao Congresso que aprovasse em substituição ao sistema existente.

Ademais, os críticos tendem a dar por claro o tipo de processo de execução que predomina nestas sentenças. Para eles seria um processo fechado e hierárquico, que tenderia a se apresentar como a imposição de políticas públicas específicas a burocracias fechadas e grupos de interesses resistentes. Ao se atribuir ao processo essas características, não é surpreendente que os críticos acreditem que a capacidade institucional dos tribunais seja [es] insuficiente para fazer cumprir as sentenças, como demonstram os estudos empíricos sobre este tipo ativismo monológico.[66]

Na prática, as ordens hierárquicas detalhadas geraram transformações muito menos ambiciosas que as contempladas pelos tribunais, em grande parte devido à resistência dos interesses criados de certos grupos e as limitações jurídicas e técnicas da capacidade dos tribunais para se ocuparem de problemas sociais estruturais. Um caso ilustrativo é a já mencionada sentença C-700/99 da CCC, que pretendeu substituir o sistema nacional de financiamento da habitação com outro pensado pela Corte. Ainda que o Congresso colombiano tenha cumprido a ordem da Corte, que impunha aprovar uma lei que estabelecesse um novo sistema de empréstimos hipotecários, a enorme complexidade técnica de sua execução, unida à resistência organizada do setor financeiro, diluíram os efeitos da sentença: as milhares de demandas judiciais apresentadas por devedores hipotecários não tiveram êxito no momento em que os tribunais civis reconheceram o refinanciamento das dívidas, como havia ordenado a CCC.[67] À luz desse resultado, a CCC teve uma atitude precavida na jurisprudência mais recente sobre financiamento da habitação, o que erodiu ainda mais o cumprimento da decisão original.[68]

As provas dos efeitos limitados do ativismo monológico e as preocupações sobre a legitimidade democrática dos tribunais não minavam sem mais o ativismo judicial, como os partidários da restrição judicial desejariam. Tampouco questiona a exigibilidade judicial dos DESC em geral. Sem embargo, exige sim uma reconstituição da teoria e da prática sobre as intervenções dos tribunais com respeito aos problemas socioeconômicos estruturais, com o fim de ocupar-se das objeções aqui mencionadas mediante o ativismo dialógico.

3.2 O funcionamento do ativismo dialógico

Que uma determinada sentença sobre DESC seja mais ou menos dialógica depende das escolhas efetuadas pelos tribunais com respeito a três elementos da sentença: o conteúdo substantivo, as medidas judiciais e os mecanismos de acompanhamento. O conteúdo substantivo da decisão se relaciona com se o tribunal declara que houve uma violação de um DESC exigível judicialmente e até que ponto o tenha violado. Se se expressam mediante a tipologia de enfoques judiciais com respeito aos DESC desenvolvida por Tushnet, as alternativas que têm um tribunal frente a esse problema são confirmar a exigibilidade judicial de um DESC no caso concreto e,

---

[66] G. Rosenberg, *The Hollow Hope* (nota 24 *supra*), p. 52.

[67] Entrevista com William Jiménez (advogado em processos executivos contra devedores hipotecários), Bogotá, 10 de outubro de 2010.

[68] Ibidem.

em caso de falhar a favor do demandante, determinar qual alcance dar aos direitos do demandante. Por conseguinte, as decisões judiciais ativistas, sejam da variedade monológica ou dialógica, implicam o reconhecimento de "direitos fortes".

Com respeito às medidas judiciais, enquanto que as sentenças monológicas implicam ordens precisas, orientadas para os resultados, as dialógicas tendem a estabelecer as principais linhas dos procedimentos e fins amplos, e, em linha com o princípio da separação dos Poderes, assinam a responsabilidade aos organismos públicos de desenhar e pôr em prática as políticas. Se se usa de novo a tipologia de Tushnet, que distingue medidas judiciais "fortes" das "débeis", em função do alcance das ordens e do grau em que as ordens são obrigatórias e urgentes, as medidas dialógicas tendem a ser mais débeis.[69]

Na tipologia de Tushnet falta um terceiro elemento, o acompanhamento, que é distinguível fática e analiticamente das medidas judiciais. Com independência da força que tenham os direitos e as medidas judiciais reconhecidos na decisão, os tribunais têm de decidir se conservam uma jurisdição supervisora sobre a execução. As decisões dialógicas tendem a iniciar um processo de acompanhamento que estimula o debate sobre as alternativas de política pública para solucionar o problema estrutural detectado na sentença. À diferença dos processos judiciais monológicos, os detalhes das políticas surgem durante o curso do processo de acompanhamento, não na sentença mesma. Os tribunais dialógicos aprovam com frequência novas decisões à luz do progresso e dos atrasos no processo e estimulam o debate entre os interessados mediante audiências públicas deliberativas. Como se assinalou, este diálogo constitucional implica a participação de um nível mais amplo de interessados no processo de acompanhamento. Ademais do tribunal e dos órgãos do Estado afetados diretamente pela sentença, a execução envolve às vítimas cujos direitos foram violados, às organizações relevantes da sociedade civil, aos organismos internacionais de direitos e a outros grupos e sujeitos cuja participação é útil para a proteção dos direitos em questão, de organizações de base a acadêmicos.

Esta descrição composta de três elementos permite uma valoração de natureza monológica ou dialógica de uma determinada sentença ou tribunal. As decisões mais dialógicas em casos estruturais envolvem: um reconhecimento claro da exigibilidade judicial do direito em questão (direitos fortes); deixar as decisões de política pública aos ramos eleitos do Poder ao mesmo tempo que estabelecer um mapa claro para medir o progresso (medidas judiciais moderadas); e supervisionar ativamente a execução das ordens do tribunal mediante mecanismos participativos como as audiências públicas, os informes de progresso e as decisões sobre o acompanhamento (acompanhamento forte).

Há relevantes diferenças entre os tribunais ativistas (e entre as decisões do mesmo tribunal) com respeito a cada uma das três dimensões. Por exemplo, como

---

[69] dado que me concentro principalmente nas sentenças estruturais em que se ordenam ações positivas ao Executivo ou aos órgãos legislativos, não me deterei aqui na análise das medidas judiciais negativas,

Dado que me concentro principalmente a las sentencias estructurales donde se ordenan acciones positivas al ejecutivo o a los órganos legislativos, no me detendré aquí en el análisis de las medidas judiciales negativas, como como são as que ordenam às autoridades eleitas que se abstenham de tomar certas ações que violam um DESC, como impor uma carga tributária excessiva aos pobres. Para uma análise mais detida desta distinção, veja-se Rodrigo Uprimny, "Should Courts Enforce Social Rights?" (nota 65 *supra*).

comenta Liebenberg,[70] o Tribunal Constitucional sul-africano tendeu a adotar uma combinação de direitos fortes, medidas judiciais débeis e não acompanhamento. Em casos históricos como *Grootboom*[71] e *Treatment Action Campaign*,[72] escolheu não estabelecer prazos nem procedimentos de acompanhamento da execução.[73] Em contraste, o Tribunal Supremo indiano recorreu a uma mescla de direitos fortes, medidas judiciais fortes e mecanismos de acompanhamento fortes.[74] Sem embargo, sua jurisprudência mais recente tem um caráter mais dialógico e combina os direitos fortes, as medidas judiciais moderadas e o acompanhamento forte.[75] Em um ponto intermediário estariam decisões como a sentença no caso *Riachuelo*, que se ocupava da contaminação do rio argentino de mesmo nome, e que se caracteriza por direitos fortes, medidas judiciais débeis e acompanhamento débil.[76]

Essas diferenças influenciam no grau de repercussão das decisões judiciais? As provas do estudo de caso comparativo das sentenças da CCC sugerem que sim influenciam. À continuação, estudo estas provas para concluir meu argumento.

Há três sentenças estruturais fundamentais da CCC que compartilham um enfoque caracterizado por promover os direitos fortes. A sentença fundante, a T-153/98, contém uma forte condenação da superpopulação carcerária porque esta viola os direitos básicos dos detidos; a CCC reconheceu também a exigibilidade desses direitos, algo de grande importância. Podem-se ler explicações e condenações parecidas com respeito a outras violações massivas dos DESC nas sentenças posteriores sobre PID (T-025/04) e serviços de saúde (T-760/08).

Sem embargo, com respeito às ordens judiciais é evidente a existência de uma forte divisão entre a primeira sentença e a jurisprudência mais recente. Na T-153, a CCC adotou um enfoque de direitos fortes ao estabelecer ordens detalhadas dirigidas ao governo para que este a) suspendesse imediatamente um contrato para a renovação da uma das maiores prisões de Bogotá; b) formulasse, em um prazo de três meses um plano integral para a renovação das prisões existentes e a construção de novas prisões, que teria de se executar num prazo de quatro anos; e c) terminasse,

---

[70]   S. Liebenberg, *Socio-Economic Rights* (nota 7 *supra*)

[71]   *South Africa v. Grootboom*, 2001 (1) SA 46 (CC) at 85–86 (S. Afr.).

[72]   *Minister of Health v. Treatment Action Campaign*, 2002 (5) SA 721 (CC) at 754, 758 (S. Afr.).

[73]   Veja-se *Minister of Health v. Treatment Action Campaign*, 2002 (5) SA 721 (CC) at 754, 758 (S. Afr.) (em que se declara uma violação do direito à saúde dos pacientes com HIV e AIDS porque há barreiras de acesso aos medicamentos antiretrovirais, mas o Tribunal nega a estabelecer regras de cumprimento geral e imediato ou a estabelecer um prazo para o cumprimento); *South Africa v. Grootboom*, 2001 (1) SA 46 (CC) at 85–86 (S. Afr.) (em que se requer ao governo que execute e supervisione medidas para proporcionais alojamento às pessoas, porém a Corte se nega a estabelecer um calendário para o cumprimento). Em geral, veja-se S. Liebenberg, *Socio-Economic Rights* (nota 7 *supra*), p. 426 (em que julga criticamente a concepção bastante limitada que tem o Tribunal sul-africano das ordens de acompanhamento, como se mostra em sua negativa a vigiar o cumprimento que faz o governo de sentenças importantes como *Grootboom* y *Treatment Action Campaign*).

[74]   Veja-se S. Muralidhar (nota 4 *supra*).

[75]   Veja-se A. Chandrachud, *Dialogic Judicial Activism in India*, The Hindu (18 de julio de 2009), http://hindu.com/2009/07/18/stories/2009071852820800.htm.

[76]   Veja-se M. Sigal, D. Morales e J. Rossi, "Apuntes sobre la implementación de sentencias de derechos sociales en Argentina", in M. Lanford, C. Rodríguez Garavito e J. Rossi, eds, *El impacto y la ejecución de sentencias sobre derechos sociales: un sondeo mundial* (Bogotá: Dejusticia, próximo número).

antes de quatro anos, com o encarceramento comum dos detidos provisoriamente ao lado dos detidos já condenados.

Como se assinalou, a CCC que ditou a T-025 adotou um enfoque mais procedimental e dialógico, ao deixar que o governo decidisse o conteúdo dos programas para as PID e o financiamento requerido para levá-los a cabo. Sem embargos, ao mesmo tempo estabeleceu prazos estritos e uma ordem orientada para os resultados que requeria ao governo que começasse a proteger em curto prazo os direitos mais básicos das PID (em seis meses). Por conseguinte, conforme a classificação prévia, esta decisão implicava remédios moderados.

Um enfoque moderado, intermediário, com respeito às ordens judiciais, parecido ao anterior, está claramente presente nas decisões mais recentes sobre serviços de saúde. A maioria de suas ordens são de meios, não de resultados, e ordenam ao governo que formule um plano de contingência para se ocupar da quebra iminente do sistema de saúde pública, crie protocolos administrativos para resolver as queixas dos pacientes, e estabeleça os mecanismos para supervisionar eficientemente aos prestadores privados de serviços de saúde. A debilidade relativa dessas ordens se vê compensada por prazos estritos e as medidas provisionais fortes que impõe ao governo para que este unifique a cobertura básica para os pacientes do sistemas de saúde públicos e privados, como havia determinado a Lei de 1993 (que sem embargo não se havia cumprido).

Por último, com respeito ao acompanhamento, a T-025 se destaca com respeito às outras sentenças. No curso de sete anos, deu lugar a 21 audiências públicas de acompanhamento, nas quais participaram uma grande variedade de atores governamentais e não governamentais, e a Corte tomou também mais de 100 decisões de acompanhamento mediante as quais a Corte ajustou suas ordens às necessidades em função dos informes de progresso. A CCC instaurou portanto um processo de acompanhamento notavelmente forte.

Em contraste, o enfoque anterior da sentença T-153 não incluía nenhum mecanismo de acompanhamento promovido pela Corte. No lugar disso, a Corte se limitou à Defensoria do Povo e à Controladoria da Nação que supervisionassem o cumprimento da decisão. Também a Corte ditou a sentença T-760, apesar de haver estabelecido as linhas principais de um mecanismo de acompanhamento parecido ao da sentença T-025, permaneceu passiva em geral; não celebrou audiências públicas, não promoveu uma participação significativa da cidadania e limitou as medidas provisionais de acompanhamento a requerer informação ao governo.[77] Portanto, ambos casos se caracterizaram por um acompanhamento débil.

A Tabela 3 resume a comparação entre os três casos, e também os resultados de análise que acabamos de efetuar.

---

[77] O. Parra e A. Yamin, "Justicia y salud: retos y oportunidades creadas mediante la intervención de los jueces", in C. Rodríguez Garavito e A. Yamin, eds. *Justicia y salud: Justicia y salud: la Corte Constitucional y el derecho a la salud en Colombia* (Bogotá: Uniandes, 2011).

TABELA 3
Uma comparação das sentenças estruturais da CCC

	Direitos	Ordens judiciais	Acompanhamento	Efeitos
T-025/2004	Fortes	Moderadas	Forte	Grandes
T-760/2008	Fortes	Moderadas	Débil	Moderados
T-153/1998	Fortes	Fortes	Débil	Pequenos

Ainda se necessita uma amostra mais ampla de casos para extrair conclusões definitivas, mas esta comparação oferece pistas úteis sobre a relação entre ativismo dialógico e efeitos das sentenças judiciais. Os resultados sugerem que as sentenças dialógicas como a T-025 têm um maior potencial de ter efeitos gerais mais profundos no cumprimento dos DESC,[78] enquanto que as sentenças monológicas como a T-153 é mais provável que tenham um impacto menor. Entre os dois extremos existem diferentes combinações de direitos, medidas judiciais e acompanhamento que é provável que tenham efeitos moderados.

Também se requereria investigações adicionais para detalhar os mecanismos específicos que estão por trás dos efeitos judiciais das sentenças dialógicas. Minha hipótese é que as sentença dialógicas têm maiores efeitos porque se ocupam de dois obstáculos práticos fundamentais para a execução de decisões estruturais: a resistência política e a capacidade institucional. Quanto ao primeiro, as medidas provisionais estruturais sobre DESC despertam a resistência natural de setores poderosos com interesses criados em manter o *status quo*. Nos casos estudados, esses setores incluem os prestadores privados de serviços de saúde e as empresas farmacêuticas que obtêm gigantescos benefícios de milhares de sentenças de tribunais inferiores em que se ordena ao governo que pague medicamentos de marcas específicas, funcionários públicos indiferentes que trabalham em burocracias escleróticas responsáveis pelos programas de PID, e pessoal negligente e corrupto no sistema carcerário superlotado.

Ao outorgar poder a uma variedade mais ampla de interessados em participar no acompanhamento, os tribunais geram efeitos diretos e indiretos que podem ajudar a superar a resistência política. O efeito principal é a participação direta dos atores políticos, como as ONGs de direitos humanos, os órgãos administrativos orientados para a reforma, e as organizações de base que é provável que adotem como parte de seu próprio programa de ação impulsionar o cumprimento da sentença, com o que se convertem assim em uma fonte de poder compensatório contra o *status quo*. Ademais, as ordens desta natureza podem levar à formação de coalizões políticas para apoiar o tribunal que toma a decisão e gerar uma cobertura dos meios de comunicação que potencialize os efeitos materiais e simbólicos do caso. Como se assinalou, assim ocorreu com a sentença T-025, que inspirou a fundação de uma comissão de acompanhamento da sociedade civil que à sua vez se converteu em um aliado fundamental do tribunal e também em uma provedora de informação e recomendações valiosas.

Em segundo lugar, os mecanismos de ativismo dialógico podem ajudar os tribunais a se ocuparem das deficiências institucionais para solucionar problemas

---

[78] Recorro aqui a uma valoração sintética da repercussão das sentenças, em que se agregam quatro tipos de efeitos explicados: diretos, indiretos, materiais e simbólicos. Para uma avaliação detalhada dos efeitos, veja-se C. Rodríguez Garavito, *Legalismo mágico* (nota 20 *supra*).

socioeconômicos complexos. Para reconhecer que os tribunais carecem do conhecimento técnico, do pessoal e dos recursos (para não falar da legitimidade) com que possa elaborar e executar as soluções para problemas tão complicados como o desalojamento forçado ou a falta de acesso a medicamentos essenciais não há que ser um formalista jurídico.

Sem embargo, isso não significa que os tribunais não possa provocar e moderar um diálogo entre as autoridades públicas e os atores da sociedade sobre estas questões, frente aos fracassos ampliados das políticas públicas e das violações massivas dos DESC. Ao convocar não só aos funcionários, senão também a uma ampla variedade de atores com conhecimento relevante, como os líderes e membros da população beneficiária, os expertos acadêmicos e os organismos internacionais de direitos humanos, os tribunais dialógicos podem promover a busca colaborativa por soluções, ou ao menos uma discussão pública sobre as vias alternativas de ação.[79] Os efeitos diretos e indiretos que podem surgir potencialmente desse diálogo incluem o desbloqueio dos processos de política pública, a melhora da coordenação entre órgãos públicos que previamente estavam desconectados e a criação de políticas públicas na linguagem dos direitos.

A T-025 proporciona uma mostra interessante destes efeitos. Uma característica especialmente útil do processo de acompanhamento foi a formulação colaborativa de indicadores de avanço no cumprimento dos direitos das PID. Mediante um processo persistente, de vários anos de duração, que incluiu numerosas ordens de acompanhamento ditadas pela Corte e propostas de organismos governamentais e não governamentais, a CCC adotou uma lista de 20 indicadores, baseados nos direitos fundamentais, para avaliar o progresso. Esses indicadores proporcionaram um marco compartilhado de acompanhamento para todos os interessados, e também uma ferramenta para que a Corte pudesse ajustar suas medidas provisionais de acompanhamento em resposta às provas sobre a evolução das políticas e a situação das PID.

Em síntese, ao combinar os direitos, as medidas judiciais e os mecanismos de acompanhamento do ativismo dialógico, os juízes podem compensar alguns dos defeitos institucionais e políticos que fazem ineficazes as intervenções dos tribunais em problemas complexos de distribuição de recursos e melhorar os efeitos gerais do cumprimento dos DESC.

4 Conclusão

Nas últimas duas décadas, os tribunais, ativistas e acadêmicos desenvolveram teorias, estratégias e doutrinas cujo propósito é fazer realidade a promessa dos direitos socioeconômicos em situações caracterizadas por privações graves e generalizadas, e desigualdades inaceitáveis. Essas inovações têm sido contribuições fundamentais ao constitucionalismo comparado e aos direitos humanos internacionais, com fica em evidência no impressionante trabalho jurisprudencial e doutrinal resenhado neste volume.

Sem embargo, tanto nas obras acadêmicas como nas decisões judiciais, tende a estar ausente uma reflexão sistemática sobre as consequências reais das decisões

---

[79] Veja-se C. **Sabel** e W. Simon, "Destabilization Rights" (nota 4 *supra*).

judiciais sobre DESC. Nestas páginas quis contribuir a preencher este vazio desde dois ângulos distintos. Em primeiro lugar, ofereci um marco analítico e metodológico para poder apreciar a plena variedade de efeitos que têm as decisões judiciais dos tribunais. Argumentei que, ademais dos resultados materiais diretos sobre os quais tendem a se concentrar os tribunais e os estudiosos, as consequências das decisões judiciais incluem um conjunto mais amplo de efeitos indiretos e simbólicos que podem ser de igual relevância para o cumprimento dos DESC como o são os efeitos que surgem diretamente das ordens dos tribunais. Ilustrei esta tipologia geral de efeitos com dados provenientes dos diversos efeitos da sentença mais ambiciosa da Corte Constitucional colombiana: a T-025 de 2004.

Em segundo lugar, investiguei as características das decisões dos tribunais que podem ter influência em suas consequências gerais. Identifiquei o grau de força das a) declarações de direitos, b) medidas judiciais e c) acompanhamento das sentenças. Adicionalmente, formulei a hipótese de que as sentenças dialógicas, caracterizadas pelos direitos fortes, as medidas judiciais moderadas e o acompanhamento forte, provavelmente sejam as que tenham maiores efeitos gerais no cumprimento dos DESC. Dei provas dessas hipóteses ao mostrar as conclusões extraídas de um estudo de caso comparado sobre as consequências de três decisões estruturais históricas da CCC sobre DESC.

Seriam necessárias investigações adicionais para comprovar essas conclusões e as hipóteses apresentadas. Os estudos que usem uma maior mostra de casos e as comparações transnacionais são vias promissoras. Estas e outras estratégias de investigação nos dão a esperança de poder ver o que há dentro da caixa preta que hoje é a fase posterior de execução da sentença nos casos de DESC.

Urge especialmente este tipo de análise porque a preocupação com o impacto das decisões judiciais é uma das questões mais presentes no pensamento de litigantes e juízes. Depois de tudo, ter efeitos concretos que melhorem o acesso aos bens e serviços, e sua qualidade – a bens e serviços como uma moradia digna ou serviços de saúde – é o que faz com que os litigantes e os ativistas recorram aos tribunais. Nesse mesmo sentido, se as decisões judiciais não têm consequências práticas, seria insensato que os tribunais incorressem nos elevados custos institucionais associados a suas decisões ativistas sobre DESC, especialmente em casos estruturais que implicam negociações prolongadas e tensões com os órgãos administrativos responsáveis por executá-las. Uma vez que haja passado a euforia sobre o caso, a pergunta que estará na mente de todos será: valeu a pena?

Informação bibliográfica deste artigo, conforme a NBR 6023:2002 da Associação Brasileira de Normas Técnicas (ABNT):

GARAVITO, César Rodríguez. O impacto do novo constitucionalismo: os efeitos dos casos sobre os direitos sociais na América Latina. *In:* BALDI, César Augusto (Coord.). *Aprender desde o Sul:* Novas constitucionalidades, pluralismo jurídico e plurinacionalidade. Aprendendo desde o Sul. 1. ed. Belo Horizonte: Fórum, 2015. p. 87-109

ESTADO PLURINACIONAL
APROXIMAÇÃO A UM NOVO PARADIGMA CONSTITUCIONAL AMERICANO*

BARTOLOMÉ CLAVERO

Novidade do Estado Plurinacional na América Latina

"Em uma sociedade como a equatoriana, carregada de racismo e com problemas históricos de falta de democracia, a construção de um Estado plurinacional é não apenas um desafio, mas uma necessidade. É preciso dar resposta a temas-chave como, por exemplo, o racismo, a falta de democracia e as diversas formas de pertencimento a um território". São palavras de Alberto Acosta, que foi o primeiro presidente da Assembleia Constituinte em que se deliberou e pactuou a atual Constituição do Equador (2008), uma Constituição cujo primeiro pronunciamento já contém essa proclamação de plurinacionalidade: "O Equador é um Estado constitucional de direitos e de justiça, social, democrático, soberano, independente, unitário, intercultural, plurinacional e leigo."[1]

O Estado boliviano é "Plurinacional Comunitário porque admite sua natureza multicultural, ou seja, reconhece várias nações, onde Bolívia é a Nação Maior na qual convergem as nações indígenas ou originárias articuladas com base em sua identidade cultural. A declaração do caráter plurinacional do Estado implica o reconhecimento de nações e povos indígenas na condição de sujeitos coletivos". Isto é o que escreve Carlos Romero, que foi representante pelo Movimento ao Socialismo –a formação majoritária– na Assembleia Constituinte em que se deliberou e pactuou tudo o mais substancial da atual Constituição da Bolívia (2009), uma Constituição cujo primeiro

---

*   Original publicado em Rafael Rojas (ed.), *De Cádiz al Siglo XXI. Doscientos años de constitucionalismo en Hispanoamérica*, México, Taurus-Centro de Investigación y Docencia Económicas, 2012.

[1]   Alberto Acosta e Esperanza Martínez (eds.), *Plurinacionalidad. Democracia en la diversidad*, Quito, Abya Yala, 2009 (e Santiago do Chile, Universidad Bolivariana, 2009), p. 15, em introdução do primeiro; o mesmo A. Acosta, *¡Todo para la Patria, nada para nosotros!*, em sua *Bitácora constituyente*, Quito, Abya Yala, 2008, p. 19-50.

pronunciamento já contém essa proclamação de plurinacionalidade: "A Bolívia constitui-se em um Estado Unitário Social de Direito Plurinacional Comunitário, livre, independente, soberano, democrático, intercultural, descentralizado e com autonomias."[2]

A qualificação do Estado como *plurinacional* é formulada no contexto mais imediato de uma série de outros qualificativos: constitucional de direitos ou de direito e justiça, social, democrático, soberano, independente, unitário, intercultural, leigo, livre, descentralizado, mas o *plurinacional*, diga-se adicionalmente *comunitário* ou não, é o aspecto novo, e talvez seja o mais característico destas recentes Constituições ou, inclusive, pode ser o indicativo de que com elas estamos diante de uma nova geração no desenvolvimento do constitucionalismo nas Américas.[3] Com as flamantes Constituições do Equador e da Bolívia é possível que esteja se formando um novo paradigma constitucional cujo cerne pode ser essa categoria normativamente nova de *Estado plurinacional*, algo a mais do que pluri ou multicultural.[4]

A plurinacionalidade não reconhece somente a diversidade cultural da cidadania e as necessárias relações de interculturalidade em seu seio, com toda a importância que isto em si já tem, uma vez que costuma envolver o respeito não apenas de cultura, mas também, como expressão sua no caso indígena, de comunidade e jurisdição.[5] A plurinacionalidade, além disso, assume a composição mais constitutivamente plural da cidadania em tais termos realistas, quando existem povos indígenas, de nações várias, podendo interessar, assim, a todo o sistema constitucional a partir de seu momento constituinte.[6] A multiculturalidade interessa, sem dúvida, a outras culturas além das indígenas, mas não chega a transcender todo o sistema. É a plurinacionalidade que pode caracterizar, se for levada a sério, um novo paradigma constitucional.[7] Representa a plurinacionalidade um estágio diferente e cumulativo com respeito à multicultural idade. Não há contradição nem há razão para que haja contraposição entre plurinacionalidade, de uma parte, e, de outra, multi e interculturalidade.[8] E é o primeiro conceito que talvez pode vir a ser, finalmente, decisivo.

---

[2] Carlos Romero, "Los ejes de la Constitución Política del Estado Plurinacional de Bolivia", p. 22, em autores vários, *Miradas. Nuevo Texto Constitucional*, La Paz, Universidad Mayor de San Andrés-Vicepresidencia del Estado Plurinacional-IDEA, 2010, pp. 19-36.

[3] <http://pdba.georgetown.edu/Constitutions/constitutions.html> : Universidade de Georgetown, *Constitutions of the Americas*, o site que hoje que oferece mais garantias de estar em dia na edição de textos constitucionais dos Estados americanos.

[4] Edwar Vargas, "La plurinacionalidad: un paradigma de transformación social", em A. Acosta e E. Martínez (eds.), *Plurinacionalidad. Democracia en la diversidad*, cit., pp. 99-105; Leticia C. Bizarro Barbosa, "Los procesos de las Asambleas Constituyentes de Bolivia, Ecuador y Venezuela: la institucionalización de otros paradigmas", em *Otra Economía. Revista Latinoamericana de Economía Social y Solidaria*, III-4, 2009, pp. 171-195.

[5] Daniel Bonilla Maldonado, *La Constitución multicultural*, Bogotá, Siglo del Hombre-Universidad de los Andes, 2006, de interesse não só para a Colombia.

[6] Marxa N. Chávez León, *"Autonomías Indígenas y Estado Plurinacional. Proyectos Políticos de los movimientos indígenas y campesinos en Bolivia"*, em *OSAL. Observatorio Social de América Latina*, 24, 2008, pp. 51-71 em seção de *Debates* dedicada a *Movimientos sociales: Argentina, Bolivia, Brasil, México y Paraguay*.

[7] Boaventura de Sousa Santos, "La reinvención del Estado y el Estado plurinacional", em *OSAL. Observatorio Social de América Latina*, 22, 2007, pp. 25-46, em seção de *Debates* dedicada a ¿Refundar el Estado en América Latina? Desafíos, límites y nuevos horizontes *emancipatorios*.

[8] Para esta tentativa, Galo Ramón, "¿Plurinacionalidad o interculturalidad en la Constitución?", em A. Acosta e E. Martínez (eds.), *Plurinacionalidad. Democracia en la diversidad*, cit., pp. 125-160.

O segundo já havia sido constitucionalmente reconhecido anteriormente, sem que por isso surgisse no horizonte todo um novo paradigma constitucional, sem que por isso fosse necessário revisar o sistema do constitucionalismo, se não integralmente, no mínimo transversalmente.[9]

Em busca da identificação de tal novo paradigma, estas páginas centrar-se-ão em textos constitucionais e, muito particularmente, nos do Equador e da Bolívia. Ambos já têm um percurso de aplicação suficiente para avaliar também o desenvolvimento que de momento estão tendo, um desenvolvimento que em nenhum dos dois casos, nem no da Bolívia nem, em bastante maior medida, no do Equador, responde claramente ao paradigma de plurinacionalidade que vamos contemplar. O desvio não precisa ser irreversível, dado que, para além da evolução do voto cidadão e da ação dos povos indígenas, em ambos os casos ainda precisa entrar em funcionamento a nova jurisdição constitucional com capacidade de controle do desenvolvimento da Constituição.[10] De qualquer modo, trata-se de Constituições que já definiram um modelo, e isto é o que aqui irá nos interessar. Somente farei breves menções tanto à matéria do desenvolvimento constitucional quanto aos elementos mais próprios da multiculturalidade e não definitórios da plurinacionalidade.

Plurinacionalidade, Natureza, Pachakuti

O Estado boliviano é "Plurinacional Comunitário porque admite sua natureza multicultural", como nos disse Carlos Romero, e por algo a mais, por tudo o que deriva, na mesma escala constitucional, do reconhecimento dos povos indígenas como sujeitos constituintes do Estado. A plurinacionalidade deve ser, antes de mais nada, profundamente intercultural. Não deve ser reduzida ao registro de uma pluralidade de culturas que poderiam ser mantidas como compartimentos estancos, senão que precisa responder a uma exigência de interatividade entre elas. Quando entre os grupos de diversa cultura há povos indígenas, povos anteriores ao colonialismo ou à formação dos Estados, e que ainda sofrem sequelas coloniais, o imperativo tem que ser constituinte, com presença ativa indígena no acordo da Constituição. Assim tem sido com intensidade diversa em ambos os casos, no do Equador e no da Bolívia, mesmo com o contra sentido maior, de início, de ser permitido pelas novas Constituições, por ambas, a reforma constitucional sem previsões explícitas de tal participação, e isto, por outro lado, apesar do direito de serem consultados dos povos indígenas, que veremos mais adiante.

A plurinacionalidade do Estado pela presença de nações indígenas é uma colocação constitucional nova nas Américas. No âmbito do constitucionalismo, há

---

[9] B. Clavero, *Geografía Jurídica de América Latina. Pueblos Indígenas entre Constituciones Mestizas*, México, Siglo XXI, 2008, cap. IV, "Antropologías normativas y derechos humanos. ¿Multiculturalismo constituyente en Ecuador?", sobre a Constituição equatoriana anterior, de 1998, o caso mais avançado a esse respeito até esta data, embora a pluriculturalidade já estivesse constitucionalmente reconhecida desde 1996: *Los derechos colectivos de las Nacionalidades y Pueblos del Ecuador. Evaluación de la* década 1998 a 2008, Quito, CONAIE-Tukui Shimi, 2009. Na Bolívia, o reconhecimento da pluriculturalidade data de 1994.

[10] <http://clavero.derechosindigenas.org/wp-content/uploads/2008/10/TCP-B.pdf> : B. Clavero, "Tribunal Constitucional en Estado Plurinacional: El reto constituyente de Bolivia", que é versão atualizada, confrontando o desenvolvimento legislativo da Constituição no fim de 2010, de minha contribuição a autores vários, *Hacia la construcción del Tribunal Constitucional Plurinacional*, La Paz, Vicepresidencia del Estado Plurinacional-GTZ, 2010, pp. 189-216.

propostas que se apresentam expressamente como multi ou plurinacionais,[11] mas que não enfrentam o desafio constituinte ou, melhor, reconstituinte que representa o reconhecimento dos povos indígenas como sujeitos políticos por direito próprio, povos que ainda não foram alcançados pela descolonização internacional, isto que agora se tenta enfrentar em algumas latitudes latino-americanas. Para valorar a novidade, convém começar por sublinhar que não existe nas Américas nem precedente constitucional nem doutrina constitucionalista que tenha previsto o caso, o que não quer dizer que a previsão reconstituinte faltasse, não apenas, por outro lado, em meios indígenas, mas também em outros meios.[12] Contudo, somente agora esta colocação vem para o terreno do constitucionalismo em geral e, em particular, para o de Constituições que entram em vigor.[13]

Há uma diferença substancial entre, de um lado, que uma Nação se reconheça como culturalmente diversa e que, de outro, um Estado assuma sua composição como nacionalmente plural, pois apenas no segundo caso o que está sendo reconhecido é a necessidade de uma reconstituição a fundo e, inclusive, sob novos princípios, o que está com certeza sendo assumido tanto no Equador quanto na Bolívia, pelo menos como ponto de partida para o texto constitucional. É difícil que a plurinacionalidade venha a ser reconhecida por mera reforma constitucional, sem repensar toda a Constituição, enquanto a pluriculturalidade pôde ser reconhecida desse modo, mediante retoque, no caso da Bolívia já em 1994,[14] uma década antes de que, por meio de nova reforma de inferior potência, os *povos indígenas* não apenas fossem mencionados pela Constituição, como então já havia sido feito, mas que fossem de forma expressa constitucionalmente reconhecidos como sujeitos de direitos políticos por título próprio, isto é, como direitos não dependentes de tal reconhecimento pelo Estado, mas precedentes ao mesmo. Este último ponto, e não o registro da pluriculturalidade foi o que levou à renovação profunda da Constituição com o estabelecimento do Estado

---

[11]   Alain G. Gagnon e JamesTully (eds), *Multinational Democracies*, Cambrigde, Cambridge University Press, 2001; Michael Keating, *Plurinational Democracy: Stateless Nations in a Post-Sovereignty Era*, Oxford, Oxford University Press, 2001; Miquel Caminal, *El federalismo pluralista. Del federalismo nacional al federalismo plurinacional*, Barcelona, Paidós, 2002; Stephen Tierney, *Constitutional Law and National Pluralism*, Oxford, Oxford University Press, 2004; A.G. Gagnon, *Au-delà de la nation unificatrice: Plaidoyer pour le fédéralisme multinational*, Barcelona, Institut d'Estudis Autonòmics, 2007; Ferrán Requejo e M. Caminal, *Liberalisme polític i democràcies plurinacionals*, Barcelona, Institut d'Estudis Autonòmics, 2009.

[12]   Aureliano Turpo Choquehuanca, *Estado plurinacional: reto del siglo XXI. Camino hacia la Asamblea Constituyente. Propuesta política kechua tawantinsuyana*, La Paz, Kioshi-Plural, 2006. Conforme mostra no setor não indígena, Raúl Prada, *Subversiones indígenas*, La Paz, CLACSO-Muela del Diablo-Comuna, 2008. Raúl Prada foi representante destacado pelo Movimento ao Socialismo na Assembleia constituinte: Maristella Svampa, Pablo Stefanoni e Bruno Fornillo, *Debatir Bolivia. Perspectivas de un Proyecto de Descolonización*, Buenos Aires, Taurus, 2010, pp. 165-200.

[13]   Ambas as Constituições, a do Equador e a da Bolívia, são realizadas pelo procedimento de Convenção, ou seja, de eleições democráticas para assembleia constituinte e duplo referendo cidadão, o de iniciativa e o de aprovação, independentemente das previsões de reforma do sistema precedente.

[14]   Também em 1994, embora sem utilizar o adjetivo *pluricultural*, a mesma coisa, mediante reforma, fez a Argentina; também, utilizando-o, havia sido feito pelo México dois anos antes, igualmente por meio de reforma. Mediante novas Constituições, em compensação, a categoria de pluriculturalidade já opera de diversos modos no Panamá 1972, Guatemala 1985, Nicarágua 1987, Colômbia 1991, Paraguai 1992, Peru 1993 e Venezuela 1999; utilizando expressamente o adjetivo *plurinacional* apenas a Constituição paraguaia. Canadá 1982 também reconhece expressamente a multiculturalidade.

Plurinacional da Bolívia, um Estado que responde agora oficialmente, não em vão, a tal denominação.[15]

O Estado plurinacional vincula-se, antes de mais nada, tanto na Bolívia quanto no Equador, ao reconhecimento constitucional da existência de povos indígenas com direitos próprios de alcance político. É um dado que convém destacar já de início, uma vez que, na perspectiva de um constitucionalismo que se diz bolivariano e que, como modelo, é proveniente da Venezuela, deliberadamente se quer apagar essa vinculação. A favor ou contra, o que para este efeito resulta secundário,[16] fundir diversos casos em um único modelo devido à suposta inspiração e guia constitucional da República Bolivariana da Venezuela está dificultando seriamente a percepção e o estudo da novidade que, pelo menos textualmente, representam concretamente as Constituições do Equador e da Bolívia, não em compensação, por muito que outra coisa se queira,[17] a venezuelana nem, de momento, qualquer outra, bolivariana ou não, nas Américas. Cuidemos para que os alinhamentos políticos não restrinjam as distâncias constitucionais.

As Constituições do Equador e da Bolívia encerram ambas, algo bem peculiar, algo irredutível a modelos ou a supostos anteriores, algo distintivo que tem suas raízes nos direitos políticos dos povos indígenas como direitos próprios e originários que, segundo a mesma forma de reconhecimento constitucional, não são dependentes de concessão do Estado. Não obstante, é necessário acrescentar de imediato que a plurinacionalidade não se esgota nessa matriz de reconhecimento de direitos políticos de povos indígenas e de sua conseguinte articulação dentro do Estado, em cujo caso dificilmente poderia representar todo um novo paradigma do constitucionalismo e não apenas uma nova variante constitucional. A própria expressão de Estado plurinacional transformou-se em chave de algo mais, bastante mais, do que o substantivo e o adjetivo literalmente significam um Estado reconhecidamente formado por uma pluralidade de nações. Com a fórmula se tenta dar resposta, como nos foi dito no início, não apenas "às diversas formas de pertencimento a um território", mas também a outros assuntos maiores, como "o racismo (e) a falta de democracia".

O mesmo autor que afirma isto, Alberto Acosta, diz que "a plurinacionalidade não é apenas um reconhecimento passivo da diversidade de povos e de nacionalidades, é fundamentalmente uma declaração pública do desejo de incorporar perspectivas diferentes com relação à sociedade e à Natureza".[18] A afirmação parece excessiva,

---

[15] B. Clavero, "Apunte para la ubicación de la Constitución de Bolivia", em *Revista Española de Derecho Constitucional*, 89, 2010, pp. 195-217 (uma versão inicial em autores vários, *Bolivia. Nueva Constitución Política del Estado. Conceptos elementales para su desarrollo normativo*, La Paz, Vicepresidencia del Estado Plurinacional, 2010, pp. 97-108, sob o título "Bolivia entre constitucionalismo colonial y constitucionalismo emancipatorio").

[16] Para respectivos exemplos de momento, contra, David Restrepo Amariles, "Entre originalidad constitucional y recepción filosófica. Apuntes críticos sobre el nuevo modelo constitucional latinoamericano", em *Cuadernos sobre Relaciones Internacionales, Regionalismo y Desarrollo*, 7, 2009, pp. 39-64; a favor, Roberto Viciano e Rubén Martínez Dalmau, "Los procesos constituyentes latinoamericanos y el nuevo paradigma constitucional", em *Ius* (Revista del Instituto de Ciencias Jurídicas de Puebla), 25, *El nuevo constitucionalismo latinoamericano*, 2010, pp. 7-29.

[17] William Ortiz Jiménez e Ricardo Oviedo Arévalo (eds.), *Refundación del Estado Nacional, procesos constituyentes y populares en América Latina*, Medellín, Universidad Nacional de Colombia, 2009; autores vários, *El nuevo constitucionalismo en América Latina*, Quito, Corte Constitucional, 2011.

[18] A. Acosta, *Plurinacionalidad. Democracia en la diversidad*, cit., p. 18; o mesmo, "El buen (con)vivir, una utopía por (re)constituir: Alcances de la Constitución de Montecristi", em *Otra Economía. Revista Latinoamericana de*

mas isto porque na busca de síntese faz uma elipse. Entre a plurinacionalidade e a natureza há, de fato, uma relação que passa, em espaços andinos e amazônicos, pela visão indígena da *Pachamama* ou Mãe Terra, à qual as Constituições do Equador e da Bolívia, por conseguinte também prestam atenção. A visão dos povos indígenas deve ser relevante constitucionalmente na medida em que são reconhecidos como sujeitos de direitos por título próprio. Se também acontece que essa visão caracteristicamente indígena oferece uma postura mais favorável aos direitos todos, tanto aos próprios quanto aos alheios, o constitucionalismo pode convir em adotá-la.[19] Assim o fazem as Constituições do Equador e da Bolívia.

Entre a plurinacionalidade da cidadania que agora assume o Estado e uma concepção da natureza que pode exigir tanto quanto repensar a ordem constitucional, como nexo que ata os cabos, estão os povos indígenas. O reconhecimento constitucional dos povos como direitos de título próprio implica que a cultura de seus sujeitos tenha de ser relevante para o próprio constitucionalismo, o que não terá que ser reduzido à revalorização da natureza ou a nenhum outro extremo determinado. É possível, assim, explicar que a própria expressão de Estado plurinacional transcenda até mesmo o ordenamento constitucional, encerrando esperanças e promessas de todo um *pachakuti*, de toda uma transformação social que deficientemente é traduzida para o espanhol com termos como *revolução*. *Pachakutik* (Movimento de Unidade Plurinacional Pachakutik) é justamente o nome adotado no Equador, a partir dos anos oitenta, pelo braço político das organizações indígenas em cujo seio foi forjada a categoria de Estado plurinacional.[20]

Pachakuti indica reconstituição e regeneração, política a primeira e social a segunda, se assim se quiser. De qualquer modo, hoje significa repensar o constitucionalismo, um repensar que o transcende, uma vez que toca também a relação da sociedade com a natureza e consigo mesma. Interessa às relações sociais, sem limitar-se às tradicionalmente contempladas pelo direito constitucional ou por todo o conjunto do ordenamento jurídico. É preciso, então, advertir que aqui iremos nos ocupar apenas de aspectos mais estritamente constitucionais do pachakuti constituinte postulado pelas Constituições do Equador e da Bolívia.

Constitucionalismo e Povos Indígenas no Equador, Bolívia e Venezuela

"O caráter plurinacional [da Bolívia como Estado] está relacionado com o eixo descolonizador como rota desconstrutora do Estado republicano, colonial e liberal. O *plurinacional* guarda relação com o reconhecimento da preexistência colonial das nações indígenas originárias", pôde ser escrito na conjuntura reconstituinte da

---

Economía Social y Solidaria, IV-6, 2010, pp. 8-31. Montecristi foi o lugar de reunião da Assembleia Constituinte do Equador.

[19] <http://www.un.org/esa/socdev/unpfii/documents/E.C.19.2010.4%20ES.pdf>: Carlos Mamani e B. Clavero, *Estudio sobre la necesidad de reconocer y respetar los derechos de la Madre Tierra*, Foro Permanente para las Cuestiones Indígenas, 2010. (Incluído nesta coletânea, no tomo III).

[20] Marc Becker, *¡Pachakutik! Indigenous Movements and Electoral Politics in Ecuador*, Lanham, Rowland and Littlefield, 2011.

Bolívia.[21] A Constituição responde ao desafio: "São fins e funções essenciais do Estado: (...) Constituir uma sociedade justa e harmoniosa, alicerçada na descolonização, sem discriminação nem exploração, com plena justiça social, para consolidar as identidades plurinacionais" (art. 9.1). A Constituição do Equador somente se pronuncia contra o colonialismo no preâmbulo e no capítulo das relações internacionais, sem relaciná-lo com os povos indígenas interiores, mas o tratamento que dá aos direitos destes povos coincide substancialmente com o que lhes proporciona a Bolívia sob o imperativo da descolonização interna. O Estado Plurinacional, nome agora adotado oficialmente pela Bolívia, conforme já foi dito, parece traçar um caminho.[22]

"Dada a existência pré-colonial das nações e povos indígenas originário camponeses e seu domínio ancestral sobre seus territórios, garante-se sua livre determinação no marco da unidade do Estado, que consiste em seu direito à autonomia, ao autogoverno, à sua cultura, ao reconhecimento de suas instituições e à consolidação de suas entidades territoriais, em conformidade com esta Constituição e com a lei", dispõe a Constituição da Bolívia (art. 2).[23] A do Equador, por sua vez, reconhece direitos "coletivos" dos "povos e nacionalidades indígenas" em conformidade não apenas com a Constituição, mas também "com os pactos, convênios, declarações e demais instrumentos internacionais de direitos humanos" (art. 57), ao que é preciso acrescentar em seguida que entre as declarações internacionais de direitos humanos encontra-se a Declaração das Nações Unidas sobre os Direitos dos Povos Indígenas, que reconhece como fundamento de todos eles "o direito à livre determinação" (art. 3).[24] Previamente à respectiva Constituição, esta Declaração havia sido incorporada ao ordenamento boliviano por meio de uma lei, em novembro de 2007. A própria Constituição da Bolívia também incorpora o direito internacional dos direitos humanos não apenas de convenções, pactos ou tratados, mas também, de modo mais geral, de "instrumentos internacionais (...) aos quais o Estado tenha aderido" (art. 256).

O Equador e a Bolívia ultrapassam, assim, de longe e com folga, a incorporação constitucional de direitos humanos usual na América Latina, uma vez que os precedentes limitam-se aos direitos contidos em convenções, pactos ou tratados.[25] As

---

[21]   R. Prada, "Análisis de la nueva Constitución Política del Estado", p. 38, em *Crítica y Emancipación: Revista Latinoamericana de Ciencias Sociales*, 1, 2008, pp. 35-50, e em aa.vv., *Bolivia. Nueva Constitución Política del Estado*, cit, pp. 181-193.

[22]   Idón M. Chivi Vargas, "Los caminos de la descolonización por América Latina: jurisdicción indígena originario campesina y el igualitarismo plurinacional comunitario", em Carlos Espinosa Gallegos-Anda y Danilo Caicedo Tapia (eds.), *Derechos Ancestrales. Justicia en contexto plurinacionales*, Quito, Ministerio de Justicia y Derechos Humanos, 2009, pp. 297-355. (NE- Vide o texto do mesmo autor,nesta coletânea, neste tomo).

[23]   É preciso advertir que *indígena originário camponês* funciona como um único qualificativo, com o plural ou o feminino, em seu caso, apenas no terceiro termo; para esclarecer equívocos sobre o alcance efetivo do conceito: Xavier Albó, "Sentido de *naciones y pueblos indígena originario campesinos*", em *Artículo Primero. Revista de Debate Social y Jurídico*, 20, 2010, *Derechos de los Pueblos Indígenas y Nueva Constitución de Bolivia*, pp. 20-27.

[24]   Claire Charters e Rodolfo Stavenhagen (eds.), *El Desafío de la Declaración. Historia y futuro de la Declaración de la ONU sobre Pueblos Indígenas*, Copenhague, IWGIA, 2010.

[25]   25 Os pactos e as convenções de direitos humanos são tratados multilaterais com mecanismos de supervisão relativamente aos Estados que os ratificam, mecanismos dos quais costumam carecer as declarações, dado que as únicas que os têm, são a Declaração Universal dos Direitos Humanos e, justamente, a Declaração sobre os Direitos dos Povos Indígenas. Esta última, além disso, contém pronunciamentos que lhe conferem valor normativo como direito internacional de caráter geral, sem depender da ratificação dos Estados (art. 38: "Os Estados, em consulta e cooperação com os povos indígenas, adotarão as

Constituições equatoriana e boliviana incorporam o direito internacional de direitos humanos com caráter geral, não apenas no que interessa aos povos indígenas, em modo e grau realmente inéditos na história do constitucionalismo latino-americano.[26] No que interessa a esses povos, isso supõe que seus direitos sejam reconhecidos como manifestação de um direito básico, o direito à livre determinação. Isto não faz com que o Equador e a Bolívia se situem constitucionalmente no terreno da política internacional de descolonização com sua opção de independência, mas sim o fazem no do direito específico das Nações Unidas sobre povos indígenas, que não a admite, senão que contempla tão somente o acesso à autonomia. Há relação jurídica entre uma coisa e a outra,[27] mas para efeitos práticos a diferença é importante. De qualquer modo, são direitos dos povos indígenas não apenas aqueles registrados na Constituição, mas também os que aparecem na Declaração internacional, e todos eles, todos estes direitos indígenas, o são de título próprio com fundamento no direito à livre determinação de todos e de cada um dos povos indígenas.

Há um mecanismo constitucional de garantia de tais direitos que também é proveniente de instrumentos internacionais. Trata-se da consulta. A Constituição do Equador reconhece o direito dos povos indígenas à "consulta prévia, livre e informada" no que se refere a "planos e programas de prospecção, exploração e comercialização de recursos não renováveis que estejam em seus direitos e que possam lhes afetar ambiental ou culturalmente" (art. 57.7) e à consulta sem adjetivos "antes da adoção de uma medida legislativa que possa afetar qualquer um de seus direitos coletivos" (art. 57.17). A Constituição da Bolívia consigna o direito dos povos indígenas "a serem consultados por meio de procedimentos apropriados e, em particular, através de suas instituições, cada vez que estiverem previstas medidas legislativas ou administrativas suscetíveis de afetá-los", em cujo marco "será respeitado e garantido o direito à consulta prévia obrigatória, realizada pelo Estado, de boa fé e concertada, a respeito da exploração dos recursos naturais não renováveis no território em que habitam" (art. 30. II. 15). Existe algum detalhe ulterior que marca diferenças, com tendência um pouco mais restritiva na Constituição equatoriana, mas que, de qualquer modo, acaba sendo menor, uma vez que tanto no próprio Equador quanto na Bolívia estão vigentes com categoria constitucional os mesmos instrumentos internacionais sobre direitos e garantias em relação a povos indígenas.

A garantia da consulta provém de instrumentos internacionais. A Declaração sobre os Direitos dos Povos indígenas introduz a consulta nestes termos: "Os Estados

---

medidas apropriadas, incluídas medidas legislativas, para alcançar os fins da presente Declaração"; art. 42: "As Nações Unidas, seus órgãos, incluído o Foro Permanente para as Questões Indígenas, e os organismos especializados, em particular a nível local, assim como os Estados, promoverão o respeito e a plena aplicação das disposições da presente Declaração e velarão por sua eficácia".)

[26] É possível comparar os casos mais próximos de novas Constituições na América Latina (Colômbia, 1991; Venezuela, 1999): Ernesto Rey Cantor, *Celebración y jerarquía de los tratados de derechos humanos (Colombia y Venezuela)*, Caracas, Universidad Católica Andrés Bello, 2007.

[27] Declaração sobre a Concessão da Independência aos Países e Povos Coloniais (1960), art. 2: "Todos os povos têm o direito de livre determinação; em virtude deste direito, determinam livremente sua condição política e perseguem livremente seu desenvolvimento econômico, social e cultural". Declaração sobre os Direitos dos Povos Indígenas, art. 3: "Os povos indígenas têm direito à livre determinação. Em virtude desse direito determinam livremente sua condição política e perseguem livremente seu desenvolvimento econômico, social e cultural"; art. 4: "Os povos indígenas, em exercício de seu direito à livre determinação, têm direito à autonomia ou ao autogoverno nas questões relacionadas com seus assuntos internos e locais, assim como a dispor de meios para financiar suas funções autônomas"

celebrarão consultas e colaborarão de boa fé com os povos indígenas interessados por meio de suas instituições representativas antes de adotar e aplicar medidas legislativas ou administrativas que os afetem, com o fim de obter seu consentimento livre, prévio e informado" (art. 19), termos que, salvo pelo trio de adjetivos, são provenientes de um convênio de 1989 da Organização Internacional do Trabalho, o Convênio sobre Povos Indígenas e Tribais em Países Independentes ou, como geralmente é conhecido, pelo seu número, Convênio 169.[28] Trata-se do par de instrumentos internacionais específicos sobre direitos dos povos indígenas, o primeiro sendo de caráter geral e o segundo, como tratado, vinculando especialmente os Estados que o ratificam.[29] A Bolívia ratificou em 1991 e o Equador em 1998. Quanto à série concreta de direitos reconhecidos, há diferenças entre ambos os casos,[30] mas não são tantas ou tão significativas na medida em que os respectivos catálogos devem se integrar com os da Declaração sobre os Direitos dos Povos Indígenas e do Convênio sobre Povos Indígenas e Tribais em Países Independentes. A isto soma-se que o sistema interamericano de direitos humanos está não apenas amparando tais direitos, mas também reforçando o requerimento da consulta como garantia.[31]

O direito à autonomia indígena sustenta-se, na Constituição da Bolívia, no direito à livre determinação e à territorialidade (art. 30. II. 3) e é regulamentado em um capítulo específico (arts. 289-296: "Autonomia Indígena Originário-Camponesa"), cercado por outros dedicados a outras autonomias, fundamentalmente as de Departamentos e Municípios, que dependem, em compensação, da própria Constituição, uma vez que não respondem a direito de livre determinação com base, também, na ordem internacional. A indígena resulta, com razão de direitos, bastante singular.[32] A Constituição do Equador é mais direta quanto ao propósito: "No marco da organização político administrativa poderão ser formadas circunscrições territoriais indígenas ou afro equatorianas, que exercerão as competências do governo territorial autônomo correspondente, e reger-se-ão por princípios de interculturalidade, plurinacionalidade e de acordo com os direitos coletivos" (art. 257), mas nunca se esqueça que para esta autonomia, a indígena, também existe no caso equatoriano o fundamento do direito

---

[28] Luís Rodríguez Piñero, *Indigenous Peoples, Postcolonialism, and International Law. The ILO Regime (1919-1989),* Oxford-New York, Oxford University Press, 2006.

[29] B. Clavero, "Instrumentos internacionales sobre los derechos de los pueblos indígenas: Declaración de Naciones Unidas y Convenio de la Organización Internacional del Trabajo", em *Artículo Primero. Revista de Debate Social y Jurídico,* 20, 2010, *Derechos de los Pueblos Indígenas y Nueva Constitución de Bolivia,* pp. 106-121.

[30] Rosa C. Baltazar Yucailla, "Derechos de las comunidades, pueblos y nacionalidades", em Santiago Andrade, Agustín Grijalva y Claudia Storini (eds.), *La Nueva Constitución del Ecuador. Estado, derechos e instituciones,* Quito, Universidad Andina Simón Bolívar-Editora Nacional, 2009, pp. 211-234; X. Albó, "Lo indígena originario campesino en la Nueva Constitución", em aa.vv., *Miradas. Nuevo Texto Constitucional,* cit., pp. 713-724

[31] <http://cidh.org/countryrep/TierrasIndigenas2009/Indice.htm>: Comisión Interamericana de Derechos Humanos, *Derechos de los Pueblos Indígenas y Tribales sobre sus tierras ancestrales y recursos naturales. Normas y Jurisprudencia del Sistema Interamericano de Derechos Humanos,* 2010.

[32] X. Albó e C. Romero, *Autonomías Indígenas en la Realidad Boliviana y su Nueva Constitución,* Vicepresidencia del Estado Plurinacional-GTZ, 2009; Aída Gamboa Balbín, Mario Samané Espino e Paulo Montalbán Romero, "Democracia y reforma constitucional en Bolivia: reconocimiento de la diversidad cultural y formación de un Estado plurinacional", em *Arte y Práctica. Boletín,* 1, 2009, on line: (http://revistas.pucp. edu.pe/arteypractica/boletin1), trabajo 7; Franz X. Barrios Suvelza, "Ni unitario, ni federal, ni autonómico: ¿Contiene la Nueva Constitución Boliviana un invento de estructura territorial estatal", em *Revista d'Estudis Autonòmics i Federals,* 13, 2011, pp. 51-96; autores vários, *Bolivia Post-Constituyente. Derechos Indígenas en el Estado Plurinacional,* La Paz, Fundación Tierra, 2011.

à livre determinação por incorporação constitucional da Declaração sobre os Direitos dos Povos Indígenas como instrumento internacional de direitos humanos. O direito internacional de direitos humanos, todo ele, tornou-se direito constitucional tanto no Equador quanto na Bolívia, algo que realmente os distingue, devendo também afetar, conforme comprovaremos o inteiro sistema.[33]

A distinção costuma esmaecer-se devido à assimilação do Equador e da Bolívia à Venezuela, pouco importa se a favor ou contra, dado que tais elementos brilham por sua ausência na Constituição da República Bolivariana, a denominação oficial do Estado venezuelano.[34] Essa mesma Constituição dedica um capítulo inteiro aos direitos dos povos indígenas (arts. 119-126), mas baseando o reconhecimento no compromisso e na ação do Estado, não na livre determinação do povo. Essa série de artigos da Constituição começa por esta manifestação: "O Estado reconhecerá a existência dos povos", como se sua própria existência dependesse do reconhecimento constitucional ou, pior ainda, com esse uso do tempo futuro, pós-constitucional, e conclui com esta advertência: "O termo povo não poderá ser interpretado nesta Constituição no sentido que lhe é dado no direito internacional", isto é, como sujeito de livre determinação, situando-se assim a Venezuela com respeito aos povos indígenas em órbita bem diferente, virtualmente contrária, àquela que depois traçariam o Equador e a Bolívia.[35]

Essa advertência requer um comentário. Não se trata de uma invenção bolivariana, uma vez que é proveniente, embora possa parecer paradoxal, do mesmo direito que visa rejeitar, o direito internacional. Por volta de 1999, quando a Constituição da Venezuela é feita, a Declaração sobre os Direitos dos Povos Indígenas era um projeto já formado no seio das Nações Unidas, mas apenas um projeto. O direito internacional dos povos indígenas estava então representado pelo já citado Convênio da Organização Internacional do Trabalho sobre Povos Indígenas e Tribais em Países Independentes, no qual está contido este pronunciamento: "A utilização do termo *povos* neste Convênio não deverá ser interpretada no sentido de ter qualquer implicação no que diz respeito aos direitos que possam ser conferidos a esse termo no direito internacional" (art. 1.3). A Venezuela ainda não havia ratificado este Convênio, e faria isso apenas em 2002, mas adota essa formulação para precaver-se contra a evolução do direito internacional sobre povos indígenas.[36] Em 1999, o projeto oficial, ainda

---

[33] A compartimentalização usual entre direitos e poderes com capítulos separados para o caso indígena não ajuda a uma visão integrada do novo modelo: S. Andrade, A. Grijalva e C. Storini (eds.), *La Nueva Constitución del Ecuador. Estado, derechos e instituciones*, cit.; aa.vv., *Miradas. Nuevo Texto Constitucional*, cit. também.

[34] Dalmau, "El proyecto de Constitución de Ecuador como último ejemplo del nuevo constitucionalismo latinoamericano", em *Entre Voces. Revista del Grupo Democracia y Desarrollo Local*, 15, 2008, pp. 67-71; *El proceso constituyente boliviano (2006-2008) en el marco del nuevo constitucionalismo latinoamericano*, La Paz, Enlace, 2008; antes, com R. Viciano, "El proceso constituyente venezolano en el marco del nuevo constitucionalismo latinoamericano", em *Ágora. Revista de Ciencias Sociales*, 13, 2005, pp. 55-68.

[35] Sem possibilidade de comparação, Ricardo Colmenares, *Los Derechos de los Pueblos Indígenas en la Constitución de Venezuela de 1999*, Caracas, Universidad Católica Andrés Bello-Editorial Jurídica Venezolana, 2001. Contando com essa possibilidade, mas desaproveitando-a completamente, Soledad Torrecuadrada, *Los derechos de los pueblos indígenas en Venezuela*, Madrid, Fundación José Ortega y Gasset-Biblioteca Nueva, 2010.

[36] María Teresa Quispe, *Venezuela, Gobiernos Locales y Pueblos Indígenas*, Lima, ORPIA-IWGIA, 2005, p. 14: mesmo sem ter ainda ratificado, "a Constituição atual da Venezuela é coerente com o Convênio 169 da OIT", mas é justamente na forma de ser coerente que mora o problema.

somente um projeto, da Declaração das Nações Unidas sobre os Direitos dos Povos Indígenas já registrava como fundamento o direito à livre determinação.[37]

A diferença entre a Venezuela, por um lado, e o Equador e a Bolívia, por outro, não afeta apenas povos indígenas, dado que atinge toda a disciplina de direitos, a fundamental para uma Constituição. A da Venezuela dedica um título aos direitos humanos (tít. III: "Dos Direitos Humanos e das Garantias e dos Deveres"), mas trata-se dos direitos reconhecidos pela Constituição, sem mais abertura ao direito internacional dos direitos humanos para efeitos normativos do que aquela que se atém aos pactos, convenções ou tratados ratificados (arts. 19, 23, 31 e 281.1, com alguma referência mais genérica a instrumentos em outros artigos sem implicar incorporação de categoria constitucional). A Bolívia também tende, em certos momentos, a restringir a recepção constitucional do direito internacional aos tratados (art. 410.II especialmente), mas a recepção prévia da Declaração sobre os Direitos dos Povos Indígenas já marca a diferença. Em suma, para toda esta parte fundamental do sistema constitucional o modelo da Venezuela é categoricamente diferente ao do Equador e da Bolívia. Aleguemos um único indício cuja significação veremos: a água faz ato de comparecimento na Constituição da Venezuela como objeto de um serviço do Estado, enquanto é um direito, e um direito ademais humano fundamental, nas Constituições do Equador e da Bolívia.

Sumak Kawsay: Uma nova antropologia dos direitos

"A plurinacionalidade não é apenas um reconhecimento passivo à diversidade de povos e de nacionalidades, é fundamentalmente uma declaração pública do desejo de incorporar perspectivas diferentes com relação à sociedade e à Natureza", disse Alberto Acosta,[38] tendo comentado, por minha parte, que o parágrafo não parece ter muito sentido, porque comete uma elipse, justamente a dos direitos, verdadeira chave do modelo. As Constituições do Equador e da Bolívia colocam toda a matéria de direitos, não apenas a dos direitos dos povos indígenas, de uma forma realmente inédita na história constitucional latino-americana.

A Constituição do Equador inicia o catálogo dos direitos com os "Direitos do bom viver" (tít. II, cap. II), os quais são sucessivamente, em primeiro lugar, direitos à "Água e alimentação" e ao "Ambiente sadio", e, somente a seguir, à "Comunicação e informação", à "Cultura e ciência", à "Educação", ao "Hábitat e à moradia", à "Saúde" e ao "Trabalho e seguridade social". Depois virão, é claro, outros. Para uma Constituição tão aberta aos direitos humanos do direito internacional esta é uma sistemática chamativa se for feito o contraste. Não ocorre isso porque seja seguida uma ordem alfabética, de "água" no começo, até "trabalho" no final, pois há também uma lógica de fundo que foge da sequência internacional dos direitos humanos, isto é, a de direitos civis, políticos, econômicos, sociais e culturais com ausência, além disso, dos de caráter material, que no Equador aparecem em primeiro lugar não só por se aterem à sucessão de letras no alfabeto. Suspeita-se disso assim que se inicia

---

[37] Asbjørn Eide, "Los pueblos indígenas, el Grupo de Trabajo sobre Poblaciones Indígenas y la adopción de la Declaración de la ONU sobre los Derechos de los Pueblos Indígenas", em C. Charters y R. Stavenhagen (eds.), *El Desafío de la Declaración*, cit., pp. 34-49.

[38] A. Acosta, *Plurinacionalidad. Democracia en la diversidad*, p. 18, já citado.

a leitura deste capítulo de "Direitos do bom viver": "O direito à água é um direito humano fundamental e irrenunciável" (art. 12). Qualifica-se um direito como *humano* independentemente, por outro lado, de estar este, na época, 2008, entre os direitos humanos do direito internacional.[39]

A Constituição da Bolívia apresenta um capítulo de "Direitos fundamentais" (parte I, tít. II, cap. II) com precedência a uma série que já responde ao índice primário dos direitos humanos da ordem internacional: civis, políticos, sociais, econômicos e culturais. Precedentemente aparece o "direito à água e à alimentação" com a obrigação conseguinte do Estado de "garantir a segurança alimentar" (art. 16), aprofundando-nos próprios termos de direito primário e obrigação subsequente: "A água constitui um direito fundamentalíssimo para a vida" (art. 373. I); "O Estado protegerá e garantirá o uso prioritário da água para a vida" (art. 374. I). A formulação é ampliada: "Toda pessoa tem direito ao acesso universal e equitativo aos serviços básicos de água potável, esgoto, eletricidade, gás domiciliar, serviço postal e telecomunicações", com diferenças quanto às respectivas obrigações públicas: "Nos casos de eletricidade, gás domiciliar e telecomunicações será possível prestar o serviço mediante contratos com a empresa privada" enquanto "o acesso à água e ao esgoto constituem direitos humanos, não são objeto de concessão nem de privatização e estão sujeitos a regime de licenças e registros, conforme a lei" (art. 20). Por tratar-se de "direitos humanos" e, além disso, "fundamentais" entende-se a razão de que estes registros da água, da alimentação e do saneamento se antecipem àqueles que contemplam os direitos humanos da ordem internacional. A Bolívia já vinha procurando uma reformulação mais realista, mais de acordo com as necessidades humanas, dos direitos humanos.[40]

O índice primário dos direitos humanos adotado pela Constituição da Bolívia não marca um conteúdo, uma vez que nem sempre é guardada conformidade com o direito internacional a esse respeito. O primeiro dos "direitos civis" que comparece é o direito "à auto identificação cultural" (art. 21.1), o direito à própria cultura e à opção entre culturas ou por mais de uma, um direito que o direito internacional ainda não contemplou com caráter geral, mas apenas para as minorias étnicas, religiosas ou linguísticas e para os povos indígenas.[41] Impede seu reconhecimento como direito humano de alcance geral a tendência dos Estados a identificarem-se com uma única cultura e a satisfação daqueles que *acreditam que* sua cultura está suficientemente protegida desse modo. Outras Constituições da América Latina, as mais ou menos multiculturalistas, já revisaram de uma forma ou de outra o direito à identidade

---

[39] Ricardo Buitrón, "Derecho humano al agua en el Ecuador", em autores vários, ¿Estado constitucional de derechos? Informe sobre derechos humanos. Ecuador 2009, Quito, Abya Yala, 2010, pp. 139-162; interessa, é claro, do mesmo autor, *La concesión como estrategia de privatización. La lucha contra la privatización del servicio de agua potable y alcantarillado de las parroquias orientales de Quito*, Quito, Abya Yala, 2008..

[40] Autores vários, *Por un modelo público de agua. Triunfos, luchas y sueños*, Barcelona, Transnational Institute-El Viejo Topo, 2005; Pedro Arrojo, *El reto ético de la nueva cultura del agua. Funciones, valores y derechos en juego*, Barcelona, Paidós, 2006; Benjamin Dangl, *El precio del fuego. Las luchas por los recursos naturales y los movimientos sociales en Bolivia*, Chicago, Haymarket, 2010.

[41] Pacto Internacional de Direitos Civis e Políticos, art. 27. "Nos Estados em que existam minorias étnicas, religiosas ou lingüísticas, não será negado às pessoas que pertençam a essas minorias o direito que lhes corresponde, em comum com os demais membros de seu grupo, a ter sua própria vida cultural, a professar e praticar sua própria religião e a utilizar seu próprio idioma"; Declaração sobre os Direitos dos Povos Indígenas, art. 8.1: "Os povos e os indivíduos indígenas têm direito a não serem submetidos a uma assimilação forçada nem à destruição de sua cultura", junto com outros reconhecimentos de direitos referentes à manifestações da própria cultura.

cultural, inclusive, é claro, a Constituição do Equador como Estado plurinacional,[42] mas no caso boliviano, como no equatoriano, isso está sendo compreendido no contexto de uma necessária reformulação do direito geral dos direitos humanos.[43]

Os direitos humanos estão também sendo reformulados na ordem internacional por influência, além disso, em momentos do novo constitucionalismo, do Equador e da Bolívia. No final de julho de 2010, só então, a Assembleia Geral das Nações Unidas declara solenemente "o direito à água potável e ao saneamento como um direito humano essencial para o pleno desfrute da vida e de todos os direitos humanos", um direito fundamental a esse ponto. A iniciativa partiu do Estado Plurinacional da Bolívia com argumentação que se estendia a alguma consideração de alcance mais geral: "Os direitos humanos não nasceram como conceitos totalmente desenvolvidos, são fruto de uma construção dada pela realidade e pela experiência".[44] Uma reformulação dos direitos humanos está começando por algumas Constituições. No curto espaço de tempo em que elas têm vigorado, o da água não foi o único caso. A mesma coisa ocorreu com a consideração da natureza como virtual sujeito de direitos,[45] tema de que ainda não tratamos.

É uma peça importante para compreender o novo modelo constitucional e sua vinculação à plurinacionalidade pela via dos direitos. A Constituição do Equador já sabemos que começa seu catálogo dos mesmos com os "Direitos do bom viver" anunciando-se também, como garantia de um direito da humanidade, o respeito pela integridade de um elemento tão cardinal da natureza quanto a água. Reforçando ao máximo esta posição, outro capítulo do mesmo título dos direitos é dedicado aos "Direitos da natureza" (tít. II, cap. VII), contemplando-os sob este prisma: "A natureza ou Pacha Mama, onde a vida se reproduz e se realiza, tem direito a que se respeite integralmente sua existência e a manutenção e regeneração de seus ciclos vitais, estrutura, funções e processos evolutivos", e com estes efeitos práticos: "Toda pessoa, comunidade, povo ou nacionalidade poderá exigir à autoridade pública o cumprimento dos direitos da natureza" (art. 71), direitos que a seguir são detalhados. *Pachamama* já sabemos que é termo indígena, concretamente quechua e aymara,

---

[42] 42 Constituição do Equador, art. 21: "As pessoas têm direito a construir e manter sua própria identidade cultural, a decidir sobre seu pertencimento a uma ou várias comunidades culturais e a expressar essas escolhas; à liberdade estética; a conhecer a memória histórica de suas culturas e a ter acesso a seu patrimônio cultural; a difundir suas próprias expressões culturais e ter acesso a expressões culturais diversas (...)"; art. 57.1: "É reconhecido e será garantido às comunas, comunidades, povos e nacionalidades indígenas, em conformidade com a Constituição e com os pactos, convênios, declarações e demais instrumentos internacionais de direitos humanos, os seguintes direitos coletivos: Manter, desenvolver e fortalecer livremente sua identidade, senso de pertencimento, tradições ancestrais e formas de organização social". O segundo aspecto também aparece, logicamente, na Constituição da Bolívia, art. 30.II.2: "No marco da unidade do Estado e de acordo com esta Constituição as nações e povos indígena originário camponeses gozam dos seguintes direitos: à sua identidade cultural, crença religiosa, espiritualidades, práticas e costumes, e à sua própria cosmovisão".

[43] B. Clavero, *Multiculturalismo constitucional, con perdón, de veras y en frío*, em *Revista Internacional de Estudios Vascos*, 46, 2002, pp. 35-62; D. Caicedo Tapia, *El bloque de constitucionalidad en el Ecuador. Los Derechos Humanos más allá de la Constitución*, em *Foro. Revista de Derecho*, 12, 2009.

[44] <http://www.un.org/es/comun/docs/index.asp?symbol=A%2F64%2FL.63%2FRev.1&Submit=Buscar> : texto da Declaração sobre o direito à água; http://cmpcc.org/2010/07/28/discurso-derecho-humano-al-agua-y-saneamiento: discurso do embaixador boliviano

[45] <http://clavero.derechosindigenas.org/?p=4865> : comentário sobre a declaração da Assembleia Geral das Nações Unidas no fim de 2009 sobre a *Harmonia com a natureza*. (NE- Vide o tomo III da presente coletânea).

para Mãe Terra em um sentido forte, dado que denota simbiose entre natureza e humanidade.[46]

Por sua vez, a Constituição da Bolívia contempla o direito a uma economia conforme a harmonia ou simbiose entre humanidade e natureza apenas como um direito indígena: "Reconhece-se a integralidade do território indígena originário camponês, que inclui o direito à terra, ao uso e aproveitamento exclusivo dos recursos naturais renováveis nas condições determinadas pela lei; à consulta prévia e informada e à participação nos benefícios pela exploração dos recursos naturais não renováveis que estão em seus territórios; a faculdade de aplicar suas normas próprias, administrados por suas estruturas de representação e a definição de seu desenvolvimento de acordo com seus critérios culturais e princípios de convivência harmoniosa com a natureza" (art. 403.I). Com caráter geral, a harmonia com a natureza é assumida, em todo caso, como um princípio para políticas públicas e para relações internacionais (arts. 255.II.7 e 311.II.3).

Tanto para o Equador quanto para a Bolívia o compromisso constitucional é superior, na medida em que o imperativo de harmonia simbiótica com a natureza está incluído na invocação do *bom viver* que já encontramos como objeto de direito no caso do Equador. Como princípio de política econômica opera na Constituição da Bolívia: "O modelo econômico boliviano é plural e está orientado a melhorar a qualidade de vida e o viver bem de todas as bolivianas e bolivianos" (art. 306.I, além dos arts. 8, 80.I, 306.III, 313), mas sua significação não se limita a este âmbito das políticas públicas, dado que expressamente é formulado como um valor de procedência indígena e alcance geral: "O Estado assume e promove como princípios ético-morais da sociedade (...) *suma qamaña* (viver bem), ñandereko (vida harmoniosa)", junto com outros em línguas igualmente indígenas, em aymara e em guarani respectivamente os citados (art. 8.I). A Constituição do Equador também vincula o Estado com a concepção indígena, expressada nesse caso em quechua: "Reconhece-se o direito da população a viver em um ambiente são e ecologicamente equilibrado, que garanta a sustentabilidade e o bom viver, *sumak kawsay*" (art. 14, além dos arts. 250, 275 e 387.2). *Bom viver* ou *viver bem* é tradução de expressões indígenas, a cujo significado será preciso, então, atender.[47]

Está dito. Bom viver ou viver bem não é algo que se traga à tona agora apenas para significar uma alternativa ao desenvolvimento desconsiderado com a natureza e em contraposição, assim, a outra expressão como a usual de bem estar ou, formando palavra singular, bem-estar.[48] *Bom viver* traduz *sumak kawsay*, *suma qamaña* ou ñandereko, expressões que estão vinculadas a uma determinada concepção da

---

[46] Eduardo Gudynas, "La ecología política del giro biocéntrico en la nueva Constitución del Ecuador", em *Revista de Estudios Sociales* (Universidad de los Andes), 32, 2009, *Medio Ambiente*, pp. 33-47; o mesmo, *El mandato ecológico. Derechos de la naturaleza y políticas ambientales en la nueva Constitución*, Quito, Abya Yala, 2009; Ramiro Ávila Santamaría, "Los retos de la exigibilidad de los derechos del buen vivir en el derecho ecuatoriano", em C. Courtis y R. Ávila Santamaría (eds.), *La protección judicial de los derechos sociales*, Quito, Ministerio de Justicia y Derechos Humanos, 2009, pp. 543-575. (NE–Vide o tomo III desta coletânea).

[47] Pablo Dávalos, "El Sumak Kawsay ("buen vivir") y las cesuras del desarrollo", em *Memoria. Revista de Política y Cultura*, 232, 2008, pp. 52-56; *OBETS. Revista de Ciencias Sociales*, 4, 2009, Buen Vivir, Desarrollo y Maldesarrollo; A. Acosta y E. Martínez (eds.), *El buen vivir. Una vía para el desarrollo*, Santiago de Chile, Universidad Bolivariana, 2009.

[48] Camila Joselevich, "Bienestar vs. buen vivir, ¿crecimiento y bienestar a favor de quién?", on line, no site *Democracia y territorio*, 2009 (http://democraciayterritorio.wordpress.com/2009/07/10).

natureza tão inclusiva que a humanidade guardaria com ela uma relação de dependência por filiação. Bom viver é, então, concreção da plurinacionalidade como contribuição específica das nações indígenas a um constitucionalismo mais humano por ser mais natural. Nas Constituições do Equador e da Bolívia, não digo que com as políticas desenvolvidas sob elas, o que está sendo colocado, em definitiva, é uma nova antropologia para os direitos humanos, uma antropologia de base mais humana que aquela que representaram até agora tanto o direito constitucional quanto o direito internacional.[49] É preciso lembrar que nada disto está sequer esboçado na Constituição venezuelana? Mesmo assim, certos nomes oficiais de Estados, o de República Bolivariana e o de Estado Plurinacional, marcam uma diferença efetiva.

Direitos constituintes e inércia dos poderes constitucionais

"O *constitucionalismo plurinacional* é, ou deve ser, um novo tipo de constitucionalismo baseado em relações interculturais igualitárias que redefinam e reinterpretem os direitos constitucionais e reestruturem a institucionalidade proveniente do Estado Nacional."[50] De fato, mas a questão é, então, a de se tal reestruturação ocorreu no projeto da Constituição; quero dizer, se por meio de seu próprio texto respondeu-se ao desafio constituinte da construção constitucional da plurinacionalidade. Dito em outros termos, para alcançar eficácia o constitucionalismo de direitos precisa do constitucionalismo de poderes, e um novo constitucionalismo de direitos precisará de um renovado constitucionalismo de poderes. Ao qualificar o Estado como plurinacional, as Constituições do Equador e da Bolívia não constatam uma evidência, uma vez que o Estado precedente obviamente não é plurinacional,[51] o que fazem é assumir um compromisso, o compromisso de conseguir que a plurinacionalidade existente na sociedade se torne, justamente, característica do Estado.[52] Por mera virtude da postulação constitucional não cabe dizer que já ocorreu, como fato histórico, um trânsito para o Estado plurinacional nem no Equador nem na Bolívia.[53] O imperativo está formulado e o desafio está pendente.

---

[49]   Para o devido contraste, B. Clavero, "Cláusula colonial en el derecho internacional y alguna otra contrariedad para la historia de los derechos humanos", a ser publicado em *Quaderni Fiorentini per la Storia del Pensiero Giuridico Moderno*, 40, 2011.

[50]   50 A. Grijalva, "El Estado plurinacional e intercultural en la Constitución Ecuatoriana de 2008", pp. 50-51, em *Ecuador Debate*, 75, 2008, *Innovaciones y retos constitucionales*, pp. 49-62.

[51]   *Por una Bolivia diferente. Aportes para un proyecto histórico popular*, La Paz, Centro de Investigación y Promoción del Campesinado, 1991, p. 98: "Não toda sociedade plurinacional é Estado Plurinacional", o que já era apontado para a Bolívia em termos propositivos constituintes.

[52]   Para constância do desafio a partir de um campo diferente ao do direito, David Maybury-Lewis, "Indigenous Theories, Anthropological Ideas: A View from Lowland South America", e Bret Gustafson, "Manipulating Cartographies: Plurinationalism, Autonomy, and Indigenous Resurgence in Bolivia", ambos em *Anthropological Quarterly*, 82, 2009, pp. 897-927 y 985-1016, com posterior debate na mesma revista. Para a experiência do segundo sobre o terreno, B. Gustafson, *New Languages of the State: Indigenous Resurgence and the Politics of Knowledge in Bolivia*, Durham, Duke University Press, 2009.

[53]   Edwin Cruz Rodríguez e Hugo Guerra Urego, "El tránsito hacia el Estado Plurinacional en Bolivia y en Bolivia y Ecuador (1999-2008)", em *Studia Storica. Historia Contemporánea*, 28, 2010, pp. 97-124, vs., por exemplo, Ximena Soruco Sologuren, "Estado plurinacional-pueblo, una construcción inédita en Bolivia", em *OSAL. Observatorio Social de América Latina*, 26, 2009, 2010. *Conflictos Sociopolíticos en América Latina*, pp. 19-33.

O imperativo é de direitos e o desafio, de poderes, de poderes que devem ser constitucionalmente funcionais aos direitos. A funcionalidade dos poderes com respeito aos direitos, algo definitório do constitucionalismo que com frequência tem sido relaxado ou mesmo extraviado na história constitucional,[54] é um dado que parece, já de entrada, bem claro para a Constituição do Equador, dado que adota para os poderes a denominação de *funções*: Função Legislativa, Função Executiva e Função Judicial, às quais são acrescentadas a Função de Transparência e Controle Social e a Função Eleitoral, ou administração das eleições independentemente das outras funções, inclusive a dos poderes clássicos, o legislativo, o executivo e o judiciário. Não é, contudo, no Equador, uma novidade da atual Constituição tal terminologia de funções em vez de poderes, pois ela foi adotada pela de 1945, que colocou a ênfase nos direitos e suas garantias, e se manteve desde então.[55] Aí está, de qualquer forma, um sentido, o da funcionalidade constitucional de poderes no que se refere a direitos, que poderia, agora, potencializar-se dados os direitos não apenas de pessoas, mas também de povos.

Se tentamos comprovar a funcionalidade dos poderes para a edificação do Estado plurinacional por imperativo primordial dos direitos dos povos indígenas, a decepção é certa. Se do que estamos preocupados é da construção da plurinacionalidade de maneira coerente com o reconhecimento dos direitos dos povos indígenas, logo nos surpreende a escassa atenção prestada a esse tema. Na Constituição do Equador não há funcionalidade na organização nem no funcionamento dos poderes com respeito aos direitos dos povos indígenas, o que significa respeito ao imperativo da plurinacionalidade.[56] Disso decorre, sem dúvida, uma incoerência da maior importância, embora não seja a que se costuma observar quando são feitas abordagens críticas à Constituição do Equador.[57] Entre os poderes mais estritamente políticos, isto é, os das funções legislativa e executiva, os povos indígenas nem comparecem, com o que a construção da plurinacionalidade sequer é abordada.[58] Como mínimo, seria necessário ter articulado o exercício desses poderes com o direito dos povos

---

[54] Para a valoração de recuperações e novidades mediante contraste, B. Clavero, *El Orden de los Poderes. Historias constituyentes de la trinidad constitucional*, Madrid, Trotta, 2007.

[55] Sobre tal significado da Constituição de 1945, embora tenha sido efêmera, por ocasião da atual, autores vários, *Análisis - Nueva Constitución. Proyecto Construyendo Democracia*, Quito, Fundación Friedrich Ebert-Revista La Tendencia, 2008, pp. 14, 34-35 y 121.

[56] http://clavero.derechosindigenas.org/wp-content/uploads/2010/09/Ecuador-Plurinacionalizar.pdf: B. Clavero, *Ecuador ¿Estado Plurinacional?*; sem a interrogação, Julio César Trujillo, "El Ecuador como Estado Plurinacional", em A. Acosta y E. Martínez (eds.), *Plurinacionalidad. Democracia en la diversidad*, cit., pp. 63-79.

[57] Julio Echeverría e César Montúfar (eds.), *Plenos poderes y transformación constitucional*, Quito, Abya Yala, 2008; Hernán Salgado Pesantes, "Proceso constituyente y transición en el Ecuador", em *Anuario de Derecho Constitucional Latinoamericano*, 15, 2009, pp. 165-178; o mesmo, "La nueva dogmática constitucional en el Ecuador", em Miguel Carbonell, Jorge Carpizo y Daniel Zovatto (eds.), *Tendencias del constitucionalismo en Iberoamérica*, México, UNAM-IDEA-AECID, 2009, pp. 981-1002.

[58] Somente há referência como objeto de políticas na função executiva com sujeição à lei: "Os conselhos nacionais para a igualdade são órgãos responsáveis por garantir a plena vigência e o exercício dos direitos consagrados na Constituição e nos instrumentos internacionais de direitos humanos. Os conselhos exercerão atribuições na formulação, transversalização, observância, acompanhamento e avaliação das políticas públicas relacionadas com as temáticas de gênero, étnicas, geracionais, interculturais, e de incapacidade e mobilidade humana, de acordo com a lei..." (art. 156).

indígenas às consultas, além de ter previsto garantias constitucionais específicas para este direito frente àqueles poderes.[59]

No terreno da função judicial é contemplada, em compensação, a "Justiça Indígena" (tít. IV cap. IV, seç. II). Ela é acomodada sob certos critérios de vinculação à tradição que distam muito de responder ao exercício da livre determinação por meio da autonomia: "As autoridades das comunidades, povos e nacionalidades indígenas exercerão funções jurisdicionais, com base em suas tradições ancestrais e em seu direito próprio, dentro de seu âmbito territorial..." (art. 171). A autonomia indígena já sabemos que está reconhecida de maneira explícita pela Constituição, mas em termos que não enfrentam a articulação institucional da plurinacionalidade como matéria estritamente constitucional. São assuntos que se remetem à lei, isto é, à norma acordada por poderes, chamem-se funções, para cujo desempenho não se contempla a presença indígena em forma de povos com direitos próprios. São assuntos sobre os quais prevalece de momento, fora de âmbitos indígenas, a imprevisão.[60] Naquilo que já teve desenvolvimento legislativo, como é o caso do acomodamento da justiça indígena, o mesmo ocorreu na direção de relaxar ainda mais a construção da plurinacionalidade.[61]

A Constituição do Estado Plurinacional da Bolívia, que não em vão adota agora oficialmente este nome composto, faz, em compensação, com o impulso decisivo indígena,[62] o esforço da construção da plurinacionalidade não apenas com o catálogo de direitos, mas também por meio do projeto dos poderes. Chama-os órgãos e também *funções* (Órgão Legislativo, Órgão Executivo, Órgão Judicial e Órgão Eleitoral; Função de Controle, Função de Defesa da Sociedade e Função de Defesa do Estado) em seu caso sem contar com precedentes, portanto mais claramente respondendo ao propósito de recolocar-se a própria natureza dos poderes. A isto se acrescente que os poderes mais claramente superiores, aqueles que em particular são situados com faculdades decisivas sobre as autonomias fundamentadas na livre determinação, ou seja as autonomias indígenas, são qualificados e procuram ser organizados como plurinacionais: a Assembleia Legislativa Plurinacional, o Tribunal Constitucional Plurinacional e o Órgão Eleitoral Plurinacional. O Órgão Judicial não se qualifica

---

[59] http://clavero.derechosindigenas.org/?p=5843: comentário sobre o caso da Lei de Mineração bem sintomático para ambos os efeitos, tanto o de aprovação sem consulta quanto o de desamparo constitucional.

[60] Diego Peña, "El estado actual de la descentralización y su aporte al estado de derecho en el Ecuador", em autores vários, *El estado actual de la descentralización y su aporte al estado de derecho en el Perú, el Ecuador, Colombia y Bolivia*, Lima, Programa Capacidades, 2010, pp. 40-77; para outras visões e algumas previsões, Raúl Yasag Fernández, "La jurisdicción indígena en el contexto de los principios de plurinacionalidad e interculturalidad", em S. Andrade, A. Grijalva y C. Storini (eds.), *La Nueva Constitución del Ecuador. Estado, derechos e instituciones*, cit., pp. 179-209; C. Espinosa Gallegos-Anda y D. Caicedo Tapia (eds.), *Derechos Ancestrales. Justicia en contexto plurinacionales*, cit., sección III, "Perspectivas de la justicia indígena en el Ecuador", pp. 387-501

[61] http://clavero.derechosindigenas.org/wp-content/uploads/2010/09/Ecuador-Plurinacionalizar.pdf, cit., contém uma comparação sumária entre a Constituição e o Código Orgânico da Função Judicial no que concerne à posição da justiça indígena, inferior no segundo ao requerido pela primeira.

[62] Jesús González Pazos, *Bolivia. La construcción de un país indígena*, Barcelona, Icaria, 2007; Raúl Zibechi, *Dispersar el Poder*, Quito, Abya Yala, 2007; Nancy Grey Postero, *Now We Are Citizens: Indigenous Politics in Postmulticultural Bolivia*, Stanford, Stanford University Press, 2007; X. Albó, *Movimientos y poder indígena en Bolivia, Ecuador y Perú*, La Paz, CIPCA, 2008; Koen De Munter e Ton Salman, "Extending Political Participation and Citizenship: Pluricultural Civil Practices in Contemporary Bolivia", em *Journal of Latin American and Caribbean Anthropology*, 14, 2009, pp. 432-456.

como plurinacional, mas o sistema de justiça acaba sendo-o, uma vez que a jurisdição indígena é parte integrante dele, em posição de igualdade hierárquica com a do Estado por subordinar-se apenas ao controle de constitucionalidade exercido pelo Tribunal Constitucional Plurinacional. A mesma coisa cabe dizer do Órgão Executivo do Estado, que também não é qualificado como plurinacional, com respeito aos futuros governos das autonomias indígenas.[63]

Para tais efeitos, por imperativo da própria Constituição, já houve um desenvolvimento legislativo que de momento não é possível dizer que responda de modo muito exigente aos requerimentos constitucionais da plurinacionalidade.[64] Mas aí se tem o modelo definido na Constituição. E esse desenvolvimento é preciso advertir que não constitui uma legislação orgânica, no sentido de que esteja situada acima tanto das leis então ordinárias quanto dos estatutos das autonomias baseadas no direito à livre determinação, pois tal categoria superior de lei não existe, com boas razões, neste necessariamente complexo constitucionalismo plurinacional.[65] O que a própria Constituição ainda não resolveu, igualando-se nisto com a do Equador, é o desafio da articulação do exercício dos poderes constitucionais com o direito à consulta dos povos indígenas, de todos e cada um deles, o que não deve se dissolver na plurinacionalidade dos órgãos comuns.[66]

O paradigma constitucional entre Estado bolivariano e Estado plurinacional

"O texto produzido pelo processo constituinte venezuelano foi o exemplo mais forte do que acabaria sendo denominado *novo constitucionalismo latino-americano*", afirma-se respeito à Constituição da República Bolivariana da Venezuela de 1999 no curso de um panorama que alcança às Constituições do Equador, de 2008, e do Estado Plurinacional da Bolívia, de 2009.[67] Transformar, deste modo, o constitucionalismo bolivariano no eixo caracterizador do novo paradigma constitucional latino-americano não parece sustentar-se à luz de quanto acabamos de ver, mas, apesar de tudo, não se descarta que exista algum fator em comum entre o caso venezuelano e os

---

[63] I.M. Chivi Vargas, "El Órgano Judicial", em aa.vv., *Miradas. Nuevo Texto Constitucional*, cit., pp. 409-422; José Carlos Pinto Quintanilla, "Aportes a la reflexión política de la Constitución", em aa.vv., *Bolivia. Nueva Constitución Política del Estado*, cit, pp. 57-72.

[64] http://cipca.org.bo/index.php?option=com_content&view=article&id=1953&Itemid=87: site de material legislativo boliviano com enlaces para edições oficiais, seção *Leyes más sobresalientes de la Gestión 2010*.

[65] A incidência da plurinacionalidade em um assunto tão fundamental como o da prelação entre normas não está sendo considerada ou, inclusive, com base em contradição da própria Constituição (art. 410.II, já referido, frente ao resto), deturpa-se: Horacio Andaluz Vegacenteno, "La organización jurídica del poder: El sistema de fuentes en la Constitución boliviana del 2009", em *Universitas* (Revista de la Facultad de Ciencias Jurídicas de la Universidad Javeriana de Colombia), 120, 2010, pp. 17-59.

[66] Para por em evidência empírica o ainda pendente, Iván Bascopé Sanjinés (ed.), *Lecciones aprendidas sobre consulta previa*, La Paz, CEJIS, 2010. Os resultados da única consulta realizada até este momento em matéria de lei (*Sistematización del Proceso de Consulta a los Pueblos Indígena Originario Campesinos. Anteproyecto de la Ley de Deslinde Jurisdiccional*, La Paz, Ministerio de Justicia-Programa de Fortalecimiento de Capacidades Institucionales de la Cooperación Suiza, 2010) não foram atendidos pela Assembleia Legislativa Plurinacional.

[67] R. Viciano e R. Martínez Dalmau, "Los procesos constituyentes latinoamericanos y el nuevo paradigma constitucional", cit, p. 20, destaque dos autores, embora também relacionem como fonte do *novo constitucionalismo latinoamericano* a anterior Constituição da Colômbia (1991).

casos equatoriano e boliviano. Não me refiro a afinidades políticas que estão mais à vista, mas a algum elemento de alcance própria ou impropriamente constitucional. Tal fator existe, em meu critério, e consiste em uma acentuação do presidencialismo, aparentemente paradoxal, para o constitucionalismo plurinacional e, portanto, para os casos do Equador e da Bolívia. É este segundo que quero considerar nesta exposição de um último estágio, de momento, na já longa história constitucional latino-americana, ou simplesmente americana.

Como característica de um constitucionalismo americano, o presidencialismo define mal um elemento distintivo, na medida em que costuma ser destacado com o que seria um parlamentarismo característico da Europa, como se a Europa tivesse de ser a que marcasse a regra. O presidencialismo é uma característica republicana na medida em que, frente à manutenção europeia de monarquias, faz com que venha do voto cidadão não apenas a instituição parlamentar ou congressual, mas também o governo; não apenas o legislativo, mas também, de forma independente, o executivo, abrindo possibilidades para um constitucionalismo mais responsável e equilibrado que o da exclusividade parlamentar como instância de representação cidadã direta. Outra coisa é que o presidencialismo seja utilizado para o desequilíbrio e a irresponsabilidade, o que no constitucionalismo bolivariano chega a extremos de exacerbação.[68] É circunstância diante de cujas manifestações se quer caracterizar toda uma última derivação do constitucionalismo latino-americano na linha de um presidencialismo extremado com populismo, com base nesse aparente tripé da Venezuela, do Equador e da Bolívia.[69]

A Constituição atual do Equador não fica atrás da venezuelana, exacerbando realmente o presidencialismo. As relações entre Função Legislativa e Função Executiva desequilibram-se ao ponto de que podem ocorrer casos de prevalência da decisão da Presidência da República sobre o acordo da Assembleia Nacional para efeitos até mesmo legislativos. Há também formas de apelação à cidadania cuja ativação encontra-se fundamentalmente em mãos da Presidência da República. No que interessa à plurinacionalidade, trata de procedimentos de tomada de decisões em nome da nação identificada com o Estado, postergando as nações formadas pelos povos indígenas. Não apenas não ajudam a articular a diversidade nacional, mas podem facilmente contribuir para a sua desestruturação. Por exemplo, "as equatorianas e equatorianos", isto é cidadãs e cidadãos sem atenção a nações, têm direito a "serem consultados" (art. 61.4), consulta que a nível geral corresponde a propor para a Presidência da República (arts. 104 e 147.14), nesse caso ignorando o direito

---

[68] Ricardo Combellas, "El proceso constituyente y la Constitución de 1999", em *Politeia* (Universidad Central de Venezuela), 30, 2003, pp. 100-113, referindo-se, em nota 26, ao atual Presidente da República Bolivariana da Venezuela como êmulo coerente de Simón Bolívar ou de apotegmas seus como este: "O Presidente da República vem a ser, em nossa Constituição, como o Sol que, firme em seu centro, dá vida ao Universo" (1826, Discurso ao Congresso Constituinte da Bolívia). Sobre a efetiva origem bolivariana deste presidencialismo descompensado, Valentín Paniagua, "El proceso constituyente y la Constitución vitalicia (bolivariana) de 1826", em *Historia Constitucional. Revista electrónica* (http://www.historiaconstitucional.com), 8, 2007, terceiro artigo, e 9, 2008, nono artigo.

[69] Calogero Pizzolo, "Populismo y rupturas constitucionales. Los casos de Venezuela, Ecuador y Bolivia", em *Estudios Constitucionales* (Revista del Centro de Estudios Constitucionales, Universidad de Talca), 5, 2007, pp. 371-394; Michael Shifter y Daniel Joyce, "Bolivia, Ecuador y Venezuela, la refundación andina", em *Política Exterior* (Grupo Estudios de Política Exterior, Madrid), 123, 2008, *Bolivia, Ecuador, Venezuela, Cuba,* pp. 55-66; Sebastian Edwards, *Left Behind: Latin America and the False Promise of Populism*, Chicago, University of Chicago Press, 2010, pp. 165-219.

específico indígena à consulta com a possibilidade de pretender, sob a aparência de constitucionalidade, que o segundo se subsuma no primeiro. O que importa aqui não é tanto que a Presidência atual do Equador seja propensa ao uso, em chave antiplurinacional, desculpando a palavra, de tais mecanismos, mas que a Constituição tenha sido projetada de maneira que possibilita isso.[70]

Na Constituição do Estado Plurinacional da Bolívia as relações entre Órgão Legislativo e Órgão Executivo não estão tão descompensadas quanto na do Equador, mas os mecanismos de convocatória da cidadania, sem a devida atenção a uma plurinacionalidade mais institucionalizada no caso, estão presentes.[71] Está previsto que operem com maior regularidade no que se refere, especialmente, à exploração de recursos naturais: "A exploração de recursos naturais em determinado território estará sujeita a um processo de consulta à população afetada, convocada pelo Estado, que será livre, prévia e informada. É garantida a participação cidadã no processo de gestão ambiental e será promovida a conservação dos ecossistemas, de acordo com a Constituição e com a lei. Nas nações e povos indígena originário camponeses, a consulta ocorrerá respeitando suas normas e procedimentos próprios" (art. 352). É feita a devida distinção entre consulta cidadã e consulta indígena, mas a prática desta segunda está comprometida pela continuidade substancial de políticas de exploração de recursos.[72] Para efeitos mais gerais, no projeto boliviano existe uma forte pulsão do nacionalismo político frente ao plurinacionalismo institucionalizado, potencializando a cidadania indistinta frente à articulação constitucional.[73]

É possível, contudo, questionar a própria funcionalidade do Estado Plurinacional como forma de articulação de uma cidadania abrangente de povos indígenas, situando estes povos em uma posição finalmente de igualdade.[74] Há, de fato, disfuncionalidades, a começar pelas que são efeito da contaminação bolivariana. Cabe concluir que o constitucionalismo bolivariano, se pode ser chamado de constitucional, não é sequer companheiro de viagem do constitucionalismo plurinacional, mas um agente que o posterga, agride e degrada? Na prática política a questão está aberta; no terreno constitucional, há bloqueio.[75]

---

[70] Rafael Oyarte Martínez, "Relaciones Ejecutivo-Legislativo", em S. Andrade, A. Grijalva y C. Storini (eds.), *La Nueva Constitución del Ecuador. Estado, derechos e instituciones*, cit., pp. 45-91; Luís Fernando Torres, "El presidencialismo constituyente y el Estado constitucional de Montecristi", no mesmo volume, pp. 429-450, ainda que não destaquem os mesmos pontos que eu sublinho.

[71] María Teresa Zegada Claure, "Crítica y análisis de la estructura y organización funcional del Estado", em aa.vv., *Miradas. Nuevo Texto Constitucional*, cit., pp. 139-150; Erika Brockmann Quiroga, "La nueva Constitución Política del Estado", no mesmo volume, pp. 385-396.

[72] Jeffery R, Webber, *From Rebellion to Reform in Bolivia: Class Struggle, Indigenous Liberation, and the Politics of Evo Morales*, Chicago, Haymarket, 2011; para o caso equatoriano, Fernando Larrea Maldonado, *Estado neoliberal y movimiento indígena: Neoindigenismo, biopolítica y representación*, Quito, FLACSO, Tesis de Maestría en Ciencias Sociales, 2010.

[73] Fernando Mayorga, *Encrucijadas. Ensayos sobre democracia y reforma social en Bolivia*, La Paz, Gente Común-Universidad Mayor de San Andrés, 2007.

[74] Farid Samir Benavides Vanegas, "Movimientos Indígenas y Estado Plurinacional en América Latina", em *Pensamiento Jurídico* (Universidad Nacional de Colombia), 27, 2010, *Nuevas Aproximaciones Críticas al Derecho en Sociedad*, pp. 239-264.

[75] Ao constitucionalismo bolivariano tentando fagocitar o do Equador e ao da Bolívia (ex., R. Viciano e R. Martínez Dalmau, "Los procesos constituyentes latinoamericanos", cit.) soma-se um constitucionalismo boliviano sensível à própria singularidade, mas que igualmente relega a chave intercultural dos direitos dos povos indígenas (ex., F.X. Barrios Suvelza, "Ni unitario, ni federal, ni autonómico", cit.). E estas são as

Enfim e em qualquer caso, apesar do esforço realizado pela Constituição do Estado Plurinacional da Bolívia, ainda não foi formulado um modelo que revise os poderes de modo suficientemente coerente com a revisão dos direitos. Ainda não se desenvolveu todo o potencial da plurinacionalidade como paradigma constitucional. Contudo, o modelo está suficientemente perfilado. O resto é desafio, o desafio constitucional pendente nas Américas há muito tempo, tanto quanto o tempo transcorrido desde as independências.

Tradição constitucional globalmente americana está hoje diante do espelho da presença indígena que tanto se esforçou, segundo os tempos, por subjugar, por ignorar, por cancelar, por assimilar para fazê-la, igualmente, desvanecer-se ou, pelo menos, se não há outro jeito, para subordiná-la.

Informação bibliográfica deste artigo, conforme a NBR 6023:2002 da Associação Brasileira de Normas Técnicas (ABNT):

CLAVERO, Bartolomé. Estado Plurinacional: Aproximação a um Novo Paradigma Constitucional Americano. *In*: BALDI, César Augusto (Coord.). *Aprender desde o Sul*: Novas constitucionalidades, pluralismo jurídico e plurinacionalidade. Aprendendo desde o Sul. 1. ed. Belo Horizonte: Fórum, 2015. p. 111-131

---

posições entre as quais até agora se move o desenvolvimento constitucional no Equador e na Bolívia, mais próximo, grosso modo, ao primeiro o equatoriano e ao segundo o boliviano.

PRINCIPALES INNOVACIONES EN LA CONSTITUCIÓN DE ECUADOR DE 2008

AGUSTÍN GRIJALVA

Se analizan a continuación cinco temas claves en la nueva Constitución del Ecuador, apuntando en cada caso los avances, retrocesos o vacíos respecto a la Constitución ecuatoriana anterior, codificada en 1998.

En Ecuador, como en otros países de América Latina, los partidos tradicionales vienen sufriendo fuertes reveses electorales. La elección de Rafael Correa como Presidente de la República, en enero de 2007, expresa justamente esta crisis puesto que su campaña se basó en la crítica a estos partidos, la oposición a las políticas neoliberales y la propuesta de convocatoria a una consulta popular para elegir a una Asamblea Constituyente. La consulta se realizó en abril de 2007 y los resultados apoyaron la convocatoria a esta Asamblea, la cual preparó el proyecto de Constitución. El 28 de septiembre de 2008 este proyecto fue aprobado con 64 por ciento de los votos válidos, convirtiéndose en la nueva Constitución del Ecuador, la cual contiene 444 artículos. Es una Constitución que recoge, en buena parte, instituciones y derechos de la Constitución codificada de 1998, pero al tiempo presenta un desarrollo más detallado y una serie de innovaciones importantes, parte de las cuales se reseñan a continuación.

Rol del Estado en la economía[*]

La Constitución del 2008 fortalece el rol del Estado en la economía, el cual según la Carta debe orientarse a garantizar el ejercicio de los derechos constitucionales. Para el efecto, se considera que el Estado debe desarrollar una adecuada planificación.

Mientras la Constitución ecuatoriana anterior, codificada en 1998, incluía en sus artículos 254 y 255 disposiciones mucho más generales sobre planificación económica y social, la actual Constitución especialmente en sus artículos 275, 279 y 280 fortalece el sistema nacional de planificación, destacando su carácter participativo y su funcionamiento en distintos niveles de Gobierno y territoriales; crea además

---

[*] NE- Para uma discussão sobre as políticas extrativistas e os direitos da natureza, a parte específica desta coletânea.

un Consejo Nacional de Planificación y dispone la formulación de un Plan Nacional de Desarrollo vinculado al presupuesto del Estado. Este plan es obligatorio para el sector público e indicativo para los demás sectores.

En la Constitución de 1998 se hacía referencia a distintos tipos de indicando que su propiedad y gestión podía ser privada, pública, mixta, comunitarias o de autogestión. La Constitución del 2008 considera a cada una de estas como (arts. 283 y 319), vinculadas a distintos tipos de sectores financieros (art. 208) y tipos de propiedad (art. 321). Entre estas formas de organización económica, la Constitución da preeminencia a la economía pública y a la comunitaria, que la Constitución del 2008 llama popular y solidaria.

En cuanto a la economía pública, la Constitución actual regula más detalladamente que la de 1998, la organización y control de las empresas públicas (art. 315). A este tipo de empresas corresponde la gestión de sectores estratégicos como energía, telecomunicaciones, recursos naturales no renovables, entre otros, así como la prestación de servicios públicos (arts. 313 y 314). Solo excepcionalmente y mediante ley estas prestaciones pueden delegarse a empresas mixtas, comunitarias o privadas (art. 316).

Respecto a la economía popular y solidaria agrupa a sectores cooperativistas, asociativos y comunitarios, se rige por su propia ley (art. 284), sus productos tienen prioridad en las compras públicas, y en las políticas estatales tanto comerciales (art. 306) como financieras (art. 311).

A pesar del fortalecimiento de la economía pública y solidaria, la Constitución del 2008 no deja de reconocer la importancia del mercado (arts. 283, 304 numeral 6, 336 numeral 2). No obstante, se prioriza el desarrollo de la producción nacional (arts. 304, 319 numeral 2) y de los pequeños y medianos productores (art. 306) mediante políticas de promoción a las exportaciones y desincentivos específicos a las importaciones, así como políticas de precios que protejan la competencia (art. 335).

Con relación al sistema monetario, cambiario, crediticio y financiero la nueva Constitución establece un cambio respecto a la Constitución de 1998 al eliminar la autonomía del Banco Central, y convertirlo en un órgano de instrumentos de las políticas que sobre esta materia dicte el Ejecutivo. Así mismo, las actividades financieras pasan a ser consideradas un servicio de orden público, con miras a un control y regulación más estricta.

En general las ideas de mayor igualdad y de redistribución son reiteradas a lo largo del texto constitucional de 2008, por ejemplo al referirse a los objetivos del régimen de desarrollo (art. 276 numeral 2), la soberanía alimentaria (art. 281 numeral 4), la política fiscal (art. 285) y tributaria (art. 300). Hay que destacar también el mayor desarrollo de los derechos económicos y sociales en comparación al texto de 1998.

En opinión de los críticos, estos mecanismos solo tienden a distorsionar los mercados y generar ineficiencia económica, con los consiguientes costos sociales. En cambio, quienes apoyaron el proceso constituyente ven en este intervencionismo estatal mecanismos concretos para lograr que los mecanismos de mercado atiendan a objetivos sociales y nacionales.

En realidad el Estado Social no admite que la Constitución en general, y la Constitución económica en particular, prescindan de orientaciones fundamentales para el sistema económico con miras a realizar la igualdad material y los derechos sociales. El proyecto de Montecristi busca sin duda esta conexión, pero no por ello deja de caer en imprecisiones técnicas y excesos reglamentaristas.

Derechos y garantías

La nueva Constitución del Ecuador en general desarrolla el contenido de muchos derechos establecidos en la Constitución de 1998, agregando además otros nuevos. Adicionalmente vincula y relaciona los derechos sociales a la noción andina de sumak kawsay o buen vivir, así como al modelo de desarrollo. Sin pretender ser exhaustivo, se pueden enunciar algunas de las innovaciones importantes a este respecto.

Entre los derechos nuevos o de mayor desarrollo pueden destacarse especialmente los derechos de las personas y grupos de atención prioritaria (art. 35). Allí se incluyen los derechos de adultos mayores, migrantes, embarazadas, menores de 18 años, jóvenes, personas con discapacidad, personas con enfermedades catastróficas, privadas de la libertad, y usuarias y consumidoras. En estos casos, la Constitución desarrolla derechos que atienden a las diferencias y especial condición de los miembros de estos grupos.

Por otra parte la Constitución, sin dejar de reconocer los derechos civiles, desarrolla los derechos sociales y ambientales. Así por ejemplo, puede citarse el derecho al agua (art. 12), a la alimentación y soberanía alimentaria (art. 13), la universalización del derecho a la seguridad social (art. 34), un desarrollo más detallado del derecho a la salud (art. 32). Se incluye además, como una innovación importante los derechos de la naturaleza (art. 71). También los derechos de participación y de los pueblos indígenas adquieren un alcance mayor, el cual se expone en las secciones sobre economía y plurinacionalidad.

Entre los cambios que han sido señalados como retrocesos respecto a 1998 puede incluirse la definición del matrimonio como unión exclusivamente de un hombre como una mujer, una limitación que la Constitución de 1998 no contenía (arts. 68 y 69). Por otra parte, si bien la nueva Constitución establece mayores derechos para el trabajo autónomo e informal, amplía en cambio la posibilidad de excepciones a la contratación y negociación colectiva (art. 326, numeral 13).

La Constitución del 2008 elimina las clasificaciones tradicionales de derechos. Lo hace con el propósito de enfatizar el carácter complementario y la igual jerarquía de todos los derechos constitucionales.[1] Así, por ejemplo, elimina la clásica división de derechos civiles, políticos, y económicos, sociales y culturales. En su lugar utiliza una división puramente temática (derechos de participación, derechos de libertad, etc.). Incluso al referirse a los derechos colectivos, la Constitución del 2008 los denomina "derechos de las comunidades, pueblos y nacionalidades", para así destacar que también otros derechos pueden exigirse eventualmente de forma colectiva. Según el artículo 10 son titulares de estos derechos las personas, comunidades, pueblos, nacionalidades y colectivos; por tanto, como lo indica el artículo 11, todos los derechos pueden exigirse de forma individual o colectiva.

Esta universalización de la capacidad para reclamar derechos se corrobora también en una ampliación y desarrollo de las garantías constitucionales. Las garantías en sentido amplio son los medios de los que disponen los ciudadanos para hacer efectivos sus derechos constitucionales. La Constitución del 2008 amplia y fortalece estas garantías.

---

[1] César Trujillo, Julio y Ramiro Ávila Santamaría. "Los derechos en el proyecto de Constitución".Quito, ILDIS, 2008, pp. 68-85

La Constitución codificada en 1998 desarrollaba especialmente las llamadas garantías jurisdiccionales, es decir, una serie de acciones jurídicas ante los jueces para reclamar ante la violación de derechos; entre estas acciones pueden mencionarse el amparo, el habeas corpus y el habeas data.

La Constitución del 2008 mantiene estas garantías, pero además incorpora otras tanto jurisdiccionales como no jurisdiccionales. Entre las jurisdiccionales se agregan a nivel constitucional el acceso a la información pública (art. 91) y la acción de cumplimiento (art. 93); además se crea el amparo o tutela contra sentencias judiciales (arts. 94 y 437) prohibida en la Constitución de 1998.

Además de estas garantías jurisdiccionales, la Constitución del 2008 considera como garantías de los derechos la propia actividad legislativa y en general de producción de normas (art. 84), la realización de políticas públicas (art. 85) y la participación ciudadana (art. 85 inciso final).

Se ha observado que al establecer la Constitución del 2008 un amplio catálogo de derechos, especialmente de carácter social, y al fortalecer las garantías para exigirlos, es está colocando sobre el Estado una presión o demanda inmanejable en términos presupuestarios.

Efectivamente, la nueva constitución ecuatoriana posibilita el interponer amparo — a la cual la Carta llama acción de protección —, incluso contra políticas públicas cuando estas violan derechos constitucionales (art. 88). De esta forma se relativiza la división de poder y se abre la posibilidad de judicializar las políticas públicas si estas no responden o violan los derechos de los ciudadanos.

Esta crítica es relativa por cuanto el hacer efectivos los derechos sociales es un objetivo definitorio del Estado Social, aunque ello se realice solo progresivamente, atendiendo así a la realidad presupuestaria. En aquellos casos en que las actuaciones o políticas estatales atenten contra estos derechos, es necesario que los ciudadanos cuenten con la posibilidad de reclamarlos ante los jueces.

Plurinacionalidad[2]

El movimiento indígena ecuatoriano viene desarrollando desde los años ochenta una definición de los pueblos indígenas como nacionalidades y la consiguiente necesidad de un Estado plurinacional, la cual implica un reconocimiento de la diversidad cultural que se proyecta institucional y políticamente en la estructura del Estado. Esta autodefinición se reconoció incluso en la Constitución de 1998, cuyo artículo 83 hacía referencia a "los pueblos indígenas, que se autodefinen como nacionalidades de raíces ancestrales."

La Constitución ecuatoriana de 1998 definía ya al Estado ecuatoriano como pluricultural y multiétnico. Aunque esta fórmula podría verse como culturalista y estática frente al énfasis más político y de interacción cultural de la Constitución del 2008 al declarar al Estado plurinacional e intercultural, lo cierto es que la Constitución de 1998 establecía también un amplio catálogo de derechos colectivos y diversas

---

[2] Parte de esta sección se basa en Grijalva, Agustin."El Estado plurinacional e entercultural". *Revista Ecuador Debate* (Quito), 75 (diciembre 2008).(NE- *Vide* a discussão específica sobre plurinacionalidade, nesta coletânea).

referencias a las culturas indígenas en materias como idiomas, salud o educación; derechos y referencias que la Constitución del 2008 aumenta y enriquece.

En cuanto al contenido de los derechos colectivos, las principales innovaciones respecto a la Constitución de 1998 tienen que ver primero con la inclusión de nuevos derechos colectivos tales como el derecho a no ser objeto de racismo ni discriminación (art. 57, numerales 2 y 3), a mantener sus sistemas jurídicos propios[3] (art. 57, numeral 10), constituir y mantener sus propias organizaciones (art. 57 numeral 15), el derecho a ser consultados antes de la adopción de medidas legislativas que puedan afectarlos (art. 57, numeral 17), la limitación de actividades militares en sus territorios (art. 57, numeral 20), el derecho a que la diversidad cultural se refleje en la educación pública y en los medios de comunicación, y a tener sus propios medios (art. 57, numeral 21), y los derechos de los pueblos en aislamiento voluntario (art. 57, inciso final).

Por otra parte, algunos derechos colectivos ya establecidos en la Constitución de 1998 fueron ampliados y enriquecidos. Así por ejemplo, el derecho a conservar las prácticas indígenas de manejo de la biodiversidad que ya constaba en el artículo 84 numeral 6 de la Constitución de 1998 se complementa con la obligación del Estado de establecer y ejecutar programas de este tipo en coordinación con las comunidades (art. 57, numeral 8). Así mismo, el derecho del artículo 84.14 en la Constitución de 1998 a participar con representantes en organismos oficiales, se amplía al de participar en el diseño de planes y políticas públicas que les afecten (art. 57 numeral 16). En otros casos, los derechos colectivos se desarrollan fuera de su sección específica, cuando la Constitución regula temas de salud, educación, patrimonio cultural, etc.

Respecto a la salud, los artículos 32, 57 numeral 12, 358, 360, 362, 363 numeral 4 contienen elementos normativos ya no solamente de reconocimiento de las medicinas indígenas y ancestrales, como en la Constitución anterior[4] de 1998, sino además el mandato constitucional de buscar su complementariedad con la medicina occidental y de su integración en la red pública integral de salud. El artículo 362 es el que desarrolla más extensamente este principio al establecer: "La atención de salud como servicio público se prestará a través de las entidades estatales, privadas, autónomas, comunitarias y aquellas que ejerzan las medicinas ancestrales alternativas y complementarias." En definitiva en esta materia se fortalece el principio de interculturalidad.

También en lo relativo a educación se fortalece la interculturalidad. Este principio ya constaba brevemente enunciado en el artículo 66, inciso 2, de la Constitución de 1998. Sin embargo, el artículo 28 de la nueva Constitución especifica el principio en estos términos: "Es derecho de toda persona y comunidad interactuar entre culturas y participar en una sociedad que aprende. El Estado promoverá el diálogo intercultural en sus múltiples dimensiones."

La Constitución ecuatoriana del 2008 introduce ciertos cambios en materia de justicia indígena respecto a la Constitución de 1998. Los cambios más importantes tienen que ver con la participación de las mujeres en los sistemas jurisdiccionales indígenas, así como la vinculación de jurisdicción y territorio (ambos en el art. 171). Como se dijo, también es importante la disminución de las limitaciones a la jurisdicción indígena, pues la Constitución de 1998 incluía entre estas a la Constitución, los

---

[3] La Constitución de 1998 ya lo mencionaba pero no expresamente en el catálogo de derechos colectivos.

[4] El artículo 44 de la Constitución codificada en 1998 establecía que el Estado "reconocerá, respetará y promoverá el desarrollo de las medicinas tradicional y alternativa, cuyo ejercicio será regulado por ley." La Constitución del 2008, por cierto, elimina tal referencia a la regulación por ley.

derechos humanos, la ley y el orden público, mientras que la Constitución del 2008 hace referencia solo a la Constitución y los derechos humanos. El artículo 189 aclara que los jueces de paz no podrán prevalecer sobre la justicia indígena.

Pese a estos y otros avances en estos derechos colectivos, el derecho colectivo al autogobierno no fue reconocido en los términos explícitos propuestos por el proyecto de Constitución de la CONAIE.[5] Por otro lado, las normas constitucionales de integración de circunscripciones territoriales indígenas (art. 257) plantean diversas interrogantes. Tampoco el planteamiento de reconocer al quichua y el shuar como idiomas oficiales en términos de igualdad con el castellano fueron aceptados por la Constituyente.

En cuanto a la transformación institucional, el proyecto de Constitución de la CONAIE planteaba la integración de un Legislativo o Asamblea Plurinacional, en la cual los pueblos y nacionalidades indígenas tuvieran sus propios representantes, siguiendo así los modelos de las Constituciones de Bolivia, Colombia y Venezuela. La Constitución del 2008 no adoptó este criterio manteniendo a este respecto las nociones de representación política de la Constitución de 1998.

Otro debate cuyo resultado fue percibido por varias organizaciones indígenas como fallido hace relación a los efectos del derecho de consulta previa de los pueblos indígenas acerca de la explotación de recursos naturales en sus territorios. En todo caso, un análisis constitucional completo al respecto deberá incluir también la normativa internacional pertinente.

Nuevas funciones: participación y función electoral

A diferencia de la Constitución codificada en 1998 que establecía la clásica división en legislativo, ejecutivo y judicial, la Constitución de Montecristi establece cinco funciones, ya que a las funciones clásicas agrega la de participación ciudadana y la función electoral.

La Constitución del 2008 fortalece la participación de los ciudadanos en general en la gestión pública, pero especialmente en cuanto a fiscalización y lucha contra la corrupción.

En contraste, en la visión de los opositores al proceso constituyente, los nuevos mecanismos de participación o no aportan en realidad mayor novedad o constituyen en realidad mecanismos de control del Estado sobre la sociedad.

La Constitución de 1998 ya establecía una Comisión de Control Cívico de la Corrupción que receptaba denuncias contra presuntos delitos para solicitar a las autoridades judiciales su juzgamiento y sanción (art. 220). La Constitución del 2008 transfiere estas funciones y crea otras nuevas a una nueva función del Estado, con igual jerarquía que las funciones ejecutiva, legislativa, judicial y electoral, denominada (art. 204).

El principal organismo dentro de esta nueva función es el Consejo Nacional de Participación Ciudadana y Control Social (art. 207). Los miembros del Consejo

---

[5] Este proyecto establecía en su artículo 34, numeral 2: "Derecho al autogobierno en sus territorios y tierras comunitarias e individuales y de posesión ancestral de conformidad a su derecho consuetudinario, así como a disponer de los medios para financiar sus funciones autónomas" (NE- *Vide* a discussão de Marco Aparicio Wilhelmi sobre "direitos à participação " e "participação atráves de direitos", nesta coletânea).

de Participación son designados mediante concurso a realizarse luego de un proceso de impugnación de los candidatos, bajo veeduría ciudadana. Entre las funciones del Consejo se destacan la lucha contra la corrupción, promover la participación de los ciudadanos, y designar al Defensor del Pueblo, Defensoría Pública, Fiscal General, Contralor General y miembros del Consejo Nacional Electoral y Tribunal Contencioso Electoral(art. 208).

El artículo 100 de la nueva Constitución establece además la posibilidad de organizar otros muchos mecanismos de participación ciudadana, tales como audiencias públicas, cabildos populares, asambleas, consejos consultivos, observatorios y veedurías a efectos de aprobar planes de desarrollo en las diversas instancias territoriales e institucionales del Estado ecuatoriano. Así mismo, se crean Consejos Nacionales de Igualdad, integrados por representantes de la Función Ejecutiva y de la sociedad civil, cuya función es combatir la discriminación, marginación y exclusión.

En esa misma línea, se fortalece lo que la nueva Constitución denomina democracia directa, mediante la ampliación de la revocatoria del mandato a todas las autoridades públicas (art. 105), así como la ratificación y mayor regulación constitucional de la iniciativa de la ciudadanía para presentar proyectos de ley (art. 103).

Respecto a la Función Electoral, la Constitución de 1998 establecía ya un Tribunal Supremo Electoral pero este no constituía una función y reunía en un solo órgano las competencias de administración y organización electoral y la resolución de litigios electorales. En contraste, la nueva Constitución considera a lo electoral como una de las funciones del Estado, y divide a esta función en dos organismos distintos, el Consejo Nacional Electoral, que se ocupa de la organización de las elecciones, y el Tribunal Contencioso Electoral, que es un órgano jurisdiccional para resolver litigios electorales.

En general la nueva Constitución busca fortalecer la participación, pero los mecanismos y reglas para lograrlo no quedan del todo claros, al menos a nivel del texto constitucional. Se trata de un complejo sistema de concejos u otros organismos y actividades ciudadanas. Varias de estas funciones, especialmente en cuanto a designación de funcionarios han sido transferidas del Legislativo a la nueva función de transparencia y control social, habrá que esperar a su implementación para poder realizar una evaluación más concreta de sus alcances.

Organización territorial

En Ecuador se han producido durante la última década interesantes experiencias de gobiernos locales, especialmente en ciudades pequeñas y medianas. Estas experiencias de gobiernos locales en cuanto a planificación, participación y desarrollo no se han articulado, sin embargo, a procesos de planificación nacionales. La Constitución del 2008 pese a diversas deficiencias en cuanto a técnica legislativa en esta materia, abre oportunidades para avanzar en este sentido.

El Ecuador en la nueva Constitución se divide territorialmente en regiones, provincias, cantones y parroquias rurales (art.242). En cada una de estas unidades territoriales la Constitución del 2008 establece distintas formas de gobiernos autónomos descentralizados: los consejos regionales, los consejos provinciales, los concejos municipales o en el caso de algunas ciudades, consejos metropolitanos, y las juntas parroquiales rurales (art.238). Se permite la asociación en mancomunidades de un mismo tipo de entidades territoriales. Adicionalmente, existen regímenes territoriales especiales por razones ambientales, étnico culturales o demográficas (art. 242).

La nueva Constitución por un lado fortalece al Estado central pero, por otro, robustece también a gobiernos locales y cantonales como son las juntas parroquiales, y los municipios, abriendo además la posibilidad de — para el caso ecuatoriano — un nuevo nivel territorial basado en gobiernos regionales integrados por la asociación de provincias colindantes (art. 244).

El fortalecimiento del Estado central se produce mediante el de sus competencias pues a aquellas asignadas de forma exclusiva en el artículo 226 de la Constitución de 1998, que eran defensa, seguridad, relaciones internacionales y políticas económicas, añade otras como por ejemplo planificación, migración o gestión de empresas públicas (art. 261).

En la Constitución de 1998, la descentralización se producía solo una vez que una entidad seccional lo solicitaba luego de demostrar que tenía capacidad operativa para asumir nuevas competencias. La nueva Constitución, en cambio, define competencias exclusivas del Estado central y de cada tipo de gobierno autónomo, si bien la Carta incurre en algunas duplicaciones de competencias.

Una crítica a la nueva Constitución ha sido la de que los gobiernos regionales vienen a complicar la ya compleja organización territorial establecida en la Constitución de 1998, que en la Carta de Montecristi se mantiene en sus términos básicos. También es necesario definir con más claridad los alcances de las facultades legislativas de los diversos tipos de gobiernos autónomos, especialmente considerando que el Ecuador se declara en el artículo 1 de la misma Constitución como un Estado unitario.

Así, por ejemplo, el artículo 425 de la nueva Constitución establece que las normas dictadas por gobiernos regionales tienen mayor jerarquía que los decretos y reglamentos dictados por el Presidente de la República. En todo caso, la nueva carta atribuye a la Corte Constitucional competencia para conocer conflictos de competencias de este orden, adicionalmente está por desarrollarse la legislación secundaria e institucional para operativizar el nuevo esquema territorial.

Informação bibliográfica deste artigo, conforme a NBR 6023:2002 da Associação Brasileira de Normas Técnicas (ABNT):

GRIJALVA, Agustín. Principales innovaciones en la Constitución de Ecuador de 2008. *In*: BALDI, César Augusto (Coord.). *Aprender desde o Sul*: Novas constitucionalidades, pluralismo jurídico e plurinacionalidade. Aprendendo desde o Sul. 1. ed. Belo Horizonte: Fórum, 2015. p. 133-140

LA UTOPIA ANDINA

RAMIRO AVILA SANTAMARÍA

El tiempo de las utopías no ha pasado, sino que está más vivo que nunca.[1]

(Arturo Andrés Roig, La utopía en el Ecuador, Quito, Banco Central del Ecuador y Corporación Editora Nacional, 1987, p. 58).

Introducción

¿Es posible proyectar una sociedad distinta y mejor a la que vivimos? ¿Tienen sentido las utopías? ¿Esa proyección tiene sustento constitucional? ¿Es original? ¿Podríamos afirmar que existe una utopía andina distinta a la utopía occidental?

Creer que vivimos la realización de una utopia y que no puede ser superada, sino simplemente corregida, y que no hay forma de pensar en algo radicalmente distinto, ha suspendido la tarea inevitable de pensar en alternativas radicalmente distintas. Hay palabras, con profundo sentido filosófico y utópico, que promovieron luchas que sacudieron al sistema político y económico vigente, tales como revolución y comunismo. La palabra revolución se ha banalizado al igual que la imagen del Ché Guevara, y se ha vaciado de contenido al aplicarla a cualquier programa político que pretende dar la imagen de cambio. La palabra comunismo, en cambio, se ha convertido simplemente en una mala palabra. Nadie se sentiría orgulloso de ser un comunista marxista-leninista y si lo fuere, se vería simplemente ridículo o anticuado. Esta devaluación de significado de la utopía más importante de occidente del siglo XIX y XX ha sido un triunfo del sistema capitalista, sin duda. Sin embargo, la humanidad no ha cesado de soñar en mundos diferentes.

Así, por ejemplo, las constituciones contemporáneas, que reconocen un catálogo de derechos fundamentales que deben ser satisfechos sin distinción alguna, tienen un proyecto político que podría considerarse utópico. Por un lado, estas

---

[1] Arturo Andrés Roig, *La utopía en el Ecuador*, Quito, Banco Central del Ecuador y Corporación Editora Nacional, 1987, p. 58.

constituciones reconocen que existen problemas que deben ser abordados mediante los derechos y, por otro lado, la realización de los derechos, aún suponiendo que los estados hacen su mejor esfuerzo, nunca se logra en la realidad.

Sin embargo, los derechos humanos pueden convivir con distintos modelos de desarrollo. No es casual que los Estados que promueven el capitalismo global tengan constituciones que reconocen derechos fundamentales. Los derechos humanos también pueden convivir con distintos estilos de vida que, a la postre, impiden la expansión de los derechos de todas las personas. Por ejemplo, las cinco personas más ricas del planeta gozan de todos los derechos humanos reconocidos en cualquier constitución estándar del mundo contemporáneo y su forma de vida se encuadra dentro de un modelo exitoso de realización personal. Un modelo distinto de concebir los derechos y la vida, no podría aceptar una concentración de riqueza tan grande y la realización de los derechos como privilegios. La realidad de dolor, sufrimiento, exclusión y marginación de millones de personas es tolerada por el sistema económico y político dominante, y esto tiene que cambiar radicalmente. Y de esto se trata cuando se habla de la utopía andina...

La constitución ecuatoriana y boliviana introducen algunos elementos que son originales en el constitucionalismo contemporáneo y que nos orientan hacia un modelo distinto de desarrollo y de vida. Es decir, nos plantean una utopía distinta y un horizonte distinto al que está siguiendo el mundo occidental, a la que llamaré Utopía Andina.

En este trabajo, en primer lugar, nos referiremos muy brevemente a la "Topia". Es decir, al lugar en el que estamos, al lugar que existe y al lugar que la utopía quiere transformar. En segundo lugar, haremos una breve explicación de algunos aspectos teóricos en relación a nuestra comprensión de la utopía, sabiendo que existen otros trabajos específicos y más profundos sobre este tema. En tercer lugar, expondremos algunas manifestaciones de las utopías negativas y positivas del pensamiento occidental, que consideramos que en algunos casos hay que descartarlas y en otros hay que complementarlas. Finalmente, describiremos los grandes ejes de la utopía andina y trataremos de demostrar que estamos frente a una propuesta constitucional original y profundamente transformadora.

I La Topía

La palabra utopía viene del griego. Está compuesta por dos elementos: "no" y "lugar" (οὐ, no, y τόπος, lugar). Juntas significan "un lugar que no existe". Este lugar que no existe es el espacio en el que se proyecta la sociedad ideal y que se llama "utopía". El lugar que existe, y que es la realidad, sería la "topía", según el sentido sugerido por el filósofo Arturo Andrés Roig.[2]

La topia, entonces, es lo que vivimos, lo que vemos, lo que sentimos, el mundo en el que nos movemos. Este mundo real se caracteriza por estar en crisis. Basta abrir bien los ojos y el corazón para darnos cuenta que lo que nos rodea es puro dolor, miseria, exclusión. La crisis ha sido descrita por muchos pensadores y cientistas sociales.

---

[2]   Arturo Andrés Roig, "El discurso utópico y sus formas en la historia intelectual ecuatoriana", en Arturo Andrés Roig, edit, *La utopía en el Ecuador*, Quito, Banco Central del Ecuador y Corporación Editora Nacional, 1987, p.62.

Por una lado, Zygmunt Bauman sostiene que estamos viviendo lo que el llama "el lado negativo de la globalización", y que se caracteriza por el individualismo, el miedo y la ansiedad. "Somos una sociedad, como nunca antes, impotente para decidir el curso de nuestras vidas con algún nivel de seguridad":[3] intercambio selectivo de comercio y capital, que excluye a una gran mayoría de personas y países sumiéndolas en la pobreza, control y falta de privacidad en el manejo de información personal, violencia en todo sentido, tráfico de armas y guerras.

El neoliberalismo, en palabras de Bauman, ha producido tres efectos: convertir a las personas en consumidoras, privatizar los servicios públicos, asaltar al estado social.[4] En segundo lugar, al difundir y promover el miedo como único recurso para que los políticos puedan mantenerse en el poder, se ha descuidado necesidades vitales de las personas y pueblos y se ha enfatizado en el uso represivo por parte del estado. Finalmente, las personas no confían en las otras personas, se han auto restringido de ejercer derechos y la responsabilidad para la sobre vivencia que antes era subsidiariamente estatal ahora es exclusivamente individual. No existe, pues, posibilidades de solidaridad entre las personas.[5]

En suma, una falta de respeto total a las personas y a los estados que tenían la obligación primaria de protección y la necesidad imperiosa de buscar formas de legitimación del derecho y de la organización política que sean consistentes con un vivir mejor. Urgen nuevas utopías, que precisamente pueden dar las constituciones contemporáneas.

Nancy Fraser, por su lado, considera que la crisis tiene tres matices: uno económico, otro cultural y finalmente uno político.[6] En lo económico, existe una evidente distribución inequitativa de los bienes y de los chances sociales; esta crisis promovió, particularmente de la mano de la teoría marxista y de los movimientos sindicales, una apuesta a la distribución. El modelo más aceptado de distribución fue el del estado de bienestar, que fue una propuesta de inclusión relativa y centrada en el trabajador en relación de dependencia. La crisis cultural tiene que ver con la falta de reconocimiento de las diferencias. Los estudios críticos de cultura, raciales y los movimientos feministas e indígenas han promovido el reconocimiento, respeto y promoción de sus especificidades. El llamado, en este segundo matiz, fue por la tolerancia y la inclusión social. Pero ha existido, desde la perspectiva de Fraser, un problema serio. Nunca se logró una verdadera distribución y quienes promovieron el reconocimiento, descuidaron la demanda de una sociedad más equitativa económicamente. Los movimientos sindicales fueron prácticamente pulverizados y los movimientos feministas relegados a demandar asuntos de carácter familiar y privado. Finalmente, la crisis actual es una crisis de representación política en todos los niveles. A nivel local, nacional y global, las personas no tienen voz ni espacios para poder manifestar su voluntad y ni siquiera para poder denunciar cuando decisiones y acciones tomadas y realizadas en otras fronteras afectan sus vidas. La crisis de representación política ha existido tanto el matiz económico-distribuidor y en el cultural-reconocedor. Las tres demandas siguen siendo importantes e insatisfechas.

---

[3] Zygmunt Bauman, *Liquid Times. Living in an Age of Uncertainty*, Polity Books, Odyssey Press Inc, New Hampshire, USA, 2007, p. 7.

[4] Zygmunt Bauman, *op. cit.*, p. 17.

[5] Zygmunt Bauman, *op. cit.*, p. 24 y 103.

[6] Fraser, *Scales of Justice. Reimagining Political Space in a Globalizing World*, New Directions in critical theory, Columbia University Press, New York, 2010.

Sin representación adecuada y sustancial nunca podrá existir distribución ni reconocimiento. Las tres demandas son una necesidad actual y tanto el derecho como el estado no tienen respuestas. Nancy Fraser reconoce que su propuesta emancipatoria es provisional y que no tiene todas las respuestas. Su teoría está en construcción, pero su diagnóstico no difiere, en lo profundo y desde otras perspectivas, con la descripción de Bauman.

La crisis, desde el pensamiento crítico andino, es de colonialidad.[7] El estado nación y su derecho es colonial.

En primer lugar entendamos lo colonial. Esta categoría, propia de los estudios sociales y culturales críticos, es ajena al discurso jurídico. Cuando uno piensa en "colonialidad", desde la historia tradicional, nos remontamos inmediatamente al siglo XVI y pensamos en la conquista europea a América. Desde esa misma historia, la colonia terminó con las guerras de independencia de los estados europeos y con la instauración de la república.

Lo cierto es que la estructura política, económica, social y cultural, que caracterizó a la colonia no cambió durante la república y perdura hasta nuestros días. "En lugar de una ruptura radical con el viejo orden, el proceso de Independencia produjo más bien una suerte de continuidad colonial. Las viejas distinciones, las mismas instituciones, el mismo pensamiento sobre los individuos, la sociedad y la forma como debe ser organizada siguieron orientando el horizonte significativo de las relaciones sociales…"[8]

Pero miremos con un poco más de detenimiento dicha estructura y veamos si persiste. Siguiendo a Aníbal Quijano,[9] podríamos considerar que la colonialidad se basa en el ejercicio del poder, a través del control y la dominación, en cuatro esferas o "instancias de existencia":

Las esferas juntas hacen el "universo" del ejercicio de poder que, en la colonialidad, se caracterizan por la dominación, a través de las clasificaciones, y que generan discriminación y exclusión.

1. En la esfera política, en la colonia, se impuso toda una estructura que era la que regía en aquel momento en Europa y que era el estado nación westfaliano,[10] de carácter monárquico. El estado nación tiene algunas características que se relacionan, todas ellas, con la imposición de una sola forma de organización política y que en la teoría las denominan elementos del estado: humano, espacio físico y la autoridad.[11]

En lo humano el estado nación colonial clasificó a las personas entre españoles, criollos, mestizos e indígenas. Los primeros ejercieron la autoridad derivada de la

---

[7] Catherine Walsh, *Interculturalidad, Estado, sociedad. Luchas (de) coloniales de nuestra época*, UASB-Abya Yala, Quito, 2009, p. 67.

[8] Libardo José Ariza, *Derecho, saber e identidad indígena*, Serie Nuevo Pensamiento Jurídico, Siglo del Hombre Editores-Universidad de los Andes-Pontificia Universidad Javeriana, Bogotá, 2009, p. 137.

[9] Aníbal Quijano, "Colonialidad del poder y clasificación social", en Journal of World Systems Research, VI, 2, Summer/Fall, Special Issue: Feschist for Immanuel Wallerstein, Part I (en <http://cisoupr.net/documents/jwsr-v6n2-quijano.pdf> visita enero 2011), pp. 342-382.

[10] En referencia al tratado de Wesfalia de 1648, que fue algo así como la partida de nacimiento de los estados nación contemporáneos. Esta categoría es utilizada intensamente por Nancy Fraser, *Scales of Justice. Reimagining Political Space in a Globalizing World*, New Directions in critical theory, Columbia University Press, New York, 2010, p. 2, 4, 134, 149, 150, 154.

[11] Julio César Trujillo, *Teoría del Estado en el Ecuador. Estudio de Derecho Constitucional*, Corporación Editora Nacional-Universidad Andina Simón Bolívar – Sede Ecuador, Serie Estudios Jurídicos N. 8, Quito, 2006, p. 53.

corona española y los últimos fueron mano de obra explotada. En el espacio físico, se dividió a la colonia en virreinatos y reales audiencias. En la autoridad, se impusieron las leyes provenientes de la corona, que se denominaron leyes de indias y se negaron los espacios de participación política.

La estructura política y las autoridades indígenas pre hispánicas fueron instrumentalizadas para consolidar el poder colonial y, una vez logrado, "procuraron las autoridades españolas reducirlos a la impotencia y disminuir su influjo social."[12]

En la república, se volvió a imponer el modelo de organización política de Europa, que fue producto de la Revolución Francesa de 1789, y que consistió: en lo humano, en la idea de nacionalidad y ciudadanía, que excluyó a la mayoría de la población que era indígena y a los extranjeros; en el espacio físico, en el territorio del estado independiente, que impondría fronteras y divisiones administrativas funcionales al estado nación; y en la autoridad, el poder estatal se basó en la división de poderes, que serían cooptados por los criollos en un inicio y por grupos de poder económico relacionados con la propiedad o con el comercio, durante los siglos XIX, XX y XXI. Además, desde el inicio de la república hasta estos días de inicio de siglo, nunca ha habido una democracia participativa auténtica. Los personalismos, caudillismos, liderazgos que desconfían de la participación y que eliminan el debate y los criterios de disenso, siguen siendo una fuente de neocolonialismo político.

Las estructuras indígenas de poder fueron jurídicamente desconocidas durante todo el período republicano hasta que se reconocieron los derechos indígenas en la Constitución de 1998 y, con mucho énfasis, se estableció la plurinacionalidad y la interculturalidad en la Constitución de 2008. Aunque jurídicamente se han reconocido las autoridades y las formas de organización distintas a las estatales, resta mucho por construir en la práctica. Por esta razón, cabe afirmar que, en esta esfera, seguimos viviendo la colonialidad del poder.

2. En lo económico, el capitalismo, entendido como un sistema de organización económica que se centra en el capital y la propiedad privada para producir y acumular ganancias, es la base, el medio y el fin del estado colonial. El capitalismo distingue entre los dueños de los medios de producción y los trabajadores.

En la época de la colonia, la corona española utilizó dos instituciones para extraer y acumular riquezas, basadas en la explotación del trabajo. La una fue la esclavitud, dirigida básicamente a la población afro descendiente; y la encomienda, que sometió a la población indígena y se "erigió como el pilar económico y político que sostendría la empresa colonial hasta finales del siglo XVIII."[13] La encomienda consistió en el trabajo gratis de un grupo de indígenas a cambio de protección por parte del encomendero. La encomienda fue el instrumento de dominación ideológica, de organización de la economía agropecuaria y artesanal, que permitió la explotación de mano de obra y el pago de tributos. Trujillo sostiene que se establecieron, además, las mitas y el concertaje. Las mitas estaban estrechamente vinculadas a las reducciones (después denominadas regimientos), que eran unidades territoriales para la producción agrícola y el pastoreo, y a la clausura, que eran normas que prohibían el

---

[12] Rafael Quintero, "El Estado Colonial", en Enrique Ayala Mora, *Nueva Historia del Ecuador, Vol. 5*, citado por Julio César Trujillo, *op. cit.*, p. 27

[13] Libardo José Ariza, *Derecho, saber e identidad indígena*, Serie Nuevo Pensamiento Jurídico, Siglo del Hombre Editores-Universidad de los Andes-Pontificia Universidad Javeriana, Bogotá, 2009, p. 117.

ingreso de extraños a las reducciones y la salida de indígenas.[14] El concertaje fue el mecanismo para esclavizar al indígena y se basaba en supuesto convenio en igualdad de condiciones entre el indígena y el español (luego el criollo y finalmente el mestizo) y que se basaría en el trabajo permanente por deudas.

El capitalismo que se inicia en la época colonial persiste en nuestra era republicana. La clasificación entre dueños de los medios de producción y personas que sólo pueden ofrecer su trabajo, la acumulación y las relaciones sociales que se generan por el sistema capitalista, sigue siendo el mismo aunque con ciertos matices.

En la república, el poder se transfiere de la corona a los criollos y a los mestizos propietarios. El siglo XX se caracteriza por un modo de producción basado en las mismas premisas de la época colonial, pero con ropajes aparentemente más aceptables, que tienen que ver con los derechos laborales reconocidos y desarrollados en la primera mitad del siglo XX. La producción cambia de productos (cacao, banano, petróleo, flores) pero sigue la estructura y los ideales capitalistas.

A finales del siglo XX tenemos una reactivación y reactualización de la versión global del capitalismo, que es el neoliberalismo. Por un lado, se consolidan las instituciones globales de carácter económico y financiero, que condicionaran el apoyo necesario internacional a reformas puntuales: privatización, flexibilización laboral, garantía de pago a la deuda externa, solución de conflictos también privados (arbitrajes internacionales), apertura comercial, contracción del gasto público,[15] que beneficiarían sobre todo a las multinacionales.[16] Por otro lado, las "clasificaciones" se internacionalizan. Los países del "norte" global se industrialización y se tecnifican y los países periféricos aportan con materia prima y fuerza de trabajo barata.[17] El comercio internacional a la vez que especializa, margina, es injusto y desigual.

Pero hay una característica que es particularmente importante para distinguir al capitalismo: el dominio y la explotación de la naturaleza, que ha venido a conocerse como "política extractivista", y que consiste en la consideración de la naturaleza como fuente inagotable de recursos y en su utilización extensiva,[18] tanto en la colonia, "desde el probable sobre pastoreo de los páramos producido por la introducción masiva de ovejas para la producción textil durante el siglo XVII hasta la masiva deforestación en la Amazonía que ha acompañado a la explotación petrolera…"[19] a inicios del siglo XXI.

El sistema de explotación de la naturaleza es depredador,[20] promueve relaciones clientelares que amenazan a la democracia,[21] genera conflictos sociales,[22] y caemos

---

[14] Julio César Trujillo, *Teoría del Estado en el Ecuador. Estudio de Derecho Constitucional*, Corporación Editora Nacional-Universidad Andina Simón Bolívar – Sede Ecuador, Serie Estudios Jurídicos N. 8, Quito, 2006, p. 25, 27-29.

[15] Estas recetas se expresaron en el "Consenso de Washington". Véase Alberto Acosta, *La maldición de la abundancia*, Abya Yala, Quito, 2009, p. 25.

[16] Véase al respecto ILSA, *La mano invisible del mercado. Derecho y economía*, El Otro Derecho N. 24, Dupligráficas, Bogotá, 2000.

[17] Aníbal Quijano, "Colonialidad del poder y clasificación social", *op. cit.*, p. 377.

[18] Alberto Acosta y Esperanza Martínez (compiladores), *Derechos de la Naturaleza*, Abya Yala, 2009, p. 7.

[19] Carlos Larrea, "Naturaleza, sustentabilidad y desarrollo en el Ecuador", en Alberto Acosta y Esperanza Martínez (compiladores), *Derechos de la Naturaleza*, Abya Yala, 2009, p. 79.

[20] Alberto Acosta, *La maldición de la abundancia*, Abya Yala, Quito, 2009, p. 26.

[21] Alberto Acosta, *op. cit.*, p. 31 y 135.

[22] Alberto Acosta, *op. cit.*, p. 83.

en la "trampa de la pobreza": somos pobres porque somos ricos en recursos naturales[23] y "deteriora grave e irreversiblemente el medio ambiente natural y social."[24]

Existe, pues, un neocolonialismo económico en el siglo XXI. Las periferias siguen siendo tributarias de la histórica dependencia económica del capital financiero y tecnológico del norte global.

3. En lo social, el colonialismo distingue entre hombres y mujeres. Al primero le corresponde la vida pública y los roles de producción económica; y a la segunda la vida privada, centrada en las tareas de reproducción y cuidado. En esta división dual, se da prioridad e importancia a los roles masculinos y se desvalora e invisibiliza los roles femeninos.[25]

Sin ánimo de entrar en debates complejos de género, y considerando que los roles son construcciones culturales (y no determinaciones biológicas), las características que se atribuyen a lo masculino (racionalidad, generalidad, abstracción, fuerza, practicidad...) son consideradas positivas y dignas de ser universalizadas. En cambio las características supuestamente femeninas (sensibilidad, especificidad, concreción, debilidad, dispersión...) son consideradas negativas y propias de seres con capacidades disminuidas. Aunque actualmente existen avances importantes en las consideraciones de género, sigue siendo femenino el rol de cuidado y no valorado económicamente. Pero quizá lo que es peor es que las mujeres son quienes sufren las más terribles consecuencias derivadas de la violencia intrafamiliar.

El patriarcalismo impide el ejercicio y la expansión de las libertades de las personas al someterlas al poder masculino. El cuerpo, la sexualidad, la identidad, los derechos personalísimos están colonizados, controlados, reprimidos.

Si las personas tienen sexo y condicionamientos culturales, sus productos también lo tienen. De ahí que podríamos hablar de que el estado es patriarcal[26] y el derecho es masculino.[27]

Otra característica social, vinculada estrechamente con la esfera económica, es el fomento del individualismo como forma de existencia y la consecuente ruptura de la solidaridad como forma de relacionamiento social. El triunfo en la vida es individual y esto se enseña desde muy niños o niñas en la infancia y en la escuela. Comenzamos a competir en los juegos infantiles, "quién llega primero", y tempranamente y hasta el final en el sistema educativo, "quién tiene la mejor nota" y "quién es el abanderado". Uno y sólo uno es el primero y el resto irá peleando para no estar en la cola. Los miserables triunfos, consuelos y las frustraciones, en todas las esferas

---

[23]   Alberto Acosta, *op. cit.*, p. 35

[24]   Alberto Acosta, *op. cit.*, p. 158.

[25]   Véase Joan Williams, "Igualdad sin discriminación", en Ramiro Ávila Santamaría, Judith Salgado y Lola Valladares (compiladoras), *El género en el derecho. Ensayos críticos*, Serie Justicia y Derechos Humanos N. 12, V&M gráficas, Quito, 2009, pp. 257-284.

[26]   El profesor Zaffaroni sostiene que el poder punitivo es una de las peores manifestaciones del patriarcalismo y considera una contradicción usar las reformas penales para reivindicaciones de las feministas al ser un mecanismo esencialmente discriminador. De ahí, derivar que el estado es patriarcal cuando su principal manifestación de poder lo es, hay solo un paso. Véase Eugenio Raúl Zaffaroni, "El discurso feminista y el poder punitivo", en Ramiro Ávila Santamaría, Judith Salgado y Lola Valladares (compiladoras), *El género en el derecho. Ensayos críticos*, Serie Justicia y Derechos Humanos N. 12, V&M gráficas, Quito, 2009, pp. 321-334.

[27]   Véase Frances Olsen, "El sexo del derecho", en Ramiro Ávila Santamaría, Judith Salgado y Lola Valladares (compiladoras), *El género en el derecho. Ensayos críticos*, Serie Justicia y Derechos Humanos N. 12, V&M gráficas, Quito, 2009, pp. 137-156.

de la vida (política, económica, emocional, profesional, familiar), se basarán en la comparación y competencia con nuestros pares.

Se dirá que nadie sabe más que uno sobre lo que le interesa y que cada cual se mueve por el egoísmo, que es el motor de la vida social y económica. En esta lógica, la solidaridad y las actividades dedicadas al cuidado, al ocio y a la "pérdida del tiempo", serán seriamente desincentivadas. Hay una suerte de reemplazo del comunitarismo pre-moderno "por la socialización mercantil [que] hacen del individuo social constituido como propietario privado, consumidor y un ente a la vez poderoso y vacío... El individualismo moderno es la característica del "hombre que se hace a sí mismo", de aquel que se descubre capaz de desdoblarse y ponerse frente a sí como si él mismo fuera un objeto de propiedad... como si fuera un muñeco inanimado..."[28] El individuo, además, se autoclasifica: es ecuatoriano, católico, hombre, propietario, deportista, izquierdista, adulto, socio de un club...

4. En lo cultural, conciente que la cultura se relaciona íntima e inevitablemente con las otras esferas que hemos señalado y que es un fenómeno complejo que en la práctica no puede reducirse, la forma privilegiada que el colonialismo ha escogido para transmitir sus valores y su conocimiento es el racionalismo. Desde que en la modernidad se "sacralizó" a la ciencia como forma de relacionarse con el mundo y con los otros, del que se desprendía un lenguaje creíble y objetivo, las otras formas de transmitir la cultura fueron eliminadas o consideradas secundarias, como la espiritualidad, lo intuitivo, la sensibilidad.

Por supuesto que la ciencia nació y se desarrolló en Europa y el resto del mundo no tenía las condiciones para entenderla y peor para desarrollarla. De esta concepción surge la idea de países desarrollados, que están en la punta del progreso y de la historia, como pregonaba Hegel,[29] y países subdesarrollados, que tienen que seguir el camino recorrido por los europeos. A esta forma de afirmar una sola historicidad, que domina y prevalece sobre otras culturas, el filósofo Bolívar Echeverría la denomina "progresismo" y es una característica fundamental de la modernidad.[30]

Toda aquella forma que no era susceptible de ser demostrable objetivamente, experimentable, medible, cuantificable, externalizable, transmitida por escrito, sujeta a ser verificada por medio de los sentidos, simplemente no debía ser considerada con seriedad. Y en esa bolsa entró la cultura indígena y no hispánica. En consecuencia, el saber y la cultura indígena, no fueron valorados y debían desaparecer.

En el siglo XXI este abordaje cultural no ha cambiado mucho. Y quizá yo sea un mal ejemplo del colonialismo contemporáneo cultural. Muchas personas fuimos y somos educados en la hegemonía del "norte"[31] y la transmitimos sutilmente. No se puede negar que la enseñanza, las bibliotecas, las ediciones de los libros, las formas de expresar y transmitir el pensamiento hegemónico son altamente seductores. Es muy fácil caer en la tentación de leerlos y admirarlos. Por otro lado, sería un error no hacerlo. No se puede caminar de espaldas a los desarrollos del pensamiento crítico y de los importantes aportes a la construcción de un mundo utópico, que han hecho los movimientos sociales y los pensadores emancipadores del "norte". El error está

---

[28] Bolívar Echeverría, *Definición de la cultura*, Fondo de Cultura Económica e Itaca, México, segunda edición 2010, p. 230.

[29] Véase Raúl Eugenio, Zaffaroni, "La naturaleza como persona: Pachamama y Gaia".

[30] Bolívar Echeverría, *Definición de la cultura, op. cit.*, p. 228.

[31] Aníbal Quijano, *op. cit.* P. 343.

en sólo quedarnos en ellos y no nutrirnos de otras formas de conocimiento y de otros pensadores críticos de nuestra región.

Lo común es que suceda lo primero; es decir, que nos quedemos con las transmisiones culturales acríticamente que nos vienen del norte a través de la academia, de los medios de comunicación, de los entretenimientos masivos, del turismo global, la propaganda, la moda, el cine, la literatura… Tanto del lado científico como del lado del sentido común, estamos patéticamente colonizados por el "norte" global.

La consecuencia del estado y el derecho colonial es que ha producido y promueve la exclusión, la marginación y la discriminación. Esta perspectiva debe sumarse al pensamiento crítico del "norte" para lograr una organización social que sea más justa y equitativa.

En este sentido, el derecho y el estado colonial del siglo XXI está en crisis porque no da ni puede dar respuesta a la demanda de eliminación de la exclusión, marginación y discriminación. Todas las instituciones occidentales no sólo que no dan respuesta sino que fortalecen un sistema social que promueve la asimetría, a través de instituciones tales como la ciudadanía, la democracia representativa como única forma de expresión política, los derechos humanos leídos en clave hegemónica-occidental, la nación y otras. El costo social y cultural de la propuesta occidental es muy alto: la descaracterización, la subordinación y la devastación de la naturaleza.[32]

De ahí que salir de la Topia en que nos encontramos es una necesidad impostergable.

II La utopía

Debemos distinguir entre el "género utópico" y la "función utópica".[33] El primero es meramente descriptivo y se restringe a una forma literaria. En cambio, la función utópica tiene algunas características: es crítico, en tanto sirve para valorar una realidad que se considera injusta e inadecuada, y es propositivo, en tanto promueve la transformación de la realidad y la construcción de una forma de convivencia justa. El primero se queda en el pasado y la función crítica el presente y se proyecta en el futuro. El género utópico es inofensivo y la función utópica amenaza al *statu quo*.

El discurso del género utópico se centra en la creación y en la promoción de mitos. En el mito no hay historia ni temporalidad, de ahí que la realidad puede convivir con esta forma de entender la utopía. El mito enmascara la realidad injusta, no propone cambio, hay apariencia y cierra la posibilidad de crítica. En cambio, en la función utópica hay crítica, enfrentamiento con la realidad, desenmascaramiento de las ficciones que la sostienen, hace que la realidad sea insostenible. "La utopía representa el esfuerzo por reintroducir la imaginación transformadora en una realidad reacia al cambio. El discurso utópico ataca, así lo pretende, los procedimientos de reproducción del *statu quo*."[34]

---

[32] Véase, en este sentido, Ana María Larrea, "La disputa de sentido por el buen vivir como proceso contra hegemónico", en SENPLADES, *op. cit.*, pp. 15 y siguientes.

[33] Arturo Andrés Roig, *op.cit.*, p. 15.

[34] Horacio Cerutti Goldberg, "La latinidad: ¿discurso utópico o discurso mítico"?, citado por Arturo Andrés Roig, *op. cit.*, p. 23.

El discurso del género utópico se relaciona con los personajes religiosos, con características divinas, como los profetas o los hijos de dios en la tierra, y más contemporáneamente con personas u objetos que tienen superpoderes, como los superhéroes (el Hombre Araña, Batman, Superman, Robocob, Rambo, Rocky) o supermáquinas (los Transformers). Todos estos personajes son míticos, luchan contra la injusticia y pretenden aliviar el dolor, pero no provocan transformaciones reales. En el caso de la religión se espera un mundo mejor después de la muerte y la conformidad con la injusticia terrenal; en el caso de los superhéroes es apenas la satisfacción de la acción del mito que dura tanto cuanto tarda una película. Por eso se consideran a-históricas, porque se ubican en cualquier tiempo y éste no corresponde a la vivencia real. De ahí, todo sigue igual.

Ahora bien, el otro lugar distinto al real y actual, puede ser peor o mejor. Cuando el lugar es peor al que vivimos, se suele llamar a la utopia como negativa. En la literatura se suelen poner como ejemplos la sociedad descrita por George Orwel en su *1984* y la de Aldous Huxley, *Brave New World* (traducida como *Un mundo feliz*). En ambas se describe una sociedad controlada totalmente por el estado y en la que los espacios de realización y desarrollo de la personalidad son anulados. Cuando el lugar es mejor, entonces estamos ante la utopía positiva, que es el sentido que dieron Tomás Moro y Tomás Campanella a sus ciudades ideales, y es el que pretendemos dar a la utopía andina. Finalmente, sólo con el propósito de enfatizar, el lugar imaginado es el mismo, que es el discurso del *statu quo*, estamos ante "antiutopía".

Las funciones del discurso utópico son básicamente tres: 1. función crítica, 2. función emancipadora y 3. función anticipadora de futuro.[35]

1. La función crítica tiene que ver con la conciencia y el análisis de la realidad. Roig invoca, para explicar esta función, al "impulso de evasión".[36] El impulso de evasión significa el ansia de superar las fronteras, de salir de la periferia y del margen (no como podría sonar a primera vista, como la evasión de la realidad por no poder enfrentarla). La crítica tiene que ver con la sospecha de los discursos que mantienen la realidad opresora y con la denuncia de sus injusticias. La crítica, por otro lado, tiene relación con un compromiso con los sectores más desposeídos y vulnerables.

2. La función emancipadora significa un abrirse a un futuro en el que se pretende que no exista dominación ni exclusión. Este futuro no repite lo dado, aunque puede inspirarse en un pasado prehispánico, como es el caso de la utopia andina. El topos promueve un derecho, un estado y una sociedad que regula, que encuadra, que castra, que ordena. La utopía, en cambio, expande las capacidades y libertades de las personas. En palabras de Roig, "la utopía de base, la que resume todo el pensamiento utópico en general, la liberación del ser humano respecto de sus diversas formas de alienación, el nacimiento del "ser nuevo", que cada época emergente exige, se irá expresando con los andamiajes propios de cada cultura, de cada grupo humano, de cada tiempo."[37] Puesto que la opresión siempre pone en marcha la función emancipadora de la utopía. Siempre.[38]

---

[35] Marcelo Villamarín, "Ideología y utopía en el discurso de Tomás Moro", citado por Arturo Andrés Roig, *op. cit.*, p. 21,

[36] Arturo Andrés Roig, *op. cit.*, p. 31.

[37] Arturo Andrés Roig, *op. cit.*, p.48.

[38] Arturo Andrés Roig, *op. cit.*, p. 49.

3. La función anticipadora del futuro de la utopía nos pone ante el dilema entre lo posible y lo fantástico. Si el sueño es irrealizable y así se cree, entonces no estamos hablando de una utopía. La utopia es esperanza y debe creerse que se puede realizar. Otro mundo es posible, como rezaba la propuesta del Foro Social. Para los defensores del *statu quo* siempre la utopía será considerada irrealizable, pero por indeseable e inconveniente a sus intereses. Quienes defienden la *Topos* luchan por un sistema que genere tranquilidad y conformismo, que mantenga la realidad.

El ejemplo por excelencia de la utopia realizable, según Roig, fue la de Tomas Moro. Por un lado, cumplió su función crítica de describir la sociedad feudal en crisis,[39] luego propuso una sociedad que ahora la podríamos llamar moderna con un modelo de gobierno republicano, basada en un individuo burgués libre y con poder, y esta propuesta se realizó y fue una realidad para un grupo de gente.

Una característica esencial, relacionada con este último aspecto, es que la utopía una vez que se realiza, termina, porque se convierte en *Topos*. Sin embargo, hay que cuidarse de confundir la realidad con la función utópica. El discurso utópico termina, pero no la función. Una vez realizada la utopia, habrá un grupo de personas que mantendrán su "sueño" y habrá otras que, cuando haya opresión, continuarán con la función utópica de buscar una sociedad mejor. La utopia siempre emerge.

III La utopía occidental

Europa ha sido un semillero de utopías. De hecho, la misma palabra fue acuñada en la literatura europea. El primero en usarla fue Tomás Moro, que tituló a su libro clásico como *Utopía*, que era una isla en la que se dibuja un mundo ideal en su época y que, como hemos dicho, fue el anticipo de las repúblicas modernas.

Las utopías occidentales han surgido, como cualquier otra utopía, y han tenido las funciones críticas, emancipadoras y anticipadoras de futuro. No hay que despreciarlas y hay mucho que aprender de ellas.[40] De ahí la necesidad de enunciarlas. Me limitaré a describir las más importantes, siguiendo en parte a Roig, sin que eso signifique que sean las únicas. Tampoco es posible, sin que se sacrifiquen elaboraciones teóricas más precisas, describir las utopías en pocas líneas. De ahí que usemos utopías en plural para entender que los matices y variaciones son múltiples y que no se las debería restringir de la forma como lo haremos.

1 Las utopías ibéricas

En las utopías ibéricas podemos encontrar dos claras tendencias, que son marcadamente diferentes. La una es negativa, y que denominaremos –como lo hizo en su momento Roig, "utopías del pillaje".[41] La otra es positiva, y tiene relación con el discurso y la práctica de Fray Bartolomé de las Casas, a las que denominaremos "utopías lascasianas."[42]

---

[39] Arturo Andrés Roig, *op. cit.*, p. 47.

[40] Ramiro Avila Santamaría, *Neoconstitucionalismo transformador. El estado y el derecho en la Constituicón de 2008*, Quito, UASB-Abya Yala, 2011, p. 269.

[41] Arturo Andrés Roig, *op. cit.*, p. 51 y 59.

[42] Arturo Andrés Roig, *op. cit.*, p. 60.

Los conquistadores españoles imaginaron un mundo en América que se caracterizaba por la abundancia. Roig describe esta utopia de una forma bastante clara:

Hemos puesto el nombre de "utopías del pillaje" a todas aquellas leyendas que, nacidas del saqueo del otro indígena, acabaron generando la idea de ciudades fabulosas por su riqueza, las que si no se las pensaba como "ciudades felices", despertaban la idea de la felicidad que podrían alcanzar los codiciosos ávidos del oro o de la plata.[43]

De ahí que la idea de El Dorado, como lugar buscado desesperadamente, se relacione con el oro. Lo mismo podríamos decir del Río de la Plata. La ciudad ideal es aquella que puede ser saqueada. No importaron, por supuesto, quienes trabajaron el oro y la plata, su forma de vida, sus costumbres, su cultura, su idioma. Los seres humanos que habitaron este continente eran simplemente oro y plata. En primer lugar, saquearon los metales que producían y, en segundo término, utilizaron a los indígenas para explotar intensivamente el oro y la plata.

Por otro andarivel, y cumpliendo las funciones de denuncia y de alternatividad en la propuesta de vida, Fray Bartolomé de Las Casas describió la Topia en la que vivían los indígenas en un libro que su título anuncia ya su contenido: *Brevísima relación de la destrucción de las Indias*. Las Casas propuso una América sin los conquistadores. Ejemplo de su propuesta fue la creación de espacios en los que los españoles tenían prohibición de entrar, como sucedió en la Vera de las Paces (hoy Alta y Baja Verapaz en Guatemala).

Variaciones sobre este proyecto, podemos encontrar en las misiones jesuíticas que se produjeron en el cono sur. Un buen reflejo de ese mundo entre paréntesis de la conquista violenta, lo encontramos en la película de Roland Joffé (1986), *La Misión*, que nos pinta una comunidad indígena guaraní, que aprende la religión católica de forma pacífica por parte de los jesuitas.

En estos espacios se respetaba la lengua, la cultura y la forma de convivencia de los indígenas. Pero eso sí, con dos ingredientes que hacían que el tufo colonizador no estuviera ausente: el religioso y el económico.

En términos religiosos, aún cuando las autoridades civiles españolas no podían entrar a lo que ahora podríamos llamar "reservas indígenas", la iglesia católica no dejo de predicar la "verdadera religión" y de tutelar, frente a la Corona Española, los derechos de los pueblos indígenas. En términos económicos, la relación con la Corona no tenía como intermediarios a los encomenderos para evitar los excesos del poder civil, sino que se lo hacía mediante el poder eclesiástico; pero no dejó de haber una relación comercial con España. Es decir, con otros matices y con menos mal trato, la colonización de produjo.

A estas propuestas le siguen dos proyectos utópicos que convienen enunciarlos. El uno tiene íntima relación con la urbanización del suelo conquistado. A estas, Roig la denominó utopías de proyecto poblacional.[44] Estas se concretaron en el diseño y la planificación de ciudades, construidas a la imagen de las españolas,[45] en las que se

---

[43] Arturo Andrés Roig, *op. cit.*, p. 59.

[44] Arturo Andrés Roig, *op. cit.*, p. 51.

[45] Ejemplos paradigmáticos de estas ciudades son Quito, Antigua Guatemala y Cartagena de Indias. La primera, religiosa; la segunda civil; y la tercera militar.

trataba de poblar con personas adecuadas para su desarrollo, libres de vagabundos y delincuentes, y en algunos casos hasta con extranjeros que estaban destinados a limpiar nuestra raza. La idea era crear centros de poder religioso, económico y político-militar. Por supuesto que estas ciudades no pusieron en crisis al sistema colonial y acenturon procesos de aculturación enormes e irreversibles.

El otro tiene relación con la utopía judeo-cristiana, que ofreció dos imágenes de un mundo diferente e ideal. La primera imagen es la del paraíso terrenal, que lo encontramos descrito en el libro de Génesis en la Biblia. En este mundo, de creación divina, el ser humano se confunde con la naturaleza, vive en armonía y tiene satisfecha todas sus necesidades. Sin embargo, hay un pecado de origen, que tiene que ver con la desobediencia y la libertad. Los primeros seres humanos son expulsados de este paraíso y condenados a vivir la Topía. No pocas veces se ha intentado recrear este paraíso terrenal. Quizá el ejemplo más cercano de esta imagen nos ofrece el mismo Cristóbal Colón, que creyó haberse topado con uno de los ríos que venían del paraíso terrenal, cuando exploraba tierra continental, y el libro de Antonio de León Pinelo, titulado *El paraíso en el Nuevo Mundo*.[46] La otra imagen es la de la Parusía,[47] que es la segunda venida de Cristo, y que hay que suponer que promete un mundo parecido al del paraíso. En esta imagen se han estructurado las utopías conocidas como milenaristas, que anunciaron el fin de la historia y el juicio final. Todo esto tuvimos y seguimos teniendo en nuestra América Latina.

2 Las utopías liberales

Las utopías liberales son aquellas que se derivan del ideario liberal clásico del siglo XVIII. Existen muchas variaciones que podrían tener algunas características comunes, aunque los matices y los énfasis son diversos. El liberalismo, además, como todo buen sistema utópico, abarca el ámbito filosófico, económico, político y social.

El liberalismo imagina un mundo en donde el individuo es el protagonista de la historia. A este individuo hay que respetarlo y, en consecuencia, cualquier autoridad tiene el deber de no entrometerse. El individuo está dotado de autonomía y libertad. El mundo confía en sus capacidades para poder tomar la mejor decisión. De hecho, el individuo es un ser racional que actúa para promover y defender sus intereses. El individuo es absolutamente soberano en su vida privada.

En el espacio público, en cambio, encontramos al actor Estado, que debe ser mínimo, y que solo debe intervenir cuando los individuos le llaman y para promover el bien común. Este bien común exige algunos sacrificios. Uno de ellos es la restricción de mis libertades para que el Estado pueda garantizar el orden público y esta es la fuente que legitima el poder coactivo del Estado; de ahí que el Estado pueda, aún contra la voluntad del individuo, encarcelarlo si es que considera que merece esa pena. Otra restricción es la participación en la toma de decisiones, que deben hacerlas quienes han sido designados representantes.

Los individuos actúan en el mercado para satisfacer sus necesidades para su subsistencia. Como todos tienen intereses diversos, el mercado se autoregula en base a la libre iniciativa y competencia de cada uno de los participantes. De ahí

---

[46] Arturo Andrés Roig, *op. cit.*, p. 65.

[47] Mateo 16:27, 24:26-28, y 24:37-41; Lucas 17:22-37; Juan 14:3.

que se sostenga que existe una "mano invisible" en el mercado que garantiza su autorregulación. La voluntad y la autonomía de las personas es tan importante que, cuando se expresa de forma escrita y solemne, se convierte en ley para las partes. Esta ley se llama contrato.

En términos políticos, la imagen del contrato como mecanismo de creación de obligaciones, se proyecta en términos de organización social. El contrato social es la forma de acuerdo entre todos los miembros de una comunidad política. Como es imposible lograr un acuerdo con todos y cada uno de sus miembros, éstos tienen que nombrar representantes, que manifestarán la voluntad general a nombre de los otros. Esta voluntad se manifestará mediante leyes, que serán de cumplimiento obligatorio y generales.

Finalmente, sin ánimo de agotar esta utopía, el valor de la propiedad privada será determinante en la construcción de la organización social. Todos tienen derecho a ser propietarios. La garantía de la propiedad es fundamental para entender al individuo, al mercado, al Estado y a la vida. Sin propiedad privada, todo el andamiaje social, jurídico y político se derrumba. La propiedad es el reflejo del éxito, es la motivación para la iniciativa, es la finalidad, es la garantía de la subsistencia.

El sistema vigente, que pretende adaptarse a este ideario, es el capitalismo en lo económico, la democracia representativa en lo político y el liberalismo en lo filosófico.

Esta utopía, que ha subsistido más de trescientos años, tiene un discurso bastante atractivo, que se sintetiza en la consigna de la revolución francesa: "igualdad, libertad y fraternidad". Sin embargo, nunca ha podido realizarse y más bien la Topía demuestra que es imposible lograrlo. Existe más retórica que realidad, más ficciones que posibilidades. El individuo, la propiedad privada, la primacía del mercado, la democracia formal, solo pueden vivirla y gozarla pocas personas. La mano invisible del mercado es, en la práctica, la forma de ocultar que los actores más poderosos ponen las reglas; la igualdad ha significado el trato diferenciado y excluyente a miles de personas; la libertad ha sido el privilegio de quienes tienen recursos para intervenir en todos los mercados, incluido el de la política; la fraternidad ha sido la unión de pocos intereses en multinacionales y su defensa corporativa. En fin, esta utopía, que nunca se ha realizado ni podrá realizarse, ha generado un mundo que es patéticamente injusto.

3 Las utopías del desarrollo, progreso y orden

De la mano del sistema liberal y del capitalismo económico, y quizá sea una variación de esta utopía, encontramos la idea de que las sociedades, los Estados, los pueblos deben siempre ir hacia lo mejor, con orden y paz.

¿Cuál es la imagen del desarrollo y progreso? En primer lugar, no podemos dejar de mencionar a Hegel, que nos ofreció una imagen interesante de la historia y del tiempo. El progreso es como una flecha que va hacia arriba y adelante. En la punta de la flecha están los países desarrollados y en el extremo opuesto los países subdesarrollados. Frente a la historia, en el presente, encontramos pueblos y Estados que están como los países desarrollados estuvieron hace 10.000 años. ¿Qué tiene que hacer una comunidad indígena no contactada, como la de los hoaranis, para llegar a ser como Suecia? Tiene que recorrer el camino recorrido por los suecos. Los suecos, hace miles de años, seguramente se dedicaron a la recolección y a la cacería.

Sin duda, esta forma de entender el mundo, que se acentúa con la idea del evolucionismo social, pregonado particularmente por Spencer,[48] suponía que ciertas culturas tienden a la superioridad y, en consecuencia, a la dominación, igual como sucede con las especies animales. Los mejores dominan y los peores no tienen otro camino que seguir el ejemplo de quienes han llegado a un plano superior.

Alrededor del desarrollo y el progreso, se han establecido indicadores que sirven para medir cuánto se ha avanzado, detenido o retrocedido. Así, por ejemplo, el producto interno bruto (PIB), la cantidad de dólares que se necesita para vivir (menos de dos dólares pobres, menos de un dólar miserable), el número de camas por enfermo y así sucesivamente. En esta lógica, obviamente los países que concentran mayor cantidad de riqueza, por ser industrializados y tecnologizados, tendrán un PIB mayor. Por el contrario, los países que viven de economías que se basan en la producción o extracción de bienes primarios, tendrán un PIB menor.

El progreso nos lleva a nunca estar satisfechos con lo que tenemos. Siempre se podrá acumular más, tener más, producir más, ganar más. ¿Cuándo se llega al mundo ideal del progreso y el desarrollo? Parecería que ese lugar imagina a los individuos propietarios, autónomos, con iniciativa para intervenir en el mercado, competitivos; es decir, la realización del sueño liberal. Pero, insistimos, este mundo no es posible, porque se basa en al exclusión y la legitimación del poder de unos cuantos.

Junto al progreso y al desarrollo, se requieren sociedades disciplinadas, entrenadas, desarrollando sus competencias, especializándose. Este mundo es, en otras palabras, ordenado. La idea del orden es importante para que "la mano invisible del mercado" pueda operar. ¿Cómo conseguir el orden? Hay muchas maneras. Una de esas es mediante un control ideológico de las mentes y de los deseos de las personas. Esto se logra a través de instituciones tales como la familia, la escuela y los medios de comunicación. De esta forma su uniformizan las expectativas y se neutralizan las insatisfacciones.

Cuando el control ideológico no funciona, opera de forma efectiva y simbólicamente el poder de coacción del estado, mediante el uso del sistema penal. El sistema penal ejerce control sobre las personas de múltiples formas: detiene, registra, aisla, enjuicia, informa, vigila y condena.[49] El objetivo político final es el "orden público". Este orden se produce tanto a nivel nacional como internacional. En el nivel global tenemos mecanismos igualmente de control ideológico, como las grandes cadenas de comunicación multinacional, y mecanismos de control coactivo, como las policías internacionales del tipo Interpol y las guerras para promover la democracia y el supuesto respeto a los derechos humanos. Por supuesto que el orden, en el extremo, se convierte en una utopía negativa, tal como la hemos descrito anteriormente.

4 El socialismo utópico

Una de las utopías más poderosas que ha producido el mundo occidental es el socialismo, como una propuesta alternativa y radicalmente diferente a la utopía

---

[48] Eugenio Raúl Zaffaroni, "La pachamama y el humano", en Alberto Acosta y Esperanza Martínez (compiladores), *La naturaleza con derechos. De la filosofía a la política*, Quito, Abya Yala, 2011, p. 42. (NE-Esta versão atualizada está incluída neste volume).

[49] Eugenio Raún Zaffaroni, Alejandro Alagia y Alejandro Slokar, *Derecho Penal. Parte General*, Buenos Aires, Ediar, 2 edición, 2002, p. 13.

liberal. La utopía socialista tiene como premisa la **igualdad** material entre todas las personas.

El socialismo es un paso para llegar al comunismo. En el socialismo existiría temporalmente un estado para hacer la transición **al comunismo**. Este estado estaría manejado por la clase social oprimida y tendría **el poder** para alterar el mundo burgués, basado en la inequidad.

Todas las personas tendrían lo que necesitan **en función** de sus necesidades y aportarían de acuerdo a sus capacidades. Las clases **sociales** desaparecerían al igual que el estado. Todas las personas tendrían la capacidad **para** autogobernarse y para ser solidarias.

El siglo XX es el sigo de las ideas socialistas. **En este** siglo se consolidaron y se difundieron de forma global. Mediante revoluciones **se** llegó a conseguir el poder estatal y los estados se definieron como comunistas. **El mundo** global se polarizó en dos tendencias. La una capitalista y la otra **comunista.**

La idea de que el comunismo era lo que hacían **los** estados del eje soviético, caló tan profundo que, al pasar de los años, se **consideró** que la utopía socialista hecha Topía fue altamente represiva e inequitativa.

Siempre recuerdo un libro sobre la biografía **del** Che Guevara, escrita por Jhon Lee Anderson,[50] en la que se contaba la impresión del guerrillero argentino al visitar por primera vez, en un cargo oficial, la Unión **Soviética.** Le sorprendió al Che la forma de vida "burguesa" de los líderes políticos **soviéticos.** De alguna manera, el Che fue uno de los primeros personajes públicos **que pudo** distinguir con claridad la diferencia entre el socialismo real del socialismo **utópico.**

Algunos años más tarde, en Londres, el Instituto **de** humanidades de la universidad de Londres, organizó un foro denominado "La idea del comunismo", en el que se juntaron varios intelectuales de izquierda.[51] Una de las conclusiones fue que la utopía socialista sigue teniendo vigencia y **que no** tiene relación alguna con el socialismo real, salvo para demostrar que la utopía no fue realizada.

Algunos elementos de esta utopía, serán **resaltados** y tendrán validez para describir la utopía que denominamos andina.

5 Las utopías constitucionales y de los derechos humanos

Una de las utopías más atractivas de **occidente, desde** mi formación como jurista que ha leído y enseñado sobre teoría de los **derechos** humanos, tiene que ver con el constitucionalismo contemporáneo.

El constitucionalismo contemporáneo, **también** denominado como Neoconstitucionalismo, tiene relación directa con **el reconocimiento** de derechos humanos y con la limitación y la vinculación del **poder.**

Norberto Bobbio hace una aproximación **interesante** a los derechos humanos desde la filosofía de la historia. La historia la divide **en dos:** la era de las obligaciones y la era de los derechos.[52] La era de las obligaciones coincide históricamente con gobiernos y con formas de organización autoritarios. **En las** relaciones políticas entre

---

[50] John Lee Anderson, *Che Guevara. A revolutionary life,* New York, **Grove Press,** 1997.

[51] Costas Douzinas y Slavoj Zizek, editores, *The idea of communism,* **Londres,** Verso, 2010.

[52] Norberto Bobbio, "La era de los derechos", en *El tercero ausente,* **Ediciones** Cátedra, 1997, pp. 154-173.

estado/autoridad y ciudadanos/vasallos, lo importante es el principio de autoridad. El estado concede privilegios (no derechos) e impone obligaciones. Las personas deben sumisión al estado. Sin embargo, en particular a partir de la Segunda Guerra Mundial en Europa, la teoría política y social ha avanzado hacia otra perspectiva: la era de los derechos.

La revolución de los derechos humanos es, según Bobbio, a la ciencia jurídica y política lo que la revolución copernicana fue a la ciencia física. Cuando Galileo primero y luego Copernico sostuvieron que la tierra gira alrededor del sol, no sólo que fueron considerados herejes por atentar contra el conocimiento dominante, sino que cambiaron la perspectiva de la historia. El ser humano no es el centro y la iglesia no es la ciencia. Así, los derechos humanos, en relación al estado, invierten el punto de vista. Lo importante no es el estado sino la persona, no son las obligaciones sino los derechos, no es el que tiene el poder de incidir en el comportamiento del otro sino el históricamente sometido. La relación, si nos permiten la metáfora, es como cuando uno toma un taxi. El pasajero se sube y le dice al piloto a dónde quiere ir. En la era de las obligaciones el piloto decide el lugar a donde se dirigen, en la era de los derechos decide el pasajero. Así en las relaciones del estado. En la era de las obligaciones la autoridad estatal decide el destino de las personas, en la era de los derechos las personas gobernadas deciden sus propios destinos.

Los derechos humanos se han ido reconociendo de forma progresiva. Hemos pasado de constituciones "tacañas" en derechos a Constituciones GARGARELLA, como las latinoamericanas, que han reconocido múltiples problemáticas y necesidades del ser humano.

¿Cómo nos imaginamos un mundo en el que todos los derechos humanos se cumplen y todos los poderes están limitados y vinculados por los derechos? Sin duda es una utopía, una maravillosa utopía. Sin embargo, el discurso de derechos humanos ha sido instrumentalizado por quienes ejercen poder para controlar y, por otro, los derechos humanos no necesariamente demandan un distinto modelo de desarrollo económico. Es decir, los derechos humanos podrían convivir con el capitalismo y con la idea de progreso económico.

IV La utopia andina

> *Latino América, tierra provocadora de lo utópico,*
> *desde la utopía para otros hacia la utopía para sí,*
> *gestada en el seno de su vasta experiencia histórica,*
> *cuyos caminos siguen abiertos.*[53]

La utopía andina, desde la fundación de las repúblicas contemporáneas después de la independencia, tiene dos desarrollos importantes. El primero tiene que ver con el acta de nacimiento de las repúblicas andinas, estrechamente ligadas al proceso de independencia de la colonia española, conocido como el "Sueño de Bolívar", que

---

[53] Arturo Andrés Roig, *op. cit.*, p. 54.

se puede calificar como "utopismo bolivarista":[54] la integración latinoamericana. De hecho, lo que ahora son cinco Estados en sus orígenes republicanos se denominó "la Gran Colombia". Lamentablemente, por muchas razones de carácter político, la Gran Colombia tuvo pocos años de duración. Posteriormente, se intentó realizar un proceso de integración, que tiene aún muchos retos por concretar.

El segundo desarrollo tiene relación con la Constitución boliviana y con la Constitución ecuatoriana, que introducen interesantes desarrollos que tienen relación con proyectos utópicos, que en algunos casos de complementan con los desarrollos teóricos occidentales y que, en otros, francamente son contradictorios. Las categorías con fuerte contenido utópico, además, están escrita en idioma no occidental, y son básicamente dos: la "pachamama" y el "sumak kawsay".

La proclamación, en lengua kichwa, de la pachamama y el sumak kawsay es al mismo tiempo la culminación de una lucha reivindicatoria indígena y el comienzo de un nuevo constitucionalismo transformador, que surgen ante el límite y hasta el fracaso de la utopía occidental, en tanto el progreso, el desarrollo, el liberalismo individual y la globalización económica nos llevan a un desastre ecológico que significaría el aniquilamiento de la especia humano, constituyéndose de este modo en una utopía negativa. En este sentido, reinvindicamos el derecho a proclamar y luchar por nuestra popia utopía.[55]

> Hay una conciencia que podemos considerar utópica, historiable en las comunidades indígenas primitivas, que nada tiene que ver con las formas de pensamiento europeo transplantadas por los iberos con la conquista.[56]

Los antecedentes de la reivindicación indígena los encontramos en la resistencia de nuestros indígenas a la dominación y colonización española y criolla. Uno de los primeros hitos, según Roig, es el levantamiento indígena de Túpac Amaru, como respuesta al fracaso lascasiano y que Roig la compara en importancia a la Revolución Francesa.[57] Por un lado, se cuestiona la situación de la población indígena en las minas y en los obrajes textiles. Por otro, lanza la utopía de unidad en el "Reino de Sud-América". De igual modo, se puede enunciar el movimiento de Taki Ongoy, que anunciaba la restauración del incario y la conformación de una ciudad autónoma indígena en lo que hoy es Riobamba, en 1764.[58]

Las luchas y las resistencias por un mundo sin dominación continuaron durante toda la colonia[59] y se manifestaron también en la República. En el caso ecuatoriano, en los años noventa los actos de resistencia del movimiento indígena logran tener impacto en las definiciones constitucionales en la Carta Magna del año 1998: reconoce la interculturalidad y los derechos colectivos de los pueblos indígenas.

En el año 2008, la Constitución de Montecristi avanza sustancialmente, aunque restringido al ámbito de las definiciones y de los principios, que debieron haber guiado

---

[54] Arturo Andrés Roig, *op. cit.*, p. 52.

[55] Horacio Ceratti, "El derecho a nuestra utopía", cita por por Arturo Andrés Roig, *op. cit.*, p. 40.

[56] Arturo Andrés Roig, *op. cit.*, p. 48.

[57] Arturo Andrés Roig, *op. cit.*, p. 51.

[58] Arturo Andrés Roig, *op. cit.*, p. 52..

[59] Véase Segundo Moreno Yánez, *Sublevaciones indígenas en la Audiencia de Quito*, Quito, Pontificia Universidad Católica del Ecuador, 1985

el diseño de la estructura del poder sin lograrlo, en el reconocimiento de algunas instituciones fundamentales para la construcción de la utopía andina: la *Pachamama* y el *Sumak Kawsay*, el estado plurinacional y la interculturalidad.

1 La Pachamama, el Sumak Kawsay y la filosofía andina*

Los avances importantes del constitucionalismo andino, que tienen relación directa con la realización de la utopia andina, no pueden entenderse sin enunciar los principios que subyacen en este saber ancestral indígena, que Josef Esterman lo llama *Filosofía Andina*.[60] De la filosofía andina utilizaré cuatro principios con los cuales se debe entender los avances constitucionales de Ecuador y Bolivia: (1) la relacionalidad, (2) la correspondencia, (3) la complementariedad y (4) la reciprocidad.

(1) La relacionalidad[61]

En la lógica racional occidental, se pueden separar las categorías y distinguirse. Dentro de la lógica simbólica, por ejemplo, la base de la estructura es *p* y *no p*, que ha hecho que nuestra forma de concebir el mundo siempre sea una contraposición entre opuestos y dual: hombre y mujer, bueno y malo, positivo y negativo, blanco e indígena, animal y ser humano, espacio privado y público, urbano y rural, selva y desierto, individuo y sociedad, yo y el otro... Cada elemento tiene una sustancia particular y diferente. Para la filosofía andina, en cambio, lo importante es la relación.

"Para la filosofía andina, el individuo como tal no es nada (un no ente), es algo totalmente perdido, si no se halla dentro de una red de múltiples relaciones... Desconectarse de los nexos naturales y cósmicos (un postulado de la ilustración), significaría para el *runa* de los Andes firmar su propia sentencia de muerte..."[62]

Este principio tiene que ver con una concepción holística de la vida. Todo está relacionado, vinculado, conectado entre sí. Este principio puede ser enunciado de forma negativa y positiva. De la primera forma, no existe ningún ente carente de relaciones y, por tanto, todo ente es necesitado. En la forma positiva, lo que haga o deje de hacer un ente afecta a los otros. La relación no es causal sino ontológica. Esto quiere decir que lo importante no es que un ente tiene capacidad de alterar al otro sino que todos los entes "son". No existe una relación causalista sino esencialista. El conocimiento y la vida misma son integral y no comparatementalizada por las categorías, como lo hace la filosofía occidental.

La consecuencia de este principio es que la *Pachamama* requiere de los seres que la habitan y los seres no podrían vivir sin la naturaleza. Además, el ser humano no está en la naturaleza o la naturaleza alberga al ser humanos, sino que el ser humano es la naturaleza. No se puede desintegrar el concepto de ser humano con la

---

* NE- Vide, nesta coletânea, o artigo de Raúl Llasag Fernández.
[60] Josef Esterman, *Filosofía Andina, Estudio intercultural de la sabiduría autóctona andina*, Abya Yala, Quito-Ecuador, 1998.
[61] Josef Esterman, *op. Cit*, pp. 114-122.
[62] Josef Esterman, *op. Cit.*, p. 98.

naturaleza, ambos son uno, de ahí que hacer daño a la naturaleza es hacerse daño a sí mismo. En cuanto al *Sumak kawsay*, de igual modo, los seres humanos no puede vivir aisladamente y requieren de la relación con otro seres para subsistir; tampoco tiene sentido un mundo en el que se busque ser mejor o tener más que otros, que implicaría una relación jerárquica con la consabida dominación y potencial exclusión. No tiene sentido hacer daño a otro ser humano porque también significaría hacerse daño a uno mismo y a la comunidad.

(2) La correspondencia[63]

El pensamiento andino implica una correlación mutua y bidireccional entre dos elementos, que se manifiesta en todo nivel y en todos los aspectos de la vida. Pongamos un ejemplo de la medicina indígena y también de la medicina homeopática: la curación y la enfermedad están estrechamente relacionadas, de hecho se considera que la enfermedad está causada por sustancias similares a ella, por ello se dice que el enfermo puede recuperarse por la dinámica de su propio organismo.

El pensamiento occidental pone énfasis, en cambio, en el principio de causalidad: dado un fenómeno se sigue un efecto inevitable. Esta reducción de la realidad, que es base de la ciencia, utiliza múltiples categorías, tales como la semejanza, la adecuación, la identidad, la diferencia, la equivalencia, la implicación, la derivación o la exclusión. El ser humano occidental tiene que encontrar una respuesta lógica y verificable entre la realidad y su explicación racional. Siempre me acuerdo de mi maestro en lógica simbólica, el filósofo Emilio Cerezo, que cuando aplicaba la lógica simbólica al análisis de textos, solía afirmar que la lógica no explica ni podrá explicar todo el fenómeno humano, que no es lógico y que escapa afortunadamente de las reglas. Las emociones, los sentimientos, la causalidad, lo inimaginable, lo imprevisto, el caos... todo sucede en la vida.

Para la filosofía andina, la explicación racional o causal es solamente una forma y no exclusiva de entender el mundo y de conocer. Si la interpretación occidental causal se la hace a través de métodos cuantitativos, cualitativos, comparativos o exegéticos, la interpretación andina es, además, simbólica, ritual, celebrativa y afectiva.

Al manifestarse la correspondencia en todos los ámbitos de la vida, existe una realidad cósmica, una realidad terrenal y una infra terrenal.

> "Hay una correspondencia entre lo cósmico y lo humano, lo humano y extra-humano, lo orgánico e inorgánico, la vida y la muerte, lo bueno y lo malo, lo divino y lo humano, etc. El principio de correspondencia es de validez universal, tanto en la gnoseología, la cosmología, la antropología, como en la política y ética..."[64]

Las explicaciones que se puedan hacer sobre la forma de pensar andina, siempre desde una lógica occidental, son difíciles de comprender. Se separan los elementos para afirmar que no se pueden separar. De ahí, una vez más, que respetar la *Pachamama* tiene un impacto directo en el respeto del ser humano y, por contrapartida, desde

---

[63] Josef Esterman, *op. Cit.*, pp. 123-125.

[64] Josef Esterman, *op. Cit.*, p. 125.

el *Sumak Kawsay* irrespetar a cualquier ser humano significa indefectiblemente el irrespeto a la naturaleza.

(3) La complementariedad[65]

Todos los entes co-existen. Un elemento depende de todos los restantes para ser pleno o completo. Esto nos recuerda a ese clásico dibujo de la filosofía oriental que es el yin y el yan. Para ser un elemento se requiere del que se podría considerar opuesto, y dentro del opuesto, precisamente para no considerarlo de ese modo, se tiene en el centro el punto del diferente. Es decir, los elementos no son precisamente opuestos sino complementarios y armónicos. Todos los elementos "sufren" de una deficiencia ontológica. Esto me recuerda aquel principio del maestro Boaventura de Sousa Santos[66] que afirma la inexistencia de sociedades subdesarrolladas y personas ignorantes. Por el principio de complementariedad, el subdesarrollo de unos implica el desarrollo de otros y la ignorancia de unos el conocimiento de otros. Es decir, los países centrales son desarrollados en tecnología pero subdesarrollados en comunitarismo social; la ignorancia de conocimiento racional puede significar la sabiduría emocional. Mi conocimiento de la lengua española, por ejemplo, es diametralmente opuesto a mi ignorancia en el quichua.

En la racionalidad occidental, por el principio de identidad, un elemento siempre es coincidente consigo mismo y distinto a los demás. Si p es verdadero no puede ser al mismo tiempo *no p*, es decir, no puede ser falso; además p no es q. Esta lógica no se identifica con el principio de complementariedad por el que los opuestos se integran, se completan y, por tanto, se complementan. La relación sería $p \leftrightarrow no\ p$ y $p \leftrightarrow q$. La contradicción occidental es para los indígenas contrariedad. Si p y q son distintos, pueden coexistir como partes complementarias de una tercera entidad que los concilia y que, en estricto sentido es un *todo* que los comprende. Los opuestos están dinámicamente unidos.

> "Los complementos en sentido andino no son posiciones abstractas y logo-mórficas, sino experiencias parciales de la realidad. Y tampoco son antagónicas en un sentido de irreconciliación racional; se requieren mutuamente, no como motor dinámico para elevarse a otro nivel, sino para complementarse en el mismo nivel..."[67]

En este sentido, cielo y tierra, solo y luna, claro y oscuro, verdad y falsedad, macho y hembra, naturaleza y ser humanos no pueden excluirse sino más bien complementarse necesariamente para su afirmación como entidad superior e integral.

En la lógica de derechos, entonces, sería profundamente inadecuado proteger a uno de los elementos que conforman el complemento porque generaría un desequilibrio indeseable e inadecuado. De ahí, entonces, que tenga sentido que tanto seres humanos como naturaleza gocen de igual estatus jurídico. No cabe la inequidad, la

---

[65] Josef Esterman, *op. Cit*, p. 126-131.

[66] Boaventura de Sousa Santos, *De la mano de Alicia, Lo social y lo político en la postmodernidad*, Siglo del Hombre Editores, Ediciones Uniandes, Universidad de los Andes, Colombia, p. 122.

[67] Josef Esterman, *op. Cit.*, p. 131.

exclusión, la injusticia, la discriminación, la dominación. Este mundo pintado por la utopía andina tiene, pues, muchos elementos del socialismo utópico occidental.

(4) El principio de reciprocidad[68]

El principio de reciprocidad es la forma práctica como interactúan los demás principios brevemente enunciados. En todo tipo de interacción, humana y no humana, cada vez que se produce un acto o fenómeno se manifiesta un acto recíproco como una contribución complementaria. Toda actuación humana tiene trascendencia cósmica y forma parte de un orden universal. Esta forma de ver el mundo no tiene sentido para el pensamiento occidental que es profundamente individualista y que promueve, por el contrario, la autonomía de la voluntad y la libertad para tomar decisiones.

Los actos de los seres humanos, al igual que los de la naturaleza, se condicionan mutuamente, "de tal manera que el esfuerzo o la inversión en una acción por un actor será recompensado por un esfuerzo o una inversión de la misma magnitud por el receptor."[69] De ahí se desprende, por ejemplo, que el trueque tenga mucho sentido en las relaciones económicas entre personas.

La base de la reciprocidad es lo que Esterman denomina "justicia cósmica", que aglutinaría todas nuestras formas compartimentalizadas de entender la justicia (económica, judicial, social...). Por ello, la base de toda relación es el orden cósmico. Un acto indebido puede alterar el orden global.

> "El equilibrio cósmico (armonía) requiere de la reciprocidad de las acciones y la complementariedad de los actores. Esto no quiere decir que los relata de una relación recíproca siempre sean equi-valentes y con-naturales, sino que a la iniciativa de un relatum corresponde una reacción complementaria de otro relatum. Una relación (unilateral) en la que una parte sólo da o sólo es activa, y la otra únicamente recibe o es pasiva, para el runa andino no es imaginable ni posible."[70]

El principio de reciprocidad se lo puede apreciar, vivir y aplicar en cualquier campo de la vida, desde lo cotidiano y aparentemente personal hasta lo trascendente y cósmico

En cuanto a la relación con la naturaleza, el ser humano cuando se interrelaciona con la tierra, al sembrar o cosechar, no la hace como con un objeto, sino con un sujeto, con el que trabaja, se transforma, tiene rostro. El rito de la siembra es una interrelación de profundo respeto y reciprocidad.

Del principio de reciprocidad se deriva, en la teoría de los derechos humanos, la idea de valor y respeto. Lo que se tiene que cuidar, proteger y promover tiene que ser protegido por el derecho, que es una noción abstracta que genera vínculos y límites al accionar humano. Si la naturaleza es recíproca con el ser humano y viceversa, conviene preservar esa interrelación a través de la noción de derecho. Descuidar, desproteger y dañar la naturaleza afectaría irremediablemente al principio de reciprocidad. Además, si las relaciones son recíprocas, existe pues una razón

---

[68] Josef Esterman, *op. Cit.*, 131-135.
[69] Josef Esterman, *op. Cit.*, p. 132.
[70] Josef Esterman, *op. Cit*, p. 134.

más para poder aplicar la noción de igualdad y por tanto de no discriminar a una de las partes en relaciones equivalentes. La categoría de derecho fundamental es una especie de antídoto[71] que neutraliza lo patético que puede ser el uso indiscriminado de la naturaleza.

Como se puede desprender de este acápite y contrastando con los anteriores, la filosofía andina no parte desde la concepción de que el ser humano es el único y exclusivo receptor de los beneficios del discurso de derechos. Al contrario, la lógica andina no considera y, por tanto, en la fundamentación se descarta el antropocentrismo. Gudynas ha denominado al nuevo paradigma como "biocéntrico" por oposición al dominante en el derecho.[72]

Al ser la naturaleza un elemento universal que se complementa, se corresponde, se interrelaciona y con la que se tiene relaciones recíprocas, la consecuencia obvia es que debe protegerse. No hacerlo significaría alterar o descuidar las interrelaciones entre los elementos de la vida que son absolutamente necesarios.

Estos principios fundamentales, que explican y describen la utopía andina basada en la *Pachamama* y el *Sumak Kawsay*, de ser difundidos y aceptados culturalmente podrían romper con la tradición judeo cristiana de superioridad y divinización del ser humano, que se instituyó el mandato bíblico de dominar la tierra y someterla.[73] El ser humano se convirtió en una especie de mayordomo de la tierra y de la naturaleza. En la historia bíblica del origen del universo, el ser humano es la creación a imagen y semejanza de dios y ejerce ese poder en la tierra, además de usarla, la debe fructificar, debe multiplicarse y llenar la tierra...[74] Someter a la naturaleza significó dominar la tierra, los peces del agua, las aves del cielo, los animales y, en suma, ejercer autoridad sobre todo ser no humano. Esta norma, de carácter moral, es la que primará y se aplicará durante gran parte de la historia de la humanidad.

En términos de derecho, dentro de la lógica liberal, estaba permitido hacer cualquier actividad en relación a la naturaleza y se establecieron regímenes de aparheid social (exclusión de las mujeres, los trabajadores, los pobres, los niños, los locos). La naturaleza estaba bajo la categoría del derecho a la propiedad y los seres humanos bajo el concepto de capacidad jurídica. En este sentido, la naturaleza se compartamentaliza en tantas partes cuantos propietarios existen y la sociedad se jerarquiza. El destino de la naturaleza dependerá de la forma de disposición de los dueños y de los seres humanos de las personas capaces y ciudadanas. Los propietarios pueden usar, usufructuar y disponer (prestar, vender o abandonar) un bien, mueble o inmueble sin que exista restricción alguna y las personas capaces y ciudadanas tomarían decisiones a nombre de la mayoría excluida.

En el mundo occidental la lucha ha sido, desde el derecho ambiental y los derechos humanos, ampliar el ejercicio y protección de los derechos de las personas.

---

[71] Carlos Santiago Nino, "Introducción", en Ética y derechos humanos, Editorial Astrea, 2da. Edición, Argentina, 2005, p 4.

[72] Eduardo Gudynas, *El mandato ecológico. Derechos de la naturaleza y políticas ambientales en la nueva Constitución*, Abya Yala, Quito, 2009, pp. 39, 58, 63, 65. (NE- Vide, nesta coletânea, a discussão feita pelo mesmo autor).

[73] Génesis 1:28.

[74] Rafael Goto, "Reflexiones sobre biblia y medio ambiente", 11 de septiembre 2007, en <http://www.radioevangelizacion.org/spip.php?article1008> (visita 16 de abril 2010), además de hacer una interpretación clásica, este autor hace una referencia contemporánea basada en la responsabilidad.

Sin embargo, la protección y la entrada filosófica y jurídica ha sido siempre antropocéntrica y jerarquizada.

La Constitución de Ecuador, pionera en la ruptura de la concepción tradicional del derecho ambiental y de los derechos humanos, reconoce por primera vez el derecho de la *Pachamama* como un derecho autónomo del ser humano y el *Sumak Kawsay* como principio de existencia y convivencia entre las personas. Algunas rupturas conceptuales, comenzando por la denominación. No cabe ya el término genérico de "derechos humanos" para referirse a los derechos que tienen una protección especial en las Constituciones. Conviene denominarlos derechos fundamentales o derechos constitucionales. Además, estos principos se enuncian en Kichwa, que es una irrupción importante en la doctrina constitucional al rescatar el saber indígena. Otra ruptura es que la protección a la naturaleza no se la hace porque conviene al ser humano sino por la naturaleza en sí misma y por el ser humanos como ente moral trascendental. En consecuencia, la concepción jurídica de los derechos deja de ser antropocéntrica. Tercera ruptura, la teoría jurídica tradicional para entender el derecho tiene que buscar nuevos fundamentos y renovadas lecturas, que tienen que ver con la ruptura del formalismo jurídico y con una superación de la cultura jurídica imperante, que no puede lograrse sin conocer el saber indígena.

Sin embargo, estamos convencidos, al menos con lo que hemos analizado de la filosofía andina, que este avance no será el último ni el definitivo. La concepción de derechos, al ser manifiestamente occidental, distinguirá entre derechos de los humanos y no humanos, y creará dos categorías que pueden ser analizadas de forma distinta y separada. Esta concepción sigue fortaleciendo la lógica dualista y categorial propia del pensamiento occidental.

Paralelamente al desarrollo conceptual del pensamiento occidental, han existido y existen formas de concebir a la *Pachamama* y el *Sumak Kawsay*. Como hemos visto, de acuerdo a la filosofía andina, la naturaleza no es un ente separado del ser humano ni viceversa. Hemos afirmado que defender los derechos de la naturaleza es defender al ser humano y que defender al ser humano es defender la naturaleza. No es suficiente la creación de la categoría "derechos de la naturaleza" sino que se tiene que, algún momento, superar estas distinciones que, al dividir, debilitan la concepción holística de la existencia, de la vida, del universo.

El maestro Zaffaroni nos recuerda la concepción griega de la Gaia, que era la diosa griega Tierra y que consideraba al planeta como un ser vivo, como un sistema que regula y recrea la vida, que se renueva y que está en constante cambio, que es tan importante que es una diosa, que tiene que ser venerada y cuidada.[75]

Así como los *runas* andinos, los griegos antiguos, estamos seguros que otros pensamientos no dominantes deben haber desarrollado hace mucho tiempo ya, normas que disponen el trato armónico y respetuoso con la naturaleza y entre los seres humanos. Ahí tenemos un camino por explorar, además sabiendo que en muchos

---

[75] VerE. R. Zaffaroni "La naturaleza como persona: Pachamama y Gaia". No puedo dejar de reconocer que este ensayo, que lo he difundido con entusiasmo en más de una clase que he podido compartirlos con mis alumnos en clases de Derechos Humanos y en un doctorado en Salud Pública, ha sido una motivación inmensa para seguir apreciando nuestra constitución ecuatoriana y para emprender el desafío teórico de dar contenido al derecho a la naturaleza. Tampoco puedo dejar de reconocer que en todo este ensayo he tenido la tentación más de una vez de resumir los postulados del maestro y filósofo Zaffaroni, pero me he abstenido de hacerlo al saber que este maravilloso documento consta en este libro. (NE- Nesta coletânea, incluída a versão mais atualizada).

casos esa sabiduría que existe posiblemente no esté escrita. El derecho, una vez más, tiene que aprender de otras ciencias, como la antropología, la historia y la sociología y, sobre todo, del saber indígena, que se encuentra latente en muchas comunidades indígenas.

2 La plurinacionalidad

Comencemos distinguiendo el concepto nación, que puede ser confundido con estado y con pueblo. El concepto no es pacífico ni unívoco. Julio César Trujillo sugiere tres acepciones para clarificar el concepto de nación:[76] (1) nación política, que tiene que ver con el conjunto de personas que habitan en un territorio sometido a una autoridad; (2) nación jurídica, que se relaciona con los habitantes de un territorio sometido a un sistema jurídico; (3) nación cultural, que tiene relación con un conjunto de personas que comparten una herencia y pasado cultural (idioma, organización social, derecho propio, costumbres), que las distingue de otras naciones.[77] En cada una de estas acepciones podemos contrastar las diferencias entre un estado nacional y uno plurinacional.

(1) En la nación política tenemos tres elementos: personas, territorio y una autoridad. Las personas están adscritas al concepto de nacionalidad vinculada al estado. Entonces somos ecuatorianos, guatemaltecos, franceses si es que hemos nacido o nos hemos "nacionalizado" en Ecuador, Bolivia, Guatemala o Francia. El territorio es todo aquel que está dentro de fronteras que han sido reconocidas por otros estados; en este sentido, Ecuador colinda con Colombia y Perú, Bolivia con Perú, Chile y Argentina; Guatemala con México, Belice, El Salvador y Honduras; Francia con Bélgica, España, Italia. La autoridad suele ser centralizada y única, que tiene competencias sobre todo el territorio, y que en el mundo occidental está dividida en tres poderes: legislativo, ejecutivo y judicial. Además tiene el monopolio de la fuerza y puede hacer cumplir sus decisiones (soberanía).

En cambio, en el estado plurinacional, basándonos en los mismos elementos identificados por Trujillo, la nacionalidad no estaría vinculada al estado sino al espacio donde se desarrolla uno o varios pueblos (en el sentido de nacionalidad cultural). La nacionalidad, al decir de Macas, viene de nacer y tiene un territorio que incluye "no solamente el espacio físico, es el agua, la naturaleza, la vida y ahora decimos la biodiversidad, en fin, todo lo que la madre tierra nos da."[78] En este sentido existirían tantas nacionalidades cuantas naciones existen dentro de un estado. Así, tendríamos, en Ecuador, la nacionalidad Awa, Chachi, Kichwa; en Guatemala, la nacionalidad Achí, Quiché, Poqonchí. En la plurinacionalidad, las personas podrían tener más de una nacionalidad. Un indígena sería kichwa y ecuatoriano. En cuanto a la autoridad,

---

[76] Julio César Trujillo, "El Ecuador como estado plurinacional", en , Alberto Acosta y Esperanza Martínez (compiladores), *Plurinacionalidad. Democracia en la diversidad*, Abya Yala, Quito, p. 65.

[77] Trujillo advierte que la Constitución utiliza los tres conceptos en contextos constitucionales distintos, así, por ejemplo, el Art. 6 confunde nacionalidad con ciudadanía, cuando se hace referencia a los derechos de los pueblos indígenas en cambio tiene que ver con la acepción cultural y cuando nos remitimos al Derecho Internacional de los Derechos Humanos la referencia que hacen los documentos de Naciones Unidas es la de pueblos. Julio César Trujillo, "El Ecuador como estado plurinacional", *op. cit.*, p. 66.

[78] Luis Macas, "Construyendo desde la historia…", *op. cit.*, p. 92.

convivirían dos con competencias diferenciadas. La una descentralizada, que se basa en su derecho propio y que rige dentro del territorio de la nacionalidad, la otra, centralizada, que tiene relación con el estado. El concepto de dos autoridades que conviven no es nuevo en la organización política, quizá la ilustración por excelencia es el estado federal, en donde encontramos autoridades centrales y federales, con poderes ejecutivos, legislativos y judiciales diferenciados.

(2) En la nación jurídica, las personas se vinculan al estado por la ciudadanía, el territorio es el espacio donde se toman y ejecutan decisiones de las autoridades, y un sistema jurídico único y excluyente que ordena los derechos, deberes, competencias, el territorio y las formas de tomar decisiones.

En algún momento de la historia europea, el concepto de nación jurídica fue indispensable para la construcción del estado moderno. Hay que pensar que en la época feudal existían tantos derechos y autoridades cuantos feudos existían. Fue necesario crear la ficción de un solo estado, una autoridad y un sistema jurídico. Este proceso no debe haber sido fácil de construir, pero cumplió sus objetivos. De igual modo sucedió en relación a las colonias. Cómo unificar y lograr controlar a tantas nacionalidades, con sus autoridades y sistemas jurídicos. No hubiese podido hacerlo si no fuese por el concepto de nación.

El concepto de nación, ciudadanía, ambos vinculados a un estado y un derecho, fue indispensable para el proyecto colonial y para consolidación de un estado excluyente y discriminador. La nación única tiene la virtud, desde la perspectiva dominadora, de invisibilizar la diferencia, facilitar el ejercicio de poder y clasificar. El concepto de ciudadanía, por su lado, siempre ha sido una categoría que excluye. Aunque el desarrollo político y por las luchas sociales, la ciudadanía, que era inicialmente profundamente restrictiva (abarcaba a un solo grupo vinculado por cuestiones económicas: clase social), ha ido ampliándose: obreros, mujeres, indígenas, adolescentes, analfabetos. Sin embargo, la ciudadanía siempre, por esencia, excluirá. En la actual organización política distingue y excluye con claridad adultos de niños y niñas, y extranjeros de nacionales.

Por ello, superar el concepto de una nación significa superar la categoría de ciudadanía, que son conceptos que están íntimamente vinculados a la colonización y a la exclusión.[79]

En un estado plurinacional, las personas tienen pertenencia a una comunidad no por el reconocimiento (inscripción, cédula, pasaporte) del estado sino por la mera existencia y por la autoidentificación de las personas con una nación. La categoría ciudadanía debería ser eliminada por la de persona, "runa" o, mejor aún y sujeto a ajustes conceptuales, ser vivo (en este caso hasta la naturaleza tendría nacionalidad). Esta categoría es inclusiva, no discriminatoria, esencial, que permitiría que las personas puedan ejercer el derecho a movilizarse libremente por cualquier territorio, puedan salir y entrar a su nación, adquirir otras nacionalidades. A esto apuntaba

---

[79] Alexandra Ocles sostiene que hay que replantear el término para incluir prácticas emergentes, que "supone reivindicar los derechos a acceder y pertenecer al sistema sociopolítico", Alexandra Ocles, "La plurinacionalidad en la nueva Constitución. Una mirada con ojos de negro-a", en Alberto Acosta y Esperanza Martínez, *op. cit.*, p. 117. Galo Ramón Valarezo, por su lado, sostiene que hay que crear una nueva noción de ciudadanía, "que responsa a la pluralidad ecuatoriana: se trata de la construcción de una nueva ciudadanía intercultural... fundada en la plena conciencia de que los ecuatorianos somos al mismo tiempo diversos...", en Galo Ramón Valarezo, "¿Plurinacionalidad o interculturalidad en la Constitución?", en Alberto Acosta y Esperanza Martínez, *op. cit.*, p. 133.

la propuesta de vanguardia que se denominó "ciudadanía universal", que era un concepto que encerraba una aparente aporía (ciudadanía excluye y universal no excluye), y que era consecuente con el estado plurinacional. El concepto de ciudadanía siempre será fuente de exclusión, por último no será incluido el no-ciudadano. La ciudadanía universal rompe el vínculo con el estado y lo articula a una organización global en la que todos son miembros.[80]

Se podrán realizar fáciles objeciones a esta propuesta desde la teoría tradicional y desde el típico pragmatismo reaccionario. Se diría, por ejemplo, que la propuesta es ilusa y novelera porque un solo estado no puede eliminar sus fronteras si otros no lo hacen, que la migración traería consigo delincuencia y que las personas de otras nacionalidades quitarían el trabajo a los reconocidos, que los estados de bienestar no podrían atender a tanto migrante, que sin ciudadanía ni nacionalidad no se podría viajar a ningún país, que mejor llamemos absurdistán al Ecuador... Lo cierto es que todos estos argumentos esconden estereotipos, prejuicios y profundas prácticas discriminatorias, propias de estados coloniales capitalistas, que no practican conceptos relacionados con la diversidad, la solidaridad y el buen vivir. Además, hay que pensar que el estado nación no ha existido toda la vida política de la humanidad y que apenas tiene cuatro siglos (en diez mil años de existencia del ser humano), y así como se construyó se lo puede deconstruir e imaginar formas de convivencia que no tengan relación con fronteras controladas por policías que tienen la discreción de negar el derecho a la libertad de circulación.

En un estado plurinacional existen tantos sistemas jurídicos cuantas nacionalidades. Cada nacionalidad gozaría de autonomía, que es el famoso concepto que el derecho internacional acuño como "autodeterminación" de los pueblos, que la práctica redujo a los estados y que no hay razón para entender como pueblos a grupos humanos distintos a los estados. Los estados son una creación ficticia, los pueblos son conjuntos de personas de carne y hueso.

Los gobiernos autónomos pueden convivir sin problema dentro de un estado. Varias nacionalidades viven en una unidad. "La unidad no implica unicidad. Este es el requisito civilizador por excelencia, que reconoce la multiplicidad como marco de conocimiento y de existencia y la interacción de las diferencias como el único ambiente propicio para la construcción de la civilización."[81]

(3) Finalmente la nación cultural. En el estado mono nacional se pretende ligar a las personas a una sola historia, que es la oficial y que tiene la perspectiva de las personas que están en el poder y a unos héroes idealizados, a una sola lengua, que en nuestro caso es el castellano, a unos símbolos, que son una bandera, un himno nacional, un escudo, a una moneda (que ya no la tenemos y es una razón más de la crisis del estado nacional en Ecuador) y a unas fechas que se las denomina patrias y hay que guardarlas. En esa desesperación por encontrar un vínculo homogeneizante, propio del estado nacional, últimamente hasta se ha dicho que la selección de fútbol ha sido un símbolo más del Ecuador.

---

[80] Véase Daniela Dávalos, "¿Existe la ciudadanía universal?", en Ramiro Ávila Santamaría (editor), *Constitución de 2008 en el contexto andino, Análisis de doctrina y derecho comparado*, Serie Justicia y Derechos Humanos N. 3, V&M Gráficas, 2008, pp. 73-104.

[81] Stefano Varese, "Restoring Multiplicity: Indianities and the Civilizing Project in Latin America", citado por Santos, *La globalización del derecho. Los nuevos caminos de la regulación y la emancipación*, ILSA, Universidad Nacional de Colombia, Bogotá, 2002, p. 174.

Todo esto está en crisis, tanto por los medios de comunicación como por las luchas de movimientos indígenas y afro descendientes que nos demuestran que hay varias nacionalidades culturales. "Los medios de comunicación son uno de los más poderosos agentes de devaluación de lo nacional... las culturas ligadas a estratagemas de mercado transnacional de la televisión, del disco o del video... implican nuevos modos de percibir y de operar la identidad."[82] Estoy seguro que para más de una persona una canción de moda o de rock clásico proyecta más vínculos de identidad que el himno nacional, que más respeto y consideración se tiene a la colcha tejida por la abuela o a la camisa de marca que a la bandera, que alguien prefiere tener un dólar en su bolsillo a un sucre en su casa, que rinde más tributo a un auto o a un póster de una modelo que al escudo nacional...

Pero lo que más profundamente importa es el reconocimiento de varias culturas, cada una con sus personajes, sus versiones de la historia y sus mitos, sus religiones, sus idiomas, sus tradiciones, sus prácticas, sus ritos, sus normas, sus formas de organización social y política, sus conflictos, sus defectos y virtudes, como en toda cultura. Abrir los ojos a otras culturas que conviven en nuestro espacio y tiempo es como mirar las dobles imágenes en algunas obras de Dalí, en las que uno aprecia un cuadro y observa un objeto que, al mismo instante y en el mismo cuadro, con algún tipo de atención no espontánea, contiene otro motivo.[83] Lo mismo sucede cuando, con algún tipo de información y curiosidad, podemos ver en el arte barroco de nuestras iglesias algo más que piedra, madera y barro, o al contemplar un bosque uno puede apreciar la biodiversidad si es que se sabe algo de botánica y biología y no solo un conjunto de árboles y bichos.

La plurinacionalidad exige que apreciemos y valoremos las culturas que nos rodean. La construcción de la plurinacionalidad es mucho más complejo que mirar un cuadro o apreciar la naturaleza: requiere apertura y liberación de prejuicios, paciencia (tiempo), esfuerzo (aprender otra lengua), conocimiento, curiosidad, conciencia de incompletitud. En alguna ocasión en un foro público, una lideresa indígena me hacía el justo reclamo de que yo no hacía esfuerzo alguno por comprender su cultura si es que no hablo kichwa.

El tiempo y espacio que en el estado nacional es lineal e irreversible (como la flecha), en el estado plurinacional se complejiza y se enriquece. Santos pone el ejemplo del indígena que dialoga con un alto funcionario del Banco Mundial, que manejan distintos tiempos, el uno es antiguo y el otro moderno, pero simultáneos.[84] El constitucionalismo antiguo, de los "ayllus", convive con el constitucionalismo moderno y contemporáneo, todos juntos hacen, si logran convivir y enriquecerse mutuamente, el constitucionalismo transformador.

La plurinacionalidad podría ser, como se ha visto, una categoría que abarque y sintetice la propuesta de un estado alternativo al estado liberal de derecho y que "conlleva a la refundación del estado moderno".[85] Raúl Llasag considera que los elementos que distinguen a un estado nacional son la uninacionalidad, la

---

[82] Jesús Martín-Barbero, *La educación desde la comunicación*, Editorial Norma, Argentina, 2001, p. 74.

[83] Véase Vanesa Hogart, "Dalí-paranoico crítico", en Babab, 2004 (en <http://www.babab.com/no25/dali.php> visita 11 de enero de 2011)

[84] Boaventura de Sousa Santos, "El Estado plurinacional...", *op. cit.*, p. 36.

[85] Boaventura de Sousa Santos, "Las paradojas de nuestro tiempo y la plurinacionalidad", en Alberto Acosta y Esperanza Martínez (compiladores), *Plurinacionalidad. Democracia en la diversidad*, Abya Yala, Quito, p. 37.

monocultura, la institucionalidad centralizada, el sistema económico capitalista y neoliberal, la democracia liberal, el monismo jurídico y la territorialidad homogénea.[86] De estos aspectos, a los que nos hemos referido en otras partes de este libro,[87] nos falta comentar la institucionalidad y la territorialidad.

La institucionalidad oficial en el estado nacional se limita a los órganos y poderes reconocidos en la constitución y que, en nuestra tradición occidental hegemónica, es tripartita. El legislativo expide las normas que serán reconocidas como válidas por la teoría jurídica y son las únicas que merecen ser cumplidas. El ejecutivo es el destinatario de la ejecución de las leyes, de administrar gran parte del estado y de distribuir los recursos económicos. El judicial es el órgano encargado de resolver, con carácter exclusivo, el incumplimiento o decidir sobre la aplicación de las leyes en última instancia. Cualquier otra institución pública o reconocimiento de organización social se realizará dentro de este esquema. Por ejemplo, Llasag afirma que las comunidades indígenas administrativamente están sometidas al Ministerio de Agricultura que depende del poder ejecutivo.[88]

El estado plurinacional, en cambio, es descentralizado y requiere, para evitar el gobierno de las mafias, que sea democráticamente fuerte.[89] La democracia fuerte, según Llasag, exige participación muy fuerte de las diversidades en la institucionalidad estatal (todas y cada una de las instituciones deben ser plurinacionales), educación intercultural que permita la diversidad y el intercambio, formación política permanente, interpretación intercultural de las normas, elaboración participativa de las políticas públicas, respeto a la autodeterminación interna de las nacionalidades, reconocimiento del tercer sector (no estatal ni mercantil), coordinación con las comunidades.[90]

No he podido visualizar de lo poco que he leído, un modelo de estado plurinacional que sea distinto al del estado nacional-liberal, basado en la división de poderes. Por un lado, sólo se enuncian principios y directrices a nivel jurídico y doctrinario, sin que se pueda concebir un estado distinto; por otro lado, a nivel jurídico, parecería que todo se restringe a abrir espacios de representación de otras nacionalidades. Dentro del primer caso, en el que sólo se enuncia principios y se reconoce en términos generales la plurinacionalidad, está la Constitución del Ecuador, que tiene un serio déficit de innovación institucional para la concreción del estado plurinacional. En el segundo caso, de reconocer la representación plurinacional, que sin duda es un avance enorme en relación al estado liberal, tenemos la Constitución de Bolivia, que, por ejemplo, ha creado la Corte Constitucional Pluricultural y el proyecto de Constitución de la CONAIE que, más tímidamente aún, reconoce apenas un órgano asesor en la Corte

---

[86] Raúl Llasag Fernández, "Plurinacionalidad: una propuesta constitucional emancipatoria", en Ramiro Ávila Santamaría (Editor), *Neoconstitucionalismo y sociedad*, Serie Justicia y Derechos Humanos, V&M Gráficas, Quito, 2008, p. 312.

[87] La monocultura ha sido considerada en el acápite sobre el estado intercultural, el sistema económico ha sido tratado en la parte sobre el estado de justicia, la democracia en el capítulo referente a la democracia sustancial.

[88] Raúl Llasag Fernández, "Plurinacionalidad: una propuesta...", *op. cit.*, p 324.

[89] Santos ejemplifica este aspecto con lo sucedido en Rusia, después de la destrucción del Estado Soviético: Boaventura de Sousa Santos, "Las paradojas de nuestro tiempo y la plurinacionalidad", *op. cit.*, p. 54.

[90] Raúl Llasag Fernández, "Plurinacionalidad: una propuesta...", *op. cit.*, p 340.

Constitucional.[91] El constitucionalismo transformador es postcolonial. Esto significa en un estado plurinacional que "si hubo una injusticia histórica hay que permitir un período transicional donde haya tiempo de discriminación positiva a favor de las poblaciones oprimidas…"[92]

Santos propone nuevas categorías del análisis sin aterrizar en la forma concreta, tales como la democracia intercultural o demo diversidad,[93] que exige formas distintas de construir el consenso y requiere de acciones afirmativas dentro del estado.

A mí me late que tiene que ser algo diferente, muy diferente. El estado burgués se organizó para proteger a un tipo de grupo humano y a los derechos que estos promovieron (propiedad y libertades). ¿Cómo es el estado plurinacional que debe organizarse para proteger a todos los seres humanos en toda su diversidad, la naturaleza y todos sus derechos que no son pocos (varias decenas y no sólo dos)?[94]

Finalmente, la territorialidad en el estado nación es homogénea, el territorio es único e indivisible, que se fracciona por razones de carácter administrativo en provincias, cantones, parroquias,[95] y se relaciona estrechamente la tierra con la propiedad privada (individual, requiere título para su exigibilidad y tiene valor comercial). En cambio, la territorialidad en un estado plurinacional reconoce procesos sociales y tradicionales de descentralización (no burocrática ni neutralmente "técnica", que se materializa en la idea de autonomía y de autodeterminación de los pueblos. Las autonomías implican capacidad de ejercer la interrelación armónica pueblos con la naturaleza (en otro lenguaje, acceso y control de los recursos naturales[96]) para la reproducción de la vida y no, como señala Llasag, "para efectos extractivistas y comerciales. La propiedad privada de la tierra, como concepto individual y disponible, se torna en un concepto comunitario y solidario. En esto se diferencia la reivindicación de las autonomías por parte de los gobiernos locales de derecho, que proyectan la territorialidad con fines de desarrollo local, productivo y desarrollista, meramente económico".[97]

Por su parte, Santos distingue otras formas de territorialidad. La una, ya aceptada por el estado nacional, que es la política y la administrativa, y otra autonomía vinculada con la identidad cultural y la forma de estas dependerá del derecho propio de cada cultura: "hay momentos en que las autonomías tienen que partir con identidades distintas, porque así es la plurinacionalidad".[98] La convivencia de estas autonomías solo se hace viable en regímenes verdaderamente democráticos.

---

[91] CONAIE, *Nuestra Constitución por un Estado Plurinacional. Construyendo la revolución de los pueblos*, Imprenta Nuestra Amazonía, 2007, Art. 112, p. 135. La verdad es que sorprende la semejanza del proyecto de la CONAIE a una Constitución convencional, propia de un estado nacional.

[92] Boaventura de Sousa Santos, "El Estado plurinacional…", *op. cit.*, p. 60.

[93] Boaventura de Sousa Santos, "Las paradojas de nuestro tiempo y la Plurinacionalidad…", *op. cit.*, p. 55.

[94] Las críticas y los retos para un estado diferente se pueden encontrar en Ramiro Ávila Santamaría, "Retos de una nueva institucionalidad estatal para la protección de derechos humanos", en Ramiro Ávila Santamaría (de), *Neconstitucionalismo y sociedad*, Ministerio de Justicia y Derechos Humanos, Serie Justicia y Derechos Humanos, Tomo 1, 2008.

[95] Raúl Llasag Fernández, "Plurinacionalidad: una propuesta…", *op. cit.*, p 330.

[96] Sin la relación y control de los recursos, las autonomías serían vacías al decir de Santos "El Estado plurinacional…", p. 59.

[97] Véase Raúl Llasag Fernández, "Plurinacionalidad: una propuesta…", *op. cit.*, p 345-346.

[98] Boaventura de Sousa Santos, "Las paradojas de nuestro tiempo y la Plurinacionalidad…", *op. cit.*, p. 58.

La construcción del estado plurinacional exige, al decir de Santos, cinco condiciones: reconocimiento recíproco, continuidad y justicia histórica, sociedades descentralizadas, consentimiento, convivencia democrática[99] y, no menos importante, pensar fuerte y mucha creatividad.

Las objeciones ya se han escuchado y vienen de sectores que se han servido y enriquecido del *statu quo* que se beneficia del estado nación: la fragmentación, que nunca ha sido postulada por el movimiento indígena; se toleraría espacios de excepción que permitirían la violación de derechos humanos y hasta la falta de democracia, cuando la Constitución, que establece los mínimos, rige para todas la personas y nacionalidades, y la Corte Constitucional es órgano de cierre para todo poder, incluso el reconocido a los pueblos indígenas; se privilegiará a los derechos colectivos sobre los individuales, que será una forma de opresión tal como fue en su momento el estado absoluto o los estados autoritarios, cuando se sabe que en caso de conflictos de derechos no hay soluciones *prima facie* y dependen de las circunstancias de los casos y de una adecuada ponderación.

Termino citando una inteligente construcción de Santos, que sintetiza la propuesta plurinacional:

> Lo que es diverso no está desunido, lo que está unificado no es uniforme, lo que es igual no tiene que ser idéntico, lo que es diferente no tiene que ser injusto. Tenemos derecho a ser iguales cuando la diferencia nos interioriza, tenemos derecho a ser diferentes cuando la igualdad nos descaracteriza.[100]

3 La interculturalidad

La historia de nuestra región e incluso del mundo, ahora acentuado con la globalización– se caracteriza por el predominio y hasta la imposición de una sola cultura hegemónica, con pretensiones de universalidad. La cultura hegemónica invisibiliza y hasta destruye las otras culturas existentes en un mismo espacio y tiempo. Los mecanismos que han usado quienes detentan la cultura hegemónica han sido varios, tanto de carácter público como privado, que en su momento han sido magistralmente expuestos por Foucault a través de su teoría del disciplinamiento:[101] la familia, la iglesia, la escuela, el hospital, la cárcel, entre otras, son espacios en los que las personas se estandarizan o uniforman en todas sus manifestaciones.

La sociedad y el estado promueven sutilmente una forma de vida y una manifestación cultural. El modelo ideal de ser humano es una persona heterosexual, rodeada de una familia nuclear, que vive para satisfacer sus necesidades materiales a través del consumo, con religión judeo-cristiana, mestiza, patriarcal, individualista, urbana, profesional, propietaria y apolítica. Alrededor de este imaginario (reconozco que bastante simplificado) giran las institucionalidad pública y privada.

---

[99] Boaventura de Sousa Santos, "Las paradojas de nuestro tiempo y la Plurinacionalidad...", *op. cit.*, p. 43.

[100] Boaventura de Sousa Santos, "Las paradojas de nuestro tiempo y la Plurinacionalidad...", *op. cit.*, p. 60.

[101] Véase, por ejemplo, en el ámbito de la sexualidad su *Historia de la sexualidad*, en tres tomos, en el ámbito médico: *El nacimiento de la clínica: una arqueología de la mirada médica*, en el ámbito penal-estatal: *Vigilar y castigar. Nacimiento de la prisión*, en el ámbito lingüístico: *Arqueología del saber*, en el ámbito psiquiátrico: *Historia de la locura en la época clásica*.

Veamos, ejemplificativamente, formas de transmisión de estos valores. Lo patriarcal comienza muy temprano en la vida, incluso antes del nacimiento, y que se manifiesta en los colores que identifican los sexos, el rosado para las mujeres, que estarán condenadas a la delicadeza y a la maternidad, y el azul para los hombres, que se dedicarán a juegos y a procesos de crecimiento más violentos. En lo económico, no habrá un solo programa de televisión que no tenga propaganda explícita o sutil que sugiera que la felicidad se consigue adquiriendo y comprando bienes que no son útiles ni saludables, como artículos de belleza o bebidas llenas de azúcar y colorante.[102] En lo religioso, la mayoría cristiana se hará sentir en cada festejo escolar y en cada reunión familiar. En el desarrollo de personalidad, la moda no dejará lugar a elección ni siquiera en la forma de vestirse ni de transportarse… y así podríamos ver, en todos los ámbitos de la vida, una tendencia a uniformarse. Así, por ejemplo, las opciones de ocio y turismo, el libro que se lee, el programa que se ve, la ropa que se viste, las opiniones que se tienen, los amigos que se escogen, los lugares que se visitan y la comida que se escoge, las ideas que se piensan y hasta el lugar y la forma de morir.

Por supuesto que tenemos la ilusión de ser "libres" y de poder escoger alternativas distintas a la cultura dominante, y efectivamente muchos lo hacen. La cultura admite un grado tolerable de disenso que lo que hace es confirmar la regla de la cultura dominante, que Echeverría llama "momentos extraordinarios en el límite."[103]

El peor rasgo del estado monocultural es que la forma de manifestar la subordinación o invisibilización de las otras culturas es a través de la discriminación: cuando la cultura diversa tiene que ver con lo indígena o lo afrodescendiente, el racismo se manifiesta; si es con el extranjero, la xenofobia; si es con la opción sexual, la homofobia; y así con cada una de las categorías por las que no se puede diferenciar para impedir o restringir el ejercicio de derechos.[104]

Lo cierto es que, afortunadamente, existen culturas distintas a la hegemónica que, en un estado y una sociedad que no las reconocen, resisten. Las más evidentes son las que viven las personas y colectividades indígenas y afrodescendientes. Estas –y otros grupos sociales que manifiestan culturas distintas a las hegemónicas, como aquellos de otra nacionalidad– están actualmente subordinadas.

Cuando la Constitución de 2008 establece que el Ecuador se organizará mediante un estado intercultural, está expresando con claridad dos ideas. La una, constatación de una realidad, que reconoce que en el Ecuador existen culturas distintas a la hegemónica; la otra, una aspiración, que todas las culturas tengan la posibilidad de desarrollar al máximo sus potencialidades y poder compartir y aprender de otras culturas.

El llamado del estado intercultural no es cambiar de una cultura hegemónica a otra ni tampoco de ser simplemente multiculturales. No se trata de que las culturas hoy subordinadas sean hegemónicas. Más de una vez he escuchado que eso es lo

---

[102] "Lo que resulta cada día más evidente es que una crítica así resulta incapaz de distinguir la necesaria, la indispensable denuncia de la complicidad de la televisión con las manipulaciones del poder y los más sórdidos intereses mercantiles –que secuestran las posibilidades democratizadoras de las información y de la creatividad cultural imponiendo la banalidad y mediocridad rampante en la inmensa mayoría de la programación…" Jesús Martín-Barbero, *La educación desde la comunicación*, Editorial Norma, Argentina, 2002, p.50.

[103] Cuando estos momentos extraordinarios son colectivos se está ante una revolución o ante la barbarie. Véase, Bolívar Echeverría, *Definición de la cultura*, Fondo de Cultura Económica e Itaca, México, segunda edición 2010, p. 155.

[104] Constitución, Art. 11 (2).

que se pretende cuando la Constitución ha reconocido como un valor importante el *sumak kawsay*. Nunca se ha pensado, desde la perspectiva opuesta, cuando desde la primera Constitución se estableció que para tener representación política se debía ser ciudadano, que efectivamente fue una imposición occidental europea excluyente. El *sumak kawsay* es un valor y una forma de entender la vida que, bien comprendido, sin duda puede ser compartido por cualquier persona o colectividad. Así como la dignidad es un valor occidental digno de ser difundido y valorado, muchos valores que son promovidos por los movimientos indígenas tienen el mismo potencial.

La interculturalidad no es multiculturalidad. Como bien lo distingue Walsh,[105] la multiculturalidad es un término descriptivo, que hace referencia la existencia de varias culturas en una unidad territorial y que muchas veces conviven involuntariamente, como los inmigrantes. La noción de multiculturalidad es indiferente al tratamiento político de los grupos diversos. Caben en un estado multicultural la promoción de una cultura hegemónica o la segregación de una cultura subordinada. Además, el término obvia la noción relacional: "oculta la permanencia de las desigualdades e inequidades sociales que no permiten a todos los grupos relacionarse equitativamente y participar activamente en la sociedad, dejando así intactas las estructuras e instituciones que privilegian a unos en relación a otros".[106]

La interculturalidad significa "el contacto e intercambio *entre culturas* en términos equitativos; en condiciones de igualdad."[107] Toda cultura es una dimensión de la vida humana que se reproduce a sí misma.[108] No existen mejores culturas o una "alta cultura" y otra "baja", que por lo demás esta distinción no es otra cosa que el reflejo de sociedades jerarquizadas y con una fuerte presencia de una cultura hegemónica.[109] Toda cultura es susceptible de cambiar, mejorar y perfeccionarse, en el sentido de que puede ofrecer mejores posibilidades para un "buen vivir". Esta "evolución" puede darse por autocrítica pero, sobremanera, por aprendizaje de otras culturas.

¿La cultura hegemónica puede aprender algo de culturas subordinadas? ¿Las culturas subordinadas pueden aprender algo de la cultura hegemónica? Sin duda que sí y en muchos ámbitos. Por ejemplo, el individualismo y la competitividad fomentada por la cultura hegemónica global, que ha generado tantos índices de suicidio y de dependencia a fármacos en los países del norte, pueden aprender tanto de la vida comunitaria y solidaria de muchas comunidades indígenas. Nociones como las de democracia representativa pueden enriquecerse con las formas de obtener consensos en las democracias comunitarias de muchas partes de la región andina. Así mismo, culturas indígenas pueden aprender sobre las múltiples luchas y reflexiones que han hecho los movimientos feministas de occidente y revitalizar la participación y el respeto a la mujer.

---

[105] Catherine Walsh, *Interculturalidad, Estado, sociedad. Luchas (de) coloniales de nuestra época*, UASB-Abya Yala, Quito, 2009, p. 42. (NE- Vide, nesta coletânea, o artigo da autora sobre interculturalidade crítica e pluralismo jurídico.)

[106] Catherine Walsh, *op. cit.*, p. 43.

[107] Catherine Walsh, *op. cit.*, p. 41.

[108] Bolívar Echeverría, *Definición de la cultura*, Fondo de Cultura Económica e Itaca, México, segunda edición 2010, p. 165.

[109] Bolívar Echeverría, *op. cit.*, p. 170.

Boaventura de Sousa Santos propone una metodología de diálogo, que la denomina "hermenéutica diatópica",* por la que propone una forma de conocimiento y enriquecimiento entre dos culturas. Desde ese encuentro, Santos concluye, por ejemplo, que existen nociones de respeto a la persona semejantes a lo que conocemos como dignidad. El encuentro entre culturas debe ser "mirándonos la cara, no es lo que yo llamo "estas juntos pero de espaldas, un auténtico diálogo de culturas. Una interlocución entre pares".[110]

La interculturalidad no es una propuesta simple y pacífica. Implica profundas transformaciones en todo orden, tanto individual privado como político estatal. La gestión de la interculturalidad requiere transformar todos esos espacios, discursos e instituciones que actualmente promueven una cultura hegemónica, una realidad, un modelo de vida. Imaginémonos, por un instante, cómo se configuraría una familia, una escuela, unos medios de comunicación, unos estados realmente interculturales. Las familias serían más interétnicas, se promoverían distintas formas de espiritualidad, las niñas también se vestirían de azul, de vez en cuando cultivaríamos la tierra; en las escuelas existirían indígenas y afrodescendientes, aprenderían kichwa, comerían cocadas en los recreos; en los hospitales encontraríamos shamanes, nos darían más agüitas de hierbas en lugar de pastillas, nos escucharían más en lugar de ver exámenes médicos; los medios de comunicación nos mostrarían poesía, mitos, paisajes distintos, voces y vidas inimaginables, nos promoverían el buen vivir además del consumismo; quizá no existiría cárcel y todas las sanciones serían reparatorias… La vida, sin duda, sería menos rutinaria, más interesante y retadora.

Teniendo esa posibilidad de aprender de las otras culturas, además miraríamos esa realidad de exclusión, marginación, discriminación que no queremos ver. En un estado intercultural la opresión y la pobreza no podrían ocultarse ni tolerarse.

El estado intercultural no es, pues, una palabra inocente o novelera más. La propuesta no podrá limitarse a una reforma legal, a la incorporación de una materia en la escuela, a la creación de un ministerio, a un reportaje en la televisión pública. El estado intercultural tiene un rol central en la construcción de una sociedad diferente y emancipadora. La interculturalidad no puede ser impuesta desde arriba sino que debe ser un "proceso dinámico y proyecto de creación y construcción desde la gente, que reconoce y enfrenta los legados coloniales aún vivos e incita al diálogo entre lógicas, racionalidades, saberes, seres, formas de vivir y mundos, que tienen derecho a ser distintos".[111]

V Reflexiones finales

Conviene plasmar algunas palabras sobre la utopía occidental de los derechos y también sobre la "el saber" indígena invocada en este ensayo. Toda declaración de derechos constitucional siempre -y no puede dejar de serlo- debe ser utópica y plantear

---

* NE- Vide, neste sentido, a discussão presente em: BALDI, César Augusto, org. *Direitos humanos na sociedade cosmopolita*. Rio de Janeiro: Renovar, 2004.

[110] Luis Macas, "Construyendo desde la historia: resistencia del movimiento indígena en el Ecuador", en Alberto Acosta y Esperanza Martínez (compiladores), *Plurinacionalidad. Democracia en la diversidad*, Quito, Abya Yala, 2009, p. 93.

[111] Catherine Walsh, *Interculturalidad, Estado, sociedad. Luchas (de) coloniales de nuestra época*, UASB-Abya Yala, Quito, 2009, p. 59.

una realidad que, siendo difícil, es deseable luchar porque se la consiga. Todos y cada uno de los derechos significan una aspiración y un problema por superar. Si se establece que hay derecho a la nutrición es porque hay niños y niñas desnutridos crónicos, si se reconoce la dimensión positiva del derecho a la vida es porque hay mortalidad infantil, si se establecen los derechos del buen vivir es porque hay un modelo de desarrollo que aplasta e impide el ejercicio de todas las potencialidades del ser humano, si se establece la igualdad material es porque vivimos en una sociedad que perenniza la exclusión. Si se establece los derechos de la naturaleza es que la capa de cemento que nos separa de la tierra no sólo nos separa dos centímetros sino un millón de años luz de lo que realmente somos: tierra o polvo.

Por otro lado, los derechos son siempre una herramienta contra el poder que tenemos, en terminología de Ferrajoli, los más débiles. Desde la lógica del poder, los derechos subvierten el *status quo* y se convierten en un arma para eliminar "privilegios fundados en inequitativas relaciones de poder".[112]

Así que no sólo son falsas promesas sino que son instrumentos de lucha y mundos en los que queremos vivir.

Se podrá afirmar, al apelar a la filosofía andina, que estamos idealizando el mundo indígena y que estamos resucitando al "buen salvaje". Pero aún suponiendo que los indígenas andinos están tan aculturizados que lo que se afirma en relación a su concepción de la *Pachamama* y del *Sumak Kawsay* no es cierto, nadie nos quita que la concepción de un indígena pre colonial o de unas concepciones que nos pueden ayudar a alcanzar el buen vivir son importantes, por ello debemos rescatarlas o crearlas.

La *Pachamama*, de alguna manera, se está rebelando. El calentamiento global y las consecuencias en la vida humana es una de sus manifestaciones. A diario leemos noticias que nos hablan de desequilibrios ecológicos. Por un lado, hay unas terribles sequías y seres que se mueren por no tener agua ni alimentos; por otro lado, hay unas terribles inundaciones y seres que también se mueren en cambio por tener demasiada agua y no tener vivienda ni medios de subsistencia por las inundaciones. ¿Será que el ser humano no ha sido capaz de comprender la rebelión de la granja y de la naturaleza? Cuando uno lee sobre los grandes foros económicos mundiales y sus resoluciones, la primera reacción es pensar que no somos aún sensibles ante estos problemas humanos. Pero también cuando uno mira y aprende sobre la lucha que muchos movimientos sociales realizan para denunciar y promover una relación más armónica con la naturaleza, no puede sino tener la esperanza firme de que las cosas pueden cambiar.

La *Pachamama* y el *Sumak Kawsay* establecidos en la Constitución del Ecuador es al mismo tiempo un hito en una lucha de movimientos sociales y un comienzo. Las constituciones y los derechos fundamentales, al final, siempre son armas ficticias, etéreas y abstractas que pretenden regular relaciones basadas en el poder. Es más fácil exigir cuando un sistema jurídico ha reconocido un derecho que hacerlo sin él. Pero el derecho como las garantías jurídicas no son suficientes. Estas conquistas jurídicas se nutren de las luchas y de los movimientos sociales. También los grandes cambios

---

[112] Mario Melo, "Los derechos de la naturaleza en la nueva Constitución ecuatoriana", en Alberto Acosta y Esperanza Martínez (compiladores), *Derechos de la Naturaleza. El futuro es ahora*, Abya Yala, Quito, 2009, p. 53. (NE- Vide, nesta coletânea, o artigo deste autor sobre os direitos da natureza.)

se nutren y requieren "esfuerzos **audaces** y mentes abiertas".[113] Se ha demostrado históricamente que los poderosos **nunca** han cedido sus privilegios de forma voluntaria sino que lo han hecho gracias a la lucha y a la presión de la gente.[114] Esa lucha en Ecuador y en Bolivia tienen múltiples caras y organizaciones, muchas comunidades y personas que han jugado su vida resistiendo, en ellas encontramos las claves para construir una utopía diferente, más armónica y posible.

El constitucionalismo andino funde dos utopías centrales para buscar una alternativa postcapitalista. La una es la propuesta emancipadora de los derechos humanos, que tiene un origen occidental, y la otra es la propuesta andina, que propone el respeto a la naturaleza y la armonía de todos los seres. El mecanismo es un Estado plurinacional y el medio es la interculturalidad. La Constitución ecuatoriana nos da luces para seguir construyendo este camino. Faltan muchas respuestas, pero el reto está planteado.

Bibliografía

Acosta, Alberto y Esperanza Martínez (compiladores), *Derechos de la Naturaleza,* Abya Yala, 2009.

_____, "Los grandes cambios requieren de esfuerzos audaces" en Alberto Acosta y Esperanza Martínez (compiladores), *Derechos de la Naturaleza. El futuro es ahora,* Abya Yala, Quito, 2009.

_____, *La maldición de la abundancia,* Abya Yala, Quito, 2009.

Ariza, Libardo José *Derecho, saber e identidad indígena,* Serie Nuevo Pensamiento Jurídico, Siglo del Hombre Editores-Universidad de los Andes-Pontificia Universidad Javeriana, Bogotá, 2009.

Ávila Santamaría (ed), Ramiro, *Neconstitucionalismo y sociedad,* Ministerio de Justicia y Derechos Humanos, Serie Justicia y Derechos Humanos, Tomo 1, 2008.

_____, *Neoconstitucionalismo transformador. El estado y el derecho en la Constitución de 2008,* Quito, UASB-Abya Yala, 2011.

Bauman, Zygmunt, *Liquid Times. Living in an Age of Uncertainty,* Polity Books, Odyssey Press Inc, New Hampshire, USA, 2007.

Bobbio, Norberto, "La era de los derechos", en *El tercero ausente,* Ediciones Cátedra, 1997.

Catherine Walsh, *Interculturalidad, Estado, sociedad. Luchas (de) coloniales de nuestra época,* UASB-Abya Yala, Quito, 2009.

Ceratti, Horacio, "La latinidad: ¿discurso utópico o discurso mítico"?, Marcelo Villamarín, "Ideología y utopía en el discurso de Tomás Moro", citado por Arturo Andrés Roig, *La utopía en el Ecuador,* Quito, Banco Central del Ecuador y Corporación Editora Nacional, 1987.

CONAIE, *Nuestra Constitución por un Estado Plurinacional. Construyendo la revolución de los pueblos,* Imprenta Nuestra Amazonía, 2007.

Dávalos, Daniela, "¿Existe la ciudadanía universal?", en Ramiro Ávila Santamaría (editor), *Constitución de 2008 en el contexto andino, Análisis de doctrina y derecho comparado,* Serie Justicia y Derechos Humanos N. 3, V&M Gráficas, 2008.

Douzinas, Costas y Slavoj Zizek, editores, *The idea of communism,* Londres, Verso, 2010.

Echeverría, Bolívar, *Definición de la cultura,* Fondo de Cultura Económica e Itaca, México, segunda edición 2010.

---

[113] Alberto Acosta, "Los grandes cambios requieren de esfuerzos audaces" en Alberto Acosta y Esperanza Martínez (compiladores), *Derechos de la Naturaleza. El futuro es ahora,* Abya Yala, Quito, 2009, p. 15.

[114] Véase Gerardo Pissarello, "los derechos sociales y sus garantías: por una reconstrucción democrática participativa y multinivel", en *Los derechos sociales y sus garantías,* editorial Trotta, Madrid, p. 111.

Fraser, Nancy, *Scales of Justice. Reimagining Political Space in a Globalizing World,* New Directions in critical theory, Columbia University Press, New York, 2010.

Gudynas, Eduardo, *El mandato ecológico. Derechos de la naturaleza y políticas ambientales en la nueva Constitución,* Abya Yala, Quito, 2009.

Hogart, Vanesa, "Dalí-paranoico crítico", en Babab, 2004 (en http://www.babab.com/no25/dali.php visita 11 de enero de 2011)

Horacio Cerutti, "El derecho a nuestra utopía", citado por Arturo Andrés Roig, *La utopía en el Ecuador,* Quito, Banco Central del Ecuador y Corporación Editora Nacional, 1987

ILSA, *La mano invisible del mercado. Derecho y economía,* El Otro Derecho N. 24, Dupligráficas, Bogotá, 2000.

Josef Esterman, *Filosofía Andina, Estudio intercultural de la sabiduría autóctona andina,* Abya Yala, Quito-Ecuador, 1998.

Larrea, Carlos, "Naturaleza, sustentabilidad y desarrollo en el Ecuador", en Alberto Acosta y Esperanza Martínez (compiladores), *Derechos de la Naturaleza,* Abya Yala, 2009.

Lee Anderson, John, *Che Guevara. A revolutionary life,* New York, Grove Press, 1997.

Llasag Fernández, Raúl, "Plurinacionalidad: una propuesta constitucional emancipatoria", en Ramiro Ávila Santamaría (Editor), *Neoconstitucionalismo y sociedad,* Serie Justicia y Derechos Humanos, V&M Gráficas, Quito, 2008.

Luis Macas, "Construyendo desde la historia: resistencia del movimiento indígena en el Ecuador", en Alberto Acosta y Esperanza Martínez (compiladores), *Plurinacionalidad. Democracia en la diversidad,* Quito, Abya Yala, 2009.

Martín-Barbero, Jesús, *La educación desde la comunicación,* Editorial Norma, Argentina, 2001.

Melo, Mario, "Los derechos de la naturaleza en la nueva Constitución ecuatoriana", en Alberto Acosta y Esperanza Martínez (compiladores), *Derechos de la Naturaleza. El futuro es ahora,* Abya Yala, Quito, 2009.

Nino, Carlos Santiago, "Introducción", en Ética y derechos humanos, Editorial Astrea, 2da. Edición, Argentina, 2005.

Ocles, Alexandra, "La plurinacionalidad en la nueva Constitución. Una mirada con ojos de negro-a", en Alberto Acosta y Esperanza Martínez (compiladores), *Plurinacionalidad. Democracia en la diversidad,* Abya Yala, Quito, 2009.

Olsen, Frances, "El sexo del derecho", en Ramiro Ávila Santamaría, Judith Salgado y Lola Valladares (compiladoras), *El género en el derecho. Ensayos críticos,* Serie Justicia y Derechos Humanos N. 12, V&M gráficas, Quito, 2009.

Pissarello, Gerardo, "los derechos sociales y sus garantías: por una reconstrucción democrática participativa y multinivel", en *Los derechos sociales y sus garantías,* editorial Trotta, Madrid, 2007.

Quijano, Aníbal, "Colonialidad del poder y clasificación social", en Journal of World Systems Research, VI, 2, Summer/Fall, Special Issue: Feschist for Immanuel Wallerstein, Part I (en http://cisoupr.net/documents/jwsr-v6n2-quijano.pdf, visita enero 2011).

Quintero, Rafael, "El Estado Colonial", en Enrique Ayala Mora, *Nueva Historia del Ecuador, Vol. 5,* citado por Julio César Trujillo, *Teoría del Estado en el Ecuador. Estudio de Derecho Constitucional,* Corporación Editora Nacional-Universidad Andina Simón Bolívar – Sede Ecuador, Serie Estudios Jurídicos N. 8, Quito, 2006.

Roig, Arturo Andrés, "El discurso utópico y sus formas en la historia intelectual ecuatoriana", en Arturo Andrés Roig, edit, *La utopía en el Ecuador,* Quito, Banco Central del Ecuador y Corporación Editora Nacional, 1987.

_____, *La utopía en el Ecuador,* Quito, Banco Central del Ecuador y Corporación Editora Nacional, 1987.

Santos, Boaventura de Sousa, "Las paradojas de nuestro tiempo y la plurinacionalidad", en Alberto Acosta y Esperanza Martínez (compiladores), *Plurinacionalidad. Democracia en la diversidad,* Abya Yala, Quito, 2009.

_____, *De la mano de Alicia, Lo social y lo político en la postmodernidad,* Siglo del Hombre Editores, Ediciones Uniandes, Universidad de los Andes, Colombia, 2005.

Segundo Moreno Yánez, *Sublevaciones indígenas en la Audiencia de Quito,* Quito, Pontificia Universidad Católica del Ecuador, 1985.

Trujillo, Julio César, "El Ecuador como estado plurinacional", en Alberto Acosta y Esperanza Martínez (compiladores), *Plurinacionalidad. Democracia en la diversidad,* Abya Yala, Quito, 2009.

_____,*Teoría del Estado en el Ecuador. Estudio de Derecho Constitucional,* Corporación Editora Nacional-Universidad Andina Simón Bolívar – Sede Ecuador, Serie Estudios Jurídicos N. 8, Quito, 2006.

Valarezo, Galo Ramón, "¿Plurinacionalidad o interculturalidad en la Constitución?", en Alberto Acosta y Esperanza Martínez (compiladores), *Plurinacionalidad. Democracia en la diversidad,* Abya Yala, Quito, 2009. .

Varese, Stefano, "Restoring Multiplicity: Indianities and the Civilizing Project in Latin America", citado por Santos, *La gglobalización del derecho. Los nuevos caminos de la regulación y la emancipación,* ILSA, Universidad Nacional de Colombia, Bogotá, 2002.

Walsh, Catherine, *Interculturalidad, Estado, sociedad. Luchas (de) coloniales de nuestra época,* UASB-Abya Yala, Quito, 2009.

Williams, Joan, "Igualdad sin discriminación", en Ramiro Ávila Santamaría, Judith Salgado y Lola Valladares (compiladoras), *El género en el derecho. Ensayos críticos,* Serie Justicia y Derechos Humanos N. 12, V&M gráficas, Quito, 2009.

Zaffaroni, Eugenio Raúl, "El discurso feminista y el poder punitivo", en Ramiro Ávila Santamaría, Judith Salgado y Lola Valladares (compiladoras), *El género en el derecho. Ensayos críticos,* Serie Justicia y Derechos Humanos N. 12, V&M gráficas, Quito, 2009.

_____, "La pachamama y lo humano", en Alberto Acosta y Esperanza Martínez (compiladores), *La naturaleza con derechos. De la filosofía a la política,* Quito, Abya Yala, 2011.

_____, *Derecho Penal. Parte General,* Buenos Aires, Ediar, 2 edición, 2002.

Informação bibliográfica deste artigo, conforme a NBR 6023:2002 da Associação Brasileira de Normas Técnicas (ABNT):

SANTAMARÍA, Ramiro Avila. La utopia andina. *In*: BALDI, César Augusto (Coord.). *Aprender desde o Sul:* Novas constitucionalidades, pluralismo jurídico e plurinacionalidade. Aprendendo desde o Sul. 1. ed. Belo Horizonte: Fórum, 2015. p. 141-178

LA REFUNDACIÓN DEL ESTADO
Y LOS FALSOS POSITIVOS*

BOAVENTURA DE SOUSA SANTOS

Aparentemente, "el Estado" pasa por profundas transformaciones desde el colapso financiero de 2008.[1] Los cambios anteriores producidos por los colapsos financieros locales o regionales de los años 70, 80 y 90 del siglo pasado afectaron países con poca influencia en los negocios internacionales y, por eso, los respectivos Estados fueron forzados a insistir en la ortodoxia, o se rebelaron y fueron objeto de sanciones o, en el mejor de los casos, fueron ignorados. El tema de debate es saber hasta qué punto los cambios en curso desde hace varias décadas afectan la estructura institucional y organizacional del Estado moderno, el conjunto de instituciones más estable de la modernidad occidental. Los cambios en la acción del Estado en el continente latinoamericano durante los últimos veinte años han dado fuerza al argumento de que "el Estado está de vuelta". ¿Pero qué tipo de Estado está de vuelta? Para contestar esta pregunta distingo dos vertientes de transformación del Estado: la primera que llamo el Estado como comunidad ilusoria y la segunda el Estado de las venas cerradas.

1 El Estado-comunidad-ilusoria

El Estado-comunidad-ilusoria es el conjunto de reformas recientes que buscan devolver alguna centralidad al Estado en la economía y en las políticas sociales. Lo hace sin comprometer la lealtad a la ortodoxia neoliberal internacional, pero usando todo el campo de maniobra que, en el plano interno, tal ortodoxia les concede coyunturalmente. Algunos de los rasgos principales de esta transformación son: políticas

---

*   Publicado, originalmente, como capítulo 6 do livro "Refundación del Estado en América Latina; perspectivas desde una epistemología del Sur". Lima: Instituto Internacional de Derecho y Sociedad, julio de 2010, p. 67-112. Aqui reproduzido com autorização do autor, a que se agradece.

[1]   El Estado es uno de los dispositivos (conjunto institucional, normativo e ideológico) de la modernidad occidental donde mejor se puede observar que los cambios aparentemente profundos y rápidos ocultan muchas veces permanencias muy estables. El otro dispositivo es quizás la propiedad privada. ¿Hubo algún cambio profundo en este dominio en los últimos trescientos años?

de redistribución de riqueza a través de transferencias directas y focales a los grupos sociales más vulnerables, a veces condicionadas por la obligación de ejercer derechos universales como son la educación de sus hijos o recursos para el sistema de salud; inversión fuerte en la políticas de educación; el Estado competitivo se sobrepone al Estado protector ya que las políticas sociales son vistas como una cuestión técnica de reducción de pobreza y no como principio político de cohesión social (otro pacto social más incluyente); la lógica y evaluación de la acción del Estado es definida por criterios de eficiencia derivados de las relaciones mercantiles ("gerencialismo") y los ciudadanos son invitados a comportarse como consumidores de los servicios del Estado; enfoque especial en la administración pública, su desempeño, su tamaño, en la simplificación y desburocratización de los servicios; búsqueda de asociaciones público-privadas en la producción de servicios anteriormente a cargo del Estado; promiscuidad entre el poder político y el poder económico que puede asumir formas "normales" (las sociedades, grupos de presión, concesiones y la *gobernanza*) y formas "patológicas" (tráfico de influencias, abuso de poder, corrupción); cambios en la estructura política del Estado con el aumento del poder del Ejecutivo (y en especial del Ministro de Finanzas) y la autonomía del Banco Central; recuperación tímida de la regulación que el capital financiero quiso evadir en el periodo anterior pero, siempre que sea posible, por vía de autorregulación; políticas de descentralización y desconcentración; despolitización del derecho —no es instrumento de transformación social sino instancia de resolución de litigios a fin de que las transacciones económicas sean más previsibles— y, al mismo tiempo, inversión (a veces significativa) de fondos públicos en el mejoramiento del sistema judicial (en términos humanos, técnicos y de infraestructura) muchas veces por presión externa (el caso paradigmático de Colombia);[2] promoción de formas de transparencia, como los presupuestos participativos, los concejos municipales de servicios, pero siempre al nivel sub-nacional; una retórica nacionalista o incluso anti-imperialista que, a veces, coexiste con el dócil (en los mejores casos) alineamiento con los designios imperiales.

El Estado-comunidad-ilusoria tiene una vocación política nacional-popular y trans-clasista. La "comunidad" reside en la capacidad del Estado para incorporar algunas demandas populares por vía de inversiones financieras y simbólico-ideológicas. La acción represiva del Estado asume, ella misma, una fachada simbólico-ideológica (la "seguridad ciudadana"). El carácter "ilusorio" reside en el sentido clasista del trans-clasismo. Las tareas de acumulación dejan de contraponerse a las tareas de legitimación para ser su espejo: el Estado convierte intereses privados en políticas públicas no porque sea "el comité de la burguesía", sino porque es autónomo en la defensa del bien común. Por otro lado, al denunciar las más arrogantes manifestaciones del poder clasista (demonizando la ostentación, los bonos y gratificaciones), el Estado hace que los fundamentos de este poder queden todavía más invisibles e intocados.

2 La refundación de Estado: las venas cerradas

La refundación del Estado moderno capitalista colonial es un reto mucho más amplio. Sintetiza hoy las posibilidades (y también los límites) de la imaginación

---

[2]   Véase Santos y Villegas (eds.) 2001 y Santos, 2009b.

política del fin del capitalismo y del fin del colonialismo. El Estado moderno ha pasado por distintos órdenes constitucionales: Estado liberal, Estado social de derecho, Estado colonial o de ocupación, Estado soviético, Estado nazi-fascista, Estado burocrático-autoritario, Estado desarrollista, Estado de Apartheid, Estado secular, Estado religioso y, el más reciente (quizás también el más viejo), Estado de mercado. Lo que es común a todos ellos es una concepción monolítica y centralizadora del poder del Estado; la creación y control de fronteras; la distinción entre nacionales y extranjeros y, a veces, entre diferentes categorías de nacionales; la universalidad de las leyes a pesar de las exclusiones, discriminaciones y excepciones que ellas mismas sancionan; una cultura, una etnia, una religión o una región privilegiadas; organización burocrática del Estado y de sus relaciones con las masas de ciudadanos; división entre los tres poderes de soberanía con asimetrías entre ellos, tanto originarias (los tribunales no tienen medios para hacer ejecutar sus propias decisiones) como contingentes (la supremacía del Ejecutivo en tiempos recientes); aun cuando el Estado no tiene el monopolio de la violencia, su violencia es de un rango superior una vez que puede usar contra "enemigos internos" las mismas armas diseñadas para combatir a los "enemigos externos".

Cuando los movimientos indígenas, en el continente latinoamericano y en el mundo, levantan la bandera de la refundación del Estado lo hacen por haber sufrido históricamente y por seguir sufriendo hoy en día las consecuencias de todas las características arriba mencionadas del Estado moderno en muchas de sus metamorfosis (en el Continente, en especial, el Estado colonial, el Estado liberal, el Estado desarrollista, el Estado burocrático-autoritario y el Estado de mercado). En tal contexto, la refundación del Estado tiene siete dificultades principales.

Primera: no es fácil transformar radicalmente una institución que, en su forma moderna, tiene más de trescientos años. Además, ¿cómo se puede transformar radicalmente una entidad cuando el objetivo último es de hecho mantenerla? Refundar el Estado no significa eliminarlo; al contrario, presupone reconocer en él capacidades de ingeniería social que justifican la tarea política de refundación.

Segunda dificultad: la larga duración histórica del Estado moderno hace que esté presente en la sociedad mucho más allá de su institucionalidad y que, por eso, la lucha por la refundación del Estado no sea una lucha política en sentido estricto, sino también una lucha social, cultural, por símbolos, mentalidades, *habitus* y subjetividades. Es la lucha por una nueva hegemonía.

Tercera: esta lucha no puede ser llevada a cabo exclusivamente por los grupos históricamente más oprimidos (en el Continente, los pueblos indígenas-originarios, los afro-descendientes, los campesinos y las mujeres); es necesario crear alianzas con grupos y clases sociales más amplios.

Cuarta dificultad: la refundación del Estado es más que nada una demanda civilizatoria y, como tal, exige un diálogo intercultural que movilice diferentes universos culturales y distintos conceptos de tiempo y de espacio; para que tenga lugar este diálogo intercultural es necesaria la convergencia mínima de voluntades políticas muy diferentes e históricamente formadas más por el choque cultural que por el diálogo cultural, más por el desconocimiento del otro que por su reconocimiento.

Quinta: por su ámbito, la refundación del Estado no implica cambiar solamente su estructura política, institucional y organizacional; más bien, requiere cambiar las relaciones sociales, la cultura y, en especial, la economía (o por lo menos las articulaciones y relaciones entre los diferentes sistemas económicos en vigor en la sociedad).

Sexta dificultad: en tanto que para los aliados del movimiento indígena la refundación del Estado significa crear algo nuevo, para el movimiento indígena (o para una parte significativa del movimiento), el Estado a refundar tiene sus raíces en formas que precedieron la conquista y que, a pesar de la represión, lograron sobrevivir de modo fragmentario y diluido en las regiones más pobres y más remotas. Además, cuando existen, lo hacen solamente a nivel local.

Séptima: el fracaso de la refundación más ambiciosa del siglo pasado, el Estado de los Soviets, pesa fuertemente en la imaginación política emancipadora. Al contrario, la transformación progresista menos radical (porque es reformista) del Estado moderno: la socialdemocracia europea, sigue atrayendo a los líderes populistas del Continente, por más que las agencias del capitalismo global (BM, FMI y OMC) insisten en declararla históricamente superada.

Los movimientos indígenas de América Latina están conscientes de las dificultades, pues saben que la refundación del Estado no ocurrirá en cuanto permanezcan con vigor en la región los dos grandes sistemas de dominación y explotación: el capitalismo y el colonialismo. La distancia que toman en relación a la tradición crítica eurocéntrica deriva precisamente de no poder imaginar el fin de uno sin el fin del otro. La magnitud de la tarea muestra que la refundación del Estado es un proceso histórico de largo plazo, una parte de la transición de largo plazo analizada atrás. A lo largo de la transición irán emergiendo instituciones y mentalidades transicionales o híbridas que van anunciando lo nuevo al mismo tiempo que parecen confirmar lo viejo. Las alianzas irán cambiando así como los instrumentos de lucha. Habrá muchos pasos atrás, pero lo importante es que éstos sean menos que los pasos hacia adelante.

En el contexto actual del Continente, la refundación del Estado está más avanzada en Bolivia y Ecuador, pero los temas y problemas que suscita son importantes para toda la región y también para el mundo. En este sentido podemos hablar del continente latinoamericano como un campo avanzado de luchas anti-capitalistas y anti-colonialistas. En ese horizonte, en lo que sigue selecciono algunos temas que analizo con poco detalle, subrayando solamente en qué medida cada uno de ellos obliga a tomar distancia de la tradición crítica eurocéntrica.

a) El constitucionalismo transformador

La refundación del Estado presupone un constitucionalismo de nuevo tipo. Es un constitucionalismo muy distinto del constitucionalismo moderno que ha sido concebido por las élites políticas con el objetivo de constituir un Estado y una nación con las siguientes características: espacio geopolítico homogéneo donde las diferencias étnicas, culturales, religiosas o regionales no cuentan o son suprimidas; bien delimitado por fronteras que lo diferencian en relación al exterior y lo des-diferencian internamente; organizado por un conjunto integrado de instituciones centrales que cubren todo el territorio; con capacidad para contar e identificar a todos los habitantes; regulado por un solo sistema de leyes; y, poseedor de una fuerza coercitiva sin rival que le garantiza la soberanía interna y externa.

Contrariamente, la voluntad constituyente de las clases populares en las últimas décadas en el Continente se manifiesta a través de una vasta movilización social y política que configura un constitucionalismo desde abajo, protagonizado por los excluidos y sus aliados, con el objetivo de expandir el campo de lo político más allá del horizonte liberal, a través de una institucionalidad nueva (plurinacionalidad), una territorialidad nueva (autonomías asimétricas), una legalidad nueva (pluralismo jurídico), un régimen político nuevo (democracia intercultural) y nuevas subjetividades individuales y colectivas (individuos, comunidades, naciones, pueblos, nacionalidades). Estos cambios, en su conjunto, podrán garantizar la realización de políticas anti-capitalistas y anti-coloniales.

Los casos de Bolivia y de Ecuador ilustran, de diferentes modos, las inmensas dificultades en construir un constitucionalismo transformador. Veamos primero el caso de Bolivia.[3] Entre 2000 y 2006 el movimiento social fue el verdadero conductor del proceso político demostrando una enorme capacidad de articulación y propuesta. La más contundente fue el Pacto de Unidad, que planteó un documento coherente y un mandato de las organizaciones sociales, en especial originario indígena campesinas (CONAMAQ, CIDOB, CSUCTB, Bartolinas, colonizadores), para los constituyentes sobre el contenido y orientación política del Estado plurinacional.[4]

A partir de la elección de Evo Morales y su consagración como Presidente y como Inka (la ceremonia de Tiahuanaco),[5] el protagonismo del proceso pasó gradualmente del movimiento popular al Ejecutivo. El movimiento siguió apoyando el proceso, lo que fue crucial en ciertos momentos de casi-colapso., Pero algunas veces este apoyo fue instrumental y no siempre se tradujo en la preservación de las demandas del movimiento social popular. Podemos decir que el proceso constituyente, a la medida en que avanzó, fue cambiando las relaciones de fuerza a favor de la oposición conservadora que solamente por miopía política no pudo reivindicar la aprobación del texto final como una victoria. Las dificultades del proceso constituyente fueron múltiples y algunas se manifestaron desde el inicio; además, los cambios y accidentes que afrontó la Asamblea Constituyente significaron casi siempre retrocesos en relación al Pacto de Unidad —un modelo de concertación entre organizaciones importantes—, considerado como un mandato para los constituyentes que estaban con el proceso, muchos de ellos miembros o dirigentes de esas organizaciones.

Veamos algunas de las dificultades y accidentes: la Ley de Convocatoria a la Asamblea Constituyente no respetó la demanda de que la representación política debe expresar la plurinacionalidad, lo que implica que parte de los constituyentes debieran salir directamente de sus organizaciones (al contrario, el mecanismo de selección fue electoral); la Asamblea fue declarada originaria, pero raramente tuvo autonomía; fue desde luego bloqueada por la polémica sobre si los votos necesarios para las decisiones deberían ser mayoría absoluta o dos tercios, un bloqueo que duró siete meses; la ausencia de deliberaciones fue debilitando la Constituyente y los encuentros territoriales, si bien en parte ayudaron a relegitimar la Asamblea, al mismo tiempo profundizaron los clivajes, especialmente regionales;[6] iniciados los trabajos de las comisiones y la redacción de artículos, surgió un tema fracturante, aparentemente lateral pero que se reveló decisivo para descarrilar el proceso constituyente: la cuestión de la capitalidad (¿cuál sería la "capital plena" del país, La Paz o

---

[3] En los próximos párrafos sigo de cerca el brillante análisis del proceso constituyente boliviano realizado por el gran intelectual y constituyente Raúl Prada a publicar en 2010

[4] La experiencia del Pacto de Unidad fue sistematizada por Fernando Garcés (2009).

[5] Esta ceremonia indígena-originaria se realizó en enero de 2005 y fue replicada en enero de 2010 para el segundo mandato del reelecto Presidente Morales.

[6] Como yo mismo observé en el encuentro territorial realizado en Santa Cruz y la turbulencia que causó.

Sucre?). Con esto, un tema con fuerte carga histórica pero hoy en día poco más que una rivalidad, adquirió relevancia inusitada. Así, la decisión del MAS de que no se discuta la cuestión de la capitalidad en la Constituyente[7] provocó violencia en Sucre en contra de los constituyentes, llegando sus vidas a correr peligro por lo que debieron ser evacuados para refugiarse en el Liceo Militar a fin de seguir sesionando. Cercados por pobladores enfurecidos, corren de nuevo riesgo para sus vidas y en una acción tan vivaz cuanto desesperada deciden aprobar el texto constitucional: como no hay tiempo para leer todo el texto leen apenas el índice y consideran el texto aprobado. En este momento ya no los acompañaban los constituyentes de algunos grupos de la oposición que habían abandonado la Asamblea. El texto será leído y aprobado más tarde en la ciudad de Oruro.

Hay otro aspecto del proceso constituyente boliviano que ayuda a explicar mucho de que lo que sucedió pero que raramente es mencionado como un "accidente" del proceso: el constante racismo en contra de los constituyentes indígenas. O sea, un proceso orientado a la plurinacionalidad y la interculturalidad induce las más álgidas manifestaciones de racismo dando prueba de la gran dificultad en pasar del viejo al nuevo orden constitucional. Según Garcés, "la presencia de campesinos e indígenas en la Asamblea Constituyente no sólo se dio como evidencia de la diversidad cultural del país, sino en calidad de actores políticos. Ello contribuyó a la activación de dispositivos de discriminación racista históricamente solapados". Los testimonios de los asambleístas originarios e indígenas sobre la violencia racista sufrida en la carne y en la sangre son desgarradores. En primer lugar, queda claro el indicador que permite hacer evidente el "objeto" de ataque: la vestimenta. La pollera, el poncho, las abarcas y el sombrero son los marcadores de etnicidad que hacen visible y representan lo que debe ser anulado o segregado. Una vez identificado el objeto de desprecio, éste se concreta en acciones: cosas que se dicen y cosas que se hacen.

> A los y las asambleístas identificados e identificadas como "indios/indias" en determinado momento de la violencia desatada en Sucre se les llama analfabetos(as), mamacas, cochinos(as), sucios(as), indios(as), cholos(as), campesinos(as), collas, indios(as) de mierda, ovejas, animales, perra maldita, indígenas, incapaces. Se les conmina a que se vayan a sus casas y se les advierte que los van a descuartizar como a Túpac Katari. Se les niega el alquiler de habitaciones, la atención en restaurantes y hospitales, la venta de comida en el mercado; se les insulta, golpea, escupe, abuchea, persigue; son arrojados con plátanos y tomates (Garcés, en prensa).

Estos incidentes y contratiempos, el abandono de una parte de la oposición que básicamente no quería ninguna Constitución aunque fuese la más favorable, y la preocupación del Ejecutivo de llegar a un acuerdo con la oposición, todo esto hizo que ni siquiera la Constitución aprobada en Oruro tuviera fuerza para imponerse como la nueva Carta Magna. Entramos entonces en un proceso grave de pérdida de autonomía y de la exclusividad de la Asamblea toda vez que se organizan, a partir del Ejecutivo y del Congreso, comisiones que de hecho revisan el texto sin que tengan mandato constitucional para hacerlo. Son varios los momentos de "interferencia", desde la Comisión Multipartidaria a la Comisión de Redacción (que a la vez de corregir

---

[7] Un caso más de interferencia en los trabajos de la Constituyente, actitud de entorpecimiento que fue recurrente durante todo el proceso.

errores gramaticales e inconsistencias cambia el contenido de varios artículos), el Diálogo de Cochabamba con los prefectos..Finalmente, el Congreso se transforma, sobre las ruinas de la Asamblea Constituyente, en Congreso Constituyente y prepara la versión definitiva de la Constitución que será refrendada en Referéndum Nacional en enero de 2009.

El Congreso cambia 144 artículos y, según Raúl Prada, todas las modificaciones son de carácter conservador. Las pérdidas se producen sobre todo para el movimiento popular, indígena, originario y campesino. Entre los cambios podemos destacar los siguientes: no se define el número de circunscripciones especiales indígenas en la Asamblea Legislativa Plurinacional, reduciéndose luego a solamente siete en la Ley Electoral Transitoria; se impide la reforma agraria al determinar la no retroactividad de la ley sobre el tamaño máximo de la propiedad de la tierra; se restringe la justicia comunitaria indígena, confinándola a indígenas en sus territorios y entre sí; se altera la composición del Tribunal Constitucional Plurinacional que pasa a exigir como requisito para todos sus miembros la formación jurídica académica eurocéntrica, y apenas algunos de ellos deben tener conocimiento de los derechos indígenas.

A pesar de todas estas concesiones, la derecha miope y desmoralizada, con su maximalismo y golpismo fracasados, no puede reivindicar una victoria con la aprobación de la Constitución. Al contrario, fueron las fuerzas progresistas las que celebraron y también las organizaciones populares no siempre conscientes de los cambios conservadores introducidos en la última versión aprobada.

Considerando todos estos aspectos, Raúl Prada, uno de los constituyentes más lúcidos y activos hace así el balance del proceso constituyente: "Creo que se trata de un texto de transición, porque en realidad la Constitución crea mecanismos de transición hacia un Estado plurinacional y comunitario; es decir, un tránsito descolonizador, un tránsito hacia un nuevo mapa institucional, un tránsito hacia un Estado descentralizado administrativa y políticamente; hacia las autonomías indígenas, que es el lugar donde se plasma el Estado plurinacional. ¿Dónde está el Estado plurinacional? Realmente se encuentra en las autonomías indígenas, este es el espacio donde se produce la transformación del Estado, donde se reconoce otra institucionalidad.

Lo que no está claro es cómo la institucionalidad indígena y comunitaria va a formar parte de la organización del Estado, de un nivel central, de un Estado transversal. Estamos ante un texto constitucional avanzado porque, comparándolo con el de Ecuador, ahí se hace un enunciado sobre el Estado plurinacional, pero lo plurinacional no se repite en las otras partes de la Constitución; es solo un enunciado. En cambio en el caso boliviano, lo plurinacional, a pesar de los cortes que se hacen, reaparece en distintos lugares de la Constitución: lo plurinacional es una transversal en la composición de la Constitución y en el nuevo 'modelo de Estado'.

En todo caso, la Constitución adoptada en Bolivia no es un texto que haya terminado de resolver el gran problema de la colonización ni los grandes problemas respecto a los planteamientos populares, en relación a alternativas al capitalismo. Pero si bien no se han terminado de resolver los problemas, sí se crearon mecanismos para una transición a otras condiciones políticas, económicas, sociales, morales, éticas y jurídicas, particularmente en lo que respecta a los derechos, estableciendo enunciaciones constitucionales como base para después construir instrumentos legales e institucionales encaminados a orientar e interpretar las nuevas relaciones entre los ciudadanos y entre el Estado y la sociedad. Haciendo un balance general, se puede decir que la fuerza del proceso constituyente del 2000 al 2006 se ha plasmado en las condiciones de la correlación de fuerzas expresadas en el texto constitucional. Creo que la aprobación de la Constitución Política del Estado es una victoria del movimiento social, del movimiento indígena y del movimiento popular. Este proceso constituyente no ha terminado, continúa; la gran pelea en adelante va a ser la implementación del texto constitucional, la gran disputa hacia adelante será la interpretación y aplicación de la Constitución en la materialidad jurídica de las leyes y en la materialidad política de las instituciones. En los probables escenarios de este futuro inmediato el gran peligro es también la desconstitucionalización del texto constitucional.

Lo heroico fue que, a pesar de su diseminación y fragmentación de las comisiones, de las crisis permanentes y de las dificultades proliferantes, la Asamblea Constituyente logró mantener un hilo conductor, pudo hilvanar el tejido de los movimientos sociales en el desarrollo dramático de la propia Asamblea Constituyente; logró aprobar su texto constitucional y sobrevivió a los embates y conspiraciones de las oligarquías regionales; en fin, logró imponer su espíritu impetuoso a pesar de las ciento cuarenta y cuatro modificaciones que hizo el Congres" (2010 en prensa).

El proceso constituyente en Ecuador fue bastante más tranquilo. En el referéndum del 15 de Abril de 2007, una abrumadora mayoría se pronunció a favor de la convocatoria de un Asamblea Constituyente.[8] El partido del Presidente Correa (Alianza País) conquistó 80 de los 130 lugares en juego. Tal como en Bolivia, la Asamblea Constituyente se afirmó como ruptura en relación al pasado, como estrategia anti-sistémica —quizás más anti-sistémica que la de Bolivia por el aniquilamiento de la imagen de la clase política "tradicional" producido por Correa— y como constitucionalismo desde abajo, con una muy amplia participación popular en la presentación y la discusión de propuestas.[9] Las tensiones más fuertes en el proceso constituyente fueron de dos tipos y, a pesar de su intensidad, fue posible manejarlas dentro de la "normalidad democrática". La primera gran tensión surgió con la intervención del Presidente Correa en los trabajos de la Asamblea Constituyente, lo que contrariaba el carácter originario de la misma. De alguna manera, Correa buscaba mantener un cierto control político sobre normas constitucionales en discusión acerca de temas tan diversos como la relación entre extractivismo y ambientalismo (límites ambientales de la explotación minera), modelo económico, autonomía indígena (consulta previa o consentimiento previo para proyectos extractivistas en territorios indígenas), plurinacionalidad, derechos sexuales, aborto, etc. La posiciones más conservadoras del Presidente (más dóciles reluctantes en relación a la protección de la naturaleza, a la autonomía indígena y a los derechos sexuales) generaron un conflicto con los asambleístas más progresistas, el cual acabó por ser polarizado entre las dos más importantes personalidades del nuevo proceso político; Rafael Correa y Alberto Acosta, presidente de la Asamblea, fundador de Alianza País y miembro de su buró

---

[8] Un excelente análisis del proceso constituyente puede leerse en Franklin Ramírez (2008). Véase también Birk (2009). Sobre las cuestiones más controvertidas léase la reflexión muy comprometida y muy lucida de Alberto Acosta, que fue presidente de la Asamblea casi hasta el final (Acosta 2008).

[9] "Los niveles de discusión colectiva del proyecto constitucional no tienen antecedentes en el país. Más de dos millones de ejemplares circulan en diversos puntos de la sociedad, lo que ha abierto la ocasión para que los ciudadanos comunes se informen y debatan sobre los detalles de la nueva Carta Magna. La Constitución vigente —aprobada en 1998 en un cuartel militar y sin contar con el pronunciamiento popular— debe adquirirse en librerías especializadas" (Ramírez, 2008: 8).

político.[10] Este conflicto se agravó con la renuncia de Acosta al cargo de presidente de la Asamblea poco tiempo antes de que el proceso constituyente concluyera.[11]

La otra gran tensión, que creció con el decurso del proceso constituyente, ocurrió con los sectores conservadores —con la fuerte presencia de la alta jerarquía de la Iglesia Católica ligada al Opus Dei y el acoso mediático— en la medida que se dieron cuenta del rumbo que tomaba la orientación normativa de la Constitución y de cuánto contrariaba a sus ideologías e intereses. La batalla electoral por el referéndum sobre la nueva Constitución fue considerada, tanto por el Presidente Correa —que lideró la campaña por la Constitución— como por la oposición conservadora como "la madre de todas las batallas". El 28 de Septiembre de 2008 esa batalla terminó con una inequívoca victoria del Presidente.

Entre las razones para las diferencias entre los dos procesos constituyentes podemos subrayar las siguientes. Primero, en Bolivia el nivel de conflictividad social en el período inmediatamente anterior al proceso constituyente fue muy superior que en Ecuador. Sobre todo después de la "Guerra del Gas" (Octubre de 2003), la derecha comenzó a organizarse y encontró en la autonomía regional el eje central de su oposición. Era una agenda muy fuerte porque la fuerza política de los departamentos de la "Media Luna" (Santa Cruz, Pando, Beni y Tarija) era muy grande y muy superior a la de Guayaquil en Ecuador, donde Alianza País (AP), una fuerza de izquierda, ganara las elecciones (más del 60% de los votos), por primera vez en la historia del país. Además, el reclamo autonómico en Bolivia representaba un dilema para el MAS ya que la autonomía y el auto-gobierno eran igualmente importantes banderas indígenas, a pesar de que su orientación política estaba en las antípodas de la orientación de la "Media Luna".

Segundo, el control político de la Asamblea por parte de Alianza País en Ecuador era muy superior al control político de la Asamblea por parte del MAS en Bolivia. En Ecuador AP tenía la gran mayoría de los asambleístas y no necesitaba sino de la mayoría simple (mitad + 1) para aprobar los artículos y el texto final. Al contrario, en Bolivia el MAS tenía un mayoría menos significativa (51%) y necesitaba de una mayoría calificada (2/3 de los votos) para aprobar el texto constitucional. De hecho, uno de los primeros conflictos fue en torno al reglamento general de funcionamiento de la Asamblea y sobre todo acerca del modo de votación y aprobación. El MAS, que pretendía la votación por mayoría simple, tuvo que ceder y aceptar la mayoría calificada. Por otro lado, la Ley de Convocatoria a la Asamblea Constituyente de Marzo de 2006 ya es producto de concesiones importantes por parte del MAS a la oposición. Por ejemplo, tuvo que renunciar a su propuesta inicial de admitir la representación indígena nombrada por las autoridades indígenas (y no por vía partidaria).

Tercero, la heterogeneidad social, política y cultural de la Asamblea Constituyente fue bastante más grande en Bolivia que en Ecuador, un factor todavía más

---

[10] Este conflicto ayuda a explicar lo que va pasar con el proyecto Yasuni ITT mencionado adelante.

[11] El referéndum sobre la convocatoria determinaba que en 8 meses la nueva Constitución estaría redactada. A los 7 meses solamente 57 artículos estaban definitivamente aprobados. Acosta solicitó al Presidente dos meses más para terminar la redacción. El Presidente, invocando el deterioro de la imagen de la Asamblea en la opinión pública, forzó la renuncia de Acosta. Con el nuevo presidente, y ciertamente sin la calidad del debate en el periodo anterior, la Asamblea aprobó 387 artículos en tres semanas. El discurso de renuncia de Alberto Acosta es un documento impresionante por la manera como sintetiza las novedades o rupturas históricas de la nueva Constitución (Acosta, 2008:43-59).

importante por el tamaño desigual de las dos asambleas (255 asambleístas en Bolivia y 130 en Ecuador). En el caso boliviano la presencia indígena —junto con campesinos y sectores populares— fue protagónica en tanto que en el caso ecuatoriano fue reducida (en gran medida, las demandas indígenas fueran impulsadas por asambleístas no indígenas, en especial por el Presidente de la Asamblea).

A pesar de sus diferencias, los dos procesos constituyentes revelan con igual nitidez las dificultades de realizar, dentro del marco democrático, transformaciones políticas profundas e innovaciones institucionales que rompan con el horizonte capitalista, colonialista, liberal y patriarcal de la modernidad occidental. Si miramos más allá del laberinto de los incidentes, de los contratiempos, de la desinformación hostil en los medios, de los personalismos dramatizados, verificamos que algunos de los temas más controvertidos en los dos procesos constituyentes tuvieron algo en común. Por ejemplo, el carácter plurinacional o simplemente intercultural del Estado; el manejo de los recursos naturales y el ámbito del derecho de los pueblos indígenas (consulta previa o consentimiento previo); la cuestión autonómica; los límites de la jurisdicción indígena.

Pero incluso en temas comunes hubo diferencias de énfasis. En el caso de Bolivia, la cuestión autonómica fue particularmente polémica porque a través de ella se discutía el control político y el control de los recursos naturales. En Ecuador la victoria de Correa en Guayaquil desarmó la oposición regional a la nueva Constitución. Por otro lado, la cuestión autonómica había sido fuerte al inicio de la década. Asimismo, hubo un debate fuerte sobre la descentralización, la regionalización y las autonomías no sólo al interior de la Asamblea, sino también entre el gobierno y los municipios, las prefecturas, las juntas parroquiales y las organizaciones indígenas. En Ecuador, la especificidad mayor fueron las polémicas sobre temas que no eran constitucionales sino relativos a nueva legislación (expedida por la Asamblea mediante mandatos constituyentes) tales como nueva legislación tributaria, laboral y minera, particularmente en el caso de la última. También fue polémico el tema del derecho humano al agua y la gestión del agua (si corresponde al Estado central en base al interés público o a las comunidades de usuarios[12]).

El constitucionalismo transformador es una de las instancias (quizás la más decisiva) del uso contra-hegemónico de instrumentos hegemónicos de que hablé arriba. De las Constituciones modernas se dice frecuentemente que son hojas de papel para simbolizar la fragilidad práctica de las garantías que consagran y, en realidad, el continente latinoamericano ha vivido dramáticamente la distancia que separa lo que los anglosajones llaman la *law-in-books* y la *law-in-action*. Esto puede pasar también con el constitucionalismo transformador y su carácter contra-hegemónico, pues el hecho de asentarse en la fuerza de las movilizaciones sociales que combaten las visiones hegemónicas y logran imponer democráticamente visiones contra-hegemónicas, no necesariamente lo defiende de esa posibilidad. Las instituciones hegemónicas son la expresión de la inercia de las clases e ideas hegemónicas. Son relaciones sociales y por eso también campos de disputa, pero son asimétricas y desiguales en las posibilidades

---

[12] Para el análisis de las diferencias entre los dos procesos constituyentes mucho contribuyeron las comunicaciones personales con Agustín Grijalva (26 de Febrero 2010), Fernando Garcés y Franklin Ramírez (ambas de 27 de Febrero de 2010).

de lucha que ofrecen a los diferentes grupos o clases en disputa.[13] Por eso la movilización contra-hegemónica de las instituciones estatales presupone la existencia de un espacio-tiempo externo, "fuera" de las instituciones, donde sea posible alimentar la presión en contra de la hegemonía. Así, cualquier quiebra en la movilización puede revertir el contenido oposicional de las normas constitucionales o vaciar su eficacia práctica. A esto llamamos la des-constitucionalización de la Constitución, de lo cual hay muchos ejemplos en la región y en el mundo.

b) El Estado plurinacional

En el contexto latinoamericano, la refundación del Estado pasa en algunos casos por el reconocimiento de la plurinacionalidad.[14] Implica un desafío radical al concepto de Estado moderno que se asienta en la idea de nación cívica —concebida como el conjunto de los habitantes (no necesariamente residentes) de un cierto espacio geopolítico a quienes el Estado reconoce el estatuto de ciudadanos— y, por lo tanto, en la idea de que en cada Estado sólo hay una nación: el Estado-nación. La plurinacionalidad es una demanda por el reconocimiento de otro concepto de nación, la nación concebida como pertenencia común a una etnia, cultura o religión. En el lenguaje de los derechos humanos, la plurinacionalidad implica el reconocimiento de derechos colectivos de los pueblos o grupos sociales en situaciones en que los derechos individuales de las personas que los integran resultan ineficaces para garantizar el reconocimiento y la persistencia de su identidad cultural o el fin de la discriminación social de que son víctimas. Como lo demuestra la existencia de varios Estados plurinacionales (Canadá, Bélgica, Suiza, Nigeria, Nueva Zelanda, etc.), la nación cívica puede coexistir con varias naciones culturales dentro del mismo espacio geopolítico, del mismo Estado. El reconocimiento de la plurinacionalidad conlleva la noción de autogobierno y autodeterminación, pero no necesariamente la idea de independencia. Así lo han entendido los pueblos indígenas del Continente y los instrumentos/tratados internacionales sobre los pueblos indígenas, como por ejemplo el Convenio 169 de la OIT y más recientemente la Declaración de las Naciones Unidas Sobre los Derechos de los Pueblos Indígenas aprobada el 7 de Septiembre de 2007.

La idea de autogobierno que subyace a la plurinacionalidad tiene muchas implicaciones: un nuevo tipo de institucionalidad estatal, una nueva organización territorial, la democracia intercultural, el pluralismo jurídico, la interculturalidad, políticas públicas de nuevo tipo (salud, educación, seguridad social), nuevos criterios de gestión pública, de participación ciudadana, de servicio y de servidores públicos. Cada una de ellas constituye un desafío a las premisas en que se asienta el Estado moderno. Antes de ver brevemente cada una de estas implicaciones es necesario tener en cuenta que el reconocimiento de la plurinacionalidad significa otro proyecto de país, otros fines de la acción estatal y otros tipos de relación entre el Estado y la sociedad. El reconocimiento de las diferencias nacionales o culturales no implica

---

[13] Esta realidad está implícita en la formulación un tanto enigmática de Zavaleta: "todas las instituciones son formas organizadas de los fracasos humanos" (1983a: 11).

[14] Lo mismo pasa hoy en algunos países de África, donde la plurinacionalidad suele ser designada como federalismo étnico. Véase Akiba (ed.) (2004: 121-155); Keller, (2002: 33-34); Berman, Eyoh y Kymlicka, (eds.) (2004).

una yuxtaposición de cosmovisiones sin reglas o un hibridismo o eclecticismo sin principios. Al contrario, incluye jerarquías entre ellas: dentro de la misma cultura o nación puede preferir algunas versiones en detrimento de otras, ya que las diferentes naciones o identidades culturales en presencia están lejos de ser homogéneas.

c) Proyecto de país

El sentido político de la refundación del Estado deriva del proyecto de país consagrado en la Constitución.[15] Cuando, por ejemplo, las Constituciones de Ecuador y Bolivia[16] consagran el principio del buen vivir (*Sumak Kawsay* o *Suma Qamaña*) como paradigma normativo de la ordenación social y económica, o cuando la Constitución de Ecuador consagra los derechos de la naturaleza entendida según la cosmovisión andina de la *Pachamama*,[17] definen que el proyecto de país debe orientarse por caminos muy distintos de los que conducirán a las economías capitalistas, dependientes, extractivistas y agro-exportadoras del presente. En estas Constituciones, en cambio, se

---

[15] En el caso de Ecuador tres libros importantes han sido organizados por Alberto Acosta y Esperanza Martínez: *Plurinacionalidad: democracia en la diversidad; El Buen Vivir: Una vía para el Desarrollo; Derechos de la Naturaleza: el futuro es ahora*. Todos publicados en Quito por Abya-Yala en 2009. Son tres libros de intervención política en los que con aportes varios se busca trazar los rasgos más importantes del proyecto de país. Véase tambien Walsh, 2009.

[16] **Constitución de Ecuador de 2008**

Artículo 275

El régimen de desarrollo es el conjunto organizado, sostenible y dinámico de los sistemas económicos, políticos, socio-culturales y ambientales, que garantizan la realización del buen vivir, del Sumak Kawsay. El Estado planificará el desarrollo del país para garantizar el ejercicio de los derechos, la consecución de los objetivos del régimen de desarrollo y los principios consagrados en la Constitución. La planificación propiciará la equidad social y territorial, promoverá la concertación, y será participativa, descentralizada, desconcentrada y transparente. El buen vivir requerirá que las personas, comunidades, pueblos y nacionalidades gocen efectivamente de sus derechos, y ejerzan responsabilidades en el marco de la interculturalidad, del respeto a sus diversidades, y de la convivencia armónica con la naturaleza.

Constitución de Bolivia de 2009

Artículo 306

I. El modelo económico boliviano es plural y está orientado a mejorar la calidad de vida y el vivir bien de todas las bolivianas y los bolivianos.

II. La economía plural está constituida por las formas de organización económica comunitaria, estatal, privada y social cooperativa.

III. La economía plural articula las diferentes formas de organización económica sobre los principios de complementariedad, reciprocidad, solidaridad, redistribución, igualdad, seguridad jurídica, sustentabilidad, equilibrio, justicia y transparencia. La economía social y comunitaria complementará el interés individual con el vivir bien colectivo.

IV. Las formas de organización económica reconocidas en esta Constitución podrán constituir empresas mixtas.

V. El Estado tiene como máximo valor al ser humano y asegurará el desarrollo mediante la redistribución equitativa de los excedentes económicos en políticas sociales, de salud, educación, cultura, y en la reinversión en desarrollo económico productivo.

Artículo 307

El Estado reconocerá, respetará, protegerá y promoverá la organización económica comunitaria. Esta forma de organización económica comunitaria comprende los sistemas de producción y reproducción de la vida social, fundados en los principios y visión propios de las naciones y pueblos indígena originario campesinos.

[17] **Constitución de Ecuador**

Art. 71

privilegia un modelo económico-social solidario y soberano (León, 2009: 65; Acosta, 2009a: 20), asentado en una relación armoniosa con la naturaleza que, en la formulación de Eduardo Gudynas (2009:39), deja de ser un capital natural para convertirse en un patrimonio natural. Esto no niega que la economía capitalista sea acogida en la Constitución, pero impide (lo que es mucho) que las relaciones capitalistas globales determinen la lógica, la dirección y el ritmo del desarrollo nacional.[18] [19] De la misma manera, no impide que la unidad nacional siga siendo celebrada e intensificada; impide solamente (lo que es mucho) que en nombre de la unidad se desconozca o desvalorice la plurinacionalidad.[20]

Tanto en estos como en otros dominios las opciones constitucionales dan orientaciones, unas más inequívocas que otras, al legislador ordinario, a los movimientos sociales y a los ciudadanos sobre cómo organizar el espacio público y el espacio privado, las instituciones político-administrativas y las relaciones sociales y culturales; en fin, cómo posicionar el proyecto y el debate civilizatorios en el ámbito cotidiano. Los casos de Bolivia y Ecuador son particularmente complejos en este dominio ya que la idea de plurinacionalidad está tan marcada por las identidades culturales como por la demanda de control de los recursos naturales. En Bolivia, esta última es la demanda por la nacionalización de los recursos, una lucha que viene, por lo menos, desde la Revolución de 1952 y que vuelve a ser central en la llamada "Guerra del Agua" (2000) y en la "Guerra del Gas" (2003). En este proceso hay una construcción de la nación boliviana desde abajo, que Zavaleta formuló de manera esencial con el concepto de lo nacional-popular. La idea de nación boliviana es extraña a las oligarquías, no a las clases populares; por eso no hay necesariamente una contradicción entre nacionalización de los recursos naturales y plurinacionalidad. Al adoptar ambas demandas, el movimiento indígena funda su acción en la idea de que solamente un Estado plurinacional puede "hacer" nación ante el extranjero (venas cerradas) y, al mismo tiempo, hacer "nación" contra el colonialismo interno. La pluralidad de

---

La naturaleza o Pachamama, donde se reproduce y realiza la vida, tiene derecho a que se respete integralmente su existencia y el mantenimiento y regeneración de sus ciclos vitales, estructura, funciones y procesos evolutivos.

[18] **Constitución de Bolivia**

Artículo 8

I. El Estado asume y promueve como principios ético-morales de la sociedad plural: ama qhilla, ama llulla, ama suwa (no seas flojo, no seas mentiroso ni seas ladrón), suma qamaña (vivir bien), ñandereko (vida armoniosa), teko kavi (vida buena), ivi maraei (tierra sin mal) y qhapaj ñan (camino o vida noble).

II. El Estado se sustenta en los valores de unidad, igualdad, inclusión, dignidad, libertad, solidaridad, reciprocidad, respeto, complementariedad, armonía, transparencia, equilibrio, igualdad de oportunidades, equidad social y de género en la participación, bienestar común, responsabilidad, justicia social, distribución y redistribución de los productos y bienes sociales, para vivir bien.

[19] Magdalena León (2009:64) muestra que el Sumak Kawsay habrá de convivir con economías regidas por la acumulación y estará presente en formas de economía solidaria y de economía de cuidado (protagonizada por mujeres en condiciones de subordinación).

[20] **Constitución de Bolivia**

Artículo 3

La nación boliviana está conformada por la totalidad de las bolivianas y los bolivianos, las naciones y pueblos indígena originario campesinos, y las comunidades interculturales y afrobolivianas que en conjunto constituyen el pueblo boliviano.

la nación es el camino para construir la nación de la plurinacionalidad.[21] Por eso la plurinacionalidad no es la negación de la nación sino el reconocimiento de que la nación está inconclusa. La polarización entre nación cívica y nación étnico-cultural es un punto de partida, pero no necesariamente un punto de llegada. El propio proceso histórico puede conducir a conceptos de nación que superen esa polarización. La creación de campos "internacionales" internos a los países puede ser una nueva forma de experimentalismo político transmoderno.

d) Nueva institucionalidad

La plurinacionalidad implica el fin de la homogeneidad institucional del Estado.[22] La heterogeneidad puede ser interna o externa. Es interna siempre que en el seno de la misma institución estén presentes diferentes modos de pertenencia institucional en función de los derechos colectivos. Es externa siempre que la dualidad institucional paralela y/o asimétrica sea la vía para garantizar el reconocimiento de las diferencias. Hay así dos tipos de diferencias derivadas del reconocimiento de la plurinacionalidad: las que pueden ser plasmadas en el seno de las mismas instituciones (compartidas) y las que exigen instituciones distintas (duales).

Ejemplo de institución compartida es la recién electa[23] Asamblea Legislativa Plurinacional de Bolivia, donde están reconocidas siete circunscripciones especiales indígena originario campesinas, cuyos representantes son nombrados en principio según normas y procedimientos propios de la nación de donde provienen, aunque su postulación como candidatos se hace mediante organizaciones políticas.[24] Es decir, el carácter plurinacional de la Asamblea Nacional no deriva de la presencia por vía electoral de representantes de varias culturas o naciones, sino mediante la equivalencia entre los diferentes criterios de representación política de las diferentes culturas o naciones. Lo que hoy es un absurdo desde el punto de vista de la cultura política liberal, puede mañana ser aceptado como una práctica de igualdad en la diferencia; y no habrá que excluir la posibilidad de que con el pasar del tiempo las diferencias entre las varias formas de representación sean atenuadas, sino en sus principios básicos, por lo menos en las prácticas políticas en que se traducen. La

---

[21] Tiene así razón Luis Tapia cuando afirma que "por eso pueden coexistir críticas a la idea de Estado homogéneo con la demanda y proyecto de nacionalización que es tal vez la idea con más consenso hoy en Bolivia" (2008:67).

[22] Los desafíos son enormes y están bien identificados y analizados en un estudio notable: *El estado del Estado en Bolivia*, editado por José Luis Exeni, 2007. Dice Exeni, en el Informe Nacional sobre Desarrollo Humano sobre la complejidad de la nueva arquitectura político-institucional: "Aquí radica quizás el mayor desafío y dificultad en términos de diseño de reglas formales e incorporación de prácticas informales a fin de redefinir la cuestión democrática y la representación política no sólo en su dimensión de autorización sino, en especial, en materia de control social y rendición de cuentas, por un lado, y en la expresión de la diferencia y la representación de identidades múltiples, por otro" (2007: 486).

[23] En las Elecciones Generales del 6 de diciembre de 2009, en el marco de la nueva Constitución Política del Estado, se eligió en Bolivia la Asamblea Legislativa Plurinacional (en reemplazo del hasta ahora existente Congreso Nacional), compuesta por 36 senadores y 130 diputados, 7 de los cuales se eligieron en circunscripciones especiales indígena originario campesinas.

[24] El proceso político que, en el Régimen Electoral Transitorio, negociación tras negociación, condujo a este número (inicialmente mayor) muestra la asimetría, en este caso a favor del sistema eurocéntrico de representación política: o sea, los criterios de representación son menos plurinacionales que la plurinacionalidad representada.

evaluación política de estos procesos de hibridación debe ser hecha con base en los niveles y cualidad de inclusión y de participación que producen.

Otro ejemplo será el nuevo Tribunal Constitucional Plurinacional, una institución clave en un Estado plurinacional ya que le competerá resolver algunos de los conflictos más complejos resultantes de la coexistencia y convivencia de las varias naciones en el mismo espacio geopolítico. Para ser verdaderamente plurinacional no basta que el Tribunal incorpore diferentes nacionalidades; es necesario que el proceso mismo de su conformación sea plurinacional.[25] En el caso de Ecuador el antiguo Tribunal Constitucional se ha convertido en la Corte Constitucional prevista en la nueva Constitución y con los poderes otorgados por ella. Funcionará con la composición que tenía antes hasta que los mecanismos constitucionales de nombramiento de jueces sean creados.[26] La Corte Constitucional (por ahora designada Corte Constitucional para el Periodo de Transición) ha asumido en pleno sus nuevos poderes.[27]

La heterogeneidad institucional interna se aplica a muchas otras instituciones: de agencias de planificación a las agencias que financian la investigación científica, de las fuerzas armadas a la policía, del sistema de salud al sistema de educación.

Un tercer ejemplo de una institución compartida de importancia crucial para la construcción de la nueva democracia boliviana es el *Órgano Electoral Plurinacional* (art. 245 y siguientes), que es el cuarto órgano de soberanía al lado del Legislativo, Ejecutivo y Judicial. Su competencia general consiste en controlar y supervisar los procesos de representación política. Más que una competencia es un desafío muy exigente dada la complejidad de la representación política en la nueva Constitución.

---

[25] El Artículo 197 de la Constitución boliviana establece que "el Tribunal Constitucional Plurinacional estará integrado por Magistradas y Magistrados elegidos con criterios de plurinacionalidad, con representación del sistema ordinario y del sistema indígena originario campesino".

[26] La justificación de esta decisión, tomada en faz de las deficiencias y omisiones del Régimen de Transición, consta en el Oficio Nº 002-CC-SG de 21 de Octubre de 2008, publicado en el Registro Oficial, Nº 451, de 22 de Octubre del 2008.

[27] Una de la sentencias más notables de este nuevo periodo fue redactada por Nina Pacari y se refiere a una acción por incumplimiento presentada por los representantes de la Universidad Intercultural de las Nacionalidades y Pueblos Indígenas "AMWTAY WASI" en contra del CONESUP (Consejo Nacional de Educación Superior). La Universidad presentó una propuesta para abrir tres programas en diferentes regiones del país que fue rehusada por el CONESUP con el argumento de que la Universidad tenía su sede en Quito y que allí debían ser impartidos sus programas. En su demanda a la Corte, la Universidad invocó que el CONESUP había considerado y tratado a la universidad indígena como una universidad convencional y que con eso violaba los derechos colectivos de los pueblos indígenas consagrados en la Constitución y en los tratados internacionales, particularmente su derecho a establecer instituciones de educación en sus propios idiomas y en consonancia con sus métodos culturales de enseñanza y aprendizaje. La Corte decidió a favor de los demandantes con una argumentación de alto nivel jurídico y político-cultural centrada en dos ejes fundamentales: la diferencia jurídico-política y la diferencia epistemológica o cognitiva. Por un lado, las normas constitucionales e internacionales reconocen la especificidad cultural de la educación indígena y por eso sus métodos no pueden quedar sometidos a un criterio extraño a su realidad y cosmovisión. Por otro lado, el conocimiento es epistemológicamente distinto ya que, al contrario del conocimiento científico occidental, no se produce en "centros" sino en las comunidades mismas: "bajo una cosmovisión completamente diferente de la convencional, en donde la persona va hasta un centro de estudios en busca de conocimiento, cuando, en estas realidades de los pueblos indígenas, el conocimiento está en la naturaleza, en los mismos pueblos, en su entorno; en consecuencia, el centro de estudios debe trasladarse hasta aquellos lugares para recibir y nutrirse, juntamente con los mismos pueblos, de sus "saberes o conocimientos" (Caso Nº 0027-09-AN, con sentencia de 9 de diciembre de 2009). Una hoja de ruta para lo que debe ser una verdadera justicia intercultural, en la mejor tradición de la justicia intercultural del Continente de que fue pionera la Corte Constitucional de Colombia en la década de 1990. (NE- A sentença encontra-se incluída nesta coletânea).

Incluye no solamente diferentes escalas de democracia representativa (nacional, departamental, municipal), sino también diferentes formas de organización de intereses (partidos y agrupaciones ciudadanas) y diferentes formas de democracia (representativa, participativa y comunitaria). Además, la competencia del Órgano Electoral va hasta el punto de regular y fiscalizar la democracia interna de las organizaciones políticas y supervisar las normas y procedimientos propios en los pueblos y naciones indígena originario campesinos. La composición del Órgano en sí misma debe expresar la naturaleza plurinacional del Estado y por eso la Constitución establece la obligatoria presencia de autoridades electorales indígena originario campesinos (al menos dos a nivel nacional y uno en cada departamento).

Como dice José Luis Exeni (2009), que fue presidente de la Corte Nacional Electoral hasta el 1º mayo de 2009, no será fácil regular la construcción democrática del nuevo modelo de Estado que acoge la realidad socio-política de 36 naciones y pueblos indígena originario campesinos (y además, las comunidades interculturales y afro-bolivianas) y es caracterizado en la Constitución con once adjetivos-atributos: unitario, social, de derecho, plurinacional, comunitario, libre, independiente, soberano, democrático, intercultural, descentralizado y con autonomías. Y se pregunta: "¿cómo cimentar una *democracia de alta intensidad* (a la boliviana) que logre asentar institucionalmente, bajo el principio de autoridad compartida, el desafío de la demo-diversidad? ¿Cómo superar ese perverso triángulo latinoamericano de democracia electoral, desigualdad y pobreza? ¿Qué implica esto, en un horizonte de experimentalismo constitucional, para la estructura y alcance del régimen político y, en especial, de la institucionalidad electoral boliviana? Concretamente: ¿sobre qué bases principistas y normativas habrá que situar el desarrollo legislativo permanente del régimen electoral, en general, y del órgano electoral, en especial, a partir de la pronta conformación de la Asamblea Legislativa Plurinacional? (2010).

Un ejemplo de instituciones duales, en tanto, son las autonomías territoriales (ver abajo). La Constitución de Bolivia, en su apartado acerca de la Estructura y organización territorial del Estado, reconoce cuatro tipos de autonomías: departamental, regional, municipal e indígena originario campesina. La Constitución de Ecuador, en tanto, reconoce cinco gobiernos autonómicos (Art 238) y prevé la creación de circunscripciones territoriales indígenas y pluriculturales con regímenes especiales (Art. 242). Hay una dualidad entre las diferentes formas de autonomía ya que solamente la indígena (o pluricultural, en el caso ecuatoriano) puede invocar el pluralismo jurídico. Si bien las diferentes formas de autonomía tienen facultades legislativas-normativas, solamente la indígena, en el marco de su libre determinación, posee autonomía jurídica, que deriva del reconocimiento constitucional del derecho ancestral.[28]

De hecho, el pluralismo jurídico (derecho ancestral, por un lado, y derecho eurocéntrico, por otro) es otro caso de dualidad institucional, como veremos en el siguiente apartado.

---

[28] Artículo 2 de la Constitución Política del Estado Plurinacional de Bolivia

Dada la existencia precolonial de las naciones y pueblos indígena originario campesinos y su dominio ancestral sobre sus territorios, se garantiza su libre determinación en el marco de la unidad del Estado, que consiste en su derecho a la autonomía, al autogobierno, a su cultura, al reconocimiento de sus instituciones y a la consolidación de sus entidades territoriales.

e) El pluralismo jurídico

La simetría liberal moderna —todo el Estado es de derecho y todo el derecho es del Estado— es una de las grandes innovaciones de la modernidad occidental. Es también una simetría muy problemática no solamente porque desconoce toda la diversidad de derechos no-estatales existentes en las sociedades, sino también porque afirma la autonomía del derecho en relación a lo político en el mismo proceso en que hace depender su validez del Estado.[29]

El constitucionalismo plurinacional constituye una ruptura con este paradigma al establecer que la unidad del sistema jurídico no presupone su uniformidad. En el marco de la plurinacionalidad, el reconocimiento constitucional de un derecho indígena ancestral —ya presente en varios países del Continente— adquiere un sentido todavía más fuerte: es una dimensión central no solamente de la interculturalidad, sino también del autogobierno de las comunidades indígenas originarias. Los dos o tres sistemas jurídicos —eurocéntrico, indocéntrico y, en algunos países o situaciones, afrocéntrico— son autónomos pero no incomunicables; y las relaciones entre ellos constituyen un desafío exigente. Después de dos siglos de supuesta uniformidad jurídica no será fácil para los ciudadanos, organizaciones sociales, actores políticos, servicios públicos, abogados y jueces adoptar un concepto más amplio de derecho que, al reconocer la pluralidad de órdenes jurídicos, permita desconectar parcialmente el derecho del Estado y reconectarlo con la vida y la cultura de los pueblos.[30]

Estarán en presencia y en conflicto dos tipos de legalidad que en otro lugar llamé la legalidad demoliberal y la legalidad cosmopolita (Santos 2009b:542-611). El contraste entre los dos se realza mejor por los tipos de sociabilidad de la zona de contacto entre diferentes universos culturales que cada paradigma jurídico tiene tendencia a privilegiar o sancionar. Distingo cuatro clases de sociabilidad: violencia, coexistencia, reconciliación y convivialidad. La *violencia* es el tipo de encuentro en el que la cultura dominante reivindica un control total sobre la zona de contacto y, como tal, se siente legitimada para suprimir, marginar o incluso destruir la cultura subalterna y su derecho. La *coexistencia* es la sociabilidad típica del *apartheid* cultural, en la que se permite que las diferentes culturas jurídicas se desarrollen por separado y según una jerarquía muy rígida y en la que los contactos, entremezclas o las hibridaciones, se evitan firmemente o se prohíben por completo. En este caso se admiten derechos paralelos pero con estatutos totalmente asimétricos que garantizan simultáneamente la jerarquía y la incomunicabilidad. La *reconciliación* es la clase de sociabilidad que se fundamenta en la justicia restaurativa, en sanar los agravios del pasado. Es una sociabilidad orientada en el pasado en lugar de hacia el futuro. Por esta razón, los desequilibrios de poder del pasado con frecuencia se permite que

---

[29] La distancia entre esta simetría liberal y la realidad jurídico-política de las sociedades está en la base de dos de los debates centrales de la sociología del derecho. El debate sobre el pluralismo jurídico: ¿cómo es posible conciliar la postulada unicidad del derecho (oficial) con la pluralidad real de diferentes sistemas jurídicos (no-oficiales) en la sociedad? Y el debate sobre la autonomía del derecho: ¿qué tipo de Estado subyace a la autonomía del derecho? ¿Autonomía en relación a qué? ¿Cuáles son las condiciones políticas para que la autonomía del derecho no sea totalmente imposible o totalmente fraudulenta? Véase Santos, 2009b: 29-51; Yrigoyen (2004).

[30] Se puede anticipar los difíciles desafíos de la interpretación intercultural del derecho, como un ejemplo entre muchos, a partir de la noción de derecho de los guaraníes: Tekomboe Yiambae, que significa "costumbres sin dueños".

continúen reproduciéndose a sí mismos bajo nuevas apariencias. Los sistemas de derecho en presencia se comunican según reglas que conciben, por ejemplo, el derecho comunitario o indígena como supervivencia residual de un pasado en vías de superación Por último, la *convivialidad* es, en cierto modo, una reconciliación orientada al futuro. Los agravios del pasado se han saldado de tal forma que se facilitan las sociabilidades que se fundamentan en intercambios tendencialmente iguales y en la autoridad compartida. Los diferentes universos jurídicos son tratados como visiones alternativas de futuro que, cuando entran en conflicto, aceptan un modus vivendi definido según reglas constitucionales consensuadas.

Cada una de esas sociabilidades es tanto productora como producto de una constelación jurídica concreta. Una constelación jurídica dominada por el demoliberalismo tiende a lo máximo, a favorecer la reconciliación y, muchas veces, se queda en la coexistencia o incluso la violencia. Una constelación jurídica dominada por el cosmopolitismo tiende a favorecer la convivialidad. Solamente esta última respeta el principio de la plurinacionalidad.

El reconocimiento oficial de esta convivialidad implica cambios, tanto para el derecho ancestral (internamente muy diverso), como para el derecho eurocéntrico. Los límites constitucionales de las jurisdicciones indígenas (límites personales, materiales y territoriales) no bastan para eliminar conflictos en un marco normativo que ya no es de legalidad sino de inter-legalidad. La solución de tales conflictos será siempre precaria, riesgosa y provisoria, pues obliga a la traducción intercultural (¿qué es "debido proceso" en el derecho ancestral?, ¿puede un sueño ser fundamento de legítima defensa?). Pero tal es el camino de la dignidad y del respeto recíprocamente compartidos, el camino de la descolonización. Dentro y fuera del campo jurídico, instituciones y prácticas de intermediación surgirán y la más importante de todas será el Tribunal Constitucional Plurinacional, en el caso de Bolivia, y la Corte Constitucional, en el caso de Ecuador.

En su Artículo 30, la Constitución de Bolivia establece un vasto conjunto de derechos de las naciones y pueblos indígena originario campesinos. Es la expresión constitucional de la correspondencia, por primera vez en la historia del país, entre la fuerte presencia poblacional y el protagonismo político de los pueblos indígenas.[31] Entre los derechos está el derecho a la jurisdicción propia cuyo ámbito está definido en los Artículos 190, 191 y 192.[32] En la Constitución de Ecuador están igualmente

---

[31] En tiempos recientes la justicia indígena en Bolivia ha sido demonizada por los medios de comunicación debido a la ocurrencia de algunos casos de justicia privada o de autotutela ejercidos con bastante violencia. Las autoridades indígenas han denunciado esas prácticas como ajenas a la justicia indígena que antes de todo se caracteriza por la búsqueda de mecanismos de reintegración social y de reparación del daño.

[32] **Artículo 190.**
I. Las naciones y pueblos indígena originario campesinos ejercerán sus funciones jurisdiccionales y de competencia a través de sus autoridades, y aplicarán sus principios, valores culturales, normas y procedimientos propios.
II. La jurisdicción indígena originaria campesina respeta el derecho a la vida, el derecho a la defensa y demás derechos y garantías establecidos en la presente Constitución.
Artículo 191.
I. La jurisdicción indígena originario campesina se fundamenta en un vínculo particular de las personas que son miembros de la respectiva nación o pueblo indígena originario campesino.
II. La jurisdicción indígena originario campesina se ejerce en los siguientes ámbitos de vigencia personal, material y territorial:

reconocidos los derechos de los pueblos y nacionalidades indígenas (Art. 57) y la jurisdicción indígena (Art. 171).[33]

Sin embargo, la comparación de las dos soluciones constitucionales revela que hay bastantes semejanzas entre ellas. En ambos casos la jurisdicción indígena debe respetar los derechos y garantías consagrados en la Constitución, y en el caso de Ecuador se hace la exigencia de igual participación de las mujeres, una exigencia ya prevista en el proyecto constitucional de la CONAIE. La vigencia personal, material y territorial de la jurisdicción indígena es igualmente semejante. La jurisdicción indígena se aplica exclusivamente a los indígenas, lo que suscita el problema de la jurisdicción aplicable cuando los conflictos envuelven indígenas y no indígenas, lo que ocurre frecuentemente. Por otro lado, la jurisdicción indígena se aplica en los territorios indígenas, lo que suscita dos problemas. El primero es la delimitación del territorio que en muchos casos puede no ser muy clara. El segundo es el problema de los conflictos entre indígenas cuando ocurren fuera del territorio. La Constitución de Ecuador habla de conflictos internos. La formulación boliviana es más amplia y explicita: "se aplica a las relaciones y hechos jurídicos que se realizan o cuyos efectos se producen dentro de la jurisdicción de un pueblo indígena originario campesino". O sea, admite que la jurisdicción se aplica fuera del territorio cuando los conflictos entre indígenas vulneren los bienes jurídicos indígenas (con efectos dentro del territorio). En cuanto a la vigencia material, la Constitución de Bolivia establece que la jurisdicción indígena conoce asuntos indígenas "de conformidad a lo establecido en una Ley de Deslinde Jurisdiccional", lo que significa que hasta que la ley sea promulgada (cuya necesidad o constitucionalidad es dudosa) la vigencia material es general, como en

---

1. Están sujetos a esta jurisdicción los miembros de la nación o pueblo indígena originario campesino, sea que actúen como actores o demandado, denunciantes o querellantes, denunciados o imputados, recurrentes o recurridos.

2. Esta jurisdicción conoce los asuntos indígena originario campesinos de conformidad a lo establecido en una Ley de Deslinde Jurisdiccional.

3. Esta jurisdicción se aplica a las relaciones y hechos jurídicos que se realizan o cuyos efectos se producen dentro de la jurisdicción de un pueblo indígena originario campesino.

Artículo 192.

I. Toda autoridad pública o persona acatará las decisiones de la jurisdicción indígena originaria campesina.

II. Para el cumplimiento de las decisiones de la jurisdicción indígena originario campesina, sus autoridades podrán solicitar el apoyo de los órganos competentes del Estado.

III. El Estado promoverá y fortalecerá la justicia indígena originaria campesina. La Ley de Deslinde Jurisdiccional, determinará los mecanismos de coordinación y cooperación entre la jurisdicción indígena originaria campesina con la jurisdicción ordinaria y la jurisdicción agroambiental y todas las jurisdicciones constitucionalmente reconocidas.

[33] **Artículo 171.**

Las autoridades de las comunidades, pueblos y nacionalidades indígenas ejercerán funciones jurisdiccionales, con base en sus tradiciones ancestrales y su derecho propio, dentro de su ámbito territorial, con garantía de participación y decisión de las mujeres. Las autoridades aplicarán normas y procedimientos propios para la solución de sus conflictos internos, y que no sean contrarios a la Constitución y a los derechos humanos reconocidos en instrumentos internacionales.

El Estado garantizará que las decisiones de la jurisdicción indígena sean respetadas por las instituciones y autoridades públicas. Dichas decisiones estarán sujetas al control de constitucionalidad. La ley establecerá los mecanismos de coordinación y cooperación entre la jurisdicción indígena y la jurisdicción ordinaria.

Ecuador. Por último, las dos **Constituciones** prevén la creación de mecanismos de coordinación y cooperación **entre la** justicia indígena y la justicia ordinaria.[34]

Muy probablemente **muchos** de los conflictos entre la jurisdicción indígena y la jurisdicción ordinaria **terminarán siendo** solucionados por las cortes constitucionales como ocurre en Colombia.

f) La nueva territorialidad

El Estado liberal **moderno es** la construcción política de la descontextualización moderna del mundo **de vida.** En la ciencia o en el derecho lo universal es lo que es válido independien**temente** del contexto. La credibilidad de lo universal es fortalecida por metáforas de **homog**eneidad, igualdad, atomización, indiferenciación. Las dos más importantes **son la** sociedad civil y el territorio nacional. La primera nivela las poblaciones; la **segunda,** el espacio geopolítico. Las dos se corresponden, pues solamente gente indif**erenciada** puede vivir en un espacio indiferenciado. Esta construcción, tan hegemónica **cuanto** arbitraria, convierte la realidad sociológica, política y cultural en un des**vío inevi**table que debe ser mantenido dentro de límites políticamente tolerables. **Cuanto más** grave o amenazador es considerado el desvío y cuanto más exigente sea **el criterio** de tolerabilidad política, más autoritaria y excluyente será la democracia **liberal.**

El constitucionalismo **plurin**acional rompe radicalmente con esta construcción ideológica. Por un lado, la **sociedad** civil, sin ser descartada, es re-contextualizada por el reconocimiento de la **exist**encia de comunidades, pueblos, naciones y nacionalidades. Por otro lado, **el t**erritorio nacional pasa a ser el marco geoespacial de unidad y de integridad **que** organiza las relaciones entre diferentes territorios geopolíticos y geoculturales, **según** los principios constitucionales de la unidad en la diversidad y de la **integridad con** reconocimiento de autonomías asimétricas. La asimetría entre las autonom**ías reside** en el factor generativo que las sustenta: 1) el factor político-administra**tivo de la** descentralización y de la justicia regional o 2) el factor político-cultural de la **plurin**acionalidad y de la justicia histórica (en el caso de las autonomías indígena **originario** campesinas). En el último caso la autonomía del territorio tiene una just**ificación** y una densidad histórico-cultural especificas. De hecho, al ser anterior al **Estado** moderno, no es el territorio que debe justificar su autonomía, sino el Estado **que debe** justificar los límites que le impone en nombre del interés nacional (del cual **hace** parte, paradójicamente, el interés en la promoción de las autonomías).[35]

En las elecciones depar**tamen**tales y municipales de Bolivia realizadas el 4 de Abril de 2010 se ha dado un **paso** decisivo en la construcción del Estado Plurinacional a través de las autonomías **depar**tamentales, regionales, municipales e indígenas. Se eligieron por primera vez **gobern**adores y asambleas departamentales, además de la elección de alcaldes y conce**jales** municipales. El carácter plurinacional del Estado estuvo expresado en la **elección** directa de 23 asambleístas departamentales de las

---

[34] Sobre la justicia indígena en la **nueva Constitución** de Ecuador véase Grijalva (2008).

[35] Un dirigente de la CONAMAQ **(Consejo** Nacional de Ayllus y Markas del Qullasusyu) formuló así la diferencia entre los diferentes **tipos de** autonomía: "la autonomía indígena es la sabiduría; la autonomía departamental es el desarrollo" **(Seminario** Sobre Autonomía Indígena, Cochabamba, 8 de octubre 2009).

naciones y pueblos indígena originario campesinos que son minoría poblacional en los respectivos Departamentos del país. Se trata del tercer avance concreto luego de la elección (por voto), en diciembre de 2009, de siete diputados indígenas en circunscripciones especiales y la aprobación en referéndum de la conformación de once autonomías indígenas (de alcance municipal). Las naciones y pueblos indígenas registraron ante el órgano electoral las normas y procedimientos propios mediante los cuales eligieron, designaron o nominaron a sus asambleístas. La diversidad de estas normas y procedimientos propios para la elección o designación de sus representantes (véase el cuadro en el Apéndice) constituye una poderosa afirmación de la demodiversidad y de la democracia intercultural.[36]

Los factores generativos de las autonomías son decisivos para determinar el tipo de control que el Estado central puede legítimamente ejercer dentro de los territorios autónomos. Como es sabido, las autonomías indígenas disponen de un cuadro jurídico internacional,[37] reconocido por los Estados plurinacionales, que entre otras cosas regula el control de los recursos naturales y el reparto de los beneficios de su explotación. En esto consiste el carácter intensamente controvertido de las autonomías indígenas, sobre todo considerando que estos recursos están predominantemente en territorios indígenas. Lo que está en cuestión no es la "etnicización" de la riqueza (de la etnicización de la pobreza hay demasiada prueba histórica ya que es el código genético del colonialismo), sino un nuevo y más inclusivo criterio de solidaridad nacional. La demanda de justicia histórica no es otra cosa que la denuncia de la brutal falta de solidaridad nacional a lo largo de siglos. ¿Cómo explicar el hecho de que los más pobres vivan en los territorios donde hay más riqueza? Hay que reinventar la solidaridad con base en principios verdaderamente postcoloniales: acciones afirmativas o de discriminación positiva a favor de las comunidades indígena originario campesinas, como prerrequisito de la solidaridad plurinacional.

g) Nueva organización del Estado y nuevas formas de planificación

Todos los cambios hasta ahora mencionados que derivan de la idea de Estado Plurinacional obligan a una nueva organización del Estado en sí mismo, o sea, en cuanto conjunto de instituciones políticas y administrativo-burocráticas de gestión pública y de planificación.[38] Es verdaderamente a este nivel que se puede evaluar en qué medida el principio de la plurinacionalidad está presente en el nuevo

---

[36] Comunicacion personal de José Luis Exeni R. (8 de Abril de 2010).

[37] Convenio 169 de la OIT y Declaración de las Naciones Unidas Sobre los Derechos de los Pueblos Indígenas aprobada el 7 de Septiembre de 2007.

[38] En las dos Constituciones (Bolivia y Ecuador) hay una cierta obsesión *adjetivante* en distinguir el nuevo Estado de la matriz liberal moderna.
Constitución de Bolivia
Art 1
Bolivia se constituye en un Estado unitario social de derecho, plurinacional, comunitario, libre, independiente, soberano, democrático, intercultural, descentralizado y con autonomías.
Constitución de Ecuador
Art 1
El Ecuador es un Estado constitucional de derechos y justicia social, democrático, soberano, independiente, unitario, intercultural, plurinacional y laico.

pacto político y en qué medida este principio es relativizado y articulado con otros principios. Una comparación sistemática de las dos Constituciones muestra que la plurinacionalidad es mucho más vinculante en el caso de Bolivia que en el caso de Ecuador, lo que se explica por los procesos políticos que estuvieron en la base de las nuevas Constituciones. En Ecuador el principio de la plurinacionalidad está en permanente tensión con el principio de la participación ciudadana, que es de hecho el eje transversal más fuerte de la arquitectura constitucional, para comenzar por la definición de los órganos de soberanía. En cuanto a la constitución de Bolivia, define cuatro órganos: Legislativo, Ejecutivo, Judicial y Electoral; y en el órgano Legislativo, que designa como Asamblea Legislativa Plurinacional, permite la representación (por vía electoral) de circunscripciones especiales indígenas (Art. 146). La Constitución de Ecuador define la organización del Estado como "Participación y Organización del Poder" (Título IV), establece la "participación en democracia" (Cap.1) como orientación central, define cinco "funciones" del Estado —legislativa, ejecutiva, judicial y justicia indígena, de transparencia y control social y electoral— y en la función legislativa, ejercida por la Asamblea Nacional, no reconoce la representación indígena por vía no electoral, al contrario de lo que era propuesto en el proyecto de la CONAIE.

En términos teóricos el principio de la plurinacionalidad no choca con el principio de la participación. Al contrario, la plurinacionalidad conlleva la idea de formas más avanzadas y complejas de participación. Al lado de la participación ciudadana de raíz republicana liberal, reconoce la participación de pueblos o nacionalidades. La articulación y posible tensión entre los dos principios penetra la organización y funcionalidad del Estado en diferentes niveles. A título de ilustración veamos el caso de la gestión pública y de la planificación. En Bolivia está en preparación la Ley de Gestión Pública del Estado Plurinacional. Dos ideas centrales deben ser subrayadas. La primera es que la construcción del nuevo modelo de Estado exige desmontar el colonialismo en el propio aparato estatal, manifiesto en las prácticas racistas y el exceso de burocratización de la administración pública y su efecto retardador de las operaciones del aparato público. La segunda es que las políticas públicas exigen una planificación cíclica que concatene tiempos de ejecución de acciones y logro de resultados con el objetivo final del Vivir Bien, de acuerdo a las distintas temporalidades espaciales que conforman archipiélagos eco-culturales y administrativos del país. El borrador (Febrero de 2010) de la Ley establece en su Art. 1º que "la gestión pública plurinacional comunitaria e intercultural es el conjunto de procesos integrales y complementarios que articulan las políticas y estrategias públicas participativas con la cosmovisión holística y comunitaria, propia de los pueblos y naciones indígena originario campesinos, en el marco del pluralismo institucional".

En comunicación personal (3 de Febrero de 2010), Raúl Prada, viceministro de planificación estratégica del Estado, expone de manera elocuente los retos de un tipo de gestión pública y de planificación que rompa con los modelos del pasado y confiera materialidad práctica al principio de la plurinacionalidad:

> Resulta que tenemos tres modelos en la Constitución: modelo de Estado, modelo territorial y modelo económico. En esta perspectiva el modelo económico se convierte en el sostén de los otros modelos, por lo tanto creemos que esto incide en la nueva

organización del Ejecutivo,[39] queremos darle preponderancia a la economía social y comunitaria, a la intervención estatal y abrirnos al modelo ecológico de la economía, como está en la Constitución. Deducimos de esta situación que cobra importancia un superministerio de economía. En este lugar tenemos concretamente un problema con planificación. Nosotros creemos que tres modelos de la planificación han quedado atrás y no son apropiados al carácter de Estado plurinacional comunitario autonómico: el modelo soviético, el modelo keynesiano y el modelo de la CEPAL. Que hay que sustituir la planificación por instrumentos más dinámicos, más flexibles y abiertos, como lo que propone la Constitución: una participación integral y participativa. Sobre todo esto se hace importante tener en cuenta cuando pasamos a variadas formas de autonomía.

En Ecuador, los retos de la participación son vividos con igual intensidad pero con un énfasis distinto. Aquí la participación ciudadana es el eje central en la búsqueda de una planificación participativa. Asimismo la presencia del principio de plurinacionalidad es clara. De hecho, el Plan Nacional de Desarrollo, que para el periodo 2007-2010 tuvo ese mismo nombre, fue renombrado "Plan Nacional para el Buen Vivir, 2009-2013: Construyendo un Estado Plurinacional e Intercultural", orientado a "que el nuevo periodo de gobierno refleje el cambio de paradigma" (Senplades, 2009:10).[40] Sin embargo, la idea del "buen vivir" no aparece plasmada en prácticas participativas asentadas en el marco de la plurinacionalidad, o sea, con atención privilegiada a las concepciones y prácticas de los pueblos indígenas. El buen vivir o *Sumak Kawsay*, siendo un concepto de origen indígena, no es entendido por las organizaciones indígenas como una propiedad exclusiva de los indígenas y al contrario lo tienen como una contribución decisiva de los pueblos indígenas al patrimonio común del país. Pero el reconocido carácter decisivo de la contribución indígena debería traducirse en prácticas de planificación correspondientes a la importancia de la contribución, lo que no parece ser el caso, por ahora.[41]

Las tensiones en el seno del gobierno ecuatoriano al respeto se revelan en el contraste —casi una "disonancia cognitiva"— entre la lógica política subyacente a la elaboración del Plan y la práctica del gobierno en promulgar leyes que afectan a los pueblos indígenas sin consulta previa, lo que viola no solamente la Constitución sino también el Convenio 169 de la OIT y la Declaración sobre los Derechos de los Pueblos Indígenas de la Asamblea General de la ONU (2 de Octubre 2007). De hecho, el Plan ha sido elaborado con base en diversificada participación ciudadana —veedurías ciudadanas a la ejecución de políticas, la consulta ciudadana nacional y regional, y el diálogo y concertación con los actores sociales e institucionales— y los principios metodológicos de los talleres de consulta ciudadana son muy novedosos de las

---

[39] El Anteproyecto de Ley de Organización del Órgano Ejecutivo, preparado por el Ministerio de Economía y Finanzas (Enero 2010), propone una reorganización orientada a garantizar que el pluralismo institucional refleje los distintos pluralismos consagrados en la Constitución: económico, socio-cultural, político, autonómico y jurídico.

[40] Según René Ramírez, Secretario Nacional de Planificación y Desarrollo, la idea original fue proponer una "moratoria al término desarrollo" (comunicación personal, 8 de Octubre 2009). El hecho de que son grandes las tensiones dentro del Ejecutivo entre la vertiente desarrollista (suscrita por el Presidente) y la vertiente "del buen vivir" está expresada en la tapa de la publicación del Plan. A pesar de que el título principal es lo que está en el texto, al tope de la tapa se dice "Republica de Ecuador Plan Nacional de Desarrollo".

[41] No es claro si en la práctica las estrategias de planificación en Ecuador y Bolivia son muy distintas. Al contrario, hay indicios de que, a pesar de los distintos discursos, las prácticas muestran la misma tensión entre el desarrollismo y el vivir bien (como prefieren decir los bolivianos), como veremos más adelante.

teorías y practicas convencionales de planificación dominadas por el autoritarismo técnico-burocrático. Esos principios son: diálogo de saberes, valor de la experiencia, la diversidad como riqueza, la deliberación por sobre el consenso, del pensamiento fragmentado al pensamiento complejo, ejes transversales, flexibilidad (Senplades, 2009: 14).

En este caso como en todos los demás, la refundación del Estado según principios de plurinacionalidad, interculturalidad y participación democrática es un proceso político complejo y de largo plazo. Durante mucho tiempo los principios y los discursos irán bien adelante de las prácticas. La distancia mayor o menor será la medida de la intensidad mayor o menor de la democratización de la democracia.

h) La democracia intercultural

La plurinacionalidad es el reconocimiento de que la interculturalidad no resulta de un acto voluntarista de arrepentimiento histórico por parte de quienes tienen el privilegio de hacerlo. Es más bien el resultado de un acto político consensuado entre grupos étnico-culturales muy distintos con un pasado histórico de relaciones que, a pesar su inherente violencia, abre, en la presente coyuntura, una ventana de oportunidad para un futuro diferente. Por esta razón, en el marco de la plurinacionalidad, la interculturalidad solamente se realiza como democracia intercultural.

Por democracia intercultural en el continente latinoamericano entiendo: 1) la coexistencia de diferentes formas de deliberación democrática, del voto individual al consenso, de las elecciones a la rotación o al mandar obedeciendo, de la lucha por asumir cargos a la obligación-responsabilidad de asumirlos (lo que llamo la demo-diversidad); 2) diferentes criterios de representación democrática (representación cuantitativa, de origen moderna, eurocéntrica, al lado de representación cualitativa, de origen ancestral, indocéntrica); 3) reconocimiento de derechos colectivos de los pueblos como condición del efectivo ejercicio de los derechos individuales (ciudadanía cultural como condición de ciudadanía cívica); 4) reconocimiento de los nuevos derechos fundamentales (simultáneamente individuales y colectivos): el derecho al agua, a la tierra, a la soberanía alimentaria, a los recursos naturales, a la biodiversidad, a los bosques y a los saberes tradicionales; y, 5) más allá de los derechos, educación orientada hacia formas de sociabilidad y de subjetividad asentadas en la reciprocidad cultural: un miembro de una cultura solamente está dispuesto a reconocer a otra cultura si siente que su propia cultura es respetada y esto se aplica tanto a las culturas indígenas como a las no indígenas.

Las Constituciones de Bolivia y Ecuador ya consagran la idea de democracia intercultural. Por ejemplo, la Constitución de Bolivia (Artículo 11) establece que son reconocidos tres formas de democracia: la representativa, la participativa y la comunitaria. Se trata de una de las formulaciones constitucionales sobre democracia más avanzadas del mundo.[42] Las elecciones departamentales y municipales del 4 de

---

[42] **Constitución de Bolivia**
Artículo 11.

I. La República de Bolivia adopta para su gobierno la forma democrática participativa, representativa y comunitaria, con equivalencia de condiciones entre hombres y mujeres.

II. La democracia se ejerce de las siguientes formas, que serán desarrolladas por la ley:

Abril de 2010 son una poderosa afirmación de democracia intercultural (véase la sección anterior y el cuadro en Apéndice). La democracia intercultural plantea, entre otros, dos problemas que muestran hasta qué punto ella se aparta de la tradición democrática eurocéntrica. El primer problema es cómo verificar el carácter genuino de deliberaciones por consenso y unanimidad, o el carácter democrático de selección de cargos por rotación. Cuando son vistas desde fuera de las comunidades, como ocurre frecuentemente, estas cuestiones no son genuinas en el plano teórico —de la teoría política liberal— ya que niegan en la formulación misma de la pregunta la posibilidad de otra respuesta que no sea la negativa. O sea, son modos monoculturales de interrogar la democracia intercultural. Cuando, al contrario, estos problemas son resaltados desde dentro de las comunidades, hacen pleno sentido y deben ser discutidos, pues como sabemos las comunidades no son ni política ni culturalmente homogéneas y las diferencias de patrimonio, de sexo o de edad pueden ser determinantes en el debate.

El segundo problema, que también es usualmente formulado como una crítica monocultural a la interculturalidad, es que las comunidades originarias constituyen enclaves no democráticos donde, por ejemplo, las mujeres son sistemáticamente discriminadas. Por otro lado, al privilegiar los derechos colectivos la democracia intercultural terminaría violando derechos individuales. Son dos críticas importantes cuando se formulan con el objetivo de mejorar el desempeño de la democracia intercultural y no con el propósito de declararla inconstitucional. En relación a lo primero, es cada vez más claro para las mujeres indígenas que el buen vivir empieza en la casa y por eso las mujeres indígenas son hoy las protagonistas de uno de los movimientos de mujeres más activos e innovadores en el Continente.[43]

En relación a lo segundo, los derechos colectivos no colisionan necesariamente con los derechos individuales. Hay derechos colectivos de varios tipos: derivados y primarios. Cuando los obreros o maestros organizan su sindicato y delegan en el sindicato la defensa de sus derechos laborales individuales, el sindicato detenta el derecho colectivo derivado de representar a sus miembros. En este caso no hay conflicto entre diferentes tipos de derecho. Los derechos colectivos primarios pertenecen a la comunidad y por eso pueden, en ciertas circunstancias, entrar en conflicto con los derechos individuales. En tal caso habrá instancias propias para resolverlos y la resolución deberá incluir frecuentemente un trabajo de traducción intercultural. Por ejemplo, no es legítimo decidir a partir del derecho eurocéntrico si el debido proceso fue o no violado en un caso de justicia indígena (la ausencia de representación por abogados profesionales en la justicia indígena sería, por definición, una violación del debido proceso). Por el contrario, será necesario definir criterios interculturales que

---

1. Directa y participativa, por medio del referendo, la iniciativa legislativa ciudadana, la revocatoria de mandato, la asamblea, el cabildo y la consulta previa. Las asambleas y cabildos tendrán carácter deliberativo conforme a Ley.

2. Representativa, por medio de la elección de representantes por voto universal, directo y secreto, conforme a Ley.

3. Comunitaria, por medio de la elección, designación o nominación de autoridades y representantes por normas y procedimientos propios de las naciones y pueblos indígena originario campesinos, entre otros, conforme a Ley.

43 No es por otra razón que el citado Art. 11 de la Constitución de Bolivia, a la enumeración de los tipos de democracia, añade la condicionante "con equivalencia de condiciones entre hombres y mujeres".

establezcan equivalencias entre diferentes formas de lograr los objetivos del debido proceso en cuanto derecho consagrado en la Constitución. Más aún: la traducción intercultural tendrá igualmente que tomar en cuenta que la relación entre derechos y deberes no es una constante universal; varía de cultura jurídica a cultura jurídica. En el derecho indígena la comunidad es más una comunidad de deberes que de derechos, y por eso quien no acepta los deberes tampoco tiene derechos.[44]

Hay que añadir que los derechos colectivos primarios pueden ser ejercidos de dos maneras. Individualmente, por ejemplo, cuando un sikh usa su turbante, se trata de un derecho colectivo que se ejerce individualmente. Pero hay derechos colectivos que se ejercen solamente de manera colectiva, como es el derecho a la autodeterminación o al autogobierno. Los diferentes derechos colectivos permiten resolver o atenuar injusticias estructurales o injusticias históricas y fundamentan acciones afirmativas necesarias para libertar comunidades o pueblos de la sistemática opresión o para garantizar la sustentabilidad de comunidades colectivamente inseguras.

i) ¿Otro mestizaje es posible? El mestizaje poscolonial emergente

En el contexto latinoamericano el mestizaje es un producto del colonialismo y de las políticas indigenistas. Aun cuando se reconoció la identidad cultural indígena, el progreso fue siempre identificado con aculturación eurocéntrica y blanqueamiento. La hibridación empírica (mezcla de sangres) fue casi siempre negada en cuanto hibridación conceptual, dada la identificación tendencial del mestizo-blanco con los blancos y la cultura eurocéntrica.[45] En este contexto, la lucha indígena por la plurinacionalidad no puede dejar de ser hostil a la idea de mestizaje. Sin embargo, hay alguna complejidad en este dominio que no puede ser ignorada. ¿Cómo tratar, por ejemplo, el caso de los mestizos empíricos que se identifican como indígenas?[46] ¿Son indígenas o aliados de indígenas? ¿Y qué pensar de los que se identifican como mestizos, aliados de los indígenas, y son defensores de la plurinacionalidad?[47] ¿El protagonismo indígena, con su bandera de la plurinacionalidad, podrá correr el riesgo de invisibilizar o suprimir las aspiraciones de una gran parte de la población que se considera mestiza y son una parte decisiva del proceso de transformación social en curso?

Desde otra perspectiva, resulta hoy evidente que históricamente el concepto de mestizo ha tenido múltiples significados (Hale, 1996), que la categoría social "mestizo" oculta enormes diferencias sociales, que al lado del indígena-blanco

---

[44] Este ejemplo no es académico. Es un caso real analizado en nuestra investigación sobre el pluralismo jurídico en Colombia y el papel de la Corte Constitucional en la traducción jurídica intercultural. Véase Santos y Villegas (eds.) (2001), Vol. 2.

[45] Sobre la distinción entre hibridación empírica y conceptual véase De la Cadena (2000, 2005).

[46] La misma pregunta se puede hacer en el caso de los mulatos y su identificación con los negros. La categoría de afro-descendiente es hoy preferida por incluir a negros y mulatos.

[47] En este contexto es muy revelador el texto de Fernando Garcés, basado en entrevistas a los miembros de la Asamblea Constituyente (en prensa). En las entrevistas surge varias veces la idea de que la gran mayoría de la población es mestiza (algunos hablan de 80% de la población) y no indígena. Las variaciones en los más recientes censos de población en Bolivia muestran la variabilidad del peso relativo de las diferentes identidades definidas por auto-identificación. (NE- Vide também o texto de Fernando Garcés incluído nesta coletânea).

coexistió siempre el mestizo-indio y que sus relaciones reprodujeron frecuentemente la diferencia colonial y racial. Todo esto revela que la hibridación conceptual existe y debe ser el punto de partida para un análisis más complejo del mestizaje y de la opresión que disfraza y para definir políticas emancipadoras en este campo. Estoy pues de acuerdo con Cecilia Salazar cuando dice: "lo que yo pienso en cambio es que este estado de transición debe resolverse históricamente, no en función del mestizo como amalgama sino del mestizo pero en su expresión social más oprimida que es la del mestizo-indio" (2008).

Otra dimensión de la complejidad de este tema tiene menos que ver con el pasado que con el futuro. La plurinacionalidad instituye tipos nuevos de relaciones interétnicas e interculturales de los cuales surgirán nuevas hibridaciones empíricas, culturales y conceptuales. ¿Cómo debe ser concebido, desde la plurinacionalidad, el mestizaje emergente de la nueva lógica epistemológica y política?

La interculturalidad destaca frecuentemente el problema de saber lo que hay de común entre las diferentes culturas para que el "inter" pueda hacer sentido. La distinción entre intraculturalidad e interculturalidad es bien compleja ya que el umbral a partir del cual una cultura se distingue de otra es producto de una construcción social que cambia (con) las condiciones de lucha político-cultural. La interculturalidad no puede ser captada en general. Lo que subyace como elemento común al trabajo de interculturalidad en un espacio-tiempo histórico dado (organización, comunidad, región o país), es el modo específico en que ese espacio-tiempo concibe y organiza la interculturalidad. O sea, la interculturalidad es un camino que se hace caminando. Es un proceso histórico doblemente complejo porque: 1) se trata de transformar relaciones verticales entre culturas en relaciones horizontales, o sea, someter un largo pasado a una apuesta de futuro diferente; y, 2) no puede conducir al relativismo una vez que la transformación ocurre en un marco constitucional determinado.

Más importante que saber el fundamento común es identificar el movimiento político-cultural que progresivamente cambia las mentalidades y las subjetividades en el sentido de reconocer la igualdad/equivalencia/complementariedad/reciprocidad entre diferencias. Sólo entonces el diálogo surge como enriquecedor, porque es también el momento en que todas las culturas en presencia surgen como incompletas, cada una problemática a su modo y cada una incapaz por sí sola de responder a las aspiraciones de los pueblos decididos a construir una sociedad verdaderamente inclusiva, o sea, una sociedad inclusiva en la definición de los criterios que determinan lo que es inclusión y lo que es exclusión. La interculturalidad no conduce al olvido o la fusión de las culturas en presencia. Cambia, sin embargo, su presencia: pasa a ser una presencia que, por ser incompleta, es también una ausencia. El ejercicio reiterado de incompletitudes recíprocas transforma progresivamente los diálogos en diálogos transmodernos, transoccidentales, transindígenas y transafricanos. Las culturas en presencia (y en ausencia) no perderán sus raíces, pero crearán, a partir de ellas, nuevas opciones.

El reconocimiento de la plurinacionalidad es un mandato político para la promoción de la interculturalidad. Su práctica a lo largo del tiempo dará origen a un mestizaje (humano, cultural, conceptual, vivencial, filosófico) de tipo nuevo.[48] El

---

[48] Ese mestizaje de nuevo tipo es el gran proyecto político de Anzaldúa cuando afirma: "Lo que quiero es contar con las tres culturas —la blanca, la mexicana y la india. Quiero la libertad de poder tallar y cincelar mi propio rostro, cortar la hemorragia con cenizas, modelar mis propios dioses desde mis entrañas. Y si ir

mestizaje colonial es un mestizaje alienado porque separa las relaciones de producción del mestizaje del producto mestizo. El encuentro, muchas veces violento y siempre regulado unilateralmente por el "mestizador", se oculta eficazmente por detrás del producto visiblemente bilateral. Al contrario, el mestizaje pos-colonial —por ahora un proyecto y nada más— es dialógico y plurilateral tanto en su producción como en sus productos. Las relaciones de producción de mestizaje, al asumir una forma cooperativa, cambian sus lealtades ideológicas. La idea del blanco-mestizo, que tanto ha contribuido al aislamiento de los movimientos indígenas, campesinos y afro-descendientes, será progresivamente reconfigurada o retraducida culturalmente como indo-mestizo o afro-mestizo, lo que cambiará significativamente las identidades culturales y los procesos de alianzas.

¿Cuál será el impacto del mestizaje pos-colonial en la plurinacionalidad? La plurinacionalidad, siendo un momento constitutivo, ¿es también un momento estable o permanente en todo lo que se construye social, política y culturalmente a partir de ella? Como mencioné antes, la interculturalidad pos-colonial no elimina sino que, al contrario, reafirma la existencia de cada cultura como vía para llegar a las demás. El mestizaje pos-colonial, a su vez, amplía enormemente la diversidad por medio de la infinita hibridación que ahora se transforma en propiedad libre y comunal de los productores asociados de mestizaje. Durante un largo período transicional son de esperar conflictos entre el impulso centrípeto del mestizaje y el impulso centrífugo de la plurinacionalidad. Ni el mestizaje ni la plurinacionalidad son fines en sí mismos. La plurinacionalidad es un instrumento valiosísimo para luchar contra el colonialismo, el capitalismo y el racismo. El control de los territorios ancestrales, de los recursos naturales, la relación privilegiada con la madre tierra, el derecho propio, el autogobierno, la soberanía alimentaria, esos sí son fines políticos de largo alcance y su justificación está en el nuevo marco civilizatorio protagonizado por los pueblos indígenas y que va conquistando cada vez más aliados.

j) Las mujeres y la refundación del Estado

El feminismo, en general, ha contribuido de manera decisiva a la crítica de la epistemología eurocéntrica dominante,[49] y el feminismo pos-colonial o descolonizador es de trascendente importancia en la construcción de las epistemologías del sur, de la interculturalidad y de la plurinacionalidad, un hecho que no ha merecido la debida atención. Por feminismo pos-colonial entiendo el conjunto de perspectivas feministas que: 1) integran la discriminación sexual en el marco más amplio del sistema de dominación y de desigualdad en las sociedades contemporáneas en que sobresalen el racismo y el clasismo; 2) lo hacen también con el objetivo de descolonizar las corrientes eurocéntricas del feminismo, dominantes durante décadas y quizás hoy mismo; 3) y, orientan su mirada crítica hacia la propia diversidad, al cuestionar las formas de discriminación de que son víctimas las mujeres en el seno de las comunidades

---

a casa me es denegado entonces tendré que levantarme y reclamar mi espacio, creando una nueva cultura -*una cultura mestiza*- con mi propia madera, mis propios ladrillos y argamasa y mi propia arquitectura feminista. (2004: 79 [originalmente publicado en 1987]). Véase tambien Escalera Karakola, 2004

[49]   Mi primer análisis de este tema se encuentra en Santos, 1995:32-33.

de los oprimidos y al afirmar la diversidad dentro de la diversidad.[50] El feminismo pos-colonial no ha desarrollado hasta ahora una teoría de la refundación del Estado intercultural y plurinacional, pero es posible imaginar algunos rasgos de su decisivo aporte.

Primero, *el carácter acumulativo de las desigualdades*. La supuesta inconmensurabilidad entre diferentes formas de desigualdad y de dominación está en la base del Estado monocultural moderno pues torna creíble la igualdad jurídico-formal de los ciudadanos: como las diferencias son múltiples (potencialmente infinitas) entre los ciudadanos y no se acumulan, es posible la indiferencia en relación a ellas. El feminismo eurocéntrico aceptó la idea de inconmensurabilidad al centrarse exclusivamente en la desigualdad de género, como si las otras formas de desigualdad no la co-determinasen. Al hacerlo, contribuyó a esencializar el ser mujer y, de ese modo, a ocultar las enormes desigualdades entre las mujeres. Como dice Sueli Carneiro (2001), "las mujeres negras tuvieron una experiencia histórica diferenciada que el discurso clásico sobre la opresión de la mujer no ha recogido. Así como tampoco ha dado cuenta de la diferencia cualitativa que el efecto de la opresión sufrida tuvo y todavía tiene en la identidad femenina de las mujeres negras".

A su vez, en la Declaración de las Mujeres Indígenas en el XI Encuentro Feminista Latinoamericano y del Caribe (Tenochtitlán, México, 16 al 20 de marzo de 2009) puede leerse: "Que las mujeres indígenas vivimos las muchas discriminaciones por ser mujer, por ser indígena, por ser pobre, por ser campesina, etcétera... Que falta responsabilidad del movimiento feminista para involucrar a las mujeres indígenas en pie de igualdad. Somos la otra mirada del feminismo que buscamos transformar relaciones desiguales y el sistema de dominación patriarcal... Que los planteamientos feministas respeten la diversidad cultural en el discurso y en la práctica. Que es urgente la de-construcción de los planteamientos etnocéntricos del movimiento feminista y del discurso académico".[51] [52]

Al centrarse en el carácter acumulativo de las desigualdades, el feminismo pos-colonial se aparta de la tradición crítica eurocéntrica y confiere al Estado intercultural y plurinacional su sentido descolonizador y anticapitalista más profundo.

Segundo, *de la democracia racial a la democracia intercultural*. Las luchas de las mujeres indígenas y afro-descendientes son las que más fuertemente han denunciado el mito latinoamericano de la democracia racial, precisamente porque son las que sufren más duramente sus consecuencias, como mujeres y como negras o indígenas. Sus

---

[50] Véase el texto seminal de Anzaldúa, 1987; así como Crenshaw, 1991; 2000; Vargas, 2009; Curiel, 2002; Navaz y Hernández (eds.) 2008; Harding, 2008 y la bibliografía ahí citada.

[51] Esta afirmación, un tanto dolorida, de diferencia en relación a las hermanas mujeres no contiene cierre étnico (etnocentrismo al revés). Por el contrario, la misma Declaración incluye la siguiente propuesta de alianza y de aprendizaje intercultural: "Reconociendo la urgente necesidad de construir entre todas las mujeres indígenas, campesinas, feministas, lesbianas y todos los demás movimientos cambios estructurales en nuestras sociedades nacionales que cada día nos despoja, mata sistemáticamente y uniforma a todas por igual, y pulveriza, minimiza nuestra fuerza unida para luchar y cambiar el sistema de dominación, exclusión y patriarcal que vivimos... [proponemos]... construir alianzas a nivel de nuestros países con mujeres indígenas y no indígenas, mujeres campesinas, para conocer sobre el feminismo y la mirada de las mujeres indígenas de acuerdo a nuestros ritmos y tiempos para ir creando nuestros conceptos y definiciones".

[52] Sobre las tensiones entre el feminismo indígena zapatista y el feminismo urbano mexicano véase Milán, 2006.

contribuciones para la democracia intercultural son de dos tipos. El primer tipo puede llamarse la desigualdad en la diferencia; el segundo, la diversidad en la igualdad.

La *desigualdad en la diferencia* consiste en interrogar su propia identidad étnico-racial para denunciar las discriminaciones de que son víctimas las mujeres dentro de sus comunidades supuestamente homogéneas. En la Declaración mencionada puede leerse la siguiente propuesta, sin duda valiente: "Generar procesos de reflexión a lo interno de mujeres indígenas y pueblos indígenas sobre algunas prácticas, lo que llaman *usos y costumbres*, que afectan nuestra dignidad y trabajar por la transformación y eliminación de las mismas".[53] Esta contribución a la refundación del Estado plurinacional es fundamental porque impide la hipertrofia de la nación étnica, su transformación en un actor colectivo comunitario indiferenciado y estereotipado donde los oprimidos no pueden ser, por definición, también opresores, y donde supuestas manifestaciones de consenso no son más que visiones muy selectivas de derechos colectivos, que dejan por fuera los derechos colectivos e individuales de las mujeres. Otra contribución igualmente importante reside en mostrar que lo tradicional, ancestral, no moderno, o como se le quiera llamar, no es estático sino dinámico y cambia según su propia lógica, su ritmo y tiempo, sin hacerse dependiente de prédicas liberales euro-céntricas de origen "oenegístico"

La segunda contribución del feminismo descolonizador para la democracia intercultural es la *diversidad en la igualdad*. No hay una forma sola y universal de formular la igualdad de género. Dentro de la cosmovisión indígena, las relaciones entre hombre y mujer son concebidas como *chacha-warmi*, el concepto aymara y quechua que significa complementariedad y que es parte integrante de un conjunto de principios rectores de los pueblos indígenas donde se incluyen también la dualidad, la reciprocidad, el caminar parejo. Tal como los conceptos de *Sumak Kawsay* o *de Pachamama*, este concepto exige un trabajo de traducción intercultural a ser realizado por los movimientos de mujeres indígenas y no indígenas. La idea central de este concepto es que ni el hombre ni la mujer aislados son plenamente ciudadanos o personas enteras de su comunidad. Son la mitad de un todo y sólo juntos constituyen un ser completo ante la comunidad. El trabajo de la intelectual-activista aymara María Eugenia Choque Quispe (2009: 36) sugiere dos observaciones sobre dicho concepto. La primera es que como quizás en todas las culturas, una cosa son los principios y otra las prácticas. "Esta visión que todavía queda anclada en el esencialismo andino desconoce la realidad cotidiana de la gente". En la práctica la complementariedad puede significar el reconocimiento de la importancia económica de la mujer, pero también su subordinación política; puede crear equidad en el plan simbólico, pero restringir a la mujer a un rol pasivo en la vida pública. La segunda observación es que el trabajo de las mujeres indígenas no radica en desechar el concepto de *chacha-warmi* sino en re-significarlo, de tal modo que se logre eliminar en la práctica la jerarquía que se oculta detrás de la complementariedad. No será un trabajo político fácil, sobre todo en sociedades donde todos son hermanos y las formas de encubrir la subordinación son, por eso, más sutiles y más difíciles de eliminar. Pero esta es la alternativa para transformar la cultura propia sin despreciarla o sustituirla por otra, y así contribuir

---

[53] Helen Safa compara las cuestiones de género en el movimiento indígena y el movimiento de los afro-descendientes. Según ella, las mujeres afro-descendientes han tenido más facilidad que las mujeres indígenas en afirmar sus derechos en sus comunidades y movimientos (2005:308).

a enriquecer el patrimonio político-cultural de la lucha feminista global hasta ahora dominada por concepciones eurocéntricas y liberales. Como afirma Vargas: "quizás el punto de encuentro de un diálogo intercultural semejante sería cómo lograr las condiciones para que esa complementariedad y esa paridad que propone la cosmovisión indígena se conviertan en parte de la utopía feminista y se generen condiciones reales para su concreción paritaria para todos y todas" (2009: 8).

Tercera contribución del feminismo descolonizador para la refundación del Estado intercultural y plurinacional: *el cuerpo como tierra y territorio, agua, árboles y recursos naturales*. El feminismo eurocéntrico, tanto en sus versiones liberales como en sus versiones radicales (marxistas y no marxistas), hizo una contribución fundamental para des-territorializar las relaciones entre víctimas de discriminación sexual al conceptuar y articular políticamente equivalencias entre formas y víctimas de discriminación en las más diferentes partes del mundo. Contribuyó así a construir lo que he llamado la globalización contra-hegemónica (Santos, 2005a: 235-310) de la cual el Foro Social Mundial ha sido una de las manifestaciones más elocuentes en la última década.[54] Sin embargo, la des-territorialización tuvo el efecto negativo de desvalorizar o incluso ocultar los diferentes contextos en que la discriminación sexual ocurre y su impacto en las luchas por la liberación de las mujeres. Como afirmé arriba, el feminismo descolonizador ha tenido el mérito de re-contextualizar la discriminación de las mujeres pertenecientes a minorías (y a veces mayorías) étnicas o raciales. Y, sobre todo, en el caso de las mujeres indígenas, campesinas y afro-descendientes, la re-contextualización ha significado también la re-territorialización de la lucha feminista dada la centralidad de la tierra y del territorio en las luchas por la identidad y contra la discriminación. La tierra y el territorio tienen diferentes significados de lucha para los diferentes movimientos, pero están presentes y son centrales en todos ellos: para las feministas indígenas es la lucha por el autogobierno y la plurinacionalidad, para las campesinas es la lucha por la reforma agraria y la soberanía alimentaria, para las afro-descendientes es la lucha por la reconstitución de las comunidades de esclavos resistentes, los quilombos o palenques. Y en todos los casos la perspectiva feminista ha enriquecido las luchas más amplias en que se integran. Como dice la líder campesina del Movimiento de los Sin Tierra (MST) de Brasil, Itelvina Massioli: "con certeza las mujeres hemos elevado el nivel político de la organización campesina en nuestro Continente, por la capacidad de intervención y de traer los temas feministas al interior del movimiento campesino" (2009).

k) La educación para la democracia intercultural y la refundación del Estado a partir de la epistemología del Sur

Los dos instrumentos centrales de la epistemología del Sur son la ecología de saberes y la traducción intercultural.[55] Estos instrumentos epistemológico-políticos

---

[54] La participación de los movimientos feministas en el FSM ha sido decisiva. Entre las articulaciones feministas transnacionales menciono las siguientes: Articulación Continental de Mujeres de la Coordinadora Latinoamericana de Organizaciones del Campo, Marcha Mundial de las Mujeres, Articulación Feminista MarcoSur, Development Alternatives with Women for a New Era, Forum des Femmes Africaines pour un Monde de l'Economie, Fédération Démocratique Internationale des Femmes, Red Latinoamericana y Caribeña de Mujeres Negras, Red Latinoamericana de Mujeres Transformando la Economía, Red de Educación Popular entre Mujeres, Womens Global Network for Reproductive Rights, World March of Women..

[55] Ver Santos 2008a.

permiten reconocer la existencia de un debate civilizatorio y aceptar sus consecuencias en el proceso de construcción de una democracia intercultural y de la refundación del Estado. La gran dificultad de este debate radica en que presupone una educación pública (ciudadana y comunitaria) adecuada, una educación que: 1) legitime y valorice el debate; 2) forme los participantes en el debate para una cultura de convivencia y de confrontación capaz de sustentar altos niveles de incertidumbre y de riesgo; 3) prepare a la clase política convencional para la pérdida del control del debate, ya que el debate está en la sociedad en su conjunto o no pasa de ser retórica política vacía; 4) cree un nuevo tipo de inconformismo y de rebeldía, que sepa fluir entre la identidad de donde vienen las raíces y la des-identificación de donde vienen las opciones, es decir, una rebeldía más competente que la que nos trajo hasta aquí; 5) y, en resumen, sea orientada para la creación de un nuevo sentido común intercultural, lo que implica otras mentalidades y subjetividades.[56]

La ecología de saberes y la traducción intercultural deben ser parte importante de este amplio proceso educativo, lo que implica una transformación profunda tanto de los sistemas oficiales de educación pública, como de lo que llamamos educación popular y comunitaria. En otros trabajos he detallado, por ejemplo, los cambios que debería encarar la universidad tal como la conocemos hoy[57] y he propuesto la creación de una Universidad Popular de los Movimientos Sociales (UPMS).[58]

La UPMS se orienta a superar la distinción entre teoría y práctica reuniendo ambas a través de encuentros sistemáticos entre aquellos que se dedican principalmente a la práctica del cambio social, y los que se dedican principalmente a la producción teórica. Por una parte, pretende facilitar la auto-educación de activistas y dirigentes comunitarios de movimientos sociales y organizaciones no gubernamentales, proporcionándoles marcos analíticos y teóricos adecuados. Estos marcos les permitirán profundizar el entendimiento reflexivo de su propia práctica, sus métodos y objetivos, mejorando su eficacia y consistencia. Por otra parte, pretende facilitar la autoeducación de los científicos/estudiantes/artistas sociales progresistas comprometidos con los nuevos procesos de transformación social, ofreciéndoles la oportunidad de un diálogo directo con sus protagonistas. Esto hará posible identificar, y cuando sea posible eliminar, la discrepancia entre los marcos analíticos y teóricos en los que fueron formados, y las necesidades y aspiraciones concretas que surgen de nuevas prácticas transformadoras.

l) El Estado experimental

Probablemente lo que caracteriza mejor la naturaleza política del proceso histórico de refundación del Estado es el experimentalismo. De hecho, la ruptura más fundamental con el constitucionalismo moderno eurocéntrico es la institución de un Estado experimental. Un proceso de refundación del Estado es semi-ciego y semi-invisible, no tiene orientaciones precisas y no siempre va por el camino que

---

[56] La sentencia de la Corte Constitucional de Ecuador sobre la Universidad Intercultural de las Nacionalidades y Pueblos Indígenas (AMWTAY WASI) analizada en la nota 27 da preciosas indicaciones sobre los marcos epistemológicos e institucionales de la educación intercultural.

[57] Véase Santos, 2008d.

[58] <http://www.universidadepopular.org/pages/es/inicio.php>.

los ciudadanos y pueblos imaginan. No hay recetas tipo *one-size-fits-all* tan caras al liberalismo moderno; todas las soluciones pueden ser perversas y contraproducentes. No es posible resolver todas las cuestiones ni prever todos los accidentes propios de un constitucionalismo desde abajo y transformador. Algunas cuestiones tendrán que dejarse abiertas, probablemente para futuras asambleas constituyentes.

El experimentalismo puede asumir dos formas: la reflexiva y la no-reflexiva. La forma reflexiva consiste en asumir, en disposiciones transitorias, que las instituciones creadas son incompletas y las leyes tienen un plazo de validez corto. En términos organizacionales esto significa que: 1) las innovaciones institucionales y legislativas entran en vigor durante un corto espacio de tiempo (a definir según el tema) o apenas en una parte del territorio o en un sector dado de la administración pública; 2) las innovaciones son monitoreadas/evaluadas en forma permanente por centros de investigación independientes, los cuales producen informes regulares sobre el desempeño y sobre la existencia de fuerzas externas o internas interesadas en distorsionar tal desempeño; 3) y, al final del período experimental, hay nuevos debates y decisiones políticas para determinar el nuevo perfil de las instituciones y de las leyes un vez evaluados los resultados del monitoreo.

El experimentalismo no-reflexivo, a su vez, es el experimentalismo que resulta de prácticas políticas reiteradamente interrumpidas y contradictorias, sin todavía asumir una forma política propia, la forma política del experimentalismo reflexivo.

El Estado experimental es el desafío más radical al Estado moderno cuyas instituciones y leyes, y sobre todo las Constituciones, están aparentemente inscritas en piedra. Obviamente la realidad no podría ser más contrastante: la obsolescencia de las Constituciones y la eficacia tantas veces meramente simbólica de las leyes ordinarias, para usar el concepto de Mauricio García Villegas (1993). Al contrario, el Estado en proceso de refundación asume la transitoriedad de las soluciones no solamente por cuestiones técnicas, sino también por cuestiones políticas. El proceso de refundación del Estado es un proceso altamente conflictivo y la evolución de la transición, que será larga, depende de saber si los diferentes ejes de conflictividad (étnicos, regionales, clasistas, culturales) se acumulan y sobreponen o si, por lo contrario, se neutralizan.

Una de las ventajas del experimentalismo es permitir una suspensión relativa de los conflictos y la creación de una semántica política ambigua en la que no hay vencedores ni vencidos definitivos. Crea un tiempo político que puede ser precioso para disminuir la polarización. Esta eficacia política es la dimensión instrumental del Estado experimental. Sin embargo, su defensa debe basarse en una cuestión de principio, ya que permite al pueblo mantener por más tiempo el poder constituyente, por todo el tiempo en que la experimentación tiene lugar y las revisiones son decididas. Se trata, en consecuencia, de un proceso constituyente prolongado que genera una tensión continuada entre lo constituido y lo constituyente.

Bibliografía

Acosta, Alberto (2008). *Bitácora Constituyente*. Quito: Abya Yala.

Acosta, Alberto (2009a). "Siempre Más Democracia Nunca Menos: A Manera de Prologo", *In* Acosta, Alberto y Martínez, Esperanza (eds.) *El Buen Vivir: Una vía para el Desarrollo*. Quito: Abya-Yala, 19-30

Acosta, Alberto (2009b). *La Maldición de la Abundancia*. Quito: Abya-Yala,

Acosta, Alberto y Martínez, Esperanza (eds.) (2009). *El Buen Vivir: Una vía para el Desarrollo*. Quito: Abya-Yala.

Akiba, Okon (ed.) (2004). *Constitutionalism & Society in Africa*. Aldershot and Burlington: Ashgate Publishing.

Anzaldúa, Gloria (1987). *Borderlands/La Frontera. The New Mestiza*. San Francisco: Aunt Lute Books.

Anzaldúa, Gloria (2004). "Los movimientos de rebeldía y las culturas que traicionan" *in* hooks, bell *et al Otras Inapropiables. Feminismos desde las Fronteras*. Madrid: Traficantes de Sueños, 71-81.

Berman, Bruce; Eyoh, Dickson; Kymlicka, Will, (eds.) (2004). *Ethnicity & Democracy in Africa*, Oxford: J. Currey; Athens: Ohio University Press.

Birk, Nanna Franziska (2009). *The Participatory Process of Ecuador's Constituent Assembly 2007/2008* (master thesis). Amsterdam:Universiteit van Amsterdam, International School for Humanities and Social Sciences.

Carneiro, Sueli (2001). "Ennegrecer al feminismo". Les Pénélopes. (http://www.penelopes.org/Espagnol/xarticle.php3?id_article=24, consultado el 9 Noviembre 2009).

Crenshaw, Kimberlé (1991). Mapping the Margins: Intersectionality, Identity Politics, and Violence against Women of Color. *Stanford Law Review*, Vol. 43, No. 6 (Jul., 1991), 1241-1299.

Crenshaw, Kimberlé (2000). "Playing Race Cards: Constructing a Pro-active Defense of Affirmative Action", 16 *National Black Law Journal* 196-214.

Curiel, Ochy (2002). "Identidades esencialitas o construcción de identidades políticas: El dilema de las feministas negras", *Otras Miradas*, Vol. 2, número 2, 96-113.

De la Cadena, Marisol (2002). "The Racial-moral Politics of Place: Mestizas and Intellectuals in Turn-of-the-century Peru", in Rosario Montoya, Lessie Jo Frazier and Janise Hurtig (eds.) *Gender's Place: Feminist Anthropologies of Latin America*. New York: Palgrave Macmillan.

De la Cadena, Marisol (2005). "Are mestizos hybrids? The Conceptual Politics of Andean identities", *Journal of Latin American Studies*, 37(2): 259-284.

Declaración de las Mujeres Indígenas en XI Encuentro Feminista Latinoamericano y del Caribe (Tenochtitlan, Mexico, 16-20 de Marzo de 2009). (http://www.indigenouswomensforum.org/Declaracion%20de%20Mujeres%20Ind%C2%A1genas.pdf, consultado el 9 Noviembre 2009).

Declaración de las Naciones Unidas Sobre los Derechos de los Pueblos Indígenas (2007). (http://www.un.org/esa/socdev/unpfii/es/drip.html, consultado el 9 Noviembre 2009).

Exeni, José Luis *et al* (2007). *El estado del Estado en Bolivia*. La Paz: PNUD.

Exeni, José Luis (2010). *Miradas al Título IV de la Constitución Política del Estado. Un Órgano Electoral para la Demo-Diversidad*. La Paz: Vicepresidencia del Estado e IDEA Internacional

Garcés, Fernando (en prensa) *¿Dónde quedó la interculturalidad? La interacción identitaria, política y socioracial en la Asamblea Constituyente o la politización de la pluralidad*. FES-ILDIS.

Garcés, Fernando (2009) *El Pactote Unidad y el proceso de construccion de un propuesta de Constitución Politica del Estado (Sistematizacion de la Experiencia)* (manuscrito)

Grijalva, Agustín (2008). "El Estado Plurinacional e Intercultural en la Constitución Ecuatoriana del 2008". *Ecuador Debate*, 75, Diciembre, 49-62.

Harding, Sandra (2008). *Sciences from below: feminisms, postcolonialities, and modernities*. London: Duke University Press

Keller, E. J. (2002) "Ethnic Federalism, Fiscal Reform, Development and Democracy in Ethiopia", *African Journal of Political Science*, 7 (1), 21-50.

León, Magdalena (2009). "Cambiar la Economia para cambiar la vida" *in* Acosta, Alberto y Martínez, Esperanza (eds.) *El Buen Vivir: Una vía para el Desarrollo*. Quito: Abya-Yala. 63-74.

Massioli, Itelvina (2009). "Nuestro Congreso Coordinadora Latinoamericana de Organizaciones Campesinas ya está en marcha" *ALAI/Minga Informativa*. (http://movimientos.org/cloc/show_text.php3?key=16161, consultado el 9 Noviembre de 2009).

Millán, Márgara (2006). *Participación política de mujeres indígenas en América Latina: El movimiento Zapatista en México*. Santo Domingo, República Dominicana: Instituto Internacional de Investigaciones y Capacitación de las Naciones Unidas para la Promoción de la Mujer (INSTRAW).

Navaz, Liliana Suarez; Hernandez, Rosalía Aída (eds.) (2008). *Descolonizando el Feminismo*. Madrid Ediciones Cátedra.

Nettles, Kimberly; Patton, Venetria K. (2000). Seen but Not Heard: The Racial Gap between Feminist Discourse and Practice. Frontiers: *A Journal of Women Studies*, 21-3, Identity and the Academy, 64-81.

Pacari, Nina (2009) *Todo Puede Ocurrir*. Quito: Instituto para las Ciencias Indígenas Pacari.

Prada, Raúl (2010). "¿Qué es el Socialismo Comunitario?" (*La Época*).

Quijano, Aníbal (2000). "Colonialidad del Poder y Clasification Social", *Journal of World-Systems Research*, 6(2), 342-386.

Quispe, Maria Eugénia Choque (2009). *Chacha warmi. Imaginarios y vivencias en El Alto*. Cecilia Enríquez (ed.). La Paz: Nuevo Periodismo Editores.

Ramirez, Franklin (2008) "En Lo Que El Poder Se Rompa-El Peso del 28". *Le Monde Diplomatique* (versión boliviana), Septiembre.

Safa, Helen (2005). "Challenging Mestizaje: A Gender Perspective on Indigenous and Afrodescendant Movements in Latin América", *Critique of Anthropology*, 25; 307-330

Santos, Boaventura de Sousa (1995). *Toward a New Common Sense: Law, Science and Politics in the Paradigmatic Transition*. Nova Iorque: Routledge.

Santos, Boaventura de Sousa (2000). *Crítica de la Razón Indolente. Contra el desperdicio de la experiencia*. Bilbao: Desclée de Brouwer.

Santos, Boaventura de Sousa (2008a). *Conocer desde el Sur. Para una cultura política emancipatória*. La Paz: Plural Editores; CLACSO; CIDES-UMSA.

Santos, Boaventura de Sousa (2008b). "The World Social Forum and the Global Left", *Politics & Society*, 36, 2, 247-270.

Santos, Boaventura de Sousa (2009a). *Una epistemología del Sur. La reinvención del conocimiento y la emancipación social*. México: Siglo XXI: CLACSO.

Santos, Boaventura de Sousa (2009b). *Sociología Jurídica Crítica. Para un nuevo sentido común en el derecho*. Madrid: Editorial Trotta.

Santos, Boaventura de Sousa; Villegas, Mauricio Garcia (eds.) (2001). *El Caleidoscopio de las Justicias en Colombia*. Bogotá: Ediciones Uniandes-Siglo del Hombre.

Santos, Boaventura de Sousa; Meneses, Maria Paula (eds.) (2009). *Epistemologias do Sul*. Coimbra: Edições Almedina.

Secretaria Nacional de Planificación y Desarrollo (SENPLADES) (2009). *Plan Nacional Para El Buen Vivir 2009-2013* (version resumida). Quito, SENPLADES.

Suárez-Navaz, Liliana, Hernández, Rosalva Aida (eds.) (2008). *Descolonizando el Feminismo. Teorías y prácticas desde los márgenes*. Madrid: Ediciones Cátedra.

Tapia, Luis (2008). *Una reflexión sobre la idea de un estado plurinacional*. La Paz: Oxfam,Gran Bretana.

Tapia, Luis (2009). "El triple descentramiento. Descolonización, democratización y feminismo" *in* Valladares de la Cruz, Laura R. *et al* (eds.), *Estados Plurales: los retos de la diversidad y la diferencia*. México: Universidad Autónoma Metropolitana, 227-250.

Vargas, Virginia (2009). "Repensar América Latina desde los retos que traen las diversidades feministas". *Comunicación a la V Conferencia Latinoamericana y Caribeña de Ciencias Sociales*. Cochabamba, 7-11 de Octubre.

Walsh Catherine (2009) *Interculturalidad, Estado, Sociedad: Luchas (de)coloniales de nuestra Epoca*. Quito: Universidad Andina Simon Bolivar/Abya Yala.

Yrigoyen, Raquel (2004) **"Pluralismo jurídico, derecho indígena y jurisdicción especial en los países andinos"** *in*: Revista El Otro **Derecho** No 30, Variaciones sobre la justicia comunitaria. Bogotá: ILSA, 171-196.

Zavaleta, Mercado, René (1983a). *Bolivia, hoy*. México: Siglo Veintiuno.

Zavaleta, Mercado René (1983b). "Forma Clase y forma multitud en el proletariado minero en Bolivia" en Zavaleta Mercado, René **(ed.)** *Bolivia Hoy*. México: Siglo XXI. 219-240.

Zavaleta, Mercado René **(1986)**. *Lo Nacional-Popular en Bolivia*. México: Siglo XXI.

Informação bibliográfica deste artigo, conforme a NBR 6023:2002 da Associação Brasileira de Normas Técnicas (ABNT):

SANTOS, Boaventura de Sousa. La refundación del estado y los falsos positivos. *In*: BALDI, César Augusto (Coord.). *Aprender desde o Sul*: Novas constitucionalidades, pluralismo jurídico e plurinacionalidade. Aprendendo desde o Sul. 1. ed. Belo Horizonte: Fórum, 2015. p. 179-214

CONSTITUCIONALISMO Y DESCOLONIZACIÓN: APORTES AL NUEVO CONSTITUCIONALISMO LATINOAMERICANO

IDÓN MOISÉS CHIVI VARGAS

Introducción

1 Constitucionalismo: los márgenes del colonialismo liberal

Uno de los temas centrales de nuestro tiempo es el debate doctrinal y político sobre la 'constitución escrita'[1] (dominante en la tradición jurídica latinoamericana), tanto como instrumento jurídico o como programa político de una formación social históricamente determinada y del modelo *constitucional* que le corresponde.[2]

Aunque el debate ha recibido una inusitada atención en el ámbito académico, gran parte de los trabajos no logran desprenderse de su matriz teórica liberal y de la pesada herencia colonial que la acompaña, por ello creemos necesario ingresar a este punto acercándonos "teóricamente" a la: 'Constitución Política del Estado'.

¿Qué es una constitución? es una pregunta que puede recibir las mas variadas respuestas, o pueden pasar por tramas intelectuales diversas, y esquemas de análisis que las mas de las veces responden a percepciones políticas por lo general contrapuestas.[3]

---

[1] El termino "constitución" fue usado por primera vez -en el sentido actual- por Cicerón (de República, I, 40). Posteriormente se designaron a las leyes imperiales como Constituciones (V. Ulpiano, Digesto, I,3, 1,2). Este uso fue recogido por la Iglesia y permaneció durante toda la Edad Media. La significación actual de la palabra como la totalidad de las normas fundamentales de la comunidad, también las no escritas, no aparece hasta el siglo XVII, siendo el siglo XIX donde se afirma en el sentido Liberal que hoy conocemos.

[2] Para un mejor comprensión véase la diferencia entre las ultimas constituciones Latinoamericanas (Colombia, Perú, Ecuador, Venezuela) y la que se tiene en Cuba o aquella que fue de la Unión Soviética, los límites del liberalismo llegan hasta los Derechos Humanos, mientras que en contrapunto los países que rompieron con el liberalismo jurídico encuentran en la economía planificada la base de la dignidad del ser humano.

[3] Un trabajo sumamente enriquecedor en cuanto a una noticia crítica sobre el 'constitucionalismo' nos la ofrece Karl MARX en su: *Crítica del Programa de Gotha.* donde realiza una respuesta demoledora al apego constitucional mostrado por Ferdinand Lassalle, Marx señala que "El derecho (la Constitución) no puede ser nunca superior a la estructura económica ni al desarrollo cultural de una sociedad por ella condicionado

Lo cierto es que los vientos de cambio que se viven en el país exigen reflexiones cada vez más críticas, y obviamente menos condescendiente con una línea de esclavización liberal o neoliberal.

Toda 'constitución' tiene su historia particular pero esta se encuentra condicionada por el grado de desarrollo económico de la sociedad donde se gesta, a la vez que depende de condiciones internas y externas de la nación a la cual se haga referencia, no existe por ello un modelo de constitución escrita que sea valedera "universalmente", aunque la misma constitución no ha estado exenta de sufrir las inclemencias de los datos políticos universales, tales como la segunda guerra mundial que consolida al constitucionalismo como saber especializado y el derecho constitucional como matriz de los ordenamientos jurídicos nacionales.[4]

Lo que hoy conocemos como "constituciones" son diversas formas *sistemáticas* (orden de capitulo, títulos, libros, etc.) que representan modelos particulares de existencia nacional y varias tendencias que hacen al ser histórico de un país, por ello Loewenstein señala que:

Una constitución 'ideal' no ha existido jamás, y jamás existirá. No es tan solo el hecho de que una constitución no pueda adaptarse nunca plenamente a las tensiones internas, en constante cambio, de las fuerzas políticas y de los intereses pluralistas, sino que no existe ningún 'tipo ideal' de constitución en diferentes estados de desarrollo, y sus individualidades nacionales están demasiado diferenciadas para que pueda darse un modelo constitucional aplicable a todos por igual. Y es esta multiplicidad la que produce esa dificultad metodológica de una sola teoría general de la constitución, así también como su inagotable incentivo. Desde un punto de vista puramente teórico (...) una constitución ideal sería aquel orden normativo conformador del proceso político según el cual todos los desarrollos futuros de la comunidad, tanto de orden político como social, económico y cultural, pudiesen ser previstos de tal manera que no fuese necesario un cambio de normas conformadoras. Cada constitución integra, por así decirlo, tan solo el statu quo existente en el momento de su nacimiento, y no puede prever el futuro; en el mejor de los casos, cuando esta inteligentemente redactada, puede intentar tener en cuenta desde el principio necesidades futuras por medio de apartados y válvulas cuidadosamente colocados.[5]

(...) En primer lugar vienen las pretensiones del Gobierno (Estado) y de todo lo que va pegado a él, pues el gobierno es el órgano de la sociedad para el mantenimiento del orden social; detrás de él las distintas clases de propietarios privados con sus pretensiones respectivas". Ediciones en Lengua Extranjera Pekín, Republica Popular de China (1875/1979), págs. 11-19. Ferdinand Lassalle es autor, a su vez, de un trabajo clásico en el constitucionalismo del siglo XIX, ¿Qué es una Constitución? Edit. Temis, Bogotá, (1869/1996).

[4] Luigi FERRAJOLI señala al respecto: "(...) la tesis que voy a defender es que en la segunda mitad de nuestro siglo ha tenido lugar un cambio de paradigma en el Derecho positivo de las democracias avanzadas, que impone una revolución epistemológica en las ciencias penales y, en general, en la ciencia jurídica en su conjunto (...) Tal cambio de paradigma en la estructura del Derecho positivo se ha producido en Europa, sobre todo después de la Segunda Guerra Mundial, gracias a las garantías de la rigidez de la constitución introducidas con la previsión de procedimientos especiales para su revisión, además del control de la legitimidad de las leyes por parte de tribunales constitucionales" Cfr. Sobre el papel cívico y político de la ciencia penal en el Estado constitucional de derecho. En. *Nueva Doctrina Penal*, 1998/ ps. 63-72

[5] Cfr. LOEWENSTEIN, Karl; *Teoría de la constitución*. Edit. Ariel, Barcelona, 1970, (2ª edición), Pág. 164, este ensayo monumental es un clásico en Derecho Constitucional, aunque los presupuestos sobre los que se elaboró responden al espíritu de la guerra fría, el ensayo sigue siendo un valioso documento de consulta sobre todo porque expresa con meridiana claridad los esquemas mentales de una burguesía ilustrada y preocupada por reproducir su dominio a través de lo que Max Weber denomina como 'dominio legal con administración burocrática', el propio Loewenstein es discípulo del Marx de la burguesía, como se conoce a Weber.

Entonces no hay una constitución ideal, sino que todas las constituciones tienen su "propia historia" como sus "propias características" y su "propio territorio" nacional de aplicación, pero insistimos una vez más ¿Qué es una constitución?, dejemos que sea Loewenstein quien nuevamente nos responda:

[La constitución es] un sistema de normas establecidas o de reglas convencionales, las cuales regulan las relaciones entre los detentadores y los destinatarios del poder, así como la respectiva interacción de los diferentes detentadores del poder en la formación de la voluntad estatal. Cada sociedad estatal, cualquiera sea su estructura social, posee ciertas convicciones comúnmente compartidas y ciertas formas de conducta reconocidas que constituyen [...] su 'constitución'

la historia del constitucionalismo no es sino la búsqueda por el hombre político de las limitaciones al poder absoluto ejercido por los detentadores del poder, así como el esfuerzo de establecer una justificación espiritual, moral o ética de la autoridad, en lugar del sometimiento ciego a la facilidad de la autoridad existente.[6]

Si por un lado encontramos respuesta desde una vertiente weberiana, veamos ahora lo que dice un conocido constitucionalista español y que traduce de modo fiel, el ámbito general de la enseñanza universitaria cuya raíz liberal es la visión la dominante en estas tierras:

"[toda constitución] es un cuerpo normativo [...] un conjunto de principios jurídicos normativizados [...] la constitución es un 'orden jurídico' mas que, estrictamente, una norma [que] tiene características peculiares:

a) La Constitución al tiempo que norma jurídica, es un proyecto de futuro que se autoasigna la comunidad nacional y a cuya realización se encomienda en gran parte el Estado [...]

b) La Constitución es la norma suprema del Estado [...]

c) [es] un cuerpo normativo con un primordial fin político, pues se dirige a disciplinar, ordenar y regular el ejercicio del poder en un determinado contexto social.

d) es una norma axiológica, define los valores superiores sobre los que se ha de nuclear el ordenamiento jurídico

e) [es una norma] cuyo objetivo es conseguir la unidad política del Estado.[7]

En un sentido similar se pronuncia el constitucionalista colombiano Alejandro Martínez Caballero, quien señala que la Constitución:

"[...] se presenta como un sistema preceptivo que emana del pueblo como titular de la soberanía en su función constituyente. Así los preceptos se dirigen tanto a los diferentes poderes y órganos del Estado establecidos en la Carta Fundamental, como a todas las personas [...] quienes están obligadas a cumplirlas.

a) la Constitución define el sistema de fuentes formales del Derecho [...]

b) la Constitución es la expresión de una pretensión fundacional configuradora de un sistema jurídico [...]. Es un instrumento jurídico político [...] al diseñar la estructura del Estado se determina su organización y funcionamiento, pero al señalar los derechos y

---

[6] *Ibidem*. pág. 150.

[7] Cfr. de FERNÁNDEZ SEGADO, Francisco su: *Reflexiones en torno a la interpretación de la constitución*. En: *Interpretación Constitucional: una aproximación al debate*. Sucre: Edit. Tribunal Constitucional. 1999, págs. 4,5-6.

deberes consagra normas jurídicas que le corresponde aplicar no solamente al legislador, sino a todas las autoridades de la República, sean jurisdiccionalmente o administrativas. Esta es la diferencia fundamental con la vieja concepción Francesa que consagraba únicamente a la ley, como expresión del poder legislativo, el carácter de norma jurídica ya que la Constitución era un mero portador de un sistema político que estaba dirigida al congreso y que no podía ser invocada ante las autoridades administrativas o jurisdiccionales, por cuanto requerían la mediación de la ley.[8]

Ni duda cabe, la ideología liberal ha ganado una gran batalla; la de legitimar su verdad política como la única valedera, tanto que hoy es imposible hablar de un Estado democrático,[9] de sus garantías individuales, derechos humanos, poderes del Estado y límites del mismo, sin tocar el tema de la Constitución Política, en efecto;

> Desde un punto de vista histórico (...) el constitucionalismo y en general el constitucionalismo moderno es un producto de la ideología liberal.
> ¿Cuál es la esencia, el telos de una constitución escrita?. Por lo pronto le corresponde una función de orden [Ordungsfunktión] al fijar las reglas de juego según las cuales, por una parte se desarrolla el proceso político - que es sino la lucha por el poder político en el Estado-, y por otra, se forma la voluntad estatal obligatoria. Pero por otro lado la constitución promueve la libertad de los destinatarios del poder o ciudadanos al establecer las normas que distribuyen las funciones estatales entre los diferentes detentadores del poder -la famosa técnica de la separación de poderes.[10]

La 'Constitución escrita', tradición que siguen la mayoría de los países latinoamericanos, es el eje de discusión en el momento presente, aunque siempre bajo el manto teórico de los modelos de desarrollo que se dan en Europa o los Estados Unidos, sin embargo de ello, los procesos de descolonización constitucional son –en el caso Boliviano- parte de un nuevo constitucionalismo latinoamericano, tal como lo afirman Roberto Vicciano y Rubén Martínez,[11] pero este es un tema que retomaremos mas adelante.

La descolonización constitucional es –entonces-, un proceso en marcha, tarea en la cual algunos trabajos recientes están pretendiendo hacer en la practica lo que en teoría se conoce como "descolonización del saber jurídico".[12]

---

[8] Cfr. La Constitución como norma jurídica. En: *Derechos Humanos y Justicia Constitucional* (memoria del Seminario Internacional sobre Derechos Humanos y Justicia Constitucional realizado en Sucre del 11,12 de Mayo del 2000), Sucre: Edit. Tribunal Constitucional, 2000, pág. 69.

[9] "El Estado constitucional se basa en el principio de la distribución del poder. La distribución del poder existe cuando varios e independientes detentadores del poder u órganos estatales participan en la formación de la voluntad estatal. Las funciones que les han sido asignadas están sometidas a un respectivo control a través de los otros detentadores del poder; como está distribuido, el ejercicio del poder político está necesariamente controlado." Cfr. Loewenstein; *Op. cit.* 50.

[10] Cfr. Loewenstein; *Op. cit.* pág. 151

[11] Cf. El proceso constituyente venezolano en el marco del nuevo constitucionalismo latinoamericano. Mimeo, 2007.

[12] Walter MIGNOLO nos señala con acierto que: "La colonialidad del poder implicó la colonialidad del saber, y la colonialidad del saber contribuyó a desmantelar (a veces con buenas intenciones) los sistemas legales Indígenas y también (nunca con buenas intenciones) a desmantelar la filosofía y la organización económica indígena" En: Indisciplinar las ciencias sociales. Geopolíticas del conocimiento y colonialidad del poder. Perspectivas desde lo Andino.m Editado por C. Walsh, F. Schiwy y S. Castro-Gómez. Quito; UASB/Abya Yala. Disponible en:<http://www.campus-oei.org/salactsi/walsh.htmm> (4/11/05)

Resumiendo podemos señalar que el constitucionalismo, tanto como disciplina teórica así como *análisis fáctico de la tecnología de poder*,[13] ha logrado un estatus científico cuya importancia solo es posible comprender en-y-a-través de los hechos políticos.

En ese contexto el momento actual nos plantea el desafío de construir un nuevo modelo constitucional, abre la posibilidad de introducir una normativa que es parte del *'sentimiento constitucional'* en la ciudadanía y que no ha sido racionalizado suficientemente por los detentadores del poder.[14]

Si la constitución trata de recoger ese sentimiento constitucional que la ciudadanía tiene en la memoria histórica pero que no ha sido recogido por el Estado, conviene realizar tal tarea, con ello habremos iniciado el desafío constitucional de abrir la Ciencia del Derecho a la Política Jurídica,[15] habremos iniciado la discusión epistemológica e histórica de la descolonización.

Nuestra Constitución Política del Estado, nos muestra un recorrido histórico cuya trascendencia es imposible dejar de lado, pues la profundidad histórica tiene la virtud de mostrar una arqueología de los discursos normativos[16] que se expresan en la Constitución Política del Estado.[17]

El desarrollo histórico de Bolivia, tiene un profundo sentido de dramatismo jurídico, su difícil constitucióh como un Estado moderno, su atravesada historia caudillesca y dictatorial ha dejado en la memoria nacional un escenario traumático a la vez que aleccionador.

Nuestras constituciones hasta el presente no expresan los 'intereses nacionales' si esos intereses son vistos desde los destinatarios del poder, los detentadores se han olvidado que la soberanía reside en el pueblo, para hacer residir la soberanía en una casta oligárquica especializada en el manejo burocrático del Estado,[18] o lo que podríamos denominar desde la sociología organizacional, *genealogías familiares en*

---

[13] Cfr. Loewenstein. *opus cit.* pág. 52.

[14] El citado autor nos señala: "Con la expresión 'sentimiento constitucional' [Verfassungsgefühl] se toca uno de los fenómenos psicológico sociales y sociológicos de existencialismo político mas difíciles de captar. Se podría describir como aquella conciencia de la comunidad que trascendiendo a todos los antagonismos y tensiones político partidistas, económico sociales, religiosos o de otro tipo, integra a detentadores y destinatarios del poder en el marco de un orden comunitario y obligatorio, justamente la constitución, sometiendo el proceso político a los intereses de la comunidad [....] el sentimiento constitucional, puede ser fomentado a través de la educación y construcción de una memoria histórica nacional" *Op. Cit.* pág. 60

[15] Esta frase ha sido utilizada por el profesor español Jesús GONZÁLES AMUCHÁSTEGUI en su: *La Crisis de la dogmática jurídica.* En: Modernas Tendencias del Derecho en América Latina. Edit. GRIJLEY, Lima, 1997, pág. 145.

[16] El discurso jurídico es -si vemos las cosas con calma- un discurso verdad y por ello es un discurso poder, verdad y poder se entrelazan dando como resultado práctico una 'voluntad de poder'. Cfr. de FOUCAULT, Michel; Las palabras y las cosas. Edit. Siglo XXI, México, 1993 (22ª edición). De otro lado todo lenguaje jurídico hace o pretende hacer referencia a la realidad imponiendo una 'verdad/realidad' que siendo intangible se muestra como parte del mundo sensible, la Constitución como un Lenguaje jurídico da lugar a que sus declaraciones jurídicas sean vistas como verdades tangibles. Cfr. de KARL OLIVECRONA; Lenguaje Jurídico y realidad. Edit. Biblioteca de Ética, Filosofía del Derecho y Política. México, 1995 (3ª edición). Puede verse también de JESÚS MARTIN BARBERO su: *Discurso y Poder.* Edit. Época, Quito, 1978.

[17] Rene ZAVALETA señala al respecto que "[...] aunque la cuestión nacional sea como universalidad una sola, cada país latinoamericano vive una parte de ella como su núcleo problemático. Para nosotros, los bolivianos al menos, la formación del Estado nacional y de la nación misma es algo no concluido en absoluto. el carácter que tendrá nación o la forma revelación de la nación en el Estado, he ahí el problema en torno al que se libran todas las luchas políticas e ideológicas" Cf. Notas sobre la cuestión Nacional en América Latina. En: El Estado en América Latina. Edit. Los Amigos del Libro, Cbba. - La Paz, 1990, pág.45.

[18] Cfr. de SANDOVAL, Isaac; Historia de Bolivia. Edit. C.E.U.B. La Paz, 1987, del mismo autor; Las crisis políticas y el militarismo. Edit. Siglo XXI, México, 1987.

el poder, por ello es que se puede afirmar -políticamente- que nuestra Constitución Política del Estado ha servido y sirve aún a intereses que no son populares, aquí nace la separación entre lo 'Nacional Popular' y lo 'oligárquico en desplazamiento'.[19]

Si bien los principios doctrinales del derecho nos ofrecen lo que 'es' la constitución, no nos dicen lo que 'no' es y para quien y que intereses 'esta diseñado', pero ello lo podremos ver con calma más adelante.

Ni duda cabe, la historia del constitucionalismo en Bolivia, ha estado plagada de tramas cuyos desenlaces no siempre fueron favorables a las mayorías nacionales como expresión del colonialismo interno.

Los 'arquitectos criollos de la independencia'[20] no tenían la menor intención en romper con su herencia colonial, el 'contrato social' emergente de la revolución independentista[21] no fue el fruto de condiciones políticas favorables, por el contrario, los dueños alejados del poder, volvieron a ser nuevos dueños herederos de la visión antinacional, profundamente racista y esencialmente colonial. El liberalismo del siglo XIX, los gobiernos militares de los setenta y fundamentalmente los gobiernos neoliberales de los ochenta y noventa en nuestro país, son la evidencia empírica del fracaso oligárquico, de su desplazamiento político.

2 Constitucionalismo y descolonización: El saber jurídico plurinacional

Si pensamos que la Constitución es solo esa vieja y conocida definición universitaria que mencionamos en el acápite anterior, no habremos avanzado en el propósito de inaugurar una nueva episteme de lo que es el derecho constitucional y por supuesto el constitucionalismo.

Aún si nos quedáramos con la vieja definición *Lasalleana*: *La Constitución es la suma de los factores de poder* (Ferdinand Lasalle 1860),[22] no haríamos más que esclavizarnos ante un constitucionalismo en desprestigio, en crisis epistemológica.

Ni los soportes liberales clásicos, ni el constitucionalismo keynesiano o el neoliberalismo en su versión transnacionalizada de la constitución para la Unión Europea, pudieron dar respuesta a este agotamiento discursivo y político, sin duda, es un nuevo tiempo...Entonces nos encontramos ante el poder sintetizado en un discurso jurídico efectivamente poderoso, pero que no se muestra como tal, sino todo lo contrario.

En este contexto, si la Asamblea Constituyente tiene como misión resolver la crisis de una forma de dominio,[23]

---

[19] Utilizamos esta categorización para establecer con claridad lo que ocurre en la Bolivia del siglo XXI o era Morales

[20] Cfr. PLATT, Tristan; La experiencia andina de liberalismo boliviano entre 1825 y 1900: raíces de la revolución de Chayanta durante el siglo XIX. En: *Resistencia, rebelión y conciencia campesina en los andes*. Edit. IEP, Lima, 1990 (Steve Stern comp.). Vease también del mismo autor; Liberalismo y etnocidio en los Andes del Sur (mimeógrafo).

[21] Cfr. FRANCOVICH, Guillermo; La filosofía en Bolivia. Edit. Juventud, La Paz, 1987. pág. 63

[22] Jorge Lazarte, en varias intervenciones en la Comisión Visión de País, afincó gran parte de sus argumentos sobre la construcción de un texto constitucional en la frase citada: suma de los factores de poder.

[23] Aquella que inaugurada la república dio continuidad a la herencia colonial, cimentó las bases de un dominio oligárquico provinciano y dio pie para el mayor esclavismo contemporáneo que conocemos como neoliberalismo.

Cómo construir texto constitucional, si se tiene certeza de que el constitucionalismo contemporáneo es una falacia que ha permitido la reproducción del capital,[24] el colonialismo interno,[25] el régimen patriarcal,[26] una tecnología de subjetivación del/a ciudadano/a,[27] y la sociedad disciplinaria[28] en escala ampliada, tomando en cuenta =además=, su enorme poder sobre los imaginarios colectivos contemporáneos?[29] y por si fuera poco, entrampado en una "miseria formalista"[30] perniciosa a la creatividad política en nuestras tierras.

La constitucionalización de los procesos históricos, no se detienen por los cuestionamientos que razonablemente o no, se hacen los críticos del derecho,[31] sino por la materialidad de los hechos,[32] y es que Bolivia esta viviendo un proceso del cual no podemos evadirnos sin traicionar la propia historicidad de la Asamblea Constituyente.[33]

Entonces, las tareas son varias, pero todas llegan a un lugar común, la Constitucionalización de la realidad y su programación política para la refundación del país jurídicamente hablando; vale decir su Descolonización Constitucional.[34]

---

[24] Cfr. ALTHUSSER, Louis; Para leer el Capital. México: Siglo XXI, 1986.

[25] Cfr. CLAVERO, Bartolomé; El Orden de los Poderes: Historias Constituyentes de la Trinidad Constitucional. Madrid. Tortta, 2006. El mismo autor haciendo referencia al constitucionalismo indigenista nos dice lo siguiente: "Por América Latina existe ya una larga historia de políticas indigenistas que han resultado tan fallidas desde el punto de vista de los Estados como contraproducentes e incluso lesivas para los indígenas [...]" Cfr. Geografía Jurídica de América Latina: Derecho Indígena en Constituciones no Indígenas". Pág. 261. Así también de Anne Sophie BERCHE, Alejandra María GARCÍA y Alejandro MANTILLA: Los Derechos en Nuestra Propia Voz Pueblos Indígenas y DESC: Una lectura intercultural. Bogotá: Textos de Aquí y Ahora. 2006. para una caracterización del colonialismo interno y su funcionamiento jurídico puede verse de GONZALEZ CASANOVA, Pablo; Sociología de la Explotación. México: Siglo XXI. 1969

[26] Cfr. BROWN, Wendi & Patricia WILLIAMS; La Critica de los Derechos. Bogotá: Universidad de los Andes – Instituto Pensar – Siglo del Hombre. 2003. Para una reflexión sobre el lenguaje masculinizado del Derecho véase: Módulo Instruccional de Género. Sucre - La Paz: Ministerio de Desarrollo Sostenible – Viceministerio de la Mujer – Instituto de la Judicatura, 2004. Para una visión del feminismo radical véase de PAREDES, Julieta; Asamblea Feminista. s/n/t, abril 2005

[27] Beatriz GONZÁLEZ STEPHAN, "Economías fundacionales. Diseño del cuerpo ciudadano", en: B. González Stephan (comp.), Cultura y Tercer Mundo. Nuevas identidades y ciudadanías. Editorial Nueva Sociedad, Caracas, 1996. Desde una critica a la colonialidad. Santiago CASTRO=GÓMEZ nos señala que "La función jurídico-política de las constituciones es, precisamente, inventar la ciudadanía, es decir, crear un campo de identidades homogéneas que hicieran viable el proyecto moderno de la gubernamentabilidad. Cf. Ciencias sociales, violencia epistémica y el problema de la "invención del otro". En *La colonialidad del saber: eurocentrismo y ciencias sociales Perspectivas latinoamericanas*. Edgardo LANDER (Compilador). CLACSO, 2000, pág. 149

[28] Cfr. De FOUCAULT, Michel; Vigilar y Castigar. México, Siglo XXI, 1986 (19ª edición). Así también del mismo autor: La Verdad y las Formas Jurídicas. Barcelona: GEDISA, 2005. (10ª reimpresión), o su Defender la Sociedad. México: Fondo de Cultura Económica, 2003

[29] Cfr. NINO, Santiago nos señala casi ingenuamente "[...] el constitucionalismo en su sentido mas pleno es un fruto exótico que florece solo en escasos lugares y en condiciones verdaderamente excepcionales." Véase: Fundamentos de Derecho Constitucional. Buenos Aires: Astrea, 1993, Pág. 1. Véase también de HABERMAS, Jürgen: Facticidad y Validez. Madrid: Trotta, 1998.

[30] Esta frase la recogemos de COLOMER VIADEL, Antonio; Introducción al Constitucionalismo Contemporáneo. Madrid: Ediciones de Cultura Hispánica. 1990, pág. 76.

[31] Cfr. Derecho y Sociedad en América Latina: Un debate sobre los estudios jurídicos críticos. Mauricio GARCÍA VILLEGAS y Cesar RODRÍGUEZ (Editores) Bogotá: ILSA - Universidad Nacional. 2003 (NE-*Vide* também a discussão de Cesar Garavito sobre o ativismo dialógico, nesta coletânea).

[32] "La igualdad ante la ley, la neutralidad de las normas son la forma mas refinada de racismo, la forma mas depurada del mayor mito contemporáneo: el Derecho". Cfr de Peter FITZPATRICK su: *La mitología del Derecho Moderno*. Siglo XXI, México, 1998.

[33] VERDESOTO, Luís ; El Proceso Constituyente en Bolivia -A horcajadas entre la nación y sus partes-. La Paz, Plural, ILDIS. 2005. Véase también: Refundar Bolivia para Vivir Bien. La Paz: Movimiento Al Socialismo, 2006.

[34] Cfr. CLAVERO,Bartolomé ; Derecho Indígena y Cultura Constitucional en América. México: Siglo XXI.

En todo este contexto como funciona la descolonización, como se construye un nuevo discurso constitucional, y con ello los nuevos arreglos institucionales que el país requiere para el sobrellevar el siglo XXI?

Los Poderes Ejecutivo y Legislativo al entrar en su tratamiento han desarrollado diversas variante de materialización. El ejecutivo en el Plan Nacional de Desarrollo; el legislativo mediante las leyes de Nacionalización y Descolonización; mientras que el Poder Judicial vive aún, una resaca señorial - colonial, vestido de ropaje demo/liberal.[35]

Por el lado constituyente la descolonización de la constitución es un proceso en marcha, una tarea cuyas urgencias no encuentran eco en los "dueños neoliberales del saber", estos últimos cacarean ideas vencidas por lo hechos políticos, ideas cuyos orígenes son en esencia la reproducción del colonialismo en tiempos de globalización.

La "constitución" ha sido el instrumento por el cual, los hijos de los españoles heredaron el colonialismo de sus padres, los hijos de los españoles se adueñaron del país con la Constitución en sus manos, al hacerlo dejaron de lado a los descendientes de los primeros habitantes de estas tierras, por eso la constitución se hizo sin nosotros contra nosotros. Como en aquel tiempo, el presente tiene a los mismos actores solo que en condiciones diferentes, pero la pregunta vale: ¿repetimos la historia o la construimos a mano y sin permiso?

Poco se ha escrito sobre la relación entre la "continuidad colonial" y la constitución política. Primero por la escasa información que los "constitucionalistas" bolivianos nos brindan sobre los orígenes de la constitución de 1826, y segundo por el largo silencio histórico de los mismos al explicar las reformas constitucionales y sus soportes políticos. La "constitución" y los "constitucionalistas", sus teorías lejanas de la realidad, las glosas de una vieja constitución, han sido cómplices por mentir y por callar, por mentirle a la historia verdadera, por callar lo evidente.

Desde el inicio de la vida republicana, la Constitución, "copiada" por masculinos, blancos, propietarios, letrados, con dinero de por medio o la fuerza de las armas, dispuso la negación de la única mayoría nacional: La mayoría indígena.[36]

Negando nuestras formas gubernativas, la propiedad colectiva como soporte del individual; el manejo de los recursos naturales; la participación en la vida política del país; la distribución de los bienes en tiempos de bonanza y pobreza; la administración territorial del equilibrio.

Negándose el comer juntos, soñar juntos, negando la propia cultura y su transmisión de generación en generación, negando nuestros saberes y sus prácticas sociales colectivas, dejaron de lado un dato político sustancial: LO PLURINACIONAL.

Aquellas declaraciones imaginativas de la igualdad, la legalidad y la fraternidad, son la más grande mentira de la humanidad, la mayor hipocresía de los Estados Nación, y la mayor grosería en contra del pensamiento. Aquellas declaraciones bonitas, junto con la soberanía y sus símbolos patrióticos, unidas a unos "derechos" que nunca se cumplen, fueron -y siguen siéndolo- un chaleco de fuerza que nos impide una ruptura con la colonialidad persistente.

El lenguaje jurídico, particularmente el constitucional, vestido de neutralidad y asepsia política, encubre la realidad con una terrible miseria formalista.

---

[35] Revisar la declaración reciente sobre la legalidad o ilegalidad del poder judicial

[36] Debate constituyente en 1826 revisar actas del redactor...

El lenguaje de los juristas -particularmente el de los constitucionalistas-, es la representación más grosera del colonialismo intelectual, negándose a pensar con cabeza propia, los constitucionalistas se han refugiado en la glosa trivial –disfrazada con palabras rimbombantes- o en el "corta y pega" de citas plagiadas de autores extranjeros, con preferencia de habla hispana. Reproduciendo infamias ajenas nuestros constitucionalistas, logran estatus académico "oficial".

La colonialidad del pensamiento constitucional en tierras americanas, es simple de recorrer: la simplicidad estriba en que el constitucionalismo no piensa con cabeza propia, acude a las "vacas sagradas" de las ciencias sociales, en todas sus versiones, neoliberales multiculturalistas, libertarios neoliberales, *ejecutivos del pensamiento*, etcétera. Por su parte gran parte de los científicos sociales, critican ácidamente a los abogados, pero no cuestionan a la Constitución Política del "Estado", tanto así que la convierten en el escenario preferido de sus batallas académicas

Así pues el constitucionalismo contemporáneo heredero de las malas costumbres coloniales encubre sus verdaderos sentidos de poder en frases bonitas. Para convertir a los indios levantiscos en buenos salvajes en tiempos de globalización. Negando la realidad, su potencial creativo y transformador, los constitucionalistas de este tiempo y el de otros, niegan la posibilidad de usar la ley como instrumento descolonizador. La ley por si sola no lo hace, pero ayuda a transformar la realidad, la ley es como un cuchillo, depende de quien lo usa y con que filo quiere cortar.

La descolonización es precisamente la construcción contraria de lo que ocurre en la colonialidad, no derrumbando paredes ni pateando puertas, sino comprendiendo su funcionamiento, aprendiendo de sus soportes y sometiéndolo a una profunda crítica social.

La descolonización no es la receta de un intelectual brillante, sino la síntesis de la resistencia política de los pueblos indígenas, convertida en estrategia de movilización, cuestionamiento al conocimiento dominante con sus prácticas sociales y estatales.

La descolonización es también, una forma táctica en la producción de conocimiento propio; una forma táctica en la forma de pensar y sentir, de hacer gestión publica en lo estatal desde la experiencia organizativa de nuestros movimientos sociales y gobiernos indígenas.

La descolonización en Bolivia, ya no es solamente un proceso de resistencia, sino un momento donde su despliegue y ejercicio tiene un origen absolutamente concreto: Jiwasa [nosotros].

La descolonización en Bolivia se desarrolla desde lo indígena, desde los que lograron imponer -en situación de guerra- la única forma pacifica de transformación nacional.

Esa transformación vía Asamblea Constituyente, tiene un solo objeto de trabajo cuyos destinatarios son los sujetos que la hicieron posible, y lo hicieron con demasiados muertos por delante, no todos pelearon por la constituyente, ni están en la Asamblea todos los que deberían, sino incluso quienes la negaron.

Se tiene certeza de que el constitucionalismo contemporáneo es una falacia que ha permitido la reproducción ampliada del capital, el colonialismo interno, el régimen patriarcal y la sociedad disciplinaria en escala universal, tomando en cuenta que su despliegue discursivo se muestra como neutral, aséptico, racional, lógico y además "científico".

Se tiene certeza también que el constitucionalismo contemporáneo, esta lleno de políticas indigenistas en desprestigio, tanto por lo que prescriben en todo el continente, como por las inconsecuencias de su desarrollo normativo también en todo el continente, y peor aún por la forma en que los constitucionalistas se han convertido en el núcleo de reproducción ideológica de todo lo descrito arriba: un **derecho incipientemente postcolonial.**

Como en el principio, el final cuenta con los mismos actores, unos defendiendo lo individual oligárquico, y los otros tratando de salvar al país de la catástrofe social, unos defendiendo la sociedad de privilegios y los otros construyendo a mano una sociedad de iguales, de verdaderamente hermanos. ¿Cómo hacer texto constitucional en todo este escenario?

La única respuesta es la **descolonización constitucional**, la creación de un nuevo saber jurídico y político que responda a la realidad para su transformación permanente, pero ese saber no puede salir de mentes brillantes sino de la movilización indígena y popular, de la capacidad de construcción política de los constituyentes como mandatarios de los primeros y de la posibilidad de su impregnación en el tejido social mayoritario allá donde se gestan las definiciones políticas.

El constitucionalismo, mascara del colonialismo puede subvertirse y es en la constituyencia indígena -como lugar material- donde sucede lo realmente importante, lo realmente verdadero, aquello que no puede ser ignorado.

Bibliografía general

ALTHUSSER, Louis; *Para leer el Capital*. México: Siglo XXI, 1986.

BROWN, Wendi & Patricia WILLIAMS; *La Critica de los Derechos*. Bogotá: Universidad de los Andes – Instituto Pensar – Siglo del Hombre. 2003.

CLAVERO, Bartolomé; *El Orden de los Poderes: Historias Constituyentes de la Trinidad Constitucional*. Madrid: Trotta, 2006.

CLAVERO, Bartolomé; *Geografía Jurídica de América Latina: Derecho Indígena en Constituciones no Indígenas*"

COLOMER VIADEL, ANTONIO; *Introducción al Constitucionalismo Contemporáneo*. Madrid: Ediciones de Cultura Hispánica. 1990

FERRAJOLI, Luigi; "Sobre el papel cívico y político de la ciencia penal en el Estado constitucional de derecho". Bs. As.: *Nueva Doctrina Penal*. 1998

FERNÁNDEZ SEGADO, Francisco; "Reflexiones en torno a la interpretación de la constitución. En: *Interpretación Constitucional: una aproximación al debate*". Sucre: Edit. Tribunal Constitucional. 2001

FITZPATRICK, Peter; *La mitología del Derecho Moderno*. México: Siglo XXI, 1998

FOUCAULT, Michel; *Vigilar y Castigar*. México: Siglo XXI, 1986 (19ª edición).

FOUCAULT, Michel; *La Verdad y las Formas Jurídicas*. Barcelona: GEDISA, 2005. (10ª reimpresión),

FOUCAULT, Michel; *Defender la Sociedad*. México: Fondo de Cultura Económica, 2003

FOUCAULT, Michel; *Las palabras y las cosas*. México D.F.: Siglo XXI, 1993 (22ª edición).

FRANCOVICH, Guillermo; *La filosofía en Bolivia*. La Paz: Juventud, 1987

GARCÍA VILLEGAS, Mauricio y RODRÍGUEZ, Cesar; *Derecho y Sociedad en América Latina: Un debate sobre los estudios jurídicos críticos*. (Editores) Bogotá: ILSA - Universidad Nacional. 2003

GONZÁLES AMUCHÁSTEGUI, Jesús; "La Crisis de la dogmática jurídica". En: *Modernas Tendencias del Derecho en América Latina*. Lima: GRIJLEY, 1997

GONZALEZ CASANOVA, Pablo; *Sociología de la Explotación*. México: Siglo XXI. 1969

GONZÁLEZ STEPHAN, Beatriz; "Economías fundacionales. Diseño del cuerpo ciudadano", en: B. González Stephan (comp.), *Cultura y Tercer Mundo. Nuevas identidades y ciudadanías*. Editorial Nueva Sociedad, Caracas, 1996.

HABERMAS, JÜRGEN; *Facticidad y Validez*. Madrid: Trotta, 1998.

LASALLE, Ferdinand; ¿Qué es una Constitución?. Bogota: Temis (1869/1996).

LOEWENSTEIN, Karl; *Teoría de la constitución*. Barcelona: Ariel, (2ª edición), 1970

MARTIN BARBERO; Jesús; *Discurso y Poder*. Quito: Época, 1978.

MARX, Kart; *Crítica del Programa de Gotha*. Pekín: Ediciones en Lengua Extranjera Republica Popular de China (1875/1979),

MIGNOLO, Walter; "Indisciplinar las ciencias sociales". En: *Geopolíticas del conocimiento y colonialidad del poder. Perspectivas desde lo Andino*. Editado por C. Walsh, F. Schiwy y S. Castro-Gómez. Quito: UASB/Abya Yala. Disponible en: <http://www.campus-oei.org/salactsi/walsh.htmm> (4/11/05)

MINISTERIO DE DESARROLLO SOSTENIBLE – VICEMINISTERIO DE LA MUJER; *Módulo Instruccional de Género*. Sucre - La Paz: – Instituto de la Judicatura, 2004.

MOVIMIENTO AL SOCIALISMO; *Refundar Bolivia para Vivir Bien*. La Paz: Movimiento Al Socialismo, 2006.

NINO, SANTIAGO; *Fundamentos de Derecho Constitucional*. Buenos Aires: Astrea, 1993,

OLIVECRONA, Karl; *Lenguaje Jurídico y realidad*. México D.F:Edit. Biblioteca de Ética, Filosofía del Derecho y Política. 1995 (3ª edición).

PAREDES, JULIETA; *Asamblea Feminista*. s/n/t, abril 2005

PLATT, Tristan; "La experiencia andina de liberalismo boliviano entre 1825 y 1900: raíces de la revolución de Chayanta durante el siglo XIX". En: *Resistencia, rebelión y conciencia campesina en los andes*. Lima: IEP, 1990 (Steve Stern comp.).

PLATT, Tristan; *Liberalismo y etnocidio en los Andes del Sur* (mimeógrafo).

SANDOVAL; Isaac; *Historia de Bolivia*. La Paz: Edit. C.E.U.B. 1987

SANDOVAL; Isaac; *Las crisis políticas y el militarismo*. México D.F: Siglo XXI, México, 1987.

SOPHIE BERCHE, anne; MARÍA GARCÍA, Alejandra y Alejandro MANTILLA; *Los Derechos en Nuestra Propia Voz Pueblos Indígenas y DESC: Una lectura intercultural*. Bogotá: Textos de Aquí y Ahora. 2006.

SANTIAGO CASTRO=GÓMEZ; Ciencias sociales, violencia epistémica y el problema de la "invención del otro". En *La colonialidad del saber: eurocentrismo y ciencias sociales Perspectivas latinoamericanas*. Edgardo Lander (Compilador). Quito: CLACSO, 2000

VERDESOTO, Luís; *El Proceso Constituyente en Bolivia -A horcajadas entre la nación y sus partes-*. La Paz, Plural, ILDIS. 2005.

VICIANO, Roberto y Rubén MARTINES; "El proceso constituyente venezolano en el marco del nuevo constitucionalismo latinoamericano". Mimeo, 2007.

ZAVALETA, René; "Notas sobre la cuestión Nacional en América Latina". En: *El Estado en América Latina*. Cochabamba/La Paz: Los Amigos del Libro, 1990

Informação bibliográfica deste artigo, conforme a NBR 6023:2002 da Associação Brasileira de Normas Técnicas (ABNT):

VARGAS, Idón Moisés Chivi. Constitucionalismo y descolonización: aportes al nuevo constitucionalismo latinoamericano. *In:* BALDI, César Augusto (Coord.). *Aprender desde o Sul*: Novas constitucionalidades, pluralismo jurídico e plurinacionalidade. Aprendendo desde o Sul. 1. ed. Belo Horizonte: Fórum, 2015. p. 215-225

CONSTITUCIONALISMO ASPIRACIONAL: DERECHO, DEMOCRACIA Y CAMBIO SOCIAL EN AMÉRICA LATINA*

MAURICIO GARCÍA VILLEGAS

Introducción

En el derecho suponemos que existen normas y que ellas garantizan que las cosas sucedan de cierta manera. Esa garantía significa que contamos con algunos funcionarios, por ejemplo jueces, encargados de hacer cumplir lo que las normas dicen. Si una norma establece una cosa y nadie la cumple, ni nadie la puede hacer cumplir pues simplemente esa norma no existe.[1] En el mundo de la política, en cambio, es hasta cierto punto normal que las cosas no sucedan de la manera como fueron previstas. La política es el reino de las propuestas y de las promesas y vemos como algo normal que sólo una parte de ellas se convierta en realidad. Esto no quiere decir que los políticos puedan hacer promesas a su antojo; sólo que, por la naturaleza del oficio político, existe una cierta tolerancia de parte de los electores en el control de la realización de dichas promesas. La política es una práctica que mira hacia el futuro y que intenta atraparlo y determinarlo pero no siempre puede hacerlo y así se suele aceptar, aunque muchas veces a regañadientes. El derecho en cambio, mira hacia el presente e intenta determinarlo a través de procedimientos claros y previstos de antemano que pueden ser controlados y confrontados con los hechos.

Pero la distinción entre derecho y política no es tan clara como parece. No siempre el derecho prescribe lo que debe ser en el presente y no siempre la política es una promesa incierta hacia el futuro. Así por ejemplo, en política, no sólo la pérdida de las

---

* Este artículo fue publicado inicialmente en la Revista Análisis Político # 75 Mayo – Agosto (2012) pp. 89-110. Quiero agradecer a José Rafael Espinosa quien con juicio y paciencia comentó y revisó la edición de este texto. También doy las gracias a Javier Revelo y a Mauricio Albarracín por sus comentarios así como a mis colegas del IEPRI en la Universidad Nacional, con quienes discutí el primer borrador de este texto, destinado a ser publicado en la *Revista Análisis Político.*

1 Hans Kelsen decía que cuando sucede lo contrario, nadie incumple, tampoco estamos en presencia de una norma.

elecciones es una especie de sanción para los políticos temerarios que se parece a las sanciones del derecho, sino que en algunos países existe la revocatoria del mandato de los gobernantes que desconocen lo prometido en sus campañas, lo cual significa que los programas políticos funcionan casi como normas jurídicas que pueden ser garantizadas si no se cumplen. De otra parte, en el derecho las cosas tampoco son tan claras como parecen. Con frecuencia las normas son susceptibles de varias interpretaciones y son los jueces y los funcionarios públicos los que terminan decidiendo, políticamente, cuál interpretación vale y cuál no.[2] Además el derecho no siempre está compuesto por normas provistas de sanciones. Con frecuencia contiene sólo principios y orientaciones generales cuya fuerza impositiva es muy precaria (Hart, 1961).

En el derecho constitucional es particularmente evidente la ambigüedad entre una mirada discursiva hacia el presente y una que lo hace hacia el futuro, es decir la ambigüedad entre el discurso jurídico y el discurso político. Eso ocurre sobre todo en un tipo particular de constitución cuyo fin es conseguir el progreso social y el futuro mejor para la sociedad. Son constituciones que miran hacia el futuro y prescriben lo que se debe conseguir con el paso de los años, no lo que debe ser en la actualidad. Así por ejemplo, el parágrafo segundo del artículo tercero de la constitución italiana dice lo siguiente: "Corresponde a la República remover los obstáculos de orden económico y social que, limitando el derecho a la libertad y la igualdad de los ciudadanos, impiden el pleno desarrollo de la persona humana y la participación efectiva de todos los trabajadores en la organización política, económica y social del país."[3] ¿Qué es esto?; una norma jurídica o una promesa política.

Ejemplos de normas similares pueden encontrarse en el constitucionalismo indio,[4] surafricano[5] y por supuesto en el constitucionalismo latinoamericano. En esta región del mundo se suele pensar que el destino de la sociedad depende de que se tengan buenas constituciones. Por eso es muy común que las constituciones latinoamericanas contengan un catálogo de ilusiones acerca de la sociedad mejor y más justa, que se quiere en el futuro. Con mucha frecuencia las constituciones latinoamericanas han sido símbolos políticos destinados a compensar el déficit de maniobra política de los gobiernos, más que normas jurídicas destinadas a limitar el poder o a consagrar derechos (García Villegas 1993). Este no es pues un fenómeno nuevo. Sin embargo, en las últimas décadas parece haberse acentuado, en lo cual intervino la doble reacción contra los regímenes militares y contra las políticas de ajuste económico de corte neoliberal. Entre 1978 y 2008 se hicieron 15 constituciones en América Latina (Negretto, 2011; Uprimny, 2011).[6] Las más sobresalientes son: la de Brasil en 1988, la de Colombia en 1991, la de Paraguay en 1992, la de Ecuador en 1998 y luego en 2008, la de Perú en 1993, la de Venezuela en 1999 y la de Bolivia en 2009. Lo que más impresiona en este conjunto es la generosidad de la cata de derechos, el reconocimiento de las diferencias y la apertura hacia la participación democrática y

---

[2]　De hecho, las denominadas "teorías críticas del derecho" sostienen que verdadera naturaleza del derecho es política y que ello se manifiesta en el hecho de que los jueces, en los casos difíciles – que son por lo general los casos más trascendentes - primero toman una decisión política y luego la justifican jurídicamente (Kennedy 1997; Tushnet 1984).

[3]　Algo parecido puede verse en la Constitución de Weimar de 1919 (capítulo V) o en la constitución española de 1931 (capítulo II del Título III), en la constitución rusa de 1917 y en la constitución mejicana de 1918

[4]　Ver, por ejemplo (Muralidhar 2008 ; Sabel y William, 2004).

[5]　Al respecto véase (Fredman, Sandra, 2006); (Sunstein, Cass, 2004).

[6]　Otras introdujeron reformas muy importantes como Argentina en 1994, México en 1992 o Costa Rica en 1989

el carácter pluralista de la sociedad.[7] El catálogo de derechos, dice Gargarella, resulta extraordinario, no sólo por el número de derechos abarcado, sino por el nivel de detalle al que se ha llegado en algunos casos (2012).

No obstante, esta manera de vincular constitución y progreso social no existe en todos los países. Más aún, en la historia del constitucionalismo esta idea resulta relativamente escasa (Preuss, 1995). Es más frecuente la concepción según la cual el objeto esencial de las constituciones consiste en impedir que existan abusos del poder y que de esta manera se preserven los derechos de las personas. Desde este punto de vista una constitución es un documento legal que protege los derechos de las personas que se consideran previos a la constitución misma.[8] La visión latinoamericana que vengo describiendo, en cambio, está más de acuerdo con la idea de un documento político fundacional a partir del cual se crea la sociedad y que nos conecta con el futuro. En el primer caso la constitución conserva lo que se logró en una revolución previa, en el segundo la constitución es algo así como una revolución en acto.

Estas dos concepciones no son nuevas. Fueron debatidas al inicio de la Revolución Francesa (Baker, 1992:181). De un lado estaban quienes consideraban que la constitución respondía a un tipo de esencia – de alma política – de la sociedad; una esencia que habría existido desde los orígenes de Francia. Según ellos, en tiempos de crisis - como los que en 1789 vivía Francia – bastaba con ajustar la constitución existente a los tiempos presentes.[9] Los delegados *monarquistas* fueron los que más simpatizaron con esta concepción, la cual estaba inspirada en la obra de Aristóteles retomada luego por Montesquieu y de los juristas ingleses del siglo XVIII para los cuales la constitución derivaba de la esencia histórica de los pueblos.[10]

De otro lado estaban los llamados *patriotas* quienes estimaban que la constitución sólo podía ser la expresión de la voluntad política del pueblo. La instauración de una constitución era para ellos un acto voluntario que creaba una nueva realidad social, de tal manera que se suprimía todo lazo o condición con el pasado. Esta visión reivindica el valor de la voluntad política (Voluntad General) en contra de toda concepción ligada a la historia y el pasado de la sociedad. Quizás el representante más conspicuo de esta concepción sea Jean Jacques Rousseau, seguido, en alguna medida, no solo por Emanuel Sieyès y la mayoría de los líderes de 1789, sino también por autores tan diversos como Karl Marx y Carl Schmitt.

En este artículo usaré la expresión *constitucionalismo aspiracional* para referirme a la concepción que liga constitución con progreso y que puede ser rastreada a partir de Rousseau y del movimiento jacobino en la Revolución Francesa. Para referirme a la concepción que asocia constitución con limitación del poder y protección del *statu quo*, en cambio, usaré la expresión *constitucionalismo preservador*.

---

[7] Aquí vale la pena mencionar la conocida distinción de Nancy Fraser (2000), entre una justicia de reconocimiento y una de distribución.

[8] Al respecto véase (Locke, 1946)

[9] Algo de esta concepción inspiró el célebre *Serment du Jeu de Paume*, del 20 de Junio, en donde los delegados del Tercer Estado juraron no descansar hasta haber ajustado – *avoir fixé* - un nuevo texto constitucional para Francia.

[10] Montesquieu, en *Del Espíritu de las Leyes*, sostiene que cada pueblo posee su alma y su esencia y que el derecho no debe desatender esto. "Las leyes, es su sentido más amplio son relaciones necesarias que derivan de la naturaleza de las cosas. En este sentido, todos los seres tienen sus leyes". (Montesquieu ,1972: Volume I, Chapter 1).

Debo advertir, en primer lugar, que esta distinción tiene un carácter más analítico que descriptivo.[11] En la práctica, casi todas las constituciones se mueven en esta frontera difusa entre el derecho y la política o, si se quiere, entre el aseguramiento del presente y la promesa del futuro. Existe todo un espectro de constituciones posibles ubicadas entre aquellas con una estructura discursiva más cercana al mundo de lo político y aquellas con una estructura discursiva más afín a lo jurídico. No solo eso, en una misma constitución suele haber normas de ambos tipos; unas que se parecen más al discurso político y otras que se parecen más al discurso jurídico.

En segundo lugar, hay que advertir que esta distinción es propia de un punto de vista externo, o sociológico, del derecho constitucional. El punto de vista interno propio de la dogmática constitucional, tiende, como es natural, a no ver en las constituciones más que normas jurídicas. Sin embargo, aquí también hay debate entre los jueces y abogados. Algunos estiman que todo lo que está en las constituciones tiene fuerza normativa y por lo tanto no hay normas que puedan ser consideradas como simples aspiraciones políticas. Otros, en cambio, consideran que las constituciones que se empeñan en lograr el progreso social a través de principios y derechos sociales, por lo menos en ese aspecto, son simple retórica política y que deben ser desatendidas por los jueces.[12] Adicionalmente, la distinción entre reglas y principios (siendo las primeras normas de aplicación inmediata y los segundos normas de aplicación mediata o ponderada) muestra que la misma dogmática tiene en cuenta diferentes grados de fuerza normativa (Alexis, 1993).

Por último, es necesario señalar que no todas las constituciones aspiracionales actuales se nutren de la tradición roussoniana, o francesa, del constitucionalismo. Más aun, las constituciones aspiracionales que dependen, para su efectividad, de la intervención de los jueces (ver más adelante el punto III) se alimentan sobre todo de la tradición constitucional anglosajona de activismo judicial y de control contra-mayoritario.

Mi propósito en este artículo es el de analizar las características, los alcances, las dificultades y las promesas del constitucionalismo aspiracional en América Latina. El texto está organizado en dos partes. En la primera me refiero a algunas características del constitucionalismo aspiracional y analizo las críticas de que suele ser objeto este tipo de constitucionalismo. En la segunda me concentro en la tensión inherente a la constitución aspiracional entre lo jurídico y lo político y a partir de allí propongo y

---

[11] Se trata entonces de tipos ideales. Hecha esta advertencia la constitución francesa de 1793 puede ser un buen ejemplo de constitucionalismo aspiracional, mientras que la constitución colombiana de 1886 puede ser una manifestación del constitucionalismo preservador. La revolución de independencia y la constitución de los Estados Unidos suscitan debate. Según algunos, la constitución parece haber adoptado una tercera manera de resolver esta tensión. Aquí, los dos elementos en conflicto, protección y voluntad política se confunden. La constitución es un intento de todo un pueblo por fundar un *nuevo* cuerpo político (Arendt 1963: 143), pero, una vez promulgada, la voluntad política resulta de inmediato atada a lo establecido en la Constitución. Es por eso que – según Bruce Ackerman – es importante hacer la diferencia entre el origen de la constitución, donde la soberanía popular se ejerce, y el ejercicio ordinario de la política, cuando la voluntad popular se retira en beneficio de la constitución (Ackerman 1992). Según otros, en cambio, la constitución de los Estados Unidos – a pesar de la política fundacional que la inspiró – podría igualmente ser una expresión del constitucionalismo preservador. Según Bernard Bailyn, "[e]l objetivo primordial de la Revolución Americana... no consistió en la abolición del orden social existente, ni siquiera en la introducción de cambios a este orden, sino en la preservación de las libertades políticas......" (Bailyn, 1972:32).

[12] Al respecto véase Bork (1986), Nozick (1988) y Hoffe (1983).

evalúo una tipología de casos constitucionales posibles para América Latina. Al final expongo unas breves conclusiones.

El constitucionalismo aspiracional y sus criticos

A Caracterización

Dada la importancia que tiene el constitucionalismo aspiracional en América Latina, en lo que sigue me concentraré en su caracterización. En primer lugar, este constitucionalismo prospera sobre todo en situaciones en las cuales existe una gran inconformidad con el presente y una fuerte creencia en las posibilidades de un futuro mejor. Un buen ejemplo de esto fueron las primeras dos constituciones de la Revolución Francesa (1791 y 1793) cuyo contenido fue, en buena parte, impulsado por las condiciones de pobreza y la esperanza en el cambio social. Son estas las condiciones que suelen predominar en los países periféricos y semiperiféricos.[13] El constitucionalismo preservador, en cambio suele prosperar en contextos sociales y políticos en los cuales han sido garantizadas condiciones básicas de progreso social y estabilidad institucional. Desde luego los casos intermedios no están excluidos: constituciones preservadoras pueden surgir en los países periféricos y también, aunque esto parece menos probable, constituciones aspiracionales pueden aparecer en países centrales.[14]

En segundo lugar, el constitucionalismo aspiracional busca la efectividad fáctica, y no sólo jurídica, de sus normas. Jurídicamente, este carácter se revela en el hecho de que las normas que consagran sus principios, valores y derechos sociales no son consideradas como meras formulaciones retóricas sino como normas llamadas a tener efectos inmediatos. Para garantizar esta efectividad las constituciones aspiracionales contemplan dos vías posibles: 1) la movilización política de las fuerzas que dieron origen a la constitución, con su debida manifestación en los órganos colegiados y 2) el control judicial de las leyes y de los actos administrativos con el objeto de exigir que los representantes de las mayorías políticas hagan efectivos los principios y los derechos consagrados en la constitución. Como se puede ver, estas dos vías no son complementarias; más aún, en la práctica suelen resultar excluyentes, como mostraré en la segunda parte de este ensayo.

En tercer lugar, la ambivalencia entre lo político y lo jurídico que caracteriza el constitucionalismo aspiracional conlleva tensiones institucionales importantes entre las mayorías políticas y los órganos judiciales. La pretensión judicial de hacer efectivos los derechos consagrados en la constitución acarrea conflictos institucionales importantes entre las ramas del poder público y, particularmente, entre las instancias de representación democrática y encargadas de definir y aplicar los presupuestos

---

[13] Cass Sunstein sostiene que hay dos tipos de constitucionalismo : uno proveniente del Norte y de Occidente y otro del Sur y del Este del mundo (Sunstein 1993). Otra manera de ver esta diferencia es sugerida por Teitel cuando sostiene que "[e]n su función social ordinaria el derecho proporciona orden y estabilidad, pero en períodos extraordinarios de convulsión social el derecho mantiene el orden y permite la transformación social" (Teitel, 1997: 214).

[14] La constitución colombiana de 1886 puede ser un ejemplo del primer caso como lo son muchas constituciones destinadas a mantener una élite política que gobierna a espaldas de las grandes necesidades nacionales. El segundo caso es menos probable y no encuentro un ejemplo claro que lo ilustre.

públicos, por un lado, y los jueces encargados de proteger los derechos sociales consagrados en el texto constitucional, por el otro.

En cuarto lugar, esta constituciones requieren de algo más que su simple desarrollo legal o jurisprudencial para ser efectivas. Requieren de al menos dos fuentes adicionales de apoyo, localizadas por fuera de la burocracia institucional. La primera de ellas es el compromiso de los movimientos sociales, la opinión pública y, en general, las fuerzas políticas que apoyaron la promulgación de la constitución o que apoyan su aplicación efectiva. Parafraseando a Donald Komners, podríamos decir que se necesita un "constitucionalismo militante" con claros apoyos políticos por fuera del aparato institucional. Sólo de esta manera las constituciones y las cortes constitucionales que promueven su aplicación efectiva pueden hacer frente con éxito a las tensiones internas que amenazan con frenar los impulsos de cambio social e institucional que ponen en marcha estas constituciones. Sin estos soportes políticos la constitución y las cortes pueden ser neutralizadas por mayorías políticas reacias al cambio o ser objeto de reformas conservadoras que eliminen toda esperanza de cambio a través de la constitución. Dicho en otros términos, esto significa que las constituciones aspiracionales logran cambios sociales en la medida en que dichos cambios estén impulsados, si no por una revolución previa, por lo menos por un gran movimiento social y político que acompañe y exija el desarrollo de los postulados constitucionales. En segundo lugar, estas constituciones necesitan de la consolidación de una nueva cultura jurídica sobre la protección de los derechos que no sólo transforme la educación legal en las facultades de derecho sino que imponga una nueva dogmática jurídica y unos nuevos parámetros interpretativos, de tal manera que se modifique la visión tradicional que se tiene de los derechos y de su aplicación.

B Los críticos

Una vez hecha esta caracterización, ahora me ocupo del debate que suscitan estas constituciones. Ellas no solamente enfrentan dificultades derivadas de los conflictos interinstitucionales que ellas propician (entre el poder ejecutivo y legislativo de un lado y el poder judicial, del otro), también enfrentan fuertes críticas políticas y académicas. En lo que sigo intento clasificar esas críticas según la postura política que adoptan (conservadora o progresista) y según la posición disciplinaria desde la cual hablan (derecho o política).

A partir de una perspectiva conservadora es posible identificar dos personajes críticos, a los cuales denominaré *constitucionalista legalista y economista desconfiado*.[15]

El primero de ellos (constitucionalista legalista) defiende una noción minimalista de constitución, según la cual solamente debe entenderse por tal un conjunto de normas (reglas) consagradas en su parte orgánica y excepcionalmente en la parte dogmática. Los principios y los derechos, según esta visión, solo tiene valor normativo en la medida en la que son plasmados en leyes de obligatorio e inmediato cumplimiento.[16] Mientras eso no ocurra, son promesas o programas de acción hacia

---

[15] Una primera versión de esta clasificación fue publicada en Saffón y García Villegas, (2011)

[16] En Colombia, esta era la posición de los constitucionalistas clásicos que interpretaban la Constitución de 1886; entre ellos Sáchica, 1962; Pérez, Jacobo, Naranjo Mesa1991; un exponente contemporáneo de esta tendencia en Colombia es Javier Tamayo Jaramillo. Buena parte de la jurisprudencia del Consejo de Estado en Colombia adoptaba esta posición en relación con la parte dogmática de la Constitución de 1886.

el futuro. Esta era la concepción dominante en Colombia hasta la promulgación de la Constitución de 1991. Tan evidente era la irrelevancia de la Carta de Derechos de la Constitución de 1886 que el legislador ordenó reproducir su contenido al inicio del Código Civil, para que tuviera al menos una eficacia simbólica.

Desde este punto de vista (que por lo general se alimenta en las fuentes del formalismo y del positivismo jurídico latinoamericanos) la constituciones aspiracionales, con sus metas ambiciosas y sus formulaciones generosas de derechos –especialmente de derechos sociales–, van demasiado lejos en su contenido y alcance y terminan regulando asuntos que deberían estar reservados a la competencia del legislador. Esto no solamente es problemático por los conflictos interinstitucionales que podrían surgir entre los actores políticos y los jueces constitucionales, sino también por el déficit de democracia que podría producir el hecho de que los jueces colonicen asuntos políticos y económicos. Así pues, el constitucionalista legalista considera que las metas y los derechos de las constituciones aspiracionales deberían ser interpretados de la forma más restrictiva posible, esto es, no como normas legales directamente aplicables, sino como promesas políticas y como principios orientadores, los cuales solamente podrían materializarse cuando los órganos políticos consideren conveniente desarrollarlos.

El segundo personaje, el *economista desconfiado*, defiende la importancia de interpretar las metas y los derechos de las constituciones aspiracionales de la forma más restrictiva posible, pero lo hace por razones diferentes. Inspirado en teorías económicas del derecho,[17] este personaje no tiene fe en el constitucionalismo, entendido como un mecanismo eficiente para regular la vida social, a menos que éste se encuentre subordinado a la economía, específicamente a los principios de eficiencia del mercado y de maximización de la riqueza.[18] Desde su punto de vista, las constituciones aspiracionales son cualquier cosa menos constituciones eficientes: el hecho de que consagren derechos sociales como normas jurídicas de aplicación inmediata supone una competencia indeseada (de recursos y de energía institucional) con los derechos civiles –en particular para los derechos de propiedad– de tal manera que los termina volviendo inciertos, implica interferencias al funcionamiento del libre mercado y crea obstáculos para el desarrollo económico.[19] Así las cosas, las constituciones aspiracionales deberían ser interpretadas restrictivamente y del desarrollo de sus metas debería encomendarse a los actores políticos, los cuales son más sensibles a las restricciones económicas que los jueces constitucionales.[20]

Pero no todos los críticos de las constituciones aspiracionales son conservadores; también hay progresistas que critican estas constituciones, pero no por sus metas

---

[17] Principalmente, en la escuela *Law & Economics* (véase Coase 1960; Calebresi 1970; Posner 1977) y en la corriente económica neo-institucionalista (véase North 1993). En Colombia, ver por ejemplo las posiciones de Sergio Clavijo (2001); Alberto Carrasquilla, (2011) y, en algunos escritos, Salomón Kalmanovitz, (2001), entre otros

[18] Véase Richard Posner (1992). La primera generación de *Law & Economics* adoptó estos postulados; sin embargo, actualmente estos son muy criticados por muchos de sus adeptos. Además, aunque la mayoría de ellos considera que el análisis del derecho en términos de eficiencia todavía es útil para evaluar la forma en la que los jueces deberían decidir, no creen que la eficiencia será el factor más importante para evaluar el derecho. Véase por ejemplo (Ulen, 1989).

[19] Rodríguez y Uprimny (2006) sintetizan las diferentes críticas que teóricos filosóficos, económicos neoclásicos y liberales institucionalistas han formulado a los derechos sociales.

[20] Clavijo (2001) y Carrasquilla (2001) son representantes de esta postura en el caso colombiano.

ambiciosas o por el contenido demasiado generoso de sus derechos, sino justamente por lo contrario. Desde su punto de vista, estas constituciones no son capaces de garantizar la protección de los derechos y la transformación social que prometen. Aquí también es posible identificar dos personajes: el *constitucionalista intransigente* y el *utopista desilusionado*. El primero habla desde el derecho y el segundo desde la política.

El *constitucionalista intransigente* estima que los principios y los derechos que consagra la constitución son normas jurídicas de aplicación inmediata y por lo tanto no son negociables. El hecho de que sean normas difíciles de aplicar (costosas) no afecta, según ellos, su carácter normativo y perentorio. Siendo así, es la realidad económica la que debe adaptarse al texto constitucional, y no al contrario. El constitucionalista intransigente está de acuerdo con el contenido de la constitución aspiracional (al menos la recién promulgada) pero se aparta de ella y del tribunal constitucional que la interpreta, cuando observa cómo este tribunal al buscar un equilibrio entre la protección de los derechos sociales y las necesidades económicas, desconoce el carácter perentorio de las normas que establecen derechos. Según él, las consideraciones políticas o económicas son irrelevantes en la interpretación judicial y la efectividad de estos derechos es un imperativo constitucional que debe cumplirse a pesar de las dificultades que ello suponga.[21]

El *utopista desilusionado*, como el personaje anterior, también está, en principio, de acuerdo con el contenido de la constitución aspiracional; sin embargo, a diferencia del anterior, desconfía de la capacidad del derecho para llevar a cabo transformaciones sociales y por eso, al ver que la constitución no cumple con las promesas de cambio social, de justicia e igualdad que prometió, no sólo le quita su apoyo sino que termina por convencerse de que ella es el fruto de una estrategia de engaño por parte de las élites dominantes. A su juicio, las constituciones aspiracionales, con su lenguaje generoso e incluyente sirven más al poder para legitimar el statu quo que a los ciudadanos para proteger sus derechos.[22]

El cuadro que sigue resume estas posiciones.

	Conservador	Progresista
Derecho	*Constitucionalista Legalista*	*Constitucionalista Intransigente*
Política	*Economista Desconfiado*	*Utopista Desilusionado*

---

[21] Una ejemplo de esta postura podría verse en los salvamentos de voto del magistrado de la Corte Constitucional colombiana Jaime Araujo. En menor medida, podrían caber aquí también algunos salvamentos del magistrado Alfredo Beltrán Sierra. Por fuera del mundo judicial, esta posición aparece a veces en algunos grupos defensores de derechos humanos. Así por ejemplo Gustavo Gallón (2011) – director de la Comisión Colombiana de Juristas - parecería defender este punto de vista cuando afirma que, "Limitar la eficacia de las decisiones de las altas cortes en materia de derechos económicos, sociales y culturales oponiéndolas a la sostenibilidad fiscal es ingenioso y puede ser hasta perverso, porque da la apariencia no de una negación de derechos sino de una ponderación entre dos derechos constitucionales: el derecho de un individuo o de un grupo a su bienestar, y el derecho de toda la sociedad a tener unas finanzas sanas. Es un sofisma refinado". (2011).

[22] Esta es la posición de algunos *Critical Legal Studies* radicales, en los Estados Unidos. Un ejemplo de esta postura teórica puede verse, entre otros, en Kennedy (1997) y Tushnet (1984). Para su ilustración en el caso colombiano véase Mejía y Mápura (2009).

C La crítica a los críticos

Aunque todas las perspectivas mencionadas anteriormente tienen orientaciones políticas distintas y sus argumentos son diferentes, tienen en común el hecho de que comparten la misma postura metodológica: una concepción instrumentalista de la relación entre el derecho y el cambio social. Esto significa que todas creen que los textos constitucionales son instrumentos o herramientas que operan sobre una realidad externa.[23]

En teoría social el instrumentalismo[24] se basa en la idea de que las instituciones son externas a su contexto y pueden actuar en ellos como si fueran entidades causales. Esta creencia ha sido criticada por las posturas constructivistas (o constitutivistas). En contraste con el instrumentalismo, el constructivismo entiende esta relación no de forma causal, sino como una relación de incidencia recíproca en donde ningunos de los dos elementos es puro o totalmente externo o independiente del otro. Las instituciones dependen de los contextos sociales tanto como estos dependen de aquellas. Dicho en otros términos, las instituciones no son como las herramientas (un taladro, por ejemplo) que operan en una realidad que les es externa, sino como las plantas, que mantienen una relación de recíproca incidencia con el ambiente (suelo, altitud, humedad relativa, etc.) en el cual crecen.[25]

Lo dicho para las instituciones vale para el derecho. Las constituciones, no son instrumentos *toutes faites*, que inciden en una sociedad externa a ellas mismas.[26] Las constituciones son sobre todo material simbólico que opera en un campo jurídico en el que diferentes fuerzas sociales y políticas luchan por la apropiación del sentido de los textos. El hecho de que las constituciones sean material simbólico no significa que la racionalidad jurídica carezca de importancia, ni mucho menos que lo simbólico no tenga efectos materiales. Significa, por el contrario, que la realidad del derecho es una realidad comunicacional y en disputa, en donde participan diferentes tipos de actores dotados de capitales diferentes (técnico-jurídico; social, económico, etc.) y desiguales en términos de poder (Bourdieu, 1986). Por eso mismo la suerte de las constituciones no está echada de antemano. Lo que una constitución es, lo que vale, depende del contexto y de las lucha por la apropiación del sentido que se libra en ese contexto.

Dado que la constitución es una constitución-en-acto, el texto promulgado es solo un primer paso, importante desde luego, pero sólo un primer paso en la tarea de hacer efectivos esos derechos. Como lo ha mostrado Charles R. Epp, la llamada revolución de los derechos en Estados Unidos (durante la época del *Civil Rights Movement*) y en otros países como Canadá e India, se explica por la existencia de una serie de causas jurídicas, sociales y políticas que operan durante la vida de una

---

[23] Para una crítica al instrumentalismo, véase Sarat (1988).

[24] Para los orígenes del constructivismo en la teoría de la acción social, véase Berger y Luckmann (1967). Para una aplicación teórica del constructivismo al derecho, véase Bourdieu (2000).

[25] Al respecto ver Peter Evans, (2007) quien critica el fenómeno del *monocultivo institucional*, es decir la tendencia dominante que consiste en transplantar instituciones que funcionan bien en algún lugar a otros lugar sin tener en cuenta el contexto en el cual se implantan.

[26] Durante mucho tiempo, esta creencia fue muy importante en la sociología jurídica. En los sesentas fue apoyada fuertemente por los miembros del movimiento *Law and Development*, quienes veían en el derecho un motor fundamental para llevar el desarrollo a los países del sur global. Sin embargo, las políticas inspiradas en esta idea fracasaron rápidamente y el movimiento fue objeto de críticas muy intensas.

constitución (1998). Entre estas causas están las siguientes: la existencia de cláusulas constitucionales progresistas que consagran esos derechos; jueces en las cortes constitucionales dispuestos a aplicar esos derechos; una cultura favorable a la protección de tales derechos y una estructura social de apoyo – abogados, instituciones, financiamiento – destinada a la movilización legal de grupos y ciudadanos. Dicho en los términos que vengo utilizando en este ensayo: sin el conjunto de estos factores (normas, jueces, cultura y movilización social) los derechos y las constituciones aspiracionales se quedan en el papel, no se construyen. Una valoración sociopolítica de una constitución que se quede en el análisis de sus textos (como lo hacen algunos de los críticos que he mencionado arriba) es, a mi juicio, una evaluación incompleta.[27]

Con fundamento en una visión constructivista del derecho, aquí adopto la posición de un quinto personaje al que llamaré *optimista moderado*, y que se caracteriza por defender el texto aspiracional, entendido con las limitaciones y los altibajos propios de la lucha política en la cual está inmerso y como una oportunidad para construir un constitucionalismo mejor (ya volveré sobre esto).[28]

La posición de este quinto personaje se sitúa en el medio de las visiones demasiado optimistas y demasiado pesimistas del derecho constitucional.[29] De acuerdo con esta postura intermedia, las constituciones aspiracionales y la protección de derechos sociales que estas suponen son un mecanismo importante para promover el cambio social, pero este mecanismo por sí sólo es insuficiente. Para que la batalla legal pueda ser efectiva, debe ser parte de una estrategia política más amplia que apunte a la transformación social a través de la materialización de los derechos sociales. Esta estrategia implica la existencia de elementos contextuales diferentes al derecho, tales como un activo apoyo social y político al proyecto constitucional, en general, y al activismo judicial progresista en materia de derechos sociales, en particular, así como una cultura jurídica favorable a la protección de los derechos.

Dado que, para lograr un cambio social real se requiere del compromiso político serio de diversos actores a favor de la Constitución, tanto las posturas conservadoras como las posturas críticas radicales, al no comprometerse con el proyecto, lo debilitan y propician su fracaso. Las primeras, las conservadoras, lo debilitan por razones evidentes pues simple y llanamente le apuestan a su fracaso. Las críticas radicales, por su parte, contribuyen a forjar la propia realidad que ellas mismas denuncian, funcionando así como especies de profecías auto-cumplidas y, de esta manera terminan

---

[27] Es dudoso que este modelo teórico pueda aplicarse tal cual a todos los países. En Colombia, por ejemplo, las estructuras de apoyo a la movilización jurídica no son fuertes. A falta de esas estructuras de apoyo (indispensables durante el Movimiento por los Derechos Civiles en los Estados Unidos) en Colombia el acceso de los ciudadanos comunes y corrientes a las altas cortes ha sido posible gracias a la existencia de procedimientos jurídicos que facilitan ese acceso: sobre todo la acción pública de inconstitucionalidad y la acción de tutela. (Uprimny, 2011a). Esta diferencia sin embargo no invalida la idea subyacente al modelo de Epp; esto es, que no basta con los textos que consagran derechos y que es necesario la movilización política de la sociedad a través del derecho.

[28] Posiciones similares, a partir de en una visión constructivista del derecho, pueden verse en Esteban Restrepo (2002); Julieta Lemaitre (200; 2011), Maria Paula Saffón y Mauricio García Villegas (2011); Mauricio Albarracín, 2011, Cesar Rodríguez y Diana Rodríguez (2010), Isabel Cristina Jaramillo y Tatiana Alfonso (2008), entre otros. Para una visión constructiva de los movimientos sociales en América Latina ver Santos 2010.: Dejustica Colombia, Bogottransform# 14ovimientos sociales: el reconocimiento judicial de los derechos de las parejas del mismo

[29] Esta tesis intermedia está inspirada en el trabajo de McCann (1984). Para un uso de esta tesis intermedia en trabajos previos de los autores, véase García Villegas y Uprimny (2002); Saffon (2007); García Villegas (2004).

siendo funcionales a las perspectivas conservadoras. Al reducir los apoyos políticos que la constitución necesita para lograr sus propósitos, condenan las constituciones aspiracionales al fracaso, tal y como ellas mismas lo habían denunciado en sus críticas.

I La constitucion aspiracional en la tension entre democracia y derechos

Los dilemas y sobre todo las limitaciones que entraña la *constitución aspiracional* están en buena parte relacionados con la tensión entre derecho y política, que en los términos de la teoría clásica del constitucionalismo, en algo que se manifiesta como la tensión entre democracia y derechos (Madison, et al, 1941; Ely, 1980; Ackerman, 1991). Según esta teoría, una constitución ideal debe lograr el máximo de participación democrática posible, compatible con el máximo de protección de derechos posible. Llamaré *constitucionalismo democrático* a aquel que logra este tipo de compatibilidad. Soy consciente de las dificultades y complejidades que encierra esta definición; sin embargo, mi intención aquí no es discutir la teoría clásica sino más bien partir de un ideal que me permita caracterizar modelos intermedios que no alcanzan ese ideal y entre los cuales, a mi juicio, se encuentra lo que aquí he llamado constitucionalismo aspiracional.

Aquí defenderé la idea de que el constitucionalismo aspiracional, en la práctica, es decir en el proceso constitucional, deja mucho que desear en relación en este modelo ideal. Mi punto es que sus falencias están relacionadas con su incapacidad para lograr conciliar plenamente las dos dimensiones anotadas, la de los derechos y la de la participación, es decir para convertirse en un constitucionalismo democrático. Esta afirmación, inspirada parcialmente en los análisis y la tipología presentada por Roberto Gargarela (2005) no la hago a partir del análisis de los textos de las constituciones (desde la dogmática constitucional) sino a partir de las prácticas constitucionales en América Latina (desde la sociología constitucional). A mi juicio, en América Latina y, repito, desde el "proceso" constitucional, se pueden encontrar tres modelos de constitucionalismo, todos insuficientes en relación con el *constitucionalismo democrático*, entendido como modelo ideal.

El primero, identificado al inicio de este texto, es el *constitucionalismo preservador,* o, para ser más exactos la versión latinoamericana de ese constitucionalismo preservador que señalé al inicio y el cual, a mi juicio, combina deficiencias en relación con la protección de derechos, con deficiencias ligadas a la realización de la democracia. Muchas de las constituciones que ha habido en América Latina son de este corte. La gran mayoría de ellas fueron promulgadas durante el siglo XIX y buena parte del siglo XX (Gargarella, 2005). La constitución colombiana de 1886 o la argentina de 1953 son buenos ejemplos de este modelo

Entre éste modelo preservador y el modelo ideal (constitucionalismo democrático) encontramos dos modelos intermedios. Ambos se caracterizan por tener constituciones aspiracionales, con cartas de derecho generosas y progresistas. Su diferencia radica en la manera como intentan llevar a la práctica los mandatos de esas constituciones: uno de ellos lo hace, de manera preferente, a través de los jueces y el otro de manera preferente a través del poder legislativo.

Al primero de estos modelos intermedios lo denominaré *Aspiracional-judicial* y al segundo *Aspiracional-político*. Ambos difieren no tanto en el contenido de sus textos como en la manera o en los mecanismos a través de los cuales tratan de llevar a la práctica los postulados constitucionales. El primero se vale de los jueces y en particular de los tribunales constitucionales, para cumplir con sus cometidos. El segundo se vale sobre todo de la ley y de las mayorías políticas para lograrlo. Me parece que el caso colombiano representa bien esta primera variante mientras que el caso venezolano representa la segunda. Razones de tipo sociopolítico en ambos países explican esta elección.

En Colombia, a falta de partidos fuertes, con un sistema político muy inclinado hacia la derecha (en buena parte por la existencia de las guerrillas) y con una participación popular débil, era muy difícil que la Constitución de 1991 pudiera ser desarrollada a través del órgano legislativo o del poder ejecutivo. Esa constitución no fue el producto de una revolución social y por lo tanto no hubo un movimiento político detrás de su creación (Lemaitre, 2009). Fue más la indignación nacional frente a la violencia narcotraficante y frente a la clase política tradicional lo que despertó el apoyo ciudadano a la Asamblea Nacional Constituyente. En esas circunstancias, era factible que una constitución muy progresista, como lo fue la que resultó de esa asamblea en 1991, sin un partido fuerte detrás para respaldarla, tuviera que ser desarrollada por la Corte Constitucional, cuyos jueces no eran particularmente progresistas pero eran buenos juristas, desinteresados políticamente, los cuales se vieron, digámoslo así, atados al texto constitucional muy progresista del 91. A todo esto contribuyó el hecho de que en Colombia hubiese una tradición de autonomía judicial muy fuerte (desde el plebiscito de 1957) y un cierto apego a las rutinas institucionales y a las formas del derecho; en todo caso más fuerte que en sus vecinos (Uprimny, 2001; Rodríguez-Garavito 2011; Saffón y García Villegas, 2011).

En el caso de Venezuela, en cambio, el modelo se apoya esencialmente en las mayorías políticas encausadas no a través de los partidos sino a través del presidente Chávez; son ellas las que, a través de sus representantes y de su participación directa y con fundamento en lo dispuesto por la Constitución de 1999 (sobre todo el Preámbulo, el artículo 5 y las disposiciones del título V) llevan a cabo lo esencial de los postulados constitucionales.[30] Estas atribuciones tienen origen en la Revolución Bolivariana, liderada por Hugo Chávez Frías a partir de las elecciones que lo llevaron al poder en 1999. A diferencia de Colombia, en Venezuela es el poder político, radicado en las bases bolivarianas, comandadas por sus dirigentes, todos ellos voceros de la voluntad del presidente-líder, los que jalonan la dinámica institucional. La generosa protección de los derechos consagrada en la Constitución no pasa por el filtro de los jueces, como en Colombia, sino por el de los líderes políticos. Así por ejemplo, el artículo 72 de la Constitución venezolana establece un generoso derecho popular a revocar el mandato de los gobernantes, incluido el del jefe del Estado. Sin embargo, en los casos en los cuales ha habido un conflicto entre la protección de este derecho y los intereses de las mayorías políticas bolivarianas (originado en el hecho de que es la oposición la que organiza esta petición[31]) son las mayorías las que se han impuesto.

---

[30] La Constitución de 1999, dice Ana María Bejarano, "puso el último clavo en el ataúd de los partidos políticos venezolanos" (2002, p. 182).

[31] Esto ha ocurrido en varios casos. El más célebre de ellos se originó en el intento de la oposición política para revocar el mandato de Chávez, a lo cual se opusieron, tribunales y la Comisión Nacional Electoral. Algo similar sucede con la aplicación del artículo 70 de la Constitución, el cual establece una larga lista de medios de participación y protagonismo del pueblo en ejercicio de su soberanía (Gargarella, 2012).

Ambos casos muestran deficiencias importantes en relación con un modelo ideal de constitucionalismo. El primer modelo, el colombiano, contiene un evidente déficit político en la implementación de la constitución. Si en algún tema específico los constituyentes de 1991 no lograron cumplir con sus promesas fue justamente en el de la profundización de la democracia a través del fortalecimiento de los partidos y de los mecanismos de participación ciudadana.[32] En este tema y por razones no siempre ligadas al diseño constitucional, el constitucionalismo colombiano tiene una deuda grande. Ese déficit intenta ser compensado con un superávit judicial. En este sentido se han hecho esfuerzos, sin duda notables. Algunas decisiones de la Corte Constitucional colombiana han enfrentado problemas estructurales y ha propuesto soluciones innovadoras y eficaces (sobre cárceles, desplazados, salud, etc.)[33] Sin embargo, el protagonismo de los jueces constitucionales en Colombia, en medio de una notable debilidad del sistema político, suscita dudas no sólo desde el punto de vista del carácter democrático de esas intervenciones sino también desde el punto de vista administrativo en relación con la eficiencia de esas decisiones. La sustitución de los actores políticos por los jueces puede incluso llevarnos a pensar en la existencia de una "juristocracia" a la colombiana, siguiendo lo dicho por Ran Hirshl (2004).

El segundo modelo, el venezolano, ha ido concentrando, por lo menos desde 2002, el poder en manos del presidente Chávez. Dicha concentración de poder se ha conseguido a través de mecanismos tales como la ampliación del período presidencial (de cinco a seis años), la creación de una Asamblea Nacional unicameral (luego de la remoción de los integrantes de la asamblea bicameral) y, sobre todo, de la obtención de poderes excepcionales para legislar por decreto, supeditados a la aprobación de una ley habilitante. Todo esto ha sido justificado con base en el poder mayoritario que posee el presidente en la Asamblea Nacional y con base en la frecuente apelación que hace el presidente Chávez al Pueblo de Venezuela y a él mismo como su representante (al mejor estilo rousseauoniano) todo lo cual ha ido minando el sistema constitucional de pesos y contrapesos y creando una especie de democracia delegativa (O'Donnell, 1994).

Regreso entonces a la tipología inicial para ilustrarla en el siguiente cuadro.

---

[32] Francisco Gutiérrez tiene un detallado e interesante análisis sobre las fallas de diagnóstico y diseños de la Constitución de 1991 en relación con la democratización y el sistema político (Gutiérrez, 2011)

[33] Cesar Rodríguez ha hecho un importante análisis de la eficacia material y simbólica de esas decisiones (2011). Rodríguez divide los efectos de la jurisprudencia en materiales/simbólicos y directos/indirectos. De allí surge una tipología de cuatro elementos. No obstante, tengo dudas sobre la posibilidad de diferenciar los efectos simbólicos directos de los indirectos. Un efecto simbólico directo, dice Rodríguez, es la percepción de un problema en términos de violación de derechos. Un efecto simbólico indirecto consiste en la transformación de imagen que la opinión pública tiene de ese problema. Sin embargo, siendo todos los efectos simbólicos representaciones que las normas producen en los destinatarios de las normas, resulta difícil separar lo que es directo de lo que es indirecto. La diferencia entre la imagen de la violación de un derecho y la imagen que tiene la opinión pública parece más una diferencia en términos de actores, o de dimensión del problema, más que un asunto relacionado con lo directo o lo indirecto del efecto simbólico. Al respecto ver García Villegas (1993).

Tipos de constitucionalismo

		Participación mayorías	
		Menos	Mas
Derechos	Menos	*I* *Preservador*	*II* *Aspiracional-mayoritario*
	Más	*III* *Aspiracional-judicial*	*IV* *Democrático*

Los dos extremos de esta tipología están representados por los casos I y IV del cuadro anterior. El caso I es del constitucionalismo preservador y el caso IV es el del constitucionalismo democrático. El contraste entre ambos modelos se puede ver en términos valorativos. Siendo el caso IV el caso ideal, es decir, aquel en el cual se logra el máximo de participación democrática compatible con el máximo de protección de derechos posible,[34] el caso I (constitucionalismo preservador) es el caso más deficiente. Dado que me limito al contexto latinoamericano, esto no implica, como dije antes, una desvalorización del constitucionalismo preservador aplicado a otros países y otros contextos.

Los dos casos restantes (II y III) son variaciones del constitucionalismo aspiracional y casos intermedios en los términos valorativos expuestos. Aquí me he interesado, sobre todo, por el análisis de estos dos casos intermedios. Quisiera, antes de pasar al punto siguiente señalar que en ambos casos puede haber remedios destinados a transformar el constitucionalismo aspiracional en un constitucionalismo democrático. En el caso II, representado aquí por Venezuela, el remedio se encuentra en el fortalecimiento del equilibrio de poderes y de los controles contra-mayoritarios que ello implica.

En el caso III, representado aquí por Colombia, el remedio se encuentra en la ampliación de la participación democrática. Esta ampliación se refiere a dos ámbitos: el primero de ellos es el sistema político con todas sus aristas: partidos políticos, reglas electorales, mecanismos de participación democrática, etc.[35] El segundo ámbito es el de la participación ciudadana en las decisiones judiciales, sobre todo en aquellas de más calado político. En el primer ámbito como ya dije, existen fallas protuberantes en Colombia. En el segundo, sin embargo, se han logrado avances notables. César Rodríguez ha hecho un análisis interesante de los logros obtenidos por el constitucionalismo colombiano en relación con aquellas decisiones en materia de derechos sociales con alcance estructural (cárceles, desplazados, salud, etc.) que mencioné antes. Según Rodríguez (2011), la Corte Constitucional colombiana ha ideado, en estas sentencias, una especie de modelo decisional dialógico (*dialogic rulings model*) caracterizado por la existencia de derechos sociales fuertes (no simplemente nominales o simbólicos), remedios moderados, en cuyo diseño intervienen los expertos y las fuerzas sociales, y mecanismos de monitoreo fuertes a las políticas públicas intervenidas por la Corte. Este tipo de decisiones tienen la virtud, siguiendo a

---

[34] El constitucionalismo brasileño podría ser considerado como un caso que se acerca a ese ideal; al respecto ver Vilhena Vieira, 2012

[35] Al respecto ver (Wills, 2009, 2011; Botero, 2011), entre otros

Rodríguez, de incrementar la participación democrática en la labor judicial y, por esta vía, en remediar la deficiencia mayor de lo que aquí he llamado constitucionalismo aspiracional-judicial, es decir la falta de participación política.[36]

Otros autores han hecho clasificaciones semejantes a la que aquí propongo (a partir de la tensión entre derechos y participación), en particular Roberto Gargarella (2005). Así por ejemplo, Rodrigo Uprimny (2011), basado Gargarella (2005), diferencia cuatro regímenes constitucionales en América Latina con base en las mismas dos variables, esto es: 1) el mayor o menor grado de participación y deliberación democrática y 2) el mayor o menor grado de reconocimiento y protección de derechos. De allí surgen cuatro tipos de constitucionalismo: el conservador (poca participación y pocos derechos), el liberal (poca participación y muchos derechos), el republicano (mucha participación y pocos derechos) y el llamado nuevo constitucionalismo latinoamericano, con mucha participación y muchos derechos.

Tanto Rodrigo Uprimny como Roberto Gargarella, utilizan esta tipología (cada uno en su versión particular) para mostrar la complejidad del panorama actual y para sacar conclusiones sobre los desafíos y las posibilidades del momento actual. Ambos son plenamente conscientes de la tensión entre derechos y participación, o como dice Uprimny, entre neo-constitucionalismo y democracia.

La clasificación que aquí propongo, quizás más focalizada en el aspecto socio-jurídico, es decir en los contextos de interpretación y aplicación, puede ser un complemento que ayude a ver todo el panorama temporal, en su complejidad, del constitucionalismo latinoamericano.[37] Adicionalmente, puede ayudar a explicar mejor el alcance de tres temas que preocupan tanto a Uprimny como a Gargarella y que son de la mayor importancia; ellos son: las limitaciones transformadoras del constitucionalismo aspiracional, el alcance de las "cláusulas dormidas" y el problema del constitucionalismo a dos velocidades.

Las limitaciones transformadoras del constitucionalismo aspiracional se originan, como bien lo explica Rodrigo Uprimny, en su incapacidad para estimular, desde la democracia, un constitucionalismo fuerte; es decir en su incapacidad para encontrar una complementariedad entre participación democrática y protección judicial de derechos. Los problemas de esa complementariedad no sólo se originan en los textos, sino también y sobre todo, en la práctica constitucional y de manera específica en el sistema político a través del cual se interpreta y aplica la constitución. Dos desarrollos inconvenientes de la constitución saltan aquí a la vista: en primer lugar, fenómenos tales como el caudillismo, el populismo o el hiper-presidencialismo, en los cuales hay una fuerte participación de las mayorías pero una débil protección de derechos y, en segundo lugar, el judicialismo o el hiper-activismo judicial, en donde hay una fuerte protección de derechos pero sin participación política. La visión socio-jurídica que aquí propongo del constitucionalismo ayuda a comprender mejor las estrechas conexiones que, en la práctica, existen entre el régimen político y la constitución.

---

[36] No obstante estos logros, el activismo social y político de los jueces constitucionales no es un mundo ideal y entraña peligros notables para el sistema democrático. Críticas en este sentido para el caso colombiano se pueden ver en (Gómez, 2012). En Brasil, Octavio Ferraz ha mostrado cómo, en materia de salud, la jurisprudencia constitucional no han beneficiado a los más pobres (Ferraz, 2011)

[37] Con esto no quiero decir que esta perspectiva socio-jurídica o socio-política sea ajena a los análisis de Uprimny y Gargarella (su preocupación por el hiperpresidencialismo es una prueba de que no es así), solo digo que no es su preocupación esencial y que, en ese sentido, mi perspectiva podría ser un complemento que aporte a la comprensión del fenómeno constitucional en América Latina.

Muchos inconvenientes se originan en el hecho de no tomar suficientemente en serio esas conexiones y en tratar de imponer una democracia sin constitucionalismo (caudillismo, hiper-presidencialismo, etc.) o un constitucionalismo sin democracia (democracia formal).

La visión socio-jurídica también ayuda a comprender mejor el origen y la importancia de aquello que Roberto Gargarella llama un "constitucionalismo a dos velocidades". Según Gargarella el énfasis en los derechos y en los principios que traen muchas constituciones latinoamericanas resulta inoficioso debido a que no se combina con un énfasis en las herramientas orgánicas necesarias para lograr su efectividad y a lo cual denomina la *Sala de máquinas* de la constitución.[38] La diferencia de velocidades es algo que, por lo general, no se origina en el diseño o en la dogmática constitucional. El desequilibrio en la práctica constitucional entre la parte dogmática y la parte orgánica suele ser el resultado de una opción política, de un uso estratégico o simbólico de los textos constitucionales que no se aprecia con un análisis de dogmática jurídica.

Pero no sólo es frecuente la falta de sintonía entre lo dogmático y lo orgánico. También hay al menos otras tres desconexiones posibles que se originan en la práctica constitucional: primero, entre unos derechos referidos a la autonomía personal (lo que Inglehart denomina *valores post-materialistas*, por ejemplo el derecho al libre desarrollo de la personalidad) y los derechos sociales prestacionales; o dicho en otros términos entre los derechos que cuestan y los que no cuestan. La interpretación progresista de las constituciones en América Latina tiene lugar, sobre todo, en relación con la protección de derechos que no afectan la desigualdad y que no comprometen dineros públicos.[39] Segundo, entre los mecanismos de participación política (que están en la parte dogmática) y la organización de los partidos y de la democracia electoral. O, como dice Roberto Gargarella, entre la democracia participativa y el presidencialismo exacerbado. Aquí también, es la práctica constitucional, más que el diseño, lo que explica esta diferencia de énfasis o de velocidad. Por último, y en términos más generales, entre los textos constitucionales y las condiciones materiales en las cuales se aplica dicha constitución. O dicho en los términos de John Rawls, entre la constitución y la "estructura básica de la sociedad" (Rawls, 1971). Sin unas mínimas condiciones de igualdad material o de decisión política destinada a lograr esa igualdad material es muy difícil que esas constituciones dejen de ser normas de papel (Lassalle). Esta disociación, a diferencia de las anteriores, no es interna a la constitución, sino externa.

Por último, esta visión de la constitución como proceso de construcción de democracia fuerte con derechos fuertes, me parece particularmente relevante para entender el alcance de lo que Roberto Gargarella denomina "cláusulas dormidas" (en otro trabajo analizo esto como ejemplos de eficacia simbólica del derecho) y que consisten en normas progresistas que no obtienen eficacia inmediata, pero que después, puede ser mucho después, pueden ser recuperadas por los movimientos sociales que hacen de ellas, a través de la lucha política, normas efectivas.

---

[38] Por lo demás, me parece que esto viene de una tradición franco-latina (contrapuesta a la anglosajona) muy arraigada que subestima los procedimientos en beneficio de las grandes ideas y los principios generales. En los debates de la Asamblea Nacional, durante la revolución francesa esto era muy frecuente.

[39] En Colombia eso fue cierto sobre todo antes del período de Álvaro Uribe (2002-2010) con decisiones sobre el aborto, el consumo de drogas, la eutanasia, etc. Uribe echó para atrás buena parte de estos logros.

Los principios y los derechos consagrados en las constituciones aspiracionales contienen un maximalismo que parece obedecer más al fetichismo jurídico, destinado a responder a necesidades de legitimación política, que a la voluntad real de proteger derechos o imponer la justicia social. Sin embargo, como dice Gargarella, si miramos la cosa en el largo plazo (diacrónicamente) las cláusulas dormidas pueden terminar siendo realidades, al ser tomadas en serio en momentos futuros. En principio, esta afirmación da la impresión de adherir a la ilusión popular de que la justicia finalmente triunfa lo cual, desde luego, no es siempre cierto. El despertar de las cláusulas dormidas puede demorar décadas, generaciones, incluso no llegar nunca. De otra parte, no hay que excluir la denuncia marxista (de los *Critical Legal Studies*, por ejemplo de Tushnet (1984)) de que las cláusulas progresistas del derecho sirven más para darle un respiro al poder que para proteger realmente los derechos que allí se consagran.

Así pues, me parece más útil, como lo he venido defendiendo en este ensayo, una visión dinámica, constructiva y socio-jurídica de estas cláusulas dormidas. Como dije antes, el derecho es un espacio de confrontación entre posiciones (e intereses) que luchan por fijar el sentido de los textos jurídicos (Bourdieu 1986). Visto así, como campo de lucha por la fijación del sentido, el derecho progresista (o los derechos) aparecen como armas de doble filo. Por un lado pueden servir como respuestas a las demandas sociales que posteriormente, en el curso de su implementación, se quedan muertas, y por el otro lado, pueden servir como banderas de lucha en manos de los movimientos sociales para ganar batallas contra los poderes dominantes y contra los estados. Que el derecho termine siendo lo uno o lo otro depende mucho de lo que Daniel Kommers denomina "constitucionalismo militante", es decir de los apoyos políticos que la constitución obtenga de las fuerzas que la crearon, idea ésta muy cercana a las explicaciones de Roberto Gargarella y de Rodrigo Uprimny en relación con la importancia de fortalecer la democracia deliberativa. El constitucionalismo militante tanto como una democracia fuerte en términos de participación y deliberación es una especie de antídoto contra los peligros del constitucionalismo aspiracional.

II Comentarios finales

El hecho de que constituciones maximalistas e idealistas prosperen allí donde menos garantizados están los derechos y en donde menos recursos existen para lograr un cambio social, no deja de ser una paradoja perturbadora para el constitucionalismo de nuestros países. ¿Son las nuestras verdaderas constituciones? Si no lo son, ¿qué naturaleza tienen? ¿Son textos jurídicos o simplemente son enunciados políticos? Las constituciones aspiracionales se caracterizan por mantener una profunda distancia respecto de las realidades sociales y políticas que quieren transformar. Esta ruptura está inscrita en su naturaleza futurista y progresista. La constitución no expresa el país que existe sino el que queremos. Eso tiene sus ventajas y sus desventajas, como lo hemos visto. Pero, ¿qué incidencia tiene esta brecha en el concepto y la explicación de lo que llamamos constitución?

En este ensayo he querido enfrentar esta paradoja sugiriendo, en primer término, que el constitucionalismo en general y de manera particular el constitucionalismo aspiracional mantiene una ambivalencia y una tensión permanentes entre lo jurídico y lo político; obedecen, por un lado, a una lógica instrumental destinada a producir el tipo de sociedad que consagran sus textos pero, por el otro, obedecen a una lógica comunicacional y simbólica destinada crear **representaciones** que operan en el mundo político.

En segundo lugar, he tratado de defender una **aproximación** constructivista al constitucionalismo latinoamericano, a partir de la **cual se tenga** en cuenta el derecho constitucional como un proceso o como un **recurso y no** simplemente como un código jurídico.

En tercer lugar, en ese proceso de confrontaciones **en el cual** se construyen las constituciones aspiracionales, he tratado de **mostrar cuáles** son las posiciones enfrentadas en el debate, a favor y en contra, y cuales **son sus ventajas** y desventajas.

En cuarto lugar, he celebrado el hecho de que **hoy en día** buena parte de los países latinoamericanos hayan adoptado constituciones **aspiracionales**; sin embargo, creo que ello no es suficiente y que falta un largo camino **por recorrer.** Este punto me tomó buena parte del análisis aquí expuesto: las constituciones aspiracionales, a mi juicio, deben superar el desequilibrio que en ellas suele **existir,** en la práctica constitucional (no necesariamente en el texto) entre protección **de derechos** y democracia, de tal manera que ayuden a crear las bases para la consolidación futura de lo que he denominado aquí un *constitucionalismo democrático.*

Debemos hacer un esfuerzo por exorcizar los **males o peligros** propios del constitucionalismo aspiracional y que para ello dos cosas **deben ser tenidas** en cuenta: en primer lugar, las expectativas deben tener la posibilidad **de ser** realizadas de tal manera que se evite el efecto institucional de legitimación simbólica. En segundo lugar, y directamente ligado a lo anterior, las expectativas **deben** estar fundadas en lo que hemos llamado un "constitucionalismo militante"[40] lo cual, en los términos de Uprimny y también de Gargarella, implica un fortalecimiento de la participación activa de los actores sociales y a los representantes políticos. **No sólo** las constituciones deben mantener el apoyo de las fuerzas políticas que **la hicieron** posible sino que dichas fuerzas deben persistir en el compromiso de **hacer posible** que los postulados constitucionales se traduzcan en realidades efectivas.

Lograr estas dos cosas no es una tarea fácil; es **tanto como** conseguir superar las tensiones entre la democracia y la participación política, **por un** lado, y el estado de derecho y control contra-mayoritario, por el otro lado, **de tal manera** que ninguno impida la realización del otro. Este ha sido la gran **dificultad no solo** del constitucionalismo sino también de la democracia y de la política en **América Latina;** eso se debe a que buena parte de las grandes reformas institucionales **que se han hecho** en el continente han provenido de visiones políticas sesgadas: o **bien de una derecha** que menosprecia la participación del pueblo en las principales **decisiones del poder** político o bien de una izquierda que desestima el aparato **judicial,** los tribunales y el control de las mayorías.

Aquí, más que en ninguna otra parte del mundo es verdad aquel dicho anglosajón que dice, "Not all good things go together".

Bibliografia

Ackerman, Bruce. (1991). *We the People.* Cambridge: Harvard University **Press.**

Ackerman, Bruce. (1992). *The Future of Liberal Revolution.* New Haven: **Yale University** Press.

---

[40] Paraphrasing Donald Komners concept of "militant democracy" **in relation to the** German Constitution (Kommers, 1989: 222)

Albarracín, Mauricio (2011), "Corte Constitucional y movimientos sociales: el reconocimiento judicial de los derechos de las parejas del mismo sexo en Colombia", *Revista Sur*, V. 8 # 14

Alexy, Robert. (1993). *Teoría de los derechos fundamentales*. Madrid: Centro de Estudios Constitucionales.

Arango, Rodolfo. (2001). "La justiciabilidad de los derechos sociales fundamentales". *Revista de Derecho Público* 12.

Arango, Rodolfo. (2002). "Promoción de los derechos sociales constitucionales por vía de protección judicial". *El Otro Derecho* 28.

Arendt, Hannah. (1963). *On Revolution*. New York: Viking Press.

Bailyn, Bernard. (1972). *Los orígenes ideológicos de la Revolución norteamericana*. Buenos Aires: Paidós.

Baker, Michael. (1992). "Constitution". En François Furet y Mona Ozouf (eds.) *Dictionnaire Critique de la Révolution Française: Institutions et Créations*. Paris: Flammarion.

Balbus, Isaac D. (1996). "Commodity Form and Legal Form: An Essay on the Relative Autonomy of the Law". En A. Javier Trevino (ed.) *The Sociology of Law*. New York: St. Martins' Press.

Berger, Peter y Thomas Luckmann. (1966). *The Social Construction of Reality: A Treatise in the Sociology of Knowledge*. New York: Anchor Books.

Bejarano, Ana María. (2002). "Los límites del reformismo institucional en Colombia y Venezuela". *Revista del Centro Andino de Estudios Internacionales* 4.

Bickel, Alexander. (1986). *The Least Dangerous Branch*. New York: Bobbs-Merril Company.

Bork, Robert. (1986). "The Constitution, Original Intent, and Economic Rights". *San Diego Law Review* 23:823-832.

Botero, Felipe (ed.). (2011). *Partidos y elecciones en Colombia*. Bogotá: Ediciones Uniandes.

Bourdieu, Pierre, (1986). "La force du droit" en, Actes de la Recherche en Science Sociales, # 64

Calabresi, Guido. (1970). *The Cost of Accidents: A Legal and Economic Analysis*. New Haven: Yale University Press.

Carrasquilla, Alberto. (2001). "Economía y Constitución: hacia un enfoque estratégico". *Revista de Derecho Público* 12.

Clavijo, Sergio. (2001). *Fallas y fallos de la Corte Constitucional*. Bogotá: Alfaomega-Cambio.

Coase, Ronald. (1960). "The Problem of Social Cost". *Journal of Law and Economics* 3:1-44.

Crenshaw, Kimberlé Williams. (1988). "Race, Reform, and Retrenchment: Transformation and Legitimation in Anti-discrimination Law". *Harvard Law Review* 101:1331.

Da Matta, Roberto. (1987). "The Quest for Citizenship in a Relational Universe". En John D. Wirth (ed.) *State and Society in Brazil*. Boulder Colorado: Westview Press.

Dixon, Rosalind. (2007). "Creating Dialogue About Socioeconomic Rights: Strong-Form Versus Weak-Form Judicial Review Revisited". *International Journal of Constitutional Law* 5 (3): 391-418

Durkheim, Emile. (1983). *The Division of Labor in Society*. New York: The Free Press.

Edelman, Murray. (1967). *The Symbolic uses of Politics*. Urbana, IL: University of Illinois Press

Ely, John Hart. (1980). *Democracy and Distrust*. Cambridge: Harvard University Press.

Epp, Charles R. (1998). *The Rights Revolution; Lawyers, Activists and Supreme Courts in Comparative Perspective*. Chicago: University of Chicago Press

Evans, Peter, (2007) *Instituciones y desarrollo en la era d ela globalización liberal*; Bogotá: ILSA

Ewick, Patricia y Susan Silbey. (1998). *The Common Place of Law: Stories from Everyday Life*. Chicago: University of Chicago Press.

Faria, Jose Eduardo. (1988). *Eficacia juridica e violencia simbolica. O direito como instrumento de transformacao social*. San Pablo: Universidad de San Pablo.

Ferraz, Octavio, (2011) "Harming the Poor Through Social Rights Litigation; Lessons from Brazil"; *in Texas Law Review*, 89 - 7, pp. 1643-1668

Fiss, Owen. (1986). "The Death of the Law". *Cornell Law Review* 72 (1):1-16.

Friedman, Lawrence. (1989). "Sociology of Law and Legal History". *Sociologia del Diritto* 16 (2).

Fraser, Nancy, (2000) "De la redistribución al reconocimiento? Dilemas de la justicia en la era postso-cialista", *New Left Review,* enero-febero, Akal, Madrid.

Fredman, Sandra. (2006). "Human Rights Transformed: Positive Rights and Positive Duties". *Oxford Legal Studies Research Paper* 38: 498-520.

García Villegas, Mauricio. (1993). *La eficacia simbólica del derecho: análisis de situaciones colombianas.* Bogotá: Uniandes.

García Villegas, Mauricio. (2001). "Derechos sociales y necesidades políticas. La eficacia judicial de los derechos sociales en el constitucionalismo colombiano". En Boaventura de Sousa Santos y Mauricio García Villegas (eds.) *El Caleidoscopio de las justicias en Colombia.* Bogotá: Siglo del Hombre - Ediciones Uniandes.

García Villegas, Mauricio. (2001). "La acción de tutela". En Boaventura de Sousa Santos y Mauricio García Villegas (eds.) *El Caleidoscopio de las justicias en Colombia.* Bogotá: Siglo del Hombre - Ediciones Uniandes.

García Villegas, Mauricio y César Rodríguez. (2004). *Derecho y Sociedad en América Latina: un debate sobre los estudios jurídicos críticos.* Bogotá: ILSA.

García Villegas, Mauricio y Rodrigo Uprimny. (2003). "La reforma a la tutela: ¿ajuste o desmonte?". *Revista de Derecho Público* 15:245-286.

Gargarella, Roberto (2005). *Los fundamentos legales de la desigualdad,* Madrid: Siglo XXI.

Gargarella, Roberto. (2011). "Pensando sobre la reforma constitucional en América Latina". En César Rodríguez Garavito (Coord.). *El derecho en América Latina. Un mapa para el pensamiento jurídico del siglo XXI.* Buenos Aires: Siglo XXI.

Gómez, Juan Gabriel (2012), *Constitución y democracia,* Bogotá: Mimeo

Gordon, Robert. (1998). "Some Critical Theories on Law and their Critics". En David Kairys (ed.) *The Politics of Law: A Progressive Critique.* New York: Basic Books.

Gutiérrez, Francisco. (2011). "La Constitución de 1991 como pacto de paz: discutiendo las anomalías". *Estudios Sociojurídicos* 13 (1): 419-447.

Hart, H. L. A. (1961). *The Concept of Law.* Oxford: Oxford University Press

Hayek, Friedrich. (1985). *Derecho, Legislación y Libertad.* Madrid: Unión Editorial.

Hirschl, Ran. (2004). *Towards Juristocracy: The Origins and Consequences of the New Constitutionalism.* Cambridge: Harvard University Press.

Hoffe, Otfried. (1983). "Social Rights as Opposed to the Minimal State: A Philosophical Exploration". *Labour and Society* 8 (2):179-194.

Jaramillo, Isabel Cristina y Tatina Alfonso (2008), *Mujeres, Cortes y Medios: La reforma judicial del aborto,* Bogotá: Siglo del Hombre.

Kalmanovitz, Salomón. (2001). *Las instituciones y el desarrollo económico en Colombia.* Bogotá: Norma.

Kennedy, Duncan. (1997). *A Critique of Adjudication.* Cambridge: Harvard University Press.

Kluger, Maurice y Howard Rosental. (2000). *División de poderes: una estimación de la separación institucional de los poderes políticos en Colombia.* Bogotá: Fedesarrollo.

Kommers, Donald P. (1989). *The Constitutional Jurisprudence of the Federal Republic of Germany.* Durham: Duke University Press.

Lemaitre, Julieta. (2009). *El derecho como conjuro. Fetichismo legal, violencia y movimientos sociales.* Bogotá: Siglo del Hombre

Locke, John. (1946). *The second treatise of civil government and A letter Concerning Toleration*. Oxford: B. Blackwell.

Madison, et al, (1941). *The Federalist*, Nueva York: Modern Library

Mariátegui, José Carlos. (1952). *Siete ensayos de interpretación de la realidad peruana*. Lima: Amauta

Marx, Karl. (1978). "The German Ideology". En Robert Tucker (ed.) *The Marx-Engels Reader*. New York and London: W.W. Norton and Co.

McAdam, Doug. (1982). *Political Process and the Development of Black Insurgency, 1930-1970*. Chicago: The University of Chicago Press.

McAdam, Doug, John McCarthy y Mayer Zald (eds.). (1996). *Comparative Perspectives on Social Movements. Political Opportunities, Mobilizing Structures and Cultural Framing*. Cambridge: Cambridge University Press.

McCann, Michael y Tracy March. (1995). "Law and Everyday Forms of Resistance: A Socio-Political Assessment". En Austin Sarat y Susan Silbey (eds.) *Studies in Law, Politics, and Society*. London: JAI Press.

McCann, Michael. (1984). "Resurrection and Reform: Perspectives on Property in the American Constitutional Tradition". *Politics And Society* 13 (2):143-176.

McCann, Michael.(1992). Resistance, Reconstruction, and Romance in Legal Scholarship. *Law & Society Review* 26 (4):733-749.

McCann, Michael.(1994). *Rights at Work: Pay Equity Reform and the Politics of Legal Mobilization*. Chicago: University of Chicago Press.

Minow, Martha. (1987). "Interpreting Rights: An Essay for Robert Cover". *Yale Law Journal* 96.

Montesquieu, Charles Louis. (1972). *Del Espíritu de las Leyes*. Madrid: Tecnos.

Muralidhar, S. (2008). "India: The Expectations and Challenges of judicial Enforcement of Social Rights". En Langforrd, Malcolm (ed.) *Social Rights Jurisprudence: Emerging Trends in International and Comparative Law. Cambridge: Cambridge University Press.*

Negretto G. (2011). "La reforma política en América Latina". *Desarrollo Económico* 198.

Nelken, David (ed.). (2001). *Adapting Legal Cultures*. Oxford: Hart Publishing.

North, Douglass. (1993). *Instituciones, cambio institucional y comportamiento económico*. México: Fondo de Cultura Económico.

North, Douglass, William Summerhill y Barry Weingast. (2000). "Order, Disorder and Economic Change: Latin America vs. North America". En Bruce Bueno de Mesquita y Hilton Root (eds.) *Governing for Prosperity*. New Haven: Yale University Press.

Nozick, Robert. (1988). *Anarquía, Estado y utopía*. México: Fondo de Cultura Económica.

O'Donnell, Guillermo. (1994). "Delegative Democracy". *Journal of Democracy* 5 (1): 55-69.

Palacios Mejía, Hugo, ed. (2001). *El control constitucional en el trópico, Precedente. Anuario jurídico*. Cali: Universidad ICESI.

Posner, Richard. (1977). *The Economic Analysis of Law*. Boston: Little, Brown and Co.

Preuss, Ulrich K. (1995). *Constitutional Revolution: The Link Between Constitutionalism and Progress*. New Jersey: Humanities Press.

Restrepo, Esteban. (2002). "Reforma constitucional y progreso social: la 'Constitucionalización de la vida cotidiana' en Colombia". *SELA* (Seminario Latinoamericano de Teoría Constitucional y Política) *Papers* 14.

Rodríguez Garavito, César. (2011). "Beyond the Courtroom: The impact of Judicial Activism on Socioeconomic Rights in Latin America". *Texas Law Review* 89:1669.

Rodríguez, Cesar y Diana Rodríguez, (2010), *Cortes y Cambios social; cómo la Corte Constitucional transformó el desplazamiento forzado en Colombia*, Bogotá: Dejusticia

Robespierre, Maximilien. (1970). *Oeuvres*. New York: Burt Franklin.

Rosenberg, Gerald N. (1991). *The Hollow Hope: Can Courts Bring About Social Change?* Chicago: University of Chicago.

Rousseau, Jean Jacques. (1993). *El contrato social.* Barcelona: Tecnos.

Sabel, Charles y Simon William. (2004). "Destabilization Rights: How Public Law Litigation Succeeds". *Harvard Law Review* 117: 1016. 1019

Saffón, María Paula y García Villegas, Mauricio (2011). "Derechos sociales y activismo judicial: la dimensión fáctica del activismo judicial en derechos sociales en Colombia". *Revista de Estudios Socio-Jurídicos* 3 (1): 75-107

Santos, Boaventura de Sousa. (1998). *De la mano de Alicia.* Bogotá: Uniandes - Siglo del hombre.

Santos de Sousa, Boaventura. (2010). *Refundación del Estado en América Latina. Perspectivas desde una epistemología del Sur.* La Paz: Plural Editores

Santos de Sousa, Boaventura. (1998). *Reinventar a Democracia.* Lisboa: Gradiva.

Sarat, Austin, (1988). "The Pull of the Policy Audience", en *Law and Policy,* 10 (2-3) pp. 97-166

Scheingold, Stuart. (1974). *The Politics of Rights, Lawyers, Public Policy, and Political Change.* New Haven: Yale University Press.

Scheingold, Stuart. (1989). "The Constitutional Rights and Social Change: Civil Rights in Perspective". En Michael McCann y Gerald Houseman (eds.) *Judging the Constitution: Critical Essays on Judicial Lawmaking.* New York: Scott, Foresman and Company.

Sotelo, Luis Carlos. (2000). "Los derechos constitucionales de prestación y sus implicaciones economico-políticas". *Archivos de macroeconomía* Documento 133. Bogotá: Departamento Nacional de Planeación.

Sunstein, Cass. (1993). "The Negative constitution: Transition in Latin America". En Irwin P. Stotzky (ed.) *Transition to Democracy in Latin America: The Role of the Judiciary.* Boulder: Westview Press.

Sunstein, Cass. (2004). *The Second Bill of Rights: Franklin Delano Roosevelt's Unfinished Revolution and Why We Need It More Than Ever.* New York: Basic Books

Teitel, Ruti. (1997). "Transitional Jurisprudence: The Role of Law in Political Transformation". *The Yale Law Journal* 106 (7):209-280.

Touraine, Alain. (1994). *Qu`est-ce que la démoctatie,* Paris: Fayard

Trubek, David y John Esser. (1989). "'Critical Empiricism' in American Legal Studies: Paradox, Program or Pandora's Box?" *Law and Social Inquiry* 14 (1):3-52.

Tushnet, Mark. (1984). "An Essay on Rights". *Texas Law Review* 62 (4).

Ulen, Thomas. (1989). "Law and Economics: Settled Issues and Open Questions". *Law and Economics* 210.

Uprimny, Rodrigo. (2000). "Justicia constitucional, derechos sociales y economía: un análisis teórico y una discusión de las sentencias de UPAC". *Pensamiento Jurídico* 13.

Uprimny, Rodrigo. (2001). "Constitución de 1991, estado social y derechos humanos: promesas incumplidas, diagnósticos y perspectivas". En *La constitución de 1991.* Bogotá: ILSA.

Uprimny, Rodrigo. (2011). "Las transformaciones constitucionales recientes en América Latina: tendencias y desafíos". En Rodríguez Garavito, César (ed.) *El derecho en América Latina: un mapa para el pensamiento jurídico del siglo XXI.* Buenos Aires: Siglo XXI

Uprimny, Rodrigo. (2010) (s.f.). La Constitución de 1991 como constitución transformadora ¿un neoconstitucionalismo fuerte y una democracia débil? Bogotá: Mimeo

Uprimny, Rodrigo. (2011a), "The Recent Transformation of Constitutional Law in Latin America: Trends and Challenges" en 89 *Texas L. Rev.* 1587

Uprimny, Rodrigo y Mauricio García Villegas. (2004). "Corte Constitucional y emancipación social en Colombia". En Boaventura de Sousa Santos y Mauricio García Villegas (eds.). *Emancipación Social y Violencia en Colombia.* Bogotá: Editorial Norma.

Vilhena, Oscar (2012). *A grande conciliacao: Mudanza, Estabilidade e Resiliencia na Constitucao Brasileira de 1988*; texto presentado en el Encuentro ILADD (Reformas Constitucionais e Modelos de Democracia), Sao Paolo, 17 -18 de Mayo de 2012

Weber, Max. (1992). *Economía y sociedad*. México: Fondo de Cultura Económica.

Wills Otero, Laura. (2011). "Crisis en los sistemas de partidos y en los partidos políticos de la región Andina, 1978-2006. Explicaciones y perspectivas". *Controversia*, 196: 93-122.

Wills Otero, Laura. (2009). "El sistema político colombiano. Las reformas de 1991 y 2003 y la capacidad de adaptación de los partidos". En Botero, Felipe (comp.) *¿Juntos pero no revueltos? Partidos, candidatos y campañas en las elecciones legislativas de 2006 en Colombia*. Bogotá: Centro de Estudios Socioculturales CESO, Universidad de los Andes, pp. 11-46.

Informação bibliográfica deste artigo, conforme a NBR 6023:2002 da Associação Brasileira de Normas Técnicas (ABNT):

VILLEGAS, Mauricio García. Constitucionalismo aspiracional: derecho, democracia y cambio social en américa latina. *In*: BALDI, César Augusto (Coord.). *Aprender desde o Sul*: Novas constitucionalidades, pluralismo jurídico e plurinacionalidade. Aprendendo desde o Sul. 1. ed. Belo Horizonte: Fórum, 2015. p. 227-249

PARTE II

REVISITANDO O PLURALISMO JURÍDICO

CONSTITUCIONALISMO E PLURALISMO NA TRAJETÓRIA DO DIREITO BRASILEIRO

ANTONIO CARLOS WOLKMER

1 Introdução

Antes de tudo há que se ter presente que os processos políticos e as transformações sociais presentes no bojo da sociedade e do Estado são fundamentais para a determinação do desenvolvimento normativo, da produção das formas de controle e da dinâmica de regulamentação societária. Assim, o processo constituinte gerador de mudanças institucionais e legitimador do pacto constitucional só se efetiva plenamente como representação das necessidades dos atores coletivos, e não do acordo formal das elites inseridas no bloco de poder. Naturalmente, o Poder constituinte como "potência democrática", que tem no povo seu titular e sua representação, é o "sujeito de fundação da constituição material."[1] Para Antonio Negri, o "poder constituinte tende a se identificar com o próprio conceito de política, no sentido com que este é compreendido numa sociedade democrática. Portanto, qualificar constitucional e juridicamente o poder constituinte não será simplesmente produzir normas constitucionais e estruturar poderes constituídos, mas sobretudo ordenar o poder constituinte enquanto sujeito, regular a política democrática."[2] O Poder Constituinte (força singular, absoluta e ilimitada) precede ao Direito que se positiva e ao próprio ordenamento legal estatista. A Constituição como materialização de processos constituintes originários de sujeitos plurais, muito mais do que fonte institucional estimuladora de práticas políticas, revela-se a concretização de interações produzidas por correlações de forças e de lutas sociais em um dado momento histórico da sociedade. Nesta perspectiva, não é possível enquadrar toda e qualquer Constituição ao simples formalismo-normativo ou ao efeito hierárquico de um ordenamento estatal.[3]

---

[1] Ver: NEGRI, Antonio. *O Poder Constituinte*: ensaio sobre as alternativas da Modernidade. Rio de Janeiro: Dp&A, 2002, p. 44.

[2] NEGRI, Antonio. *Op. cit.*, p. 7 e 12.

[3] WOLKMER, Antonio C. *Constitucionalismo e direitos sociais no Brasil*. São Paulo: Acadêmica, 1989, p. 13-14.

O papel da Constituição como pacto político e expressão maior dos intentos soberanos das diferentes forças sociais legitima-se no *locus* democrático como limitação ao exercício do poder institucional e garantia dos direitos fundamentais conquistados por seus partícipes. Por reproduzir um interregno estratégico e distinto de múltiplos interesses materiais, fatores socioeconômicos e tendências pluriculturais, a Constituição reúne e retrata, certamente, os horizontes da pluralidade e da diversidade.

Ora, em um nível mais amplo e teórico de constatação acerca da função da Constituição como instrumento formal de legitimação e de materialização de direitos, cabe trazer para o debate o marco epistêmico e metodológico do Pluralismo, mas enquanto conceito dinâmico que reconhece o valor da diversidade e da diferença. Em sua natureza, a formulação teórica do Pluralismo designa "a existência de mais de uma realidade, de múltiplas formas de ação prática e da diversidade de campos sociais ou culturais com particularidade própria, ou seja, envolve o conjunto de fenômenos autônomos e elementos heterogêneos que não se reduzem entre si."[4] Dentre alguns de seus princípios valorativos, assinala-se: 1) a *autonomia*, poder intrínseco aos vários grupos, concebido como independente do poder central; 2) a *descentralização*, deslocamento do centro decisório para esferas locais e fragmentárias; 3) a *participação*, intervenção dos grupos, sobretudo daqueles minoritários, no processo decisório; 4) o *localismo*, privilégio que o poder local assume diante do poder central; 5) a *diversidade*, privilégio que se dá à diferença, e não à homogeneidade; e, finalmente, 6) a *tolerância*, ou seja, o estabelecimento de uma estrutura de convivência entre os vários grupos baseada em regras "pautadas pelo espírito de indulgência e pela prática da moderação."[5]

Na composição e dinâmica do Pluralismo, compreende-se a interdependência na diversidade de instituições sociais: Igrejas, sindicatos, associações civis e empresas. Obviamente, o Pluralismo engloba fenômenos espaciais e temporais com múltiplos campos de produção e de aplicação, os quais compreendem, além dos aportes filosóficos, sociológicos, políticos ou culturais, uma formulação teórica e prática de pluralidade no Direito. Ora, o Pluralismo no Direito tende a demonstrar que o poder estatal não é a fonte única e exclusiva de todo o Direito, abrindo escopo para uma produção e aplicação normativa centrada na força e na legitimidade de um complexo e difuso sistema de poderes, emanados dialeticamente da sociedade, de seus diversos sujeitos, grupos sociais, coletividades ou corpos intermediários. Sem adentrar numa discussão sobre as variantes de Pluralismo jurídico, seja do paradigma "desde cima", transnacional e globalizado, seja do modelo "desde abaixo", das práticas sociais emancipadoras e dos movimentos sociais, importa sublinhar a proposição de um constitucionalismo pluralista e emancipador. Daí a aproximação e integração entre Constituição (produto de processos políticos e múltiplos sujeitos sociais) e Pluralismo comunitário-participativo, projetando a perspectiva de um novo Estado democrático de Direito. De uma Constituição que consagre e reafirme o Pluralismo como um de

---

[4] WOLKMER, Antonio C. *Pluralismo Jurídico:* Fundamentos de uma nova cultura no Direito. 3. ed. São Paulo: Alfa-Omega, 2001, p.171-172.

[5] WOLKMER, Antonio C. *Op. cit.*, p.175-177. Vide também a redação de: GALUPPO, Marcelo Campos. Hermenêutica constitucional e pluralismo. *In:* SAMPAIO, José Adércio L.; CRUZ, Álvaro R. S., *hermenêutica e jurisdição constitucional*. Belo Horizonte: Del Rey, p. 52-53.

seus princípios basilares, prescrevendo não só um modelo de Estado Plurinacional, mas, sobretudo, como projeto emancipador para uma sociedade intercultural.

Para a reconstrução epistemológico na perspectiva de um Constitucionalismo Pluralista, sem que este deixe de ser republicano, democrático e emancipatório, torna-se necessário um repasse crítico sobre a trajetória do Constitucionalismo do tipo convencional, individualista, estatal e liberal, que marcou a trajetória não só brasileira, mas, igualmente, latino-americana, desde o período pós-independência. É o que se verá na análise subsequente, buscando no desfecho, introduzir a proposta de um Constitucionalismo Pluralista, em grande parte representado contemporaneamente pelos processos constituintes andinos (Venezuela, Equador e Bolívia).

2 Evolução sociopolítica do constitucionalismo no Brasil

A dinâmica histórica do Direito público no Brasil tem sua formação, como em toda a América Latina, a partir dos parâmetros institucionais consolidados com a Independência do país no início do século XIX. Alguns fatores mais imediatos podem ser reconhecidos como causas políticas impulsionadoras do Direito público e de sua teoria constitucional emergentes desse processo. Dentre elas, a influência das revoluções francesa e norte-americana, movimentos do século XVIII que propuseram declarações de filosofias liberais e individualistas; a vinda da Família Real e a instalação da Corte no Brasil em face da ameaça e da invasão napoleônica, abrindo novas direções para a autonomia política e para o esboço originário de uma consciência nacional; e, finalmente, a eclosão de um exacerbado nacionalismo aliado à aspiração ardente de independência dos povos latino-americanos.

As ideias e os interesses que politicamente dominavam os países latino-americanos no início do século XIX, fortalecidos pelas guerras de independência, iriam oferecer um campo propício para o surgimento, no âmbito do Direito público, de uma doutrina político-jurídica específica (trata-se do constitucionalismo moderno de tipo liberal), que demarcava a necessária limitação do poder absolutista das metrópoles europeias e sintetizava a luta lenta, tenaz e histórica de uma elite periférica, explorada e dominada, e que buscava sua liberdade, maior autonomia, participação e reconhecimento de seus direitos de cidadania.[6]

Naturalmente, o perfil ideológico do constitucionalismo político, enquanto sustentáculo teórico do Direito público do período pós-independência, traduziu não só o jogo dos valores institucionais eurocêntricos dominantes e as diversificações de um momento singular da organização político-social local, como expressou a junção notória de algumas diretrizes, como o liberalismo econômico, sem a intervenção do Estado, o dogma da livre iniciativa, a limitação do poder centralizador do governante, a concepção monista de Estado de Direito e a supremacia dos direitos individuais.

A primeira constituição do país que inaugura o constitucionalismo brasileiro de tipo colonial e excludente foi a Lei Fundamental de 1824, que fixa e sistematiza um regime monárquico, imperial e monista. Seus fundamentos, ainda que repousassem fortemente no constitucionalismo francês (Constituição de 1824), não estavam imunes ao liberalismo inglês, que aglutinava preceitos que consolidavam uma

---

[6] Obs.: Grande parte deste item 2 teve como fonte subsidiária (com adaptações) o IV capítulo de nosso livro: *História do Direito no Brasil*. 4. ed. Rio de Janeiro: Forense, 2007, p. 133 et seq.

estrutura de Estado parlamentar com um Poder Moderador atribuído ao imperador, bem como um governo monárquico hereditário, constitucionalmente representativo. Sedimentava a forma unitária e centralizada do Estado, dividindo o país em entidades administrativas denominadas de províncias. A divisão clássica dos poderes também se articulava no funcionamento do Executivo, presidido pelo imperador e exercido por um conselho de ministros. O Legislativo modelava um bicameralismo sustentado por Câmara temporária e Senado vitalício.

A queda do Império Monárquico possibilita a emergência da República, sob a forma de um Estado liberal-oligárquico, consolidando uma cultura jurídica monista e elitista, sob o controle de uma nascente burguesia cafeeira.

Mais uma vez, como já tinha ocorrido com a Independência, a República foi proclamada de "cima para baixo", fundada no ideário positivista-castrense e na complexa exclusão do povo. Certamente, ao erradicar a força monárquica do poder moderador, o advento da República Federativa marca o triunfo e a hegemonia do militarismo positivista, anticlerical e caudilhesco. O arcabouço ideológico do texto constitucional de 1891 expressava valores assentados na filosofia política republicano-positivista, pautados por procedimentos inerentes a uma democracia burguesa formal, gerada nos princípios do clássico liberalismo individualista, e com a exclusão de grande parcela da população.

As duas primeiras constituições, elaboradas no século XIX (a Constituição Monárquica de 1824 e a Constituição da República de 1891) foram, portanto, cada uma em seu tempo, e com especificidades próprias, imbuídas profundamente pela particularidade de um individualismo liberal-conservador, expressando formas de governabilidade e de representação sem nenhum vínculo com a vontade e com a participação popular, descartando-se, assim, das regras do jogo, as massas rurais e urbanas e outros tantos segmentos minoritários (mulheres, indígenas, afrodescendentes).

Na verdade, os fundamentos individualistas e monistas da prática constitucional republicana incidiam, basicamente, nas formas clientelísticas de representação política, na conservação rigorosa da grande propriedade, na defesa desenfreada de um liberalismo econômico, bem como na introdução "aparente" e "formalista" de direitos civis, os quais, na verdade, expressavam o esvaziamento do que se poderia conceber como cidadania no seu sentido autêntico de processo participativo.

Sem dúvida, os textos constitucionais em questão configuram o controle político-econômico das oligarquias agroexportadoras, as quais, enquanto parcelas detentoras do poder, acabavam impondo seus próprios interesses e moldavam a dinâmica do Direito público, de matiz liberal, compreendido entre a Independência do país e o fim da Velha República nos anos 30 do século XX.[7]

A tradição do constitucionalismo brasileiro, seja em sua primeira fase político-liberal (representada pelas Constituições de 1824 e 1891), seja em sua etapa social posterior (Constituição de 1934), expressou muito mais os intentos de regulamentação das elites agrárias locais do que propriamente a autenticidade de movimentos nascidos das lutas populares por cidadania ou mesmo de avanços alcançados por uma burguesia nacional constituída no interregno de espaços democráticos republicanos.

A Constituição de 1934 irá se constituir no primeiro texto com um perfil nitidamente pluralista (fundamentalmente político e não jurídico), rompendo com a

---

[7] WOLKMER, 2007, p. 139-140.

tradição do individualismo monista anterior, que sustentava um constitucionalismo de tipo clássico liberal. O pluralismo disfarçado da Carta Política de 1934 pode ser reconhecido não somente pelo seu ecletismo político-ideológico, mas pela introdução de inovadores direitos sociais e econômicos, bem como por consagrar, além de uma representação política (própria da tradição republicana federativa), a representação formal classista de grupos sociais, órgãos de cooperação (os Conselhos Técnicos) e entidades profissionais presentes no Congresso.[8] Ainda que tenha aspectos inovadores no campo dos direitos sociais, a Lei Maior de 1934 não está imune as diretrizes de uma cultura jurídica que permanecia estatista, liberal e restritiva.

As demais constituições brasileiras (as autoritárias de 1937, 1967 e 1969, bem como a liberal burguesa, com certos matizes mais sociais, de 1946) representaram sempre um constitucionalismo formal de base não democrática (no sentido popular), sem a plenitude da participação do povo, utilizado muito mais como instrumental retórico oficializante de uma legalidade individualista, formalista, programática e monista. Tais tradições constitucionais desconsideram integralmente os horizontes da pluralidade, do multiculturalismo e da diversidade.

Nesse interregno histórico entre a Constituição autoritária do Estado Novo e a Carta redemocratizadora do pós-guerra, menciona-se o aparecimento da nova legislação penal, processual e laboral. Ainda que tenham nascido durante o regime ditatorial de Vargas, é de se registrar o avanço e a autonomia do Código Penal de 1940 (presença surpreendente de princípios liberais, refletindo doutrinariamente concepções vinculadas à Escola Clássica e à Escola Positivista italiana) e do Código de Processo Penal de 1941 (que restringia a ação do tribunal do júri, particularmente a crimes dolosos contra a vida), que passou também pelo regime militar e pela repressão dos anos 1960.[9]

As diretrizes que embasaram o Direito público, na década de 1960, foram geradas pelas cartas constitucionais centralizadoras, arbitrárias, ilegítimas e antide-mocráticas (1967 e 1969), cuja particularidade foi reproduzir a aliança conservadora da burguesia agrária/industrial com parcelas emergentes de uma tecno-burocracia civil e militar.

A tradição do constitucionalismo brasileiro, portanto, buscou sempre por formalizar a realidade oficializada e excludente da nação, adequando-a a textos político-jurídicos estanques plenos de ideais e princípios meramente programáticos que satisfaziam os intentos conjunturais de blocos no poder. Em regra, as constituições brasileiras recheadas de abstrações racionais não apenas abafaram as manifestações coletivas, como também não refletiram as aspirações e necessidades mais imediatas de grande parcela da sociedade.[10]

A Constituição Federal de 5 de outubro de 1988, não obstante manter ainda certo perfil republicano liberal, analítico e monocultural, foi a mais avançada, relativamente a qualquer outro momento da história brasileira. Tal traço deve-se por haver ampliado a gama de direitos fundamentais (e suas garantias) e por ter inaugurado amplas perspectivas pluralistas em seus diferentes campos de ação, como o religioso,

---

[8] Cf.: DOBROWOLSKI, Silvio. O Pluralismo Jurídico na Constituição de 1988. *In: Revista Forense*, v. 318, p. 138-142; e WOLKMER, op. cit., p.142-144.

[9] WOLKMER, 2007, p. 144-145.

[10] *Idem, ibidem.*

filosófico, político e cultural. Assim, a chamada "Constituição Cidadã" consagra o Pluralismo, agregando a ele o adjetivo "político", num sentido muito mais abrangente. Trata-se do art. 1º, inciso V, da Constituição Federal, que proclama, como um de seus eixos fundamentais, o princípio do pluralismo político pautado na convivência e interdependência de diversos grupos sociais (minorias especiais, movimentos sociais, organizações não governamentais, etc.), não obstante suas diferenças e suas diversidades quanto a crenças, valores e práticas.

O texto constitucional brasileiro de 1988, ao reconhecer direitos emergentes ou novos direitos (direitos humanos, direitos da criança e do adolescente, do idoso e do meio ambiente) resultantes de demandas coletivas recentes engendradas por lutas sociais, introduziu em seu Título VIII (Da Ordem Social) um capítulo exclusivo aos povos indígenas (arts. 231-232). A norma constitucional em seu art. 131 deixa muito claro seu entendimento aproximadamente pluralista e multicultural, no qual "são reconhecidos aos índios sua organização social, costumes, línguas, crenças e tradições, e os direitos originários sobre as terras que tradicionalmente ocupam, competindo à União demarcá-las, proteger e fazer respeitar todos os seus bens".

Assim, pela primeira vez o legislador brasileiro dedica um capítulo especial às nações indígenas, resgatando uma dívida histórica do Brasil a um de seus povos originais e constitutivos da própria nação.[11] De fato, o texto constitucional oficializa a existência do índio como um ser juridicamente reconhecido, com sua organização social, humana, cultural e, sobretudo, com "o direito de ser índio, de manter-se como índio [...]. Além disso, reconhece o direito originário sobre as terras que tradicionalmente ocupam".[12] Essa concepção é nova e juridicamente revolucionária, porque rompe com a repetida visão integracionista e tutelar, avançando na direção da efetivação de sua autonomia e respeito a sua diversidade pluriétnica.

Não menos importante foi também garantir e estimular o exercício dos direitos culturais (art.215, § 1º), protegendo as experiências multiculturais e pluriétnicas representada pelas "culturas populares, indígenas e afro-brasileiras, e das de outros grupos participantes do processo civilizatório nacional".

Pioneiramente, a Constituição Brasileira consagrou com seu inovador e norteador art. 225, um complexo conjunto de princípios e direitos, objetivando a proteção e a garantia a um meio-ambiente ecologicamente equilibrado, impondo "ao poder público e à coletividade o dever de defendê-lo e preservá-lo para as presentes e futuras gerações", enquanto um bem de uso comum da própria sociedade Assim, seja no marco da biodiversidade – processos ecológicos essenciais, utilização das espécies e ecossistemas – seja na espera da sociodiversidade – atores, grupos humanos ou modelos de organização na posse e no manejo de recursos – estão protegidos constitucionalmente, utilizando-se, de fato, do paradigma socioambiental. É indiscutível o alcance doutrinário que se abre com o teor paradigmático do art. 225, no sentido de que a sociedade hoje, como um todo, é responsável por preservar da degradação e da extinção, os bens comuns ambientais, que as futuras gerações deles dependerão.

---

[11]   Cf. SANTOS, Rodrigo Mioto dos. Pluralismo Jurídico e Direito Indígena no Brasil. In: WOLKMER, A. C.; VERAS NETO, F. Q.; LIXA, I. M. (Orgs.). *Pluralismo Jurídico: Os novos caminhos da contemporaneidade*. 2. ed. São Paulo: Saraiva, 2013. p. 263 e segs.

[12]   SOUZA FILHO, Carlos F. Marés de. *O renascer dos povos indígenas para o Direito*. Curitiba: Juruá, 1998. p. 107.

Em suma, ainda que de forma limitada e pouco satisfatória, a Carta Política Brasileira de 1988 contribui para superar uma tradição publicista liberal-individualista e social-intervencionista, transformando-se num importante instrumento diretivo propulsor para um constitucionalismo mais democrático, de tipo pluralista e multicultural, *com grandes avanços por contemplar e destacar questões como a dos povos originários (população indígena), e dos direitos aos bens comuns naturais, sociais e culturais.*

3 Conclusão: sobre o Novo Constitucionalismo Latino-Americano

O constitucionalismo moderno de corte liberal e individualista não é mais amplamente satisfatório, pois, na assertiva de I. M. Chivi "tem sido historicamente insuficiente para explicar sociedades colonizadas; não teve clareza suficiente para explicar a ruptura com as metrópoles europeias e a continuidade de relações tipicamente coloniais em suas respectivas sociedades ao longo dos séculos XIX, XX e parte do XXI".[13] Tendo em conta essa preocupação é que se introduz e ganha força a proposta de um novo constitucionalismo (denominado por alguns de Constitucionalismo Andino), que começa a gestar-se nos países latino-americanos, diante das mudanças políticas e dos novos processos constituintes. Entretanto, os primeiros indícios de uma outra tendência de constitucionalismo na América Latina foi marcado pelo ciclo social e descentralizador das Constituições, Brasileira (1988) e Colombiana (1991),[14] ainda que as mesmas estejam dentro de tradição liberal e monista.

Na sequência, dos anos noventa, emerge, como resultante de inovadores processos políticos e da entrada em cena de múltiplos movimentos sociais reivindicadores, a tendência para uma ruptura constitucional e quebra de paradigmas, estimulando para um constitucionalismo participativo e pluralista, em que a representação nuclear desse processo constitucional passa pela Constituição Venezuelana de 1999.[15] Fica claro seu carácter independista e anticolonial com relação ao convencionalismo do chamado Estado de Direito Liberal, almejando a refundação da sociedade venezuelana, tendo como embasamento o ideário dos libertadores, como Simón Bolívar. Inegavelmente, o marco inovador e de grande impacto desta Constituição foi introduzir um Poder Público Nacional dividido em cinco poderes: legislativo, executivo, judicial, eleitoral e cidadão. Portanto, trata-se de texto constitucional que mais do que qualquer outra Constituição anterior, privilegia o pluralismo político e a democracia participativa.

---

[13] VARGAS, I. M. C. Os caminhos da descolonização na América Latina: os povos indígenas e o igualitarismo jurisdicional na Bolívia. In: VERDUM, Ricardo (Org.). *Povos Indígenas*: Constituições e Reformas Políticas na América Latina. Brasília: IES, 2009, p. 158.

[14] Dentre algumas das significativas conquistas da Constituição Colombiana de 1991, ressalta-se: a) proclama, dentre seus princípios, a Democracia Participativa e Pluralismo (art. 1); b) jurisdições especiais: indígena (art. 246), juízes de paz (art. 247); c) jurisdição arbitral e conciliadores (art. 116); d) jurisdição eclesiástica (art. 42). Consultar, a propósito: BETANCUR, J. A. V. *El Pluralismo en la Constitución de 1991*. Medellin: ITM, 2008.

[15] Algumas observações sobre a Constituição Venezuelana, cf.: PISARELLO, Gerardo. El nuevo constitucionalismo latinoamericano y la Constituición Venezolana de 1999. *In: Sin Permiso* (Barcelona), s/d, fl. 03; DUSSEL, Enrique. *20 Teses de Política*. São Paulo: CLACSO/Expressão Popular, 2007, p. 153-154; JOSÉ DELGADO, Francisco. *La idea de Derecho en la Constitución de 1999*. Caracas: Universidad Central de Venezuela, 2008, p. 32 e segs.

A etapa mais significativa e de grande repercussão acerca do que vem a ser denominado de novo constitucionalismo latino-americano é aquela representado pelas transformadoras e vanguardistas Constituições do Equador (2008)[16] e da Bolívia (2009).[17] Para alguns publicistas, tais textos políticos expressariam um constitucionalismo plurinacional comunitário, identificado com um outro paradigma não universal e único de Estado de Direito, coexistente com experiências de sociedades interculturais (indígenas, comunais, urbanas e camponesas) e com práticas de pluralismo igualitário jurisdicional (convivência de instâncias legais diversas em igual hierarquia: jurisdição ordinária estatal e jurisdição indígena/camponesa).

Especificamente, a Constituição do Equador (2008) é a referência obrigatória em termos de avanços ecológico-ambientais, por seu arrojado "giro biocêntrico" ao admitir direitos próprios da natureza e direitos ao desenvolvimento do "buen viver" (*Sumak Kawsay*). Temática de repercussão e de controvérsias, a Constituição de 2008 rompe com a tradição clássica Ocidental que atribui aos seres humanos a fonte exclusiva de direitos subjetivos e fundamentais, introduzindo a natureza como sujeito de direitos.

Já a constituição da Bolívia, de 2009, vem a representar o marco fundamental da institucionalização do pluralismo jurídico, trazendo consigo as inovações da "refundação" do Estado boliviano, essencialmente indígena, anticolonialista e plurinacional. Este processo político que representa o mais autêntico Constitucionalismo pluralista consagra igualmente a força dos direitos indígenas, os direitos à educação intercultural e o arrojado e inédito igualitarismo judicial.

Parece evidente que as mudanças políticas e os novos processos sociais de luta nos Estados latino-americanos engendraram não só novas constituições que materializaram novos atores sociais, realidades plurais e práticas desafiadoras, mas, igualmente, propõem, diante da diversidade de culturas minoritárias e da força incontestável dos povos indígenas do Continente, um novo paradigma de constitucionalismo, que estamos denominando de Constitucionalismo Pluralista (o que tem levado a publicistas de diferentes tendências a consagrar como: constitucionalismo andino, transformador, ou garantista).

---

[16] A Constituição do Equador de 2008, além de ampliar e fortalecer os direitos coletivos (arts. 56-60: povos indígenas, afrodescendentes, comunais e costeiros), estabelece um inovador capítulo VII, que prescreve dispositivos (arts. 340-415) sobre o "regime de bem viver" e a "biodiversidade e recursos naturais", ou seja, sobre o que vem a ser denominado "direitos da natureza". Sobre a Constituição do Equador, observar alguns capítulos da obra coletiva: VERDUM, Ricardo (Org.). *Povos Indígenas*: constituições e reformas políticas na América Latina. Brasília: Instituto de Estudos Socioeconômicos, 2009. (cap.4-5). Idem: ÁVILA SANTAMARIA, Ramiro. *El neoconstitucionalismo transformador*: el Estado y el derecho en la Constitución de 2008. Quito: Abya Yala, 2011.; IBARRA, Hermán. *Vision histórico política de la Constitución del 2008*. Quito: CAAP, 2010.

[17] Sobre a Constituição da Bolívia de 2009, consultar: VERDUM, op. cit. (Capítulos VI e VII). Igualmente: CHIVI VARGAS, Idón M. *Constitucionalismo emancipatório y desarrollo normativo*: desafios de la Asamblea Legislativa Plurinacional. Texto Inédito. Bolívia, 2009; MARTINEZ DALMAU, Rubén. Assembleas Constituíntes e novo constitucionalismo en America Latina. *In: Tempo Exterior*, n. 17, jul./dez. 2008; CLAVERO, Bartolomé de. *Bolívia entre constitucionalismo colonial y constitucionalismo emancipatório*. Texto Inédito, Maio de 2009; VICIANO PASTOR, Roberto (editor). *Estudios sobre el Nuevo Constitucionalismo Latinoamericano*. Valéncia: Tirant Lo Blanc, 2012.

Enfim, nesse processo, é essencial que a Teoria do Direito e do Estado Constitucional tome em consideração a crescente importância do Pluralismo Jurídico,[18] como paradigma norteador para transpor o formalismo-estatista excludente da cultura jurídica brasileira e como referencial mediador para compreender a nova realidade constitucional latino-americana.

Referências

CARDUCCI, Michele. *A aquisição problemática do constitucionalismo ibero-americano*. Passo Fundo: UPF, 2003.

CARBONELL, Miguel; OROZCO, Wistano; VAZQUEZ, Rodolfo (Org.). *Estado de Derecho*. Concepto, fundamentos y democratización em América Latina. México: Siglo Veintiuno, 2002.

CLAVERO, Bartolomé de. *Bolívia entre constitucionalismo colonial y constitucionalismo emancipatório*. Texto Inédito, maio 2009.

DALLARI, Dalmo de Abreu. *A Constituição na vida dos Povos*: da Idade Média ao Século XXI. São Paulo: Saraiva 2010.

DALMAU, Rubén Martinez. *Assembleas constituíntes e novo constitucionalismo en América Latina*. In: Tempo Exterior n. 17, jul./dez. 2008.

DOBROWOLSKI, Silvio. *O Pluralismo Jurídico na Constituição de 1988*. In: *Revista Forense*, v. 318, p. 138-142.

DUSSEL, Enrique. *20 Teses de Política*. São Paulo: CLACSO/Expressão Popular, 2007.

FAJARDO, Raquel Yrigoyen. Hitos del Reconocimiento del Pluralismo Jurídico y el Derecho Indígena en las Políticas Indigenistas y el Constitucionalismo Andino. In: BERRAONDO, Mikel (Coord.). *Pueblos Indígenas y Derechos Humanos*. Bilbao: Universidad de Deusto, 2006, p.537-567.

_____. *El Horizonte del Constitucionalismo Pluralista: del Multiculturalismo a la Descolonización*. Paper apresentado no VII Congresso de RELAJU, Lima, Perú, ago. 2010. FERNÁNDEZ, Albert Nogueira. Los Derechos Sociales en las Nuevas Constituciones

Latinoamericanas. Valencia: Tirant lo Blanch/ IEP, 2010.

FIORAVANTI, Maurizio. *Constitución*: de la antiguedad a nuestros días. Barcelona: Trotta, 2007.

GARGARELLA, Roberto. *Los fundamentos legales de la desigualdad*. El constitucionalismo in América (1776-1860). Madrid: Siglo XXI, 2005.

GALUPPO, Marcelo Campos. *Hermenêutica constitucional e pluralismo*. In: SAMPAIO, José Adércio L.; CRUZ, Álvaro R. S. *Hermenêutica e jurisdição constitucional*. Belo Horizonte: Del Rey, 2001, p. 52-53.

GUILHOU, Dardo Pérez. Historia de la Originalidad Constitucional Argentina. Mendoza: Depalma, 1994.

HELÚ, Jorge Sayeg. *El Constitucionalismo Social Mexicano. La Integración Constitucional de México (1808-1988)*. México: Fondo de cultura Económica, 1996.

IBARRA, Hermán. *Vision histórico política de la Constitución del 2008*. Quito: CAAP, 2010.

JUMPA, Antonio Peña; MALLOL, Vicente Cabedo; BÁRCENAS, Francisco López (Coords.). *Constituciones, Derecho y Justicia en los Pueblos Indígenas de América Latina*. Lima: Pontificia Universidad Catolica del Perú, 2002.

LASSALE, Ferdinand. *Que é uma Constituição?* 2. ed. Porto Alegre: Kairós, 1985.

MALDONADO, Daniel Bonilla. La Constitución Multicultural. Bogotá: Siglo del Hombre; Pont. Universidad Javeriana; Universidad de los Andes, 2006.

MALLOL, Vicente Cabedo. *Constitucionalismo y Derecho Indígena en América Latina*. Valencia: Universidad Politécnica de Valencia, 2004.

---

[18] Pautas para o Workshop "El (Neo) Constitucionalismo Multicultural en América Latina". Org.: Daniel Bonilla Maldon

NEGRI, Antonio. *O Poder Constituinte*: ensaio sobre as alternativas da modernidade. Rio de Janeiro: Dp&A, 2002.

PISARELLO, Gerardo. El nuevo constitucionalismo latinoamericano y la Constituición Venezolana de 1999. *In*: *Sin Permiso* (Barcelona), s/d, fl. 03.

RANGEL, Jesus Antonio de La Torre. *Sociología jurídica y uso alternativo del derecho*. México: Instituto Cultural de Aguascalientes, 1997.

SANTAMARIA, Ramiro Ávila. *El neoconstitucionalismo transformador*: el Estado y el derecho en la Constitución de 2008. Quito: Abya Yala, 2011.

SANTOS, Rodrigo Mioto dos. *Pluralismo, Multiculturalismo e Reconhecimento*: uma análise constitucional do Direito dos povos indígenas ao reconhecimento. Mimeo inédito. S/d, fl. 10.

SOUZA FILHO, Carlos F. Marés de. *O renascer dos povos indígenas para o Direito*. Curitiba: Juruá, 1998.

VARGAS, I. M. C. Os caminhos da descolonização na América Latina: os povos indígenas e o igualitarismo jurisdicional na Bolívia. In: VERDUM, Ricardo (Org.). *Povos indígenas*: constituições e reformas políticas na América Latina. Brasília: IES, 2009, p. 158.

_____. *Constitucionalismo emancipatório y desarrollo normativo*: desafios de La Asamblea Legislativa Plurinacional. Texto Inédito. Bolívia, 2009.

BETANCUR, Jorge A. Velásquez. *El Pluralismo en la Constitución de 1991*. Medellin: ITM, 2008.

VERDUM, Ricardo (Org.). *Povos indígenas*: constituições e reformas políticas na América Latina. Brasília: Instituto de Estudos Socioeconômicos, 2009. (Capítulos 4 e 5).

VIADEL, Antonio Colomer. *Introducción al constitucionalismo iberoamericano*. México: Trillas, 2009.

VILLAR, Ernesto de La Torre; GARCÍA LA GUARDIA, Jorge M. *Desarrollo histórico del constitucionalismo hispanoamericano*. México: Unam, 1976.

PASTOR, Roberto Viciano (editor). *Estudios sobre el Nuevo Constitucionalismo Latinoamericano*.València: Tirant Lo Blanc, 2012.

WIARDA, Howard J. *O modelo corporativo na América Latina e a Latino-americanização dos Estados Unidos*. Petrópolis: Vozes, 1983.

WOLKMER, Antonio Carlos. *Constitucionalismo e direitos sociais no Brasil*. São Paulo: Acadêmica, 1989.

_____.*Pluralismo Jurídico*: fundamentos de uma nova cultura no Direito. 3. ed. São Paulo: Alfa-Omega, 2001.

_____.*Síntese de uma história das ideias jurídicas*: da Antiguidade clássica à Modernidade. Florianópolis: Fundação Boiteux, 2006.

_____.*História do Direito no Brasil*. 4. ed. Rio de Janeiro: Forense, 2007.

_____.VERAS NETO, F. Q.; LIXA, I. M. (Orgs.). *Pluralismo Jurídico*: Os novos caminhos da contemporaneidade. 2. ed. São Paulo: Saraiva, 2013.

_____.PETTERS MELO, M. (Orgs.). *Constitucionalismo Latino-americano*: Tendências Contemporâneas. Curitiba: Juruá, 2013.

Informação bibliográfica deste artigo, conforme a NBR 6023:2002 da Associação Brasileira de Normas Técnicas (ABNT):

WOLKMER, Antonio Carlos. Constitucionalismo e Pluralismo na Trajetória do Direito Brasileiro. *In*: BALDI, César Augusto (**Coord.**). *Aprender desde o Sul*: Novas constitucionalidades, pluralismo jurídico e plurinacionalidade. Aprendendo desde o Sul. 1. ed. Belo Horizonte: Fórum, 2015. p. 253-262

HACIA UN PLURALISMO JURÍDICO FORMAL DE TIPO IGUALITARIO[1]

ANDRÉ J HOEKEMA

Es necesario la adopción y el cumplimiento de políticas de pluralismo jurídico por parte del estado mediante las cuales se reconozca plena vigencia a los sistemas de derecho de los pueblos indígenas que coexisten diferenciados del derecho del estado y se aplican en ámbitos determinados dentro del territorio del mismo.

(declaración de Jaltepec de Cadayoc, 1995, numeral 4)[2]

1 Modernidad y derecho indígena

Antes, en los años 50 y 60, las políticas de desarrollo de muchos países se orientaban a un concepto de modernidad que implicaba la abolición y represión total de otros sistemas de derecho y autoridad que los estatales. Se atacaba por todos los medios una visceral lealtad a comunidades y a un liderazgo no estatal que pudiera oponerse a las leyes y directivas nacionales. Políticamente, las políticas de modernización del derecho y del estado, se sustentaron en la idea de que había un progreso universal hacia un estado y sociedad del tipo EE UU. La guerra fría impulsó el temor de que las masas populares, despojadas de su arraigamiento tradicional por la descolonización o por programas pos-coloniales de modernización económica, se dirigirían a movimientos extremistas (es decir: comunistas). (Höland 1993: 473).

---

[1] Un ensayo a base de una ponencia en el marco del Congreso de los Americanistas del 7 al 12 de julio de 1997 en Quito, Ecuador. Publicado, originalmente, em: América Indígena 58 (1998), 1-2: 263-299 e, posteriormente, em : El otro derecho, número 26-27, abril 2002. ILSA, Bogotá, Colombia, p. 63-98, cuja versão foi aqui utilizada, com autorização do autor, a quem se agradece.

[2] Véase Simposio Indo latinoamericano 1995.

Por tanto, las políticas extranjeras de apoyo al desarrollo destacaban el fomento de cooperativas y otras comunidades `modernas' de base capaces de ofrecer cuadros alternativos integristas. Filosóficamente, se concibió el Estado como un "estado liberal, unitario y monocultural, basado en el principio de derechos iguales para individuos iguales" (Sierra 1995: 244). O, como lo dice un investigador australiano: "La sociedad es nada más que un conjunto de individuos – ciudadanos aislados – y, puesto que el derecho no sólo puede sino también debe ocuparse de las relaciones entre el Estado y el ciudadano, no tiene por qué ocuparse de las diferentes identidades de los grupos en sí" (MacLachlan 1988: 368).

Seguramente, eran aplaudidas incluso fomentadas las diferencias culturales en forma folclórica, siempre y cuando no interfirieran con los conceptos sobre el derecho y el Estado.

Varios factores han incidido en la eliminación de este concepto asimilacionista de la modernidad. La "modernidad" ahora, salvo en unos cuantos estados con obstinada orientación neoliberal, conlleva el reconocimiento de que no se avanza sin la cooperación genuina con elementos de la sociedad civil.

Se mencionan brevemente tres grupos de factores:

1. Fracaso completo de las políticas de los Gobiernos centrales. Reordenamiento de tierra, manejo sostenible de recursos forestales, reformas agrarias, programas sociales, suelen fracasar si se trazan como un proyecto centralizado, elaborado y dirigido desde un departamento y dictado en todos sus detalles. Bien documentados son fracasos en el ámbito de la reforma agraria. A menudo la finalidad de estas reformas era quitar la presunta confusión e inseguridad de la tenencia de tierra, dando títulos individuales a los campesinos. A ellos les incumbía, a base de la nueva seguridad legal, invertir capital y avanzar hasta una posición firme de un campesino próspero con actitudes estables no-revolucionarios. Pero el resultado muchas veces era un aumento del caos e inseguridad, hasta la destrucción de comunidades locales (Shipton 1988) Desde entonces, han sido redescubiertos los sistemas de tenencia de tierra comunal, es decir el derecho local, el derecho indígena.[3]

2. Particularmente la gestión sostenible de los recursos naturales debe ser una obra participativa. Después del cambio del clima política internacional en torno a la degradación masiva de los recursos naturales, surgió un movimiento bien fuerte de gestión participativa. Por ejemplo en materia de "forest management" (gestión de recursos forestales) se manifiestan iniciativas en todas partes del mundo con el elemento común de que se comparta esta gestión entre oficiales estatales y líderes y grupos locales. (Analizado por Lynch y Talbott 1995). Es verdad: esta tendencia no se debe a una toma de conciencia de que las comunidades tengan derecho a ser diferentes dentro de la sociedad mayor, se debe a consideraciones y calculaciones de efectividad de conservación de recursos.

Particularmente en la área de gestión sostenible de recursos natural se presentan escenas muy a desconfiar. Se presenta el espectáculo que autoridades nacionales

---

[3] Escribe un relator del Banco Mundial: "Los tradicionales sistemas de tenencia comunal de tierra en Africa originan considerable seguridad en cuanto a la tenencia de tierra cultivada a través de regulaciones consuetudinarias de propiedad comunal de tierra y conceden derechos a los miembros de la comunidad sobre el uso de la misma". (Cleaver 1993) Por supuesto, cada miembro de una comunidad indígena incluso cada antropólogo de derecho sabe esto. Se necesitaban varias decenas de años y un gran daño humano, antes de que las políticas nacionales e internacionales de desarrollo lo supieran también.

por razones políticas propias, desfiguran hasta inventan esta racionalidad indígena local. Les gusta alabar profusamente la sabiduría local. Se habla de la invención de la tradición levantándola a formas míticas. Hace poco, abordando el tema de la regulación para la gestión de recursos naturales, como, por ejemplo, una forma de pesca más ecologista, un catedrático indonesio de derecho aludió al pensamiento tradicional oriental y a la rica historia del gran número de las tan variadas comunidades étnicas de Indonesia. Ante la impotencia y el fracaso total de la legislación nacional y de las políticas del Gobierno para frenar el deterioro medioambiental, este catedrático recurrió a lo que resta de la 'sasi', o sea, una forma comunal de tenencia de la tierra en las islas Molucas. 'Sasi' había sufrido cambios drásticos y, sin duda alguna, funcionaba muy distinto a lo trazado en fuentes escritas por funcionarios (holandeses) que, en lugar de realizar buenos trabajos antropológicos sobre terreno, tenían otros planes en mente. Pese a ello, el catedrático citó esas fuentes, elogió la eternidad de `sasi' y le atribuyó características que nunca había tenido, o que ya habían dejado de existir.

Así representada e inventada, esta `tradición' logró proveerle apoyo y darles rango de autoridad nacional a prácticas locales con el fin de llevar a cabo una eficaz gestión de los recursos naturales. El espíritu de la comunidad local, con sus reglas, instituciones y autoridades, nacidas tan orgánicamente, fue aplaudido en esta ocasión (Zerner, 1994: 1111). De esta forma, la tradición es un mito. No conlleva compartir poderes a base del respeto mutuo del carácter distinto de varias comunidades. El aplauso para la sabiduría y la racionalidad locales puede volverse muy engañador.

Pero aun así, un fuerte acento en la gestión participativa aumenta la presión para verdaderamente injerir en las estructuras políticas y el orden legal imperantes y revisarlos drásticamente.

3. El tercer factor conforma la toma de conciencia indígena de su posición de marginación y la lucha por el territorio y la dignidad. Los pueblos indígenas lograron captar la atención de muchos líderes políticos, de la opinión publica, de órganos internacionales, ong's et cetera, articulando una presión social y moral muy fuerte.[4]

El resultado puede ser resumido a continuación:

El modernismo de hoy exige el respeto mayor a las instituciones locales de autoridad y de derecho. Indirectamente la tendencia de una cooperación más equitativa entre el estado y la sociedad civil abre espacios en pos de la conquista del reconocimiento formal de estas estructuras dentro del orden político y legal.

En otras palabras: la modernidad de hoy reclama un pluralismo jurídico no sólo de hecho sino oficialmente reconocido.

Muchos países ahora reconocen la necesidad de la reforma del Estado, "de transferir recursos y atribuciones a la sociedad: a las comarcas, distritos, municipios, y comunidades" (Iturralde y Krotz 1996:82).[5] Conforma parte de un cambio radical de las estructuras estatales y legales en casi todo el mundo. Esto abre oportunidades para

---

[4]   La situación actual de los movimientos indígenas en los países latinoamericanos se expone en el libro compilado por Assies, Van der Haar, Hoekema, 2000.

[5]   Recientemente, funcionarios de la nueva república multi-étnica de Sur Africa, por ejemplo, comenzaron amplios estudios para desarrollar una filosofía política y una práctica de concertación entre el nivel centralizado, nacional, y los muchos líderes tradicionales que hasta ahora desempeñan oficios informales de autoridad política dentro de las varias comunidades étnicas surafricanas. También, en la nueva Eritrea en el noreste de Africa, en el anteproyecto de una nueva constitución se ofrece un lugar destacado a los líderes

conquistar formas políticas y legales que van más allá de una mera descentralización del estado y su filosofía de agilizar procesos administrativos. Abre oportunidades para avanzar hacia formas político-legales que encarnen una plurietnicidad y pluralidad de derecho y autoridad genuina.

Pero no es lo mismo: devolución de poderes estatales a entidades como distritos, y municipios (sería: descentralización) o el otro caso: devolver poderes estatales de una gama amplia a comunidades indígenas a base de un pacto social entre las capas dominantes del país y pueblos o comunidades distintas. En el primer caso se ofrecen unas competencias de control y fiscalización, quizás competencias de participación en la toma de decisiones, a órganos y grupos civiles sin cambio de la filosofía del Estado jerárquico ni de la filosofía de la nación más o menos homogénea. Pero algunos países, también de entre los países latinoamericanos con su historia sangrienta de lucha entre varias facciones de la población, han abandonado su proyecto de forjar una nación homogénea. Dichos países están dispuestos a crear un sistema de pluralidad de autoridad pública y de pluralismo jurídico formal del tipo *igualitario*. De ese tipo se trata más abajo en el párrafo conceptual. En la práctica política, no obstante, si se reconoce pluralismo jurídico, casi siempre se introduce la figura menos radical del pluralismo jurídico *unitario* en que se mantiene una relación de subordinación entre el estado con "su" derecho nacional y el otro sistema.

La excepción importante acerca de esta revalorización de derecho y autoridad autóctonos se da en países donde reina un neoliberalismo radical. Un neoliberalismo radical rechaza drásticamente la idea de que haya islas de bienes de comercio o producción fuera del mercado, en manos de pueblos y autoridades que no se dejan mandar fácilmente desde las posiciones altas del estado. El concepto de territorio indígena no sólo les da asco a los políticos por sugerir un estado dentro del estado (sugerencia completamente falsa) sino también por sugerir una perdida considerable de oportunidades unilaterales de explotación económica de los recursos locales. Aunque no hay autonomía sin restricciones, sin mecanismos de articulación de intereses locales y nacionales, por ejemplo para garantizar que intereses nacionales en el caso necesario prevalezcan a intereses locales, estos mecanismos no proporcionarán la misma facilidad con que, ahora, entran empresarios y autoridades nacionales así no más en zonas indígenas. Este temor, probablemente, explica la actitud del gobierno de Chile que hasta ahora mantiene una ley de aguas que quita al agua su carácter colectivo, su carácter fuera del mercado (Castro 1996). También la política oficial chilena niega totalmente el derecho de las comunidades campesinatas e indígenas que ya se está poniendo en la práctica durante siglos y siglos. La misma tendencia neoliberal se manifiesta en el Perú.

2 Los conceptos sociales de derecho indígena, pluralismo jurídico y autonomía

Para agilizar el debate sobre propuestas de coordinación entre el derecho indígena y el orden legal nacional (e internacional) se necesita un aparato conceptual cuyo diseño sigue a continuación.

---

tradicionales. Antes, las autoridades tradicionales locales fueron discriminadas y atacadas como obstáculos mayores al orden y progreso nacional, así como a programas unitarios y centralizados de desarrollo.

Desprecio terminológico del derecho indígena

El concepto clave es el del derecho indígena. Este derecho se reúne con un gran grupo de tipos de derecho, tipos no estatales, que se resumen a menudo bajo el lema *folk law*, derecho informal y otros. Todos estos términos tienen un carácter ambiguo hasta despreciativo, ya que muchas veces se orientan en el derecho dominante, creado y sancionado por el estado. Particularmente el termino "derecho consuetudinario" tiene rasgos negativos. Sugiere que su base de eficacia y validez reside en el visto bueno del estado así como en la ideología jurídica dominante. Particularmente se suele asignar un papel subordinado al derecho consuetudinario, es decir está tomado en cuenta sólo cuando el derecho oficial lo deje un espacio abierto por ejemplo para suplementar normas jurídicas estatales. De esa manera no es sustitutivo al orden legal dominante, y no es reconocido como sistema de regulación y control con plena vigencia y autonomía para ejercerse dentro del territorio (véase Iturralde & Krotz: 98). A menudo las regulaciones constitucionales que otorgan reconocimiento a normas y procedimientos indígenas (como el artículo 171 de la constitución boliviana) no explican claramente si se trata de derecho complementario o sustitutivo. Por interpretación de la Corte Constitucional de Colombia la formula del artículo 246 de la Constitución Colombiana que confiere facultad jurisdiccional a autoridades indígenas, ha sido declarada como otorgando al derecho indígena el carácter más amplio, sustitutivo.

Del carácter meramente complementario ("derecho consuetudinario") uno debe desconfiarse. Con toda razón líderes indígenas responden a los antropólogos de derecho (y a los políticos): "Nuestra producción se llama artesanía, y la de ustedes es industria. Nuestra música es folclore y la de ustedes es arte, nuestras normas son costumbres y las de ustedes son derecho" (gracias a Oscar Correas, de Mexico, que apuntó estas observaciones en un manuscrito preparativo a su articulo "La teoría general del derecho frente al derecho indígena", en la revista Crítica jurídica, del Instituto de Investigaciones Jurídicas, de la UNAM, 1994 (# 14).

Concepto social de derecho

Hay unos investigadores que para definir lo que es derecho en su sentido social, optan por un concepto muy amplio: el conjunto de normas y practicas morales y sociales que rigen la vida y las relaciones en los pueblos respectivos.

Ese concepto lleva a una dificultad grave: ¿cómo distinguir "derecho" de las costumbres, tradición, regularidades sociales, reglas de lengua, reglas morales, que se presentan en la comunidad?

Otros prefieren enfocar la presencia de autoridades (aunque noprofesionalizados, sin "oficina") que tienen la competencia social de cuidar el orden social. De esa manera no se cubre el caso – relativamente raro ahora – de un pueblo tan poco diferenciado en sus instituciones que no se puede identificar a unos personas que desempeñan el rol social de mantener orden. Orden hay, por supuesto, pero la vida social todavía no se ha diferenciado .

Otros combinan los dos aspectos. Como ejemplo cito una definición de la investigadora mexicana Cordero de Durand (1996: 3): "el derecho consuetudinario se puede definir en una forma amplia como el conjunto de normas que rigen la vida y las relaciones en los pueblos y que la autoridad hacía o hace respetar u observar basándose en las costumbres jurídicos del pueblo, para evitar que alguien perturbe el orden público o la vida pacífica de la comunidad o cause perjuicio material"(......)

Ostensiblemente, la autora combina las normas primarias y las secundarias. Lo mismo propone Correas (1994:26).

Francamente dicho, siguiendo las huellas de B. Tamanaha (1993, 1995), creo que no es aconsejable tratar de combinar los dos aspectos, ya que fomenta la sugerencia falsa de que las autoridades siempre – por definición- se basan en "el derecho del pueblo" y expresan un sentimiento social y moral necesariamente común. Pero, sin sugerir que los autoridades indígenas suelen haber perdido sus lazos íntimos con su comunidad, hay que destacar que en todas las comunidades se presentan o se presentarán tensiones hasta conflictos entre el moral que inspira las normas promulgadas y aplicadas por las autoridades y el moral ejemplificado en las normas de conducta de (un parte) de los demás comuneros. Hay luchas internas (por ejemplo en un caso de expulsión, tratado por Magdalena Gomez, en Chenaut y Sierra 1995: 193-219). Otro ejemplo suministra el debate sobre la justificación de las normas que determinan la escasez de oportunidades para las mujeres indígenas de participar equitativamente en la gestión de la familia y de la política interna. (Así hubo un debate en el Simposio Indolatinoamericano de Jaltepec de Candayoc, 1995:28-35)

Además, hay un dinamismo marcado dentro de las comunidades indígenas. Constantemente se deben inventar nuevas formas de coordinación y liderazgo, tales como una federación. Hace falta que los líderes antiguos y nuevos introduzcan nuevas reglas de conducta por ejemplo sobre la tala de bosque aun en casos de uso doméstico mostrando así conciencia de su tarea de mantener el uso sostenible de recursos. A menudo hay una competencia grande entre autoridades tradicionales y autoridades del nuevo estilo, en torno a la facultad de emitir o garantizar normas de conducta para los miembros de la comunidad.

Mejor entonces, para fines comparativos, definir el derecho en su sentido social como *las normas para la vida social de una comunidad determinadas, aplicadas, cambiadas y mantenidas vigentes y sancionadas por los oficiales a quienes conforme a la normatividad pertinente se les otorgó el poder de ejecutar este cargo.*[6]

Estas normas, sí, deben ser eficaces en el sentido de que se trata de una autoridad estable y no solo presunta o usurpada. Al ser así funciona una institución que identifica, aplica y hace respetar normas de conducta. Pero no necesariamente son eficaces en el sentido de que reflejan automáticamente normas de conducta. Seguramente, si las autoridades no manejan normas que los comuneros estimen obligatorias, el "derecho" no tiene ninguna eficacia social, lo que me parece un caso límite. Normalmente parte de las normas emitidas o protegidas por autoridades no

---

[6] Para evitar confusión quiero subrayar que todo esto se ciñe al discurso académico. Hay otros discursos bastante importantes. En el derecho internacional por ejemplo ya se prevé el reconocimiento de que pueblos indígenas – bajo condiciones determinadas – tienen su derecho propio y tienen el derecho colectivo de practicarlo dentro de su territorio. No se dice exactamente a qué fenómenos se refieren con esta terminología. Al igual, en el discurso político, tal como generado por la marcha por el territorio y la dignidad en Bolivia o la marcha semejante en Ecuador, se plantea su propio derecho indígena. Esto sirve para rechazar la etnocentrista tesis de que meramente el derecho nacional estatal incide en el orden social de la sociedad. Asismismo enfatiza la existencia de una comunidad distinta permeando todos los aspectos de la vida de sus integrantes, autoregulándose, que como tal merece reconocimiento como entidad pública dentro del estado. Por supuesto en este uso polémico de los términos no hace falta profundizar la esencia del derecho indígena. Pero en el campo de las investigaciones, sí, es imprescindible una clarificación.

se cumplen en la práctica, mientras a otra parte se obedece regularmente. Por tanto, es mejor abrir espacio para estudios en que precisamente se investigará la relación entre el nivel de la normatividad en manos de la autoridad y el nivel de la conducta diaria de los demás comuneros.

Pluralismo jurídico

A base del concepto de derecho en su sentido social puedo pasar a otro asunto, el de definir pluralismo jurídico en sus varias formas. Hay que distinguir el pluralismo jurídico social y el formal. Dentro del último, se distinguen dos tipos: el "unitario" y el "igualitario".

Pluralismo jurídico social

La coexistencia de dos o más sistemas de derecho en su sentido social lo cual no ha sido reconocido en el derecho oficial (salvo la posibilidad de que jueces, dictaminando, en algunos casos tomen en cuenta sentimientos, opiniones, obligaciones sociales derivados de normas de *folk law* sin mando formal de parte del derecho estatal).

Constituye una situación que de hecho existe en muchos países. No obstante, cuando hay reconocimiento por el Estado de la existencia de varios sistemas jurídicos se entra en el ámbito del pluralismo jurídico formal.

Hay dos formas muy diferentes, la del tipo unitario y la del tipo igualitario.

Pluralismo jurídico formal "unitario"

La coexistencia de dos o más sistemas de derecho en su sentido social lo cual ha sido reconocido en el derecho estatal (por ejemplo en la Constitución). Pero el derecho oficial se reserva la facultad de unilateralmente determinar la legitimidad y el ámbito de los demás sistemas de derecho reconocidos.

La situación ya mencionada de que se reconoce meramente un papel complementario al "derecho consuetudinario" cae bajo esta categoría. También una aplicación, sea excepcional sea regular, por autoridades "de afuera" de normas y costumbres indígenas en materias de carácter familiar y patrimonial o en delitos menores, normalmente depende unilateralmente de la indulgencia de determinadas leyes o actitudes especiales que tomen en consideración una parte de la cultura local en algunos ámbitos. Aquí se manifiesta un pluralismo jurídico débil, es decir unitario. El convenio 169 de la OIT se queda dentro de este límite.

Sin embargo, no significa una autonomía del derecho indígena. El pluralismo jurídico unitario es fruto del deseo social de respetar algunos rasgos culturalmente distintos en determinados leyes o procedimientos. Muchas veces las políticas de reconocimiento del derecho indígena no van más allá de esta atención selectiva. Son políticas de compensación de las desventajas sufridas por ser miembro de un grupo marginado, minoritario. Se contempla la multiculturalidad en unas leyes pero no se reconoce la existencia y validez legal de todo un sistema de derecho indígena. No quiero decir que estas compensaciones no valgan, sino que no se equiparan al pluralismo jurídico en su sentido más maduro.

Pluralismo jurídico formal "igualitario"

La coexistencia de dos o más sistemas de derecho en su sentido social lo cual ha sido reconocido en el derecho estatal (por ejemplo en la constitución). El derecho oficial no se reserva la facultad de unilateralmente determinar la legitimidad y el ámbito de los demás sistemas de derecho reconocidos. El derecho oficial reconoce además la validez de normas de los demás sistemas de derecho, su fuente especial en una comunidad especial que como tal conforma una parte diferenciada pero constitutiva de la sociedad entera y por tanto tiene derecho a que su derecho sea reconocido como parte integral del orden legal nacional por los demás.

Entonces, reina una simultaneidad igualitaria de todos los sistemas de derecho. (Esteban Krotz, En Chenaut y Sierra, 1995:351). El derecho indígena sustituye al derecho nacional. Anteriormente entre las elites y abogados se observaba que este tipo de pluralismo jurídico formal igualitario fuera un retroceso en la evolución política de la nación. (Stavenhagen 1990: 44 nota 9, citando a Aguirre Beltran, libro de 1953, reeditado en 1981). Salvo las élites en unos estados que confiesan un neoliberalismo radical, ya no reina esta idea de una evolución uniforme hacia una nación, una cultura, y una sociedad homogénea.

Los dos tipos de pluralismo jurídico formal pueden complementarse, en el caso de que, aparte de la plena autonomía del derecho indígena (o de varios sistemas distintos indígenas) en la aplicación de las leyes y reglamentos nacionales, se tome en consideración la cosmovisión y/o la cultura específica de uno de los partidos involucrados. El aspecto pluricultural debe reflejarse en todas las leyes y procedimientos. (véase el simposio indolatinoamericano 1995: 5 y 57)

Reglas y procedimientos legales federales

El carácter del pluralismo igualitario no se pierde cuando hay una reglamentación que fije límites para la vigencia del derecho indígena en el ámbito territorial o personal. Por ejemplo es concebible una regulación que estipule que este derecho tiene vigencia solamente cuando se trata de dos personas miembros de la misma comunidad, mientras para conflictos mixtos, entra en vigor el sistema nacional, o un sistema de reglas especiales que no son reglas materiales pero sencillamente reglas de referencia que indiquen qué sistemas los partidos o un juez puede(n) optar. (En el derecho occidental se llaman: reglas del derecho privado internacional).

Es importante tener presente que en mi opinión todo sistema de pluralismo jurídico formal igualitario implica la existencia de reglas del tipo mencionado arriba: reglas que conciertan las competencias de los dos o más derechos. A condición de que estas reglas no puedan ser cambiadas unilateralmente por la autoridad nacional, no se le quita su carácter autónomo al derecho indígena.

Entonces, para instituir sistemas de pluralismo jurídico formal – el tema de esta ponencia – hace falta reflexionar sobre la manera de articularse los dos o más sistemas.

Como las maneras de concertar tipos distintos de derecho normalmente revistan formas legales y políticas, vale la pena denominar este tipo de reglas de concertación: reglas y procedimientos legales federales.[7]

---

[7] En el derecho civil internacional se usa el nombre reglas de conflicto para indicar reglas que tienen una función igual.

Estas reglas federales son reglas de derecho formal nacional que, en una situación de pluralismo jurídico formal, tienen la vocación de asegurar valor legal y definitivo (caso juzgado) a soluciones y decisiones producidas en, y tomadas según las normas y procedimientos propios de, los sistemas de derecho y autoridad indígenas. También establecen los ámbitos de competencia de los mismos y las normas de dirimir conflictos de competencia así como las instancias y procedimientos de apelación.[8]

Con esto no quiero decir que solamente se reconozca derecho indígena en forma de una federalización del estado en que todo el territorio nacional se halle dividido en departamentos, estados o provincias más o menos autónomos del mismo tipo y rango constitucional. Así son constituidos los estados federales por ejemplo de los Estados Unidos, México, Colombia o del Canadá. Se puede extender este concepto a la situación en que se instituye una nueva provincia como Nunavuut en el norte de Canadá que como entidad pública en ningún aspecto se distingue de las demás provincias. Pero por ser el territorio donde viven los Inuit que tienen la gran mayoría de la población de la zona, de hecho servirá como modelo de otorgamiento de autonomía a los Inuit. Pero hay otras reconstrucciones federativas en que se reconocen territorios especiales otorgándoles un estatuto especial ("privilegiado" como dicen miembros reacios de la élite), sea multiétnica como la Región Autónoma de la Costa Atlántica de Nicaragua (RAAN), o étnica como los comarcas de Panamá. La reglamentación que consagra este último tipo de instituir autonomía también se incluye en el concepto de reglas y procedimientos legales federales expuesto aquí.

A continuación la pregunta central es: ¿qué reglas federales promueven una autonomía política genuina que sirve las necesidades de la comunidad entera?

Exponiendo esta pregunta, debo entrar en el tema de la autonomía en sus varias dimensiones.

El concepto de autonomía

Arriba he usado el concepto de autonomía bastante indiscriminadamente. Hay varios ámbitos de autonomía, tales como la autonomía política, social, cultural, económica etcétera. Hablo de la autonomía política, entendida como una forma de encarnar el derecho de libre determinación, que incumbe a "pueblos". Se refiere a la capacidad formalmente garantizada en manos de una comunidad, un territorio o ambos, de autogobernarse, de tener su propio gobierno y territorio, de autogestionarse y de administrar recursos según sus propios normas y criterios. (Iturralde y Krotz 1996:113). Esta capacidad puede ser ubicado dentro del orden político-legal internacional, es decir garantizado por el derecho internacional. Se trata de la soberanía de estados. Pero me restringiré a la "autonomía interna" (en inglés: home rule) excluyendo los casos en los que los pueblos indígenas aspiren a la independencia total (secesión) del estado. No supongo negar la legitimidad de los intentos de conseguir independencia total, llevados a cabo por ciertos pueblos. Pero prácticamente, la gran mayoría de los pueblos indígenas se inclinan a optar por, justamente, la autonomía interna. Tampoco abarcaré la muy escasa situación de aquellos pueblos que tengan

---

[8] De precisamente este asunto, o sea cómo compaginar el orden jurídico nacional con la existencia legal de una jurisdicción especial indígena, trata el libro de Sánchez y Jaramillo (2000).

autonomía por el mero hecho de que el territorio en que viven esté situado fuera del territorio efectivamente controlado por el estado nacional.

Hablar de la autonomía interna es hablar de todo el país, para parafrasear un dicho de un dirigente indígena de Bolivia, Don José Guasebe, dirigente de la CPIB (Central de los pueblos indígenas del Beni). Es decir, la autonomía política interna implica la existencia de un régimen nacional político-legal de devolución de poderes legislativos, administrativos y jurisdiccionales en cuanto a un ámbito amplio de asuntos de vida, así como poderes de participación en la renta nacional y en la toma de decisiones nacionales o provinciales que afecten la vida de un grupo específico de individuos y/o los habitantes de un territorio específico.

Hay una gran diferencia en grado y alcance de poderes en manos de las comunidades o territorios autónomos. Los dos casos extremos son:

a. El caso en que están conferidos poderes legislativos meramente en algunos terrenos y/o limitándose a carteras menos importantes (poder legislativo limitado, por ejemplo sin facultad de autogestionar recursos). En cuanto a poderes administrativos meramente se refiere a la ejecución de políticas superiores, no tanto a las decisiones sobre el contenido de las políticas.

b. El caso en que están conferidos poderes legislativos en muchos terrenos y/o incluyendo las carteras más importantes (poder legislativo amplio). Asimismo en torna a la facultad administrativa, jurisdiccional, financiera y otras.

Opino que un territorio o una etnia que solamente tiene el poder de participar en las modalidades de ejecución de políticas superiores, sin poder legislativo ni poder de (co) determinar las políticas mismas, no merece la calificación "autónomo". Por ejemplo aunque se adoptan políticas de participación popular a todos niveles para forjar modernización del estado y la sociedad entera, estas políticas de descentralización no implican reconocimiento de autoridad pública en manos de pueblos indígenas. Fácilmente se puede imaginar los conflictos entre las políticas oficiales y la políticas inspiradas y basadas en una cosmovisión e intereses muy diferentes impulsadas por los entidades de base indígenas o campesinatas. Particularmente hay este riesgo cuando la participación popular se concibe meramente como medio para agilizar procesos de gestión o ejecución de políticas trazadas en los ministerios nacionales o las burocracias municipales. Sin competencia formal para poder incidir también en la toma de decisiones máximas, es decir sobre las líneas generales de políticas y su elaboración, una participación popular suele fracasar o ser restringida a detalles ejecutivos de políticas dictadas en otro sitio. (Depew, 1994).

Evidentemente, hay una escala de situaciones muy diferentes y no se traza una línea exacta entre modelos que no merecen el nombre de autonomía (política) y los que sí se lo merecen.

Con autonomía política (particularmente el tipo amplio) se presenta una gama de oportunidades para los habitantes del territorio o para el pueblo de autogobernarse en asuntos importantes como las maneras de seleccionar a los dirigentes, de vivir y recuperar sus valores, promoción y estudio del idioma, etcétera. Entonces, normalmente implica autonomía cultural y social. Sin embargo, es posible que la autonomía política falta implicar dominio pleno o suficiente sobre recursos o sobre la educación o la salud. Hay que destacar: no hay autonomía sin economía (propia), sin influencia decisiva en la educación (primaria), sin facultad de libremente decidir qué tipo de medicamentos a preferir. La conclusión: la autonomía política suele promover autonomía en otros ámbitos, pero mucho depende del grado o alcance de la autonomía concedida, y de su efectividad. El último punto merece un poco más atención.

Tres conceptos de autonomía política

En los debates a menudo se confunden tres conceptos de la autonomía política:

la autonomía política formal: se refiere al régimen político-legal esbozado arriba. Básicamente se investiga por vía de estudios jurídicos comparativos.

La autonomía política efectiva: ¿hasta qué punto se cumplen las normas de devolución de poderes que definen las competencias mutuas de las instituciones estatales (y departamentales, municipales) y locales, las del territorio o comunidad autónoma? Muchas veces las atribuciones autónomas no se cumplen en la práctica; el estado sigue otorgando concesiones forestales en la zona autónoma de RAAN (Nicaragua) aunque la constitución y la ley orgánica dicen que queda prohibida este actuación. (Acosta 1996, Anaya y Crider 1996).

La autonomía política propia, o genuina

Al plantear el tema de la autonomía o del autogobierno, se la suele justificar alegando que ésta contribuirá al desarrollo sano del pueblo o territorio involucrado. (Simposio indolatinoamericano 1995: 27) Entonces se plantea la difícil y decisiva cuestión: para qué, para quienes sirve esta autonomía política formal y (supongamos) efectiva? ¿Cómo se manifiesta este desarrollo? Claramente implica una norma importante: tenemos que definirlo como el aporte a las necesidades de la comunidad tales como son definidas en un proceso de consulta y toma de decisiones libre dentro de las comunidades involucradas. Se trata de un proceso de libre determinación del valor y desarrollo de las instituciones, metas y políticas de la comunidad, así como de sus relaciones con la sociedad mayor y el mundo internacional.

La autonomía política pública y étnica

Según el tipo de reglas federales finalmente quiero distinguir dos maneras diferentes de plasmar la autonomía política: la autonomía publica y la autonomía étnica.

Autonomía pública (gobierno público) o, desde otro punto de vista: autonomía "etno-nacionalista" (término tomado de una publicación, en inglés, de María Sierra, 1995:245).

El estado ha conferido poderes (sean legislativas, administrativas o judiciales) a órganos locales en base del concepto de la soberanía estatal legal. El estado se reserva la competencia de anular esta transferencia y de retomar los poderes conferidos. También el estado suele reservarse la competencia exclusiva de dictar leyes plenamente válidas referente a asuntos dentro de la competencia local o se reserva la competencia exclusiva de dirimir conflictos de competencia entre las dos jurisdicciones. Ejemplo: la descentralización del Estado por medio de la Ley de Participación Popular en Bolivia.

Esta autonomía suele implicar algún grado de pluralismo legal unitario, aunque no necesariamente. Es concebible una descentralización del estado sin reconocimiento de la presencia con validez legal de otro derecho ni de una otra institución de autoridad. Lo más decisivo es el hecho de que no se concibe la sociedad como una "federación" de comunidades distintas. Particularmente, cuando hay una región mixta, donde vive buen número de miembros de varias comunidades, indígenas y no indígenas, es difícil reconocer el otro derecho y la otra autoridad. ¿El derecho de quién? ¿La autoridad de qué tipo de comunidad? Así es la situación en RAAN y RAAS en la Costa Atlántica de Nicaragua o en el altiplano del Ecuador o Bolivia. Para complicar más: dentro del regimen constitucional de RAAN y RAAS se otorga validez legal al derecho indígena de unas comunidades dentro del territorio autónomo. Con este ejemplo tenemos un sistema de autoridad pública con elementos de una autoridad étnica, la segunda categoría.

Normalmente el autogobierno público no contiene garantías especiales de que no se limiten unilateralmente las atribuciones del territorio en cuestión. Se trata de una concesión y no se dan reglas que exigen negociaciones equitativas entre las capas sociales involucradas para fijar o cambiar las competencias mutuas. Pero hay casos de un gobierno público dentro de un sistema federal (Nunavuut, en Canadá) en el cual todas las partes federales (las demás provincias) están bien protegidas contra un cambio unilateral (o contra un cambio dominado por solo uno de estas partes) de las estructuras políticas. Las Regiones Autónomos de la Costa Atlántica, en Nicaragua, es otro ejemplo. No es autonomía étnica pero como autonomía pública no se suprime (legalmente) con la misma facilidad, con la que se suele modificar las leyes nacionales. Entonces, hay casos de autogobierno público que efectivamente se acercan a la categoría siguiente, la autonomía étnica.

No obstante esta excepción, el tipo "público" se calificaría como una autonomía limitada.

Autonomía étnica: sistema de pluralismo jurídico formal igualitaria

Reconoce la existencia de comunidades distintas de índole étnicas dentro de la sociedad nacional que como tal, tienen el derecho de desarrollar su propio sistema de instituciones, entro otros su derecho propio, como parte diferente pero igual del orden político-legal del país entero. La transferencia de poderes afirma la situación social donde existen dos o más sistemas diferentes de derecho y de autoridad legítimos. Este reconocimiento legalmente no puede ser revocado ni delimitado fácilmente. Se basa en el reconocimiento de que existe un sector social diferenciado del resto de la sociedad nacional, que, en vista de su situación social débil y/o su historia, con debida razón reclama y obtiene el derecho colectivo de tener un espacio propio dentro del orden político-legal (Véase Roldan 1996: 54). En este tipo de autonomía, para reajustar las relaciones "federativas", se necesita una consultación especial de toda la población según un procedimiento especial. En este procedimiento se encuentran (o: deben encontrarse) garantías para prevenir una toma de decisiones con una mayoría sencilla u otras maneras de subordinar fácilmente el territorio o pueblo autónomo. Vamos a calificarla autonomía (política) profunda.

Un pluralismo jurídico igualitario implica la autonomía profunda. El otro pluralismo jurídico formal puede manifestarse sin regimen coexistente de autonomía política, o, otro caso, con la autonomía política limitada.

A base de este aparato conceptual abordaremos unas situaciones claves en las que se impone la cuestión de cómo plasmar un pluralismo jurídico al nivel legal y político nacional.

Se distinguen tres zonas importantes y decisivas de intercambio de normas y procedimientos de índole muy diversa.

3 Reconocimiento de "derecho penal" y poder jurisdiccional y su concertación con el derecho nacional

Abordando primero el "derecho penal" indígena (término etnocentrista, aunque cómodo)) observo que – entro otras – la Constitución Boliviana en su artículo 171 reconoce una administración de justicia indígena por las "autoridades naturales". Hasta ahora no se ha dado seguimiento al mando constitucional de promulgar una ley de concertación de los dos niveles y tipos de administración de justicia. Autoridades publicas bolivianas y expertos privados están ponderando sobre ¿cómo instituir el pluralismo jurídico en materia penal? En visto de las diferencias a menudo muy grandes entre uno y otro sistema, no hay soluciones sencillas. En un encuentro en Cochabamba sobre "Prevención de conflictos y solución en comunidades indígenas" (1995) se dio a conocer prácticas ambiguas de parte de las autoridades policiales nacionales y departamentales. Años y años la policía oficial y los juzgados oficiales no se han presenciados en gran parte del territorio boliviano. Las comunidades deben autoregularse y lo hacen eficazmente, por ejemplo a base de comités de vecinos, asambleas generales y tales mas. Entonces, existe un derecho local de hecho, existe – en mi terminología – pluralismo jurídico social en la materia penal. Pero de vez en cuando, muy de repente, la policía entra en el local del comité y detiene a todos por haber usurpado poderes públicos que no tienen y por haber privado a comuneros de sus bienes o libertad ilícitamente.

Una autonomía sin poder jurisdiccional no vale. Con toda razón las constituciones de Bolivia y de Colombia otorgan esta facultad de decir justicia. Queda por esperar las maneras de concertación. Por tanto quiero entrar en el tema de la articulación entre una(s) jurisdicción(es) indígena(s) y la nacional.

No hablamos de una autonomía ilimitada, una especie de independencia. Esto no es posible ni viable dentro de una sociedad íntegra. En ningún sistema federativo existe esta independencia absoluta en torno a materias como la administración de justicia. Ni los pueblos indígenas la reclaman. Como indica la declaración del Servicio del Pueblo Mixe, enfatizando por un lado el debido respeto a la naturaleza propia del ordenamiento jurídico del pueblo Mixe, y opinando por otro: "que en esos casos los mismos indígenas debemos hacer el esfuerzo de ir adecuando todas nuestras normas y sanciones al pleno respeto de los derechos inherentes a la naturaleza humana, pues creemos que éste debe ser el marco al que deben ceñirse todos los ordenamientos jurídicos" (Servicio del Pueblo Mixe, 1995: 25)

Esta última toma de posición Mixe parece representar un punto de vista común entre los comentadores indígenas. Abre espacio a una autocrítica del sistema de justicia y normatividad. Por ejemplo en el Simposio Indolatinoamericano sobre Derecho Indígena y Autonomía (1995), se discutió la posición de la mujer. Varias participantes hicieron hincapié en relaciones menos satisfactorias entre hombres y mujeres en cuanto a la participación de las mujeres en la vida política interna y la vida familiar. Se autocriticaron unas practicas, unos aspectos de la normatividad vigente. Pero no es claro el cómo promover y garantizar un espacio para esta autocrítica. ¿Por qué no dejarlo a la comunidad involucrada? Dejarlo a la comunidad presentaría un privilegio demasiado grande, ya que hasta los estados mismos se encuentran bajo un sistema (internacional) de tutela en torno a los derechos humanos. Suscitará la sospecha infundada de que las comunidades indígenas quieran una independencia en lugar de una autonomía. La sociedad mayor no aceptaría poderes legislativos y judiciales en manos de comunidades distintas sin sistemas de concertación de estos poderes con políticos y principios estimados como básicos en el país entero.[9] Además, hay problemas bastante graves, en cuanto a la aplicación de unos tipos de penas. Sirve el interés de todas estas comunidades mostrar que la autonomía no implica el sometimiento de las mujeres u otros miembros de la comunidad.

Entonces, destacan dos conclusiones:

a. Se necesitan plasmar reglas y procedimientos federales, coordinando los dos o más sistemas de justicia.

b. Dentro de este cuadro se necesita un sistema de tutela jurídica superior y decisiva por vía de la cual las decisiones locales pueden ser sometidas a la prueba en lo que se refiere a su compatibilidad con normas de un rango superior.

Surge entonces la temática de cómo llevar a cabo la "comprobación" de prácticas públicas o privadas a la luz de principios rectores de una gran envergadura (de tipo derechos humanos básicos).

¿Cómo se puede legitimar una tutela estatal en favor de individuos de las comunidades involucradas? Por ejemplo en Colombia durante años ya se está practicando tal tutela.[10] Cada individuo colombiano puede recurrir a instancias especiales buscando protección contra decisiones de las autoridades locales que presuntamente violaban sus derechos humanos, consagrados en la Constitución colombiana. De la misma forma con la creación de la comisión estatal de derechos humanos en México, las personas que se sienten afectadas por decisiones locales recurren a esta autoridad (Simposio indolatinoamericano: 34. Véase también Magdalena Gomez en Chenaut y Sierra, 1995). De esta forma queda un poder apreciable de control en manos de abogados y jueces no indígenas. Estos, aun siendo partidarios del concepto de la plurietnicidad y pluriculturalidad de la nación inclusive su orden legal, dictan y determinan el alcance de la autonomía unilateralmente y quizas sin tener en cuenta la esencia de esta autonomía local.

Hay que colocar este problema dentro de su cuadro apropiado. En muchos países ni siquiera hay un mínimo de reconocimiento para dar espacio a un funcionamiento independiente de órganos e instituciones indígenas. Al contrario, los tribunales ordinarios, tanto como sus empleados y los abogados, manifiestan, por regla general, una ignorancia tremenda hasta desprecio de los, culturalmente diferentes, procedimientos y reglas de la justicia penal indígena.

Tal vez esté relacionado con ello el hecho de que, hablando de la administración de justicia, la mayoría de las personas que se ve sometida a juicios penales y por lo tanto a penas de prisión, proceda de los pueblos locales aborígenes. La "justicia

---

[9] En Australia, en el famoso caso "Mabo" sobre el reconocimiento de derechos territoriales de los Aborigenes, los jueces estipulan que un reconocimiento debe quedarse dentro de los "sketal" legal principles' (principios básicos) del orden legal nacional. Véase Butt y Eagleson 1993.

[10] Sobre el impacto de la jurisprudencia de la Corte colombiana en cuanto a la posición legal y social de los pueblos indígenas, se consulte Esther Sánchez, 1998

blanca"[11] y la justicia local chocan dramáticamente en lo que afecta a procedimientos y visiones generales sobre objetivos y formas de sancionar. Esta situación no sólo requiere un cambio institucional sino también trabajos educativos contínuos, como lo realizó, por ejemplo, la antropóloga colombiana Esther Sanchez (Sanchez 1992).[12] Incluso participó en una obra de teatro, representada varias veces últimamente, que puso en escena la confusión fundamental entre los conceptos indígenas sobre la comunidad, el crimen y el castigo y los del Estado colombiano.

Tomando en cuenta esta relación sumamente insatisfactoria, el sistema colombiano que ofrece tanto un reconocimiento explícito de una administración de justicia en manos de los cabildos indígenas como un sistema de tutela, constituye un gran paso adelante, tanto más que la Corte, ponderando la tutela, observa estrictamente un concepto de autonomía indígena amplia. Como dijo, es normal que en un sistema de reconocimiento oficial, se introduce un sistema de tutela.

Aunque la tutela se presta a un abuso grave hasta represión indirecta del espacio libre de una jurisdicción indígena, es imprescindible aceptar una forma de tutela pero todo depende del método jurídico y de las actitudes del personal profesional que asumen la tutela.

Para instituir estos límites de una manera prometedora – permitiendo el desarrollo de una autonomía genuina – tenemos que impugnar toda cláusula – encontrada en muchas constituciones – de que los autoridades locales tengan todas la facultades en tal o tal materia "siempre y cuando no contravengan las leyes nacionales (o: las leyes de la república) ni la constitución".

Esta formula debe ser rechazada enérgicamente. Con esta formula no se reconoce el pluralismo jurídico. Al contrario, dice que solamente cuando lo tolera el orden legal nacional, se aceptaría la normatividad local. Eso no significa autonomía. A lo sumo conforma un sistema de pluralismo jurídico unitario. Igualaría a la situación colonial en que se aceptaba el otro derecho siempre y cuando que no fuera repugnante para la gente civilizada británica o holandesa. El quid de la cuestión es precisamente el reconocimiento de sistemas distintos hasta contrarios de derecho y de autoridad. La OIT, en su convenio 169, artículo 8 y 9, desafortunadamente, no va más allá de este tipo de pluralismo jurídico unitario.

Es muy apto que la Corte Constitucional de Colombia, interpretando precisamente este tipo de formula limitadora, dice que "resulta claro que no puede tratarse de todas las normas constitucionales y legales". Pues: "De lo contrario, el reconocimiento a la diversidad cultural no tendría más que un significado retórico".

Por ende, con la Corte, nos vemos enfrentados con el problema, por ejemplo, del conflicto entre una pena impuesta por la comunidad a un comunero para que haga trabajos obligatorios en el servicio de la comunidad y el concepto de trabajo forzado defendido por una constitución. Así dice la constitución mexicana: "Nadie podrá ser obligado a prestar trabajos personales sin la justa retribución y sin su pleno

---

[11] En un vídeo titulado *White Justice* se da una imagen intensa de la alienación que sufre los inuit de una comunidad nórdica (en la provincia de Quebec) a consecuencia de la `justicia blanca' de los canadienses. El vídeo fue producido en 1987 por Informa Action. Es distribuido por Cinema Guild, 1697 Broadway, New York, NY 10019, tel. 246.5522, fax. 246.5525.

[12] Aquí también cabe mencionar la antropóloga mejicana Magdalena Gomez.

consentimiento" (articulo 5). El método adoptado por la Corte de Colombia no significa automáticamente que esta pena comunitaria sea inválida. Vamos a examinarlo.

Profundizando el tema de la tutela contra practicas violadoras de los derechos humanos, es interesante destacar el método que usa la Corte Constitucional de Colombia. Me referiré abajo al mismo caso del cual tomé el citado sobre cómo interpretar la formula "siempre y cuando no contravengan...". Su método de contraponer los intereses de las regiones autónomos de practicar su autonomía y los intereses de individuos dentro de esas comunidades me parece adecuado. Aunque en el caso presentado a continuación, también hay elementos débiles en el razonamiento.

El caso es el siguiente (Sentencia T-349, 8 de agosto 1996).[13] Un ex dirigente indígena en estado de embriaguez mató a un comunero. Fue capturado por los auxiliares locales del cabildo local. Se le encerró en el calabozo de la localidad. Se escapó una semana después y se entregó a la fiscalía colombiana oficial. La fiscalía inició una investigación y mientras tanto el Cabildo Mayor Unico de Risaralta le comunicó que éste había sido condenado a 8 años de cárcel. Un mes después la asamblea general de la comunidad se resolvió aumentar la condena a 20 años de cárcel. Supuestamente se trató de una persona que durante su cargo de dirigente (sindicado) se comportó muy mal; hubo más acusaciones. El defensor de oficio sugirió interponer tutela que efectivamente fue interpuesta por intervención del acusado mismo.

Quiero mencionar que la sentencia de la Corte se restringe a casos, como el caso objeto de este fallo, en las que la comunidad juzga comportamientos de los miembros mismos de la comunidad (a distinguir de casos en los que se ven involucrados miembros de otras comunidades indígenas distintas o de la sociedad `blanca' y casos "mixtos", que quizas necesiten otros principios limitadores). Este es un caso interno, entonces. Se debe tener presente esta restricción del alcance del fallo.

Mis comentarios se restringirán a dos, uno sobre el método que usa la Corte, método muy sano, otro sobre el resultado que me parece por parte feliz por parte menos convincente.

1. La Corte aborda ampliamente el principio constitucional de la protección a la diversidad cultural, consagrada en la constitucíon colombiano (entre otros: artículos 10, 70, 171 y 176). Con toda justificación alega que, para determinar el contenido de este principio, hay que tomar en consideración que los elementos sociales conforman una cultura, o mejor dicho, una etnia. Luego de tratar dos condiciones – una subjetiva (la auto identificación) y una objetiva (características objetivas tales como la lengua, las instituciones políticas y jurídicas) – se deduce "como regla para el interprete la de la maximización de la autonomía de las comunidades indígenas y, por lo tanto, la de minimización de las restricciones a las indispensables para salvaguardar intereses de superior jerarquía". Una conclusión muy feliz a base de un razonamiento antropológico sano. De esta forma se evita la práctica común pero nefasta, la de evaluar una decisión local directamente a la luz de una lista de derechos humanos y otros principios básicos del orden legal nacional. Entre esta lista y la evaluación de la decisión local, según la Corte, se interpone el peso del principio de la maximización

---

[13] Ciro Angarita entra en un análisis profundo de las sentencias de la Corte referentes a pueblos indígenas en una ponencia presentada al seminario de expertos "Régimen constitucional y pueblos indígenas en países de Latinoamérica (1995, Colombia). Las ponencias fueron publicadas: COAMA, 1996. Consulten también a Ciro Angarita et al. 1995. Sobre las prácticas de la Tutela y sus efectos sobre la autonomía indígena, ya me referí a Esther Sanchez, 1998.

de la autonomía indígena. Cualquier que sea el resultado de la examinazión de la decisión local, el método me parece sano. Por lo que yo sepa, este fallo colombiano conforma el primer fallo en todo el mundo en que se muestra este método. Merece una difusión a gran escala.

2. El segundo punto se refiere al resultado, particularmente al método de buscar principios a través de los cuales se puede determinar "cuales son los límites que la constitución impone al ejercicio de facultades jurisdiccionales por las autoridades de las comunidades indígenas" juzgando la conducta de uno de sus miembros. Hay que determinar estos principios antes de poder comprabar, en el caso objeto de revisión, si fueron sobrepasados estos límites.

El método es escrutar la constitución y los tratados internacionales de derechos humanos adoptados por el Estado de Colombia que además cuenten con un amplio sustento internacional.

De este escrutinio, según la Corte, se deducen tres principios intangibles: el derecho a la vida, la prohibición de la esclavitud y la prohibición de la tortura. Aunque en la tutela se alegó por ejemplo tortura durante la semana en el calabozo, la Corte no hizo caso de esta alegación.

Aparte de estos derechos humanos "clásicos", la Corte reconstruyó otro principio limitativo, a base del articulo 246 de la Constitución (reconociendo la autonomía indígena de dictar justicia): la legalidad en el procedimiento y la legalidad de los delitos y de las penas. Aceptado este principio se deducen varias principios más concretos. Uno es el principio de un debido proceso, parte del cual es un derecho de defensa. Otra vez, en la luz de las tesis del acusado, invocando este principio, la Corte repite su punto de partido bien sano: "... dicha noción hay que interpretarla con amplitud, pues de exigir la vigencia de normas e instituciones rigurosamente equivalentes a las nuestras, se seguiría una completa distorsión de lo que se propuso el Constituyente al erigir el pluralismo en un principio básico de la Carta".

A base de un razonamiento de carácter bastante antropológico, la Corte no concedió tutela por violación del derecho a un debido proceso, a una defensa, etcétera.

Pero, según la Corte, el principio de la legalidad conduce también a la exigencia de que las actuaciones de las autoridades sean previsibles. El acusado tiene que tener "un mínimo de certeza respecto de la actuación de las autoridades". Lo que era previsible para el actor, dice la Corte, después de citar estudios antropológicos sobre el ordenamiento jurídico de la comunidad, que se impusiera una sanción de alrededor de tres años de trabajo forzado y cepo a cumplir dentro de la comunidad. Así era la práctica. La otra opción bien conocida por todos era la remisión de un caso a la justicia ordinaria. Pero nunca se podría prever la imposición de una sanción completamente extraña a su ordenamiento jurídico: "une pena privativa de la libertad que debía cumplir en una cárcel "blanca"."

No es el caso de que la Corte juzgue que la duración imprevisible de la pena en si ya signifique una violación del principio de la legalidad, "ya que la duración de la sanción sí puede ser objeto de modificaciones, según las costumbres de la comunidad". Hace enfasis en la previsibilidad del *tipo* de pena. A base de esto la Corte decidió conceder tutela (restringiéndose al asunto del tipo de la pena) y preguntar a la comunidad "si desea juzgar nuevamente al actor, imponiéndole una de las sanciones tradicionales o si, por el contrario prefiere que el caso sea resuelto por la justicia ordinaria".

Otra vez la Corte anda un camino prudente y claramente está tratando de respetar lo más posible la autonomía de la comunidad para decidir sus asuntos (expresión que se usa en el fallo mismo). Pero no me parece convincente la idea de que la Constitución Colombiana consagre un principio de la legalidad en este sentido. La frase en el articulo 246 C. que "las autoridades de los pueblos indígenas podrán ejercer funciones jurisdiccionales dentro de su ámbito territorial, de conformidad con sus normas y procedimientos...." en mi opinión hace referencia a la existencia del derecho indígena, es decir a un orden social típico que se manifiesta – entre otras – en maneras más o menos constantes de concebir, tipificar y definir actos que deben ser reprimidos colectivamente ("delitos") así como maneras más o menos constantes de procesar estos. En otras palabras, el artículo simplemente dice: se reconoce el derecho indígena. Desde este punto de vista hay que subrayar que no es el elemento de constancia o durabilidad lo que es decisivo referente a la cuestión de la existencia de un derecho indígena. (No obstante: hay un caso límite, es decir el caso en que hay tanta variedad de practicas que hacen prácticamente imposible identificar prácticas de mantenimiento de orden)

No siempre es fácil identificar qué practicas sociales conforman el derecho indígena. Se abre acá el debate sobre los fenómenos que cuentan como indicadores de esta existencia.

En mi opinión, el artículo 246 C se refiere sencillamente a esta existencia del derecho indígena, y basta. La formula al efecto se encuentra en otras constituciones también, así como en muchas leyes. Con esta formula el constituyente no indica principios limitadores, sino solamente indica que las normas y procedimientos son las de la comunidad involucrada. Podríamos levantar la cuestión cómo afirmar que cualquier tipo de normas y procedimientos es "propio". Faltando procedimientos formales de emitir normas etcétera, tenemos que dejar la respuesta a la comunidad misma. No veo otra solución. La comunidad misma es una entidad dinámica. Quizas quieren modificar sus normas y practicas de manera abrupta, hasta adaptarse a principios y tipos de pena no indígenas. ¿Quién juzgaría si este cambio se basa en el deseo genuino común o solo expresa políticas partidarias de la elite local? Me parece prudente, por ejemplo, que la Corte no entre en la cuestión si una pena de duración más larga que de costumbre justifica una intervención.

Mi conclusión es que a base del articulo 246 C no se puede deducir nada en cuanto al tipo del principio de la legalidad. Pero es concebible que una Corte opinaría que la autonomía de las autoridades locales indígenas no debe extenderse sin límites (salvo los tres derechos humanos intangibles). Que ningún autoridad de ningún parte de la sociedad libremente y caprichosamente desvíe de sus políticas estándares. En las sociedades de tipo occidental un principio de esta naturaleza es de general conocimiento: el principio de la no-arbitrariedad de decisiones públicas. No cabe espacio para profundizar este principio ni discutir su aplicabilidad en sistemas de reglas federativas. Pero obviamente, con esto introducimos una categoría de límites, de principios limitadores, menos universales que los derechos del tipo que prohiben la tortura y el derecho a la vida.

Estos principios no quedan consagrados claramente en la Constitución y aunque fuera el caso, simplemente no formarían parte de la lista de principios limitadores a la autonomía indígena. Entonces, se necesita un razonamiento muy especial para sustentar la vigencia de este principio de la legalidad (en el sentido ya restringido que le acuerda la Corte).

Mi conclusión del tratamiento del caso colombiano es que, sí, la tutela tal que se practica por la Corte, tiene rasgos muy positivos. No hay que comprobar simplemente los actos locales a la luz de una gran fila de principios supuestamente universales o por lo menos báscios dentro del orden legal nacional. Y mucho menos todos los principios y normas nacionales posiblemente ajenos a la práctica local. Cabe subrayar el gran valor constitucional de la autonomía indígena, y luego balancearlo contra unos cuantos intereses individuales sumamente transcendentes. Por lo demás se deje en paz la normatividad indígena.

También – en este caso – se manifiesta un elemento débil: el de "inventar" sin sustento propio un principio presuntamente básico de "legalidad" de los actos públicos de autoridad del resguardo. Aunque el resultado me da complacencia, no me gusta el fundamento en el que se basa.

¿Qué tipo de Corte?

Terminando el tema, cabe mencionar la cuestión de qué tipo debe ser el tribunal o la Corte que tiene por cargo el de dirimir conflictos de competencia entre dos o más sistemas de derecho que no simplemente tienen una relación de subordinación pero se equivalen en su validez. Dejar la tarea en manos de los juzgados ordinarios no es una solución muy satisfactoria. Los jueces ordinarios no suelen interesarse mucho en sistemas de derecho que desconocen. Entonces, mejor instituir un juzgado especial. Ya la Corte Constitucional de Colombia ya está avanzando en la dirección de una Corte especial de este tipo. No obstante, una estructura legal verdaderamente pluralista igualitaria exige una entidad que pueda contar con la confianza completa de todas las comunidades involucradas. El nombramiento de jueces debe organizarse de tal manera que también expertos indígenas entrarán en la Corte, o por lo menos que personas de afuera de confianza para las comunidades indígenas, participarán en las sesiones y decisiones. Todo esto sin desmedro de una gran calidad profesional jurídica.

4 "Derecho civil", tenencia de tierra y recursos comunal, en el orden legal nacional.

Ya que la tierra con sus recursos constituye un conjunto de elementos de importancia vital para la vida social indígena, tenemos que prestar atención especial al regimen de derecho local pertinente. Lo haré dentro de un reclamo más amplio. Como dicen los autores del grueso informe sobre La Amazonía: Economía Indígena y Mercado (Amazonía 1996: "Los pueblos indígenas no pueden alcanzar un desarrollo propio si no tienen control colectivo sobre su territorio y sus recursos". La lucha por este control ha venido marcando todos los movimientos indígenas en los últimos 15 años. Ahora, suponiendo la disposición de los grupos sociales dominantes a otorgar un grado de control del territorio y los recursos – por lo menos los renovables – a comunidades locales, se discutirán maneras de concertar los dos derechos de "propiedad". Para entrar en el tema tenemos que conocer más los rasgos de este derecho indígena referente a la tenencia de tierra, a los recursos naturales y a otros recursos. ¿Cómo se concierta este derecho con los conceptos de propiedad, usufructo, prenda, alienabilidad, etcétera, del orden legal dominante de índole occidental manifestando principios y valores completamente diferentes?

Las maneras de concertación (que pueden incluir el caso en que no haya reconocimiento formal) favorecen o bloquean un desarrollo propio, genuino de las instituciones indígenas, particularmente de su economía?

Derecho civil indígena

Cada pueblo indígena tiene su derecho civil. El termino "civil" se presta a una confusión grave. Dentro del mismo sistema de tenencia de recursos se encuentran reglas que designan a las autoridades una función de control y distribución de recursos, función que, en países occidentales, se llamaría el cargo de una autoridad pública.

Este derecho civil precisamente no tiene "código", pero funciona como un sistema de derecho, en el sentido expuesto arriba.

Se pueden estudiar las normas, conceptos, valores y procedimientos a través de los cuales se otorgan derechos de control, de uso, de aprovechamiento, de administración en cuanto a recursos naturales a la comunidad, a familias o a personas individuales. Hay que diferenciar entre varios tipos de recursos: el monte alrededor de la comunidad, frutales, las chacras, el agua, las zonas con plantas medicinales y muchos otros recursos. Se deben estudiar las maneras en que se distribuyen los ingresos o los productos de las chacras y de la caza y pesca. Se puede estudiar cómo está regulado la herencia, las normas y procedimientos para resolver conflictos sobre linderos. También se regulan asuntos como la compra/venta de tierras o recursos, el préstamo, y muchos otros.

Además existe el derecho indígena familiar y personal, etcétera.

Hasta la fecha solamente en unos países se transparenta un reconocimiento formal de la validez y obligatoriedad de este derecho. Los decretos supremos que instituyen territorios indígenas en Bolivia, la nueva ley INRA boliviana[14] así como la nueva ley Forestal se refieren a este derecho. "La distribución y redistribución para el uso y aprovechamiento individual y familiar al interior de las tierras comunitarias de origen y comunales tituladas colectivamente se regirán por las reglas de la comunidad, de acuerdo a sus normas y costumbres. (Articulo # numeral III de la ley INRA). Asimismo, los cabildos indígenas colombianos se autogobiernan a base de su propio derecho civil. En el Canadá el James Bay and Northern Quebec Agreement (Canadá) se otorga plena validez al sistema comunal de tenencia de recursos de los Crees (y los Inuit). En la Costa Atlántica de Nicaragua, el sistema de autonomía también reconoce el derecho civil local. Por supuesto, de hecho, en muchas comunidades se aplican reglas propias en cuanto al acceso, distribución, usufructo etcétera de las tierras y otros recursos. Pero hablamos de un reconocimiento formal, ordenado además, por el convenio 169 de la OIT, ley nacional en algunos países.

Aunque hay algunos ejemplos de tipos (modestos) de reconocimiento, hace falta por un lado un conocimiento bien amplio de los rasgos de la tenencia de tierra y recursos comunal, y por otro lado una reflexión profunda sobre la manera de concertar la vigencia de este derecho con la vigencia de reglas y conceptos civiles en el derecho nacional. ¿Cómo reconocer el otro concepto de propiedad? Así se pondría

---

[14] Ley del servicio nacional de reforma agraria (Ley 1715 de 18 de octubre de 1996. Gaceta Oficial de Bolivia, año XXXVI no 1954, La Paz.

la cuestión central en una forma sumaria. (Claro que el término de propiedad no conviene, véase abajo) ,

Lamentablemente, ni siquiera se realizan muchos estudios para conocer mejor estos sistemas de derecho. Pero ya tenemos los estudios supervisados por Miguel Chase-Sardi en Paraguay, editado por Cerec y Gaia, 1992 y 1993, el libro de Alberto Wray y otros (1993) , los libros e informes de los antropólogos del Instituto Colombiano de Antropología (Perafán y otros), el trabajo de Urteaga, de Mayén en Guatemala, así como el de Cordero de Durand 1995. También se proyectan varias iniciativas al efecto.

No es fácil armonizar y vincular dos o más sistemas de derecho en cuanto a la disposición de recursos ni de evaluar si la (no-) coordinación existente impide o favorece un desarrollo genuino económico e institucional de las comunidades involucradas.

Antes de enumerar unas experiencias neurálgicas, será útil precisar una vez más el aparato conceptual, esta vez referente a la tenencia de tierra comunal. .

Lo que resumí arriba sobre un derecho civil indígena apunta a la existencia social de un sistema de distribución de derechos y privilegios en torno a la tierra y los recursos. Muy generalmente se denomina este sistema: regimen social de propiedad, o: propiedad como fenómeno social. "Propiedad" en este sentido no tiene nada que ver con el concepto excesivamente individualista de la propiedad generalmente elaborado en la jurisprudencia occidental (sea continental europea sea anglosajona). Mejor evitar el termino "propiedad", entonces. Prefiero: *régimen social de disposición de bienes importantes.*

Cada régimen social de disposición de bienes importantes incluye:

Un conjunto de reglas, principios, procedimientos de decisión y de solución de conflictos que determinan quienes tienen control y acceso legítimo a los medios de supervivencia y a los medios de producción. Igualmente determinan como se pueden adquirir y transferir estos recursos por vía de herencia, asignación (atribución), intercambio o trueque, compra y venta u otras formas de ceder el uso o disfrute (y otras funciones) de los recursos. (Así F. von Benda-Beckmann 1995).

Hemos caracterizado este regimen de disposición como una institución social. Cada sociedad, tanto la occidental como la del otro tipo, tiene tal institución.

Prevalece en comunidades indígenas y generalmente en comunidades campesinatas un régimen con rasgos específicas: la tenencia de tierra y recursos comunal. En inglés se propone el termino adecuado "community based" (Bruce 1996, Lynch y Talbott 1995).

La tenencia de tierra comunal como institución social conforma un régimen social de disposición de bienes importantes que, en cuanto a tierra y recursos naturales, definen derechos de control socio-políticos ("públicos") conferidos a las autoridades de la comunidad así como derechos de uso, transferencia etcétera. ("privados") en manos de grupos (familia, clan, linaje, otras corporaciones) e individuos. (M. Colchester, 1995:6).

Tiene las características siguientes:

a. Se basa en la visión de que los intereses de la comunidad prevalecen sobre los intereses individuales. No son negados los derechos individuales. Sin embargo, este régimen no es tan individualista como el del occidente que parte de una importancia grande del concepto de propiedad privada.

b. Se funda en el concepto de territorio implicando una relación especial entre por un lado la comunidad y sus miembros y por otro la tierra y los demás recursos. La cosmovisión imperante define la identidad de los miembros de la comunidad de tal manera que incluye una relación de guardián del medio ambiente.

c. Se sienta en la inalienabilidad, inembargabilidad e imprescriptibilidad de la tierra. Este principio excluye una transformación total de elementos del territorio en bienes mercantiles.

El principio reto de este concepto es la comunidad entera y sus necesidades. Las obligaciones y derechos de cada uno se ejercen bajo la suposición de que sirven no solo los intereses individuales o familiares sino también los intereses comunes. Funcionen "embargado con una hipoteca social". No existe la teoría jurisprudencial de que las obligaciones morales de los individuos deben especificarse de antemano en reglas formales bien detalladas.

No implica en absoluto el acceso libre a los recursos.

Existen recursos como la tierra con vocación agropecuaria que están controlados y manejados bajo este régimen. También existen recursos como el agua o el bosque agreste que conforman objeto de propiedad común, es decir propiedad en manos de un grupo sin mostrar elementos de derechos de familias, corporaciones o particulares.

Con Bruce (1996) quiero distinguir esta propiedad común que no es semejante a, sino suele formar parte de, un sistema de tenencia de tierra comunal. Se define propiedad común según Bruce (1996: 2,3 y 19) como: derecho a la tierra o a otros recursos, conferido a un grupo, referente a recursos que por su naturaleza no pueden ser divididos fácilmente entre particulares (como agua, fauna, peces) o que al dividirse conllevan costos bastante altos para hacerlo, tales como el bosque o praderas. Forma parte de un sistema de tenencia de tierra comunal.

Muchas veces se definen recursos de este tipo como recursos de cuyo uso no se excluye fácilmente a la personas.

Tampoco es un régimen de libre acceso. Al contrario, la comunidad normalmente excluye a foráneos del uso y disfrute de estos recursos y solamente les acepta bajo condiciones. Internamente se encuentran reglas sobre el orden y la manera de uso por los integrantes de la comunidad.

La (no)convivencia entre sistemas de disposición de bienes

En base a estos conceptos abordaré unos puntos neurálgicos en la convivencia entre pueblos que mantienen esta institución de tenencia de tierra comunal y la sociedad circundante con sus instituciones muy distintas (y muchas veces opresivas). He aquí dos casos diferentes.

1. Por un lado se discute la cuestión de qué sucederá con una comunidad con tenencia de recursos comunal en el caso que (casi) no se le reconozca su derecho. La modernidad de ayer reclamó, lo repito, la abolición y opresión total de estos sistemas "colectivos". Autoridades nacionales muchas veces han sumergido a estos pueblos en una situación completamente indefensa, apartándoles cada sustento oficial de sus instituciones sin reemplazarlos por títulos de propiedad individual occidental. Y aun cuando sí, se otorgaron títulos, estuvieron restringidos por ejemplo a pequeñas parcelas y en manos privadas, condiciones que "casi, con seguridad, conducirán a

un empobrecimiento de la economía del dueño de la parcela, de la economía local y de la propia cultura indígena". (Amazonía 1996:272)

Hasta la fecha elites nacionales que se plantean maneras de reparar la falta absoluta de derechos territoriales indígenas, suelen encontrar soluciones dañosas al asunto, es decir cortando un territorio ancestral en parcelas individuales limitadas declarando todo el resto del territorio como propiedad pública, dominio estatal. Aunque contraviene directamente al convenio 169 del OIT, ley nacional en algunos países, se practica hasta la fecha. Ya señalé países en que un neoliberalismo radical conlleva la abolición de todos o muchos sistemas de tenencia comunal quitándoles el carácter de la inalienabilidad etcétera (de tierra, como en el Perú, de agua, en Chile).

2. Por otro lado surge la preocupación sobre las condiciones favorables a un desarrollo genuino económico: el caso de comunidades indígenas que quieren comercializar sus productos o bienes al mercado nacional o internacional.

Entre las condiciones básicas se halla la del reconocimiento del derecho indígena a complementar estableciendo "reglas federales" para solucionar los conflictos entre los dos derechos. También se necesita la plasmación legal de nuevas figuras jurídicas que permitan – por lo menos en el nivel legal – una vinculación armónica.

Solamente si hay reconocimiento de gran parte de los conceptos, normas y procedimientos locales indígenas, se abre la posibilidad de que actores indígenas que se relacionan con el mundo de afuera no sean forzados de organizarse en formas legales ajenas o de someterse a normas que desconocen o normas que implícitamente desprecian a sus propios conceptos y normas. El hecho de tener que adaptarse a un sistema de derecho ajeno suele producir desventajas enormes para las comunidades indígenas. De esta manera suelen imponerse condiciones de desigualdad grave entre ellos y los demás.

Por ejemplo surge el problema de cómo encontrar formas jurídicas que cubran empresas y regímenes de tenencia comunal basados en esos conceptos. La ley nacional sobre la libertad de asociación u otros semejantes, no suelen abarcar este tipo especial de estructuras de cooperación colectiva. Una mezcla de disposiciones legales esparcidas aquí y allá supone el riesgo de una existencia legal muy frágil de la recién nacida entidad cooperativa. Entonces existe la necesidad de que se promulguen estatutos especiales para entre otras asociaciones, para asuntos acerca de la responsabilidad, y para estructuras en favor de la toma de decisiones. Sólo cuando existen tales estatutos especiales para la representación y la organización locales, estas organizaciones pueden evadir la tendencia de los juzgados del derecho comercial convencionales de forzar estas `curiosas' entidades cooperativas en el molde del derecho civil vigente (Compárese Alberto Wray 1993: 56/57). Particularmente Bruce (1996) trató en gran profundidad este tema.

Asombradamente, en el valioso informe Amazonía: Economía indígenas y mercado (Coica y OXFAM América: 1996) no se menciona esta condición institucional. En este informe que se basa en estudios de casos de empresas e iniciativas de comercialización por parte de comunidades de la Amazonía, se plantean ampliamente las condiciones básicas para mejorar las oportunidades de que tengan éxito estas iniciativas. Son iniciativas que se dirigen al mercado nacional hasta internacional. La mayoría de las observaciones encamina a factores micro- y macro-económicos del tipo: capacidad de gestión empresarial, ejecución de un estudio de diagnóstico y planificación, disponibilidad de recursos y capital, rotación del capital, condiciones del mercado nacional y global y tales mas. También se trata de la viabilidad sociocultural y ecológica de las iniciativas, así como de la viabilidad política. Dentro de este último marco están mencionados dos problemas que merecen atención por su carácter jurídico.

a. El problema de *obtener capital ajeno (crédito)* cuya obtención conlleva grandes dificultades ya que normalmente no existe una solución sencilla en cuanto a cómo ofrecer una prenda aceptable como garantía del préstamo. Bancos agrarios suelen negar las condiciones de las comunidades indígenas y no aceptan otras formas de crédito a las conocidas. (Así nos informa un representante de RAAN sobre las políticas nefastas del Banco Nacional: Simposio indolatinoamericano 1995: 18) "Sigue la mentalidad colonizadora" *(idem)*

La solución estándar, la hipotéca, conduce a la perdida de tierra y no es apta para las necesidades locales. Además, el reconocimiento formal de una "propiedad colectiva" indígena entrañaría en muchos casos, que ésta sería inalienable y no arrendable y tampoco podría servir de fianza, lo cual es conforme a los deseos y necesidades de la comunidad de quedarse con su territorio. De esta manera el territorio queda aislado de la vida económica de la sociedad, factor favorable para el mantenimiento de la relación vital con el territorio pero a la vez factor negativo al hecho de que las comunidades quieren ir más allá de una economía de subsistencia vinculándose con la sociedad entera.

Pero hay maneras de superar este obstáculo. El informe sobre la Amazonía no les da, aunque sí, sugiere preguntas y posibilidades:

formas de crédito especializadas, a lo mejor, proporcionadas por el Fondo Indígena.

se prevé un papel para las ONG para que inventen `arreglos innovadores o novedosos". (Amazonía 1996:252)

Francamente dicho me desilusiona un tanto el en que dicho informe, aparte de ser muy completo y valioso, no haya evaluación de arreglos innovadores que ya han sido puestos en la práctica. De todos modos se necesitan urgentemente estudios sobre estas experiencias de arreglos de ofrecer prendas que no arriesguen el control de los recursos de la comunidad.

Otra manera de reconocer dentro del orden jurídico nacional las finanzas creadas conforme al derecho indígena fue abordada en el informe de Raul Arango sobre una nueva Ley de tierra Boliviana (Arango 1994).

Una, y únicamente una de las posibilidades estriba en facilitar una forma de arrendamiento de la tierra bajo el control de una asamblea general de la comunidad, poniendo a disposición la cosecha como fianza para conseguir un préstamo.

b. El problema de *seguridad de recursos y sistemas de tenencia de tierra*. Esta discusión en el informe "Amazonía: economía indígena y mercado" enfoca la necesidad de tener un titulo a un territorio vasto, sin el cual no hay una base para un desarrollo económico sostenible en sentido ecológico. Ya expliqué que sin titulo ninguno, solamente los pueblos muy aislados pueden sobrevivir. Los demás serán arrinconados cada vez más a un territorio pobre con la constante amenaza de ser cada vez más privados de sus derechos. Nadie esperaría una economía sostenible bajo estas condiciones. Eso dice el informe, con toda razón. Pero hay otro tema que no abordan.

En la literatura sobre el desarrollo siempre surge el debate sobre estímulos necesarios para arrancar un desarrollo económico. Seguridad de tenencia de tierra siempre cuenta entre las condiciones primarias. Normalmente, hasta hace poco, equiparaba al reclamo de otorgar títulos privados occidentales. Ahora los expertos finalmente han cambiado sus consejos. Como ya expuse, seguridad de disposición de recursos y de los frutos de una actividad económica se garantiza también – mejor! – por sistemas de tenencia de tierra comunal con tal de que éstos tengan un espacio garantizado para su funcionamiento y no sean marginados.

En este sentido son políticas muy negativas (en términos de una fomenta de una autonomía genuina indígena) las que conllevan la abolición de "propiedad" comunal y de abolir (o no garantizar) el carácter de inalienabilidad, imprescriptibilidad e inembargabilidad de las tierras comunitarias de origen (El Perú, Chile, México y otros). Afortunadamente, en unos países se avanza en otra dirección, más positiva en cuanto al pluralismo jurídico y en cuanto a condiciones favorables para un desarrollo genuino.

El rumbo más positivo en este sentido sin duda alguna es el hacia la plasmación de "un nuevo tipo de propiedad, diferente al concepto romanista de propiedad privada", que tiene su lugar dentro de otros conceptos de "propiedad" (privada, público, el de patrimonio, y otros). (Así Arango, 1994:35). Sin esta renovación del código civil nacional imperante, esquemas de otorgar derechos especiales a comunidades o pueblos enteros, fracasarán muy probablemente debido a la resistencia de jueces y abogados y por mero ignorancia.

5 "Derecho administrativo", formas de participar en las políticas nacionales

El asunto que se puede colocar dentro del ámbito no muy preciso del derecho administrativo, es el de cómo organizar sistemas de participación por las comunidades y pueblos locales en la elaboración de políticas provinciales y nacionales y en la ejecución de las políticas nacionales.

Especialmente en temas de sanidad y educación, pero también en el manejo de los recursos naturales, el derecho internacional, encarnado en, entre otras, la convención no. 169 de la OIT, y otros esquemas nacionales para la devolución de competencias estatales, contempla mecanismos de coparticipación que conceden facilidades consultivas o codecisivas a los cuerpos locales participantes en el circuito de políticos encargados de formular políticas. El interrogante entonces es: `Los órganos comunes para la toma de decisiones ¿aumentan las posibilidades para una nueva cooperación entre el Estado y los pueblos indígenas (u otras entidades sociales políticamente distintas que disponen de una base jurídica)?

Dicha pregunta es el título de un informe mío en el que analicé la evidencia empírica de los efectos positivos y negativos de determinadas maneras para implementar tales órganos, preguntándome en qué medida tales órganos fomentan o entorpecen la autonomía local (Hoekema 1994). Particularmente la malograda vinculación entre los racionales conocimientos profesionales nacionales de estilo occidental y los conocimientos locales derivados de otras fuentes y construidos según métodos y principios diferentes, plantea problemas arduos. Amenaza con reducir la participación local a un nivel donde funcione meramente como medio apropiado para una elaboración más eficaz de la política nacional.

Suponiendo que se otorguen el derecho de coparticipar en las decisiones sobre la gestión de ciertos sistemas de salud, educación y justicia, entonces ¿cómo organizar verdadera influencia de la gente local en la definición de sus propias necesidades y en el manejo de los fondos y de la infraestructura pertinente? Un autor Canadiense Robert C. Depew ha tratado este tema ampliamente en 'First Nations Organizations: an Analytical Framework'. (Informe para el Ministerio canadiense de asuntos indios y desarrollo del Norte, julio 1994).

A base de las experiencias en Canadá este autor plantea por ejemplo que en estos sistemas de coparticipación no existe verdadera influencia indígena. Si solo se decide sobre los planes operativos sin, al mismo tiempo, influenciar en las decisiones 'políticas', es decir las decisiones sobre la composición personal de la autoridad máxima y sobre las políticas generales incluyendo el presupuesto anual, la coparticipación no significa una influencia decisiva.

Se aplican estas tesis a un asunto urgente, el asunto de cómo combinar los estatutos de un territorio: como territorio indígena y al mismo tiempo parque nacional o aérea protegida (bajo cualquier nombre que sea). Semejante situación se produce en Bolivia, en el "Territorio Indígena Parque Nacional Isiboro-Sécure" (TIPNIS) entre otros. En Honduras también se debate mucho esta combinación y no se espera un gran beneficio para los habitantes: en estos casos "reconocen derechos pero a la vez abren espacio para apropiarse de los recursos naturales de los Pueblos Indígenas" (Simposio Indolatinoamericano 1995: 58)

Este problema tiene rasgos muy generales que se dan en muchos países. Aunque en la Cumbre de Rio de Janeiro ha sido reconocido por primera vez el papel sumamente importante de los pueblos indígenas en la conservación de la naturaleza, en la práctica de las relaciones políticas-legales, no se han desarrollado sistemas de planificación y manejo de la biodiversidad en que los habitantes indígenas tengan una voz influyente hasta decisiva.

Es fácil imaginar conflictos en cuanto al 'uso racional' de los recursos, a asuntos de ecoturismo, a la conservación de la biodiversidad, a la comercialización de algunas especies de madera. También se pueden imaginar opiniones muy diferentes acerca de las condiciones bajo las cuales se permita introducir en una área protegida la explotación o la exploración minera, las obras de vías camineras y similares. ¿Quién decidirá sobre estos asuntos? Es posible, por ejemplo, que un Ministerio de Desarrollo Sostenible y Medio Ambiente (así se llama en Bolivia) perderá la pelea política entre los intereses de desarrollo económico y los de la conservación de la biodiversidad. Supongamos que se concede el ingreso de petroleros, o el otorgamiento de concesiones forestales en un parque nacional a empresas de afuera, sean nacionales o internacionales, entonces ¿qué competencia queda en manos del gobierno indígena para poder contrarrestar esta decisión?

A mi juicio, un sistema de coparticipación a base de posiciones iguales sería una meta razonable. Pero es sabido que no hay coparticipación seria sin reconocimiento previo de la autoridad plena del gobierno de un territorio – con derecho de poner el veto a planes de manejo impuestos unilateralmente por el Ministerio. Este sistema debería completarse con un sistema de arbitraje por personas neutras en el caso que no se llegue a un consenso).

Brevemente daré un resumen de algunos (anteproyectos de) leyes de países suramericanos en que se establece el deber de las autoridades estatales de integrar los habitantes de una área protegida, un parque nacional etcétera en la gestión y fiscalización de los planes generales de manejo. Este tipo de reglamentación supone varias desventajas graves:

no se especifica de qué tipo de derecho se trata (ser consultado no más o participar en la toma de decisiones)

ni sobre qué asuntos (¿solamente asuntos de ejecución y gestión dentro del marco de los programas elaborados y promulgados por otras autoridades?)

no se ofrecen garantías legales y políticas que permitan a las autoridades locales influir en la toma de decisiones desde una posición equitativa, desde una posición firme e igual a la de los demás participantes.

Observación final.

Ahora, aunque la lucha social ni el desarrollo del derecho internacional ya han producido resultados definitivos, es hora de dedicarse de manera sostenida, coordinada y durable a estudios de las experiencias que varios pueblos indígenas ya tienen con la articulación de dos o más sistemas de autoridad, derecho, instituciones sociales y cultura. Esta articulación, claro está, se manifiesta en primer lugar en el nivel de las actitudes y encuentros diarios entre personas de las varias comunidades del país. Es el lugar donde se ejercen prácticas sociales y culturales que mantienen una convivencia pacífica entre varias comunidades. Pero para relaciones más durables y estables se necesita la introducción de modelos políticos y legales que instituirán nuevas relaciones. Lo que pasa en torno a autogobierno en los ámbitos de vida social mencionados arriba solamente sirve como ejemplo de las piedras en el camino hacia un pluralismo jurídico formal igualitario. Aparte de luchas sociales adaptadas a la situación concreta de cada territorio y país, es preciso producir, comparar e intercambiar las experiencias con las muy diversas maneras de concertar el derecho y la autoridad indígena con el nacional.

Por lo tanto, he querido abordar el tema de la evaluación de varios sistemas políticos y legales que dotan de un grado determinado de "autonomía" a comunidades indígenas. Para esta finalidad hemos tenido que entrar también en el concepto mismo de la autonomía, aunque fuera sólo para contrastar descentralización del estado y autonomía política.

Un intercambio intenso de esto tipo de experiencias, dentro de un cuadro comparativo, servirá para contribuir a una reestructuración de las relaciones sociales de una sociedad y de su estructura estatal abriendo espacios para una convivencia verdadera entre los varios componentes relativamente distintos de esa sociedad.

Bibliografía

Acosta, María Luisa (1996) La Comunidad de Awastingni demanda a Nicaragua ante la OEA. Junio/ Septiembre/*Wani. Revista del Caribe Nicaragüense* 24-36

(1996) *Amazonía: Economía Indígena y Mercado: los desafíos del desarrollo autónomo.* Quito: COICA;OXFAM AMERICA

Anaya, S. James & S. Todd Crider (1996) Indigenous Peoples, The Environment, and Commercial Forestry in Developing Countries: The Case of Awas Tingni, Nicaragua. 18/*Human Rights Quarterly* 345-368

Angarita, Ciro et al. (eds.) (1995) *Derecho, etnias y ecología.* Santafé de Bogotá: Presidencia de La República - Colciencias

Arango Ochoa, Raúl (1994) *Reforma de la Constitución Política de Bolivia en relación con los Pueblos Indígenas. Propuesta de Articulado sobre Comunidades de Pueblos Indígenas para el Anteproyecto de Ley de Tierras. Informe de Misión.* Santafé de Bogotá: Organización Internacional del Trabajo

Assies, Willem Gemma van der Haar & André, J. Hoekema (2000) (eds*.) The Challenge of Diversity. Indigenous peoples and reform of the State in Latin America.* Amsterdam: Thela Publishers

Assies, Willem Gemma van der Haar & André, J. Hoekema (2000) (eds.) *El reto de la diversidad:pueblos indígenas y reforma del Estado en América Latina, Amsterdam: CEDLA, 2000*

Benda-Beckmann, Franz von (1995) Anthropological Approaches to Property Law and Economics. 2 *European Journal of Law and Economics* 309-337

Bruce, John W. (1996) *Legal Bases for the Management of Forests Resources as Common Property.* s.l.: Land Tenure Center and Department of Forestry. University of Wisconsin-Madison

Butt, Peter &. Robert Eagleson (1993) *MABO - What the High Court Said.* Sydney: The Federation Press

Castro Lucic, Milka (1996) *Water, rights and culture in the Andes of north of Chile. An approach from juridic anthropology.* Paper submitted tot the 1996 conference of the Commission on Folk Law and Legal Pluralisme, Accra, Ghana:

CEREC:Gaia Fundation (1992) *Derechos territoriales Indígenas y Ecología.* Bogotá:Londres:

CEREC:Gaia Fundation (1993) *Reconocimiento y demarcación de territorios indígenas en la Amazonía.* Bogotá:Londres:

Chase-Sardi, Miguel (1987) *Derecho Consuetudinario Chamacoco.* Asunción, Paraguay: RP Ediciones

Chase-Sardi, Miguel (1990) *El derecho Consuetudinario Indígena y su Bibliografía Antropológica en el Paraguay.* Asunción, Paraguay: Bibliotheca Paraguaya de Antropología. Universidad Católica

Chase-Sardi, Miguel (1992) *El precio de la sangre. Tugüy Ñeë Repy. "Estudio de la Cultura y el Control Social entre los Avá-Guaraní.* Asunción, Paraguay: Bibliotheca Paraguaya de Antropología. Universidad Católica

Chenaut, Victoria y. María Teresa Sierra (coords.) (1995) *Pueblos Indígenas ante el derecho.* México: CIESAS;CEMCA

Chico, Rodeo (1994) *Una Expresión de Pluralismo Jurídico.* Cochabamba, Bolivia: CASDEL - Centro de Asesoramiento Legal y Desarrollo Social

Cleaver, Kevin M. (1993) *A Strategy to Develop Agriculture in Sub-Saharan Africa and a Focus for the World Bank.* Washington, D.C.: The World Bank technical paper # 203

COAMA. (1996) *Derechos de los pueblos indígenas en las constituciones de América Latina.* Memorias del Seminario Internacional de Expertos sobre Régimen Constitucional y Pueblos Indígenas en países de Latinoamérica., Villa de Leyva, Colombia, Julio 17-22 1996

Colchester, Marcus (1995) Some dilemmas in asserting `Indigenous intellectual property rights'. 4 *Indigenous Affairs. IWGIA (Copenhagen)* 5-8

Cordero Avendaño de Durand, Carmen (1995 (primera edición 1977*) Contribución al estudio del derecho consuetudinario Triqui.* México: Comisión Nacional de Derechos Humanos

Cordero Avendaño de Durand, Carmen (1995) *El derecho Consuetudinario.* México: Coloquio sobre los "derechos Indígenas" en el marco de la Consulta Nacional a los Pueblos Indígenas, organizado por el Congreso de la Unión y el Gobierno Federal, del 16 al 18 de febrero de 1996 en la ciudad de Oaxaca

Correas, Oscar (1994) La teoría general del derecho frente al derecho indígena. 14/*Crítica Jurídica* 15-32

Depew, Robert C. (1994) *First Nations Organizations: An Analytic Framework.* Ottawa, Ontario: Department of Indian Affairs and Northern Development

Gómez, Magdalena (1995) *Derechos Indígenas: Lectura comentada del Convenio 169 de la Organización Internacional del Trabajo.* Xochimilco, México: Instituto Nacional Indigenista

Hoekema, A. J. (1996) *Algunas reflexiones sobre modernidad y el derecho de hoy o: cómo instituir un pluralismo legal.* Amsterdam: Universidad de Amsterdam/Facultad de Derecho/Depto. de Sociología y Antropología del Derecho

Hoekema, A. J. (1994) Do joint decision-making boards enhance chances for a new partnership between the state and indigenous peoples? Assies, W. J. & A.J. Hoekema (eds.) *Indigenous peoples' experiences with self-government* 177-194. Copenhagen: IWGIA

Hoekema, A. J. (1995) *Imágenes de autonomía: documentación audiovisual de Experiencias con la Autonomía de los Pueblos Indígenas. Los logros y fracasos en cuanto al reconocimiento de autonomía a los pueblos indígenas bolivianos.* Amsterdam: Universidad de Amsterdam. Facultad de Derecho. Depto. de Sociología y Antropología del Derecho

Höland, Armin (1993) Évolution du droit en Europe centrale et orientale: assiste-t-on à una renaissance du "Law and Development"? 25/*Droit et Société* 467-488

Iturralde, D. &. E. Krotz (comp.) (1996) *Desarrollo Indígena: pobreza, democracia y sustentabilidad.* Fondo para el Desarrollo de los Pueblos Indígenas de América Latina y El Caribe: La Paz

Lynch, Owen J. & Kirk Talbott (1995) *Balancing acts : community-based forest management and national law in Asia and the Pacific.* Baltimore: World Resource Institute

Marinissen, Judith (1995) *Legislación boliviana y Pueblos Indígenas. Inventario y análisis en la perspectiva de las demandas indígenas.* Santa Cruz: SNV-CEJIS

Mayen, Guisela (1995) *Derecho Consuetudinario Indígena en Guatemala.* Ciudad de Guatemala: ASIES - Asociación de Investigación y Estudios Sociales

McLachlan, Campbell (1988) The recognition of aboriginal customary law: pluralism beyond the colonial paradigm - a review article. 37/part 2 *International and comparative Law Quarterly* 368-386 Also in Peter Sack and Jonathan Aleck (eds.), Law and anthropology, Dartmouth, Aldershot-Hong Kong-Singapore-Sydney, 1992, 449-467

Ordóñez Cifuentes, José Emilio Rolando (1996) *La cuestión étnico nacional y derechos humanos: el etnocidio. Los problemas de la definición conceptual.* México: Instituto de Investigaciones Jurídicas. Universidad Nacional Autónoma de México

Perafán Simmonds, Carlos Cesar (1995) *Sistemas Jurídicos. Paez, Kogi, Wayúu y Tule.* Santafé de Bogotá: Instituto Colombiano de Antropología-Colcultura

Perafán Simmonds, Carlos Cesar (et al.) (1996) *Sistemas Jurídicos. Tukano, Chami, Guambiano y Sikuani.* Bogotá: Colciencias-Ican

Roldán, Roque (1996) Anotaciones sobre la legalidad y reconocimiento de los derechos territoriales indígenas en los países amazónicos. Instituo de Estudios Indígenas *Pentukun* 49-67. Temuco, Chile: Ediciones Universidad de la Frontera

Sánchez, Ester (ed) (1992) *Antropología Jurídica.* Santafé de Bogotá: Sociedad Antropológica de Colombia

Sánchez Botero, E. & Jaramillo sierra, I.C. (2000) *La Jurisdicción Especial Indígena.* Santafé de Bogotá: Procuraduría General de la Nación, Instituto de Estudios del Ministerio Público

Servicios del Pueblo Mixe A.C. *Contribuciones a la discusión sobre "Autonomía y derecho Indígena". Para el Simposio Indolatinoamericano del 23 al 27 de octubre de 1995, en Jaltepec de Candayoc, Mixe*

Sánchez Botero, Esther (1998) *Justicia y Pueblos Indígenas de Colombia. La tutela como medio para la construcción de entendimiento intercultural.* Santafé, de Bogotá : Universidad Nacional de Colombia, Facultad de Derecho

Shipton, Parker (1988) The Kenyan Land Tenure Reform: misunderstandings in the public creation of private property. Downs, R. E. & S.P. Reyna (ed.) *Land and Society in Contemporary Africa* 91-135. Hanover and London: University Press of New England

Sierra, María Teresa (1995) Indian Rights and Customary Law in Mexico : A study of the Nahuas in the Sierra de Puebla. 29/2 *Law & Society Review* 227-254

Simposio Indolatinoamerico. Segunda Sesión. Derecho Indígena y Autonomía del 23 al 27 de octubre de 1995 en Jaltepec de Candayoc Mixe, Oaxaca, México.

Stavenhagen, Rodolfo y. Diego Iturralde (eds.) (1990) *Entre la ley y la costumbre. El derecho consuetudinario indígena en América Latina.* México:

Tamanaha, Brian (1995) An Analytical Map of Social Scientific Approaches to the Concept of Law. 15/4 *Oxford Journal of Legal Studies* 501-535

Tamanaha, Brian (1993) The Folly of the `Social Scientific' Concept of Legal Pluralism. 20/2 *Journal of Law and Society* 192-217

Urteaga Crovetto, Patricia (1992) *El sistema jurícico y la cultura aborigen. El Caso del Grupo Etnico Aguaruna del Alto Mayo*. Lima: Pontífica Universidad Católica del Perú. Facultad de Derecho.

Wray, Alberto et al. (1993) *Derecho, Pueblos Indígenas y Reforma del Estado*. Quito: Ediciones Abya-Yala

Zerner, Charles (1994) Through a green lense: the Construction of customary environmental law and community in Indonesia's Maluku islands. 5/*Law and Society Review* 1079-1122

Informação bibliográfica deste artigo, conforme a NBR 6023:2002 da Associação **Brasileira** de Normas Técnicas (ABNT):

HOEKEMA, André J. Hacia un pluralismo jurídico formal de tipo **igualitário**. *In*: BALDI, César Augusto (Coord.). *Aprender desde o Sul*: Novas **constitucionalidades**, pluralismo jurídico e plurinacionalidade. Aprendendo **desde** o Sul. 1. ed. Belo Horizonte: Fórum, 2015. p. 263-292

LA OFICIALIZACIÓN DE LO NO OFICIAL: ¿(RE)ENCUENTRO DE DOS MUNDOS?*

WILLEM ASSIES

El reconocimiento constitucional de la capacidad jurídica de los pueblos indígenas por varios países latinoamericanos hace surgir nuevos problemas y dilemas y promueve cambios en el derecho indígena. Este ensayo busca contribuir al desarrollo de un marco teórico-metodológico para el estudio de tales procesos incorporando el concepto de campo jurídico pluralista, compuesto de subcampos semiautónomos, a una concepción del derecho como una combinación variable entre la retórica, la burocracia y la violencia. La segunda parte del ensayo busca acercar el concepto de campos semiautónomos a la idea de la pluralidad de esferas públicas para argumentar que el reconocimiento del espacio del debate interno de los pueblos indígenas es una condición crucial para lograr un genuino diálogo intercultural.

Introducción

El reconocimiento constitucional del carácter multiétnico y pluricultural de las sociedades latinoamericanas, así como la ratificación del Convenio 169 de la Organización Internacional del Trabajo (OIT), presentan nuevos desafíos para el estudio del pluralismo jurídico. El Convenio de la OIT hace un llamado para que se respeten los métodos a los que tradicionalmente recurren los pueblos interesados para la represión de los delitos cometidos por sus miembros. Las constituciones de Bolivia, Colombia, Ecuador, Guatemala, Nicaragua, Panamá, Paraguay y Perú contienen estipulaciones encaminadas al reconocimiento de la capacidad jurídica de los pueblos indígenas (Smith, 1999). Se refieren a los procedimientos y costumbres o al *derecho consuetudinario* de las comunidades indígenas – y en algunos casos también

---

* Una versión anterior de este texto fue presentada durante el Curso Post-Congreso, "Identidad, autonomía y derechos indígenas: Desafíos en el Tercer Milenio", 18-22 de marzo de 2000, Arica, Chile.

de las comunidades campesinas o de negros – para la resolución de conflictos.[1] Lo que era un hecho sociológico inquietante, que en muchos casos constituía una "ilegalidad", a últimas fechas há quedado legalizado. Esta tendencia hace surgir nuevos problemas y dilemas.

Cabe preguntar, por ejemplo, ¿a dónde nos lleva esto si a menudo estamos acostumbrados a concebir al derecho consuetudinario como contrario al derecho del Estado? (Benda-Beckmann, 1997) Otro problema es que si bien es cierto que el derecho indígena logró su reconocimiento oficial, también lo es que se sabía muy poco acerca de lo que se estaba reconociendo.[2] Se podría argumentar que en la mayoría de los casos la distinción de lo jurídico como una "esfera" funcionalmente diferenciada de lo social resulta ser, desde la perspectiva indígena, más bien una separación artificial. En su lugar, "lo jurídico" se presenta en la forma de *hechos sociales totales*, sin divisiones rígidas entre las normas morales, religiosas, jurídicas y económicas; o, para decirlo de manera más directa: lo que a menudo cosideramos como "justicia y derecho" coincide en la práctica con la mayor parte de la estructura social de las sociedades indígenas.

Sin embargo, uno de los más importantes retos que queda por delante consiste en examinar los procesos de cambio, tal y como toman lugar hoy día en el contexto de la oficialización de la jurisdicción indígena. La primera sección de este ensayo pretende contribuir al desarrollo de un marco para el estudio de los procesos de este tipo. Para hacerlo, recurriré a las nociones de *campo jurídico* no homogéneo o pluralista, o la de *campo jurídico* compuesto de *subcampos* semiautónomos, desarrolladas en la antropología jurídica en las últimas décadas. En este marco voy a tejer algunas reflexiones sobre la delimitación operacional de subcampos de derecho indígena. Enseguida propongo que esta perspectiva puede combinarse fructuosamente con una concepción del derecho como compuesto por retórica, burocracia y violencia que pueden considerarse como los componentes estructurales o los dispositivos operativos del (de los) campo(s) jurídico(s) (Santos, 1998).[3] Los campos jurídicos se distinguen entre sí por las diversas articulaciones entre estos tres elementos.

Creo que la perspectiva así esbozada nos puede proveer de un instrumento poderoso para la exploración y evaluación de los efectos del reconocimiento de la capacidad jurídica de los pueblos indígenas.

La segunda sección del ensayo adopta otro ángulo para dirigirse a algunos de los dilemas que surgen a raíz de la oficialización del pluralismo jurídico. Aunque generalmente el reconocimiento del pluralismo jurídico se entiende como un elemento que contribuye a darle poder (*empower*) a los pueblos indígenas, no se debe descartar tampoco la posibilidad de que sea otro aparato más de la tecnología del poder, de la dominación y de la domesticación. Al mismo tiempo, sigue la controversia acerca de

---

[1]   A lo largo de este ensayo uso indiscriminadamente los términos derecho consuetudinario y derecho indígena.

[2]   Esto ha dado lugar a una serie de estudios que intentan llenar el hueco. Véanse: CEJIS (1997), CERES (s.f.), Escalante (1994), Escalante y Gutiérrez (1994), Esquit y García (1998), Martínez (1994a y 1994b), Yánez (1994), Perafán (1995) y PROA (1997).

[3]   Además, aun cuando aquí hablaré sólo tangencialmente de este aspecto, debe notarse que desde el punto de vista de los actores sociales estos dispositivos operativos de un campo constituyen recursos. Tomar en cuenta que los actores sociales pueden usar un *repertorio plural* contribuye a nuestro entendimiento de las dinámicas del cambio.

los derechos individuales y los derechos colectivos. Aquí aprovecho el debate sobre la *esfera pública* para continuar la discusión sobre cómo tratar los dilemas relacionados con la regulación y la emancipación.

El campo plural

Para empezar, debe ponerse énfasis en que la noción de *campo* es, más que nada, una construcción analítica que pretende captar o representar las dinámicas relativamente autónomas y estructuradas de una parte o de una *esfera* de la realidad social. Es en este sentido, por ejemplo, que Bourdieu habla de varios campos: jurídico, económico, político, etcétera. Cada uno de ellos tiene una lógica propia o un cierto grado de *autorregulación*.[4] Sin embargo, para mi propósito resulta más útil seguir a Santos (1998) y su concepción del derecho integrada por tres elementos: la retórica, la burocracia y la violencia. Así, podemos concebir lo jurídico en el sentido más abstracto y amplio como caracterizado por esta tríada de componentes estructurales o dispositivos operativos.

Ahora bien, la crítica de la concepción monista del derecho ha dado lugar al concepto de los campos sociales semiautónomos capaces de generar sus reglas propias (Moore, 1973; Urteaga, 1999). Esto conjura la imagen de un campo jurídico no homogéneo y constituido por *subcampos* asimétricamente relacionados.

Así podríamos pensar en "el" campo jurídico como un orden más o menos jerárquico de subcampos más o menos porosos en una interacción mutua. Los subcampos estarían caracterizados por articulaciones internas particulares de los tres componentes estructurales o dispositivos operativos del derecho. Esto implica que ya no podemos concebir el campo jurídico como una esfera o una suerte de "estrato" homogéneo de lo social. Si hablamos de un campo pluralizado o compuesto por subcampos semiautónomos precisamos de una delimitación espacial. Es decir, la delimitación de un subcampo requiere otra operación analítica que esta vez busca dar cuenta de los procesos socioculturales de la construcción de fronteras o "la organización social de la diferencia cultural" (Barth, 1969). Cuando hablamos del derecho indígena, nos referimos a un subcampo que tiene dinámicas relativamente autónomas, surgidas de la articulación específica de los tres dispositivos operativos del derecho. El subcampo es circunscrito de alguna manera y es precisamente su naturaleza circunscrita lo que nos permite hablar del derecho indígena como algo diferente. Esa forma circunscrita surge de la construcción de las fronteras sociales en el proceso de las relaciones dinámicas entre los grupos sociales y con la sociedad

---

[4] Bourdieu utiliza la metáfora del mercado para caracterizar el funcionamiento de los diversos campos en las sociedades modernas. Su teoría se refiere a la diferenciación y autonomización de los diversos campos en el curso de la modernización. La autonomía de un campo específico en relación con el campo social más amplio está dada por el grado en que los "productores" en un campo específico intercambian sus productos entre ellos en vez de producir para el campo social (los consumidores). De tal manera, el campo científico sería más autónomo que el campo jurídico o el político, por ejemplo. Puesto que en las sociedades indígenas a menudo no existe una diferenciación funcional rígida que permita hablar de un "campo jurídico", aquí no seguimos la teoría específica de Bourdieu. Sin embargo, tenemos que considerar la posibilidad de que los cambios a partir del reconocimiento oficial de jurisdicciones indígenas contribuyan a la configuración de tal campo.

"más amplia" (Barth, 1969; Nagel y Snipp, 1993).[5] Vale señalar que estos procesos de la construcción y mantenimiento de fronteras simultáneamente implican procesos de (re)estructuración interna del subcampo. Esto tiene lugar mediante la agencia de los actores "adentro" del subcampo, la porosidad de las fronteras y el efecto de las relaciones de poder asimétricas en el interior del mismo campo pluralizado.

Hacia una delimitación operacional de los subcampos

Antes de abordar la cuestión de los componentes estructurales del campo jurídico y de sus subcampos y de las diferentes y cambiantes articulaciones entre estos dispositivos, quizá debemos hablar de la delimitación operacional de los subcampos. Como ya se dijo, la noción del subcampo implica una operación analítica que pretende dar cuenta de ciertas realidades tangibles. Como tal, tiene que ser operacionalizada para permitir la investigación empírica. Y, ciertamente, esas cuestiones de la operacionalización son igualmente relevantes para el debate jurídico acerca del reconocimiento del derecho indígena.

En su discusión del reconocimiento del derecho indígena en los países andinos, Yrigoyen (1999a) distingue entre el objeto del reconocimiento y respeto (por ejemplo, procedimientos y normas, autoridades y funciones jurisdiccionales propias), el titular (o sujeto) del derecho (por ejemplo, las comunidades o pueblos indígenas) y la delimitación de las competencias (territoriales,materiales y personales). Esto sugiere una delimitación empírica de los subcampos a través de, por una parte, la definición del objeto de reconocimiento y del sujeto/titular de derechos y, por la otra, mediante la especificación de competencias. Los dos primeros elementos señalan una dimensión principalmente sociológica/ institucional, mientras que la delimitación de las competencias apunta hacia una dimensión jurídica. Acotar todas estas dimensiones es, más que nada, una cuestión de la negociación político-jurídica; es decir, de la construcción de fronteras sociales en la práctica.[6]

En cuanto a lo que he llamado la dimensión sociológica, la sugerencia de Perafán (1995: 22) de clasificar a los "sistemas" de resolución de conflicto no estatales desde el punto de vista de la autoridad, por un lado, y de los procedimientos, por el otro, provee un punto de partida práctico para la argumentación de algunos de los dilemas. La clasificación así elaborada nos alerta de la variedad de sistemas o, en otras palabras, de la variedad de configuraciones institucionales y procesales de los subcampos jurídicos. En lo que se refiere a las autoridades, Perafán distingue entre los sistemas que cuentan con autoridades permanentes y los que no. Los sistemas comunales y religiosos caen en la primera categoría, mientras que los sistemas segmentarios[7] pertenecen a la segunda, toda vez que en estos casos la autoridad depende del conflicto en sí y de la posición de las partes involucradas.

---

[5] Para una discusión de la construcción de fronteras sociales que resalta la asimetría y la violencia, véase Guerrero (1998).

[6] Tales delimitaciones son el objeto de las leyes de coordinación o complementariedad, previstas en varias constituciones. En el caso colombiano tales delimitaciones están siendo definidas de hecho mediante la jurisdicción de la Corte Constitucional. Véase Yrigoyen (1999a) y Assies, Van der Haar y Hoekema (1999).

[7] La organización social de los nuer descrito por Evans-Pritchard (1969) es el ejemplo clásico de un sistema segmentario.

En los sistemas de compensación directa no existen autoridades, pero puede haber mediadores.[8] En cuanto a los procedimientos, el sistema segmentario, el sistema comunal permanente y el sistema de compensación directa poseen procedimientos públicos preestablecidos, mientras que los procedimientos de los sistemas religiosos son preestablecidos, mas no públicos. Un objetivo del estudio de Perafán[9] consiste en esbozar los rasgos de la "jurisdicción indígena" que recibió el reconocimiento oficial en la Constitución colombiana de 1991. Esta jurisdicción, arguye el autor, comprende cuatro sistemas: el segmentario, el de autoridades permanentes, el mágico-religioso y el de compensación.[10] En los casos concretos (Perafán examina los casos de los paez, los kogi, los wayúu y los tule), encontramos articulaciones entre los distintos sistemas que el autor describe bajo el encabezado "procedimientos" (véase el cuadro 1). Si bien uno de estos sistemas predomina, esto no quiere decir que los otros estén ausentes sino, más bien, que se den procesos de sustitución y complementariedad. En cada caso se encuentra, por lo tanto, un patrón particular de jerarquía entre las instituciones (los jefes de los grupos de parientes, las autoridades locales permanentes, las autoridades religiosas, por citar algunos), que se relaciona con la distribución de las competencias. En el caso de los paez, el sistema de autoridades permanentes, apoyado por una asamblea general, domina a los sistemas segmentado, mágico-religioso y de compensación. En contraste, entre los wayúu predomina un sistema de compensación directa en el que las negociaciones entre los segmentos de los clanes en conflicto pueden ser mediadas por palabreros para evitar que se agraven y se llegue a la guerra o a las luchas interfamiliares. La forma de regulación predominante sirve, entonces, para caracterizar los casos concretos de la configuración institucional y de procedimientos de un subcampo jurídico.

Para sus estudios de caso y la catalogación de las normas, Perafán emplea un marco bastante riguroso:

CUADRO 1
El marco descriptivo de Perafán (1995)

(continua)

---

1. Antecedentes culturales

2. Caracterización del sistema jurídico

A. Normas sustantivas

a.1. en lo civil

a.2. en lo penal

a.3. en lo administrativo

---

[8] Perafán menciona asimismo los grupos armados, cuya autoridad no es permanente sino presencial. Regresaré a este punto más adelante.

[9] Tras la adopción de la Constitución de 1991, el Instituto Colombiano de Antropología fue comisionado para emprender el estudio de los sistemas jurídicos indígenas. El estudio de Perafán (1995), citado aquí, fue el primer fruto de ese proyecto.

[10] La estrategia detrás del reconocimiento constitucional de la jurisdicción indígena fue la de retener sólo el sistema nacional y el de los pueblos indígenas a fin de cubrir espacios perdidos ante los otros elementos del sistema múltiple que no caben dentro del ordenamiento jurídico y que históricamente el sistema nacional ha sido incapaz de controlar (por ejemplo los grupos armados). Vale señalar que la jurisprudencia de la Corte Constitucional de Colombia con relación a la jurisdicción indígena proporciona otro rico catálogo de intentos de tratar las cuestiones de límites y la delineación de competencias.

(conclusão)

B. Procedimientos

b.1. sistemas múltiples de solución de conflictos

b.2. interacción de los sistemas

3. Vacíos del sistema

A. Caracterización de conflictos para los cuales no existe norma o procedimiento interno aplicable

B. Alcance del principio de cosa juzgada

Si bien este acercamiento nos proporciona ideas valiosas, también tiene serias desventajas que son compensadas sólo en parte por la sensibilidad con que maneja el material. El empleo de las categorías del derecho positivo (occidental) para clasificar las normas y procedimientos implica una suerte de "colonialismo conceptual" y da muy poca idea del "punto de vista nativo", además de descontextualizar lo "jurídico" en vez de resaltar su empotramiento social.[11] Adicionalmente, tiende a representar al derecho indígena como algo más bien integral y estático. Parece que el "mundo de fuera" apenas entra en la escena, y sólo por los "vacíos del sistema", que a menudo tienen que ver con el "derecho administrativo". El Estado, las iglesias, las organizaciones no gubernamentales, paragubernamentales y supracomunitarias no reciben atención sistemática.

Con menor rigor de clasificación, la descripción del derecho maya en Esquit y García (1998) arroja luz sobre la coexistencia y el uso flexible de varias formas y foros para la resolución de conflictos en el interior de las comunidades mayas y sobre la compleja relación con el sistema estatal de Guatemala. Dentro de las comunidades, la familia, los líderes religiosos o tradicionales, el consejo de ancianos y el alcalde auxiliar constituyen los sistemas básicos para la resolución de conflictos.

Aun cuando el alcalde auxiliar es oficialmente el funcionario de más bajo nivel en el sistema del estado juega, de hecho, un papel doble como delegado del gobierno municipal en la comunidad local y como representante de la comunidad hacia fuera. A menudo la comunidad local es la que elige al alcalde auxiliar de acuerdo con los criterios de servicio a la comunidad a través de la participación en el sistema de cargos local.[12] Al mismo tiempo, este sistema de cargos cuenta con un grupo de ancianos o principales que han ocupado varios cargos, incluido el de alcalde auxiliar. La conformación de la institucionalidad del derecho maya se caracteriza como "una mezcla creativa y dinámica de las autoridades elegidas y las otras autoridades morales en la comunidad". Como lo señalan los autores, son los principales que están a cargo de la ceremonia de instalación de un alcalde auxiliar recién elegido. De esta manera, su autoridad moral – así como la relativa autonomía de la comunidad – es confirmada y los principales siguen jugando un papel importante como consejeros del alcalde auxiliar. Además, este último juega un papel importante en la mediación de los conflictos al lado de la familia, las congregaciones religiosas, los ancianos, las

---

[11] Un problema que Perafán también reconoce (1995: 10).

[12] El sistema de cargos emergió como consecuencia de la superposición de sistemas de autoridad a lo largo de la historia colonial y republicana y la apropiación de tales instituciones (Yrigoyen, 1999a), en este caso entre los mayas. Se compone básicamente de una jerarquía civil-religiosa vinculada con el municipio y las cofradías. La variedad entre diferentes localidades es grande. Esquit y García (1998) sugieren una creciente separación entre los sistemas civil y religioso.

guías espirituales, etcétera.[13] En estos casos, el procedimiento consiste principalmente en la mediación y la reconciliación, si bien las sanciones que tienen como objeto la redención en vez del castigo no están del todo ausentes. Por otra parte, los tribunales del estado constituyen el espacio de la sanción y la retribución. Aun cuando se prefieren las instituciones y los procedimientos locales y comunales, la presencia del sistema estatal da lugar a una compleja interacción entre los dos espacios, de acuerdo con las elecciones personales, la capacidad mediadora del sistema local y la severidad del caso en sí. Es aquí donde se verifican los efectos de la *interface*, donde se definen y negocian las competencias y se construyen las fronteras.

El hecho de llevar un caso al sistema del estado puede considerarse como una sanción en sí, o puede funcionar como una manera de preservar la paz interna.

Invocar la posibilidad de involucrar al sistema estatal puede servir asimismo como una medida de presión que empuja a las partes hacia la reconciliación y así, paradójicamente, fortalece la autonomía local. El acto de recurrir al sistema estatal también puede provocar la reprobación de la comunidad. Además, la presencia del sistema del estado circunscribe con toda seguridad el alcance de la autonomía local y explica la autolimitación entre las autoridades indígenas.[14]

Esta breve reseña de determinados intentos de describir a los subcampos jurídicos o campos jurídicos semiautónomos nos permite percibir algunos de sus enredos y potenciales trampas. Claro está que no basta una descripción de las "instituciones indígenas".

Los complejos procesos de la superposición y de la apropiación de las instituciones imponen limitaciones de consideración a este acercamiento (Orellana, 1999b; Sierra, 1994). La misma construcción y negociación de las fronteras debe ser objeto de estudio. Esto precisa la *descripción densa* (Geertz, 1973) de la configuración compleja de los espacios de la autonomía, de las areas de intersección y de las líneas de disputa. La reprobación por parte de las comunidades de los indivíduos que cruzan esa línea, las diferentes formas de utilización estratégica y los intentos del sistema estatal por definir positivamente las competencias en sus múltiples dimensiones, nos indican dónde debemos buscar las fronteras. Al mismo tiempo, al destacar la naturaleza socialmente constituida de las fronteras podemos reconocer su porosidad, la interpenetración – a menudo asimétrica – entre los campos, y de esta manera resaltar las dinámicas de la interacción y sus efectos.

La (re)configuración de los campos

Las dinámicas de construcción y mantenimiento de fronteras interétnicas implican procesos de reorganización étnica[15] que sugieren la reestructuración interna

---

[13] Tal y como observa Yrigoyen (1999b), los *ajq'ijab'* con conocimiento del calendario maya desempeñan un papel importante en "juzgar" a las personas que han cometido una ofensa. El análisis del día de nacimiento se toma en cuenta en la determinación de responsabilidades así como de sanciones y medidas que a menudo incluyen la reconciliación con la parte ofendida, así como rituales que requieren que la persona esté "en armonía consigo misma" y tenga la disposición adecuada para hacer ofrendas y recibir las bendiciones correspondientes.

[14] Yrigoyen (l999a) muestra que esas limitaciones, que son el resultado de relaciones de poder asimétricas, son percibidas negativamente. Un corolario importante de esta observación es que el reconocimiento del derecho indígena debe implicar *la expansión de las competencias. Véase Esquit y García (1998: 155-160).*

[15] El concepto de la reorganización étnica ha sido propuesto por Nagel y Snipp (1993) para dar cuenta de la persistencia y transformación de la etnicidad. Véase asimismo Assies (1994).

de un subcampo en circunstancias de relaciones de poder asimétricas. A fin de examinar tales procesos de reconfiguración, el concepto del derecho de Santos (1998: 19-22), como una articulación entre retórica, burocracia y violencia, nos brinda un marco útil. Desde esta perspectiva, la retórica es una estrategia de toma de decisiones basada en la persuasión y el poder argumentativo. La burocracia es una forma de comunicación o una estrategia de toma de decisiones de un orden autoritario que depende de la movilización del efecto demostrativo de los procedimientos regulados y los estándares normativos. La violencia, finalmente, es una forma de comunicación y una estrategia de toma de decisiones basada en la amenaza del uso de la fuerza.

El campo jurídico y sus subcampos, entonces, pueden concebirse en términos de la articulación y de la variación entre estos componentes estructurales o dispositivos operativos del derecho.

En su discusión del derecho indígena, Santos (1998: 173) afirma que, a diferencia del derecho del Estado, este sistema se caracteriza por un alto grado de retórica y niveles relativamente bajos de violencia y burocracia.[16] Esta idea puede relacionarse con la discusión de Bourdieu (1977: 16-17) acerca de las *reglas tradicionales*. Este autor arguye que esas reglas "preservadas por la memoria del grupo son producto de un reducido conjunto de esquemas que permiten a los agentes generar una infinidad de prácticas adaptadas a un sinfín de situaciones cambiantes, sin que estos esquemas jamás lleguen a constituirse como principios explícitos." Así, los preceptos de la costumbre se acercan mucho en este sentido a los dichos y refranes y "no tienen nada en común con las reglas trascendentes de un código jurídico: todos pueden, no tanto citar y recitarlos de memoria, sino reproducirlos (con bastante exactitud)."

En las sociedades en las que no existe ningún aparato jurídico dotado del monopolio sobre el uso de la violencia y en donde las asambleas de clanes funcionan como sencillos tribunales de arbitraje, las reglas del derecho indígena cuentan sólo con cierta eficacia práctica en el grado en que, manipuladas hábilmente por las personas que sustentan la autoridad dentro del clan, "despierten" esquemas de percepción depositados en cada miembro del grupo.

Podemos abstraer de algunos de los rasgos del caso analizado por Bourdieu (un grupo bastante homogéneo, con un alto grado de cerrazón) para remarcar su concepción de las dinámicas del derecho no codificado, en tanto un esquema generador que se aplica a casos particulares mediante la elaboración y negociación retóricas, con la finalidad de llegar a un acuerdo que sea satisfactorio para las partes involucradas y que evite la irrupción de la violencia. Una de las características atribuidas al derecho indígena es que su objetivo es reconciliar y restablecer la armonía dentro de la comunidad y no castigar, como hace el derecho occidental.[17] Mientras que se

---

[16] Sin embargo, mientras que el bajo nivel de burocratización puede darse por un hecho en el contexto de los sistemas jurídicos no codificados, la cuestión de la violencia precisa de investigación adicional. Como el mismo Santos aduce, no hay nada inherentemente progresista o emancipador en el pluralismo legal. Aunque se han plasmado argumentos convincentes a favor de la idea de que en las comunidades de pequeña escala en que predominan los contactos cara-a-cara la retórica prevalecería frente a la violencia a fin de garantizar la supervivencia de la comunidad, evidencia igualmente persuasiva ha sido aducida en apoyo de la tesis de que el poder y la violencia son elementos constituyentes de la *comunidad*. Véase Drzewieniecki (1995), Mallon (1995) y Nader (1990).

[17] Entre los rasgos atribuidos al derecho indígena se cuentan la participación de la comunidad, el contexto y la consideración de circunstancias específicas. Es, en buena medida, oral y flexible. Busca mediar y reconciliar en vez de castigar. Si se aplican sanciones, éstas son vistas como una reparación y un procedimiento que

debe evitar la adopción de un "modelo armónico" romantizado, estos rasgos alertan sobre la dinámica particular de las "reglas consuetudinarias" en las sociedades donde no existe un monopolio sobre el uso de la violencia y donde, en los casos que no pueden resolverse de manera directa entre las partes involucradas, la asamblea de la comunidad constituye a menudo la arena para las negociaciones y el arbitraje. Además, así se agudiza nuestro entendimiento de la relación entre la retórica y la violencia en condiciones de la no codificación del derecho y del contraste con las dinámicas del sistema estatal y del derecho codificado (la burocracia).

Esta tríada de lo que podemos considerar los dispositivos operativos del derecho – la retórica, la violencia y la burocracia – puede, entonces, aprovecharse para analizar la reconfiguración de un subcampo jurídico que surge de su modo de inserción o modo de "ser" dentro del campo jurídico en el sentido más amplio.

Santos (1998: 23) establece que en el contexto del Estado moderno no sólo observamos una reducción cuantitativa de retórica, sino también la "contaminación" o "infiltración" cualitativa de la retórica por la burocracia y la violencia dominantes. El modo de operación de un subcampo caracterizado por el predominio de la retórica puede entonces cambiar en el sentido de que los argumentos y el razonamiento lleguen a depender de la lógica y del discurso burocrático. Así, esta última puede apreciarse como algo que se expande dentro de la retórica, como formas de argumentación y persuasión que se vuelven "burocratizadas". Tal contaminación o infiltración ocurre, entre otras cosas, por la intervención de los actores sociales y su manipulación de los repertorios plurales y por la presión ejercida hacia la codificación de las prácticas tradicionales.

Examinemos algunos ejemplos de procesos de cambio poniendo énfasis en los casos que involucran una cierta codificación, los cuales son de especial interés en el marco de la oficialización del derecho indígena.[18]

Como hemos visto, el reconocimiento formal de la capacidad jurídica de los pueblos indígenas y sus autoridades ha estimulado un renovado interés en el derecho indígena que a menudo conlleva algún tipo de codificación, tanto por parte de los estudiantes no indígenas como de las organizaciones indígenas. El estudio de Perafán (1995), como ya se notó, pretende facilitar las tareas de hacer justicia y de coordinar el régimen nacional con los sistemas indígenas, estructuralmente muy diferentes. Es empleado por la Corte Constitucional Colombiana para fundamentar sus veredictos. En una de esas decisiones (ST-349/96), la Corte declaró que se puede

---

induce a la reflexión, mas no como una retribución. Los procedimientos son rápidos y de bajo costo. Tales características contribuirían a un alto grado de efectividad y *legitimidad*.

[18] La forma de cambio más estudiada consiste en la manipulación de repertorios argumentativos plurales o el acto de recurrir a sistemas de resolución de conflictos "externos", con una articulación distinta entre los dispositivos operativos, tales como el sistema estatal. Para los actores sociales estos dispositivos constituyen recursos que pueden usar estratégicamente. Sierra (1995) da un ejemplo cuando describe cómo en un caso de rapto y la negociación subsiguiente de la dote, el padre de la muchacha denunció el crimen ante las autoridades del Estado a fin de mejorar su posición en las negociaciones. Aun cuando en la localidad el rapto era una costumbre vigente y la muchacha involucrada estuvo plenamente de acuerdo, en el sistema estatal el caso fue clasificado como de "violación", agravado por el hecho de que la muchacha sólo tenía catorce años y era, por lo tanto, menor de edad. El desenlace fue que a los pocos días unos gendarmes llegaron a la comunidad para arrestar al "violador" y tuvieron que ser sobornados con una caja de cervezas, pues para entonces la cuestión de la dote se había resuelto y la pareja estaba felizmente casada. En los términos que usa Santos (1998) tenemos aquí un caso de "infiltración" o de la expansión de la argumentación burocrática hacia el interior de la retórica local.

esperar que las autoridades indígenas actúen como lo han hecho en el pasado, de acuerdo con "las tradiciones que sirven de sustento a la cohesión social", tal como son descritas en los estudios de Perafán.[19] Por otra parte, la Corte argumenta que el requerimiento de la no arbitrariedad no supone que las normas tradicionales deban volverse totalmente estáticas, pues cualquier cultura es esencialmente dinámica y, por lo tanto, se reconoce la capacidad generadora de reglas de la jurisdicción indígena.

Los mismos pueblos indígenas también han participado en la codificación.[20] Así, en respuesta a la intromisión del derecho estatal y a la cada vez mayor presencia de las autoridades impuestas por el Estado, el Consejo Aguaruna Huambisa de la región amazónica del Perú tomó la iniciativa de codificar al derecho aguaruna y, en el proceso, establecerse como última instancia del recurso legal dentro de esta autoproclamada jurisdicción.

Ese código contiene una lista detallada de las ofensas y crímenes y de los castigos correspondientes. Faltarle el respeto a las autoridades, por ejemplo, puede ser castigado con 24 horas de encierro en el calabozo, el incesto entre padre e hija con 15 días de calabozo y trabajo en beneficio de la comunidad, el incesto entre hermano y hermana con siete días de cárcel y trabajo en beneficio de la comunidad, etcétera. Este intento de codificación que fracasó en su pretensión de ser adoptado, debido a las discrepancias entre las organizaciones afiliadas, reflejó supuestamente la estructura axiológica de la sociedad aguaruna. Sin embargo, queda claro también que los modos tradicionales de resolución de conflictos, que dependen básicamente de la negociación entre los seres de las familias extendidas, están experimentando cambios sustanciales a raíz de la introducción de nuevas instituciones, la codificación y la articulación con las autoridades y las leyes estatales (Rendón, 1996; Assies, 1999).

Un proceso similar está teniendo lugar entre los guaraní del Izozog en Bolivia (CEJIS, 1997). El estudio del Centro de Estudios Jurídicos e Investigación Social(CEJIS) analiza la codificación de su organización política y de la administración de justicia por parte de la Capitanía del Alto y Bajo Izozog (CABI) en un estatuto y un reglamento. Esa codificación y formalización, se observa en el estudio, vino como respuesta a las intromisiones del Estado y es mediada por "agentes externos" (organizaciones no gubernamentales, entre otros). Las reglas y normas concernientes a los recursos reciben así un mayor énfasis en los documentos, lo que refleja un proceso de apropiación política del espacio geográfico y un fortalecimiento del control social sobre ese espacio, sus recursos y su población. De manera semejante, los documentos incorporan a las instituciones municipales, como la subalcaldía, el Comité de Vigilancia y la Organización Territorial Base[21] en la estructura orgánica de la CABI. De este modo,

---

[19] En este caso, la Corte disputó la decisión del cabildo local de condenar al culpable de homicidio al encarcelamiento en una prisión colombiana por considerar que no era una sentencia tradicional. Así, el cabildo debía volver a escuchar el caso e imponer una sentencia acorde con la tradición, o entregar el caso a la jurisdicción nacional.

[20] Un ejemplo temprano es la *Carta Orgánica de los Indios de San Blas*, redactada por los kuna en 1945. En 1925, los kuna se habían rebelado contra los intentos de una asimilación forzada. Después de su revuelta emprendieron una reforma comprensiva y planeada de su sistema social bajo el liderazgo de sus autoridades tradicionales. Esa reforma, que llamaban de "civilización", fue codificada en la *Carta* de 1945. En 1953 una ley panameña detalló las áreas de la autonomía kuna y reconoció *la estructura política del pueblo*. *Véanse: Instituto Indigenista Interamericano* (1995), *Assies* (1994: 53) y *Turpana* (1994).

[21] Esas instituciones fueron creadas mediante la Ley de Participación Popular de 1994. Para análisis, véanse Assies (1999), Calla (1999) y Orellana (1999a).

la capitanía reafirma la autoridad colectiva ejercida mediante la CABI sobre esas instituciones, frente al sistema municipal. Por outra parte, los documentos mencionan algunas contravenciones, prohibiciones y sanciones, así como procedimientos, pero son deliberadamente vagos respecto de estos puntos.[22] Mientras que anteriormente la tradición oral se dirigía hacia el interior, el proceso de la formalización responde a una doble lógica. Los nuevos documentos, según subraya el estudio de CEJIS, no sólo se dirigen al "exterior" (es decir, a la sociedad más amplia y al Estado), sino que simultáneamente tienen efectos hacia "el interior" de las comunidades locales y sus componentes, las cuales incorporan esa nueva lógica en sus dinámicas políticas y modos de resolución de conflictos.

El hecho de "contar con un documento de consulta, para ejercer la resolución de conflictos, tendrá impactos en las prácticas de resolución, estableciendo, probablemente, una tendencia a consolidar procedimientos preestablecidos y a trocar gran parte de las normas orales en escritas" (CEJIS, 1997: 109). Se puede ver entonces que el juego entre la lucha por el reconocimiento y la oficialización del derecho consuetudinario tiene efectos importantes sobre la articulación de los dispositivos operativos en un determinado subcampo que afectan la racionalidad de su desempeño.

Si bien las actividades de codificación del Consejo Aguaruna Huambisa y de la CABI parecen seguir una lógica reactiva, la estrategia de los Servicios del Pueblo Mixe, A.C. (1995) en México[23] es interesante por su ánimo proactivo. El documento elaborado por Servicios entra en un debate acerca de la autonomía indígena y el derecho mixe al afirmar que la autonomía significa la capacidad de decidir sobre su propio destino y de desarrollar su propia normatividad, así como la capacidad de apertura para comunicarse con los demás ciudadanos del país y del mundo. Después de una discusión de la autonomía y de las maneras en que ésta puede alcanzarse concretamente, el documento torna a una discusión del derecho mixe en donde intenta sentar una base filosófica de éste para, posteriormente, explicar en forma más amplia los conceptos fundamentales del derecho mixe. Al hablar de las características estructurales, menciona su carácter eminentemente oral, su reflexibilidad, su integralidad (por ejemplo en el sentido de no distinguir claramente entre normas morales, religiosas y jurídicas), su toma de decisiones colegiadas, su carácter participativo y la responsabilidad compartida, su rápida aplicación y la inexistencia del recurso de la apelación, más el hecho de que las autoridades deben haber demostrado su servicio a la comunidad mediante el desempeño de cargos. La sección termina con una discusión de las obligaciones de los que desean pertenecer a una comunidad[24] y de los procedimientos en la administración de la justicia. En una sección posterior,

---

[22] Los documentos prohiben tajantemente la pena de muerte para brujas, aunque éstas pueden ser exiliadas. No está del todo claro si esto realmente se pone en vigor. Un caso se presentó en 1991. La policía nacional no hizo detención alguna, puesto que toda la comunidad se presentó como responsable (CEJIS, 1997; Van Cott, 2000b). El documento en borrador de la *Aguaruna Huambisa* que se mencionó arriba es más bien ambiguo respecto de este punto. Prevé la expulsión de la comunidad como una sanción, pero establece al mismo tiempo que matar a una bruja ya identificada como tal no puede ser la base de una denuncia.

[23] En realidad, el documento hace referencia al territorio mixe.

[24] 1) Cumplir con el escalafón de cargos de la jerarquía cívico-religiosa. 2) Dar tequio, servicio y cooperaciones económicas a beneficio de la comunidad cuando sea solicitado. 3) Asistir a las asambleas y respetar las decisiones de éstas, así como los mandatos de las autoridades. Más adelante, el documento señala la fricción con la legislación del Estado que establece la libertad religiosa y estipula que nadie puede verse obligado a prestar trabajos personales sin la justa retribución y sin su pleno consentimiento.

el documento trata el tema de las relaciones entre el derecho mixe y el derecho occidental y afirma que el primero ha evolucionado inevitablemente con relación a la cultura dominante, pero ha conservado su carácter específico y su eficacia y que los mixe desean mantenerlo y fortalecerlo. Sin embargo, el documento no evita asuntos controvertidos como la violencia doméstica y la violación, ni la posibilidad de que la justicia indígena quizá viole los derechos humanos. Respecto de esas cuestiones declara:

> ...que en estos casos los mismos indígenas debemos hacer
> el esfuerzo de ir adecuando nuestras normas y sanciones
> al pleno respeto de los derechos inherentes a la naturaleza
> humana, pues creemos que éste debe ser el marco
> al que deben ceñirse todos los ordenamientos jurídicos.
> Esto incluye la revisión de aquellas prácticas y tradiciones
> que atentan contra la dignidad de la mujer, tal como
> nuestras propias mujeres han señalado en diversos foros.

Como se puede apreciar, contamos ahora con varios casos de codificación. En el caso de Colombia, el análisis de un documento de referencia que se pretende usar en el sistema jurídico nacional ha señalado algunos de los problemas metodológicos del intento de desarrollar un sistema de categorización. Por otra parte, los directores del proyecto explican que éste es el medio más efectivo para presentar la información acerca de la administración de justicia indígena ante los

jueces que dependen de ella en la toma de decisiones importantes y así se facilita la coordinación de los sistemas indígena y positivista (Van Cott, 2000b). Como ya se ha dicho, estos estudios sirven para sostener las sentencias de la Corte Constitucional, que ha desarrollado una jurisprudencia que busca maximizar la autonomía indígena dentro de los límites de la tradición viva, por un lado, y un núcleo de derechos humanos fundamentales, por otro (Bronstein, 1998; Sánchez, 1999). La posición de la Corte Constitucional estipula, por ejemplo, que se deben reconocer las nociones indígenas del proceso, en vez de requerir que sean adoptados los procedimientos y reglas del derecho occidental positivista. Los documentos de la Aguaruna Huambisa y la CABI fueron redactados por las mismas organizaciones indígenas y abordan el "exterior" en un intento por establecer límites a las intromisiones, pero simultáneamente tienen importantes efectos "internos". El borrador del documento de la Aguaruna Huambisa refleja una fuerte tendencia hacia la burocratización, pues incluye una lista detallada de contravenciones y sanciones y fortalece la posición de la organización frente al sistema segmentario. El documento de la CABI, como se dijo arriba, vigoriza las reglas respecto del uso de los recursos como una afirmación de la apropiación del espacio sociocultural y geográfico. Al mismo tiempo, esboza los procedimientos para tratar las contravenciones, aunque es deliberadamente vago en cuanto a los crímenes y sanciones específicos. En este sentido podríamos decir que refleja una débil tendencia hacia la burocratización y busca preservar un espacio para la retórica. Ambos casos, sin embargo, pueden concebirse como reflejos de una estrategia básicamente reactiva de la construcción de fronteras o de la delimitación de un espacio para la autonomía (el subcampo). A este respecto el documento mixe, redactado por un servicio de abogacía también mixe, muestra un caso contrastado en términos de su estrategia dialógica proactiva. Aquí la defensa de un espacio para la autonomía provee la base de un diálogo crítico dirigido en ambas direcciones, hacia el "interior" y hacia el "exterior". Y esto nos lleva a la cuestión de las condiciones de un diálogo intercultural.

La pluralidad de los públicos

La tendencia hacia el reconocimiento de la autonomía de los pueblos indígenas ha propiciado una renovada discusión acerca de la relación entre los derechos colectivos e individuales. En este continuo debate, la distinción de Kymlicka (1995) entre las protecciones externas y las restricciones internas ha llegado a jugar un papel central. Ese autor señala que, desde el punto de vista liberal, se puede reconocer a los derechos colectivos en el sentido de protecciones externas. En este caso, los intereses del grupo no se colocan por encima del individuo. Las protecciones externas implican las relaciones entre grupos y pretenden la protección de un grupo contra las decisiones de la sociedad más amplia.

Las restricciones internas, en contraste, dan por sentada la facultad de un grupo para regular las relaciones entre sus miembros e imponer restricciones sobre ellos. Esto, según Kymlicka, no puede aceptarse.

Esta postura puede criticarse en varios sentidos (Assies, Van der Haar y Hoekema, 1999). Es difícil ver cómo esta visión puede reconciliarse con el autogobierno de los pueblos indígenas, que supone que la colectividad tiene cierta capacidad sancionadora respecto de sus miembros. Además, la visión de Kymlicka probablemente entrañaría que las reglas y los procedimientos internos se modificaran sustancialmente, lo cual va en contra del reconocimiento del pluralismo jurídico.

Finalmente, según Kymlicka las restricciones internas son ilegítimas porque los conceptos de "lo bueno" deben estar abiertos a revisión, elemento que él combina con la idea de que el cambio cultural ocurre a través de las elecciones individuales. Ello no reconoce la relevancia de la deliberación colectiva y la formación participativa de las normas legítimas, de acuerdo con la práctica tradicional.

Pienso que varias de las interrogantes que surgen aquí pueden ser abordadas fructíferamente si tomamos en consideración el debate ininterrumpido acerca de la esfera pública. En realidad, debemos ponderar el hecho de que el surgimiento de una *esfera pública burguesa* (Habermas, 1962) coincidió con la emergencia, o más bien el forjamiento, de las *comunidades imaginadas* (Anderson, 1991; Mallon, 1995). El cuestionamiento del carácter excluyente tanto del Estado-nación como de la esfera pública no es fortuito ni mera coincidencia.

La crítica de Fraser (1997) de la concepción de la esfera pública como un espacio homogéneo y unificado y su discusión del papel de los contrapúblicos subalternos es particularmente pertinente y enriquecedora para nuestra discusión de los subcampos semiautónomos y para reflexionar acerca del diálogo intercultural.

En un ensayo sobre la formación de la identidad y el diálogo intercultural en Bolivia, Salman (1999) argumenta que el verdadero reto no es el de "rescatar las culturas", sino el de crear espacios donde éstas puedan ser reinventadas, no tanto con base en las "raíces" primordiales sino en una historia compartida de discriminación.

El problema no gira en torno a una abstracta igualdad entre las culturas, sino alrededor de los asuntos de la discriminación rutinaria, los prejuicios y la exclusión, y de cómo se debe abordarlos, aquí y ahora.

No obstante, aunque el discurso esencialista y las tendencias hacia la entropía y la cerrazón no estén del todo ausentes en los pueblos indígenas, por lo general sus demandas no expresan el deseo de un encierro separatista, sino que se enfocan hacia lograr el acceso a las instituciones políticas del Estado y de la esfera pública y a fortalecer a sus propias instituciones para que esa participación sea factible.[25]

Desde ese punto de vista, la imagen que Fraser (1997) propone, de esferas públicas múltiples y mutuamente responsables, constituye una contribución importante a nuestro pensamiento acerca de las condiciones para un genuino y equitativo diálogo intercultural y una correctiva para el énfasis de Kymlicka en la autonomía particular del individuo (James, 1998). Contra la idea de que es deseable una esfera pública homogénea que abarque todo y que cualquier desviación de este modelo representa una amenaza a la democracia, Fraser (1997) argumenta que en las sociedades estratificadas o culturalmente diversas los arreglos que permiten la contestación entre una pluralidad de públicos encontrados promueve mejor el ideal de la paridad participativa que un solo público comprensivo que abarca todo. Ella introduce el término *contrapúblicos subalternos* para designar a las arenas discursivas paralelas en donde los miembros de los grupos sociales subordinados inventan y circulan los contradiscursos, a fin de formular interpretaciones contrarias de sus identidades, intereses y necesidades. Reconoce que tales contrapúblicos subalternos no son necesariamente virtuosos, pero apunta que son públicos y no enclaves. A largo plazo, el concepto de un contrapúblico actúa en contra del separatismo porque asume una orientación publicista.

Los contrapúblicos tienen un carácter doble en el sentido de que funcionan como espacios de retiro y reagrupamiento y, simultáneamente, como bases y espacios de entrenamiento para las actividades de agitación que se dirigen hacia los públicos más amplios.

Es precisamente en la dialéctica entre estas dos funciones que se halla su potencial emancipador, según afirma Fraser. Además, introduce una distinción entre públicos débiles y fuertes. Los primeros sólo participan en la formación de opinión, mientras que los segundos también lo hacen en la toma de decisiones.[26]

Esto le permite imaginar sitios para la toma de decisiones y la autoadministración semiautónomos y participativos en el contexto de una concepción posburguesa de la democracia.

Los argumentos de Fraser dan sustento al carácter emancipador de los espacios de toma de decisiones colectiva, o lo que pudiéramos llamar de contrapúblicos fuertes. El caso de la autonomía de los pueblos indígenas corresponde claramente a esa noción de un contrapúblico fuerte (James, 1998). Tal autonomía sirve para empoderarlos (*empower*) frente a la sociedad dominante y, lejos de eliminar la comunicación intercultural, proporciona las condiciones para una comunicación genuina y equitativa, para la crítica y la responsabilidad mutua (*accountability*). Como ya se ha dicho, esta concepción de los contrapúblicos fuertes enmienda el sesgo de Kymlicka hacia la autonomía privada y nos permite matizar la distinción estricta entre las protecciones externas y las restricciones internas. Este acercamiento matizado parece

---

[25] El tema "Nunca más un México sin nosotros" expresa poderosamente este objetivo.

[26] De acuerdo con el modelo de la esfera pública burguesa y su aguda distinción entre el Estado y la sociedad civil, se debería admitir únicamente la existencia de los públicos débiles. Fraser, sin embargo, señala al parlamento que funciona como una *esfera pública en el interior del Estado*.

ser indispensable para el reconocimiento genuino de los derechos colectivos de los pueblos indígenas.

La pluralidad de las esferas públicas y de los públicos implica ese dualismo adentro-afuera a que nos referimos arriba y que el documento mixe refleja fuertemente al tomar el reto del diálogo, en su voluntad declarada de revisar las normas y prácticas tradicionales en vista de la crítica desde afuera, mientras al mismo tiempo cuestiona al exterior por sus 500 años de sordera.

Adicionalmente, revisar las prácticas tradicionales requiere la autonomía de una esfera pública propia. Quizá esa autonomía y la arena discursiva paralela que sostiene constituyan el mejor antídoto a las presiones ejercidas hacia la burocratización del derecho indígena. Así, un auténtico reconocimiento de la autonomía en el contexto de la coexistencia de esferas públicas mutuamente responsables contribuiría a dar poder (empower) a los públicos subalternos y a la promoción de las condiciones equitativas para el diálogo intercultural y, en virtud del carácter dual de la publicidad, al fortalecimiento general de las relaciones democráticas.

Recapitulación y perspectivas

Este ensayo pretende contribuir al esclarecimiento de algunas de las cuestiones teóricas y metodológicas relacionadas con el reconocimiento formal del pluralismo jurídico en las constituciones de América Latina. Para hacerlo, propongo concebir al campo jurídico como un espacio compuesto de una pluralidad de subcampos jurídicos semiautónomos. La descripción operativa de tales subcampos constituye un ejercicio analítico que busca dar cuenta de los procesos socioculturales reales de la construcción de fronteras. Comencé con una reseña de ciertos intentos por describir y delimitar operativamente algunos de esos subcampos, a fin de resaltar las potenciales trampas y señalar que una descripción de la "institucionalidad indígena" es insuficiente, pues no toma en cuenta los procesos sociales dinámicos de la construcción de fronteras. Esto precisa de la *descripción densa* de los espacios de autonomía, de las áreas de intersección y de las líneas de disputa.

Ya que el campo jurídico no es un "campo parejo", sino uno estructurado por las relaciones de jerarquía y dominio que explican las interacciones entre los diferentes subcampos, se requiere un instrumento que permita evaluar los efectos de dichas interacciones. Para hacerlo, la noción de los principios de estructuración o de los dispositivos operativos de los campos jurídicos quizá proporcione una herramienta heurística eficaz. Un campo jurídico puede entenderse como algo que se estructura mediante la articulación interna entre los dispositivos operativos; es decir, la retórica, la burocracia y la violencia. La construcción y el mantenimiento de fronteras implican procesos de reorganización étnica y, en el caso que nos interesa aquí, la reconfiguración de los subcampos jurídicos. Desde esta perspectiva, se examinan brevemente varios de los efectos de la lucha por el reconocimiento del derecho indígena y de las presiones hacia la reconfiguración que esto conlleva. Generalmente se entiende que la legalización del pluralismo jurídico fortalece al subcampo jurídico de la jurisdicción indígena. Sin embargo, no debemos descontar la posibilidad de que esa legalización fortalezca los "efectos contaminadores" en el sentido de una burocratización de las estrategias de argumentación y de la presión para la codificación y regularización. En otras palabras, la legalización bien puede ser un dispositivo de la tecnología del poder, de la dominación y de la domesticación. La revisión de determinados casos de codificación nos permitió distinguir entre ciertas estrategias proactivas y otras reactivas, y sugirió que la estrategia más proactiva puede reducir el riesgo de la burocratización al declararse inequívocamente a favor de una esfera pública autónoma. Sin desarrollar este punto, observé además que, en el contexto de un campo jurídico plural para los actores sociales, los dispositivos del derecho constituyen recursos que pueden usarse estratégicamente. El estudio del uso estratégico de esos recursos en el curso de la resolución de conflictos y en las tácticas de argumentación nos proveerán de un mayor entendimiento de las dinámicas de cambio en un subcampo jurídico.

En la última sección del escrito he sugerido que una combinación de la noción de los campos semiautónomos con la idea de la pluralidad de esferas públicas podría resultar muy fructífera. Ofrece una rectificación al sesgo individual de los defensores liberales de los derechos colectivos, al entrar en el escenario la deliberación y la toma de decisiones colectivas producto del reconocimiento de la autonomía indígena. Aceptar esta dimensión acaso contribuirá a reducir las tendencias hacia la burocratización. En la misma medida, para lograr un genuino diálogo intercultural y la responsabilidad mutua, es una condición crucial dar un espacio al debate interno.

Bibliografía

ANDERSON, BENEDICT

1991 *Imagined Communities*, Verso, Londres y Nueva York (edición revisada).

ASSIES, WILLEM

1994 "Self-Determination and the 'New Partnership', the Politics of Indigenous Peoples and States", en Willem Assies y André J. Hoekema, eds., *Indigenous Peoples' Experiences with Self-Government, Indígenas de Panamá*, Grupo Internacional de Trabajo Sobre Asuntos Indígenas y Universidad de Amsterdam, Copenhague y Amsterdam, pp. 31-71.

1999 "Multiethnicity the State and the Law in Latin America", en *Journal of Legal Pluralism*, núm.43, pp. 145-158.

2000 *El constitucionalismo multiétnico en América Latina: el caso de Bolivia*, ponencia preparada para el XII Congreso Internacional "Derecho consuetudinario y pluralismo legal: desafíos en el tercer milenio", Arica, Chile, 13-17 de marzo (mimeo).

ASSIES, WILLEM, GEMMA VAN DER HAAR Y ANDRÉ J. HOEKEMA, EDS. 1999 *El reto de la diversidad; pueblos indígenas y reforma del Estado en América Latina*, El Colegio de Michoacán, Zamora.

BARTH, FREDRIK

1969 *Ethnic Groups and Boundaries, the Social Organization of Cultural Difference*, Universitets Forlaget/George Allen & Unwin, Bergen-Oslo y Londres.

BENDA-BECKMANN, FRANZ VON

1997 "Citizens, Strangers and Indigenous Peoples: Conceptual Politics and Legal Pluralism", en *Law & Anthropology, International Yearbook for Legal Anthropology*, vol. 9 pp. 1-42.

BOURDIEU, PIERRE

1977 *Outline of a Theory of Practice*, Cambridge University Press, Cambridge.

BRONSTEIN, ARTUROS.

1998 *Hacia el reconocimiento de la identidad y los derechos de los pueblos indígenas en América Latina: síntesis de una evolución y temas para reflexión*, Organización Internacional del Trabajo (ETM Pueblos Indígenas), San José, Costa Rica (mimeo).

CALLA, RICARDO

1999 "Indígenas, Ley de Participación Popular y cambios de gobierno en Bolivia (1994-1998)", en Willem Assies, Gemma van der Haar y André J. Hockema, eds., *El reto de la diversidad; pueblos indígenas y reformas del Estado en América Latina*, El Colegio de Michoacán, Zamora, pp. 149-179.

CEJIS

1997 *Justicia tradicional en el Izozog (Provincia Cordillera-Santa Cruz)*, investigación a pedido del Ministerio de Justicia, Proyecto de Reforma Judicial 2705 BO, Centro de Estudios Jurídicos e Investigación Social, Santa Cruz (mimeo).

CERES

s/f *Diagnóstico sobre administración de justicia tradicional (comunitaria) en el cantón Ramadas de la provincia Tapacari-Cochabamba* (primer borrador), Centro de Estudios de la Realidad Económica y Social, Cochabamba (mimeo).

CHENAUT, VICTORIA Y MARÍA TERESA SIERRA, COORDS.

1995 *Pueblos indígenas ante el derecho*, Centro de Investigaciones y Estudios Superiores en Antropología Social y Centro de Estudios Mexicanos y Centroamericanos, México.

DRZEWIENIECKY, JOANNA

1995 *Indigenous People, Law and Politics in Peru*, ponencia preparada para el encuentro de la Latin American Studies Association, Washington, 18-30 de septiembre (mimeo).

ESCALANTE BETANCOURT, YURI

1994 *Etnografías jurídicas de coras y huicholes*, Instituto Nacional Indigenista (Cuadernos de Antropología Jurídica, 8) México.

ESCALANTE BETANCOURT, YURI Y SANDRA GUTIÉRREZ SANDOVAL

1994 *Etnografías jurídicas de rarámuris y tepehuanos del sur*, Instituto Nacional Indigenista (Cuadernos de Antropología Jurídica, 9), México.

ESQUIT, EDGAR E IVÁN GARCÍA

1998 *El derecho consuetudinario, la reforma judicial y la implementación de los Acuerdos de Paz*, Facultad Latinoamericana de Ciencias Sociales, Guatemala.

EVANS-PRITCHARD, E.E.

1969 *The Nuer, a Description of the Modes of Livelihood and Political Institutions of a Nilotic People*, Oxford University Press, Oxford y Nueva York.

FRASER, NANCY

1997 "Rethinking the Public Sphere: A Contribution to the Critique of Actually Existing Democracy", en Craig Calhoun, ed., *Habermas and the Public Sphere*, MIT Press, Cambridge MA y Londres, pp. 109-142.

GEERTZ, CLIFFORD

1973 *The Interpretation of Cultures*, Basic Books, Nueva York.

GUERRERO, ANDRÉS

1998 "Ciudadanía, frontera étnica y compulsión binaria", en *Iconos*, núm. 4, pp. 112-122.

HABERMAS, JÜRGEN

1962 *Strukturwandel der Öffentlichkeit*, Luchterhand, Nuewied.

INSTITUTO INDIGENISTA INTERAMERICANO

1995 *América Indígena* (Indígenas de Panamá), vol. LV, núm. 4.

JAMES, MICHAEL RABINDER

1998 "Tribal sovereignty and the intercultural public sphere", en *Philosophy & Social Criticism*, vol. 25, núm. 5, pp. 57-86.

KYMLICKA, WILL

1995 *Multicultural Citizenship*, Clarendon Press,Oxford.

MALLON, FLORENCIA

1995 *Peasant and Nation: the making of Post-Colonial Mexico and Peru*, University of California Press, Berkeley.

MARTÍNEZ CORIA, RAMÓN

1994a *Etnografías jurídicas de zoques y populucas*, Instituto Nacional Indigenista, (Cuadernos de Antropología Jurídica, 10), México.

1994b *Etnografías jurídicas de huaves y mixes*, Instituto Nacional Indigenista (Cuadernos de Antropología Jurídica, 12), México.

MOORE, SALLY FALK

1973 "Law and Social Change: The Semi-Autonomous Social Field as an Appropriate Object of Study", en *Law and Society Review*, vol. 7, núm. 4, pp. 719-745.

NADER, LAURA

1990 *Harmony Ideology; Justice and Control in a Zapotec Mountain Village*, Stanford University Press, Stanford CA.

NAGEL, JOANE Y C. MATTHEW SNIPP

1993 "Ethnic reorganization: American Indian social, economic, political, and cultural strategies for survival", en *Ethnic and Racial Studies*, vol. 16, núm. 2, pp. 203-235.

ORELLANA HALKYER, RENÉ

1999a "Municipalización de pueblos indígenas en Bolivia: impactos y perspectivas", en Willem Assies, Gemma van der Haar y André J. Hoekema, eds., *El reto de la diversidad; pueblos indígenas y reforma del Estado en América Latina*, El Colegio de Michoacán, Zamora, pp. 289-340.

1999b "Re-pensando proposiciones y conceptos sobre derecho consuetudinario", en *Artículo primero*, año 3, núm. 7, pp. 41-54.

PERAFÁN SIMMONDS, CARLOS CÉSAR

1995 *Sistemas jurídicos paez, cogí, wayúu y tule*, Instituto Colombiano de Antropología-COLCULTURA, Bogotá.

PROA

1997 *Estudio sociojurídico sobre "justicia tradicional"(comunitaria), Ref. 013*, Ministerio de Justicia,La Paz (mimeo).

RENDÓN ESCOBAR, ELENA

1996 "Los aguaruna del Alto Mayo: el dilema del desarrollo y la identidad cultural", en M. Cornejo Chaparro, ed., *Derechos humanos y pueblos indígenas de la Amazonia peruana: realidad, normativa y perspectivas*, Asociación Peruana de Estudios para la Paz/Centro Amazónico de Antropología y Aplicación Práctica, pp. 133-170.

SALMAN, TON

1999 "Culturas en su laberinto", en *Cuarto intermedio*, núm. 51 pp. 62-89.

SÁNCHEZ BOTERO, ESTHER

1999 "La tutela como medio de transformación de las relaciones Estado-Pueblos indígenas en Colombia", en Willem Assies, Gemma van der Haar y André J. Hoekema, eds., *El reto de la diversidad; pueblos indígenas y reforma del Estado en América Latina*, El Colegio de Michoacán, Zamora, pp. 381-412.

SANTOS, BOAVENTURA DE SOUSA

1998 *La globalización del derecho: los nuevos caminos de la regularización y la emancipación*, Universidad Nacional de Colombia/Instituto Latinoamericano de Servicios Legales Alternativos,Bogotá.

SERVICIOS DEL PUEBLO MIXE A.C.

1995 *Contribuciones a la discusión sobre "autonomía y derecho indígena"*, **ponencia** presentada en Simposio Indolatinoamericano Derecho Indígena y Autonomía (segunda sesión), Jaltepec de Candayoc, Mixe, 23-27 de octubre (mimeo).

SIERRA, MARÍA TERESA

1994 "Conflicto y transacción entre la ley y la costumbre indígena", en Diego Iturralde, comp., *Orden jurídico y control social*, Instituto Nacional Indigenista (Cuadernos de Antropología Jurídica, 6-1), México, pp. 31-39.

1995 "Articulaciones entre ley y costumbre: estrategias jurídicas de los nahuas", en Victoria Chenaut y María Teresa Sierra, coords., *Pueblos indígenas ante el derecho*, Centro de Investigaciones y Estudios Superiores en Antropología Social y Centro de Estudios Mexicanos y Centroamericanos, México, pp. 101-123.

SMITH, MICHAEL ADDISON

1999 *Indigenous Law and the Nation-States of the Latin American Region*, (documento de trabajo), University of Texas, The School of Law/The Mexican Center of the ILAS (mimeo).

STAVENHAGEN, RODOLFO

1989 "Derecho consuetudinario indígena en América Latina", en *América Indígena*, vol. XLIX, núm. 2, pp. 223-243.

STAVENHAGEN, RODOLFO Y DIEGO ITURRALDE, COMPS.

1990 *Entre la ley y la costumbre; El derecho consuetudinario en América Latina*, Instituto Interamericano de Derechos Humanos e Instituto Indigenista Interamericano.

TURPANA, ARISTIDES

1994 "The Dule Nation of the San Blas Comarca: Between the Government and Self-Government", en Willem Assies y André J. Hoekema, eds., *Indigenous Peoples' Experiences with Self- Government, Indígenas de Panamá*, Grupo Internacional de Trabajo Sobre Asuntos Indígenas/Universidad de Amsterdam, Copenhague y Amsterdam, pp. 149-156.

URTEAGA CROVETTO, PATRICIA

1999 "Re-imaginando el derecho: visiones desde la antropología y otras ciencias sociales", Universidad de California, Departamento de Antropología, Berkeley (mimeo).

VAN COTT, DONNA LEE

2000a *The Friendly Liquidation of the Past; The Politics of Diversity in Latin America*, Pittsburgh University Press, Pittsburgh.

2000b "A Political Analysis of Legal Pluralism", en *Journal of Latin America Studies*, núm. 32.

YANES RIZO, PABLO

1994 *Etnografías jurídicas de totonacos y otomíes*, Instituto Nacional Indigenista (Cuadernos de Antropología Jurídica, 11), México.

YRIGOYEN FAJARDO, RAQUEL

1999a "El reconocimiento constitucional del derecho indígena en los países andinos", en Willem Assies, Gema van der Haar y André J. Hoekema, eds., *El reto de la diversidad; pueblos indígenas y reforma del Estado en América Latina*, El Colegio de Michoacán, Zamora, pp. 343-380.

1999b *Pautas de coordinación entre el derecho indígena y el derecho estatal*, Fundación Myrna Mack, Guatemala.

Informação bibliográfica deste artigo, conforme a NBR 6023:2002 da Associação Brasileira de Normas Técnicas (ABNT):

ASSIES, Willem. La oficialización de lo no oficial:¿(re)encuentro de dos mundos? In: BALDI, César Augusto (Coord.). *Aprender desde o Sul*: Novas constitucionalidades, pluralismo jurídico e plurinacionalidade. Aprendendo desde o Sul. 1. ed. Belo Horizonte: Fórum, 2015. p. 293-311

O EL PLURALISMO JURÍDICO DE TIPO IGUALITARIO NACE CRECE SE REPRODUCE O MUERE

EL CASO COLOMBIANO

ESTHER SÁNCHEZ BOTERO

En este trabajo, Rita Segato, a quien quiero y admiro, hace presencia junto con Raquel Yrigoyen, Antônio Carlos Wolkmer, André Hoekema e Consuelo Sánchez, los amigos que principalmente han contribuido tanto a defender políticamente, como yo misma, la diversidad cultural expresa en los sistemas de derecho distintos que son identificables en un sinnúmero de casos provenientes, entre otras, de sociedades indígenas. Con ellos se ha demostrado que sí es posible superar el etnocentrismo y el paternalismo manifiesto en visiones humanitarias que confunden la identidad profesional con la identificación de ciertas realidades culturales que nos enseñaron a ver como dolorosas o injustas acorde con los principios de nuestro derecho y, a tener la osadía de querer cambiarlas. Con estricto rigor, con ellos, se ha logrado desbaratar los argumentos sobre las variables de derecho y cultura que buscan que todos vivamos con la tranquilidad de conciencia de que aquello valioso para nosotros, hemos logrado hacerlo también apreciable para otros culturalmente distintos.

El contenido de estas reflexiones busca mostrar, con ejemplos, la manera como se asumen las relaciones entre autoridades jurisdiccionales de diferentes culturas que deben interactuar frente a determinados casos. Busca revelar cómo las dificultades y problemas de comunicación que se presentan entre miembros de culturas distintas, son muy relevantes para encontrar o no sentido y valor a lo que personas y grupos hacen y dicen, ya que las representaciones sobre lo que es obligatorio de hacerse o de evitarse vía el derecho no son universales y son objeto de cotejo entre distintas sociedades. También muestra que no basta conocer la coherencia interna de estas expresiones, sino que se requieren criterios formados en interpretación constitucional para valorarlos, para ir más allá de nuestra propia visión, ética y sentimental.

¿Suministrar una sustancia venenosa que le ocasiona la muerte a un ser definido como "delincuente", por ejemplo, es expresión de una forma de sanción que es pensada como "salvaje" no "civilizada" y contra el derecho universal a la vida en todas las sociedades? Suministrar una sustancia que le ocasiona ciertas molestias a un ser definido como "enfermo", ¿Puede considerarse como expresión de lo "salvaje" o de lo "incivilizado" antijurídico o en contra de los derechos humanos en todas las sociedades?

En el primer caso, por supuesto, se trata de la experiencia corriente de varios estados norteamericanos cuando aplican la inyección letal. Sin embargo, no se expresa que esta práctica sea realizada por salvajes. Se dice simplemente que, en tal estado norteamericano, existe la pena de muerte. En el segundo caso, se trata de la práctica de los médicos del mundo que inyectan químicos al cuerpo enfermo para sanarlo de la multiplicación de células cancerosas, por ejemplo; los efectos de estos procedimientos, además de dolorosos, eliminan el sentido del gusto, el pelo, las uñas, pero nadie tampoco, se atrevería a afirmar que estas medicaciones son de salvajes o contra derechos humanos.

En ocasiones se generan incompatibilidades que pueden provocarse entre miembros de diferentes sociedades de una nación debido a la incomprensión o al rechazo de ciertas señales; estos, que son problemas de comunicación y entendimiento, tienen relación con aspectos contextuales, como la cultura desde donde se emiten e interpretan determinados tipos de hechos, y en los valores que portan las personas a estos vinculados, así como en el tipo de relaciones que se establecen dada la variación de roles y competencias que se ejercitan entre sus miembros. De este modo, en medio de la armonía o de la desarmonía intercultural, es necesaria una caracterización sobre los factores históricos, socioeconómicos, políticos y culturales que determinan las relaciones grupales, y cómo estas manifiestan modelos prevalecientes de respeto o de prejuicio y racismo, que pueden extenderse a las percepciones, las actitudes y las atribuciones que se intercomunican.

> Suministrar una sustancia como la ortiga que le ocasiona ciertas molestias al cuerpo de un ser definido como "enfermo" por cometer acciones que le estaban prohibidas entre los kichuas de Ecuador y otros pueblos de origen incaico en Colombia y Bolivia, sí es expresión de lo "salvaje" de lo "incivilizado", y de una práctica contra los derechos humanos. No importa si la persona después del tratamiento se restablece en pocas horas del impacto ocasionado a su cuerpo y psicología y tampoco si, efectivamente, le sirve para ser un mejor ser humano, como puede comprobarse.

Pero, ¿Cuál es la diferencia entre un enfermo y otro, entre la concepción de un tratamiento para sanar el cáncer y otro para sanar a un transgresor? ¿En qué radica que el primero sea legítimo y el segundo no?

El modo que asume el discurso del pluralismo jurídico frente a la identidad, el relativismo, la universalización, para su aplicación a casos de acceso a la justicia, da cuenta de las cualidades y características diferenciadas que se asumen mediante la argumentación para conocer, juzgar y sancionar un caso. Este discurso puede manifestar etnocentrismo (lo mío es superior) y racismo (hay personas y sociedades inferiores), o reconocimiento y valoración (es distinto, me choca a mí personalmente, pero vale), y no solo como respuestas individuales, expresión de valores particulares, sino como posiciones institucionales que reproducen la hegemonía monocultural, o, contrariamente, contribuyen a cambiar los sistemas socioculturales de desigualdad étnica.

En Colombia, caso al cual me referiré como paradigmático, el cambio constitucional de 1991 se estableció sobre dos ejes: 1) respetar visiones heterogéneas del mundo y, por ende, del derecho, y 2) se fundamentó en nuevos principios éticos, al darle importancia a la construcción de una sociedad multicultural y pluriétnica. El Estado dejó de ser concebido, a partir de este cambio, como un aparato dispuesto exclusivamente para la imposición de valores culturales, para convertirse en una renovada edificación que da cabida a otras ideas y a valores culturales no universales.

Ese reconocimiento constitucional de la realidad multicultural de la nación, que es común a otras naciones, ha pretendido cambiar solemnemente de manera formal el modo como se piensan y relacionan los colombianos, específicamente con respecto al derecho como variable de la cultura. Hoy existe una idea de nación que obliga a valorar las diferencias étnicas y culturales, aunque estas contrarien algunos valores del modelo de cultura occidental y del derecho estatal vigente, que está asentado, ante todo, en principios liberales; es decir, en el individuo como centro y como sujeto de derecho, en tanto libre y racional y en una idea occidental de dignidad humana. Puede afirmarse que en Colombia, las expresiones distintas para reorientar la armonía social en diferentes sociedades han sido dignas de valoración en los más altos tribunales para dirimir conflictos judicializados.

Es posible afirmar que Colombia sí ha cambiado, y aunque persisten muchos problemas muy graves con respecto a la eficacia del Estado social de derecho que no ignoramos,[1] existe un panorama edificado con base en la capacidad del derecho y de la antropología que están asentadas en la convicción de que es posible una sociedad que valore lo diverso. Ha resultado fundamental la apuesta de los pueblos y sus organizaciones para demandar la continuidad de las prácticas que hasta 1991, el Estado promulgo y procuró con la sistemática imposición a los indígenas de principios y formas de organización de la vida social, manejo de los recursos naturales de todos y de la justicia (como ámbito para la solución de conflictos), despreciando otros principios, estructuras, normas y procedimientos que no coincidían: composición de la familia; modo de tratar a los huérfanos; maneras de suceder los bienes; manejo comunitario y restricciones frente a los bosques, el agua; principios para gobernar; comportamientos obligatorios que de ser contravenidos implicaban una sanción, todo ello en contraposición con el derecho estatal que se imponía.

Algunos pueblos más que otros, de modo ilegal, para el Estado, practicaron lo que definía su derecho propio, acatando mayoritariamente las ejecutorias de las autoridades internas reconocidas. Otros, llevaron los casos clasificados desde la Colonia como *mayores* a la jurisdicción nacional, lo cual vulneró parcial o totalmente muchos de estos sistemas de gobierno, de autoridad y de derecho propio, y, por supuesto, todo ello porque pervivía la visión que se tenía de los indígenas como incapaces para actuar frente a casos *mayores*.[2]

La certidumbre de que ciertos asuntos debían ser tratados internamente y de que sus sistemas de derecho propio, configurados con normas y procedimientos, que ellos reconocían como propios se estableció, que el derecho estatal debía compartir su

---

[1]   Ver Auto 04 de 2009 Corte Constitucional. Estudio de desarrollo humano. PNU 2011. Sánchez Esther. Estado actual de los pueblos indígenas GIZ Bogotá Colombia 2010.

[2]   SÁNCHEZ, Esther. *Entre el juez Salomón y el dios Sira. Decisiones interculturales e interés superior del niño.* Bogotá: Universidad de Ámsterdam/Unicef/Gente Nueva, 2005. Página 107 y siguiente.

competencia con las autoridades de estas sociedades que aplicaban estos derechos, con sus principios y procedimientos propios, como equivalentes en dignidad. Por ello coexisten, de forma legal y oficializados formalmente, sistemas de derecho propio con características distintas al derecho estatal, cuyas autoridades, reconocidas por la Constitución de 1991, comparten equivalente responsabilidad con las autoridades de la jurisdicción ordinaria, están en la rama judicial, lo cual instaura el pluralismo jurídico, oficial y legal. Este hecho sin precedentes permite que el modo particular de concebir y vivir los deberes y derechos sea específico en cada sociedad, y que, aunque en ocasiones las manifestaciones de los hechos objeto del derecho sean las mismas, pueda encontrarse que los referentes normativos y las representaciones culturales que los sustentan como antijurídicos o no sean distintos, por lo que las acciones de justicia, como expresiones de esos derechos distintos, se tornen también diferentes.[3]

Los sistemas de derecho propio son abiertos no son sinónimo de aislamiento o de sistema cerrado. En algunos pueblos, involucra de manera autónoma el derecho positivo estatal porque se considera que algunos conflictos internos tienen mejor solución en el sistema externo, como los relacionados con conflictos de tierras, medio ambiente, o con procesos administrativos de protección de menores en condiciones difíciles, y que internamente no encuentren solución.[4]

La pregunta sobre cómo se operacionaliza la interacción entre la jurisdicción especial con los derechos propios y la jurisdicción ordinaria con el derecho estatal, permite mostrar varios asuntos: 1) aceptar que las normas y procedimientos de las otras culturas jurídicas no desaparecieron con la Conquista, ni con los procesos coloniales, ni tampoco con el Estado monocultural; 2) reconocer la existencia y estructura diferenciada de derechos distintos para conocer en todas las materias eliminando la idea de que los principios y procedimientos de estos derechos propios no son salvajes, ni atrasados;[5] 3) promover que ya no son competentes los jueces y defensores para conocer, juzgar y sancionar casos de los pueblos indígenas bajo los valores de la cultura y del derecho occidental. En todos los casos que salen a la jurisdicción ordinaria se requiere adentrar en las propias categorías culturales (muchas de su derecho) para tenerlas presentes y valorarlas; 4) asumir que es impensable despreciar a los indígenas al catalogarlos como salvajes, incivilizados o incompetentes, con el fin de afirmar su inferioridad, desde una posición de prepotencia y hegemonía.[6]

---

[3]   *Ibid.*

[4]   *Ibid.* Ejemplo: Niños huérfanos que no pueden ser protegidos por familiares bajo determinadas circunstancias. La autoridad indígena en coordinación con la defensoría de menores de la jurisdicción ordinaria determina que "necesitan familia nacional".

[5]   Esa visión hacía parte de la Constitución precedente, que hablaba de "sociedades en proceso de ascenso", absurda teoría, según la cual, los indígenas se encontraban en una estación evolucionista identificada con lo incontrolable, lo no normado y, por tanto, lo peligroso. La visión que señala a los indígenas que van reduciéndose a la vida civilizada como no indígenas, es la manifestación de un etnocentrismo inadmisible que desprecia por inferiores a las culturas indígenas, y de la violación al derecho a la igualdad. Este criterio, aplicado durante años, ha vulnerado la dignidad de las personas y de las culturas a las que estos sujetos pertenecían.

[6]   Este proceso estatal se sustenta en los postulados del Convenio 169 de la OIT, que parte de la afirmación de que sí existen pueblos indígenas y de una tipología de pueblos que van desde cazadores recolectores, hasta sedentarios agricultores, pastores, ganaderos, comerciantes y, por supuesto, indígenas urbanos.

El valor de la cultura propia

La propuesta para encontrar, en culturas distintas, otras causas y justificaciones que permitieran situar a un sujeto para actuar de un modo no solo deseable y preferencial, sino obligatorio, dio espacio a la posibilidad de establecer la antijuridicidad de un hecho, pero desde el punto de vista de una cultura, porque es en esta en donde se configura una diferente concepción del mundo, que no puede comprenderse necesariamente por extensión de las diferenciadas nociones de otra sociedad. Esta experiencia es la que permite distinguir asuntos fundamentales respecto de las actuales discusiones sobre el pluralismo jurídico.[7]

> *El caso de un padre nasa violador de sus dos niñas genera en un grupo de mujeres nasa un sentimiento de rechazo a los principios y procedimientos de la justicia propia. Aducen el interés superior del niño, la Ley de infancia y consideran que el individuo "violador" debe remitirse a la jurisdicción ordinaria donde se le aplicaría cárcel para toda la vida.[8]*

Es importante aclarar antes de proseguir, que si bien en toda sociedad existen personas y grupos disidentes que se expresan de otros modos al rechazar los principios y procedimientos del derecho propio o al realizar prácticas distintas a las establecidas por el derecho propio, estas manifestaciones no pueden ni aceptarse como expresiones democráticas y valorables de un grupo, ni ser catalogadas como nuevas prácticas y por tanto como equivalentes o de igual valor al derecho propio de un pueblo indígena. Cuanto más, orientan la posibilidad de establecer cambios a futuro.

Al examinar antropológicamente el caso se encuentra por ejemplo:

1) Según el derecho nasa se trata de un sujeto enfermo, que se encuentra en un estado de oscuridad que le impide la voluntad para abstenerse de penetrar violentamente las vaginas de las niñas.
2) Es pensado como víctima incapaz de resistir el impulso sexual que es lo propio de personas que sí respetan las normas culturales propias, estando sanos: "las vaginas de las niñas no pueden tocarse y no se tocan".
3) Las autoridades de la jurisdicción especial nasa que le aplicaron fuete y cepo como medio para producir en su cuerpo y mente enferma, posibilidades de sanación son reconocidas y apreciadas porque se admite la diferencia de valoración y las medidas tomadas bajo el derecho propio para "edificar y sanar" al transgresor.
4) Las autoridades indígenas descalifican a las mujeres que objetan su propio sistema de justicia y de autoridad, sin realizar un debate interno que, pueda generar interlocución entre partes.

Todo lo expuesto es rechazado por comentaristas del caso en medios de comunicación nacional que muestran a los indígenas como atrasados y salvajes. Estos son mecanismos de presión de los miembros de una nación que portan reductos propios del monismo jurídico.

---

[7] Los grandes aportes de Eugenio Zaffaroni son gran sustento para la antropología jurídica.

[8] Véase el programa de televisión *Séptimo día* sobre el caso nasa, Caracol (2011).

Es claro que desde el punto de vista dogmático, muchas son las dificultades para determinar con precisión que un sujeto, como portador de una cultura, puede controlar un acto en función de determinar la culpabilidad. También que no todas las actuaciones de los indígenas son culturales y, por ende, no pueden clasificarse, ni como errores de comprensión cultural, ni mucho menos como antijurídicos. Esta determinación no puede establecerse en el deber de comprensión que se supone ha de ser común para todos los nacionales, sino en las razones culturales que determinan para personas socializadas bajo referentes distintos ciertas acciones, necesarias, obligatorias, y que son la base para no llegar a emitir sentencias injustas si un caso se remite a la jurisdicción ordinaria.

La posibilidad de penetrar vaginas a la fuerza por un padre no puede ser un acto de proveniente de persona sana entre los nasa y por ello impide a las autoridades con competencia jurisdiccional hacerlo responsable.

Aun bajo estos principios de valoración de lo distintivo y de lo propio, a pesar del reconocimiento constitucional, se presentan otras situaciones que son problemáticas. Se trata de casos en los cuales se tipifica, desde el derecho estatal, la ilicitud de una conducta, y, en contraste, esta es permitida u obligatoria dentro de un específico ordenamiento jurídico indígena. Esta *ilicitud* ha de examinarse para proferir una salida en derecho, y esta se configura en la posibilidad o no de que los ordenamientos en conflicto puedan abrirse a los códigos implícitos que los configuran como distintos, y que se debaten en una lucha de poder entre la imposición y la apertura es el caso de la amputación del clítoris; existen clasificaciones de daño graves en los dos sistemas, pero el procedimiento para sancionar o corregir es diferencial como en los casos de asesinatos. Necesariamente ha de examinarse la justificación de medidas tan diferentes.

Estas situaciones se expresan en frases como:

Darle fuete a un sujeto en medio de una comunidad reunida es un acto de tortura y de humillación; bañarlo con agua fría, hacerlo caminar descalzo sobre las piedras son actos contra los derechos humanos.

Expresa el antropólogo jurídico:

En el caso de la justicia indígena y su relación con la enfermedad, la etiología se encuentra en el estilo de vida inaceptable que ha asumido una persona; es decir el estilo de aquel que se ha salido, del ideal social y moral de la comunidad que se busca para todos y al cual hay que rehacer. Este estilo de vida apreciado como 'mala vida', a su vez es considerado 'causa de las enfermedades y desgracias, tanto en humanos como en animales [...]. Los indígenas relacionan la presencia de enfermedades y desgracias causalmente con los fracasos individuales que exigen ser explicados y curados.

En este sentido, que un sujeto o varios roben, se maltrate a la esposa, a los niños, se viole a un ser humanos o se mate, es considerado como un suceso resultado de que la persona está en desgracia, está enferma y necesita una curación. Para ello existe una práctica que no viene de la casualidad sino que es un proceso, un ritual, que va en busca de la salud mediante la sanación de la enfermedad. Es así como estas enfermedades, son interpretadas en estas sociedades desde un 'sistema de significación moral y social'; y, los conceptos médicos y jurídicos indígenas reflejan la cosmovisión de un determinado sistema. Por lo tanto, estas enfermedades engendradas por 'la mala vida' son origen del sufrimiento de la persona, de su familia y de la comunidad, y cuando no pueden ser tratadas en el círculo familiar, son llevadas a las autoridades con competencia jurisdiccional para que se les trate y se les pueda curar.[9]

De esta forma, se consiente el tratamiento del enfermo y de sus enfermedades, por ejemplo: el uso del agua fría es para tratar el desequilibrio entre frío y caliente, que ha producido la enfermedad de una persona. De igual manera, para curar el *mancharishca* o espanto, el *huairashca* o mal viento, o el *urcu japishca* o cogida del cerro, se utilizan ciertas plantas consideradas medicinales como: el culantro, la ruda, el runa-clavel, la Santa María, caballo-chupa, eucalipto, chilca, tetera, hierba-buena; estos mismos tratamientos son utilizados para curar la mala suerte o *chiqui* que es un mal auto provocado, enfermedad que se puede producir por peleas con el cónyuge, los familiares, vecinos, vagancia, alcoholismo, adulterio, entre otros; es así, que el uso de las hierbas medicinales, baño en la cascada o río helado, el trabajo comunal, son útiles para que la persona pueda llevar *una vida apropiada*, y es este mismo sentido que son utilizados por el sistema de justicia de estos pueblos. Por consiguiente, las sanciones que la asamblea o las autoridades indígenas imponen a sus miembros buscan sanar al individuo para que retorne a una forma de vida apropiada y fortalezca el espíritu individual, familiar y colectivo que fue debilitado por sus actitudes y conductas inmorales.[10]

La antropología jurídica, constata la existencia de representaciones culturales diversas que rigen como obligatorias para los miembros de una sociedad, y que su transgresión está regulada según referentes fisiológicos y psicológicos diferentes de los que existen en otras sociedades; por ello, las autoridades reconocidas socialmente aplican correctivos diferentes. La plataforma política de la antropología jurídica busca defender que sí existen esos otros órdenes jurídicos y que tienen otros fundamentos éticos, manifiestos en diferenciados referentes cognitivos, como son las normas y procedimientos, que también, como en el mismo derecho estatal, se ven intervenidos por conflictos y por consensos; pero defiende con el constitucionalismo multicultural que los conflictos internos en una sociedad son a veces producto del desconocimiento de la hermenéutica jurídica la cual se ve potenciada por las explicaciones de cultura que la antropología aporta.[11]

La Corte Constitucional, el Consejo de Estado y el Consejo Superior de la Judicatura dejan estela frente a los casos problemáticos de la jurisdicción especial indígena y ello permite encontrar a veinte años después de emitida la constitución, como es el desarrollo del pluralismo jurídico oficial y legal. Puede afirmarse que la visión es abierta, y que las consideraciones parten del reconocimiento de mentalidades y estructuras culturales diversas, y, por ello, respetables, en acatamiento

---

[9] Generalmente los procesos son ante la asamblea comunitaria.

[10] SÁNCHEZ, Esther y Jácome, Víctor. Investigación sobre el derecho propio entre los kichuas habitantes de La Cocha-Ecuador. 2010.

[11] Aquí no necesariamente son los antropólogos los que pueden informar sobre asuntos culturales. Por supuesto en todas las sociedades hay quienes son conocedores de los diferenciados aspectos que deben ser reconocidos e informados.

de la perspectiva trazada por los constituyentes.[12] Esta es la tendencia dominante en casos clasificados por el derecho positivo como penales, de protección a niños y niñas indígenas, de protección a los recursos naturales y por tanto a los conflictos entre instituciones que disponen de orientaciones especificas alrededor de la institucionalidad de los bienes comunes. "Esta visión refuta la necesidad de defender derechos y mínimos universales éticos porque impiden trascender a la especificidad de las diferentes culturas y se orientan a construir un consenso universal sobre un determinado sistema de valores."[13] La extensión del respeto a la diversidad, al ámbito del pluralismo y de la diversidad étnica y cultural de los pueblos, no puede ser objeto de disposición de la ley, pues se pondría en peligro su preservación y se socavaría su riqueza, en la que justamente reside el mantenimiento del principio de la diversidad étnica y cultural, al que la Constitución atribuye un valor de reconocimiento y protección como fin esencial del Estado.[14]

La legalidad y oficialidad de los derechos propios de los pueblos indígenas para actuar con competencia jurisdiccional en todas las materias manifiesta que el Estado ha configurado un nuevo y edificante modo para manejar un conflicto que era imperioso. Quiere decir que con esta decisión política, en favor del reconocimiento a la diversidad étnica y cultural, se está en presencia de un fenómeno estatal formal en el cual el conflicto se disuelve por la vía de la capacidad del ordenamiento jurídico de absorberlo, es decir, por la porosidad del derecho estatal que acepta ser penetrado por esos otros sistemas y por la gran eficacia de los mecanismos de apertura del sistema.[15]

No puede entenderse esta disolución del conflicto como una salida comprensiva y tolerante, si se entiende por ello indulgente o paternalista. Es una salida que parte de la obligación del Estado — que se rige en esta materia por el Convenio 169 de la OIT — de reconocer y valorar la diversidad cultural que se expresa entre otros aspectos de cultura en los derechos propios. No son aceptables los argumentos que bajo sentimientos humanitarios, feministas, o inspirados en los derechos humanos universales, permiten que se sigan despreciando otras formas de conducirse en estas sociedades.

> ¿Que el cepo y el fuete no garantizan que un sujeto violador se sane? ¿Y, que son cuarenta años en la cárcel los que sí reparan el daño según el derecho estatal? Buscar sacar al enfermo, que además da muestras de estar muy enfermo, a una cárcel, implica que se juega un juego de lenguaje con las categorías de otro juego de lenguaje. Es, siguiendo a Wittgenstein, como jugar ajedrez con las reglas y los elementos para jugar golf.

Pese a que un grupo de mujeres nasa pensaba que su derecho propio y la forma de tratar al transgresor no se compadecía con lo sucedido (violar a dos niñas pequeñas), y aducían la Ley de Infancia, el interés superior del niño, entre otras

---

[12] OCAMPO, Gloria. "Diversidad étnica y jurisdicción indígena en Colombia". Boletín de Antropología, Vol., 11, Departamento de Antropología, Universidad de Antioquia, 1997, pp. 9-33.

[13] *Ibid.* Define el límite jurídico-material de las jurisdicciones étnicas para garantizar los principios de legalidad con base en un sistema normativo. Esta visión supedita la legalidad de los sistemas de derecho propios y condiciona la autonomía jurídica de las autoridades de algunos pueblos.

[14] *Ibíd.*

[15] CÁRCOVA, Carlos. *La opacidad del derecho.* Madrid: Trotta, 1998.

consideraciones, la Corte Constitucional desestimó estas sustentaciones argumentando asuntos de fondo: la competencia de las autoridades indígenas para actuar frente al caso y el respeto irrestricto a las normas y procedimientos propios empleados.[16]

> Considerando que sólo con un alto grado de autonomía es posible la supervivencia cultural, puede concluirse como regla para el intérprete la de la maximización de la autonomía de las comunidades indígenas y, por lo tanto, la de la minimización de las restricciones a las indispensables para salvaguardar intereses de superior jerarquía. Esta regla supone que al ponderar los intereses que puedan enfrentarse en un caso concreto al interés de la preservación de la diversidad étnica de la nación, sólo serán admisibles las restricciones a la autonomía de las comunidades, cuando se cumplan las siguientes condiciones:
> a. Que se trate de una medida necesaria para salvaguardar un interés de superior jerarquía (v.g. la seguridad interna). b. Que se trate de la medida menos gravosa para la autonomía que se les reconoce a las comunidades étnicas

Una regla de interpretación adicional, complementaria de la anterior y como ella encaminada a la protección irrestricta de la diversidad cultural, es la de

> mayor autonomía indígena para la decisión de conflictos internos, conforme a la cual "el respeto por la autonomía debe ser mayor cuando el problema estudiado por el juez constitucional involucra sólo a miembros de una comunidad, que cuando el conflicto involucra dos culturas diferentes.[17]

En materia jurisdiccional, por tanto, en situaciones en las que todos los elementos definitorios de la competencia pertenecen a la comunidad indígena (hechos sucedidos en su territorio entre sus miembros)

> el principio de maximización de la autonomía adquiere gran relevancia por tratarse de relaciones puramente internas, de cuya regulación depende en gran parte la subsistencia de la identidad cultural y la cohesión del grupo.[18]

Dado que el Estado debe proteger y garantizar los derechos y deberes de todos los ciudadanos, y que el concepto de *legalidad* no es compartido universalmente, se ha de develar, bajo la hermenéutica constitucional, la legitimidad de las actuaciones como expresión de respeto a la diversidad; las autoridades de la jurisdicción ordinaria no pueden eludir injustificadamente las actuaciones de las autoridades étnicas, ni debilitar las actuaciones de estas autoridades competentes. El control de constitucionalidad que impone el Estado a todas las actuaciones de las autoridades judiciales implica que pueda operar según las diferencias en cada sociedad, pero sin desconocer que comparte estructuralmente con el derecho oficial. Es decir ninguna autoridad con competencia jurisdiccional puede actuar como rueda suelta. Todos los jueces indígenas o no indígenas tienen límites para el ejercicio de su competencia.

---

[16]   Sentencias T-349/96, T496/96, SU 510/98 y T-617/10.

[17]   .Sentencia T-617/10 de la Corte Constitucional.

[18]   Sentencias T-349/96, T496/96, SU 510/98 y T-617/10.

La Corte Constitucional en el marco de la nación colombiana y del aparato judicial realiza el control de constitucionalidad de las diferentes actuaciones.

> La decisión de dar fuete y poner en el cepo al violador nasa, se considera caso juzgado: i) actuaron autoridades con competencia jurisdiccional; ii) determinaron, de acuerdo con los procedimientos de su derecho propio nasa: reunirse con el infractor violador, aconsejarlo por parte de los mayores y T'walas; presentarlo a la asamblea comunitaria para que esta conozca el caso y defina las medidas por tomar; imponerle a su cuerpo estímulos por medio del cepo y el fuete para que reaccione física y psicológicamente son los dos remedios para el sujeto considerado enfermo.

Cambios a los límites a la jurisdicción especial

Dado que el derecho es dinámico, es posible que un día se cambien referentes culturales e instituciones que den un trato distinto al que se le da actualmente a una situación como resultado de nuevas normatividades. Sin embargo, mientras se pueda demostrar debido proceso, las reglas de derecho formal nacional, en una situación de pluralismo jurídico, legal, oficial, tienen la finalidad de asegurar valor legal y definitivo (caso juzgado) a las decisiones tomadas por autoridades competentes según las normas y los procedimientos propios de los diferentes sistemas de derecho vigentes en la nación. Las reglas no deben ser cambiadas unilateralmente sin razones justificadas. Estos cambios pueden fortalecer la autonomía de los pueblos indígenas o restringirla.

Recordemos que una restricción en la competencia de las autoridades indígenas eran los casos de narcotráfico. En 2012 esa materia restrictiva, mediante sentencia de la Corte Suprema de Justicia - Sala de Casación, fue eliminada. Para lograr este trascendental cambio el magistrado se hace la siguiente pregunta.

> ¿Cómo así, argumenta un juez, que las autoridades indígenas no pueden sancionar a los indígenas narcotraficantes?

En relación a esta prohibición limitante, a consideración de la Corte Suprema de Justicia, se optó en la Corte Constitucional por una interpretación restringida de la autonomía jurisdiccional indígena. Rompe esta Sala de Casación fragmentos de una visión colonial inaceptable según los derroteros del bloque de constitucionalidad.

Afirma esta sentencia textualmente.[19]

Del fuero indígena, de sus alcances y límites, la Corte Constitucional ha desarrollado en múltiples pronunciamientos una línea jurisprudencial que comenzó con la sentencia T-496 de 1996. En esta, tras la advertencia de que no siempre la jurisdicción indígena es competente para conocer de una conducta reprochable en la cual esté involucrado un aborigen, expresó la Corporación:

> El fuero indígena tiene límites, que se concretarán dependiendo de las circunstancias de cada caso. Por ahora, debemos señalar, que en la noción de fuero indígena

---

[19] Proceso No 34461 Corte Suprema De Justicia Sala De Casación PENAL Magistrado Ponente: Javier Zapata Ortiz. Aprobado Acta # 397

se conjugan dos elementos: uno de carácter personal, con el que se pretende señalar que el individuo debe ser juzgado de acuerdo con las normas y las autoridades de su propia comunidad, y uno de carácter geográfico, que permite que cada comunidad pueda juzgar las conductas que tengan ocurrencia dentro de su territorio, de acuerdo con sus propias normas.

Sin dejar de contemplar situaciones de mayor complejidad,[20] como cuando el delito es cometido por un indígena por fuera del ámbito territorial del resguardo, la conclusión clara del Tribunal Constitucional, frente a eventos de conductas ejecutadas por miembros de la comunidad dentro de su territorio, fue que *"en virtud de consideraciones territoriales y personales, las autoridades indígenas son las llamadas a ejercer la función jurisdiccional"* en tales casos.

Ese criterio se reiteró en las sentencias T-344 de 1998, T-266 de 1999, T-606 de 2001 y T-728 de2002, precisándose en la última, luego de relacionar los elementos personal y territorial del fuero, lo siguiente:

> Siendo así, las autoridades indígenas son el juez natural para conocer de los delitos cometidos por miembros de su comunidad, siempre y cuando se atiendan los dos requisitos establecidos para el reconocimiento del fuero indígena. Esta condición es inherente al debido proceso, uno de cuyos componentes es precisamente el del juez natural, tal como lo señala, de manera expresa, el artículo 29 de la Constitución.

En la sentencia T-552 de2003, estimó la Corte Constitucional que además de los factores personal y territorial, *"en la definición del fuero indígena concurre también el elemento objetivo, referido a la calidad del sujeto o el objeto sobre los que recae la conducta delictiva"*. Y se insistió en ese tercer factor, en los términos dichos y sin desarrollo adicional de ningún tipo, en las sentencias T-811 de2004 y T-1238 de 2004. En otros pronunciamientos posteriores, como los fallos T-009 de 2007 y T-945 de2007, se relacionaron como elementos del fuero indígena solamente el personal y el territorial.

En la sentencia T-617 de 2010, en la cual la Corte Constitucional examinó como en ninguna otra el derecho a la autonomía jurisdiccional de las comunidades indígenas, aludiendo en detalle a todas las decisiones a través de las cuales fue construyéndose la línea jurisprudencial relacionada con el tema, consideró que definir el elemento objetivo de la manera como se hizo en el precedente jurisprudencial, resultaba demasiado vago al no especificarse *"qué tipo de objetos, o sujetos afectados, determinan la competencia de la jurisdicción especial indígena"*. Decidió la Corporación, por tanto, profundizar en el alcance del concepto.

> El elemento objetivo – dijo — hace referencia a la naturaleza del sujeto o del bien jurídico afectado por una conducta punible, de manera que pueda determinarse si el interés del proceso es de la comunidad indígena o de la cultura mayoritaria. Más allá de las dificultades que puedan surgir en cada caso para evaluar el elemento objetivo, es evidente que existen tres opciones básicas al respecto: (i) el bien jurídico afectado, o su titular, pertenecen a una comunidad indígena; (ii) el bien jurídico lesionado, o su

---

[20] A las cuales no aludirá la Sala porque no interesan para la solución del caso sometido a examen.

titular, pertenecen exclusivamente a la cultura mayoritaria; (iii) independientemente de la identidad cultural del titular, el bien jurídico afectado concierne tanto a la comunidad a la que pertenece el actor o sujeto activo de la conducta, como a la cultura mayoritaria.

El elemento objetivo indica soluciones claras en los supuestos (i) y (ii): en el primero, el caso corresponde a la jurisdicción especial indígena; y en el segundo, a la justicia ordinaria. Sin embargo, en el evento (iii), el elemento objetivo no resulta determinante para definir la competencia. La decisión del juez deberá pasar por la verificación de todos los elementos del caso concreto y por los demás factores que definen la competencia de las autoridades de los pueblos aborígenes.

Una variante importante del último supuesto es aquella en que el caso reviste especial gravedad para el derecho mayoritario, posibilidad que ha llevado al Consejo Superior de la Judicatura a excluir, de plano, la procedencia de la jurisdicción especial indígena. Para la Sala, ese tipo de decisión no puede establecerse como regla definitiva de competencia, pues acarrea la imposición de los valores de la cultura mayoritaria, dejando de lado la protección a la diversidad étnica.

Lo verdaderamente relevante, en casos como los mencionados, es que la aplicación del fuero no derive en impunidad, de manera que el examen del juez debe dirigirse a evaluar con mayor intensidad la vigencia del elemento institucional, pues de este depende, según se ha expuesto, la efectividad de los derechos de la víctima.

Esta decisión edificante amplía el rango de materias para ser conocidas por las autoridades indígenas.[21]

Prepararse para conceptuar

Es necesario implementar mecanismos basados en el conocimiento profundo de los principios constitucionales y legislativos de protección a los indígenas. Esta apertura conforme a reglas y mecanismos definidos, debe resultar en solución a la diversidad de problemáticas. Estas características implementadas implican según Wolkmer[22] que la nueva cultura se edifica porque las diferentes autoridades se encuentran en relación (antes se definían los conflictos por una sola parte), en dependencia (se establecen reglas que obligan a uno y otro sistema a determinados asuntos) y en concordancia y conexión, lo cual implica una nueva forma de ver a todos los involucrados en el mundo de los valores. Para establecer esta cultura hay que tener en cuenta que existe un nuevo marco jurídico y ético en el Estado para reconocer que esos otros derechos, cuyos principios y procedimientos son distintos, comparten igual dignidad. En términos organizativos y funcionales, se presenta el problema de la diversidad de referentes que han de comunicarse y entenderse, para lo cual se requiere ilustración que permita definir cómo actuar, teniendo en cuenta que la Constitución de 1991 incluye en el sistema jurídico, otros derechos diferentes al ordinario, y lo hace sin excluir ninguno. El cambio solamente se produce cuando

---

[21] Quedan restricciones para casos de rebelión y para casos que impliquen alguna situación con autoridades de otros países.

[22] WOLKMER, Antonio. *Pluralismo jurídico. Fundamentos de uma nova cultura no direito.* São Paulo: Alfa Omega, 2001.

se conocen a fondo los principios y las reglas que obligan. De esta manera, queda claro que la resolución de los conflictos interculturales e interlegales entraña nuevos principios y procedimientos alternativos para superan las diferencias.

Aun así algo más. No basta con aplicar a los casos de personas o grupos pertenecientes a los pueblos indígenas la normativa vigente, las interpretaciones de los supuestos fácticos de determinados códigos o normas del derecho estatal. De esas premisas se deducen sin dificultad las decisiones, las cuales están correctamente justificadas desde un punto de vista interno. Pero, es necesario determinar si esa es la única premisa normativa relevante y, además, si es la única interpretación admisible o la más adecuada.

El estudio de estas preguntas corresponde a la *justificación externa* de la argumentación jurídica que estudia si es correcta la premisa argumentativa, si se puede afirmar que las premisas usadas en la justificación interna precisan cómo la decisión está afectando el derecho colectivo fundamental del pueblo indígena a la integridad, premisas necesarias de ser consideradas conforme a las reglas de interpretación y a la dogmática sentada por la Corte Constitucional: a) prevalencia de las normas constitucionales sobre las legales; b) mandato de proporcionalidad a la hora de restringir estos derechos; c) doctrina del núcleo esencial, núcleo que limita las restricciones que se pretendan imponer a los derechos fundamentales de los pueblos y comunidades étnicas; d) regla de que solo los cuatro mínimos jurídicos pueden limitar el derecho fundamental de autonomía reconocido en cabeza de las autoridades propias de cada pueblo; y e) test de igualdad para verificar si por ser miembros de pueblos y comunidades étnicas merecen un trato diferente por parte de los funcionarios, porque, efectivamente, se encuentran en circunstancias distintas.

Comprender lo que dicen y hacen personas de otras sociedades es adentrar en el "significado". Investigar lo diferente es ingresar en aquello que para otros tiene sentido. Cuando las pesquisas se dirigen a conocer una cultura que no es la propia, tal análisis orienta hacia la existencia de otros significados, lentes, lógicas o gramáticas.

Un análisis cultural sitúa el evento y a sus protagonistas dentro de un contexto social específico y ofrece unas "estructuras de significación". Si se está tratando de analizar una cultura ajena, es necesario estar atento a lo extraño, reconociendo lo que no es claro y evitando juzgar un fenómeno porque nos parece insólito o incluso chocante. Se dice, por ejemplo, eso está mal, o eso es cruel. Para la mayoría de las personas esos juicios morales son suficientes para ofrecer explicaciones: "Es que eso es muy raro", o "está mal". Para los científicos sociales, estos juicios son parte de un modo de hacer análisis sin fundamento.

La validez y la verificación son importantes. Cualquier interpretación de esta naturaleza debe ser juzgada por la forma en que explica otros fenómenos extraños o un mismo fenómeno que aparece en distintos contextos. Es entonces importante confirmar si, recurriendo a la semejanza con el lenguaje, el hecho coincide debidamente con la gramática del idioma en el que fue hablado. Es decir, si la interpretación es correcta.

Por último, debido a que siempre se está haciendo el análisis cultural basado en la cultura de origen, el proceso es siempre interactivo. En este sentido, un análisis cultural es una especie de encuentro intercultural informado en el que se está preparado para resolver problemas. Estos aportes investigativos no están encaminados a producir textos "academicistas". El análisis cultural es necesario, y se requiere, para mostrar su aplicación, precisamente porque lo que está en juego en el mundo real es extremadamente **importante**: es nada menos que el **reconocimiento de la existencia de lo diverso** y **la posibilidad** de valorarlo.

El conocimiento de lo cultural implica, por tanto, una traducción para conocer, lo que entienden esos otros por *maltrato, violación* a un derecho, *reparación*, para que pueda ser utilizado como conocimiento útil para la comprensión de ciertos hechos. La cultura que se expresa en la lengua propia, determina lo que las partes entienden y sienten como violatorio de su derecho; también cómo actuar frente a los hechos y cuáles son sus soluciones.

Bibliografía

CÁRCOVA, Carlos. *La opacidad del derecho*. Madrid: Trotta, 1998.

FERNÁNDEZ, Marcelo. *La Ley del Ayllu. Práctica de jacchá justicia y jishá justicia (justicia mayor y justicia menor)*. La Paz: Programa de Investigación Estratégica en Bolivia, 2000.

HESS, Carmen. *Enfermedad y moralidad en los Andes ecuatorianos*. En: *Salud y antropología* (pp. 47-77). Quito: Abya Yala, 1994.

OCAMPO, Gloria. "Diversidad étnica y jurisdicción indígena en Colombia". *Boletín de Antropología,* Vol., 11, Departamento de Antropología, Universidad de Antioquia, 1997.

SÁNCHEZ, Esther. *Entre el juez Salomón y el dios Sira. Decisiones interculturales e interés superior del niño*. Bogotá: Universidad de Ámsterdam/Unicef/Gente Nueva, 2005.

SÁNCHEZ, Esther. Peritaje. En ST Nº 1127 de 2001. Magistrado Ponente: Jaime Araujo Rentería.

SÁNCHEZ, Esther y Jácome, Víctor. Investigación sobre el derecho propio entre los *kichuas* habitantes de La Cocha-Ecuador. 2010.

UPRIMNY, Rodrigo. Notas personales sobre la conferencia "Críticas a los procesos de justicia comunitaria". Universidad Nacional, Congreso de la Red de Justicia Comunitaria, Bogotá, 2004.

WOLKMER, Antonio. *Pluralismo jurídico. Fundamentos de uma nova cultura no direito*. São Paulo: Alfa Omega, 2001.

Informação bibliográfica deste artigo, conforme a NBR 6023:2002 da Associação Brasileira de Normas Técnicas (ABNT):

BOTERO, Esther Sánchez. El pluralismo jurídico de tipo igualitario nace crece se reproduce o muere: El caso colombiano. *In*: BALDI, César Augusto (Coord.). *Aprender desde o Sul*: Novas constitucionalidades, pluralismo jurídico e plurinacionalidade. Aprendendo desde o Sul. 1. ed. Belo Horizonte: Fórum, 2015. p. 313-326

¡QUÉ TAL PLURALISMO JURÍDICO BOLIVIANO!

MARCELO FERNÁNDEZ OSCO

Introducción

En los dos primeros artículos la actual Constitución Política del Estado (CPE) reconoce la prexistencia precolonial de las naciones y pueblos indígena originario, el pluralismo jurídico. Entre otras, el pluralismo jurídico ha sido la consecución de la lucha anticolonial de los pueblos indígenas contra la realidad normativa colonial monojurídica.

Que duda cabe, en la realidad global jurídica internacional al menos se constata el derecho positivo, *Common Law*, el Código Hammurabi, el Arabe con base al Corán, el chino o el japonés, aunque en estas cultura no existe la palabra derecho en términos de deber ser entre humanos tal como concibe el derecho positivo o el anglosajón. En consecuencia, la realidad boliviana la condición plural es mucho más evidente, siendo entre las más importantes el aymara, el quechua, ambos con sustratos comunes. Por su parte, los pueblos de las tierras bajas, la Amazonía y el Chaco presentan una complejidad con elementos de la religión cristiana, el derecho positivo, como el guaraní, donde la naturaleza y el hombre forman una unidad (cfr. Riester, 1998; Terceros 2003; Fernández Osco 2010). Siendo así, cada pueblo presenta nuevos lenguajes de derecho y justicia. Lo común de estos pueblos está en el hecho de que el derecho y la justicia no sólo se circunscribe al ámbito del deber ser de los humanos en términos de Descartes o Rousseau, menos tiene relación con variantes del contitucionalismo pluralista de raigambre liberal multicultural, donde los pueblos indígenas aún son considerado como minorías y menores, en una etapa evolutiva.

La Constitución Política del Estado Plurinacional de Bolivia de 2009, intenta sentitizar los sistemas jurídicos existentes en su seno, colocando en el mismo nivel jerárquico que la justicia ordinaria. En tal sentido, se podría entender como una de las constituciones latinoamericanas de avanzada. Esta situación a menudo ha sido caracterizado como el proceso de descolonización jurídica, la posibilidad de promover, respetar y articular horizontes en lo que a justicia se trata y a la manera de pensar los derechos, deberes y garantías desde una esfera descolonial, al margen del contitucionalismol liberal de tinte multicultural. Más allá de estas exquisitesis, su existencia no va de la mano del pluralismo legal, por la gracia o voluntad de ley, en los hechos ha prevalecido, hoy continúa como una realidad evidente, después de medio siglo de (re)colonización. A este propósito, conviene recordar que el fenémeno del colonialismo, la colonialidad[1] o el colonialismo interno[2] no desaparece por la fuerza de la ley, es posible que en virtud de la misma ley se acentúe las diferencias o pase a ser una paradoja.

El presente trabajo mostrará esas diferencias, sin antes de aproximarnos a los sentidos del pluralismo jurídico, luego mostrar las concepciones de pluralismo de los pueblos indígenas y finalmente, el estado de situación del tema en cuestión a partir de algunas constataciones empíricas.

Perspectivas de pluralismo jurídico

La diferencia de visiones y prácticas jurídicas, el ninguneo de la otredad jurídica se fundamenta en argumentaciones de la supuesta superioridad de una cultura sobre otra, tal superioridad se invalida a razón de la cultura del color de la piel. Quijano (2003), diría bajo los fundamentos del patrón de poder, la idea de la raza. La raza y el racismo es una realidad evidente, sobre todo en contextos de tradición colonial, el racismo en sus distintas versiones vive en la cabeza de los vivos, incluyéndo los indígenas. Por lo tanto, la concreción de pluralismo jurídico sería una ilusión.

Griffiths afirma que *"legal pluralism is the fact, legal centralism is a myth, an ideal, a claim, an illusión"* (1986: 4). En parte, Rivera Cusicanqui (1993) nos ayuda a entender esta situación, existe tres horizontes: el ciclo colonial, ciclo liberal y el ciclo populista, interactúan en la superficie del tiempo presente, en juego de oposiciones y adaptaciones. Cabe destacar, entre los hechos de descolonización, están las luchas y rebeliones anticoloniales indígenas a lo largo de la historia, han respondido por lo general a sucesivas oleadas de reformas y modernización estatal, un elemento impulsor para que la Constitución Política del Estado tenga como uno de los principales ejes, el pluralismo jurídico. Sin duda, el derecho internacional de última generación tuvo su couta parte, la transnacionalización del derecho internacional sirvió de paraguas en la desclandestinización del derecho local.[3] Como afirma de Sousa Santos, lo que distingue el derecho local del derecho nacional y el derecho internacional "es el tamaño

---

[1]   Según Mignolo, el colonialismo refiere al periódo histórico y espacio de dominación imperial. En tal sentido conviene hablar del colonialismo español, alemán, inglés o norte americano. En cambio, la colonialidad refiere a la estructura lógica de dominación colonial en términos de economía y políticas de dominación (2005: 7).

[2]   En la perspectiva de Gonzalez Casanova (1970) y Rivera Cusicanqui (1993), los grupos y clases dominantes de las nuevas naciones jueguen papeles o roles similares a los que jugaban los antiguos colonialistas. En consecuencia, el ciclo colonial, se constituye en un sustrato profundo de mentalidades y prácticas sociales que organizan los modos de convivencia y sociabilidad.

[3]   Se destaca la Declaración de Naciones Unidas sobre los Derechos de los Pueblos Indígenas, y el Convenio 169 de la Organización Internacional del Trabajo, ratificado por Bolivia mediante la Ley de 1257 de 11 junio de 1991. Además de las normas mencionadas, el derecho internacional concede a los pueblos indígenas el derecho a la libre determinación. Este marco normativo está compuesto, entre otros, por el Art. 1 de la Carta de las Naciones Unidas, el Art. 1 del Pacto Internacional de Derechos Económicos, Sociales y Culturales, los Arts. 1 y 27 del Pacto Internacional de Derechos Civiles y Políticos, así como el Art. 2 de la Declaración y el Programa de Acción de la Conferencia Mundial de Derechos Humanos de Viena (1993). Del derecho a la libre determinación también se puede deducir el derecho de los pueblos indígenas a la administración propia de la justicia.

de la escala con la que regulan la acción social. El derecho local es una legalidad de gran escala, el derecho nacional estatal es una legalidad de mediana escala; el derecho mundial es una legalidad de pequeña escala" (1991: 223-224). Lo cual supone dos cosas: diálogo intercultural entre derechos, lo cual supone una revisión respecto a las fuentes constitutivos de cada uno; y interlegalidad, interacción normativa. Lo cual se podría entender como mínimo mecanismos concretos de cooperación y coordinación entre distintos sistemas o en su defecto como fuentes secundarias de derecho y para la interpretación legal. En este proceso no necesariamente se producen entendimientos entre diversos, por lo mismo se sucitan colisiones de diversa profundidad. Entonces, pluralismo jurídico no es el *taypi*,[4] centro de equilibrio. Se trata, más bien, de un aspecto a través del que se pueden fortalecer mecanismos de interlegalidad e inter-culturalidad, la posibilidad de que las comunidades de derechos puedan fortalecerse o que se produzcan invenciones en aquellos espacios donde la colonización jurídica tuvo su efecto, como el caso de los afrobolivianos, quienes intentan alimentarse de los referentes jurídicos aymaras y del derecho positivo. Lo propio sucede en los distintos ámbitos de la justicia aymara o quechua, los referentes jurídico de la matriz colonial y republicano han sido incorporados en su propia matriz cultural, en una especie de descentramiento de la hegemonía del sistema jurídico dominante, de esa manera se deteriora su posición hegemónica. Lo cual supone, entre otras cosas se genere el diálogo jurídico-político, generación de nuevos lenguajes de derechos, aunque este diálogo implique controversias y crisis al interior de ambos espacios.

En suma el pluralismo jurídico implica al menos dos vías. La primera, intersección, mezcla entre distintos matrices jurídicas, en una especie de mestizaje. La otra, los sistemas jurídicos indígenas incorporen a su matriz ciertos elementos jurídicos, simbólicos y materiales del derecho positivo de manera selectiva. En un análisis retrospectivo, tanto el derecho aymara como el quechua presentan estas características.

Pluralismo jurídico en la historia de los pueblos indígenas

Recordemos, el Tawantinsuyu era un Estado cuasi imperial, conformado por una estructura jurídico-militar compleja (cfr. Sarmiento de Gamboa, 1943; Cieza de león, [1553] 1984, Wamán Puma de Ayala, 1992, Pachakuti Yamqui, 1993, Llanque, 2009) que permitió la expansión mediante ocupaciones y dominios territoriales, principalmente hacia las tierras bajas o la Amazonía. Los cronistas de la época colonial nos informan que en el Estado Inka regía el derecho penal. Sin embargo, no había esas diferencias marcadas entre el derecho penal y el derecho civil. "Las costumbres y usos de una nación y gente y de república, no se han de medir por lo algunos particulares ó viciosos hacen, sino por lo que toda la comunidad guarda ó siente que se debe guardar y por las leyes que tienen y ejecutan ANÓMINO [1615](1879: 189)". Como parte de este legado se tiene un sinnúmero de términos que se utilizan en la actualidad, principalmente en el mundo andino.

De modo general, conviene referir al concepto de jucha, que si bien significa "pecado", también es definido como "delito o culpa"; de igual forma, los derivados de este

---

4   Palabra aymara, refiere centro.

término tienen doble connotación: "cometer delito" o *juchachasiña*; "persona culpable" o *juchani*; "tener la culpa" o *juchaniña*; "inculpar, achacar" o *juchanchaña*, "sentencia" o *juchanchawi*; "culpable o delincuente" o *juchararа*; "cometer un delito" o *juch luraña*; "meterse en líos" o *juchikiña*, entre otros (Fernández Osco, 2000:3), *taripiri* o juez, *taripaña* o juzgar, indagar la comisión de ilícitos, juzgar, sentenciar; *taripaña uru* o día de juzgar; *jucha T'aqaña* o administración de justicia; *kumiña* o sanción moral; *yatiri* o experto en administración de justicia; *suma jakaña* o vivir bien.

Son términos jurídicos de uso frecuente en quechua: *ama suwa* o no seas ladrón; *ama llulla* o no seas mentiroso; *ama qilla* o no seas perezoso; *juchata taripachina ayllupi* o en el ayllu hay que sancionar las infracciones o vulneraciones; *juchata rixsichina ñanman jina* o hay que hacer conocer la justicia correctamente; *juchata taripachina ruwasqanma jina* o se sanciona de acuerdo a las infracciones; *wawa sarqirpaña chaytapis jucha* o abandonar a los hijos es un acto reprochable; *kamachi* o leyes y normas; *yuyay* o principio, filosofía de vida; *ch'anqayquna* o líos y problemas; *jucha ruwaska* o cometer delito; *juchachaqu* o sentenciar; *sumay kawsay* o buen vivir.

Estos y otros términos tienen el carácter sagrado del sistema jurídico indígena-originario, su estrecho vínculo con el mundo sagrado, el buen vivir, *sumay kawsay, suma jakaña* y su imbricación con el pasado profundo, lo que nos sugiere que se trata de una primera constatación de pluralismo que va más allá del deber ser entre humanos, implica mancomunidad de derechos. Por lo tanto, cabe hablar de lenguajes de derechos vivos interdependientes, no existen como entes separados, les une una compleja interrelación, también se constata una relación de interlegalidad de mutuo enriquecimiento, de interdependencia. La condición de pluralismo jurídico de los pueblos indígenas hay que entenderlo en esta dimensión, cada una se complementan, responden a las necesidades vitales de los seres vivos para desarrollar vida en un entorno vivo, como tal está en constante construcción y renovación, según el *pacha*.[5] Consecuentemente, la justicia se va ajustándose en el tiempo y espacio, cobra dinamicidad y pluralismo. Esta característica de justicia aún se practica por códigos orales, como las *iwxas, sawis, sara, thaki, taripaña* o *kamachi* con sus variantes en las comunidades o ayllus, no obstante la persistencia del control político extirpatorio colonial.

Bertonio [1612] (1984: 312, 338 y 345), en el siglo XVII nos proporciona una gama de términos jurídicos, los cuales tienen casi el mismo significado en el presente. El mundo indígena no concibe a la justicia linealmente, el pasado está contenido en el presente, se podría decir que tienen el papel de bloque de constitucionalidad, de donde emana el conjunto de disposiciones, principios o valores de contenido "de mucha justicia", no sólo refieren a la protección del humano, sino también de todo ser vivo. Cabe entender que en los principios del: *suma qamaña, sumay kawsay*, incluyendo *ñandereko*, vivir bien, donde ningún principio jurídico se somete, ni subsume a las otras, lo que importa es el mantenimiento del equilibrio con los otros seres vivientes. La otra característica de la justicia indígena plural originaria está ideada en términos de camino recto o *qhapaq ñan*: la ruta inka de sabiduría. Se trata de una justicia conforme al movimiento y la ruta del cosmos, construida en base a la experiencia

---

[5]   *Pacha*, palabra aymar y quechua, cuyo significado se refiere a tiempo y espacio. Como muchos conceptos andinos, puede tener sentidos divergentes y complementarios.

y el mucho hacer y andar. En parte, la trilogía jurídica quechua: *ama llulla*, no seas mentiroso; *ama qilla*, no seas flojo; *ama suwa*, no seas ladrón, corrobora lo sostenido. No sólo se trata de un simple *ligar* a un aparato de producción, saber o a una norma, sino a la vida en general y por ende al movimiento de la tierra y del planeta.

Los cronistas del siglo XVI y XVII, a menudo se refieren a los quipus o *chinu*, que de manera general han sido traducidos como nudos. Nos interesa su connotación jurídica. De la dispersa información sobre los quipus, se sabe que han sido una técnica especial de anudamientos de cuerdas de distintos colores y tamaños, que los funcionarios del Inka utilizaban (Wamán Puma de Ayala, [1612] 1992: 883; Polo de Ondegardo 1916: 45 Sarmiento de Gamboa, 1943: 342; Acosta, 1954: 189). Si bien no existen estudios especializados sobre el contenido jurídico de los quipus, pero existen contundentes referencias sobre su uso en términos multidimensionales.

En la lucha por la autonomía y la autodeterminación de los pueblos, en los distintos periodos históricos se han utilizado los quipus como tecnología e información jurídica. Según Thomson, en su estudio sobre la lucha anticolonial de Tupaj Katari, uno de sus lugartenientes, Callisaya de la región de Tiquina, arengaba que los "indios no deberían hacer reuniones en ningún lugar más que en la cima de los cerros [...] Callisaya entonces desató el nudo –lo que significa que los hilos o lazos que antes existían se habían desatado, que el viejo problema había sido resuelto, y que la nueva ley estaba ahora en vigencia– y la multitud estalló en un tumulto y rebelión generalizada" (2006: 254). De este texto se desprenden dos elementos: "la cima de los cerros". Los cerros tienen implicaciones de cooperación y coordinación jurídica, tienen que ver con la dimensión de la justicia de los antepasados y con la justicia cósmica, la justicia del *manqha pacha* o subsuelo y la justicia del *alax pacha* o atmósfera.

Este carácter multidimensional de la justicia de los pueblos originarios no ha sido propio de los tiempos de la lucha de los kataris, es una práctica vigente que ha logrado mantenerse en las *markas* o *llajtas*, ayllus o comunidades del mundo andino contemporáneo. Una variante de ello es que el delito o *jucha* se desata, lo que hace que se tenga que volver a anudarlos, lo que quiere decir que es una especie de cuasi ente jurídico que requieren sujeción. Precisamente, el *yatiri* o sabio en aymara o el *yachaj* o el sabio en quechua, tienen la capacidad de amarrar o anudarlos a través de los ritos. Por ejemplo, las epidemias o las inclemencias temporales, tales como el granizo, literalmente son amarradas ritualmente con la ceremonia de una mesa ritual y con especie de hilos torcelados a la izquierda. Lo propio sucede en el mundo de la justicia, los delitos o *juchas* se deben amarrarlos o anudarlos.

La justicia guaraní, al parecer, tiene parecido contenido sagrado y plural, cuyo antecedente se hunde en su profunda historia. La selva amazónica es el equivalente a la *Pachamama* para los andinos, se la concibe como la *Casa Grande* porque en ella confluyen distintos horizontes jurídicos, manteniendo cada uno su diferencia, como los colores del arco iris. En consecuencia, el pueblo, o *tëta*, sintetiza la dimensión de la Casa Grande o Loma Santa,[6] donde fluye la leche y la miel, todos los seres vivos se necesitan de esta manera están en una constante interrelación y construcción de interlegalidad, los humanos pueden convertirse en animales, los animales en humanos, lo propio sucede con las plantas. En este contexto, los animales y las plantas

---

6   Tierra sin mal, vivir en lo sagrado, en la libertad, la felicidad y el respeto entre todos los coexistentes. También se podría entender la búsqueda de tierra sin colonización, sin racismo ni la discriminación.

forman parte de la comunidad total o parcialmente, con facultades, comportamientos y códigos ético-morales, no responden en modo alguno a los criterios dicotómicos. Por consiguiente, los animales, las plantas, los hombres, las estrellas o los astros como el sol y la luna forman una comunidad. Pensar que cada uno es autónomo, simplemente es la mejor muestra de egocentrismo, de creerse el centro del universo. En la justicia moderna occidental, la naturaleza y sus elementos no tienen ninguna implicancia jurídica alguna, su existencia está al margen de la sociedad, a lo sumo son recursos potenciales a explotar, que podrían resolver las necesidades humanas de manera instrumental.

En el siglo XVII, Wamán Puma de Ayala junto a Santa Cruz de Pachacuti Yampi Salcamaygua plantearon poner de pie a el mundo al revés por el colonialismo y la colonialidad, en la posibilidad de construir una civilización compartida, en igualdad de condiciones. Ese nuevo orden social no implicaba necesariamente la expulsión o el exterminio, más bien adoptaron la condición de restitución o reconstitución del mundo al revés, devolver sus fundamentos éticos al orden social. Lo cual quiere decir, que la norma o la ley no siempre emergen de un contrato social. En esta misma línea, los proceso de interlegalidad, al igual que los modos plurales, surgen de la necesidad de garantizar una convivencia armónica entre los pobladores de cada *suyu* o Estado y de todo el mundo.

Pluralismo jurídico según "Pontifical Mundo" de Wamán Puma de Ayala

Wamán Puma de Ayala, entre más de cuatrocientos dibujos paradigmáticos, trazó el "Pontifical Mundo" (ver Gráfico Nº 1), cuya función ha sido la de reordenar el mundo colonial, que también era concebido como un mundo al revés. Ese mundo injusto no sólo afectaba la humanidad de los indios sino también la humanidad del colonizador y por ende a la humanidad de todo el mundo. Analicemos el "Pontifical Mundo". En esta figura se encuentra substancialmente resumido el modelo político de ordenamiento andino, consecuentemente, subyace la concepción de pluralismo social y legal. En concreto, representa un modelo de integración política, social, organizativa y por ende jurídica y expresa la interculturalidad jurídica (cfr. Boaventura de Sousa, 1987: Orellana Halkyer, 2004).

FIGURA Nº 1.

Wamán Puma de Ayala,[1612] 1992: 42 [42] PONTIFICAL MUNDO / las Yndias del Perú en lo alto de España /Cuzco Castilla en lo auajo de las Yndias / Castilla /42[42]

Examinando, el cuadro se encuentra compuesto por dos segmentos o parcialidades[7] *Hanan* y *Hurin*, arriba y abajo.[8] La parcialidad *Hanan* corresponde al mundo del Tawantinsuyu, conformada por cuatro grandes unidades territoriales o los *suyus*: – *Qullasuyo, Chinchasuyu, Antisuyu y Kuntisuyu* –, hermanados por el Cuzco. Es decir, el centro político del Tawantinsuyu fue Cuzco. Por su parte, en la parcialidad *Hurin* se encuentra España, centralizada por Castilla, también con sus cuatro unidades territoriales.

El *taypi*,[9] en el Pontifical Mundo, se encuentra representado por la línea intermedia que separa, al mismo tiempo que articula las dos parcialidades. En este caso, el *Hanan* estaría normado por sus propias leyes, es decir por su propio sistema jurídico predominantemente oral del *hanan* ("usos y costumbres"). En cambio, el *Hurin*, regulado también por su propio sistema jurídico predominantemente escrito (derecho positivo), se unen distintos ordenamientos jurídicos que conlleva hacia una situación de la interlegalidad positiva.[10]

En este esquema, las parcialidades se complementan, no se oponen contradictoriamente; aunque suelen tener el papel de oponente, se trata de una oposición de mutuo control y de igualación con el horizonte de garantizar una vida social en equilibrio y armonía.

De pronto la metáfora de una yunta de bueyes pueda clarificar el porqué Cuzco y sus cuatro parcialidades se encuentran arriba y no abajo; simplemente uno de los bueyes tiene que liderar en el proceso de emparejamiento y en el trabajo de arar la tierra. Es así como la yunta evoca pequeñas diferencias que en el fondo no son de carácter estructural, que hasta pasan inadvertidas. En realidad, el yugo es el principal articulador entre los dos animales y juega el papel de medio, de taypi; un papel crucial, cuya función es la de mantener el equilibrio entre las dos partes.

De modo que, el "Pontifical Mundo" sería la mejor representación de los mecanismos de pluralismo. Una de las mejores muestras de interlegalidad de normas y derecho tawantinsuyano. Wamán Puma nos enseña esta matriz geopolítica y jurídica plural por demás ambiciosa:

> [...] se representa monarca del mundo, que ningún rrey ni emperador no se puede engualar con el dicho monarca. Porque el rrey es rrey de su jurisdicción, el enperador es enperador de su jurisdicción, monarca no tiene jurisdicción; tiene debajo de su mano mundo estos rreys coronado. ([1612] 1992: [963] 949)

---

[7] El término parcialidades se refiere a las partes de un todo, concretamente al hanan y el hurin, la parte de arriba y de abajo. Ambos mantienen su autonomía, pero al mismo tiempo funcionan en complementariedad.

[8] Desde el mundo quechua el hanan y el hurin, no debe comprenderse como arriba y abajo en el sentido vertical; donde arriba siempre está por encima de abajo. Más bien, debe entenderse que el hanan puede significar el más aquí o más allá, lo propio el hurin, también puede significar el más aquí o el más allá; por tanto son complementarios, pero que cada unidad territorial mantiene su autonomía.

[9] En quechua el término taypi o chawpi significa el centro que une o liga a las partes. También se entiende como el lugar importante.

[10] Si bien en el Tawantinsuyu regía una interlegalidad positiva, en la medida en que todos los pueblos tenían la misma condición jurídica, social y política. En la Colonia, esta relación se tornó en interlegalidad negativa, los pueblos del Abya Yala, empezaron a tener derechos y justicia de mínima cuantia.

Lamentablemente, el Pontifical Mundo nunca fue comprendido por la ley moderna occidental, porque sencillamente responde a una realidad social, política y cultural distinta a las sociedades plurinacionales de Latinoamérica. Incluso, los artífices constructores del Estado-nación de esta parte del mundo, tampoco llegaron a comprender la dimensión del Pontifical Mundo.

En la Bolivia contemporánea, las realidades se conocen bajo los términos "rural" y "urbano". Al hablar de "deslinde", precisamente se trataría de continuar manteniendo estos dos mundos o realidades separados, cuando más bien se debería buscar la complementación de ambos, porque ambos se necesitan.

Otro elemento de reflexión y crítica que se desprende del Pontifical Mundo es el papel del astro sol o Tata Inti en quechua, que se encuentra en lo alto de las dos parcialidades e implica que entre todas las cosas debe situarse en el justo medio (cfr. Fernández Osco, 2009b); curiosamente, tiene la faz humana, con una mirada serena y juiciosa.

Muy a diferencia, el principal ícono de la justicia romana, la *Iustitia*, es representado por una mujer impasible, con los ojos vendados, llevando una balanza y una cornucopia, presta a ejecutar al transgresor en cualquier momento. Esto sugiere que la Constitución, las leyes y las autoridades estatales, independientemente de su rol asignado, deberían asumirse como el sol que debe alumbrar a todos por igual.

Por un momento conviene detenernos en la figura del sol. En el léxico de los pueblos originarios y campesinos se suele decir que es el *Tata Inti* o padre sol, el que sabe criar, el que provee la vida. En el mundo andino, el criar también es cultivar y no es sólo una actividad humana sino también de la naturaleza. Por lo tanto, la ley implicaría criar a la gente en una sociedad interconectada con todos los elementos que le rodean, muy a diferencia de la visión de Aristóteles, quien distingue entre naturaleza y cultura, y separa radicalmente al individuo y su mundo circundante.

Otro elemento notable del Tata Inti son sus rayos, que llegan a todos los rincones del Pontifical Mundo por igual. Buena metáfora para entender el sentido de la ley en términos plurales que debe llegar a todos los lados por igual. Conviene detenernos en la palabra "llegar". Así como los rayos del sol llegan a las dos parcialidades del Pontifical Mundo, la ley, la justicia, el derecho, deben llegar a todos los confines del territorio, tanto de los pueblos indígena originario como al resto del mundo criollo-mestizo, proporcionalmente.

Dicho de otro modo, se trata de que la justicia, la ley, el derecho, caminen y busquen a las personas y anden por los ayllus, las comunidades, las organizaciones, y no a la inversa. Esta concepción es una de las grandes diferencias respecto a la práctica y concepción del derecho positivo y sus leyes, que se encuentran ancladas en las cuatro paredes de los centros urbanos en los tribunales judiciales, que la justicia se halle centralizada en una persona, expresan el monismo jurídico que colisiona con la realidad pluriversa.

Finalmente, el Pontifical Mundo nos trae un conocimiento significativo en directa relación con los postulados de pluralismo jurídico, una vía diferente de entrar y salir de la modernidad. En el lenguaje estrictamente de la ley o el derecho, el sol, el Tata Inti, muestra la pluralidad jurídica; la interlegalidad está representada y simbolizada en el astro sol, que se constituye en el perfecto *taypi* o justo medio.

Pluralismo jurídico según el "Altar de Coricancha"

Joan de Santa Cruz Pachacuti Yampi Salcamaygua nos ayuda a ampliar los sentidos de pluralismo a través de su gráfica del altar de un templo denominado Coricancha del Cuzco (ver figura No. 2). Nos referimos a la principal figura en la obra de este intelectual indígena, que complementa al modelo Pontifical Mundo de Wamán Puma de Ayala. A más de representar la concepción del mundo indígena entre "hombre y naturaleza" (Kusch, 1962: 22), la referida gráfica expresa la visión dinámica del orden pluriversal del mundo; muestra la relación de una pluralidad jurídica que debe existir entre el *jaqi*, persona social y demás entes o elementos que le rodean en términos de hermandad y no precisamente en clave de enemigo. Dicho de otro modo, los sistemas jurídicos se entienden como mundos orgánicos y vivientes que necesitan ser criados en la misma dimensión que las personas.

FIGURA Nº 2.
Altar de Coricancha

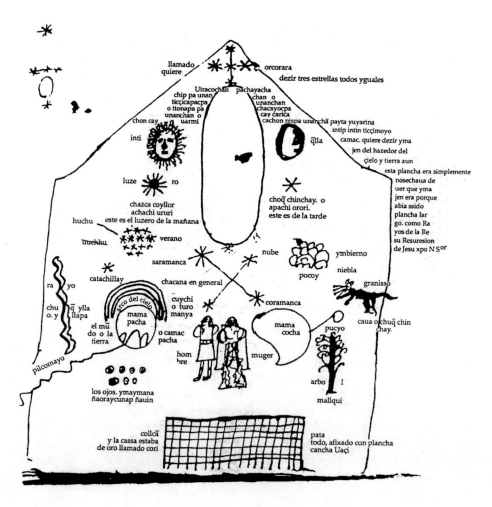

Altar de Coricancha de Santa Cruz Pachacuti Yamqui Salcamaygua (1993: f. 13v).

A su vez, dentro el gráfico, el sistema complementario está presente en todos los elementos que componen el altar de Coricancha.

En el *alax pacha* o en la parte de arriba, se encuentran el *"orcorara dezir tres estrellas todos yguales"*, debajo se encuentra *"Uiraqhochan pachayata chip pa unanchan o ticcicapacpchan o ttonapa pachacayocpa unanchan o cay caricachon cay uarmicachon nispa unancha payta yurarina intip intin ticcimoyo camac. quiere dezir ymajen del hacedor del cielo y tierra aun esta plancha era simplemente nosechaua de uer que ymajen era porque abia ssido plancha largo. como Rayos de la Resuresion de Jesu xpo NSor"*, *"inti"*/sol y *"qilla"*/ luna; más abajo, el *"luzero chazca coyllor achachi ururi este es el luzero de la mañana"*, el lucero del amanecer y el lucero del atardecer/ *"choq chinchay. o apachi orori. este es de la tarde"*; luego está el conjunto de catorce estrellas, con el nombre de *"huchu verano"*,[11] al otro costado está la *"nube ymbierno niebla pocoy"*, *"saramanca"*, la estrela *"catachillay"*, *"chacana en general cuychi o turomanya"*, *"rayo chuquylla o. yllapa"*, *"granisso caua o chuq chin chay"*, *"arco del cielo"* .

El *aka pacha*, *"el mudo o la tierra"*, el mundo en el que vivimos, en el medio de la figura está la pareja el *jaqi* o varón y mujer, en lado derecho de la figura se encuentra *"mamapacha o camac pacha"*, *"pilcomayo"* y *"los ojos. ymaymana ñaoraycunap ñauin."*[12] En el lado izquierdo de la figura, se halla la *"mama cocha o pucyo"*, *"arbol imallqui"*.

Finalmente, el *manqha pacha*, el mundo de abajo, está representado por el rectángulo cuadriculado, *"collcapata y la cassa estaba todo, afixado con plancha de oro llamado coricancha Uaci"*, aparentemente no se observa la relación varón-mujer, mas ello no quiere decir que es un mundo amorfo o indefinido; al contrario, es donde se encuentra lo que comúnmente se llama el tío, la deidad o dueño de la riqueza del subsuelo, que es a la vez varón y mujer.

Si proyectamos otra línea imaginaria de arriba-abajo o viceversa, se tiene otro *taypi*, compuesto por *"orcorara"*, *"Uirachochan"*, *"chacana en general"*, *"hombre muger"* y *"collacapata"*, todos ellos son los *uywiri*,[13] *illa*[14] o *wak'a*.[15] Para el propósito de nuestro estudio, estas entidades entrañan pluralidad de lenguajes de derechos, precisamente por su carácter de entes vivos, generan cambio, innovación y adaptación, es en tal sentido que cabe hablar de nuevos derechos y así sucesivamente.

Resumiendo, en el *alax pacha* o en la parte de arriba, se encuentran el sol y la luna, más abajo, el lucero de amanecer y el lucero del atardecer. De la misma manera, en el *aka pacha*, el mundo en el que vivimos, se hallan el varón y la mujer. Así sucesivamente se pueden encontrar otros seres de este mundo. En cambio, el *manqha pacha*, el mundo de abajo, se halla representado por el rectángulo cuadriculado, aparentemente no se observa la relación complementaria, mas ello no quiere decir que es un mundo amorfo o indefinido; al contrario, es donde se encuentra lo que comúnmente se llama el tío, la deidad o dueño de la riqueza del subsuelo, que es a la vez varón y mujer.

---

[11] Este conjunto de estrellas en el idioma aymara se conoce bajo el nombre de qutu. Caracteriza, el amanecer y también pronostica la intensidad de la helada.

[12] Se refiere a los ojos de las especies de las papas.

[13] *Uywiri*, palabra aymara, se refiere a las entidades sagradas de manera general.

[14] *Illas*, palabra aymara, especie de amuletos, representaciones de entidades diversas, los cuales son piedras talladas en miniatura.

[15] *Wak'a*, palabra aymara, lugar sagrado donde moran los espíritus de los entes.

Definitivamente, el Altar de Coricancha nos enseña la otra dimensión de pluralismos representados por el *taypi* que une a las dos parcialidades; en buenas cuentas, esto viene a ser el tercer componente jurídico cuya función primordial es la de empalmar la jurisdicción indígena originaria y la jurisdicción ordinaria. Lo que en otros términos se conoce bajo el término de interlegalidad o pluralismo jurídico (cfr. Fernández Osco, 2009; y Sousa Santos, 1987). Lo quiere decir que el pluralismo no necesariamente es propio de la cultura jurídica del occidente, en el Abya Yala existe una experiencia de larga data, aún se práctica en las comunidades tanto de las tierras altas como bajas.

El dominio colonial no ha sido por la continuidad del uso de las armas modernas; como se sabe, no hubo un ejército especializado o una especie de fuerza armada española, aunque las autoridades coloniales portaban las armas de origen europeo, pero no fue el principal elemento de dominación de los pueblos andinos sino que fue la fuerza de la norma, la ley y la escritura, esta tradición permea en el presente, la cultura jurídica de la chicanería sintetiza lo sostenido a la que recurren los leguleyos en Bolivia, una manera evitar los apercibimientos de los actos legales de los que tienen más muñeca. Con ello se fue cancelando las posibilidades del ejercicio de modos y prácticas plurales.

La cara oscura de la ley de deslinde jurisdiccional

Desde 2009, con la nueva Constitución Política del Estado boliviano[16] las formas, indígena originaria campesinas son configuradas como jurisdicción indígena originaria campesina, para conocer y resolver las controversias jurídicas sometidas a su conocimiento y hacer cumplir lo decidido de conformidad con lo establecido por la Ley de Deslinde Jurisdiccional.

De acuerdo a la Constitución Política del Estado, la jurisdicción indígena originaria campesina goza de igual jerarquía que la jurisdicción ordinaria y la jurisdicción agroambiental. En la práctica esta supuesta igualdad jerárquica, el principio del pluralismo jurídico se difumina.

Es muy común observar, las autoridades del sistema jurídico ordinario se presenten con la vestimenta clásica de abogado o abogada, de traje y corbata. En cambio, las autoridades del sistema indígena originario campesina caminen en pareja *chacha-warmi* o *qhari-warmi*,[17] portando sus simbologías jurídicas como, *el poncho*[18] *y el awayu*[19] que representan lo masculino/femenino y la jurisdicción territorial y el

---

[16] La Constitución Política del Estado de Bolivia de 2009 fue aprobada por el pueblo boliviano a través del Referéndum de fecha 25 de enero de 2009, cuyo texto fue previamente aprobado como proyecto por la Asamblea Nacional Constituyente durante los años de 2006 y 2007 y, entregado al Honorable Congreso Nacional el 15 de diciembre de 2007.

[17] En las comunidades y pueblos indígena originario campesinos el chacha-warmi o qhari-warmi se refiere a la pareja, es decir, al varón y mujer casados. Esta pareja después de recorrer las vicisitudes de la vida ha ingresado a un espacio donde se cumple la función de pareja ejemplo para el resto de los pobladores.

[18] El poncho es una prenda típica de forma rectangular y sencilla que utilizan principalmente los indígenas de las tierras altas. Los ponchos que son fabricados generalmente por las mujeres en cuanto a su color varía de región en región.

[19] El *awayu* es una prenda típica de forma rectangular que son utilizadas por las mujeres principalmente de las tierras altas. En quechua el *awayu* también es conocido como lliclla.

qamasa,[20] el poder y la fuerza vital de gobierno; la vara o bastón de mando,[21] que representa la justicia de los ancestros y la ley cósmica; la *ch'uspa y/o tari* [22] de coca, representa la ética de la buena palabra (cfr. Fernández Osco, 2000: 157-162). A lo largo de la historia coexistieron, pero en total desconocimiento. Esa coexistencia se supeditó a la supremacía de la ley escrita dominante como el único referente de justicia y de ley. En esta relación desigual, la Constitución Política del Estado y las leyes que las autoridades del Poder Judicial, representan el horizonte escrito, el poder de la letra que se basa en el papel y la escritura alfabética. Según el programa gramatológico de Derrida, representa el sentido de la "violencia" encubierta de papel y la escritura imponente (1971: 133), que se precia de conocimiento civilizado y colonialista, siendo sus orígenes la civilización griega, el latín y el derecho romano.

Siguiendo la pista de Derrida y los estudiosos del mundo andino (Arnold y Yapita, 2000; Fernández Osco, 2000) los textiles, la lectura que se realiza con las hojas de la coca, el trenzado de los chicotes, los que se activan con la voz, el uso y la práctica ritual tienen las mismas implicancias de la ley escrita, además de articular y sintetizar la ley cósmica y la memoria política y jurídica de los antepasados.

En los hechos

Se ha constado en la población de Curahuara de Carangas,[23] las autoridades del poder judicial no participan de las asambleas generales que convoca las autoridades originarias, ya que según los jueces no están obligados a asistir a las reuniones, con el argumento de que su trabajo es administrar justicia en el marco del respeto a la "independencia de poderes". Las autoridades judiciales podrían informar de sus actividades a los comunarios en asamblea ya que los asuntos jurídicos o controversias jurídicas, no son públicos sino privados, de hecho esta forma de segmentación tensiona intensiones de interlegalidad, coordinación o los postulados de pluralismo jurídico.

Este problema genera una serie de distorsiones en el tratamiento de la administración de la justicia, que se rige en el esencialismo del derecho positivo. Es decir, las autoridades originarias de Curahuara de Carangas, al no lograr un contacto directo con las autoridades del sistema judicial, confían cada vez menos en la jurisdicción ordinaria.

En los pueblos indígenas, tanto de tierras altas como de tierras bajas, a menudo se presentan conflictos culturales y normativos. El ejemplo típico son los casos de "brujería". En estos casos, las autoridades del sistema ordinario no saben cómo descifrar o comprender a la luz del derecho escrito, menos juzgarlos; sin embargo, para la población y las autoridades indígena-originarias y campesinas, los casos

---

[20]   *Qamasa* en aymara significa fuerza o el poder. Pero, no se trata de cualquier fuerza o poder, sino más específicamente se refiere a la fuerza de la autoridades que aplican para administrar el gobierno propio.

[21]   La vara o bastón de mando es el símbolo con el que se identifican los indígena- originarios como autoridades durante el tiempo por la que fueron consagrados.

[22]   La *ch'uspa* o *tari* es una pequeña bolsa para manejar la sagrada hoja de coca que no debe faltar a las autoridades indígena- originarias de las tierras altas.

[23]   Curahuara de Carangas es una de las comunidades del altiplano boliviano, localizado en el Departmento de Oruro.

comúnmente tipificados como "brujería" se constituyen en hechos ilícitos de mayor connotación que no sólo atenta contra la salubridad de las personas, sino contra la salubridad de la comunidad o la colectividad.

Este hecho o controversia sobre la "brujería" y en actual contexto, no es de fácil comprensión, ni para los pueblos indígenas ni para la población que no pertenezca al mundo indígena originario campesino. Entonces, esta figura de "brujería", de por sí ya nos exige una comprensión y explicación desde la visión de las creencias de los indígenas y originarios, de la interculturalidad y el respeto a los derechos humanos.

En el casos como robo de ganados o abigeato, no existe señales de coordinación y cooperación, como establece la Ley de Delinde Jurisdiccional entre la justicia originaria y la ordinaria, se caracteriza por un total desencuentro, no obstante de la vigencia de la referida Ley.

La otra dimensión es que las autoridades originarias, se encuentran debilitadas para conocer y resolver los hechos ilícitos sucedidos en su territorio, ante la presencia de otras autoridades que corresponde a la jurisdicción ordinaria, quienes aducen que según el Artículo 10 de la Ley de Deslinde Jurisdiccional, las autoridades originarias no tienen facultades de conocer delitos en materia penal, "los delitos contra el Derecho Internacional, los delitos por crímenes de lesa humanidad, los delitos contra la seguridad interna y externa del Estado, los delitos de terrorismo, los delitos tributarios y aduaneros, los delitos de corrupción o cualquier otro delito cuya víctima sea el Estado, trata y tráfico de personas, tráfico de armas y delitos de narcotráfico. Los delitos cometidos en contra de la integridad corporal de niños, niñas y adolescentes, los delitos de violación, asesinato u homicidio…en materia civil…".

Con la Ley de Deslinde Jurisdiccional se devela el carácter neocolonialista de la actual Constitución Política del Estado, que a título de pluralismo jurídico se cancela atribuciones ejercidas por las autoridades originarias, sobre todo las relativas al ejercicio de la justicia mayor, tan sólo deja a las autoridades originarias casos de mínima cuantía.

Uno de los argumentos que quiero subrayar es que si realmente queremos cambiar, si queremos vivir en un mundo en el que la justicia este al alcance de todos, tenemos que volver a re examinar la mayoría de nuestros supuestos básicos de vida. Visto desde esta perspectiva el pluralismo jurídico, es la forma más de simplificación y erosionada de derechos plurales. Lamentablemente, las organizaciones campesino, incluyendo las indígenas han caído en la trampa de la quimera del pluralismo jurídico.

El pluralismo jurídico, concebido en sus términos liberales es de doble filo, es otra forma de ocultar la condición de "estado de naturaleza", otra forma de reificar la modernidad como una posibilidad de encontrar soluciones estructructurales de racismos, la colonialidad y el colonialismo.

En resúmen, el pluralismo jurídico de la actual Constitución Política Boliviano es un ofrecimiento de derechos y es al mismo tiempo de negación. El pluralismo no sirve si viene como un regalo cualificado, su verdadero valor reside en la puesta de disposición como un derecho incondicional, que no medie amenaza o algún interés de los grupos sociales hegemónicos. De ningún modo se puede entender como concesión sino como derecho.

Lo central de Ley de Deslinde Jurisdiccional, son los mecanismos de coordinación y cooperación entre las diferentes jurisdicciones. Pero en los hechos la misma Ley catapulta por definitivo las posibilidades de una verdadera descolonización jurídica, por cuanto sólo permite pluralismo de mínima cuantía.

Bibliografía

Anónimo (Jesuita?).1879 *Relación de las costumbres antiguas de los Naturales del Pirú*. En: Tres Relaciones de Antigüedades Peruanas. 136-227 Madrid: Imprenta y Fundación de M. De Tello.

Acosta S.J., Joseph de 1954. *Historia Natural y Moral de las Indias*. Biblioteca de Autores Españoles T. LXXIII. Madrid: Editorial artes gráficas.

Arnold Dense y Juan de Dios Yapita 2000. *El rincón de las cabezas. Luchas textuales, educación y tierras en los Andes*. La Paz: Facultad de Humanidades y Ciencias de la Educación, PIEB.

Asees, Pillen, Gema van den Habar y André Helena, Eds. 1999. *El reto de la diversidad*. Zamora, México: El Colegio de Michoacán.

Bertonio, Ludovico [1612]1984. *Vocabulario de la lengua Aimara*. Facsímile de la primera edición. La Paz – Cochabamba: MUSEF, CERES, IFEA.

Cieza de León, Pedro[1553]1984 *Crónica del Perú, Segunda Parte (El señorío de los Incas)*. Lima: Pontificia Universidad Católica del Perú.Constitución Política del Estado 2009. Gaceta Oficial de Bolivia: La Paz.

De Sousa Santos, Boaventura 1987. *"Law: a map of misreading toward a postomodern conception of law".Journal of Law And Society*.Vol. 14, No3: 279-302.199. *Estado, Derecho y luchas sociales*. Bogotá: ILSA.

Derrida, Jacques 1971.*De la gramatología*. Traducido por Oscar del Barco y Conrado Ceretti. Buenos Aires: Siglo XXI.

Fernandez Osco, Marcelo 2000. *La ley del ayllu. Práctica de jach'a justicia y jisk'a justicia (justicia mayor y justicia menor) en comunidades aymaras*. La Paz: PIEB.2009 . *Estudio sociojurídico: Práctica del derecho indígena originario en Bolivia*. La Paz:

CONAMAQ, CIDOB, COOPI.2009b. *El ayllu y la reconstitución del pensamiento Aymara*. Dissertation submitted in partia. Fulfillment of the requirements for the degree of Doctor of Philosophy in the Department of Romance Studies in the Graduate School of Duke University.

Griffiths, John 1984. "What is Legal Pluralism?". En *Journal of Legal Pluralism* 24.

González Casanova, Pablo 1970. *Sociología de la explotación*. México: Siglo XXI.

Kusch, Rodolfo 1962. *América profunda*. Argentina: Librería Hachette S.A.2010. *Ley de Deslinde Jurisdiccional. Ley No 073 de 29 de diciembre de 2010*. Gaceta Oficial: La Paz.

Llanque Ferrufino, Jorge 2009. *La guerra en los Andes milicia, táctica y estrategie en los Andes Centrales (periodo prehispánico y conquista hispana)*. Centro de Ecología y Pueblos Andinos: Oruro.

Mignolo,Walter 2005. *The Idea of Latin America*. Malden, MA: Blackwell.

Pachacuti Yamqui Salcamaygua, Joan de Santa Cruz 1993. *Relación de Antigüedades deste Reyno del Piru*. IFEA-CBC: Perú.

Polo de Ondegardo, Licenciado Juan 1916. *Relación de los fundamentos acerca del notable daño que resulta de no guardar a los indios sus fueros*. Colección de Libros y Documentos referentes a la Historia del Perú. Tomo III Lima: Editorial y Librería San Martí Ca.

Rivera Cusicanqui, Silvia 1993. "Pachakuti: Los horizontes históricos del colonialismo interno." En: *Violencias encubiertas en Bolivia*. Coordinado por Xavier Albó y Raúl Barrios, 31-54. La Paz: CIPCA, Aruwiyiri.

Sarmiento de Gamboa, Pedro 1943. *Historia de los Incas*. Buenos Aires: Emecé Editores.

Thomson, Sinclair 2006. *Cuando sólo reinasen los indios. La política aymara en la era de la insurgencia*. Primera edición. La Paz: Muela del Diablo, Aruwuyiri.

Wamán Puma de Ayala, Felipe [1612] 1992. *El primer nueva crónica y buen gobierno*. Editado por John V. Murra y Rolena Adorno. Tercera edición. México: Siglo XXI.

Informação bibliográfica deste artigo, conforme a NBR 6023:2002 da Associação Brasileira de Normas Técnicas (ABNT):

OSCO, Marcelo Fernández. ¡Qué tal pluralismo jurídico boliviano! *In:* BALDI, César Augusto (Coord.). *Aprender desde o Sul*: Novas constitucionalidades, pluralismo jurídico e plurinacionalidade. Aprendendo desde o Sul. 1. ed. Belo Horizonte: Fórum, 2015. p. 327-342

INTERCULTURALIDAD CRÍTICA Y PLURALISMO JURÍDICO: REFLEXIONES EN TORNO A BRASIL Y ECUADOR[1]

CATHERINE WALSH

Falar sobre diversidade e diferença, implica posicionar-se contra procesos de colonização e dominação. É perceber como, nesses contextos, algumas diferenças foram naturalizadas e inferiorizadas sendo, portanto, tratadas de forma desigual y discriminatoria.[2]

El reconocimiento del pluralismo jurídico en América Latina implica el reconocimiento tanto de la diferencia cultural ancestral como del legado colonial aun presente. Es decir, implica reconocer que los sistemas de derecho "uni-nacional" y sus lógicas positivistas eurocéntricas han servido como instrumentos de colonización y dominación. Por tanto y como sugiere el epíteto de la Secretaría de Educación Básica de Brasil citado arriba, el asunto va más allá del desarrollo de políticas de "minorías"; requiere enfrentar las estructuras coloniales todavía presentes en todas las instituciones sociales, incluyendo la institución jurídica. Además requiere repensar y refundar los mismos proyectos de nación que, tanto en el Brasil con el mito de la democracia racial como en los países andinos con sus proyectos políticos de mestizaje, buscaron homogenizar bajo un patrón de poder que pretendía uni-nacionalizar, mono-culturalizar y euro-blanquear. Allí están los desafíos grandes y reales.

---

[1] Una version anterior de este artículo fue presentada en el Seminario Pluralismo Jurídico, Procuradoria Geral da República, Brasília, 13-14 de abril 2010.

[2] Secretaria de Educação Básica, *Indagações sobre curriculo: diversidade e currículo*, Brasilia, MEC, 2007, citado en Luiz Fernandes de Oliveira, *Historias da África e dos africanos na escola*, Tesis doctoral, Pontifícia Universidade Católica, Río de Janeiro, abril 2010, p.63.

En el caso de Brasil, la afirmación pública en 1996 por el entonces Presidente Fernando Henrique Cardoso de la presencia de racismo en Brasil, afirmación que se dio en el marco del seminario internacional sobre "Multiculturalismo e Racismo e o papel da Ação Afirmativa nos Estados Modernos e Democráticos" organizado por el Ministerio de Justicia, fue, un paso histórico, inicial e importante.

La Ley 10.639.03 para la Enseñanza de Historia y Cultura Afro-Brasilera y Africana en la Educación Básica, las acciones afirmativas y la formación de la Secretaria Especial de Políticas de Promoção da Igualdade Racial son logros recientes en este sentido, que tienen su raíz en las luchas – aun presentes y porvenir – de los movimientos afrobrasileños. También es de destacar las luchas aun vigentes, conflictivas y presentes de los pueblos indígenas particularmente en torno a los derechos territoriales y al hacer efectivo la implementación del Convenio 169 de la OIT (recién ratificado en Brasil en 2002 con vigencia desde 2003),[3] Convenio que también tiene significado para las comunidades quilombolas,[4] incluyendo en término de identidad, territorialidad y conocimientos, aunque el Estado brasilero no lo ha asumido por todo.[5]

Sin descontar la importancia de estas y otras iniciativas logradas en Brasil en los últimos años en el campo jurídico-legislativo, es necesario considerar de manera crítica los límites reales de sus alcances. Al respecto podemos preguntar: ¿De qué manera el reconocimiento de la diversidad étnico-cultural y el añadido al sistema jurídico brasilero de algunas leyes en torno a derechos indígenas y afros, comunidades quilombolas y comunidades tradicionales,[6] hacen derrumbar el mito de la democracia racial y la estructura jerárquica social-colonial que esta democracia racial ha pretendido obviar? ¿Son estos pasos jurídicos parte de una fisura profunda y real? ¿O, más bien, son estrategias de un Estado de Derecho re-adecuado a la lógica multi-pluri-cultural del capitalismo transnacional y su proyecto neoliberal? ¿Un Estado que reconoce e incluye los pueblos indígenas y afrodescendientes pero que hace poco a repensar su estructura y sistema monocultural y uni-nacional (fuente misma de la desigualdad, la colonialidad y también del derecho positivista)? ¿Y cómo entender y ubicar el pluralismo jurídico en todo esto?

Este articulo pretende dar pautas para la consideración crítica de estas preguntas, con miras hacia la posibilidad de repensar y refundar el campo jurídico, y por ende, el mismo Estado y sociedad. Pero entendiendo que este refundar es una meta de muy largo alcance, me enfocaré aquí -de forma más inmediata – en analizar

---

[3] El hecho de que esta ratificación fue postergado por mucho tiempo debido tanto a temores sobre el reconocimiento de "pueblos" distintos al "pueblo brasilero" como a cuestiones de nociones de propiedad es revelador. Ver Isabela Figueroa, "A Convenção 169 da OIT e o dever do Estado brasileiro de consultar os povos indígenas e tribais", en *Convenção 169 da OIT sobre povos indígenas e tribais: oportunidades e desafios para sua implementação no Brasil*, ISA, São Paulo, mayo 2009.

[4] Las comunidades quilombolas son definidas en el Decreto No.4.887 de 20 de noviembre de 2003, Art. 2 como "grupos étnicos raciales, según criterios de auto atribución, con trayectoria histórica propia, dotadas de relaciones territoriales específicas, con presunción de ancestralidad negra relacionada a la resistencia a la opresión sufrida". Ver Figueroa, op.cit.

[5] Figueroa, *op. cit.*

[6] Según el Decreto No. 6.040, de 2007, las "comunidades tradicionales" son "grupos culturalmente diferenciados y que se reconocen como tales, que poseen formas propias de organización social, que ocupan y utilizan territorios naturales como condición para su reproducción cultural religiosa, ancestral y económica, utilizando conocimientos, innovaciones y prácticas generadas y transmitidas por la tradición". Ver Figueroa, *op. cit.*

una perspectiva jurídica -distinta a la que existe en Brasil y aun muy emergente en la región (más que todo en Ecuador) – cuyo eje clave y referente fundamental se encuentra no en el pluriculturalismo sino en el proyecto político, ético y epistémico de la interculturalidad.

Parto de tres problemas fundamentales enfrentando hoy el campo jurídico latinoamericano. El primero es el monismo legal que reduce el derecho al derecho estatal, totalizando las ideas-concepciones de derecho y de justicia y negando u obviando otros lugares de producción jurídica.[7] El segundo es la oposición jerárquica e irreconocible entre el modelo positivista-estatal de derecho y modelos o sistemas de derecho consuetudinario (dando mayor reconocimiento y juridicidad a derechos indígenas que a derechos de los pueblos y comunidades afrodescendientes). Y el tercero es el asumir que el pluralismo jurídico es inherentemente progresista[8] y expresión máxima de diversidad étnica y jurídica (y por ende, la solución en sí) y que la interculturalidad es solo asunto del reconocimiento étnico-cultural, y no un problema histórico-estructural-racial-colonial en el cual estamos insertos todos, incluyendo también el modelo, estructura y práctica del Estado y su campo jurídico "nacional".

Tomando estos 3 problemas fundamentales como fondo, analizo a continuación las posibilidades y los desafíos de la interculturalidad – entendida críticamente – y del pluralismo jurídico dentro de la coyuntura actual de América del Sur, donde el reconocimiento constitucional de la diversidad étnico-cultural que inició en los 90s (1988 en Brasil) es insuficiente hoy ante el carácter realmente plurinacional de la mayoría de los países y la necesidad de reconocerse como tales en su estructura jurídica y constitucional.[9] Este análisis está organizado a partir de tres ejes temáticos centrales: la comprensión de la problemática y proyecto político de la interculturalidad, los avances y las limitaciones del pluralismo jurídico y la interculturalidad o *interculturalización* jurídica y la interpretación y construcción jurídica intercultural.

I Hacia una comprensión de la problemática y proyecto político de la interculturalidad

El uso del término interculturalidad inicia con fuerza en América Latina en la década de los 90s, como parte de una nueva coyuntura política y jurídica centrada en la diversidad étnico-cultural. Tal coyuntura incluye el reconocimiento jurídico por parte de los Estados de las poblaciones indígenas y, en menor medida, de los afrodescendientes. Mientras se puede argumentar que este reconocimiento es una respuesta a las luchas y demandas de los movimientos sociales, también – y a la vez – se puede considerar como política conforme con las directivas de organismos multilaterales, más específicamente el Banco Mundial. Es precisamente en esta coyuntura política conflictiva – entre luchas históricas e intereses políticos y económicos – que emergen tensiones y paradojas en las comprensiones, usos y proyectos de la interculturalidad.

---

[7] María Soledad Bellido, "Interculturalidad y pluralismo jurídico", *Derecho – Revista de la Facultad de Derecho*, 2008. <http://www.unsa.edu.pe/escuelas/de/rev.../093-100_08_MBellidoA01.pdf> -

[8] Boaventura de Sousa Santos, *La globalización del derecho: los nuevos caminos de la regulación y la emancipación*, Bogotá, Universidad Nacional de Colombia, 1998.

[9] Esta necesidad de reconocerse como tales también está mencionado por Rodolfo Stavenhagen. Ver su texto: "Los movimientos indígenas en América Latina", *Nuevamérica/Novamerica*, No.17, 2008, 4-17.

Ahora bien, en su forma más básica, la interculturalidad se entiende como la construcción de relaciones *entre* grupos, prácticas, lógicas y conocimientos distintos, a veces -aunque no siempre – con el afán de confrontar y transformar las relaciones del poder y las estructuras e instituciones que las mantiene, las que naturalizan las asimetrías y desigualdades sociales. Y es allí – con el afán de confrontar y transformar o no las relaciones y estructuras del poder – que encontramos el punto neurálgico de las tensiones y paradojas. Mientras los movimientos indígenas y afrodescendientes luchan por el reconocimiento y la defensa de lo propio dentro de un legado de poder colonial así con miras hacia la descolonización, los Estados y sus aliados internacionales se forjan en las políticas de inclusión de corte multiculturalista-neoliberal como parte de las mismas estructuras políticas – y aparatos ideológicos – que los movimientos se empeñan en transformar.[10] Hacer ver estas tensiones y paradojas ayuda a entender la complejidad de la problemática. También nos hace considerar por qué la pluralidad e interculturalidad jurídicas no son exactamente lo mismo. Exploramos a continuación estas tensiones y paradojas y su relación a dos perspectivas y proyectos distintos de la interculturalidad: la "interculturalidad crítica" que proviene de las luchas y demandas de los movimientos, y la interculturalidad que viene desde arriba, la que es utilitario al sistema, es decir la "interculturalidad funcional".

Las perspectivas y proyectos dispares de la interculturalidad critica y la interculturalidad funcional

El significado político y crítico de la interculturalidad emerge a finales de los 80s, como principio ideológico del movimiento indígena del Ecuador dentro de su proyecto político, el que apunta la transformación de las relaciones entre pueblos, nacionalidades y otros grupos sociales, pero también del Estado uni-nacional, de sus instituciones sociales, políticas, económicas y jurídicas, y de las políticas públicas. En estos mismos años, también es identificado por el Consejo Regional Indígena de Cauca (Colombia), como "un proyecto político […] para pensar en la construcción de sociedades diferentes […], en otro ordenamiento social."[11] En ambos casos, apunta un proyecto político, social, ético y epistémico, de re-visionar y rehacer el Estado y sociedad, tomando pasos hacia la construcción de condiciones distintas, no solo para los pueblos indígenas sino para el conjunto del país.

La interculturalidad entendida así críticamente va más allá de la diversidad, el reconocimiento y la inclusión. Revela y pone en juego la diferencia colonial y la colonialidad continua del poder. Con colonialidad me refiero al patrón o matriz de poder que se instala en el siglo XV y XVI, clasificando jerárquicamente las identidades sociales a partir de la idea de "raza", posicionando en la cima y como superior a los blancos europeos y los "blanqueados" de América del Sur, y los pueblos indígenas

---

[10] Camilo Pérez Bustillo, "De la ciudadanía multicultural a la interculturalidad: intentos recientes de reconstrucción del estado en México, Guatemala y Colombia," Ponencia presentada en LASA, Washington D.C., 2001. Eso no es decir que los movimientos no luchan también por la inclusión. Más bien es reconocer que sus luchas generalmente no se quedan en la inclusión como meta única, sino en ella como parte de una mayor transformación político-social.

[11] CRIC, ¿Qué pasaría si la escuela…? 30 años de construcción de una educación propia, Popayán, Consejo Regional Indígena de Cauca, 2004.

y afros en los peldaños inferiores como identidades negativas, homogéneas e inferiores.[12] Así a partir de este mismo patrón se estableció el eurocentrismo como perspectiva única de conocimiento, justificó la esclavización y deshumanización y descartó como bárbaros, salvajes y no modernos (leer: subdesarrollados y "tradicionales") las filosofías, cosmologías, lógicas y sistemas de vida de la gran mayoría: los pueblos indígenas y los pueblos de origen africano. Esta matriz o patrón -que siempre ha servido los intereses y necesidades del capitalismo – hace que la mirada se fija en Europa como modelo, perspectiva y modernidad ideal. Y es a partir de esta mirada – aun presente – que se formó los Estados nacionales y, por supuesto, sus sistemas jurídicos.

Desde esta perspectiva, la interculturalidad es un proyecto de carácter y orientación decolonial, descolonizador. Apuntala y requiere la transformación y la construcción de condiciones de estar, ser, pensar, conocer, aprender, sentir, y vivir distintas. Por eso mismo, la interculturalidad entendida críticamente aun no existe, es algo por construir. Ahí su entendimiento, construcción y posicionamiento como proyecto político, social, ético y epistémico que se afirma en la necesidad de cambiar no solo las relaciones, sino también las estructuras, condiciones y dispositivos de poder que mantienen la desigualdad, inferiorización, racialización, discriminación, incluyendo con relación a las estructuras jurídicas.

No obstante, en los últimos años la interculturalidad es palabra de moda de los organismos internacionales, las Ongs y las instituciones y políticas estatales. En estos contextos, muchas veces pierde su arista luchadora, transformadora, decolonial y crítica, y asume un significado y perspectiva que la hace utilitario o funcional al sistema. Aquí la interculturalidad no se distingue de mayor medida del multi-pluri-culturalismo. Me refiero a lo que se desarrolle en el ámbito estatal alrededor del establecimiento de derechos, políticas y prácticas institucionales que reflejan la particularidad de las "minorías" añadiendo o sumando ellas a los campos nacionales establecidos (de educación, salud y derecho, entre otros) sin necesariamente atacar las asimetrías y desigualdades, promover relaciones equitativas o incidir en la matriz colonial de poder aun presente. Tal adición e inclusión forma parte, de hecho, de la lógica multi-pluri-cultural del capitalismo neoliberal, una lógica que busca incorporarles a todos – claro de manera aun jerárquica y diferencial – al mercado.

Cada vez con más frecuencia en la región, estas políticas de inclusión están siendo re-nombradas como "interculturalidad". Tal re-nombramiento encuentra raíces, más que todo, en las directivas y políticas de organismos como el Banco Mundial, BID, PNUD[13] y UNESCO, como también en las iniciativas de la Unión Europea, incluyendo en las entidades de cooperación internacional y en EURO social, un convenio entre la Unión Europea, PNUD y CEPAL, con el apoyo del BM y BID, siendo Brasil. México y Colombia los países de su mayor financiamiento.

---

[12]   Ver Aníbal Quijano,"Colonialidad del poder y clasificación social", en *Journal of World Systems Research*, Vol. 6, No. 2, Binghamton, NY, State University of New York Binghamton, 2000, pp. 342-386.

[13]   Este uso funcional de la interculturalidad por parte del PNUD fue particularmente *evidente* durante la Asamblea Constituyente en Bolivia. Por medio de publicaciones escritas y producciones audiovisuales, PNUD – usando la voz de intelectuales bolivianos (varios de la llamada "izquierda") – intentó posicionar la interculturalidad como un "nuevo sentido común", que podría evitar etnocentrismos e indianismos y mantener Bolivia dentro de la economía. Ver Catherine Walsh, *Interculturalidad, Estado, Sociedad: Luchas (de) coloniales de nuestra época*, Quito, Universidad Andina Simón Bolívar/Abya Yala, 2009.

Para resaltar su significado y objetivo – que se enraízan en el reconocimiento de la diversidad cultural con metas hacia la inclusión de la misma al interior de la estructura social establecida-, y siguiendo los planteamientos del filósofo peruano Fidel Tubino,[14] referimos a esta perspectiva de interculturalidad como "interculturalidad funcional". Busca promover el diálogo, la convivencia y la tolerancia, sin tocar las causas de la asimetría y desigualdad social y cultural, y sin "cuestionar las reglas del juego". Por eso, y como dice Tubino, "es perfectamente compatible con la lógica del modelo neo-liberal existente" que reconoce la diferencia, sustentando su producción y administración dentro del orden nacional, neutralizándola y vaciándola de su significado efectivo, y volviéndola funcional a este orden y, a la vez, a los dictámenes del sistema-mundo-moderno-colonial.

En este sentido, el reconocimiento y respeto a la diversidad cultural se convierten en una nueva estrategia de dominación, la que apunta al control del conflicto étnico-racial y la conservación de la estabilidad social con el fin de impulsar los imperativos económicos del modelo (neoliberalizado) de acumulación capitalista, ahora haciendo "incluir" los grupos históricamente excluidos a su interior. De hecho, es esta perspectiva de interculturalidad que orienta las nuevas políticas de inclusión y cohesión social promovidas por la cooperación internacional, y reflejadas en prácticamente todos los Ministerios de Educación y Cultura de la región, como también en las nuevas políticas de desarrollo (ahora con su nuevo paradigma-paradogma de desarrollo "humano integral").[15]

Mientras que la interculturalidad funcional asume la diversidad cultural como eje central, apuntalando su reconocimiento e inclusión dentro de la sociedad y el Estado nacionales (uni-nacionales por práctica y concepción) y dejando por fuera los dispositivos y patrones de poder institucional-estructural -las que mantienen la desigualdad-, la interculturalidad crítica parte del problema de poder, su patrón de racialización y la diferencia que ha sido construida a función de ello. El enfoque y la práctica que se desprende la interculturalidad crítica no es funcional al modelo societal vigente, sino cuestionador serio de ello. Por tanto, su proyecto es implosionar - desde la diferencia – en las estructuras coloniales del poder como reto, propuesta, proceso y proyecto; es re-conceptualizar y re-fundar estructuras sociales, epistémicas y de existencias, que ponen en escena y en relación equitativa lógicas, prácticas y modos culturales diversos de pensar, actuar y vivir. Por eso, el foco problemático de la interculturalidad no reside solamente en las poblaciones indígenas y afro, sino en todos los sectores de la sociedad, con inclusión de los blancos-criollos-mestizos y blanqueados occidentalizados.

Y es por eso mismo que la interculturalidad debe ser entendida como designio y propuesta de sociedad, como proyecto político, social, epistémico y ético dirigido a la transformación estructural y socio histórica (incluyendo a nivel jurídico), y

---

[14] Fidel Tubino, "La interculturalidad crítica como proyecto ético-político", Encuentro continental de educadores agustinos, Lima, enero 24-28, 2005. <http://oala.villanova.edu/congresos/educación/lima-ponen-02. html>

[15] Para una discusión de este nuevo paradigma-"paradogma" y su aplicación en el caso ecuatoriano, ver Walsh, *Interculturalidad, Estado, Sociedad*, op.cit., y Catherine Walsh "Development as *Buen Vivir*: institucional arrangements and (de)colonial entanglements", *Development* (Roma: Society for International Development), marzo 2010. Para una versión corta del último: "Desenvolvimento como *Buen Vivir*: arranjos institucionais e laços (de)coloniais", *Nuevamérica/Novamerica*, 126, abril-junio 2010, 27-31.

asentado en la construcción entre todos de una sociedad radicalmente distinta. Una transformación y construcción que no quedan en el enunciativo, el discurso o la pura imaginación; por el contrario, requieren un accionar en cada instancia social, política, educativa y humana, incluyendo en las instancias jurídicas. No obstante, y como consideraremos a continuación, tal accionar queda muchas veces circunscrito al ámbito aditivo y funcional: a incluir algunas leyes específicas de minorías para los pueblos indígenas y afros al sistema nacional establecido o, en los mejores de los casos, a reconocer el pluralismo jurídico.

II Los avances y las limitaciones del pluralismo jurídico

El pluralismo jurídico pretende responder al problema del monismo jurídico: la noción de un solo sistema de derecho para todos, principio regidor del Estado moderno uninacional y monocultural, y su poder normativo que suprime e inferiorice la diferencia estableciendo una sola forma de estar, ser, saber y vivir que se moldea a partir del patrón e imagen europeo. Por si, el monismo jurídico sustentando en el sistema de derecho positivista occidental ha contribuido tanto al mantenimiento y reproducción de la colonialidad del poder como a la geopolítica dominante de la razón jurídica.

Hoy cada vez más se acepta que existen prácticas y sistemas ancestrales para ejercer la justicia y la autoridad que no responden al modelo de derecho positivista occidental, aunque en Brasil aun no existe formalmente este reconocimiento a nivel constitucional. La afirmación del derecho indígena tanto en las constituciones como en tratados y convenios internacionales y el reconocimiento aun emergente del derecho de las comunidades de raíz africana, -más que todo en las constituciones colombianas y ecuatorianas-, han logrado abrir discusiones sobre las posibilidades e implicaciones del *pluralismo jurídico*, es decir, la coexistencia de diversos órdenes normativos.

Entendemos estos diversos órdenes o sistemas en el sentido que sugiere Yrigoyen: "una instancia social y política que tiene poder reconocido por administrar justicia, que posee las normas y los medios para crearlas y cambiarlas, autoridades y mecanismos para escogerlas, procedimientos para arreglar disputas, y un conjunto de sanciones para corregirlas".[16] Son instancias a veces practicadas al exterior o en los márgenes de la legalidad estatal, algo que Santos, por ejemplo, señalaba hace algunos años con relación a las favelas de Río de Janeiro; pero algo que también se enraíza en siglos de resistencia y lucha de mantener sistemas de vida arraigados a los territorios, como es el caso brasilero de las comunidades quilombolas. De esta manera, el pluralismo jurídico no es un nuevo fenómeno sino una realidad histórica; lo nuevo es su reconocimiento por parte de entidades internacionales y los Estados, un reconocimiento a veces problemático por el poder que implica en nombrar, controlar y codificarlo, y por ser típicamente subordinado al sistema nacional-estatal, la única excepción siendo tal vez el caso de la nueva Constitución de Bolivia.[17]

---

[16] Citado en Gina Chávez y Fernando García, *El derecho a ser: diversidad, identidad y cambio. Etnografía jurídica indígena y afroecuatoriana*, Quito, FLACSO / Petroecuador, 2004, 17. (NE – *Vide*, nesta coletânea, o artigo de Raquel Fajardo Yrigoyen sobre o horizonte pluralista.)

[17] El ejemplo de Bolivia es instructivo por los esfuerzos hechos en la nueva Constitución a repensar y refundar todo el orden jurídico a partir de la pluralidad, estableciendo garantías para accionar el respeto de los

No obstante, el hecho de que el reconocimiento emergente apuntala la relación entre derecho y sistemas colectivos de vida, es importante por la diferenciación que hace con el derecho positivista-individual y su modelo eurocéntrico moderno--colonial-capitalista. Tal reconocimiento se evidencia en la reciente Declaración de las Naciones Unidas sobre los Derechos de los Pueblos Indígenas que destaca la urgente necesidad de "respetar y promover los derechos intrínsecos de los pueblos indígenas, que derivan de sus estructuras políticas, económicas y sociales y de sus culturas, de sus tradiciones espirituales, de su historia y de su concepción de la vida, especialmente los derechos a sus tierras, territorios y recursos" (2007: 2).

Sin duda, estos nuevos reconocimientos abren una serie de interrogantes sobre el constitucionalismo político como también sobre la manera de concebir estos derechos con relación a los derechos "individuales y nacionales". ¿Son los derechos indígenas simples añadidos de carácter "especial" a este sistema normativo establecido (algo que se evidencia claramente en la Constitución de Brasil), parte de un pluralismo jurídico "subordinado"? O, más bien, ¿forman parte de la necesidad cada vez más urgente de repensar y refundar el Estado y la sociedad, haciendo las diferencias sociohistóricas y culturales partes constitutivas de ellos? Al respecto, ¿qué sucede con los derechos de los pueblos afrodescendientes? Sin tener el mismo nivel de reconocimiento internacional que tienen los indígenas, ¿cómo concebir su especificidad?

El caso del Ecuador es ilustrativo. Como he señalado en otros lugares,[18] la Constitución de 1998 permitió por primera vez el reconocimiento de los pueblos indígenas como sujetos de derechos (pero no de la misma manera los pueblos afro), cuyo ejercicio implica la existencia en el país de diversos sistemas normativos. Conjuntamente con otros artículos, se dejó claro que las normas, costumbres y autoridades indígenas "constituyen y generan un Derecho diverso y autónomo del Derecho estatal, aunque articulado a éste en los términos que la Constitución establece."[19]

La nueva Constitución de 2008 hace un avance afirmando que "los derechos se podrán ejercer, promover y exigir de forma individual o colectivo ante las autoridades competentes [que] garantizarán su cumplimiento (Art.11). Reconoce (aun como régimen especial) y garantiza – de conformidad con la Constitución y los pactos, convenios e instrumentos internacionales – 21 derechos colectivos (Art. 57). Además da pleno reconocimiento a la justicia indígena, pero claro es, siempre bajo el ojo de la -mal denominada – "jurisdicción ordinaria":

> Las autoridades de las comunidades, pueblos y nacionalidades indígenas ejercerán funciones jurisdiccionales, con base en sus tradiciones ancestrales y su derecho propio,

---

derechos colectivos, destacando la acción popular e integrando seis tipos de derechos: fundamentalísimos, fundamentales y civiles, políticos, de las minorías, de los pueblos indígenas, originarios y campesinos, ambientales y económicos, sociales y culturales. A pesar de su obvio avance en término de la población mayormente indígena, mantiene los afrobolivianos al margen. Con todo lo que está ocurriendo en la política del gobierno boliviana hoy, particularmente con el caso del parque nacional de territorio ancestral indígena TIPNIS, podemos preguntar sobre la real vigencia y aplicación de los derechos y del orden jurídico plural.

[18] Ver Catherine Walsh "Interculturalidad, reformas constitucionales y pluralismo jurídico", en J. Salgado (comp.). *Justicia indígena. Aportes para un debate*. Quito: UASB/ Abya Yala, 2002, y Walsh, *Interculturalidad, Estado, Sociedad, op.cit.*

[19] Julio Cesar Trujillo, Agustín Grijalva, y Ximena Endara, *Justicia indígena en el Ecuador*, Quito, Universidad Andina Simón Bolívar / Abya Yala, 2001, 36, 39.

dentro de su ámbito territorial, con garantía de participación y decisión de mujeres. Las autoridades aplicarán normas y procedimientos propios para la solución de sus conflictos internos, y que no sean contrarios a la Constitución y a los derechos humanos reconocidos en instrumentos internacionales. El Estado garantizará que las decisiones de la jurisdicción indígena sean respetadas por las instituciones y autoridades públicas. [...] La ley establecerá los mecanismos de coordinación y cooperación entre la jurisdicción indígena y la jurisdicción ordinaria (Art. 171).

A pesar de los avances que todo eso indica en términos del pluralismo jurídico, el problema sigue siendo igual: eso es al "abrir" el sistema jurídico – pluralizándolo – sin necesariamente repensar y refundarlo en su conjunto, una tarea que me parece necesario en un país y Estado ahora autodeclarados como "plurinacional e intercultural". Claro es que podemos cuestionar el significado real de esta declaración ante la política actual del gobierno ecuatoriano. A ratificar, menos de tres meses después de la aprobación popular de la nueva Constitución, una Ley de Minería que da prioridad a las compañías extractivistas sobre los pueblos y sus territorios ancestrales, a instalar una persecución y criminalización de lideres y dirigentes indígenas nunca antes visto, a eliminar el manejo y control de las organizaciones indígenas nacionales de sus procesos educativos, entre muchos otros puntos, se hace una burla a la afirmación constitucional de lo plurinacional e intercultural.

Pero también hay otro problema dentro de la Constitución misma. Ese es al concebir el pluralismo a partir de la diferencia ancestral indígena como derecho mayor, así subordinado a los descendientes de la diáspora africana a ello, algo asimismo evidente en los instrumentos internacionales.

Algo semejante ocurre en la Constitución de Brasil donde las luchas del reconocimiento jurídico de las comunidades quilombolas no han recibido la misma atención o interés que el reconocimiento indígena. Mientras esta Constitución dedica un capítulo para los indios, las comunidades quilombolas aparecen sólo como "remanescentes" y dentro de una "disposición transitoria" (Art.68) sin garantía plena de sus derechos colectivos culturales, sociales y territoriales.[20] En un país de mayoría negra, llama la atención que además de esta consideración mínima, los afrobrasileños en su conjunto – y con las diferencias a su interior – están prácticamente ausentes.

Eso apunta un problema adicional: la manera de reconocer jurídicamente los afrodescendientes – como individuos, como comunidades o como "pueblos" de raíz ancestral. Ecuador es el único país en América Latina y el mundo que ha hecho el reconocimiento jurídico como "pueblos", el que así permite el estatus de derechos colectivos, conocimiento colectivo, propiedad colectiva y formas ancestrales de organización territorial (sin ser dueños – como también es el caso de los indígenas – de los recursos no renovables).[21] Derechos y formas de organización que por incluir niveles de autodeterminación, autogobierno y autonomía, abren consideraciones – aunque no explicitados en la Constitución ecuatoriana – a asuntos de ejercicio del pluralismo jurídico. Consideraciones que, para los pueblos y comunidades afros tanto de Ecuador

---

[20] Ver César Augusto Baldi, "O reconhecimento jurídico das comunidades quilombolas", *Consultor Jurídico*, 30 de julio de 2008. <http://www.conjur.com.br/2008jul30/reconhecimento_juridico_comunidades_quilombolas>.

[21] Otro punto para recalcar en la nueva Constitución ecuatoriana es la incorporación dentro de los derechos fundamentales de la prohibición y sanción de la discriminación, como también la inclusión de medidas de acción afirmativa. Ver Catherine Walsh, "Acción afirmativa en perspectiva afroreparativa", en *Pueblos afrodescendientes y derechos humanos*, J.A. Sánchez y V.J Pila Avendaño (eds.), Quito, Ministerio de Justicia, 2011.

como de América Latina, forman parte de un derecho ancestral y territorial que los Estados todavía poco interesan y comprenden.[22]

Todo eso es de resaltar tres puntos y problemas claves:

1. El entendimiento del pluralismo jurídico como poco más que el reconocimiento oficial de la siempre existente jurisdicción indígena, obviando las distintas maneras que se ejercen jurisdicciones negras;

2. La identificación del pluralismo jurídico como algo "especial" con relación al sistema ordinario nacional, un añadido sin pretensión de inspirar e incitar un cambio de carácter plurinacional (siendo Bolivia el único ejemplo contrario); un pluralismo jurídico subordinado, subyugado y, por tanto, "no-ordinario".

3. Las contradicciones inherentes en el reconocimiento, oficialización, codificación y regularización del derecho "propio" no-estatal.

Como bien señala Assies, "la legalización bien puede ser un dispositivo en la tecnología del poder, dominación y domesticación."[23] No necesariamente implica o asegura la igualdad o la equidad. El mismo hecho de que exista más de un sistema jurídico, no asegura que exista, siempre, la justicia adecuada y apropiada. No asegura que la supuesta superioridad del derecho positivo y estatal no regirá sobre el otro, que los derechos individuales y colectivos no entrarán en contradicción o que el problema de las relaciones del poder y de los conflictos interculturales desaparecerá. Tampoco asegura una consideración de la real complejidad de la diferencia colonial ni un cambio inmediato en las creencias y actitudes de la gente. De hecho, podría complicar la situación previa si no existe a la vez un rehacer crítico del orden normativo dominante y su permanencia como único ordenador.

Estas problemáticas reales son indicativas de la naturaleza engorrosa del pluralismo jurídico -particularmente en su manifestación y uso "subordinado" – y su arraigamiento a sistemas vistos como homogéneos y claramente delimitados, sin que necesariamente exista una relación entre ellos. Tal perspectiva se encuentra enraizada en el pensamiento occidental que promueve el conflicto y la separación entre modos de pensar y actuar en el mundo, siempre sobreponiendo uno al otro. En cierta forma, el pluralismo jurídico está dentro de este mismo paradigma de pensar; se concibe a partir de una *interpretación pluricultural* de la esfera de justicia que hace resaltar la separación y oposición de dos o más modos de concebir y practicar el derecho, uno siendo la normativa nacional y la otra u otras diferente(s) a ella, la última siendo un añadido a la estructura legal establecida. Reconocer el pluralismo jurídico es aceptar el conflicto y la imposibilidad de convergencias entre estos sistemas. El propósito es dar atención y cabida a la particularidad étnica histórica y tradicional, no a repensar o transformar la estructura e institución jurídica en su totalidad. Por es, el pluralismo jurídico podría ser – así en su forma subordinada – un componente de la que criticamos anteriormente: la interculturalidad funcional.

---

[22] Al respecto de este derecho ancestral, ver Juan García y Catherine Walsh, "Derechos, territorio ancestral y el pueblo afroesmeraldeño", en *Informe de Derechos Humanos de 2009*, Quito, Universidad Andina Simón Bolívar, 2010.

[23] Willem Assies, "La oficialización de lo no oficial: ¿Re-encuentro de dos mundos?," texto preparado para el Curso Identidad, autonomía y derechos indígenas: Desafíos para el Tercer Milenio, Arica, Chile, 2000. (NE – Incluído nesta coletânea).

En este sentido y sin descontar la importancia de su reconocimiento, particularmente dentro de un marco y práctica de simetría, igualdad y paridad, quiero poner en consideración la tercera y última temática: la posibilidad de trabajar hacia la interculturalidad o la *interculturalización* crítica jurídica y hacia una interpretación y construcción jurídica de carácter *inter*cultural.

III La interculturalidad crítica jurídica, y la interpretación y construcción jurídica intercultural

Ahora bien, el problema no es el pluralismo jurídico en sí, sino el sistema de derecho nacional que sigue operando a partir de y con relación a un marco eurocéntrico, racializado, moderno-colonial, un marco centrado en el individuo y los intereses económicos, un marco ajeno, en su gran parte, de las realidades de gran parte de las poblaciones nacionales, sea de Brasil, Ecuador o América Latina en su conjunto. Aquí surgen preguntas distintas: ¿Qué ofrecen los derechos indígenas y afro para el derecho ya establecido, el así denominado derecho "nacional"? ¿No debería ser éste también repensado y refundado tomando en cuenta los criterios de la pluralidad e interculturalidad, y las realidades múltiples y diversas de blancos, blanco-mestizos, indígenas y afros del campo y de los urbes? Desde esta perspectiva -además de impulsar una pluralidad jurídica no subordinado, que permita el funcionamiento en términos igualitarios y equitativos de diferentes sistemas normativos cada uno con sus filosofías, lógicas, racionalidades y prácticas de vida – ¿cómo también relacionar, articular y hacer converger los derechos indígenas y afro con el derecho "nacional," reconstituyendo este último plurinacionalmente e impulsando, a la vez, la construcción de una nueva inter-culturalidad jurídica – o mejor dicho, una *interculturalización jurídica* – para todos? Estas preguntas, a mi manera de ver, son centrales a los debates actualmente en curso.

Desde mi perspectiva, una interculturalización jurídica se concibe a partir de un marco distinto, el que encuentra sustento en la convergencia, la articulación y la complementariedad. Su afán no es desconocer o reemplazar el pluralismo jurídico. Más bien es profundizarlo, permitiendo que sirva como criterio para también pensar, pluralizar y equilibrar el derecho general "nacional". Al respecto podemos señalar tres aspectos claves para su consideración.

El primero parte de la dimensión histórico-colonial; es decir, de los intentos de imponer desde las culturas, ideologías y poderes dominantes una normativa jurídico-política como control social, subalternizando o negando por completo la existencia de formas y prácticas originarias, ancestrales y culturalmente distintas a ejercer la autoridad y la justicia y a salvaguardar la armonía social. Es esta dimensión histórico-colonial -que predata y transciende al Estado como también a las varias generaciones de derechos humanos – la que evidencia y mantiene presente el conflicto intercultural que está al fondo del tema de los derechos; conflicto que demanda, más que un simple reconocimiento de otros sistemas normativos, la creación de nuevas estructuras jurídicas y una transformación constitucional integral de forma decolonial.

El segundo aspecto -que se desprende del primero – tiene que ver con la actualización y el fortalecimiento de los sistemas "propios", como paso necesario para poder construir relaciones y comprensiones interculturales, intersistémicas o inter-jurídicas, e intercivilizatorias. Eso implica considerar las varias maneras ancestrales y contemporáneas de construir y ejercer pertenencia y convivencia, incluyendo, con respecto a la naturaleza y a la madre tierra, la territorialidad, las soberanías y las autonomías; la institucionalidad, y los saberes, valores y normas, incluyendo la espiritualidad-religiosidad, que rigen y cimientan lo socio-cultural-colectivo, tanto en espacios rurales como en urbanos. Más que sólo fortalecer lo propio, esta reconstrucción y consideración permitirían vislumbrar el impacto e influencia fragmentadores del modelo neoliberal capitalista, alentando la posibilidad de sistemas y prácticas a la vez propios y contrahegemónicos.[24]

El tercer aspecto tiene que ver con los esfuerzos por conciliar y articular, con miras hacia una posible convergencia que admita la creación de nuevas estructuras y una nueva institucionalidad jurídica plurinacional e intercultural. Aquí la idea no es reemplazar o sintetizar la pluralidad ni simplemente incluirla en el sistema "nacional" pluralizándolo, para permitir derechos en paralelo. Más bien, es la de buscar un reconocimiento e incorporación integrales como también una relación entre estos órdenes distintos yendo más allá de la polarización presente en el derecho positivista entre derecho colectivo y derecho individual. Es decir, se busca una *interculturalización* entre las formas de comprender y ejercer los derechos que son formas civilizatorias además de culturales; estoy hablando de una dinámica que permite transformar a la vez el curso jurídico político para todos.

Un ejemplo concreto se evidencia en el reconocimiento de los derechos de la Naturaleza en la Constitución del Ecuador (2008), en la Ley boliviana de la Madre Tierra (2010), y en los derechos de la Naturaleza recientemente establecidas en más de cien ordenanzas locales en los Estados Unidos como manera de enfrentar políticas extractivistas y argumentar por la unión y relación complementaria -no binaria – de humanos-Naturaleza. Todos estos avances son claras muestras de las interculturalizaciones actualmente ocurriendo en el campo jurídico, transformaciones que se podrían extender al mundo con la Declaración Universal de los Derechos de la Madre Tierra, desarrollada en Cochabamba, Bolivia en abril 2010 en el seno del el Congreso Mundial del Cambio Climático de los Pueblos, y por ser presentada en junio 2012 a la reunión de Naciones Unidos de Río+20. La nueva atención mundial a la llamada "jurisprudencia de la tierra" es una evidencia más de las interculturalizaciones jurídicas emergentes.[25]

Una interpretación intercultural e intercivilizatoria también podría posibilitar la utilización, de manera estratégica, de los recursos del derecho colectivo o propio para asegurar la función de justicia para sujetos indígenas o afros fuera de su comunidad y dentro de la jurisdicción del derecho individual. Además, podría abrir la posibilidad de jueces que hablan las lenguas de los pueblos y comunidades, competentes

---

[24] Por ser arraigados a la vida, los sistemas de justicia indígenas -y afro, aunque se debate al interior de estas mismas comunidades sobre si existen "sistemas" o más bien prácticas-, siempre han partido de la integración con la naturaleza. Por ende, expresa una posición muy distinta a la del derecho positivista que parte del individuo como sujeto del Estado monocultural, individuo abstraído de su entorno. No obstante, estos sistemas "propios" también han sido impactados, desestabilizados y, a veces, comprometidos y cooptados, debido a la presencia e intervención de compañías transnacionales, la extracción de recursos nacionales, la corrupción de dirigentes, la toma de tierras por colonos, la migración temporal, y todos los conflictos, divisiones y pugnas que estos cambios han propiciado.

[25] Ver, por ejemplo en inglés, Cormac Cullinan *Wild Law. A Manifiesto por Earth Justice*, segunda edición, Vermont: Chelsea Green Publishing, 2011, Varios, *The Rights of Nature. The Case for a Universal Declaration of the Rights of Mother Earth*, San Francisco: Council of Canadians, Fundación Pachamama, Global Exchange, 2011.

en término de la juridicidad indígena, afro y quilombola, y el establecimiento de prácticas de ejercicio de justicia dentro de tribunales que involucren además de jueces estatales, autoridades de los pueblos y comunidades.[26] Algo similar aparece en el planteamiento de la Subprocuradora General de la República de Brasil Ela Wiecko de Castillo, cuando habla de la necesidad de un "traductor cultural", un profesional capaz de entender las distintas partes y su contexto socio-político y cultural, evitando que el "sistema judicial ignore la diversidad cultural y aplique el derecho siempre desde el punto de vista étnico-dominante."[27] Sin embargo, es importante mantener en cuenta que siempre se pierde algo en la traducción.

Adicionalmente demandaría que la justicia, en su conjunto, tenga un sentido intercultural, propiciando el análisis de delitos desde los contextos culturales en los que se cometen, y alentando una consideración de las diferencias culturales y una conciliación en torno a ellas. La aplicabilidad de este análisis y consideración se extiende a todo no indígena juzgado en territorio indígena como también al indígena o afro que pertenece una comunidad territorial juzgado dentro de la jurisdicción "nacional". Puede también extenderse a los conflictos interculturales, tanto entre colectividades – entre distintos pueblos indígenas, entre indígenas, campesinos, comunidades negras y quilombolas con sus lógicas distintas del territorio ancestral y derecho colectivo-, como entre la colectividad y el individuo, desafiando la polarización tan común en el derecho positivo entre un derecho absolutamente individual o absolutamente colectivo como existe, por ejemplo, con relación a la propiedad.

Ciertamente otro punto crítico a considerar gira en torno a la jurisdicción, ejercicio y aplicación de derechos más allá de una base territorial ancestral. Tal consideración es especialmente importante porque permite reconocer las maneras variadas contemporáneas de constituir y vivir en "comunidad" y "colectividad", incluyendo ellas inventadas en las migraciones y comunidades urbanas, incluyendo las favelas.

Estos casos requieren incluir, como parte de un sistema jurídico intercultural, distintas maneras de concebir y ejercer los derechos, tanto individuales como colectivos, permitiendo que los pueblos indígenas y afrodescendientes sean considerados simultáneamente como individuos y como colectividades. De esta manera, los derechos de la colectividad pueden ser otorgados a miembros del grupo (individuos), al grupo como un todo o a un territorio donde el grupo constituye la mayoría. Todo esto abre también a consideración el hecho de que todas las comunidades no son necesariamente de carácter monolítico y homogéneo sino que en su formación y a su interior existe también una interculturalización, que el derecho no debe pasar por alto.

La interpretación intercivilizatorio-intercultural o, si se prefiere, la interculturalidad o interculturalización jurídica, no desplaza al pluralismo jurídico; profundiza su práctica y comprensión más allá de los sistemas y prácticas propios y del paradigma de oposición. Requiere que el sistema "uni-nacional" y su lógica-razón jurídica también se pluralicen e interculturalicen dentro de un marco de justicia, que parta de la realidad del país y no sólo del modelo del derecho moderno-universal-occidental-individual,

---

[26] En este sentido, es instructiva la experiencia canadiense. A partir de una práctica denominada "círculos de justicia", se construye un proceso de juzgamiento que involucra a autoridades propias indígenas conjuntamente con jueces del Estado, en un proceso dialógico que busca consenso.

[27] Ver César Augusto Baldi, "Discussão sobre indígenas tem de abandonar concepção racista", *Consultor Jurídico*, 2 de junio de 2008.

modelo que, sin duda, es el que ha venido perpetuando la colonialidad; la autoridad pública monocultural, excluyente y clientelar, es clara manifestación de ella.

Esta interpretación *inter*, especialmente en sus aspectos delineados aquí, busca lo que Albó[28] ha llamado un *enriquecimiento y posible convergencia intercultural jurídica*. Esto permite incorporar de abajo hacia arriba, algunos principios subyacentes en el derecho propio ancestral al derecho estatal. Pero también requiere asumir y enfrentar con responsabilidad los proyectos políticos fundantes racializados y excluyentes de la nación, para así empezar a construir una convivencia social donde la diferencia e igualdad puedan empezar a entretejerse. Este proceso se puede entender como estrategia para enfrentar la colonialidad aún viviente, como herramienta crítica en el camino decolonial hacia la construcción de una propuesta (inter)civilizatoria alternativa y de un Estado y sociedad radicalmente distintos.

A modo de cerrar

No hay receta ni tampoco un modelo ideal para repensar, reconstruir y refundar los sistemas de derecho y justicia en Brasil o América Latina, más que todo de manera que tome distancia de los legados coloniales, prototipos eurocéntricos y proyectos nacionales homogeneizantes y excluyentes. Tampoco es suficiente un cambio radical constitucional – como el caso del Ecuador demuestre – si no hay voluntad del gobierno y medidas de control desde la sociedad. Sin embargo, lo que si se evidencia, cada vez más, es que el tiempo ya ha llegado de reconocer el daño hecho por asumir la modernidad euro-centrada como patrón única, por negar, blanquear y asimilar las diferencias, reproducir una matriz colonial arraigada al uso de la idea de "raza" y las prácticas de racialización, e imponer instituciones sociales desde una perspectiva, imaginario y Estado monocultural y uni-nacional.

Este artículo, además de poner en escena esta problemática, intentó trazar algunos caminos posibles desde la interculturalización jurídica y el proyecto político, social, epistémico y ético de la interculturalidad, caminos encaminados hacia derrumbar el mito de la democracia racial, posicionarse en contra de la matriz colonial y abrirse a formas "otras" de asumir y hacer converger lo plural de lo nacional. Asumir este reto y darle práctica y concreción desde los campos sociales, políticos y jurídicos no es labor solo de abogados o gobernantes, sino de todas y todos que trabajamos y luchamos por una con-vivencia distinta, por el *buen vivir* y no por el principio capitalista de simplemente vivir mejor.

Referencias

Albó, Xavier, "Derecho consuetudinario, posibilidades y límites", Documento inédito, 2000.

Assies, Willem, "La oficialización de lo no oficial: ¿Re-encuentro de dos mundos?," texto preparado para el Curso Identidad, autonomía y derechos indígenas: Desafíos para el Tercer Milenio, Arica, Chile, 2000.

Baldi, César Augusto, "Discussão sobre indígenas tem de abandonar concepção racista", *Consultor Jurídico*, 2 de junio de 2008.

---

[28] Albó, *Op.cit.*

Baldi, César Augusto, "O reconhecimento jurídico das comunidades quilombolas", *Consultor Jurídico*, 30 de julio de 2008. <http://www.conjur.com.br/2008-jul-30/reconhecimento_juridico_comunidades_quilombolas>.

Bellido, María Soledad, "Interculturalidad y pluralismo jurídico", *Derecho – Revista de la Facultad de Derecho*, 2008. <http://www.unsa.edu.pe/escuelas/de/rev.../093-100_08_MBellidoA01.pdf>

Chávez, Gina y García, Fernando, *El derecho a ser: diversidad, identidad y cambio. Etnografía jurídica indígena y afroecuatoriana*, Quito, FLACSO / Petroecuador, 2004.

Cullinan, Cormac. *Wild Law. A Manifiesto por Earth Justice*, segunda edición, Vermont, Chelsea Green Publishing, 2011.

CRIC, *¿Qué pasaría si la escuela…? 30 años de construcción de una educación* propia, Popayán, Consejo Regional Indígena de Cauca, 2004.

García, Juan y Walsh, Catherine, "Derechos, territorio ancestral y el pueblo afroesmeraldeño", en *Informe de Derechos Humanos de 2009*, Quito, Universidad Andina Simón Bolívar, 2010.

Fanon, Frantz, *Los condenados de la tierra*. México, Fondo de Cultura Económica, 1969.

Figueroa, Isabela, "A Convenção 169 da OIT e o dever do Estado brasileiro de consultar os povos indígenas e tribais", en *Convenção 169 da OIT sobre povos indígenas e tribais: oportunidades e desafios para sua implementação no Brasil*, São Paulo ISA, mayo 2009.

Oliveira, Luiz Fernandes, *Historias da África e dos africanos na escola*, Tesis doctoral, Pontifícia Universidade Católica, Río de Janeiro, abril 2010.

Pérez-Bustillo, Camilo, "De la ciudadanía multicultural a la interculturalidad: intentos recientes de reconstrucción del estado en México, Guatemala y Colombia," Ponencia presentada en LASA, Washington D.C., 2001.

Quijano, Aníbal, "Colonialidad del poder y clasificación social", en *Journal of World Systems Research*, Vol. 6, No. 2, Binghamton, NY, State University of New York Binghamton, 2000, 342-386.

Santos, Boaventura de Sousa, *La globalización del derecho: los nuevos caminos de la regulación y la emancipación*, Bogotá, Universidad Nacional de Colombia, 1998.

Stavenhagen, Rodolfo, "Los movimientos indígenas en América Latina", *Nuevamérica/Novamerica*, No.17, 2008, 4-17.

Tubino, Fidel, "La interculturalidad crítica como proyecto ético-político", Encuentro continental de educadores agustinos, Lima, enero 24-28,2005.<http://oala.villanova.edu/congresos/educación/lima-ponen-02.html>.

Varios. *The Rights of Nature. The Case for a Universal Declaration of the Rights of Mother Earth*, San Francisco: Council of Canadians, Fundación Pachamama, Global Exchange, 2011.

Walsh, Catherine."Acción afirmativa en perspectiva afroreparativa", en *Pueblos afrodescendientes y derechos humanos*, J.A. Sánchez y V.J Pila Avendaño (eds.), Quito, Ministerio de Justicia, 2011.

Walsh, Catherine, "Desenvolvimento como Buen Vivir: arranjos institucionais e laços (de)coloniais", *Nuevamérica/Novamerica*, No.126, abril-junio 2010, 27-31.

Walsh, Catherine, "Development as *Buen Vivir*: Institucional Arrangements and (De)colonial Entanglements," *Development* (Roma, Society for International Development), marzo 2010, 15-21.

Walsh, Catherine, *Interculturalidad, Estado, Sociedad: Luchas (de)coloniales de nuestra época*, Quito, Universidad Andina Simón Bolívar/Abya Yala, 2009.

Walsh, Catherine, "Interculturalidad, reformas constitucionales y pluralismo jurídico", en Judith Salgado (comp.), *Justicia indígena. Aportes para un debate*. Quito, Universidad Andina Simón Bolívar/ Abya Yala, 2002.

Informação bibliográfica deste artigo, conforme a NBR 6023:2002 da Associação Brasileira de Normas Técnicas (ABNT):

WALSH, Catherine. Interculturalidad crítica y pluralismo jurídico: Reflexiones en torno a Brasil y Ecuador. *In*: BALDI, César Augusto (Coord.). *Aprender desde o Sul*: Novas constitucionalidades, pluralismo jurídico e plurinacionalidade. Aprendendo desde o Sul. 1. ed. Belo Horizonte: Fórum, 2015. p. 343-358

PARTE III

DEMOCRACIA DE ALTA INTENSIDADE E DESAFIOS DA PLURINACIONALIDADE

CONSTITUIÇÃO X DEMOCRACIA. A ALTERNATIVA PLURINACIONAL BOLIVIANA

JOSÉ LUIZ QUADROS DE MAGALHÃES

Introdução

O século XXI começou com uma importante novidade: o estado plurinacional enquanto construção social que desafia a teoria constitucional moderna. Embora possamos encontrar traços importantes de transformação do constitucionalismo moderno já presentes nas constituições da Colômbia de 1991 e da Venezuela de 1999 são as constituições do Equador e da Bolívia que efetivamente apontam para uma mudança radical que pode representar inclusive uma ruptura paradigmática não só com o constitucionalismo moderno mas com a própria modernidade.

O processo de transformação em curso, especialmente na Bolívia, apresenta um potencial transformador radical e representa um desafio para os estudiosos do tema. Como declarou, recentemente, em entrevista divulgada por meios impressos e eletrônicos, o filósofo e psicanalista esloveno Slavoj Zizek, as transformações radicais por que passa a humanidade na contemporaneidade representam um desafio para os intelectuais.

É fundamental que a Universidade, que as pessoas que se dedicam a estudar e compreender o mundo em que vivemos se voltem à tarefa de decifrar, entender, o que acontece. O mundo moderno (os últimos quinhentos anos europeus) está se esgotando, e com este mundo muitas de suas criações. É obvio que uma ruptura, uma mudança paradigmática no campo da história e das ciências sociais nunca será total. É claro que o presente está impregnado de passado, assim como o futuro estará impregnado do presente.

Não estamos negando as contribuições da modernidade européia e suas revelações de encobrimentos passados. As condições de rupturas históricas são criadas muito antes de acontecerem. Os fatos, suas interpretações e compreensões, a história (não linear é claro) se mistura, se entrelaça, e resulta em novos processos, revela e encobre, transforma. Estamos em um momento de revelações. Muitos dos encobrimentos promovidos pelo mundo moderno estão agora se revelando.

O que pretendemos neste texto é buscar entender as rupturas possíveis no campo da Teoria da Constituição e da Teoria do Estado. Para isto vamos desenvolver reflexões sobre determinados eixos que acreditamos são essenciais para compreender o processo em curso na Bolívia a partir da Constituição Plurinacional.

Como proposição inicial de estudo e reflexão necessários outros pontos:

a) A relação histórica moderna entre Constituição e democracia. O estudo deste aspecto do constitucionalismo moderno é muito importante para entender uma das contribuições mais importantes do constitucionalismo plurinacional (que supera a modernidade europeia). O constitucionalismo moderno não nasceu democrático e sua democratização ocorreu por meio de processos de muita luta, especialmente do movimento operário no decorrer do século XIX.[1] O liberalismo se mostrou inicialmente incompatível com a democracia majoritária e mesmo após o "casamento" entre constituição e democracia representativa majoritária a resistência do liberalismo sempre foi muito grande aos mecanismos efetivamente democráticos includentes.[2] De certa forma assistimos isto até hoje quando os imperativos econômicos liberais impostos pela União Europeia (o banco central europeu) e organizações internacionais como o Fundo Monetário Internacional ignoram ou até mesmo combatem mecanismos democráticos representativos que interfiram em pseudo verdades econômicas. O "novo constitucionalismo" que surge na América do Sul traz consigo o conceito de democracia consensual não hegemônica para o qual as construções teóricas modernas dos direitos fundamentais sobre a necessidade de mecanismos contra majoritários e da existência de vitórias temporárias de argumentos debatidos podem ser não aplicáveis (veremos isto mais adiante). Não falaremos de argumento vitorioso ou de melhor argumento, o diálogo não será interrompido pela votação e a conquista da maioria, e, logo, não serão necessários mecanismos contra majoritários onde a regra será o permanente diálogo não hegemônico com fins de construir consensos sempre temporários. Na democracia majoritária representativa moderna, a votação interrompe cada vez mais cedo o debate (não há muito tempo para o diálogo) de forma que em muitas circunstâncias só restou o voto sem debate. É necessário decidir, daí a necessidade do voto. Como a decisão deve ser tomada cada vez mais rapidamente em muitos casos, só restou o voto. É a "democracia majoritária" ou a construção de maiorias contra a própria democracia. Este será o eixo desenvolvido neste artigo.

b) Outro eixo para discussão é o embate uniformização "versus" a diversidade.[3] O Estado moderno é uniformizador, normalizador. Desta uniformização (homogeneização) depende a efetividade de seu poder. A criação (invenção histórica) de uma identidade nacional para os estados nacionais é uma necessidade do Estado. Para que os diversos grupos que integram e

---

[1]   ELEY, Geoff. *Forjando a democracia – a história da esquerda na Europa, 1850 – 2000*. São Paulo: Fundação Perseu Abramo, 2005.

[2]   LOSURDO, Domenico. *Liberalismo, entre a civilização e a barbárie*. São Paulo: Ed. Anita Garibaldi, 2008.

[3]   NE – Sobre a discussão sobre a plurinacionalidade e os impasses das políticas multiculturais, vide a seção específica neste livro.

habitam os territórios dos novos estados, que começam a se constituir no século XVI, reconheçam o único poder central do Estado, é fundamental que se crie uma nova identidade por sobre as identidades pré-existentes. Esta é a principal tarefa deste novo poder, e, logo, do direito construído a partir daí, o direito moderno. Esta modernidade uniformizadora decorre de duplo movimento interno nestes novos estados que podem ser representados com clareza na expulsão dos mais diferentes (por exemplo, os mouros e judeus da península ibérica) simbolizada pela queda de Granada em 1492 e a uniformização dos menos diferentes pela construção de uma nova identidade nacional (espanhóis e portugueses, por exemplo), por meio de um projeto narcisista de afirmação de superioridade sobre o outro (o estrangeiro inferior, selvagem, bárbaro ou infiel que cria o dispositivo "nós X eles") e da uniformização de valores por meio da religião obrigatória que se reflete no direito moderno com a uniformização do direito de família e do direito de propriedade que permite e sustenta o desenvolvimento do capitalismo como essência da economia moderna (com a criação de uma moeda nacional, um banco nacional, um exército nacional e uma polícia nacional essencial ao capitalismo). Todo o direito moderno segue este padrão hegemônico e uniformizador. Isto se reproduz no direito internacional (essencialmente hegemônico e europeu como se pode ver, por exemplo, em documentos e instrumentos como o Tratado de Versalhes e a Carta da Nações Unidas, com a previsão do Conselho de Tutela e o Conselho de Segurança). Daí a enorme dificuldade em se admitir o direito à diferença e o direito à diversidade enquanto direitos individuais e a dificuldade ainda maior em se admitir o direito a diversidade como direito coletivo. O constitucionalismo plurinacional rompe com isto. A sua proposta não é hegemônica, mas ao contrário, defende e constrói espaços de diálogos não hegemônicos para a construção de consensos. Como resultado do diálogo, não há um argumento vencedor, nem uma fusão de argumentos mas a construção de um novo argumento. Não há uniformização mas, ao contrário, este constitucionalismo parte da compreensão de um pluralismo de perspectivas, um pluralismo de filosofias, de formas de ver, sentir e compreender o mundo, logo, também, de um pluralismo epistemológico.[4] A enorme dificuldade do direito moderno em reconhecer a diversidade é ao contrario, a essência do constitucionalismo plurinacional: este constitucionalismo se constrói sobre a diversidade radical, que é seu fundamento.

c) Um terceiro eixo diz respeito ao pluralismo epistemológico. Alguns livros devem ser lidos para a compreensão desta perspectiva filosófica que acredito ser a sustentação deste novo constitucionalismo.[5]

d) Um quarto eixo de discussão é a possibilidade de superação de um sistema monojurídico ou bijurídico (Canadá?) por sistemas plurijuridicos

---

[4] OLIVÉ, Leon. *Pluralismo Epistemológico*. La Paz: Muela Del Diablo editores, 2009.

[5] SANTOS, Boaventura de Souza. *Pensar el estado y la sociedad*: desafios actuales. Buenos Aires: Wadhuter editores, 2009; LINERA, Alvaro Garcia. *El Estado. Campo de Lucha*. La Paz: Muela Del diablo editores, 2010; DUSSEL, Enrique. *1492: El encubrimiento del Outro – hacia El origem del mito de la modernidad*. La Paz: Plural editores, 1994.

que podem ser caracterizados especificamente pela existência de vários direitos de família e de propriedade e da existência de tribunais (judiciários locais) capazes de solucionar estes conflitos, além da constituição de tribunais (pluriétnicos e ou plurirepresentativos de grupos sociais distintos) enquanto espaços de construção de acordos, de promoção de mediações que promovam soluções consensuais para os conflitos, superando as soluções que marcam vitórias de argumentos de uns sobre outros.[6] Assim, um judiciário que tenha a função primeira de promoção de uma justiça plural (uma justiça de múltipla perspectiva) e não apenas um judiciário que decida rápido, apontando o argumento vencedor e com isto interrompendo o conflito sem solucioná-lo. Esta é uma perspectiva também muito interessante. Cada vez mais, assim como o voto interrompe o debate e a construção de consensos (argumentos novos), a decisão judicial que escolhe um argumento interrompe o conflito sem solucioná-lo. Isto é perigoso, uma vez que o conflito "terminado" pela sentença sem uma solução permanece latente e certamente voltará. Quando o Judiciário, antes de buscar justiça, busca decisão rápida, pode fazer com que os conflitos não solucionados, mas simplesmente terminados, voltem de forma mais violenta no futuro. Daí que a mesma lógica pode ser conquistada no Judiciário: no lugar de um argumento vitorioso, de um lado vitorioso, a justiça se fará pela composição do conflito por meio de consensos construídos em uma perspectiva plural e não uma ou uniformizada.

e) Outros eixos de discussão que, necessariamente, deverão ser enfrentados a partir dos eixos teóricos acima enumerados: a unidade latino-americana (ou indo-afro-latino americana) não pode passar pelos mecanismos uniformizadores do direito constitucional e internacional modernos.

f) A superação do debate tradicional entre culturalismo e universalismo pela solução dialógica não hegemônica do direito "plurinacional".

g) A necessidade de busca de um universalismo possível como um desafio teórico filosófico final (provisório), com a ajuda do filósofo e psicanalista Alain Badiou.[7]

Passemos então ao tema deste primeiro texto: a tensão histórica moderna entre a democracia e a constituição e sua possível superação no constitucionalismo plurinacional.

1 O constitucionalismo liberal e a conquista do voto igualitário

O constitucionalismo não nasceu democrático. E demorou muito tempo para se democratizar. Precisamos recuperar algumas informações históricas para entender este processo.

O Estado moderno (a partir de 1492) foi construído a partir de uma aliança entre nobreza, burguesia e o rei. Das três esferas de poder territorial (império, reino

---

[6] *Vide,* nesta coletânea, a seção específica sobre o pluralismo jurídico.

[7] BADIOU, Alain. São Paulo: Boitempo, 2009

BADIOU, Alain. *Circunstances, 3, Portées Du mot "Juif".* Paris: lignes et Manifestes, 2005.

e feudo) o estado moderno é construído a partir da afirmação do poder do rei sobre os senhores feudais (nobres), e da aproximação dos burgueses que, necessitando da proteção do rei, ajudam a financiar a construção do estado moderno. A insurreição dos servos ameaça o poder e posição de nobres e burgueses, que passam a necessitar da proteção do poder real, ou seja, de um poder centralizado, hierarquizado e uniformizado.

Assim, o capitalismo moderno se desenvolve a partir da necessária proteção do rei (do estado) para crescer. Não é possível capitalismo sem estado. O estado moderno cria o povo nacional, o exército nacional, a moeda nacional, os bancos nacionais, a polícia nacional. Sem isto, não teria sido possível o desenvolvimento da economia capitalista. A expansão militar, a conquista do mundo, a exploração de recursos naturais com a escravização de milhões de pessoas consideradas inferiores é fator fundamental para o desenvolvimento da economia capitalista. A polícia como mecanismo de repressão dos excluídos do sistema é outro fator primordial. Forças armadas para buscar recursos naturais para alimentar a indústria, e polícia para reprimir os explorados que produzem.

O segundo passo do estado moderno será o surgimento do constitucionalismo. As revoluções burguesas representam o amadurecimento da classe burguesa que se desenvolve sob a proteção do rei. Importante perceber esta aliança que está presente até hoje nos estados contemporâneos (ainda modernos). A burguesia se desenvolve sob a proteção do poder do rei, e justamente quando esta classe consegue mais poder econômico que a nobreza, passa a buscar o poder político. Este poder político é conquistado com as revoluções burguesas. A partir deste período, vamos assistir alianças ou rupturas provisórias com uma posterior acomodação do poder entre nobres e burgueses que se sustenta na Europa até hoje.

O constitucionalismo moderno surge da necessidade burguesa de segurança nas relações econômicas, nos contratos. Constitucionalismo significa, portanto, "segurança".

O constitucionalismo nasceu liberal e, logo, não nasceu democrático. Constitucionalismo e democracia são palavras e idéias incompatíveis para o pensamento liberal na época. Convém neste momento explicitar os significados históricos dos termos.

Os burgueses, agora com poder político, conquistado a partir do poder econômico, necessitavam de uma ordem jurídica estável, que lhes garantisse estabilidade, respeito aos contratos e a propriedade privada. A essência do constitucionalismo liberal será a "segurança" nas relações jurídicas por meio da previsibilidade, respeito aos contratos e proteção à propriedade privada. Agora, pela primeira vez, existia uma lei maior que o estado: a constituição. A função da constituição liberal é de afastar o estado da esfera privada, das decisões individuais dos homens proprietários. Assim, os burgueses, que cresceram sob a proteção do rei e do estado moderno, agora construíam uma ordem jurídica que lhes garantia liberdade para expansão segura de seus negócios. Mais uma vez lembramos: não há capitalismo sem estado moderno. É o estado moderno que permite o desenvolvimento da economia capitalista com o exército (para conquista de territórios com a finalidade de exploração de recursos e de mão de obra);[8] com a polícia para reprimir os excluídos; com a moeda nacional e

---

[8]   CUEVA, Mario de la. *La Idea de estado*. Universidad Nacional Autonóma de México: Fondo de cultura económica, 1994.

os bancos nacionais; com o direito nacional para padronizar, homogeneizar, e logo, coibir toda crítica, toda alternativa.

O constitucionalismo nasceu liberal (e logo, não democrático) com o objetivo de limitar o poder do estado frente aos direitos de homens, brancos, proprietários e ricos. A liberdade individual, fundada na propriedade privada, passa a ser a essência do novo ordenamento jurídico. Constitucionalismo significa segurança, e segurança é expressa no constitucionalismo pela busca de estabilidade econômica e social por meio da pretensão de permanência da constituição.

A norma constitucional é capaz de oferecer segurança uma vez que é superior a todas as outras normas e poderes do estado. A norma constitucional, portanto, traz estabilidade, uma vez que se pretende permanente. Superioridade da norma constitucional, rigidez constitucional (dificuldade de alterar o texto constitucional), mecanismos eficazes de controle de constitucionalidade das leis e atos; significam estabilidade, permanência e, logo, segurança.

Este primeiro passo do constitucionalismo é muito importante. Agora existia uma ordem jurídica constitucional superior a todo poder do estado. Entretanto esta ordem não era democrática. Os liberais, defensores da propriedade privada, da decisão individual, não podiam aceitar a democracia majoritária. O liberalismo, elitista e não democrático em sua essência, não podia admitir que a vontade do coletivo majoritário prevalecesse sobre a vontade do coletivo minoritário e sobre a vontade de cada um. O liberalismo vitorioso das revoluções burguesas viria garantir a liberdade de escolha individual de homens proprietários. A democracia majoritária se apresentava como incompatível com o liberalismo. Neste período, as constituições garantem direitos individuais de homens brancos, proprietários e ricos, criando uma ordem segura para os proprietários, mas excluindo radicalmente parcelas expressivas da população. As constituições liberais estabelecem o voto censitário.

O século XIX assiste um processo de transformação importante. A formação da identidade operária (o sentimento de classe operária) faz parte das novidades surgidas neste século. A situação de milhões de trabalhadores, depositados em fábricas, trabalhando todos os dias, a maior parte de suas horas de vida diária, permite que, gradualmente, estas pessoas, compartilhando a mesma situação de opressão e exploração no mesmo espaço (a fábrica) se organizem e comecem a reivindicar juntos melhores condições de vida.[9] Este é o momento de proliferação de sindicatos, considerados ilegais pela ordem liberal que os reprimia com direito penal e polícia, assim como é o momento de surgimento de boa parte dos partidos políticos modernos, especialmente os partidos de esquerda, vinculados aos sindicatos e ao movimento operário, como os partidos socialistas, trabalhistas, sociais democráticos e comunistas (muitos postos na ilegalidade pelo sistema liberal).[10]

Aos poucos, os operários começavam a sentir as profundas contradições do liberalismo. A promessa de uma ordem social e econômica sem privilégios hereditários (que aparecia no senso comum do discurso liberal) não se concretizou e a nova ordem mostrava-se cada vez mais próxima à ordem anterior. Os grandes

---

[9] ELEY, Geoff. *Forjando a democracia – a história da esquerda na Europa, 1850 – 2000*. São Paulo: Fundação Perseu Abramo, 2005.

[10] SEILER, Daniel-Louis. *Os partidos políticos*. Brasilia: Editora UnB, São Paulo: Imprensa Oficial do Estado, 2000.; DUVERGER, Maurice. *Les partis politiques*. Paris: Colin, 1980.

proprietários copiavam os costumes e práticas da nobreza. As leis produzidas nos parlamentos eleitos pelo voto censitário[11] eram sempre contrárias aos interesses da maioria. O trabalhador era sistematicamente punido e a pobreza era criminalizada. A conquista do voto igualitário masculino teve a participação determinante do movimento operário. É a partir deste momento que começa a ocorrer o casamento entre constituição e democracia.

Importante ressaltar que não de trata de uma fusão de conceitos: democracia e constituição são e não podem deixar de ser, conceitos distintos. Um existe sem o outro e a importante convivência entre estes dois conceitos é (em uma perspectiva da democracia representativa majoritária e do constitucionalismo moderno) sempre tensa. Uma convivência difícil mas necessária. Isto é o que vamos discutir agora.

2 Democracia "versus" constituição

Comentamos acima que o constitucionalismo moderno não nasceu democrático, e o seu processo de transformação e lenta democratização ocorreu por força dos movimentos sociais do século XIX, especialmente o movimento operário, os sindicatos e a constituição dos partidos políticos vinculados às reivindicações e lutas operárias.

Vimos que a função primeira de uma constituição liberal era oferecer segurança aos homens proprietários, e esta segurança era conquistada pela pretensão de permanência e superioridade da constituição, o que geraria estabilidade social e econômica para o desenvolvimento dos negócios dos homens proprietários.

Ao contrário da constituição, democracia significa transformação, mudança, e também, risco. Uma pergunta é necessária neste momento: porque democracia significa transformação, mudança?

A dicotomia entre segurança e risco, estabilidade e mudança, é uma dicotomia ocidental, que se encontra na raiz de nossas vidas. Ao contrário de uma perspectiva contraditória cultural entre busca do novo (risco) e busca de segurança, a transformação é, talvez, inerente a toda a forma de vida conhecida. Todo o universo de vida que conhecemos está em permanente processo de transformação. O próprio universo está em processo de expansão e transformação permanente. O ser humano, como ser histórico, contextualizado, é um ser em processo de transformação permanente, independentemente de sua vontade. Entretanto temos outra característica essencial. Somos seres históricos e, portanto, vítimas e sujeitos da história. Podemos construir nossa vida e nossas sociedades com um grau de autonomia racional razoável. Do ponto de vista psicológico, o que nos faz viver, o que nos coloca em pé todos os dias

---

[11] George Burdeau, comentando a Constituição burguesa francesa de 1814, salienta que não esteve em questão, em nenhum momento, a adoção do sufrágio universal pelos liberais. Estes consideravam o sufrágio universal como algo grosseiro. O direito de sufrágio não é considerado um direito inerente à qualidade de homem. O voto depende da capacidade dos indivíduos, e a fortuna aparecia como uma forma de demonstrar atitude intelectual e maturidade de espírito, além de garantir uma opinião conservadora típica (é claro) dos ricos. Neste período, o direito de voto depende de uma condição de idade (30 anos) e uma condição de riqueza. Para poder votar, era necessário pagar 300 francos de contribuição direta, o que, para época, era uma quantia considerável. Para se candidatar as exigências eram ainda maiores: 40 anos de idade e pagar 1.000 francos de contribuição direta. Em toda França, o número de eleitores não passava de 100.000 (1 eleitor para cada 300 habitantes) e o número de pessoas que podiam se candidatar não passava de 20.000. (BURDEAU, George; HAMON, Francis e TROPER, Michel, Droit Constitutionnel, Librairie Général de Droit e Jurisprudence, Paris, 1995, pag.316).

é a perspectiva de transformação, a busca do novo. Logo, uma sociedade livre e democrática, onde os destinos desta sociedade sejam fruto da vontade das pessoas que integram esta mesma sociedade, será uma sociedade em permanente processo de transformação. A sociedade democrática é uma sociedade de risco na medida em que é uma sociedade em mutação permanente.

Temos então a equação do constitucionalismo democrático moderno. A tensão permanente entre democracia e constituição; entre segurança e risco; mudança e permanência; transformação e estabilidade. A busca do equilíbrio entre estes dois elementos, aparentemente contraditórios, é uma busca constante. Democracia constitucional passa a ser construída sobre esta dicotomia: transformação com segurança; risco minimamente previsível; mudança com permanência.

Importante lembrar que esta teoria, esta tensão entre democracia e constituição, se constrói sobre conceitos específicos: constituição como busca de segurança e, portanto, como limite às mudanças. O papel da constituição moderna é reagir às mudanças não permitidas. Já, a democracia, é entendida como democracia majoritária e representativa.

A base da teoria da constituição moderna se fundamenta sobre esta dicotomia: a constituição deve oferecer segurança nas transformações decorrentes do sistema democrático. Como é oferecida esta segurança?

Para que a Constituição tenha permanência foram criados mecanismos de atualização do texto constitucional: reforma do texto por meio de emendas e revisões. As emendas constitucionais, significando mudança pontual do texto, podem ser aditivas, modificativas ou supressivas. A revisão implica em uma mudança geral do texto. As duas formas de atualização do texto devem ter, sempre, limites, que podem ser materiais (determinadas matérias que não pode ser reformadas em determinado sentido); temporais; circunstanciais (momentos em que a constituição não pode ser reformada como durante o estado de defesa ou intervenção federal); processuais (mecanismos processuais relativos ao processo de discussão e votação que dificultam a alteração do texto).

Desta forma, a teoria da constituição moderna, procurou equilibrar a segurança com a mudança necessária para que a constituição acompanhe as transformações ocorridas pela democracia representativa majoritária. É justamente esta possibilidade de mudança constitucional com dificuldade (limites) que permite maior permanência da constituição e, portanto, maior estabilidade do sistema jurídico constitucional. A constituição não pode mudar tanto que acabe com a segurança, nem mudar nada o que acaba com sua pretensão de permanência. Daí que não pode a teoria da constituição, admitir que as mudanças formais, por meio de reformas (emenda ou revisão), sejam tão amplas que resultem em uma nova constituição. Isto representaria destruir a essência da constituição: a busca de segurança. De outro lado, a não atualização do texto por meio de reforma, ou ainda, a não transformação da constituição por meio das mutações interpretativas (interpretações e reinterpretações do texto diante do caso concreto inserido no contexto histórico), pode significar a morte prematura da constituição destruindo a sua pretensão de permanência e, logo, afetando sua essência, a busca de segurança.

Este é o equilíbrio essencial do constitucionalismo moderno democrático, considerando democracia enquanto representativa e majoritária, e constituição enquanto limite e garantia de um núcleo duro imutável, contra majoritário, que protege os direitos fundamentais das maiorias provisórias. É a partir desta lógica que se pode compreender as teorias modernas da constituição.

Permanece ainda uma questão fundamental: como a constituição não pode mudar tanto que comprometa a segurança e de outra forma, não pode impedir as mudanças (se se pretende democrática), de forma que comprometa sua permanência, haverá sempre uma defasagem entre as transformações da sociedade democrática e as transformações da constituição democrática. O que decorre desta equação é o fato inevitável (dentro deste paradigma) de que a sociedade democrática mudará sempre mais e mais rápido do que a constituição é capaz de acompanhar. E isto não pode ser mudado, pois comprometeria a essência da constituição e da democracia (permanência x transformação; segurança x risco). Assim, inevitavelmente, chegará o momento em que a sociedade mudará mais do que a constituição foi capaz de acompanhar. Neste momento, a constituição se tornará ultrapassada, superada: é o momento de ruptura. A teoria da constituição apresenta uma solução para estes problemas: o poder constituinte originário, soberano, ilimitado do ponto de vista jurídico (e obviamente limitado no que se refere a realidade social, cultural, histórica, econômica).

Este é o momento de ruptura. Entretanto, dentro de uma lógica democrática constitucional esta ruptura só será legitima se radicalmente democrática. Só por meio de um movimento inequivocamente democrático será possível (ou justificável) a ruptura. Além disto, se só uma razão e ação democrática justifica a ruptura com a constituição, está ruptura só será legitima se for para, imediatamente, estabelecer uma nova ordem constitucional democrática.

Assim, a democracia só poderá legitimamente superar a constituição se for, para, imediatamente, elaborar e votar uma nova constituição democrática. A democracia acaba com a constituição criando uma nova constituição a qual esta democracia se submete. Esta é a lógica histórica do constitucionalismo democrático moderno. Veremos mais adiante como a democracia consensual plurinacional não hegemônica pode romper com esta lógica. Antes, porém, vamos discutir um pouco mais a lógica contra majoritária.

3 Os problemas da democracia majoritária

O "casamento" entre constituição e democracia significa, na prática, que existem limites expressos ou não às mudanças democráticas. Em outras palavras, existem assuntos, princípios, temas que não poderão ser deliberados. Há um limite à vontade da maioria. Existe um núcleo duro, permanente, intocável por qualquer maioria. A lógica que sustenta estes mecanismos se sustenta na necessidade de proteger a minoria (e cada um) contra maiorias que podem se tornar autoritárias, ou que podem desconsiderar os direitos de minorias (que poderão se transformar em maiorias). Assim, o constitucionalismo significa mudança com limites, transformação com segurança. Estes limites se tornaram os direitos fundamentais. O núcleo duro de qualquer constituição democrática (moderna, democrática representativa e majoritária) são os direitos fundamentais.

Assim, os direitos fundamentais construídos historicamente são protegidos pela constituição contra maiorias provisórias que, em determinados momentos históricos, podem ceder a tentações autoritárias. Uma pergunta comum seria a seguinte: pode a população, majoritariamente e livremente, escolher um regime de governo não democrático? O exemplo não é pouco comum, mas, geralmente é mal trabalhado. Muitas vezes a escolha de sistemas que não correspondem ao padrão ocidental de democracia é vista como uma escolha não legítima, uma vez que nega a democracia. Entretanto, o conceito de democracia é diverso, e as formas de organização históricas, assim como as formas de participação e construção da vontade comum em uma sociedade também, o que confere uma maior complexidade a este debate, na maioria das vezes, travado a partir de uma pretensa e falsa universalidade dos conceitos ocidentais.

Mas voltando a discussão realizada dentro do paradigma moderno de democracia constitucional ocidental (europeia), a resposta para a pergunta acima, a partir da compreensão da democracia constitucional, é que não pode a maioria decidir democraticamente contra a democracia. A estes mecanismos de proteção às conquistas históricas de direitos chamamos de mecanismos constitucionais contra majoritários. Em momentos de crise podem os cidadãos cederem às tentações autoritárias e reacionárias e a função da constituição é reagir a estas mudanças não permitidas. Há uma perspectiva evolucionista linear que sustenta esta tese: a proibição do "retrocesso" parte de uma perspectiva evolutiva muito confortável, e por isto, talvez, muitas vezes, falsa.

Um exemplo claro disto seria, por exemplo, considerar o direito fundamental à propriedade privada como um direito intocável. O retrocesso para alguns liberais seria a tentativa de limitar ou condicionar este direito. É claro que a discussão é contextualizada, e não é tão simples quanto parece. O que é um retrocesso? Sobre qual perspectiva teórico-filosófica podemos considerar a transformação ou até mesmo a superação de um direito fundamental como um retrocesso?

Outro aspecto é necessário ressaltar a respeito da democracia majoritária. O voto, confundido muitas vezes com a própria idéia de democracia, é, na verdade, um instrumento de decisão, ou de interrupção do debate, de interrupção da construção do consenso, e, logo, um instrumento usado pela "democracia majoritária" para interromper o processo democrático de debate em nome da necessidade de decisão.

Interessante notar que o tempo do debate, da exposição das opiniões está cada vez mais reduzido. Seja no parlamento, seja na sociedade, como mecanismo de democracia semidireta, o espaço dedicado ao debate de ideias e proposta se reduz. Cada vez mais cedo o debate é interrompido pelo voto, de maneira que em algumas situações vota-se sem debate como acontece com o surgimento de mecanismos de voto utilizando meios virtuais para a decisão sobre obras no orçamento participativo, por exemplo. O essencial do processo participativo que é o debate foi substituído prematuramente pelo voto. Outro aspecto importante do mecanismo majoritário é o fato de se escolher um argumento, projeto, ideia. A opção por um "melhor" argumento, por um argumento vitorioso por meio do voto pode se constituir em um mecanismo totalitário. Se todo o tempo somos empurrados a escolher o "melhor", mesmo que afirmemos que o argumento (projeto, idéia, política) derrotado permanecerá vivo, em uma cultura que premia todo o tempo o melhor, o destino do derrotado pode ser, muitas vezes, o esquecimento ou encobrimento. Vamos ver que no Judiciário vige a mesma lógica de argumentos vitoriosos e derrotados.

Assim, tanto no legislativo como no judiciário, a exposição de argumentos não visa a construção de uma solução comum, mas sim, a escolha do argumento melhor. A pretensão de vencer o argumento do outro (no parlamento e no judiciário) cria uma impossibilidade da construção de um novo argumento a partir do diálogo. O ânimo que inspira os debates no parlamento e no judiciário não é, em geral, a busca de uma solução comum, mas a busca da vitória. Logo, perde a racionalidade, que passa a ser comprometida pela emoção da vitória. A política, e mesmo o processo judicial, passa a ser um espaço cada vez mais comprometido com a parcialidade e muitas vezes com a mentira, mesmo que não consciente. Se o importante é vencer, se o importante é que o melhor argumento vença, não há nenhuma disposição para a composição, para ouvir o outro. No lugar de um diálogo direto entre duas perspectivas visando a composição, o aprendizado com o outro, ou a construção de um consenso onde todos ganhem, no processo majoritário estas perspectivas passam a ser mostradas, apresentadas de forma isolada, de forma a convencer não o outro, mas o juiz final, que se manifestará pelo voto. Este juiz pode ser o povo, em um plebiscito; os representantes no parlamento ou mesmo o juiz ou juízes em um processo judicial.

A democracia consensual, dialógica e não hegemônica parte de outros pressupostos e outra compreensão do papel da democracia e da constituição, assim como dos direitos fundamentais.

Vejamos.

4 Conclusão: A democracia consensual plural do novo constitucionalismo latino-americano

Uma vez compreendida as bases do constitucionalismo moderno fica mais fácil compreender a alternativa plurinacional de democracia, constituição e direitos fundamentais.

Comecemos pela democracia. Ao contrário da democracia moderna essencialmente representativa, a democracia do estado plurinacional vai além dos mecanismos representativos majoritários. Não quer dizer que estes mecanismos não existam, mas, sim, que devem ceder espaço crescente para os mecanismos institucionalizados de construção de consensos.

A proposta de uma democracia consensual deve ser compreendida com cuidado no paradigma do estado plurinacional. Primeiramente é necessário ver que esta democracia deve ser compreendida a partir de uma mudança de postura para o diálogo. Não há consensos prévios, especialmente consensos linguísticos, construídos na modernidade de forma hegemônica e autoritária. O estado moderno homogeneizou a linguagem, os valores, o direito, por meio de imposição do vitorioso militarmente. A linguagem é, neste estado moderno, um instrumento de dominação. Poucos se apoderam da língua, da gramática e dos sentidos que são utilizados como instrumento de subordinação e exclusão. O idioma pertence a todos nós e não a um grupo no poder. A linguagem, é claro, contém todas as formas de violência geradas pelas estruturas sociais e econômicas. Logo, o diálogo a ser construído entre culturas e pessoas deve ser despido de consensos prévios, construídos por esses meios hegemônicos. Tudo deve ser discutido levando-se em consideração a necessidade de descolonização dos espaços, linguagens, símbolos e relações sociais, pessoais e econômicas. O diálogo precisa ser construído a partir de posições não hegemônicas, e isto não é só um discurso, mas uma postura.

A partir desta descolonização da linguagem, das instituições e das relações, o diálogo se estabelece com a finalidade de construção de uma nova verdade provisória, um novo argumento. Ninguém deve pretender vencer o outro.

Os consensos construídos são, portanto, sempre, provisórios, não hegemônicos, e não majoritários. A necessidade de decisão não pode superar a necessidade da democracia. Daí posturas novas precisam ser inauguradas. A postura não hegemônica deve ser seguida por uma postura de construção comum de novos argumentos. Não se trata, portanto, nem da vitória do melhor argumento, nem de uma simples fusão de argumentos mas de novos argumentos que se constroem no debate. Não é possível compreender uma democracia consensual com os instrumentos, pressupostos e posturas de uma sociedade de competição permanente. Nenhum consenso se pretende permanente, não só pela dinamicidade da vida, mas também pela necessidade de decidir sem que haja um vencedor, ou seja, sem que seja necessária a construção de maiorias.

Compreendidos os mecanismos de construção destes consensos democráticos, não majoritários, não hegemônicos, não hierarquizados, plurais nas perspectivas de compreensão de mundo, podemos pensar um novo constitucionalismo e uma nova perspectiva para os direitos fundamentais.

Como a democracia implica em mudança, transformação, mas estas mudanças não são construídas por maiorias, mas, sempre, por todos, a constituição não necessita mais ter um papel de reação a mudanças não autorizadas. Não há a necessidade de mecanismos contra majoritários uma vez que não há mais a vitoria da maioria como fator de decisão.

Assim, os direitos fundamentais devem ser compreendidos como consensos construídos e reconstruídos permanentemente. O Estado e a constituição no lugar de reagir a mudanças não previstas ou não permitidas, passa a atuar, sempre, favoravelmente às mudanças desde que estas sejam construídas por consensos dialógicos, democráticos, logo não hegemônicos, plurais, diversos, não hierarquizados e não permanentes.

Trata-se de uma nova compreensão capaz de romper com o paradigma moderno de Estado, Constituição e Democracia.

Referências

BADIOU, Alain. *São Paulo:* a fundação do universalismo. 1. ed. São Paulo: Boitempo, 2009

BADIOU, Alain. *Circunstances, 3, Portées Du mot "Juif"*. Paris: lignes et Manifestes, 2005.

BURDEAU, George; HAMON, Francis; TROPER, Michel. *Droit Constitutionnel*. Paris: Librairie Général de Droit e Jurisprudence, 1995. p. 316.

CUEVA, Mario de la. *La idea de estado*. Universidad Nacional Autonóma de México: Fondo de cultura económica, 1994.

DUSSEL, Enrique. *1492: El encubrimiento del Outro – hacia El origem del mito de la modernidad*. La Paz: Plural editores, 1994.

DUVERGER, Maurice. *Les partis politiques*. Paris: Colin, 1980.

ELEY, Geoff. *Forjando a democracia – a história da esquerda na Europa, 1850 – 2000*. São Paulo: Fundação Perseu Abramo, 2005.

LINERA, Alvaro Garcia. *El Estado. Campo de Lucha*. La Paz: Muela Del diablo editores, 2010.

LOSURDO, Domenico. *Liberalismo, entre a civilização e a barbárie*. São Paulo: Anita Garibaldi, 2008.

SANTOS, Boaventura de Souza. *Pensar el estado y la sociedad:* desafios actuales. Buenos Aires: Wadhuter editores, 2009.

SEILER, Daniel-Louis. *Os partidos políticos*. Brasília: Ed. UnB; São Paulo: Imprensa Oficial do Estado, 2000.

OLIVÉ, Leon. *Pluralismo Epistemológico*. La Paz: Muela Del Diablo editores, 2009.

Informação bibliográfica deste artigo, conforme a NBR 6023:2002 da Associação Brasileira de Normas Técnicas (ABNT):

MAGALHÃES, José Luiz Quadros de. Constituição X Democracia. A alternativa plurinacional boliviana. *In*: BALDI, César Augusto (Coord.). *Aprender desde o Sul*: Novas constitucionalidades, pluralismo jurídico e plurinacionalidade. Aprendendo desde o Sul. 1. ed. Belo Horizonte: Fórum, 2015. p. 361-373

POTENCIA SOCIAL Y PODER EN BOLIVIA: EN DEFENSA DEL PROCESO CONSTITUYENTE

RAÚL PRADA ALCOREZA

Es importante concentrarse en el proceso constituyente y en la Constitución. No solamente porque se trata de acontecimientos cardinales, sino para tratar de comprender por qué suscita tanta reacción. Se han escuchado y se siguen escuchando voces que observan al proceso constituyente y descalifican la Constitución. De un lado y de otro, desde lo que se nombra como derecha, también desde la izquierda, así como desde el nacionalismo. ¿Qué se dice? ¿Qué se observa? ¿Qué se descalifica? Se entiende que la derecha haya visto como una amenaza el proceso constituyente, así como ve como una amenaza a la Constitución. Pero, ¿por qué la izquierda está en desacuerdo con el proceso constituyente y la Constitución? También se puede entender que el nacionalismo, sobre todo el nacionalismo de Estado, encuentre problemática la Constitución; hasta ahora no puede concebir algo tan extraño a sus prejuicios como el Estado plurinacional comunitario y autonómico. Para el nacionalismo el Estado-nación es eterno o el fin de la historia. En lo que sigue nos concentraremos en las críticas de la izquierda al proceso constituyente y a la Constitución.

Vamos a seleccionar los argumentos más sobresalientes de la crítica. Se dice que el proceso constituyente, respaldado por el proceso de las luchas y movimientos sociales anti-sistémicos, desconoce la lucha de clases y se concentra en la guerra de razas, cuyo efecto es provocar un racismo al revés, un racismo invertido. También se critica el localismo del proceso boliviano, el de refugiarse en las contradicciones locales sin observar las contradicciones que se dan en el mundo. En esta perspectiva también se critica la disposición descolonizadora del proceso constituyente; se dice que ocurre como si el proceso se encontrara atrapado en una lucha que se dio hace siglos, que sigue luchando contra el colonialismo cuando debería estar luchando contra el capitalismo. El proceso constituyente, abierto por la lucha anticolonial de los pueblos indígenas, no se sitúa en la actualidad, no comprende la modernidad. Por lo tanto, de aquí se deduce que se critica la posición indígena anti-moderna y en contra del desarrollo. Se dan también críticas desde la izquierda parecidas a las críticas efectuadas por los nacionalistas y también por la derecha. Se dice que no se ha debido reconocer a las naciones indígenas, a su libre determinación y autogobierno, pues esto equivale a la disgregación del Estado boliviano, otorgando a las naciones indígenas el derecho a la autodeterminación. Que sólo hay una nación boliviana con sus composiciones diferenciales, basadas en las fuentes indígenas, mestizas, criollas y migrantes. También se critica la perspectiva y condicionante comunitaria de la Constitución. Se dice que querer revivir las comunidades ancestrales es un retorno insostenible al pasado, que esta posición es un obstáculo al desarrollo y a la industrialización. Aunque se dan también posiciones a favor de las comunidades, empero se exige observar su pluralidad, también tomar en cuenta las condiciones y características urbanas, donde no se dan comunidades. En la misma perspectiva, va a ser sugerente introducir una discusión sobre la relación entre Estado y comunidad. ¿Puede darse un Estado comunitario? ¿No ocurre más bien que la comunidad se opone al Estado?

Hasta aquí una gama de argumentaciones críticas vertidas por la izquierda. Las cuales van a ser atendidas en la evaluación y análisis de estas observaciones.

Antes de iniciar la evaluación parece indispensable situarse en el mapa político, ya que se ha nombrado a la derecha, a la izquierda y al nacionalismo. ¿Dónde se encuentra ubicada la posición indígena? ¿Dónde se encuentra ubicada las perspectivas de los movimientos sociales anti-sistémicos contemporáneos, de las naciones y pueblos indígenas originarios? ¿Más allá de la izquierda y la derecha? ¿Más allá del nacionalismo? ¿Una tercera vía? ¿Una nueva izquierda, no tradicional? El problema de este mapa es que se basa en un esquema inmóvil y dual, izquierda-derecha. ¿Puede mantenerse este esquema cuando se enfrentan procesos dinámicos? Procesos que además son contradictorios, atravesados por pugnas de tendencias, unas que tratan de detener el proceso, otras que buscan mas bien profundizarlo, aunque también se detectan tendencias que buscan un ritmo más lento, diferido y conciliador. ¿Puede sostenerse el esquema cuando el mismo proceso se halla inserto en contextos regionales e internacionales, condicionados y controlados por relaciones y estructuras de poder consolidadas? Parece mas bien que es necesario contar con mapas dinámicos y esquemas móviles para poder aplicarlos a procesos altamente complejos. Lo que era considerada izquierda puede dejar de serlo simplemente porque sus posiciones se convierten en resistentes y obstáculos al proceso, se convierten en posiciones francamente conservadoras y pre-juiciosas respecto a los fines mismos del proceso. No decimos que la derecha se puede volver la izquierda; esto parece imposible debido a los intereses de clases y de casta que se defiende. Empero decimos que lo que era posición de izquierda en una coyuntura puede llegar a ser una posición conservadora en otra coyuntura. Estos cambios son notorios sobre todo cuando se está en funciones de gobierno. La llamada izquierda, o una parte de ella, tienden a defender el gobierno y la institucionalidad, obligada a enfrentarse a las exigencias de los movimientos sociales, sobre todo a sectores radicalizados de estos movimientos y sus organizaciones. Ocurre que en procesos complejos y contradictorios las alianzas se rompen, pues los intereses de su composición entran en conflicto, en condiciones de incompatibilidad. Por lo tanto, aparecen nuevos posicionamientos, que se plantean la continuidad de las luchas con el objeto de profundizar el proceso.

En estos escenarios mutables, ¿cómo identificar a la izquierda, a la derecha, al centro? Aunque este esquema dual de izquierda-derecha puede servir perentoriamente, empero bajo la condición que sea también móvil y dinámico. Pero, lo que importa no es identificar dónde están las fuerzas, en la izquierda o en la derecha, sino comprender el juego complejo de las fuerzas, de sus correlaciones, del entrelazamiento de sus tendencias, de la marcha dificultosa del proceso, de su ritmo y direccionalidades.

¿Para esto hace falta definir la izquierda y la derecha? Puede ser, pero no es lo más indispensable, lo fundamental es comprender e interpretar el carácter de la lucha en la coyuntura en cuestión. Las acusaciones de derechismo son muy fáciles y livianas, son parte de la retórica política y de la táctica de descalificación. Esto no debe preocuparnos, aunque ya muestra síntomas alarmantes de la decadencia política e ideológica. Lo que debe preocupar en primera instancia es identificar la estructura, si podemos hablar así, de las contradicciones del proceso y en la coyuntura. No se trata de una derecha en abstracto, tampoco de una izquierda en abstracto, de lo que a muchos les gusta investirse para cubrir sus propias contradicciones, conservadurismo y prejuicios. Se trata de problemas concretos, puestos en mesa, como la discusión sobre los territorios indígenas, los bosques, los ecosistemas, la madre tierra, el carácter del modelo político, del modelo económico, del modelo territorial, de la Constitución. Problemas como los relativos al control sobre los recursos naturales y el proceso de su explotación. Problemas como los relativos a la transición, a las transformaciones en la transición, a la transición transformadora. No se puede eludir estos problemas simplemente acudiendo a hipótesis débiles de la conspiración.

En relación a la ubicación en el mapa político de la posición indígena, se puede decir con claridad que, en primer, es lugar anti-colonial y descolonizadora. Las luchas indígenas contemporáneas se basan en la tesis de la colonialidad, es decir, de la subsistencia de las formas coloniales de dominación hasta la actualidad. Esta tesis se ha resumido en la definición del colonialismo interno. Este es un problema político mayúsculo; no se puede construir la democracia, la democratización, la profundización democrática, sobre la base de la subsistencia de relaciones y estructuras coloniales, es decir, basadas en la racialización de las relaciones de clase. El olvido de esta formación concreta lleva a posiciones abstractas de lucha contra el capitalismo, posición general que no afecta a la dominación y al control del capitalismo, pues se trata de una posición discursiva, que vale para todas partes y, por lo tanto, para ninguna. No tiene efectos de destrucción del capitalismo, mas bien este discurso general termina siendo funcional. Es como una autosatisfacción de ser anticapitalista pero sin luchar concretamente contra el capitalismo, tal como se da en las periferias del sistema-mundo capitalista. La tesis indígena es más bien la premisa primordial del anti-capitalismo efectivo.

Retomando el esquema simple discutido, el esquema dual de izquierda-derecha, el mapa político acostumbrado, podemos decir con toda precaución que se trata de aproximaciones esquemáticas, que la manera efectiva de asumir una posición de izquierda es desplegar primero una lucha anticolonial y descolonizadora. Esta es la base del anti-capitalismo efectivo, no de un anti-capitalismo discursivo, que pelea contra las formas generales del capitalismo sin lograr articularse a las luchas concretas del proletariado, de las masas y de las multitudes. Ahora bien, ¿qué clase de izquierda denota esta posición o este posicionamiento concreto y específico de los movimientos sociales anti-sistémicos, de las naciones y pueblos indígenas originarios? No se trata de repetir las posiciones y los enunciados de la izquierda tradicional, que a lo largo de la historia política de Bolivia no han dado resultado, no han logrado interpretar la formación económica y social boliviana, sobre todo en sus coyunturas críticas, llegando a aislarse de los acontecimientos más importantes desatados por las luchas sociales del pueblo boliviano. En lo que respecta a la posición indígena y anti-sistémica, se trata de una izquierda efectiva, de una izquierda anti-colonial, descolonizadora y anticapitalista.

Ciertamente los movimientos sociales anti-sistémicos no son solamente indígenas; en las luchas desatadas se ha manifestado elocuentemente la participación de las ciudades, de los sectores populares urbanos, del proletariado nómada y del pueblo movilizado. Sobre todo se han hecho evidentes las interpelaciones populares al proyecto neo-liberal. Estos sectores tienen arraigada una tradición nacional-popular, vinculada a las luchas por la recuperación y soberanía sobre los recursos naturales, además de las luchas sociales y democráticas. La parte más radicalizada de estos sectores, los obreros, llegaron a asumir posiciones anti-capitalistas; ahora, después de a experiencia de la crisis de la izquierda tradicional, no es tan fácil que esto se de, salvo en los mineros sindicalizados. Hay trabajadores de empresas privadas, incluso de minas privadas, que exigen más bien garantías para sus fuentes de trabajo. Los del sector textil pidieron incluso la reapertura de la ATPDA, el convenio especial con los Estados Unidos de América para la exportación de manufacturas bajo la condición del cumplimento de la lucha contra el narcotráfico. Estos posicionamientos nos muestran más bien un mapa político disperso de los trabajadores. A estas alturas, no se puede caer en una especie de hegelianismo vulgar, que se esconde en las elucidaciones de un marxismo vulgar, que concibe la dialéctica de la *clase en sí* que contiene la posibilidad de la *clase para sí*. La confrontación política con el control y dominación capitalista no dependen de una dialéctica encapsulada como posibilidad en el en *sí* de la clase, sino depende del despliegue y la intensidad de la misma lucha de clases. Edward Palmer Thompson ya decía que las clases sociales sólo existen como producto de la lucha de clases. Los mineros bolivianos reunidos en Pulacayo el año 1946 llegaron a la famosa tesis política empujados por la lucha de clases y por un trabajo político sistemático; ahora se llegará a nuevas tesis anti-capitalistas empujado por la lucha de clases y la guerra anticolonial y descolonizadora. No es la providencia de la dialéctica la que logra una consciencia política anti-capitalista.

Ahora bien, ¿cuál es la relación entre la lucha anticolonial y descolonizadora indígena y la lucha anti-capitalista? ¿Cuál es la relación entre los movimientos indígenas y los movimientos sociales anti-sistémicos? ¿Cuál la relación entre las naciones y pueblos indígenas y los sectores populares urbanos? Estas preguntas tienen que vislumbrarse a la luz de las experiencias de las luchas sociales. Durante la llamada guerra del agua de Cochabamba (1999-2000) las organizaciones de regantes, las organizaciones de fabriles, las organizaciones campesinas, las organizaciones indígenas, las organizaciones de vecinos, las organizaciones de profesionales y las ONGs se coaligan en torno a la defensa de un bien común, el agua, de un bien primordial para la reproducción de la vida. Durante la llamada guerra del gas, que termina de concentrarse en la ciudad de El Alto (2003), las organizaciones campesinas, las organizaciones indígenas, las juntas de vecinos y toda clase de gremios, además de las organizaciones obreras y de los trabajadores, se coaligan en torno a la defensa del gas, de los recursos naturales, además de acordar la convocatoria a la Asamblea Constituyente. La resistencia al proyecto neoliberal se convierte en una ofensiva popular, que logra articular la lucha anticolonial y descolonizadora con la lucha contra la desposesión y el despojamiento efectuados por el proyecto neoliberal, logra articular la defensa de los bienes comunes con la lucha contra la última forma política del capitalismo, el neoliberalismo. Es en esta articulación, en esta coalición, que debemos encontrar el secreto no sólo de las alianzas sino del carácter de las luchas sociales contemporáneas.

La alianza entre indígenas, campesinos y sectores populares urbanos se realiza sobre la base de la defensa de lo común, la tierra, el territorio, los bienes comunes para la reproducción de la vida. Se trata de una proyección indígena y popular anti-neoliberal. Contra la privatización de las condiciones de vida, tanto financiera como empresarial trasnacional. Esta es la base de la articulación de proyectos políticos más propios de los conglomerados componentes de las alianzas; el proyecto descoloniza-dor indígena y el proyecto nacional-popular de recuperación soberana de los recursos naturales. No se trata en este caso de una idea general de lo nacional-popular, por ejemplo de la continuidad plebeya de las banderas de abril, de la revolución nacio-nal de 1952, de la conclusión de la construcción del Estado-nación. No es esa idea nacional-popular la que se ha ventilado en las luchas sociales del 2000 al 2005 y en el proceso constituyente. Se trata de la recuperación de los recursos naturales para los bolivianos, de su uso y aprovechamiento en la perspectiva del vivir bien. El pacto constitucional no apunta a la conclusión de la construcción del Estado-nación, sino a la construcción del Estado plurinacional comunitario y autonómico. Se trata de la condición nacional-popular en el marco del Estado plurinacional, no del Estado-nación. Lo popular urbano se mueve en otros códigos, que ya no son nacionalistas.

En este contexto de realizaciones políticas no es la nación boliviana el sustento ideológico de legitimación, no es la nación boliviana lo que unifica a los proyectos políticos en cuestión, inherentes al proceso. Es difícil aceptar un núcleo común en este panorama complejo; se trata más bien de redes y tejidos, de recorridos y circuitos, que articulan la diversidad. Es una confederación de naciones y pueblos el espectro de esta articulación; son el autogobierno, la libre determinación, el pluralismo insti-tucional, las materialidades políticas de esta articulación social, económica y cultural. Se trata entonces de una coordinación complementaria e integrante más que de una centralidad. Ya se puede ver entonces las dificultades de la transición hacia el Estado plurinacional comunitario y autonómico. También se puede entender que se den resistencias institucionales a esta transformación, resistencias de las instituciones del Estado-nación, liberal y colonial. Resistencias no sólo liberales sino también modernas a este viaje histórico a las condiciones de la pluralidad. Estas resistencias no sólo vienen de los nacionalistas sino también de los marxistas. A los marxismos le son difíciles salir de los esquematimos de la centralidad, de la unidad, del uno, de la unificación homogeneizante. Le son difíciles aceptar la complejidad y la alteridad de la pluralidad interrelacionada y dinámica.

Este es el tema filosófico y epistemológico que hay que discutir en relación al proceso constituyente y a la Constitución, proceso y Constitución que deben ser pensados desde la pluralidad, a partir de un pensamiento pluralista. Caso contrario, si pretendemos interpretar la Constitución y el proceso constituyente desde los para-digmas modernos arborescentes, jerárquicos y centralistas, no se podrá acceder a los desafíos del proceso y la coyuntura política. No se podrá entender la Constitución y se terminará identificando contradicciones en el texto constitucional, leído como exposición jurídica-política y no como acontecimiento político.

Ahora nos concentraremos en las críticas de la izquierda tradicional al proceso constituyente y la Constitución.

Lucha de clases y guerra anticolonial

La lucha de clases y las clases sociales no son una abstracción ni se dan como generalidad; la lucha de clases de da de forma concreta y especifica, en relación a determinados problemas, a determinadas demandas, en coyunturas específicas y lugares definidos. Hay lo que podemos llamar la temporalidad de la lucha de clases, que comprende el mismo tiempo, el ritmo, la intensidad de las luchas; también se da lo que podemos llamar la espacialidad de la lucha de clases, que comprende no sólo el lugar, sino el mapa de fuerzas, de frentes, de puntos de enfrentamiento. Integralmente deberíamos hablar del espacio-tiempo de la lucha de clases, también del espaciamiento de la lucha de clases; también deberíamos hablar de lo que una vez se atribuyó a Antonio Gramsci, de la categoría de fracción geográfica de clase. Aunque el concepto de clase viene de la taxonomía de la clasificación, la clase social pensada desde el marxismo tiene que ver directamente con la dinámica de las luchas y los enfrentamientos. Las clases sociales se constituyen en la lucha de clases. El análisis de las clases sociales desde las perspectivas marxistas tiene que ver con la sociedades modernas y el modo de producción capitalistas; las tesis de la lucha de clases son validas para las sociedades capitalistas, para las sociedades modernas, atravesadas por la explotación de la fuerza de trabajo, los procesos de proletarización, de disgregación social y de polarización.

La conquista y la colonización van a conformar sociedades coloniales, sociedades estructuradas sobre la base de la racialización de las clases sociales y de la lucha de clases. Las resistencias a la colonización van a derivar en la guerra anticolonial, esta guerra adquiere connotación de guerra de razas y también, en momentos y periodos de la lucha anticolonial, en guerra de naciones. En las periferias del sistema-mundo capitalista la lucha de clases se realiza en forma de guerra anticolonial. La guerra anticolonial que figura en forma de lucha contra la administración colonial, contra los impuestos, los tributos, las obligaciones y servicios; de este modo es una lucha contra la burocracia y el Estado colonial, empero también deriva en una lucha contra los propietarios de haciendas y a veces de minas. En la medida que las sociedades coloniales y poscoloniales se desarrollan, la modernidad barroca los atraviesa y hace de matriz cultural, así como después estas sociedades van a ser atravesadas por la modernidad iluminista, la modernidad de la revolución industrial, asumida en una etapa avanzada como modernidad de los Estado-nación; en estas condiciones históricas la guerra anticolonial adquiere formas más concretas de una lucha de clases moderna; el proletariado se enfrenta a los propietarios mineros. Este enfrentamiento no es abstracto y general, se trata de un proletariado minero, migrante del campo, un proletariado de piel cobriza que enfrenta a propietarios mestizos, a la burguesía criolla. La lucha de clases asume los perfiles de una historia efectiva y se da en un contexto que reconocemos como de colonialidad.

Cuando la dominación capitalista evoluciona en su forma imperialista, los Estado-nación, en germen o institucionalizados, entren en contradicción con esta forma de dominación y su expansión. La lucha de clases avanza en una lucha directa con las formas de intervención imperialista y sus empresas trasnacionales; en estos escenarios, las alianzas populares configuran alianzas de clases de acuerdo a las circunstancias y la estructura de las contradicciones. El proletariado es el eje articulador de estas alianzas, aunque en la mayoría de los casos no sea la expresión política ni dirija los frentes. La guerra anticolonial adquiere la figura de una lucha antiimperialista y de una lucha contra el neo-colonialismo. Sólo en contados casos la dirección política de la lucha antiimperialista caerá bajo la dirección de las expresiones políticas del proletariado. Por lo tanto la lucha contra la burguesía nativa y los terratenientes se da en el contexto de la lucha antiimperialista. En cada país, en cada periodo, adquiere perfiles históricos particulares. Como se puede ver, la lucha de clases no es una abstracción ni se da como generalidad, como categoría aislada del acontecer y la historia efectiva. Las elucubraciones sobre la lucha de clases en abstracto sólo se dan en la cabeza de ideólogos y propagandistas dogmáticos; también en teóricos que separan teoría y praxis de la lucha de clases. Esto lleva a deducciones, a análisis e interpretaciones al margen de los acontecimientos y las historias efectivas.

A propósito, en la modernidad también se dan fenómenos y comportamientos que reconocemos como tótem y tabú; las agrupaciones, las corporaciones, los partidos, terminan asumiendo identificaciones en las cuales se reconocen y actúan de acuerdo a esquemas de comportamiento afines. Cuando los marxistas se invisten de esta identidad militante no están lejos de la fenomenología del tótem y del tabú. La investidura los hace propietarios de una verdad histórica, frente a los mortales que no habrían llegado a esta consciencia histórica. Esta posición es una especie de clausura. El problema no es tanto la diferencia y la distinción que plantea, pues de alguna manera, las diferenciaciones, las distinciones y las identificaciones son propias de las subjetividades humanas, sino que muchas veces la ortodoxia los aísla de las historias efectivas y las realidades concretas de la lucha de clases, a tal punto que cuando estallan estas luchas no participan en espera que el cuadro teórico se realice. Tampoco esta posición está lejos de los que esperan la llegada del mesías.

Lo importante no es declararse marxista – a Marx tampoco le gustaba que se lo clasifique de esa manera -, lo indispensable es participar en los acontecimientos y luchas de clases efectivas, tal como se dan en los procesos históricos. Es mucho más claro, se entiende mejor, comprender el comunismo como la realización práctica de la lucha de clases. El problema no está tanto en la consecuencia teórica como en la consecuencia política. Al respecto, el desafío del proceso boliviano es mayúsculo; se trata de interpretar, comprender y participar en la lucha de clases tal como se da, en tanto guerra anticolonial y descolonizadora. No se trata de defender una teoría, de defender las tesis o las hipótesis heredadas, tampoco de sólo usar las tesis e hipótesis aproximativas a los acontecimientos de referencia; se trata de comprender lo novedoso de las nuevas experiencias sociales relativas a los horizontes abiertos por las luchas, por lo tanto se trata de elaborar nuevos conceptos para pensar los nuevos desafíos de las luchas, de los procesos y las coyunturas, en el contexto de los horizontes abiertos.

En relación a la racialización de la lucha de clases, este fenómeno no es una invención de los indígenas ni de los afro-descendientes; es algo propio de la geopolítica del sistema-mundo capitalista. La racialización de la geografía de dominación es un fenómeno de la colonialidad y de la modernidad, en tanto contextos de realización de las violencias múltiples y culturales, relativas a la experiencia de la vertiginosidad; sobre todo en tanto manifestación propia de la estructura de la acumulación de capital y división del trabajo a escala mundial. Como dice Franz Fanon la violencia se cristaliza en los huesos y se asienta en la piel; cuando los dominados se levantan, no pueden hacer otra cosa que devolver la violencia cristalizada en los huesos al dominador y al colonialista. Acusar a la guerra anticolonial y al proyecto descolonizador de racista es transferir las características de la dominación capitalista a los indígenas sublevados, como si el racismo fuera una responsabilidad de ellos. Esta acusación no tiene sentido, salvo la demostración del desconocimiento de los que la emiten de la estructura, las características, la espacialidad y geopolítica del sistema-mundo capitalista. También en una clara muestra de la marea de cómo se separan de la lucha de clases concreta y efectiva.

Etiene Balibar e Immanuel Wallerstein debatieron y reflexionaron sobre este fenómeno de la estructura racial de las sociedades modernas y sus proliferantes manifestaciones y consecuencias políticas, económicas y culturales.[1] El racismo y la racialización atraviesa a todas las sociedades modernas, las clases sociales y las luchas de clases están también racializadas, las luchas de clases se dan de una manera concreta afectadas y estructuradas a partir de la racialización. No es por tanto una casualidad que sean los movimientos indígenas los que efectúen la interpelación más radical al capitalismo; esta interpelación es tanto a la ejecución a escala global del procedimiento de despojamiento y desposesión neoliberal, a la explotación de la fuerza de trabajo, a la privatización financiera de lo común; así también es una interpelación a la dominación racial de los Estado-nación y del orden mundial. La lucha contra el racismo, contra la estructura racial de las sociedades y de los estados es una tarea ineludible de la lucha de clases por parte de las clases explotadas racializadas; la forma de la guerra de razas es una figura de la lucha de clases. No se puede desconocer esta concreción y esta manifestación empírica de la lucha de clases.

Ahora bien, la problemática es bastante compleja; no se trata solamente del mapa disperso, distribuido y abundante de las clasificaciones que se hacen localmente o regionalmente, clasificaciones sintomáticas debido a la configuración colorida y diseminada que se hace de acuerdo a los imaginarios raciales locales, sino tambiénde los juegos de poder en torno a las representaciones raciales. Ante la expansión y emergencia de las luchas sociales, los movimientos anti-sistémicos y la guerra anticolonial desatada por las naciones y pueblos indígenas, los prejuicios raciales retrocedieron sin necesidad de desaparecer; en este contexto, de manera problemática y solapada, usada ideológicamente y discursivamente la representación indígena puede servir políticamente para legitimar gestiones restauradoras y proyectos extractivistas. Puede servir también para objetivos menores, como sustituir en la administración a los funcionarios tradicionales, mestizos y criollos, aunque el problema de fondo no sea éste, sino cambiar definitivamente la estructura y las relaciones de poder, las prácticas de gestión de la administración pública. El síntoma se encuentra en estos espacios de disputa; no se persigue cambiar el Estado sino copar el mismo Estado, haciendo lo mismo que hacían los funcionarios tradicionales. La justificación se encuentra en el cambio de piel. La acusación de racismo invertido es emitida por los funcionarios mestizos y criollos que se sienten amenazados; la justificación de de la copación de cargos es ventilada por los que se consideran indígenas urbanos. Es este el síntoma dónde debemos detenernos, pues, a pesar de sus limitados contornos puede mostrarnos el sentido de la acusación de racismo invertido.

Descartemos de la evaluación el alcance estratégico de esta pugna, lo que interesa es comprender el sentido de las posiciones en torno al tema, la legitimidad de quiénes ocupan los puestos de un Estado que permanece, de una arquitectura administrativa que se mantiene. Lo que se demanda por un lado es la copación de los puestos, lo que se demanda del otro lado es la conservación de la experiencia y la profesionalidad. Lo que llama la atención de estos reclamos es que los cambios que se han dado en el aparato público son mínimos, no ha habido un copamiento masivo de funcionarios de procedencia indígena, aunque la presión haya sido constante por parte de los dirigentes. También llama la atención que la preocupación

---

[1]   Etiene Balibar, Emmanuel Wallerstein: *Nación, raza y clase*. IEPALA 1988. Madrid.

sobre el cambio se restrinja a ocupar puestos y no la transformación estructural de la arquitectura administrativa del Estado.

Haciendo un balance descriptivo de los cambios y desplazamientos en la administración estatal, podemos ver que la llamada clase media mestiza y criolla no ha sido substituida; que lo que ha ocurrido es la incorporación de algunos avalados por las organizaciones, además de los cambios en los ministros, vice ministros, directores y jefes de unidad con gente de confianza, aunque no sean indígenas. Retomando este cuadro se nota que es exagerada la acusación de racismo invertido. ¿Qué es lo que ocurre entonces? Se trata de un empoderamiento masivo de los espacios de expresión, de manifestación, discursivos y de imágenes; esto ocurre en el ámbito de las relaciones sociales, aunque no se refleje en las modificaciones del aparato público, si descartamos al mismo presidente y algunos ministros. Lo que ha cambiado es la valoración simbólica; se ha producido el trastrocamiento de las estructuras simbólicas, de los imaginarios, de las predisposiciones psicológicas. Concurre entonces una descolonización en los espacios simbólicos, imaginarios y psicológicos, aunque este proceso no haya concluido de ninguna manera. Este es uno de los efectos más notorios del proceso. Teniendo en cuenta este desplazamiento, no se puede afirmar que hay un racismo invertido. El racismo aparece más bien en los que acusan de esta manera.

El gran desafío de las sociedades plurales y del Estado plurinacional es lograr la interculturalidad emancipadora, es abrir el curso a las intersubjetividades interculturales, es construir consensos a partir de la práctica intercultural y la convivencia plurinacional. No son tareas fáciles de cumplir; se trata de procesos de maduración y de transformación profundos. La base jurídica-política de estas transformaciones se encuentra en la Constitución, la matriz histórica-política de estas transformaciones se encuentra en la experiencia de las luchas sociales; que puedan efectuarse depende de las transformaciones en las prácticas y relaciones cotidianas, en la conformación de sujetos y de las conexiones intersubjetivas. Considerando la problemática intercultural y observando desde la perspectiva de la transición se detecta la debilidad de la acusación de racismo invertido. La pregunta a los que emiten la acusación es si se quiere no solo asumir la especificad de la lucha de clase sino también sus consecuencias transformadoras; una de estas consecuencias tiene que ver con la convivencia intercultural.

Modernidad y colonialidad

Entendamos la modernidad como la matriz cultural del capitalismo, donde se incuba el capitalismo y se desenvuelve, transformando al mismo tiempo a la misma modernidad. La colonialidad es la herencia estructural de la colonización y la colonia; se trata de una estructura de poder racializada. La modernidad no puede entenderse sin la colonialidad, tampoco el capitalismo sin la colonización y el colonialismo; forman parte del sistema-mundo capitalista. La profundidad, si se quiere, el espesor de la modernidad, se encuentra precisamente en la colonialidad. La historia de la modernidad, la realización misma de la modernidad, concurre con la colonización y la expansión colonial; la dominación y el control capitalista se instauran y despliegan en el mundo, se configura un mundo, un sistema-mundo, por medio del despliegue de las violencias polimorfas de la colonización y la colonia. El transformado de la modernidad es la colonialidad.

Ciertamente, cuando hablamos de modernidad no hablamos de algo homogéneo, sobre todo de una experiencia homogénea; la realización y expansión de la modernidad se da mas bien de manera heterogénea. Hablemos entonces de la modernidad en clave heterogénea, discutamos entonces las modernidades heterogéneas. Bolívar Echeverría identifica distintas modernidades de alguna manera secuenciales;[2] la modernidad barroca, correspondiente a los primeros periodos coloniales; la modernidad iluminista, a partir de las reformas borbónicas y la revolución industrial; y la modernidad de los Estado-nación, correspondiente a los proyectos nacionales. Podríamos añadirle una nueva forma de modernidad como parte de la experiencia contemporánea; nos referimos a la modernidad relativa al proyecto neoliberal, que ha sido identificada como posmodernidad por una lectura más filosófica y estética. Esta taxonomía de la modernidad de Bolívar Echeverría es sugerente pero no es exhaustiva; lo que no hay que perder de vista es que las experiencias de la modernidad no pueden ser sino heterogéneas, dependiendo de los momentos y los lugares.

Como dice Enrique Dussel el primer hombre moderno es Hernán Cortés, el primer acto constitutivo de la modernidad es la conquista.[3] La modernidad se construye sobre la base de la colonización, es decir, el despojamiento y la desposesión de territorios, de recursos, de pueblos y poblaciones, la asimilación de sociedades y civilizaciones a la vorágine del capitalismo. El capitalismo no es un fenómeno europeo, como creen muchos marxistas, es un fenómeno mundial, ocasionado por la conquista, la colonización, la expansión imperialista, el dominio global de los mares y los mercados. La modernidad deviene de la experiencia de la vertiginosidad, del trastrocamiento profundo de instituciones, valores, sistemas de símbolos, imaginarios, de costumbres, tradiciones, relaciones, estructuras y formas antiguas de sociedad. A la modernidad se la ha representado en tanto experiencia volátil, como cuando todo lo solido se desvanece en el aire. La modernidad ha sido producida por movimientos impactantes de población, el comercio de esclavos, la migración europea al nuevo continente, sobre todo el etnocidio y genocidio de las oblaciones nativas. La formación de ciudades y puertos que conectan la vida económica y social del nuevo continente con un mundo del que forma parte, una parte importante, debido a sus riquezas, sus pueblos y poblaciones, sus saberes y sus cultivos. La explotación minera, los circuitos minerales y monetarios van a formar parte indispensable de la acumulación originaria de capital. La dinámica de los mercados adquiere una complejidad, integralidad y velocidades sin precedentes. En la experiencia de la crisis se forma la modernidad y la modernidad condiciona la constitución de sujetos y subjetividades. Se forman mezclas, entrelazamientos, abigarramientos, barroquismos de todo tipo en estos procesos de trastrocamiento y volatilización. Se produce un redibujo de la familia, nuclarizándola, y se atomiza las redes sociales conformando a los individuos. Los procesos de disciplinamiento se dan a través de instituciones encargadas de modular los cuerpos y inducir cambios en las conductas. Hay una variedad grande de instituciones que hacen de agenciamientos concretos de poder, no solo nos referimos al cuartel, a la escuela y a la fábrica, sino al conjunto de instituciones que terminan trabajando los cuerpos, modulando y adecuándolos no sólo

---

[2] Bolívar Echeverría: Crítica de la modernidad capitalista. Vicepresidencia del Estado plurinacional de Bolivia 2009. La Paz.

[3] Enrique Dussel: *El encubrimiento del otro*. CLACSO. Plural. La Paz-Bolivia.

a la producción sino también al consumo. Ciertamente esta modulación de cuerpos, esta inducción de conductas, estos disciplinamientos, pero también los hedonismos proliferantes, no se dan de manera homogénea, aunque estén ligados a ejes de homogeneización. Pues las familias compuestas y extendidas, las redes de parentesco y las alianzas, los esquemas de comportamiento y de conductas tradicionales, no desaparecen del todo, aunque hayan sido fraccionados y diseminados, quebrados en su unidad y sentido. Los fragmentos se re-articulan y mezclan con los propios esquemas de comportamiento y conductas modernos, las redes de parentesco y las alianzas se rearman aunque sea provisionalmente en las fiestas, aunque también en momentos de emergencia. Aparecen estrategias de sobrevivencia en migrantes asentados en las ciudades de crecimiento urbano, donde se puede observar tanto la reproducción y el uso de pautas tradicionales como prácticas de adecuación en sus nuevos asentamientos.

La modernidad barroca era el de las mezclas civilizatorias y de la saturación de códigos, de evangelización y sincretismos, de resistencias y de anexiones, de conexiones culturales, acompañadas por imposiciones y subordinaciones. Aunque también de transformaciones de pautas de consumo, de cultivos, pero también de transferencia de productos nativos y alimentos no conocidos en Europa y en el mundo, como la papa, el maíz y muchos vegetales producidos en Mesoamérica. A decir de Serge Gruzinski esta otra modernidad era, en principio, renacentista; se trataba de un nuevo renacimiento, ya no continental europeo sino mundial, un renacimiento indígena, con participación indígena.[4] Un humanismo global y completado con la mirada indígena. Empero este renacimiento duró poco, pues ante los levantamientos indígenas debido a las reformas borbónicas, los indígenas nobles que participaban en la estructura de poder fueron separados del mismo, fueron sacados de estas estructuras, implementándose mas bien reformas del despotismo ilustrado. La modernidad iluminista deja de lado la saturación y yuxtaposiciones barrocas ingresando a una hegemonía cultural europea, al trastrocamiento que va producir la revolución industrial. El iluminismo, el enciclopedismo, la irradiación de las ciencias positivistas, la seducción tecnológica, se van a convertir en los ideales de una época centrada en los desenvolvimientos económicos, tecnológicos y culturales europeos. Se trata de dos modernidades en contraste; la modernidad barroca se articula provisoriamente sobre la base de los dominios españoles y portugueses, articulando desde los mares del Japón, la China, la India, con nueva España y el continente conquistado. La modernidad iluminista se configura mundialmente, empero convirtiendo al Atlántico en el eje articulador de la economía-mundo capitalista. El dominio británico en el nuevo ciclo del capitalismo, acompañado por la revolución industrial, transforma el comercio y convierte la economía-mundo en el sistema de la libre empresa. La transformación de los mercados, de la estructura de los mercados, estableciendo los circuitos del comercio de los minerales, así como el consumo de energía basada en el carbón y el vapor transforma la configuración misma de los mercados y de las finanzas. Las tecnologías sociales disciplinarias se dan en este periodo; la modernización de las instituciones, de las burocracias estatales, de la administración pública y de la contabilidad económica se da también en esta época. Una especie de revolución de la individualización también es notoria; una de las expresiones de estas transformaciones en las subjetividades se da en la proliferación

---

[4] Serge Gruzinski: *El pensamiento mestizo*. Paidos; Barcelona 2000.

de las novelas y en la aparición en ellas del antihéroe, el dramático personaje del conflicto de la individuación. La modernidad de los Estado-nación, identificada por Bolívar Echeverría, sobre todo con relación a las periferias de América Latina y el Caribe, es una modernidad que corresponde a una etapa avanzada de la revolución industrial, congruente al ciclo capitalista de hegemonía estadounidense. Esta es una modernidad en clave heterogénea, que debe ser entendida en parte como adecuación y respuesta de los proyectos estatales nacionalistas, proyectando una revolución industrial y la independencia económica para los países involucrados. La construcción del Estado-nación, la modernización del Estado, las reformas democráticas, entre ellas la reforma agraria, además de la nacionalizaciones, la ampliación de los derechos y la ciudadanía, como el voto universal y la reforma educativa, van a ser los dispositivos institucionales que van a tener incidencia en los ámbitos sociales y culturales, reconfigurando también las identidades y replanteando la constitución de sujetos. En términos culturales deberíamos hablar de una modernidad mestiza, pues ese es el proyecto de los Estado-nación.

Empero qué ocurre fuera del imaginario estatal, ¿se da la modernidad en el sentido buscado por los Estado-nación? Este sentido está muy bien expresado en el deseo de desarrollo. Este tema, como se sabe, es altamente problemático y contradictorio; lo pusieron en la mesa, en toda su complejidad los de la Teoría de la dependencia, sobre todo en lo que respecta a la comprensión de que el desarrollo produce subdesarrollo. En relación a la pregunta hay que tener en cuenta que no puede entenderse la modernidad como una experiencia homogénea, no sólo por lo que respecta a las modernidades heterogéneas, sino por la variabilidad de fenómenos, por la diferencia de intensidades y de expansiones diferenciales de la fenomenología de la modernidad. Si bien comprendemos que el continente se involucra en la conformación, despliegue y expansión de la modernidad, a partir de la conquista y la colonia, forma parte de la fenomenología de la modernidad, que tiene como matriz constitutiva precisamente a la colonización y la colonialidad, las distintas modernidades no se dan de manera homogénea, dependiendo del lugar y de las relaciones con el mercado mundial. Ya en la modernidad desarrollista, identificada como modernidad de los Estado-nación, siguen siendo notorias las diferencias entre ciudad y campo, entre ciudades capitales y pueblos, entre las aéreas urbanas y las áreas rurales, entre unos países y otros.

¿Se puede decir que el área rural, el campo, las comunidades, los pueblos y hasta algunas ciudades menores no son modernos, como algún discurso desarrollista acostumbra a hacerlo? No, de ninguna manera, todas las comunidades, los pueblos, las sociedades nativas, fueron involucradas y articuladas a la modernidad tempranamente, desde los ordenamientos territoriales de los virreinatos y capitanías, desde la implantación de las visitas y revisitas, el establecimiento de los impuestos y tributos, la circulación monetaria y la expansión de los mercados. La modernidad es la experiencia de trastrocamiento profundo que cambia la condición subjetiva, las instituciones, los valores y los sentidos. Como vasallos del rey, como comunarios censados en las visitas y revisitas, con nombres y apellidos, ya se desatan tempranamente incipientes procesos de individuación. Cuando los comunarios se hacen propietarios de la tierra con la reforma agraria, estos procesos de individualización avanzan lo suficiente como para hablar de la igualación de los hombres a través de la obtención de la propiedad de la tierra. Desde James Harrington hasta Zavaleta Mercado este es el mecanismo indispensable de la democratización. La modernidad se realiza en esa experiencia de mutación y cambio, de despliegue de los procesos de individuación; la modernidad es la articulación al mundo dominante y hegemónico del capitalismo.

Ahora bien, no hay que olvidar que la modernidad es un concepto estético, elaborado por los poetas malditos, particularmente por Baudelaire. En la poesía de Baudelaire la modernidad aparece como experiencia de una ciudad turbulenta, ruidosa, de calles fangosas, recorridas por coches y peatones, donde todo se mezcla. La simultaneidad de todo; la desvalorización, la relativización, el suspenso, forman parte de esta experiencia. Entonces ya la modernidad denotaba mezcla. Llama la atención, que después, cuando este concepto se asume teóricamente, adquiera una connotación de homogeneidad e incluso de universalidad. Los teóricos de la modernidad confunden escenarios y espacios; confunden la modernidad como experiencia multitudinaria con la "modernidad" como proyecto institucional y de racionalización. Esta "modernidad" es ciertamente estatal, forma parte del despliegue de instituciones, procedimientos, arquitecturas, dispositivos y agenciamientos de disciplinamiento. La modernización estatal es un proyecto de racionalización y ordenamiento en contra de la espontaneidad moderna de las sociedades abigarradas.

La modernidad inicialmente es un concepto estético, en su matriz conceptual está la idea de plasticidad y transformación; empero las filosofías estatalistas convierten el concepto en un proyecto de racionalización y de universalización. Incluso en las periferias del sistema-mundo capitalista los estados van a buscar la "modernidad" como fin, como *telos*, van a buscar realizarla como proyecto político y arquitectónico. Entonces hay una contradicción inherente al concepto o percepciones dicotómicas, relativas a la experiencia y a la ilusión, a la espontaneidad y a la racionalización. La modernidad es entonces contradictoria; por una parte esta experiencia desata movimientos, movilizaciones, migraciones, suspensiones de valores, de estructuras e instituciones, liberando a los cuerpos de sus amarres consuetudinarios; por otra parte la "modernidad" aparece como proyecto estatal, como proyecto de racionalización, disciplinamiento y universalización. En tanto espontaneidad las multitudes, el pueblo, el proletariado, los movimientos feministas, se levantan y ponen en suspenso la legitimidad de las dominaciones y de las instituciones. La historia de la modernidad está plagada de estas rebeliones, la guerra civil en Gran Bretaña, la rebelión indígena panandina, la guerra anticolonial norteamericana, la revolución francesa, la guerra anticolonial de los esclavos de la isla de Santo Domingo, la revueltas proletarias, la comuna de París, la revolución mexicana, la revolución bolchevique, la guerra prolongada china, la revolución nacional boliviana, la revolución cubana, las guerras de la independencia en el África y en Asia, las nuevas revueltas indígenas en el continente de Abya Ayala. La "modernidad" como proyecto estatal irrumpe en estos escenarios y trata de domesticarlos, al buscar instituir la racionalización de las conductas y los comportamientos, el orden, la administración, el gobierno, las formas de gubernamentalidad, al desplegar un mapa institucional de control, sobre todo, en los países periféricos, al buscar como fin político el desarrollo.

Para aclararnos el problema conceptual y de interpretación de la modernidad debemos retomar dos puntos; uno es el de la matriz colonial de la modernidad, el otro es el sentido inicial estético del concepto. En relación al primer punto, debe quedar claro que la conquista, la colonización y la colonialidad no han buscado la modernidad como objetivo, no tenían en mente este fin; lo que se buscaba era riqueza, tierras, recursos, minerales, oro, plata y, por lo tanto, ganancias. Estos despliegues de violencia desataron sin buscarlo el caos, la transvaloración de los valores, la suspensión de las instituciones y estructuras tradicionales, volcaron a las poblaciones hacia un estado de suspensión y predisposiciones alternativas, donde la experiencia del tiempo, la consciencia del tiempo, la comprensión de que las instituciones son históricas, abrieron horizontes para la potencia social. Ante la evidencia de estas emergencias sociales, los estados, las disposiciones políticas y filosóficas estatalistas, buscaron estratégicamente su control y domesticación. Entonces frente a la modernidad espontánea de las masas, el Estado se propuso conformar una "modernidad" racional, ordenada, homogénea, disciplinada y controlada.

Por otra parte, es indispensable comprender que la modernidad es un productos no una condicionante histórica y cultural; la modernidad es un efecto producido por el trastrocamiento profundo y violento, también es producto de los despliegues sociales, de los sujetos en constitución, una vez liberados de todos sus amarres, suspendidas sus instituciones, valores y sistemas simbólicos. En contraposición la "modernidad" también es un producto de la racionalidad estatal.

Volviendo al tema de discusión, retomando la acusación de la izquierda tradicional al proceso constituyente, a la constitución y a las posiciones indígenas, de que se quiere volver al pasado, a la comunidad ancestral despreciando la modernidad y el desarrollo, vemos que la izquierda tiene una concepción estatalista de modernidad. No entiende que la descolonización es parte de las resistencias, las rebeliones, los levantamientos, las insurrecciones y los horizontes abiertos por las masas, las multitudes, las naciones y pueblos indígenas, el proletariado nómada, no entiende que el proyecto de transición pluralista es parte de la potencia social, de la espontaneidad de la fuerza social y comunitaria. El pluralismo se opone a la unidad racionalista del Estado, liberal y colonizante; lo comunitario es la defensa de lo común, de lo que pertenece a todos, frente a lo privado y lo público, que constantemente expropian lo común de las comunidades. Se trata de la actualización de formas institucionales comunitarias, pero también de la invención de formas de comunidad que enfrenten la crisis del capitalismo, la expropiación privada y financiera de lo común, así como también la expropiación estatal de lo común.

Las luchas indígenas por la descolonización son luchas actuales y anti-capitalistas, es una de las formas concretas de la lucha contra el capitalismo. Desconocer esta actualidad, su pertinencia y su fuerza, es apartarse de la lucha efectiva contra el capitalismo a nombre de viejos fantasmas que golpea la cabeza nostálgica de la izquierda tradicional. La perspectiva indígena, las cosmovisiones indígenas, la lucha por sus territorios, sus instituciones, su libre determinación, autogobierno, sus normas y procedimientos propios, es una lucha profundamente anti-capitalista. Ahora bien, cuando se critica la modernidad y se define el vivir bien como proyecto alternativo al capitalismo, a la modernidad y al desarrollo, qué se entiende por este modelo alternativo, sobre todo en lo que respecta a la modernidad. Lo primero que se critica es el nacimiento colonial de la modernidad, también su proyección colonizante en tanto proyecto estatal de racionalización y disciplinamiento, homogeneizante y domesticador. La crítica es a la modernidad como cultura hegemónica y dominante del control mundial capitalista, la crítica es al sentido de la modernidad de los Estado-nación en tanto teleología desarrollista. Aunque se critique la matriz colonial de la modernidad, no se puede desconocer la producción de modernidades por parte de las multitudes, pueblos, proletariados, movimientos indígenas, movimientos feministas. No se puede desconocer las conquistas democráticas y ciudadanas, culturales y de derechos colectivos, conquistas que se han dado como parte de la espontaneidad y potencia social, en claves alterativas y alternativas modernas. Desde esta perspectiva, no se puede pensar una afuera de la modernidad que interpele a la modernidad; la modernidad es interpelada desde su propia crisis, desde sus propias contradicciones, es interpelada por los propios sujetos que producen modernidades. Por eso es importante decodificar las modernidades heterogéneas y pensar los alcances de la propuesta de Enrique Dussel, en el sentido de un horizonte civilizatorio, otra modernidad, una trans-modernidad.

Ahora, abordaremos la discusión sobre la relación entre Estado y comunidad.

Estado y comunidad

Hay que pensar el Estado como relación o como ámbito de relaciones, también la comunidad debe ser pensada como otro ámbito de relaciones. El Estado puede ser pensado como instrumento o aparato separado de la lucha de clases, separado de la sociedad, para servir mejor a los intereses de las clases dominantes, sobre todo al interés general de la acumulación capitalista. En cambio las formas comunitarias, sobre todo indígenas, no separan, no tienen un ámbito especial político de gobierno separado de las relaciones y prácticas comunitarias. El poder se diluye en la potencia comunitaria, los mandos son rotativos y participativos, las asambleas son las instancias de resolución y formación de consensos. Tomando en cuenta estas definiciones, se dice que el Estado se opone a la comunidad y la comunidad se opone al Estado. Por lo tanto no puede haber un Estado comunitario.

Viendo de esta forma el enunciado de Estado comunitario, el concepto aparece como una contradicción ninherente. Empero, hay que tener en cuenta en la coyuntura varias cosas. La primera es que la Constitución se refiere a una transición, a un Estado en transición; la misma Constitución se define como en transición, establece las condiciones de la transición. Por otra parte, el Estado del que se habla es plurinacional y comunitario. Esto quiere decir que se reconoce distintas condiciones estructurales e institucionales, no sólo comunitarias; por lo tanto, de lo que se trata es de acordar la coordinación entre naciones y pueblos, entre formas comunitarias y formas no-comunitarias. El sentido de Estado plurinacional diseña esta posibilidad. Lo comunitario ingresa a esta acuerdo a partir de su propia autonomía y libre determinación; el Estado plurinacional comunitario debe lograr la relación coordinada entre comunidades y otras formas estructurales e institucionales. La otra condición definida por la Constitución en lo que respecta al Estado es la condición autonómica, que responde a la demanda de descentralización administrativa y política, así como a las demandas territoriales, de los enfoques territoriales y eco-sistémicos. Estas tres condicionantes de la transición estatal, la condición plurinacional, la condición comunitaria y la condición autonómica diseñan los ejes de la transición, pero también conforman los ámbitos de la participación, del ejercicio plural de la democracia.

El problema de la relación entre Estado y sociedad en la transición no es solamente un problema teórico, que se va a resolver teóricamente, sino es un problema también político, un problema de ingeniería institucional, si usamos arbitrariamente este término, de la transición y de la transformación.

Por último el enunciado de Estado plurinacional comunitario y autonómico ha sido tanto una construcción colectiva por parte del Pacto de Unidad, si nos remontamos al documento para la constituyente de esta organización indígena y campesina.

Sólo que, en este caso, la autonomía se tiene que entender como autonomía indígena. También el enunciado ha sido producto de la construcción dramática de un pacto social logrado en la Asamblea Constituyente. El enunciado entonces es una construcción política. El problema teórico que plantea este acontecimiento es mayúsculo, pues exige que el análisis se sitúe en la comprensión del contexto, de la coyuntura, del proceso, del campo de fuerzas. No es aconsejable hacer solamente elucidaciones en el mapa abstracto de los conceptos; es indispensable pensar los acontecimientos históricos y políticos a partir de conceptos, usando los conceptos para pensar estas realidades. No es aconsejable pensar los conceptos sin el espesor histórico y político de los acontecimientos.

La cuestión estatal en la Constitución

La cuestión estatal, parece un tema no resuelto. Fue largamente debatido por los marxismos, empero parece sin solución, sobre todo debido a que las experiencias del llamado socialismo real derivaron en espantosos estados burocráticos y represivos. Los revolucionarios no pudieron destruir el Estado, el Estado los destruyó a ellos. ¿Por qué pasó esto? ¿No pudieron escapar de la historia? ¿Qué tiene que ver todo esto con las estructuras y las lógicas de poder? Estos problemas quisiéramos retomarlos, empero a la luz de lo establecido en la Constitución.

Ante todo la Constitución asume la comprensión de que vivimos una transición política, una transición descolonizadora, una transición civilizatoria hacia el modelo alternativo del vivir bien. El Estado plurinacional comunitario y autonómico es la forma institucional de esta transición. El modelo político, Estado plurinacional comunitario; el modelo territorial, el pluralismo autonómico; el modelo económico, la economía social y comunitaria; modelos articulados por el mega-modelo del vivir bien, entendido como modelo alternativo al capitalismo, a la modernidad y al desarrollo; son los diseños y los ejes institucionales de la transición. Se trata de un mapa institucional pensado desde el pluralismo institucional. La transición política se concibe como transición civilizatoria, una transición que se propone ir más allá de la modernidad. Se diferencia de la transición pos-capitalista de la dictadura del proletariado precisamente por no circunscribirse en el contexto de la modernidad. En lo que respecta al desmontaje del Estado-nación, se proponen transformaciones pluralistas, comunitarias, interculturales y participativas del Estado. Sobre todo lo último es importante por cuanto se trata de romper con la separación entre Estado y sociedad, gobernantes gobernados, funcionarios y usuarios. Se trata de construir el ejercicio plural de la democracia, democracia directa, democracia representativa y democracia comunitaria. Se trata de conformar el sistema de gobierno como democracia participativa. Efectuar la construcción colectiva de la decisión política, la construcción colectiva de la ley y la construcción colectiva de la gestión pública. La gestión pública debe servir para desmontar el Estado-nación y construir el Estado plurinacional comunitario y autonómico. La gestión pública deja de entenderse como administración de normas, deja de estar meramente vinculada a la gestión por resultados; se trata de una gestión dirigida al impacto, valorizada por los efectos de cambio y transformación. Esta gestión pública es plurinacional comunitaria e intercultural.

¿Cómo interpretamos esta concepción de la cuestión estatal y de la transición? En primer lugar, el principal problema planteado es con respecto al Estado-nación, considerado Estado liberal y colonial. Se trata de salir de la órbita de la colonialidad, de escapar de la condena de los Estado-nación subalternos, subordinados a la geopolítica del sistema-mundo capitalista, convertidos en instancias administrativas de la transferencia de recursos naturales a las metrópolis. La descolonización implica el desmontaje de la herencia colonial del poder; el desmontaje de la colonialidad del poder significa el desmantelamiento de este aparato de Estado-nación, cuyo proyecto desarrollista implica un proyecto cultural de mestización, borrando la identidad de las naciones y pueblos indígenas originarios. Entonces la cuestión estatal en la Constitución tiene que ver en primer lugar con la problemática heredada del Estado-nación.

La segunda cuestión, aunque puede ser también la primordial, es el problema del Estado como instrumento separado de la lucha de clases. El Estado como aparato y heurística del poder, como estructura efectiva e institucionalidad del poder. El Estado como forma, contenido y expresión del poder, del ejercicio del poder. Entonces el Estado como espacio y tiempo de las formas de gubernamentalidad, de las formas de gobierno y gobernanza. El problema en esta cuestión es cómo salir de las formas de gubernamentabilidad jerárquicas, verticales y burocrática, de las formas de gubernamentabilidad conformadas en la monarquía absoluta, en la república, en tanto gubernamentalidad liberal, así como en la etapa tardía republicana, en tanto biopoder, como forma de gubernamentalidad neo-liberal. La propuesta es construir formas de gubernamentalidad de las multitudes, participativas, desburocratizadas, colectivas, formadoras de consensos, coordinadas y en armonía con los ecosistemas.

En tercer lugar es indispensable tener en cuenta el carácter de los Estado-nación subalternos, cuál es su función en el orden mundial, en el contexto de la geopolítica del sistema mundo capitalista. Se ha dicho que los Estado-nación en la periferia son como resistencias a los proyectos imperialistas, defienden las soberanías de las naciones conformadas. Esta sería la diferencia con los Estado-nación imperialistas, que abiertamente se convierten en aparatos de sometimiento tanto internamente, respecto a sus sociedades, como externamente, respecto a otras naciones y estados. Hay que decir que esto es relativamente cierto, dependiendo de los gobiernos, los proyectos políticos y la relación con las sociedades nativas. Cuando se dan gobiernos progresistas, proyectos de resistencia anti-imperialista y movilizaciones de apoyo a la defensa de las soberanías, esto puede ser cierto. En cambio, cuando los gobiernos son más bien claramente pro-imperialistas, cuyos proyectos son más bien de sometimiento y subordinación, además de enfrentarse con sus propios pueblos, la interpretación no es correcta. Por otra parte, incluso en el caso de gobiernos progresistas, los límites del los Estado-nación terminan mostrando las concomitancias con las dominaciones del orden mundial. Se trata de estados que administran la transferencia de recursos naturales a las metrópolis del centro del sistema mundo, se trata de estados que administran el modelo económico extractivista colonial del capitalismo dependiente. Desde esta perspectiva la cuestión estatal en las periferias se hace más problemático. Aparecen como formas políticas de resistencia a los imperialismos, empero, terminan siendo instrumentos y engranajes de las estructuras de poder de la dominación mundial. La historia de los Estado-nación subalternos nos muestra este itinerario, este círculo vicioso de la dependencia.

No parece ser posible salir del círculo vicioso de la dependencia solamente apostando a proyectos políticos de nacionalización de los recursos naturales, tampoco parece posible hacerlo apostando por proyectos de industrialización y sustitución de importaciones. Este camino nos conduce a nuevas formas de dependencia mientras no se rompa con la estructura de poder mundial, la geopolítica del sistema-mundo capitalista, y sobre todo las formas políticas de los Estado-nación que atan a las periferias al centro del sistema-mundo y a las lógicas de acumulación de capital. Por eso es indispensable pensar, proponer y efectuar una alternativa política diferente. En el cambio y ruptura con las formas políticas de los Estado-nación, en la propuesta de transición del Estado plurinacional comunitario y autonómico, radica lo novedoso de la propuesta emancipadora indígena y de los movimientos anti-sistémicos contemporáneos. Nuevas formas políticas que trasciendan el Estado-nación, formas participativas y pluralistas, que incorporen gubernamentalidades de las multitudes, la irrupción de las sociedades y comunidades, la formación de consensos, el ejercicio plural de la democracia, la integración ecológica de las sociedades, pueblos y países del mundo, la apertura de mercados complementarios, basados en la valorización de la vida, la internacional de los pueblos, son algunas de las formas organizativas e institucionales solidarias de un mundo alternativo, una transformación civilizatoria, basada en las emancipaciones múltiples.

Por último, debemos volver a discutir ¿qué es el Estado? Escapar de la idea de que es una esencia, que tiene una esencia, que hay un problema ontológico en la cuestión estatal. No hay una esencia, tampoco una sustancia estatal. El Estado es básicamente la idea de totalidad política de la genealogía de las soberanías, es la idea de totalidad que acompaña a las formas prácticas de gobierno y gubernamentalidad, a las formas de administración de los cuerpos y los recursos, a las formas de modulación de los cuerpos y constitución de subjetividades subordinadas y domesticadas. El Estado no existe como materialidad política única, como positividad, como empírea; lo que existe son administraciones burocráticas, normativas, de gestiones, y campos de dominios, en los límites de una geografía política y de acuerdo a los alcances de una geopolítica, sea esta elaborada o incipiente. Lo que existe son los instrumentos y aparatos mas o menos articulados en función de diagramas de poder. El Estado es un imaginario empero sostenido en una apabullante materialidad de prácticas, de relaciones, de estructuras, de sistemas normativos, reglamentaciones, de disuasión y ejecución. En cada Estado hay que descubrir más bien su propia genealogía del poder, su propia historia heurística, su propia historia de dominaciones, historia de poderes que vencen resistencias.

Entonces se requiere una acuciante mirada crítica del poder, nuevas teorías del poder, de las relaciones de poder, de las estructuras de poder, de las instituciones y de las lógicas de poder. Por lo tanto se requieren para sostener estas teorías de investigaciones empíricas, investigaciones en profundidad, en múltiples niveles, macro-física y micro-físicas del poder. Empero, paralelamente a estas investigaciones, se requiere de teorías actualizadas de la potencia social, de las resistencias, las capacidades y posibilidades de los cuerpos, de las multitudes, de los pueblos, las comunidades, las colectividades, los proletariados. La tesis que proponemos al respecto es que hay poder, en tanto relaciones de fuerza vinculadas a las dominaciones, y hay potencia social, en tanto relaciones de fuerza y subjetividades creativas emancipadoras. Debemos estudiar poder y potencia en sus contradicciones, en sus luchas, pero también en sus mezclas y entrelazamientos.

Conclusiones

1. Un mismo fantasma del Estado comparten las derechas, los nacionalismos y las izquierdas; nos referimos notoriamente a la llamada izquierda tradicional. Se trata de proyectos estatalistas. Sus diferencias radican en que unos defienden los intereses imperialistas; los otros las soberanías, entendidas como legitimaciones de estructuras de poder; en tanto que los terceros defienden los intereses del proletariado sindicalizado. Empero todos lo hacen en el campo gravitatorio del Estado, por lo tanto control, comando, dirección, jerarquía e instrumento jurídico-político separado de la sociedad. Esta proyección los ata a "modernidad" estatalista, disciplinaria, homogeneizante y universalista.

2. Los Estado-nación subalternos de las periferias del sistema-mundo capitalista terminaron formando parte del engranaje de dominación del orden mundial. Sus límites estructurales se definen en el carácter administrativo de la transferencia de recursos naturales y en el modelo extractivista colonial del capitalismo dependiente.

3. El horizonte del Estado plurinacional comunitario y autonómico abre recorridos de descolonización, de participación, de gubernamentalidades plurales democráticas de las multitudes, de emancipaciones múltiples, conformando pluralismos institucionales, de gestiones plurinacionales comunitarias e interculturales.

4. La defensa del proceso constituyente y de la Constitución, proceso que no ha concluido, es una indispensable tarea política en un proceso contradictorio y en el contexto de la lucha de clases racializada, es decir anti-colonial y descolonizadora.

Informação bibliográfica deste artigo, conforme a NBR 6023:2002 da Associação Brasileira de Normas Técnicas (ABNT):

ALCOREZA, Raúl Prada. Potencia social y poder en Bolivia: En defensa del proceso constituyente. *In*: BALDI, César Augusto (Coord.). *Aprender desde o Sul*: Novas constitucionalidades, pluralismo jurídico e plurinacionalidade. Aprendendo desde o Sul. 1. ed. Belo Horizonte: Fórum, 2015. p. 375-393

DEMOCRACIA PLURAL: SISTEMA DE GOBIERNO DEL ESTADO PLURINACIONAL DE BOLIVIA

FERNANDO L. GARCÍA YAPUR

Hay tres formas de acercarse al estudio y comprensión de la Constitución Política del Estado (CPE). Una, estrictamente jurídica, se aproxima al texto como si fuera algo que habla sin mediaciones interpretativas que no sean las que emanan de la CPE ya que soporta prescripciones normativas que tienen efectos vinculantes para el conjunto de la sociedad y, como norma jurídica, adquiere fuerza coactiva para incentivar y/o generar procesos de integración comunitaria. La lectura es un tanto descontextualizada respecto a los pormenores de la producción o generación de las normas, no se pregunta del por qué los dispositivos normativos están fijados y/o registrados en la CPE, tampoco indaga demasiado sobre los posibles significados o contenidos que expresa: ¿Qué proyecto político está detrás?, sino los asume como un hecho fáctico. El acercamiento deambula y oscila entre la aplicación lineal de la nominación a la realidad presuponiendo su efectividad en la "fuerza de ley"; o bien, en una perspectiva de auxilio al cierre jurídico, construye una dimensión discursiva que recurre a principios "universales" para dar cuenta y guiar la fundamentación y explicación racional de los contenidos que la norma prescribe como dispositivo común y obligatorio de y para los miembros de la comunidad.

Esta segunda estrategia es la que Norberto Bobbio (2003) denomina propia de la filosofía política cuya metodología para acercarse al pensamiento de los clásicos —*la lección de los clásicos*— y/o documentos histórico-normativos, es analítica y conceptual. Pretende ofrecer una perspectiva explicativa para descifrar y dar cuenta de los contenidos que se encadenan o bien se entrelazan como discurso de una corriente o de una lectura que ensaya construir respuestas a los grandes asuntos canónicos del debate político: la organización de la óptima república, la fundamentación del poder, y la definición o esencia de la política (Bobbio, 2003). En todas estas construcciones, lecturas, posiciones y visiones, hay una pluralidad de enunciaciones o discursos que ciertamente son desplazados al campo político en el que la fijación y determinación de las normas, como artificios aceptados o asumidos (validados) por todos, se ponen en querella, en relación polémica.

Retomando, esta forma de aproximación a la CPE va directamente al examen de la relaciones conceptuales inscritas en su seno, busca encontrar la(s) marca(s) de determinada(s) tradición(es) discursiva(s) (político-cultural o ideológica), a saber: las huellas de construcciones argumentativas que confieren validez, coherencia lógica y racional a los dispositivos normativos. Una especie de apertura y cierre a la vez. La utilidad de esta estrategia, como su impacto en la realidad, es la constatación de la operación de una diversidad de matrices y tradiciones político-ideológicas como recursos de (re)significación de la producción legislativa; lo que ofrece no es una descripción de la realidad, del fenómeno o hecho particular, sino, la prescripción de horizontes normativos como los techos desde donde se dilucida la validez de lo que es posible o no legislar. En nuestro caso, la dilucidación, por la incidencia de la pluralidad de tradiciones político-culturales o matrices de procesamiento político (liberal, comunitario, nacional-popular, etc.), no es armónica, viene penetrada por el conflicto, el desacuerdo o la tensión de posiciones inconmensurables que disputan una y otra vez la fijación y registro de su fuerza enunciativa. En otras palabras, la apertura de un campo de litigio, de disputa política e ideológica.

Una tercera forma de acercarse y estudiar la Constitución es aquella que intenta ir en ruta contraria a la analítica-conceptual, pues indaga sobre el "afuera constitutivo" del texto: el proceso constituyente. La CPE no habla por sí misma, sino en referencia a algo que la constituye, afirma y sustenta. La indagación, abarca no sólo el evento que dio fruto al texto (Asamblea, Congreso), la red de relaciones que se entretejen como parte del despliegue de estrategias de los actores que de una u otra forma, a partir de la fuerza que adquieren y de la capacidad de afirmación de sus posiciones en los intercambios políticos, son los centrales; sino, intenta mirar y dar cuenta de la particularidad y eventualidad extraordinaria del hecho en su consecuencia y proyección histórica. Particularidad y eventualidad que no son poca cosa, puesto que a partir de lo que una sociedad puede y se propone —en un momento de crisis y/o de vivencia intensa de un hecho de dimensiones colectivas— hace visible y posible lo que la sociedad es y será durante un lapso de tiempo (Antezana, 1991). Por ello, ésta perspectiva es muy rica en capacidad explicativa y comprensiva de la CPE. A partir de ella, el texto constitucional se la comprende de acuerdo al marco contextual en el que ocurre: el referente histórico que la particulariza, fruto tanto de la contingencia como de la sedimentación de relaciones de fuerzas en (continua) tensión.

Digamos algo más sobre esta estrategia. En principio no es incompatible con la primera y segunda forma de aproximación al texto constitucional, pues intenta ser un complemento a los recursos coactivos e interpretativos de la realidad normativa, pretende ofrecer mayores razones para el ejercicio legislativo y la validación específica de los "consensos normativos" que constituyen densa y orgánica a la sociedad. Empero, es importante marcar la diferencia. Este tipo de análisis no busca prescribir la realidad, sino ofrecer una explicación plausible de lo que ella (la sociedad en particular) se fija a sí misma como norma y red institucional y, siguiendo la reflexión de Luis Antezana a propósito del aporte de Zavaleta Mercado a la teoría o pensamiento local de Bolivia, conocimiento social, estableciendo las posibilidades y límites de autocomprensión para transformar e incidir políticamente en la realidad, esto es, las fronteras que la propia sociedad en el momento constitutivo instituye como posibilidad, deseo y trauma (Antezana: 1991). Por eso su interés no es conceptual-analítico, no va al texto para descifrar en él contenidos y encadenamientos discursivos organizados bajo principios "universales", sino es enteramente histórico y político. Encuentra las explicaciones de la normatividad, de la fijación y registro de ellas, en el (los) hecho(s) histórico(s) y, en la referencia a la acumulación de "sentidos prácticos", que son formas de incorporación de pautas de acción y conocimiento en la memoria colectiva. Aquí, la visión general de acercamiento al texto constitucional, no es la explosión de una pluralidad de interpretaciones sobre el contenido de la norma, el significado o significados que uno pudiera conferir desde una posición concreta (liberal, comunitarista, republicana, socialista, etc.) y que entran necesariamente en litigio en el campo político, sino la identificación de un producto, un *plus* que se agrega en la memoria histórica del conjunto de la sociedad y que, en su efecto normativo, proyectan horizontes de visibilidad.

De ahí se entiende que lo que se encuentra en el texto constitucional, como estructura y proyecto normativo, no es enteramente un resultado contingente ni fortuito de la intención y voluntad de individuos o grupos particulares, las denominadas posiciones políticas e ideológicas, sino la cristalización de la tensión de dinámicas heterogéneas que traen consigo la configuración de *telos* normativos de la sociedad. Algo que Zavaleta Mercado (1986), al analizar los momentos constitutivos que dan cuenta a la sociedad y al Estado boliviano, denominó: intersubjetividad social, la acumulación sedimentada de prácticas, significados y conocimientos en el "seno de la masa", de la "multitud", como formas de articulación de la diversidad social, de las partes que componen el todo, que se manifiesta en momentos de crisis. En otras palabras, una práctica de construcción de intersubjetividad social que explica lo que una sociedad es y, al mismo tiempo, ambiciona ser. En palabras de Zavaleta, momentos de nacionalización.

El colofón de este preámbulo para estudiar la CPE y adentrarnos a la temática de la democracia en Bolivia, es que no es posible analizar y acercarse a ella sin tomar en cuenta las estrategias mencionadas. Por una parte, el reconocimiento y, por ende, la vinculación de las perspectivas analíticas con el pluralismo normativo que en el fondo presupone tomar posición en tanto sujeto de una de las matrices de procesamiento político que contiene y expresa la sociedad. Por otra, la necesidad de identificar, a partir del análisis histórico, o mejor político, los "consensos normativos" que constituyen lo "común" a partir, precisamente, de la incidencia de lo diverso como dimensión social e histórica, el abigarramiento de la formación social boliviana.

En lo que sigue, intentaremos presentar el acercamiento analítico-conceptual de lo que viene enunciado en el Capítulo Tercero de la CPE, Sistema de Gobierno, en particular el análisis del artículo 11, desplegando —en la medida de lo posible— algunas reflexiones interpretativas y contextuales. Por consideraciones de espacio, no nos adentraremos en profundizar el análisis histórico y/o político del mencionado artículo, la referencia histórica desde donde se la piensa y, por ende, se problematiza su concreción, aunque al final haremos una breve aproximación a la temática.

1 La democracia en la CPE: análisis conceptual

El parágrafo I del artículo 11 de la CPE indica: "La República de Bolivia adopta para su gobierno la forma democrática participativa, representativa y comunitaria, con equivalencia de condiciones entre hombres y mujeres". En la referida enunciación podemos identificar cuatro aspectos relevantes para el análisis conceptual. Dos menciones a asuntos centrales de la configuración del orden político, que en la convención de las perspectivas interpretativas de la ciencia política y/o jurídica son las relativas a la diferenciación entre tipo (República) y forma de gobierno (democracia). Y, por otra, dos apuntes a caracterizaciones de la forma de gobierno, el pluralismo de formas democráticas (participativa, representativa y comunitaria) y, en lo que viene a ser una incorporación de condición de las mismas, la equivalencia en la relación de hombres y mujeres. Veamos con más detalle estas relaciones conceptuales.

La mención de "República de Bolivia" hace referencia a un sistema de gobierno que se sustenta en la normatividad establecida en una Constitución; en otras palabras, en un gobierno cuyas reglas son positivas, esto es, normas que se fijan y registran en un texto escrito o declaración expresa más que en la voluntad de uno (monarquía), algunos (aristocracia) o muchos/la mayoría (democracia), cuya finalidad primordial es el interés público, el orden público. De esta manera, la noción de república pretende dejar asentada de que el sistema de gobierno no es un sistema de "gobierno de los hombres", sujeto a la decisión y/o arbitrariedad de ellos; sino, sobre la incorporación de una restricción expresa a los procesos de toma de decisiones vinculantes, en un "gobierno de leyes". Asimismo, la Republica refiere al carácter del tipo de gobierno en tanto vinculación al cuerpo social del cual emana su legitimidad, que es la noción, por decir "dura", de lo público. Lo público en separación y diferenciación de lo privado. Lo público de la *res-publica*, implica lo común, lo colectivo, el artificio creado y producido por los miembros de la comunidad política. De ahí que la finalidad primordial no es algo preestablecido y fijo, que delimita las decisiones colectivas, de vinculación de las decisiones con concepciones holísticas, religiosas y/o míticas, sino un producto de la voluntad de los miembros de la comunidad, un orden público que se crea, afirma y legitima a través de la Constitución y las leyes.

Pasemos a la segunda mención conceptual: la forma de gobierno. Antes de ingresar a los adjetivos o bien a las caracterizaciones de la forma de gobierno, la CPE establece como forma genérica de ejercicio de gobierno a la democracia. Por ello, es importante dejar asentada la noción "operativa" de democracia a pesar de los múltiples significados que pudiéramos asignarle desde la(s) perspectiva(s) que la abordemos. Veamos. La democracia es definida como una forma de gobierno en medio de otras, esto es, implica de entrada la existencia y/o la posibilidad de otras. En la tradición de la filosofía clásica las formas de gobierno se definían en sujeción a consideraciones cuantitativas: cuántos: ¿Quién? Y, cualitativas: ¿Qué? y ¿Cómo? deciden. De ahí, se armó la clásica tipología de las formas de gobierno que aún nos sirve para clasificarlas: formas rectas y desviadas, de acuerdo al número: uno, pocos y muchos.

Formas de gobierno, tradición filosofía clásica

¿Quién?	¿Cómo?		
		Rectas /Bien	Desviadas/Mal
	Uno	Monarquía	Tiranía
	Pocos	Aristocracia	Oligarquía
	Muchos	Politia/Democracia	Democracia/Oclocracia

Fuente: propia sobre la base de Bobbio (2003)

Es conocida la controversia entre los clásicos para ubicar a la democracia entre las formas rectas o bien desviadas de gobierno. El criterio para la clasificación de las mismas era de carácter cualitativo, valorativo, en coherencia con el tipo de sociedad o comunidad que la presuponía. No olvidemos que el presupuesto general de la cosmovisión antigua y en particular de los griegos, fue la concepción comunitaria del "bien común" y la "vida buena" entendida como los valores y fines supremos de la comunidad y, en coherencia a la concepción organicista, de cada uno de los miembros (Salazar, 2001). Esta concepción permitía definir como formas "rectas" aquellas que se orientaban a la consecución o logro del "bien común" y, en consecuencia, de los valores y fines supremos establecidos, no importando para ello si eran gobernados por uno, pocos o muchos. Las formas "desviadas" eran precisamente las que difieren de la moralidad establecida en la medida de que los sujetos gobiernan para el interés de uno, de pocos o de muchos (tiranía, oligarquía y democracia). El debate de los clásicos giró en referencia a la graduación de las mejores y/o peores, imaginando la mejor u optima república (Bobbio, 2003). O bien, intentando descifrar los matices y combinaciones de unas y otras, también en referencia a proponer una optima república; entendiendo, en ambos casos, como república a la forma de organización de la ciudad-estado. Para el interés de este texto no entraremos a desglosar estos debates.

Retomando el hilo argumentativo de nuestro interés, de acuerdo a Aristóteles, la democracia en la tradición grecolatina era considerada como una forma mala o desviada de gobierno ya que era el gobierno de las mayorías y, como en cualquier sociedad o comunidad, las mayorías eran y son los pobres. Situación que, en sociedades estratificadas y jerarquizadas como las antiguas, constituía una fuerte restricción para la formación de un gobierno "recto", "bueno". La fragilidad de la democracia desde ese punto de vista era extremadamente alta. Los pobres, que en la división de las partes de la comunidad son los que precisamente no tienen parte, no cuentan más que como masa (Ranciére, 1996). Estos, según la convención normativa, filosófica convertida en "sentido común", no podían ni podrían gobernar para el "bien común" por sus propias limitaciones materiales y/o morales; si lo hicieran tan sólo seria por breves momentos. Sin embargo, la democracia como forma de gobierno, a pesar de la caracterización negativa, no deseable, presuponía dos aspectos que posteriormente serán los potenciales recursos que, desde el realismo de Aristóteles, era imprescindible considerar para evaluar su impronta y radicalidad.

El primero, la expansión de la condición de igualdad entre los ciudadanos, el *demos* es el pueblo y, el pueblo está conformado por todos los ciudadanos sea estos pobres o ricos, el *demos* defiere a los que tienen parte y a los que no. No olvidemos que la polis, la ciudad-comunidad se organizaba bajo el principio de la igualdad de todos, como ciudadanos libres e iguales. Este es el aporte del *demos* a la comunidad: la igualdad (Ranciére, 1996). Sin embargo, precisando, qué es el *demos*, qué sujeto se halla detrás de esta representación o clasificación, quiénes aportan el sentido de igualdad a la comunidad reclamando el ejercicio o bien su efectiva fijación en una sociedad, como en las antiguas, altamente jerarquizada y desigual. La respuesta es que el *demos* expresa la encarnación, subjetivación diría Ranciére (1996), de los que no tienen parte en la distribución de las partes, de los que no cuentan. Y por lo tanto, el *demos* es un factor constante de disrupción, desorden, conflicto. El segundo aspecto, es la constatación de la desigualdad en el seno mismo del gobierno, el *kratos* que es la forma de organización de la comunidad, la manera en la que se estratifica las relaciones sociales y de autoridad (mando/obediencia). En ésta situación, ya podemos mencionar que la democracia no es tan sólo aquella idea u acepción común de "gobierno del pueblo", sino el proceso político de incorporación del *demos* (el pueblo), los pobres, los que no tienen parte, en el *kratos*, en el gobierno, en la división de las partes. En ese sentido, para ir cerrando esta parte, la democracia es como un dispositivo de operación para la generación de igualdad, pierde toda referencia estable de significación y concreción institucional, puesto que la forma de gobierno que intenta significar e instituir es inestable, viene por definición y condición penetrada por el desacuerdo y el conflicto. En suma, es una forma de gobierno abierta a la contingencia y a las pulsiones plurales, heterogéneas de los agentes que intervienen en su concreción.

Dicho esto podemos pasar a la caracterización de las formas democráticas que instituye la CPE. En principio, como mencionamos, la concepción genérica u operativa de democracia permite establecer que hay múltiples formas de incorporación del *demos* al *kratos*, del pueblo a los procesos de decisión colectiva. No hay una sola forma, no pudiera haberla, pues anularía conceptualmente a la pluralidad, diversidad y heterogeneidad de la condición social, de sus formas de organización y auto-organización que siempre exceden y/o rebasan todo intento de significación cognoscitiva y normativa última de esta relación.

La CPE, en ese sentido, establece, en lo que vienen ser una reforma radical de ampliación de contenidos de la democracia, tres formas de incorporación del *demos* al *kratos*, tres formas democráticas: participativa, representativa y comunitaria. Cada una de ellas vinculadas a tradiciones político-culturales que han sedimentado mecanismos y dinámicas políticas e institucionales que luego trataremos. Por otra parte, la CPE, en la parágrafo que comentamos, en lo que viene a ser una novedad en tanto intención normativa sobre la definición del sistema de gobierno, la fuerza democratizadora que pretende impulsar procesos de descentramiento radical, establece que la incorporación del pueblo en las decisiones colectivas, se realice bajo el principio de "equivalencia de condiciones entre hombres y mujeres". Al respecto, vale mencionar lo siguiente: la CPE impulsa un fuerte proceso de democratización y despatriarcalización de la sociedad, cuyo efecto es (será) el replanteo de las relaciones sociales desde una perspectiva descentradora y, con el análisis que luego desarrollaremos sobre las particularidades del ejercicio del poder y la incorporación de las formas democráticas, descolonizadora. Finalmente, en un adelanto de lo que vendría a ser una conclusión sobre el tema, con la CPE tenemos como sistema de gobierno, un modelo democrático de raigambre plural y de horizonte radical e intercultural.

Retomando el análisis, el segundo parágrafo del artículo 11 de la CPE, menciona lo siguiente:

> La democracia se ejerce de las siguientes formas, que serán desarrolladas por la Ley:
> 1. Directa y participativa, por medio del referendo, la iniciativa legislativa ciudadana, la revocatoria de mandato, la asamblea, el cabildo y la consulta previa.. Las asambleas y cabildos tendrán carácter deliberativo conforme a Ley.
> 2. Representativa, por medio de la elección de representantes por voto universal, directo y secreto, conforme a Ley.
> 3. Comunitaria, por medio de la elección, designación o nominación de autoridades y representantes por normas y procedimientos propios de las naciones y pueblos indígena originario campesinos, entre otros, conforme a Ley.

Antes de ingresar al análisis del listado de los mecanismos explícitamente mencionados para el ejercicio de la democracia, se puede destacar dos aspectos que llaman la atención. En principio, la idea de que "la democracia se ejerce" mediante "formas" que presupone mecanismos y artificios institucionales y, adelantándonos, nuevamente, a una consideración de lo que vendría a ser el sistema de gobierno emergente de la CPE, el modelo es esencialmente asimétrico, con pluralismo institucional. Segundo, las formas de ejercicio de la democracia que se menciona, serán desarrolladas, precisadas y/o delimitadas mediante la promulgación de disposiciones legislativas secundarias, es decir a través de Leyes. Apertura, registro y cierre a la vez.

Empero, regresemos por un momento al asunto de la asimetría y pluralismo institucional. La democracia plural, en nuestro caso plurinacional, no es la expresión de la división o fraccionamiento en tres formas aisladas y/o separadas de proceder para la toma de decisiones, sino es un resultado de la convivencia de formas que, más que superar a la democracia realmente existente, la refuerza. Esto solo es posible a partir del despliegue de dos factores que vienen incorporados en el texto constitucional: la primera, consistente en la apertura de la estructura institucional de la democracia, de aquella que ya está institucionalizada y se ejerce como práctica instituida, a las pulsiones y dinámicas particulares de la sociedad y, por ende, a la complejización de los mecanismos de representación y participación social para la toma de decisiones: la profundización de la democracia representativa y participativa. Y, el segundo factor, implica el desarrollo de la asimetría institucional, esto es, la incorporación de mecanismos y formas de autogobierno de la diversidad y pluralidad social, la denominada "demodiversidad" que acertadamente conceptualiza Boaventura de Sousa Santos (2004) y, en todo caso, supone una extensión de las formas institucionales hacia la sociedad, el acoplamiento de relaciones y dispositivos propios de las sobreposiciones de la sociedad, el abigarramiento, a la red institucional del Estado para replantear los contornos y el "núcleo común" (Tapia, 2006). En suma, la democracia plurinacional es un campo de tensión, acoplamiento y contaminación. Volveremos a este asunto más adelante.

Veamos ahora las formas que prescribe el parágrafo II para el ejercicio de la democracia. Empecemos por la primera forma ahí mencionada: la directa y participativa, que pudiéramos caracterizarla, siguiendo a Norberto Bobbio (2002), como propia de la tradición democrática de los antiguos, por el supuesto que intenta minimizar: el efecto de la representación. Expliquemos un poco más profundizando la argumentación. La democracia directa y participativa asume que el pueblo autogobierna, participa directamente en la toma de decisiones y, para ello, no requiere de la presencia y acción de los representantes ni de mecanismos que procesen y medie la relación entre el sujeto (el pueblo) y la toma de decisiones. El imaginario de una democracia participativa y directa es la del pueblo, los ciudadanos, en plena acción política, sea en el ágora del debate y la deliberación pública, la asamblea y/o cabildo, como en la toma decisiones con efectos vinculantes para todos.

Ahora bien, sobre esta base la CPE establece la forma "directa y participativa, por medio del referendo, la iniciativa legislativa ciudadana, la revocatoria de mandato, la asamblea, el cabildo y la consulta previa". Además precisa que "Las asambleas y cabildos tendrán carácter deliberativo conforme a Ley". Entonces, los mecanismos participativos o directos son seis: 1) El referendo que es el dispositivo de consulta directa al pueblo, los ciudadanos, respecto a una decisión o asunto primordial. El referendo, como todos los mecanismos participativos y/o directos, subvierte la representación, en concreto a la facultad de prerrogativa del representante para la toma de decisiones. 2) La iniciativa legislativa ciudadana, otro dispositivo de apertura del Estado a un grupo de ciudadanos u organizaciones de la sociedad civil para facilitar el acceso al mecanismo legislativo, viabiliza la acción directa de la sociedad civil en la formulación y construcción de proyectos de Ley. La característica es virtualmente el "puenteo" por parte de los ciudadanos organizados a la representación de los partidos u organizaciones políticas. 3) La revocatoria de mandato, al igual que el referendo, es el mecanismo de consulta ciudadana sobre el cumplimiento y legitimidad del mandato del/ los representante(s). En otras palabras, es un mecanismo para que la sociedad civil afirme su voluntad sobre el/los representante/s. 4) La asamblea. 5) El cabildo, son mecanismos propios y ejercidos por la sociedad civil en diferentes niveles y dimensiones, en ellos los ciudadanos participan directamente de la deliberación y la toma de decisiones. La CPE, como ya mencionamos, reconoce estos mecanismos confiriendo carácter deliberativo a ambos y no, necesariamente, vinculantes para la toma de decisiones. Por último, 6) la consulta previa, mecanismo de puesta a disposición de la sociedad civil, de sus actores o sectores particulares, en específico de determinados grupos (indígenas, campesinos, sectores, etc.), la consulta anticipada sobre una decisión que pudiera afectar su integración y/o forma de vida. Una manera de diluir y desmonopolizar el ejercicio de la representación activa, la prerrogativa de mandato del representante.

Como se puede apreciar, la forma directa y participativa de la democracia abre un campo de efectiva visibilización y desarrollo de la sociedad civil, tanto en la acepción genérica, la ciudadanía que se moviliza o participa en función de los valores cívicos, como en función a las dinámicas que perviven y se conforman en su seno (asociaciones civiles, organizaciones corporativas, comunidades indígenas y/o movimientos sociales) (Boaventura, 2004). En suma, la visibilización de la sociedad civil constituye la puesta en evidencia de una real "ampliación de la democracia", de los mecanismos de incorporación del *demos*, pueblo, al *kratos*, gobierno, ya que se redefinen sus contornos convencionales de operación. Pasemos ahora al análisis de la segunda forma de ejercicio: la representativa.

La CPE define el ejercicio de la democracia a través de la forma: "representativa, por medio de la elección de representantes por voto universal, directo y secreto, conforme a Ley". Esta forma se vincula, de acuerdo con Norberto Bobbio (2002), con la tradición de los modernos en referencia a determinadas características asentadas como pautas de acción de las democracias contemporáneas. Esto es, con la idea del gobierno representativo (Manin, 1998), por una parte, y el desarrollo e incidencia del liberalismo, por otra. Veamos brevemente estas dos características.

La idea de representación deviene de diferentes fuentes de explicación tanto histórica, como sociológicas y/o normativas. La más conocida en la tradición de la filosofía política es la formulada por Thomas Hobbes en el *Leviatan* cuya intención fue la fundamentación racional del poder político o en otras palabras la explicación prescriptiva de por qué, en condiciones del ejercicio de la "recta razón", uno debe obedecer a la autoridad. La respuesta de Hobbes ha dado lugar a la formulación del modelo iusnaturalista de fundamentación del poder político. El modelo sostiene que uno debe obedecer a la autoridad, porque la autoridad expresa el pacto contractual y/o racional libre y voluntario de los miembros de la comunidad, pacto que disponen para salir del estado de naturaleza, el estado de guerra. Para la consecución del la paz, la seguridad y la unidad de la comunidad, racionalmente los sujetos ceden la libertad de autodefensa y de aprovisionamiento de los recursos necesarios para garantizar su seguridad y la de los suyos a un tercero, una persona y/o un grupo de personas, para que ejerza a nombre de uno y de todos, la autoridad, el poder soberano, la representación. Representación que no solo implica encarnar una especie de mandato y voluntad colectiva, sino la facultad de prerrogativa de decidir a nombre de todos. Indudablemente la idea de representación, como la filosofía de Hobbes, presupone una condición diferente a la antigua, pues antes que comunitaria y organicista de la sociedad es individualista y por tanto artificial, en una palabra moderna (Salazar, 2001). La representación es precisamente esa idea, de que alguien, uno o un grupo de individuos deciden en un lugar y tiempo en el que uno no está presente ni pudiera estar continuamente. El gobierno representativo encarna esta condición de sustracción y suspensión de la presencia para que la decisión que concierne a uno y, en su agregación, a todos, fluya o sea posible (Manin: 1998). Se afirma que en condiciones de una sociedad moderna, la complejidad de la extensión y multiplicación del tiempo y el espacio, la separación entre lo público y privado, hacen de la representación una característica central de la política, de la operación de las decisiones colectivas. De ahí que la democracia en las condiciones modernas sea concebida como democracia representativa.

Pero además de la representación hay un elemento suplementario que se incorpora al bagaje de la democracia representativa: la incidencia e imbricación de la tradición liberal, el liberalismo, con la tradición democrática (Mouffe: 2000). Si bien la idea de representación ya incorpora la dimensión individual como una condición genérica para el conjunto de la sociedad, será el liberalismo quien replanteará la condición individual al introducir, en el debate de la fundamentación racional del poder político, el "lenguaje de los derechos", los derechos naturales a la vida, libertad y propiedad, como los límites y fundamentos del ejercicio del poder político. Limites que en el fondo se convierten en las bases fundamentales de la configuración y edificación del Estado de derecho y el gobierno representativo, esto es: fronteras y bases normativas para el ejercicio de prerrogativa de decisión del/los representante/s. No entraremos al detalle de esta temática ya que rebasa la intención y espacio de este texto. Empero, digamos algo sobre el efecto global de la situación en la configuración de la forma representativa de la democracia: ¿Cuáles son las características centrales de la democracia representativa? Lo propio. Pues, en principio, siguiendo la argumentación inicial y tal como establece la CPE, un modelo procedimental de elección de autoridades, de "representantes por voto universal, directo y secreto, conforme a Ley". Esta es una condición que se ha definido como mínima de las democracias modernas: la elección de representantes y, con ella, el establecimiento de un sistema o procedimiento que será desarrollado, fijado, "mediante Ley"; pues, existen diferentes modalidades de elección de los representantes, o mejor, de acuerdo al armado de las reglas institucionales (los incentivos y las sanciones que emanan de ellas) se configura tendencialmente el régimen político (Bovero, 1995). De ahí que la democracia representativa pudiera ser un régimen parlamentario, presidencialista, o bien, derivando de la forma de régimen electoral, de mayorías (por la preeminencia de la representación territorial sobre la base a la elección de representantes por simple mayoría), pluralista (por la preeminencia de la representación proporcional sobre la base de elección de representantes en función a la proporción de votos en la distribución de escaños), y, en su caso, mixta, una combinación equilibrada de ambas, como actualmente establece la CPE, para nuestro caso, en el título del Órgano Legislativo.[1]

---

[1] La reciente aprobación de las Leyes del Órgano Electoral Plurinacional y del Régimen Electoral en el marco de la CPE, expresa la intención de configurar un nuevo sistema de gobierno denominado por ambas leyes

En síntesis, la democracia representativa tiene como referente al sistema o régimen electoral, donde los sujetos son organizaciones políticas que, de vez en vez, entran en competencia y/o disputa político-electoral para elegir a los representantes. En este proceso participan todos los ciudadanos, ya que implica un sistema de representación circunscripto en las fronteras del Estado-nación (el territorio) y abarca a la representación de la población: el voto es universal, directo y secreto. La participación incumbe a todos los miembros de la sociedad que a partir de una edad específica (18 años en nuestro caso) son considerados sujetos con plenos derechos políticos, esto es ciudadanos que elijen y pueden ser elegidos. Un voto un ciudadano. En palabras de Zavaleta Mercado (1983): la democracia representativa es el mecanismo o *factum* de cuantificación o validación cuantitativa del poder político.

Por último, en lo que viene a ser la novedad principal de la definición del sistema de gobierno, la CPE menciona a la forma: "Comunitaria, por medio de la elección, designación o nominación de autoridades y representantes por normas y procedimientos propios de las naciones y pueblos indígena originario campesinos, entre otros, conforme a Ley". Aquí, nuevamente, es necesario hacer dos puntualizaciones: una genérica y otra específica. Veamos. La forma comunitaria es el reconocimiento de la diversidad de formas y/o procedimientos de ejercicio democrático de la autoridad, el gobierno y el poder como relación social de vinculación colectiva. Precisamente, la idea genérica de la democracia que desarrollamos arriba expresa el sentido radical de la incorporación del pueblo, el *demos*, en este caso los pueblos, los *demos* en el proceso de decisión, de gobierno, de autogobiernos, los *kratos*. La democracia comunitaria connota la heterogeneidad de la sociedad, la estructura diversa de la composición social que presupone una morfología plural, abigarrada diría Zavaleta, de lo social que ciertamente desborda todo intento de fijación última de lo estatal, de la forma democrática de gobierno. La democracia comunitaria precisada en la CPE, en realidad es una apertura del modelo de gobierno (la democracia) a la introducción de algo que efectivamente la disloca y distorsiona, subvierte la fijación de una forma estable o plena de institucionalidad, está en contracorriente a la tendencia convencional de unidad, coherencia y registro positivo que supone el Estado moderno y la cristalización de una forma de gobierno acorde a él. Lo comunitario, que ciertamente implica el pluralismo de lo social, es la expresión de la heterogeneidad que disloca toda forma de construcción institucional, es el anuncio y el recuerdo a la vez de la imposibilidad de construir un orden y una forma estable y última de la democracia. Zavaleta (2009) desarrolla esta idea, cuando habla de la democracia como autodeterminación de las masas: "La historia de las masas es siempre una historia que se hace contra el Estado, de suerte que aquí hablamos de *estructuras de rebelión* y no de *formas de pertenencia*" (138). Dicho esto, en forma muy abstracta y genérica, avancemos a la puntualización específica de la democracia comunitaria.

Antes de ingresar a una explicación histórica de lo particular, de la diversidad social, es posible todavía explicitarla desde el análisis de lo particular en su momento de fragmentación, dispersión, o mejor, de aislamiento. Expliquemos recurriendo a

---

como "democracia intercultural". Al respecto, la complejidad del sistema electoral supera la caracterización "mixta", pues la incorporación de representaciones especiales indígenas, elegidos, para el nivel nacional, por el mecanismo liberal: un voto un ciudadano e intermediación partidaria en circunscripciones delimitadas y, a nivel subnacional, por "usos y costumbres" o normas propias sin intermediación partidaria, abre un horizonte complejo y asimétrico de representación política.

la CPE. En ella se señala: "la elección, designación o nominación de autoridades y representantes por normas y procedimientos propios de las naciones y pueblos indígena originario campesinos, entre otros, conforme a Ley". Aquí, hay varios elementos que deben considerarse.

La explicita referencia a "normas y procedimientos propios" presupone la preexistencia de algo que es anterior a lo establecido positivamente en la norma fundamental, en la CPE, y que, por ello, todavía está por reconocerse, por registrase "conforme a Ley". A diferencia del resto de las formas democráticas (representativa y participativa), la comunitaria no se establece, o bien, no es un resultado que luego se introduce en lo social para generar e incentivar cambios y dinámicas de "arriba hacia abajo", sino que ya existe en la sociedad, es una práctica consuetudinaria, una forma propia que estaba y está fuera del registro de lo estatal, en el afuera constitutivo del mismo. Por decir algunas generalizaciones del afuera constitutivo, lo "denso" de él, en el pasado, había sido laminada, invisibilizada, oculta, subalternizada, y que ahora, se introduce, se mete al campo de la representación simbólica del poder, a través de la propia CPE, para reclamar su registro y extensión, esto es, la incidencia de "abajo hacia arriba", en unas palabras la contaminación de todo lo existente, o en palabras de Boaventura de Sousa Santos de traducción intercultural (2007).

Asimismo, la CPE, menciona: "naciones y pueblos indígena originario campesinos, entre otros". Aquí, como que la CPE busca concretar la diversidad social, los sujetos que constituyen a la democracia comunitaria; pero, paradójicamente, al mismo tiempo, la subvierte, puesto que incorpora en la enunciación un "entre otros" que no es poca cosa. Veamos la implicación de lo primero, la referencia a las naciones y pueblos, para luego ocuparnos de lo segundo. Las naciones y pueblos tiene un sujeto, por decir "común", colectivo: "indígena originario campesinos", que no es uno en su particularidad o singularidad, sino una diversidad de "posiciones de sujeto" articulados como identidad común (Laclau y Mouffe, 2000). ¿Qué es lo que confiere la posibilidad de la identidad común? Precisamente, en el caso boliviano la historia de la exclusión, e invisibilización, por parte del Estado, de su propia base o composición social (Tapia, 2002). Base y composición social heterogénea. La negación expresa y deliberada del Estado de representar a la composición social, enraíza al Estado colonial como un hecho de fuerza para finalmente constituir, en su devenir, al Estado boliviano, lo colonial convertida en fondo histórico y raíz de estructuración. Estado colonial, colonizador, impuesto sobre y a pesar de lo social. Los grupos humanos, culturas y estructuras civilizatorias han soportado y son víctimas de este hecho constitutivo, que representa la ruptura y la reorganización violenta del tiempo histórico y de la domesticación del hábitat por parte de las naciones y pueblos indígena originario campesinos que habitan estas tierras y que precedían al hecho colonial. Por tanto, representan una historia de continua resistencia, de confrontación violenta y, asimismo, de proyección de horizontes de visibilidad desde matrices que buscan el resarcimiento de daño, el reconocimiento y la reconstitución de formas propias de autogobierno (Rivera, 1990). En otras palabras, la CPE, con la democracia comunitaria, pretende impulsar algo que pudiéramos mencionar como un imposible, en la medida de que ella se establece en el registro de una radicalidad permanente y activa en la memoria colectiva (la reconstitución como idea fuerza e imaginario), pero al mismo tiempo, necesario, puesto que se reinventa en las prácticas cotidianas y particulares de la sociedad. El resultado expresa la búsqueda del resarcimiento del daño histórico, la (re)constitución de las formas propias e introducción de ellas en el armazón institucional. En suma, desplegar procesos de descolonización del Estado y de la democracia desde las matrices profundas y diversas de la sociedad boliviana. Con la mencionada especificación de los sujetos en la CPE, por primera vez el Estado, la expresión condensada de la relación de fuerzas, se propone lograr una relación óptima con lo social y, en efecto, replantear la institución de la forma de gobierno, y la democracia realmente existente. Poner las cosas en su real dimensión o relación democrática efectiva.

Finalmente, ya para cerrar esta parte, digamos algo sobre el "entre otros", incorporado en la mención de la forma comunitaria de la democracia. Los sujetos de la misma no se reducen ó simplifican en las naciones y pueblos indígena originario campesinos; sino, con la mencionada relativización del "entre otros", abre las puertas a las pulsiones plurales y contingentes de lo social. Aquí, aparece finalmente lo que mencionamos arriba: el imaginario del modelo de gobierno fijado en la CPE, un modelo abierto al conflicto, a la gestión del mismo y, por tanto, a la edificación de redes institucionales en relación dinámica con lo social; esto es, en función al juego de tensiones y pulsiones que nos particulariza como proyecto, memoria y horizonte colectivo.

En suma, retomando la idea adelantada de una conclusión condensada del análisis conceptual desplegado hasta aquí, el sistema de gobierno de la CPE boliviana, es la formulación de un imaginario normativo de un modelo de gobierno de democracia plural, intercultural y radical a la vez.

2 Continuidades y/o "hegemonía incompleta"

En una somera revisión a los intereses de investigación social sobre el proceso político y la democracia boliviana, en particular en torno al impacto de la aprobación de una nueva CPE, la instalación del gobierno de Evo Morales, se puede identificar múltiples esfuerzos por dar respuesta a determinadas cuestiones que han logrado centralidad en tanto problemática u objeto de estudio: ¿Qué efectivamente ha cambiado en el campo político desde la reinstalación de la democracia a la fecha? ¿Qué hay de nuevo y relevante en las interacciones políticas, en la producción y reproducción de las relaciones de fuerza e institucionalidad? Al respecto, en las lecturas y reflexiones académicas que buscan ir más allá del análisis de la coyuntura y el posicionamiento discursivo se identifican al menos dos estrategias argumentativas.

Una que pudiéramos denominarla incremental y/o procesual, propia de la ciencia política "neoinstitucionalista", sostiene que las recientes reformas constitucionales, las renovadas dinámicas de representación y participación ciudadana, y la particular relación del gobierno y actores de la sociedad son resultados de procesos de "ampliación de la democracia" que devienen de lógicas de acumulación política y reforma institucional de "arriba hacia abajo" acaecidas en la década de los noventa, como de "abajo hacia arriba" de los últimos años a partir del 2000. Esta lectura, en todo caso, concibe a las reformas como positivas ya que si bien abre una etapa de disputa y confrontación política e ideológica sobre la fijación de los dispositivos normativos y la estructuración institucional quien gana es finalmente la democracia. La "ampliación de la democracia" presupone la visibilización de nuevos actores y/o movilidad de elites en el campo político, el establecimiento y expansión de renovadas reglas y mecanismos asimétricos de interacción del Estado y la sociedad, ahora, supuestamente menos unidimensional, monológica y monocultural. También, implica la reinvención de los dispositivos democrático-liberales de gestión de conflictos, la recurrencia a las urnas, ya que constituyen los principales recursos de dimisión de controversias políticas efectivamente aplicados y validados una y otra vez a lo largo de las últimas tres décadas.

En síntesis "ampliación de la democracia" supone el reforzamiento de lo existente: la democracia representativa y/o liberal. Lo nuevo, aquí, no es una hipótesis de algo extraordinario que aparece y se queda entre nosotros o sustituye lo existente, sino una suerte de ampliación de los contornos del campo político que permite visibilizar, reconocer e incorporar dinámicas que en otrora se hallaban fuera de lo que convencionalmente se establecía como propio. Con la nueva CPE y la consiguiente aprobación de las cinco Leyes orgánicas del Estado Plurinacional, contamos con reglas institucionales que buscan construir un Estado algo más complejo y, teóricamente, más cercano a lo social: nuevas dinámicas de procesamiento de las decisiones políticas que conciernen tanto a los partidos políticos (reconceptualizados como organizaciones políticas) como a actores corporativos, asociativos y comunitarios y, a partir de lo último, una nueva relación entre el gobierno y la sociedad civil organizada. Lo nuevo, en lo último, no son las prácticas políticas e institucionales que siempre estuvieron entre nosotros, sino su caracterización discursiva que, por ejemplo, desde la concepción ideológica del oficialismo se la define como "gobierno de los movimientos sociales", de "tensión insuperable", a la reiterada relación inestable entre gobierno y sociedad, a la continua puesta en vilo de la gobernabilidad.

En unas palabras, el cambio no expresa nada nuevo. Lo que irrumpe en el campo político son asuntos viejos que adquieren centralidad y/o aparecen como renovados por las contingencias políticas e históricas. Hay más de continuidad que de cambio. De ahí que se configura y defiende un horizonte normativo también reiterativo: el reforzamiento e institucionalización de la democracia representativa-liberal, la institucionalización de dispositivos de garantía de los derechos fundamentales, el establecimiento de límites legales al poder político en una línea que pudiera ser ampliada por mecanismos de democracia participativa, multicultural e intercultural. En suma, un Estado de derecho abierto al perfeccionamiento institucional mesurado, ordenado y, procesualmente, cada vez más participativo, incluyente y representativo.

La segunda lectura, que pudiéramos denominar de inspiración marxista-crítica, sostiene que las transformaciones que vivimos y las que vendrán son producto de la acumulación de "sentidos prácticos" que han logrado abrir una etapa de confrontación política y social en la que se pone en disputa dos horizontes de construcción y afirmación hegemónica. Una perspectiva algo más compleja a la idea de "ampliación de la democracia" ya que se incorpora en el análisis el concepto de hegemonía como central. Veamos. Se afirma que toda hegemonía cuando pretende asentarse en una sociedad, marcando el sello de su primacía en términos de tiempo (la evocación al "movimiento general de la época" de Marx) como espacial (la territorialidad en la que se ejerce la relación de autoridad/obediencia y control jurisdiccional), se sostiene sobre una estructura económica y social, un cimiento que permita la irradiación y expansión hegemónica. Algo así como un "modelo de regularidad" que permite la reproducción del sistema de significaciones discursivas como de los sujetos u actores que efectivamente adquieren centralidad y eficacia. Aquí lo que corresponde preguntarse es: ¿Cuáles son los proyectos hegemónicos en pugna? Y, sobre todo: ¿Cuáles son los "modelos de regularidad" que nutren la configuración de proyectos antagónicos? La respuesta explica el estado de las transformaciones y el grado de conflictividad que expresa la sociedad y, en el seno y curso de ella, las mutaciones del campo político.

Revisemos algunos trazos de ésta compleja y rica argumentación. En principio, se sostiene que los proyectos hegemónicos son aquellos que tienen que ver con el domino y control del orden político en tanto estructura económica y social. La hegemonía se vincula a la condición "material" que establece relaciones de dominio y, consiguientemente, poder coactivo y simbólico. El fundamento, el sostén, es esencialmente compulsivo: la fuerza material de orden económico y social e ideológica expresada en el despliegue de las normas y/o el derecho que fundamenta al poder político y a la existencia del Estado en sus distintas versiones: pre-colonial, colonial y/o republicana. En ese sentido, desde ésta perspectiva, el proyecto hegemónico dominante asentado en el cuerpo social permanece intacto en su estructuración material. Este proyecto es el impuesto por el hecho colonial que en sus efectos estructurales trastocó la lógica temporal y espacial del orden civilizatorio pre-colonial. La colonización es el hecho que mayor violencia y trauma ha ejercido y ejerce sobre el cuerpo social. Es, retomando a Zavaleta Mercado, el proyecto de "hegemonía negativa" que en principio fue desplegado por los colonizadores y luego, con la república, retomado y desarrollado por sus hijos y nietos: la "casta señorial" que ha gobernado ininterrumpidamente el territorio nacional. El "modelo de regularidad" fue siempre el mismo desde sus orígenes: la expoliación de los recursos naturales, el poder patrimonial, centralista y concentrador de decisiones y la exclusión violenta y traslapada de la base social.

Frente al modelo y proyecto hegemónico, en reacción, resistencia y acumulación de "memoria histórica" emerge la construcción y articulación de lo nacional-popular, un proyecto contra-hegemónico que a lo largo de la historia colonial y republicana ha tenido distintas expresiones y momentos constitutivos. Sin embargo, lo propio o bien lo singular de lo nacional-popular fue y es la demarcación de una frontera con un "otro": "la casta señorial" y, la visibilización de proyectos políticos en tanto horizontes normativos de (re)construcción estatal: los imaginarios de reconstitución del orden anterior, el establecimiento de un nuevo orden sobre bases propias y/o la descolonización.

La hegemonía desde este lugar no presupone la descontextualización y autonomía de la política, la total contingencia, sino la vinculación de estrategias políticas de distintos grupos (comunidades o pueblos indígenas, mineros, campesinos y obreros) a la acumulación de experiencias prácticas y "memoria histórica". Estrategias que son procesadas desde una diversidad de sujetos y que, en su limitación estructural (por su número, el momento histórico o bien por la condición política y cultural que permea al conjunto de la sociedad), tan sólo llega a expresar el alcance de una "hegemonía incompleta", una hegemonía que quiere, desea y ambiciona ser "nación", poder expandido, Estado, pero que fracasa o no puede. En otras palabras, se activa aquella noción acuñada por Zavaleta (1986) de la "paradoja señorial", la reinstalación bajo un formato remozado de aquello a lo que precisamente se enfrentaba: el poder colonial, dando lugar al despliegue de la amputación de la emergencia o voluntad de autodeterminación social. Esta es la historia de los levantamientos indígenas y populares de Túpac Katari en 1781, de Zarate Wilka en 1899, de los mineros en el 52 y, de obreros y campesinos el 79 y, presumiblemente, de la masa o multitud de Evo Morales en la última década.

Digamos algo más sobre esta estrategia argumentativa: ¿Cuál es la base material o "modelo de regularidad" que sostiene al proyecto nacional-popular? ¿Por qué la reiterada mención a la "hegemonía incompleta"? Se sostiene que la base o "modelo de regularidad" son las distintas dinámicas comunitarias que a lo largo de los siglos, a pesar del hecho colonial, continúan reproduciéndose en distintos formatos de organización de lo social, reinventando y expandiendo dinámicas asociativas, cooperativas y de "redes familiares" de producción y generación de vida, de producción y redistribución de riqueza, de autogestión y autogobierno. Con ello, lo comunitario no se agota en lo indígena, campesino u originario, se asienta en un archipiélago de unidades colectivas con base territorial rural y urbana e irradia su influencia al conjunto social. De ahí se explica la emergencia potente de lo indígena, lo comunitario, en la economía y la política y en el despliegue de horizontes normativos a lo largo de la historia.

Sin embargo —y lo que sigue es enteramente hipotético inspirado en la lectura de Zavaleta y Luis H. Antezana— aparece insistentemente la idea de "hegemonía incompleta", una expresión analítica que busca caracterizar la persistente situación de afirmación y expansión de poder e imaginario de lo nacional-popular, como un manto que cubre y cobija al conjunto social, pero que en su intención política (inmediata) fracasa una y otra vez. "Hegemonía incompleta", al parecer, hace referencia al impacto del trauma de la violencia constitutiva del hecho colonial que permea a la constitución de las identidades sociales que llegan a antagonizar en el campo político y, por ende, a la dificultad reiterativa de identificar, reconocer y/o construir, desde la política, el proyecto común, el proyecto de nación y de Estado.

La violencia constitutiva del Estado, como hecho y trauma colonial, traspasa al campo de las relaciones sociales primordiales en tanto carga racista y expansión de rencor, situación que evita —según Zavaleta y Luis H. Antezana— el autoconocimiento, la hegemonía como realidad y posibilidad continua. En otras palabras, la hegemonía es una y otra vez el asunto pendiente a resarcir y/o reconciliar. Algo que al parecer no será fruto de la voluntad de un grupo o sector social, sino producto de la edificación de "sentidos comunes" o intersubjetividad social que emerge en los momentos de crisis, en los momentos de articulación y autodeterminación social, así como, de expansión de los mismos como voluntad de poder y autogobierno desde la sociedad y, ulteriormente, desde la política.

Dos ejemplos cercanos o históricos para bajar a la realidad: la idea y práctica de la nación y de la democracia. ¿No son éstos dos hechos lo común, lo reiterativo, lo universal de nuestra condición particular, abigarrada? En principio ambos son hechos históricos, con un origen temporal de construcción, cristalización y despliegue. Ambos son momentos de construcción y constitución de intersubjetividad social. La idea de nación deviene de varias causalidades, del debate del siglo XIX respecto a la viabilidad del país, la emergencia de clases, etc. y se concretiza en la guerra del Chaco como imaginario común, colectivo. Zavaleta mencionaba: "[A]quí cada valle es una patria, en que cada pueblo viste, canta, come y produce de un modo particular y habla todas las lenguas y acentos diferentes sin que unos ni otros puedan llamarse por un instante la lengua universal de todos" Y, luego: "[T]ú perteneces a un modo de producción y yo a otro pero ni tú ni yo somos lo mismo después de la batalla de Nanawa (guerra del Chaco); Nanawa es lo que hay de común entre tú y yo. Tal es el principio de la intersubjetividad" (Zavaleta: 1983:18). Por su parte, la idea de democracia, pudiera tener diversos orígenes, desde el desplazamiento de la política centrada en el caudillismo a la electoral-partidista que primó en el campo político desde mediados del siglo XIX a la expansión de la democracia electoral en el 52; pero sobre todo a la incorporación de la democracia representativa en el seno de la masa, la multitud en el 79, como pre-juicio y deseo colectivo. Aquí, también Zavaleta nos provoca: "[L]a democracia, en cualquier forma, se convierte una bandera de las masas, de las masas que se habían educado en el vilipendio de ella" (:44). Ambos hechos se expanden y hoy imprimen su sello en las prácticas colectivas de la sociedad, en la construcción estatal e institucional y en la afirmación de identidades políticas y culturales. ¿Será posible salirnos de ese marco, de éste campo delimitado por condiciones históricas y sociales?

Finalmente, ¿Qué horizonte normativo se defiende desde ésta posición? ¿Cuál es la novedad? ¿Por qué todavía el campo político tiene o bien incorpora y reproduce connotaciones y posiciones antagónicas? Pues, explicando sintéticamente, con la aprobación de la CPE no sólo se posibilita la "ampliación de la democracia", la extensión de los contornos del campo político en función a algo que siempre estuvo ahí y, ahora, se visibiliza para reforzar lo existente; lo que sucede es que ahora se pone en tensión, por primera vez como una posibilidad real, la construcción del propio Estado y la democracia desde otro lugar, desde otro campo que no es el convencional y hegemónico, desde un imaginario radical e inaprensible de orden político y social que deviene en un proyecto —por decir actual, moderno— de descolonización: la construcción del Estado plurinacional comunitario. Este es el asunto nuevo y, es el que genera expectativas y despliega energías utópicas de emancipación, un nuevo "sentido común" u horizonte de visibilidad que requerimos evidenciar y, también, precisamos, una y otra vez, poner en debate.

Bibliografía

ANTEZANA, Luis

1991 *La diversidad social en Zavaleta Mercado*, La Paz: CEBEM.

BOBBIO, Norberto

2002 *Liberalismo y Democracia*, México: Fondo de Cultura Económica.

2003 *La teoría de la formas de gobierno en la historia del pensamiento político*, México: Fondo de Cultura Económica.

2004 *Estado, gobierno y sociedad. Por una teoría general de la política*, México: Fondo de Cultura Económica.

BOVERO, Michelangelo

1995 "Constitución y democracia" en Nora Rabotnikof et al *La tenacidad de la política*. México: UNAM.

LACLAU, Ernesto y MOUFFE, Chantal

2000 "Posición de sujeto y antagonismo: la plenitud imposible" en Benjamín Arditi (editor), *El reverso de la diferencia, Identidad y política*. Caracas: Nueva Sociedad.

MANIN, Bernardo

1998 *Los principios del gobierno representativo*, Madrid: Alianza editorial.

MOUFFE, Chantal

2000 "Derechos, teoría política y democracia" en Jean-Francois Prud'homme *Demócratas, liberales y republicanos*. México: Centro de Estudios Sociológicos, El Colegio de México.

RANCIERE, Jaques

1996 *El desacuerdo. Política y filosofía.* Buenos Aires: Ediciones Nueva Visión.

RIVERA, Silvia

1990 "Democracia liberal y democracia de ayllu: El caso del Norte Potosí, Bolivia"en Carlos Toranzo (editor) *El difícil camino hacia la democracia.* La Paz: ILDIS.

SALAZAR, Luis

2001 *Para pensar la política La lección de los clásicos,* México: UAM-I

SANTOS, Boaventura de Sousa

2004 *Reinventar la democracia reinventar el Estado,* Quito: ILDIS/Abya Yala.

2007 *La reinvención del Estado y el Estado Plurinacional.* Santa Cruz de la Sierra: CENDA/CEJIS/CEDIB.

TAPIA, Luis

2002 *La condición multisocietal. Multiculturalidad, pluralismo, modernidad.* La Paz: Muela del Diablo.

2006 *La invención del núcleo común. Ciudadanía y gobierno multisocietal.* La Paz: Muela del Diablo.

ZAVALETA MERCADO, René

1983 "Las masas en noviembre" en René Zavaleta *Bolivia, hoy.* México: Siglo XXI editores.

1986 *Lo nacional-popular en Bolivia.* México: Siglo XXI editores.

2009 "Cuatro conceptos de democracia" en Luis Tapia (compilador) *La autodeterminación de las masas.* Bogotá, Clacso.

Informação bibliográfica deste artigo, conforme a NBR 6023:2002 da Associação Brasileira de Normas Técnicas (ABNT):

YAPUR, Fernando L. García. Democracia plural: Sistema de gobierno del Estado Plurinacional de Bolivia. *In*: BALDI, César Augusto (Coord.). *Aprender desde o Sul*: Novas constitucionalidades, pluralismo jurídico e plurinacionalidade. Aprendendo desde o Sul. 1. ed. Belo Horizonte: Fórum, 2015. p. 395-411

LA CONSTITUCIÓN DE CÁDIZ O LA ANTIMATERIA DE LA DEMOCRACIA LATINOAMERICANA

RICARDO SANÍN RESTREPO

1 Presentación y planteamiento del problema

¿Cuál es la importancia de la Constitución de Cádiz para el proceso de independencia Latinoamericano? ¿Cuál es su legado para el constitucionalismo? La respuesta depende decididamente del ángulo con el que se mida su impacto. Tradicionalmente la cultura jurídica imperante en Latinoamérica, esencialmente liberal, moderna y por lo tanto imitativa de occidente proclama a Cádiz como un lugar inevitable y casi fundacional del constitucionalismo democrático, identifica en su textura jurídica y en sus componentes ideológicos un esquema trascendente que le permitió a nuestros proyectos constitucionales crear y afianzar figuras democráticas venerables, se ve en Cádiz un rompimiento con el pasado que aseguró el camino hacia la independencia y la posterior construcción de los modelos jurídicos y políticos que hoy definen la realidad de nuestros estados, y por ende, de nuestros pueblos. Esta versión de constitucionalismo latinoamericano, hegemónico en sus formas y sus ideales, ve en la profusa amalgama gaditana de racionalidad y tradición, ilustración y escolástica, moderación del poder real y Cosmopolitanismo los cimientos de cada uno de los procesos constitucionales de estas latitudes.[1] Sin embargo, es esta una versión del constitucionalismo latinoamericano, dominante durante dos siglos, que a la luz de la historia y de los acontecimientos políticos y culturales actuales, resulta flácida, desorientada e insuficiente para entender complejas relaciones de poder, de dependencia

---

[1] Ver, entre otros: SERRAFERO, Mario Daniel: "Modelos institucionales y momentos constitucionales", Buenos Aires, Centro Editor de América Latina, 1993. NARANJO MESA, Vladimiro. "Teoría constitucional e instituciones políticas". Bogotá, Editorial Temis, 1995, p.38. SÁCHICA, Luis Carlos: "Derecho constitucional general" Bogotá, Editorial Temis, 1999. CHUST, Manuel: "La cuestión de la nación americana en las Cortes de Cádiz", Valencia, UNED-UNAM, 1998.

y multiplicidad, engranadas todas en el dispositivo constitucional, y que por tanto se encuentra en un intenso proceso de desplazamiento y de profunda revisión teórica.

No pretendo en este artículo cuestionar la relevancia de Cádiz para la evolución constitucional de occidente, ni mucho menos poner en entredicho su lugar de piedra angular de la modernidad española. La pregunta a la que me atengo a responder es su impronta en el proceso de independencia y consolidación del constitucionalismo Latinoamericano, necesariamente es éste un camino que exige un excurso a través de contextos de producción y de recepción del derecho,[2] donde se evita a toda costa reproducir la tradición occidental que considera su cultura jurídica como la original y la del resto del mundo como la derivada o receptora pacífica. Se trata más bien de definir, en un mapa más extenso, como la transfusión de Cádiz a Latinoamérica está atravesada con estrategias de preservación del poder político, continuidades y resistencias, pero sobretodo adulteraciones fabricadas conscientemente para mantener la fluidez de un aparato de sometimiento basado en la retención del lenguaje jurídico por parte de una élite que continúa en un lugar de dominación política, pero que cada vez está más cercada por nuevas e ingeniosas formas de lucha por la emancipación del lenguaje que define el derecho. El propósito adicional, contenido en el principal, es entonces desenmascarar una tradición académica constitucional que, asentada en hitos como Cádiz, ha petrificado la idea constitucional en un formalismo positivista como proyecto reaccionario ante la avalancha de la diversidad y multiplicidad que son los pueblos Latinoamericanos, manteniendo así un *status quo* de oligarquías y modos de producción jurídica, primero como continuidad de las jerarquías imperiales españolas y luego como élites globalizadas pero atrincheradas en rígidos esquemas jurídicos atados al Estado nación.

De todo el vasto panorama que ofrece la Constitución de Cádiz, resulta evidente que su centro gravitacional es el concepto de Nación, por ello este artículo pretende presentar una lectura crítica de la incidencia de Cádiz en los procesos constitucionales Latinoamericanos, pero especialmente pretende deconstruir el concepto de Nación como elemento de cohesión y sistematicidad Gaditana y su incisivo papel inhibidor y destructivo de la democracia en nuestra experiencia constitucional Latinoamericana.

La denuncia fuerte es entonces que el constitucionalismo tradicional en Latinoamérica, remedo europeo y densamente positivista y superficial es el elemento que ha posibilitado, más que cualquiera otra ideología, la continuidad y afirmación de modelos políticos y jurídicos que mantuvieron a Latinoamérica en la periferia y dependencia por más de dos siglos después de la pretendida independencia de España, es decir que el constitucionalismo tradicional de vena liberal es el elemento de continuidad y traspaso histórico del colonialismo imperial europeo a la colonialidad del imperio globalizado.[3]

2 Atravesando las paradojas gaditanas

La Constitución de Cádiz es una mezcla difusa, una encrucijada histórica, pero es precisamente eso lo que la convierte en un retrato fiel del choque de las placas

---

[2]   GUARDIOLA, Oscar y SANDOVAL Clara: "El caballero inglés en la Corte del gran Khan", en "Derecho y globalización", Bogotá, Editorial Siglo del hombre, 2003. Pp 27-31.

[3]   Véase: HARDT, Michael y NEGRI, Antonio: "Imperio", Buenos Aires, Editorial Paidós, 2003. Pp 43-63.

tectónicas de la modernidad occidental. La Constitución de 1812 está sembrada de paradojas, es la fractura del tiempo y de la historia, curiosamente dependiente en la perseverancia de la tradición. De un lado es el decreto de muerte del feudalismo, de otro es la articulación de la escolástica para lograrlo. Cádiz es en últimas una elaboración filosófica compleja que hay que leer con cuidado extremo.

Lo primero que se percibe en los orígenes de la Constitución de Cádiz es una serie de tensiones históricas que están tendidas a lo largo y ancho de sus discusiones y de su texto. Tensiones que son señales de una época convulsiva en Europa y que definirá la arquitectura política global. Los miembros de las Cortes se vieron abocados a lidiar con materiales políticos complejos y muchas veces antagónicos.

Desde sus prolegómenos se anuncia la tensión entre la necesidad de producir una ruptura de la historia jalonada por el espíritu liberal e ilustrado fundado en una nueva y perseverante forma de producción económica, con un nuevo y vigoroso protagonista, la burguesía, que reclamaba desde su premisa una demolición total del pasado y una reescritura completa del presente que se confronta directamente con una institucionalidad española aferrada a una espesa tradición histórica cuyo acicate era la monarquía de guisa absolutista, la solución es una especie de reingeniería de las narrativas arcaicas del poder patrimonial de estirpe escolástica para tonificarlas como base de un nuevo mundo, un mundo desligado del pasado, pero paradójicamente suspendido en él.

3 Reconstrucción del mito de la Constitución histórica

El primer problema que enfrentaron los miembros de las Cortes y que exigió al máximo la imaginación jurídica de sus miembros fue la abdicación de Fernando y Carlos a favor de José Bonaparte. La oscilación entre el vacío del poder del monarca y el asecho francés a España dejan a Cádiz como un lugar suelto, perdido en el espacio representacional político y curiosamente periférico. La misión es doble y peligrosa, primero defender a España y toda su majestuosa institucionalidad del sitio francés, pero al mismo tiempo, y en perfecta sincronización oportunista, superar precisamente dicha institucionalidad para garantizar el acceso al liberalismo moderno ilustrado, difícil tarea de lograr desde las márgenes.

La primera necesidad era retornar a Fernando VII al trono simbólico acéfalo, como lugar de legitimidad y unidad de la empresa constituyente, para lograrlo, las Cortes acudieron a la teoría del derecho escolástico de la *traslatio imperii*, según la cual el pueblo recibía la soberanía directamente de Dios y la transmitía en el acto al Monarca,[4] aquí se ensamblan la escolástica con la más refinada teoría del contrato social moderno para poder llegar a la instancia definitiva, la Nación como cristalización del proceso de traslación y titularidad de la soberanía. Se le rapta la soberanía al monarca con la misma mano que lo sienta en el trono. Cádiz repite en lo esencial, el gesto de Sieyés[5] en Francia, el pueblo es reducido y convertido en un nuevo constructo, la Nación como representación del todo político, como elemento de aleación de Monarquía, historia y pueblo en un solo y monumental objeto jurídico.

---

[4]   SÁNCHEZ AGESTA, Luis, *"Historia del constitucionalismo español"*, Madrid, Instituto de Estudios Políticos, 1955.

[5]   SIEYÉS, Emmanuel, "Que es el tercer Estado", Madrid, Editorial Alianza, 2003.

La mezcla de las tesis descritas sienta al Monarca en su trono, a la vez como elemento de resistencia a la invasión y de unidad jurídica de España, pero en el mismo gesto le arrebata la soberanía y la fija en la Nación como superación de la soberanía patrimonial, sin que la superación sea del todo herética, sin que rompa el cordón umbilical de una pretendida tradición constitucional. Con este asombroso argumento jurídico se la permite a las Cortes, en su condición temporal, ejercer las prerrogativas características del soberano como representante único de la Nación, dadas las condiciones extraordinarias de la invasión. Así, las Cortes hablan de igual a igual con Inglaterra, y declaran la guerra a Francia dentro del más legítimo rigor del derecho internacional.

De manera que la tradición escolástica y el contrato social se mezclan para "imponer límites al soberano, se reelabora ahora, tiempo muy a propósito para sustituir los conceptos de Leyes fundamentales por Constitución histórica y Monarquía mixta, moderada o templada por Monarquía constitucional. El sistema político absolutista se reformaría así para acoger otro basado en la soberanía compartida entre el Rey y las Cortes, cabeza y cuerpo representativo del Reino respectivamente".[6]

4 Las Cortes de Cádiz ¿Profeta o mesías? El advenimiento de la nación

Como se observa, la necesidad paralela de recuperar la legalidad después de las abdicaciones de Bayona y llevar a España a la modernidad europea, implica una liza constante entre el ideal liberal de ruptura histórica y la necesidad reaccionaria de la restauración del régimen. El resultado es un batiburrillo de tradición y ruptura, que lleva a los constituyentes a crear un mito trascendental: el de la reconstrucción de una constitución histórica que dé cohesión a la idea de la Nación como eje y productor de toda la constitución, el combate se presenta en la superficie como una confrontación entre escolástica e ilustración, pero ¿Que es la ilustración sino la secularización de una escolástica igualmente codificadora?

Lo interesante de toda esta operación estratégica es que la labor de las Cortes se promueve públicamente como una industria de compilación exhaustiva y detallada de la historia constitucional española, las Cortes relatan la historia como un oráculo y luego derivan esa narración como si fuese un simple espacio representacional de una historia autómata, de creatividad *ex nihilo*.

La obra constituyente requiere conciliar dos extremos aparentemente antagónicos, la tradición constitucional española como un todo coherente y tocado por la predestinación y la ruptura temporal implícita a la modernización liberal. Así, las Cortes requieren cohesionar toda la variedad y disparidad de la tradición jurídica española, ubicando en ella a la Nación como su protagonista y gestora, con lo que realmente las Cortes fundan y re-narran una historia con el propósito claro de justificar el paso abismal hacía el liberalismo moderno, ahora bien, si de esto surge algo antimonárquico sencillamente es culpa de la racionalidad histórica y no de las

---

[6]   FERNÁNDEZ SARASOLA, Ignacio, **"Valor** normativo y supremacía jurídica de la Constitución de 1812, Alicante, Biblioteca virtual Miguel de Cervantes, 2004. <http://www.bib.cervantesvirtual.com/portal/1812/estudios.shtml>.

Cortes, no de su creatividad revolucionaria. Se trata nada menos que de una especie de sincretismo ilustrado y racional.

Las Cortes crean una realidad a partir del mito fundacional de la historia común constitucional española, componen ese inmenso y dislocado rompecabezas de la constitución histórica a partir de la metodología propiamente ilustrada refugiándose en la neutralidad y racionalidad de la historia. De nuevo, el elemento concreto que orquesta toda esta multiplicidad es el orden de la Nación, la fuerza del *UNO*, de la unificación y homogeneización. No puede haber un ejemplo más claro de un orden performativo que Cádiz, donde quien dice simplemente declarar realmente crea un nuevo espacio donde la verdad define su propia economía de producción. En este caso, las Cortes de Cádiz sirven como vehículo en el advenimiento de la Nación. Cádiz es el profeta que anuncia al nuevo Mesías, pero realmente lo que anuncia es su propio advenimiento.

De manera que ahora resulta obvio porqué los tres principios estructurales de la Constitución de 1812 son: la soberanía nacional, la legitimidad pero limitación del Rey Fernando VII y la inviolabilidad de los diputados.

Las Cortes contienen la dosis mágica y ordenadora del Mesías, son la encarnación del pasado común (constitución histórica) los depositarios del presente (que enuncia performativamente la Nación) y el anuncio del futuro (liberalismo, racionalidad, felicidad, democracia) ésta es la fórmula quintaesencial del poder político original, el dominio total sobre el tiempo, dominio que se traduce en crear la verdad del presente simplemente al anunciar un futuro inexorable dependiente de un pasado intransigente.

Si la definición Schmittiana de poder constituyente es cierta[7] entonces Cádiz es un típico ejemplo de aquel que decide no "sobre" la excepción sino "EN" la excepción. Por lo demostrado anteriormente, a la pregunta fundamental de si las Cortes de Cádiz fueron un verdadero constituyente hay que contestar que si lo fueron. Las Cortes son el perfecto ejemplo de un ser "reflexivo",[8] es decir aquel que existe en la medida en que se reconoce a sí mismo como protagonista de su propia acción y creador del lenguaje con el que se embarca en la acción pura, pues al hablarse a sí mismas las Cortes crean un mundo, desatan la verdad de un evento y definen la pertenencia de todo lenguaje subsiguiente al lenguaje que ellas crean. Se trata de un verdadero constituyente en términos heideggerianos,[9] existe no solo compromiso con su acción, pero además el otro discursivo-pasivo es el rey sometido, es América neutralizada en cuanto incluida.

El índice fundamental para definir la existencia de un poder constituyente es la capacidad del sujeto para crear una situación de verdad ante la cual toda verdad ha de ser medida, es esa precisamente la acción gaditana, crear un espacio de regulación de la verdad y atrapar las capas del tiempo en una sola, donde un nuevo lenguaje impone un nuevo régimen de la verdad y establece sus claves internas de operatividad. No se trata de la visión convencional retratada perfectamente por autores como Sánchez Agesta quien ratificaba el lugar constituyente de Cádiz en el

---

[7]   SCHMITT, Carl, *"Political theology"*: Cambridge, MIT Press, 1988. Pp 46-50.

[8]   LINDAHL, Hans: "Constituent power and reflexive identity: towards an ontology of collective selfhood", en: *The paradox of constitutionalism*, Oxford, Oxford University Press, 2007.

[9]   HEIDEGGER, Martin: "EL ser y el tiempo", Buenos Aires, Fondo de Cultura Económica, 2001.

hecho de no ser la obra de un cuerpo de abogados que se desprenden de la glosa y los cánones sino de ciudadanos que se convierten en un cuerpo constituyente que crea y define el orden nuevo del porvenir cuyo único fundamento es la razón.[10] Lo que realmente hacen las Cortes es inventarse la Nación como lugar de concentración del lenguaje, como índice de una nueva verdad que en la medida en que lo que está por venir existe ya como el presente que la contiene. Es la constitución sacralizada en nombre de dios, y la palabra como estructurante, como creadora de una sociedad racionalizada, compacta, inquebrantable: la Nación.

Como lo establece agudamente García Gómez, las Cortes son a la vez sujeto y objeto de su acto,[11] al acudir al principio liberal del gobierno de la ley y no del hombre, las Cortes le arrebatan a Dios su poder sobre la palabra para fundarla nuevamente, este acto quita, da, separa y otorga poder. En este sentido la Constitución de 1812 es tanto revolucionaria como reaccionaria.

La Nación, este poderoso agente, iluminado por obra y gracia de las cortes, posee virtudes teológicamente divinas de unificación, de un lado cohesiona la constitución histórica bajo el mito de la unidad y sirve de justificación del contrato y el trust Lockeano, limita o modera al monarca, impone el racionalismo como contraparte tanto del feudalismo como de la soberanía patrimonial y sirve de sustento y plataforma impenetrable para el capitalismo y su nuevo sujeto de derecho: el ciudadano.

5 La Nación como evento de la modernidad y proyecto de exclusión

En Latinoamérica, la categoría "Nación" ha obrado como un agente de exclusión social y política por excelencia, en vez de haber sido una herramienta de emancipación y resistencia lo ha sido de dominación y destrucción de la diferencia, es en la Nación donde hay que ubicar la transformación de un proyecto colonialista a un proyecto de colonialidad.[12]

El concepto de Estado-Nación es quizás el agente ideológico más poderoso en la estructuración de la modernidad occidental, su unión con una teoría del derecho que se autodenomina racional, garantiza su sacralidad y hermetismo a cualquier tipo de oposición y asegura que su contenido penetre y defina cada una de las formaciones políticas y jurídicas del mundo moderno.

La cuestión acuciante y definitiva no es saber como hizo el concepto de Estado-Nación para sobrevivir grandes transformaciones, revoluciones, descubrimientos y sacudidas históricas como la revolución científica, los cismas religiosos, el imperialismo europeo, revoluciones burguesas, la revolución industrial, la idea de constitución, el fin de eras y el comienzo de nuevos mundos. La cuestión puesta adecuadamente es como hizo el concepto de Estado-Nación para producir todos estos profundos cambios, ¿Qué hay encerrado en su esencia jurídica y desplegada en

---

[10] SÁNCHEZ AGESTA, Luis, Ibídem.

[11] GARCÍA GÓMEZ, Génesis: "Las Cortes de Cádiz, sujeto y objeto de su propia Constitución", Alicante, Biblioteca virtual Miguel de Cervantes, 2009 http://bib.cervantesvirtual.com/FichaObra.html?Ref=34350&portal=56.

[12] La diferencia entre colonialismo y colonialidad se puede ver en: MALDONADO TORRES, Nelson: "The coloniality of being" en: Cultural studies, Vol 30, Londres, Routledge, 2006 Pp 3-13 y en MIGNOLO, Walter: "La teoría política en la encrucijada descolonial", Buenos Aires, Editoriales del Signo, 2009.

su acción política que precisamente sea una especie de motor inmóvil de la historia moderna occidental?

Para la promesa liberal del mundo moderno la transformación del esquema absolutista, unipersonal y patrimonial consistió en un proceso gradual de sustitución del fundamento teológico del patrimonio territorial por un nuevo fundamento, igualmente trascendente pero más omnisciente, igualmente impenetrable pero totalmente cohesionado: la Nación. El lugar del cuerpo divino del rey ahora era la identidad espiritual de la Nación. Las cortes de Cádiz querían, si no cortar la cabeza del rey, poner una cabeza siamés a su lado dirigiendo el cerebro jurídico, que orgánicamente sustituyera la identificación del poder y la soberanía.

En palabras de Hardt y Negri[13] la soberanía nacional es el artilugio que define tanto la trascendencia como la representación, dos conceptos que la tradición humanista había presentado como contradictorios y que torna al contrato de asociación en sustancia intrínseca e inseparable al contrato de subordinación.

Siguiendo al filósofo esloveno Slavoj Zizek[14] el Estado Nación es la historia de la transustanciación violenta de las comunidades locales y sus tradiciones a la nación moderna como "comunidad imaginada". La nación en términos de la Europa moderna es la represión de modos de vida locales originarios y su reinscripción en la nueva tradición inventada y abarcativa. Desde mi punto de vista el Estado-Nación es la invención del régimen jurídico moderno a partir de cuatro falacias

1. Identidad nacional. Un fenómeno artificial impuesto por la violencia, basado en la represión de las tradiciones locales previas, donde la lógica operante es la lógica de la exclusión como formación, es decir que solo hay identidad en la ubicación de la diferencia absoluta por fuera del contexto de la nación. Yo me identifico a partir del Otro absoluto que excluyo, no solo como diferente a mí, sino como mi negación. Se trata de someter la anomalía, lo novedoso, lo local, la diferencia e inscribirla como patología, el derecho es el mecanismo que le sirve a la nación para contener y reducir, extirpar y mutilar.

2. Un modelo universal de cultura que es el europeo-occidental que demarca el adentro y afuera de la verdad política,[15] que obliga a que toda diferencia desaparezca y la humanidad se someta pasivamente a los significados rígidos impuestos desde la centralidad de los estados nación europeos.

3. La Nación como esencia o motor de la historia. Desde los primeros alumbramientos contractualistas de Hobbes, Locke, Grocio y Althusius, hasta su refinación en Vico y Herder, se construye la Nación dentro de un historicismo racional, donde la historia es sinónimo de la historia de todas las naciones, donde toda perfección humana es en cierto sentido nacional.[16] La identidad se concibe no como la resolución de diferencias sociales e históricas, sino como el producto de una unidad primordial. La nación es una figura completa de soberanía anterior al desarrollo histórico. El

---

[13] HARDT, Michael y NEGRI, Antonio, Ibídem Pp 143-161.

[14] ZIZEK, Slavoj: "El espinoso sujeto", Buenos Aires, Editorial Paidós, 2001, Pp 183-205.

[15] FLOREZ, Daniel "América Latina como animal imaginario" Inédito, 2010, Pp 2 se puede ver el texto en <www.democraciaentucara.blogspot.com>.

[16] HARDT, Michael y NEGRI, Antonio, Ibídem, Pp 146-147.

genio que construye la historia y desmiembra las amenazas de diferencia y multiplicidad. La solución a la crisis de la modernidad es la idea que el nacionalismo es una etapa ineludible del desarrollo. Ello deriva en que el Estado-Nación constituye un equilibrio temporal precario entre la relación con una Cosa étnica particular (*pro patria mori*) y la función universal del mercado.[17] El Estado-Nación consolida la imagen particular y hegemónica de la sociedad moderna, la imagen de la victoria de la burguesía que adquiere así un carácter histórico y universal. La particularidad nacional es un potente universal que coloniza la diferencia y la retorna a la homogeneidad. La actividad económica aparece sublimada al nivel de Cosa étnica,[18] legitimada como una contribución patriótica a la grandeza de la nación.

4. A través de la reducción de la multiplicidad a la fuerza del UNO, la Nación se convierte en el vehículo del colonialismo. El colonialismo es una máquina abstracta que produce alteridad e identidad. El proyecto imperial y colonizador europeo se soporta en todas sus bases en el Estado-Nación. Para los dominios imperiales europeos se trata sociogénesis,[19] un régimen de producción de identidad y diferencia. La soberanía nacional produce continua y extensivamente el milagro de incluir las singularidades en la totalidad, las voluntades de todos en la voluntad general. Así como el Imperio romano utiliza la concentración del derecho como el aparato de mayor penetración y dominación de sus colonias a través de la idea de un *Ius gentium* que refleja la universalidad de los principios que nutren el espíritu y la obra humana y le permite al Imperio aplanar toda diferencia y establecer un único vínculo entre las colonias y la idea de Roma, logrando que cada diferencia cultural, política y jurídica quede reducida al prurito de la supremacía de la virtud y la civilización romana; el derecho internacional moderno se convierte en la resurrección del proyecto de *humanitas romana*, de un lado garantiza la toma ordenada y estratégica de territorios por parte de los Estados nación europeos, trazando un derecho de guerra que permite la igualdad y estabilidad dentro de la geografía europea occidental y la vez se convierte en el instrumento que permite reducir las diferencias de un mundo múltiple colonial a la unidad jurídica del Estado-Nación, dicha treta obra más allá de lo jurídico, implica que el modelo mismo de humanidad está sellado dentro de las dimensiones del Estado-Nación y por tanto el mundo colonial tiene que ser su espejo y su forma, pues allí yace el verdadero valor de la humanidad cultural, social, económica y política.

El Estado-Nación es el evento de la modernidad, su anatomía esta soportada en su trascendencia ideal, un constructo derivado de la perfección del método científico que incorpora la perfecta sistematicidad lógica interna de los sistemas matemáticos y la simetría total con el método racional. Ahora bien, hoy sabemos que todo sistema se constituye a partir de una exclusión fundamental, como es obvio no existe un modelo abstracto y lógico que nos permita saber a ciencia cierta qué es ser blanco o civilizado,

---

[17] ZIZEK, Slavoj: Ibídem Pp 187.

[18] LACAN, Jaques: "El Seminario, los escritos técnicos de Freud", Buenos Aires, Editorial Paidós, 2004.

[19] WYNTER, Sylvia: "Tras el Hombre, su última Palabra: sobre el posmodernismo, *les damnés* y el principio sociogénico" *Nuevo Texto Crítico*, 1991, Vol IV – Número 7- Primer semestre.

ningún esquema universal de verificación, ningún arquetipo o paradigma. Claramente Blanco o Civilizado se inventan a partir de lo que excluyen, de lo que declaran no ser, a partir de la diferencia absoluta con el negro o el bárbaro. "Ahora bien, la relación entre adentro y afuera de un sistema (o lo que pretende llamarse sistema) siempre es contingente y problemática. Un sistema normativo afirma su identidad a partir de una serie de exclusiones, a partir de una combinación de sentidos que crean el adentro, determinando una línea limítrofe con el afuera. Es perfecto ejemplo la línea racial de Fanon (en Gordon, 2005), donde, por ejemplo 'blanco' solo tiene sentido ante la invención de 'negro'; 'civilizado', ante la de 'bárbaro', y así en un continuo que demuestra que el adentro está signado por una diferencia que se desplaza hacia afuera".[20] Por ello el reverso exacto del Estado-Nación es el mundo colonial, se trata tanto de su negación como del elemento constitutivo de su orden interno.

La Nación fija un modelo particular de ser humano, el ciudadano, muy particular, muy europeo y lo eleva a un valor universal que debe ser copiado, genera todo un aparato de imposición y mímesis, ese ciudadano se convierte en la línea de demarcación del derecho, el vigilante que cuida la zona fronteriza garantizando que el grupo nacional sea compacto y homogéneo y por supuesto evita filtraciones o adulteraciones al sistema. Valores como la civilización no existen como modelo abstracto y absoluto, se construyen a partir de la construcción del Otro, el negro lascivo, el indígena perezoso. Estas son lecciones muy bien aprendidas por las élites criollas que adaptan el modelo en la independencia para continuar la dominación y la exclusión de poblaciones y territorios densos y sumamente complejos.

6 Las partículas indivisibles del colonialismo y la colonialidad

La construcción de una diferencia racial absoluta es la base esencial para concebir una identidad nacional homogénea. El Estado-Nación y sus dos partículas indivisibles se reproducen en los proyectos constitucionales post-colonialistas. El modelo de la nacionalidad se trasplanta a los movimientos de independencia y se pone como eje de la misma, de manera que simplemente reproduce el esquema de exclusión, la fuerza del Uno nacional somete al mestizo, al negro, al indígena al modelo del criollo ilustrado y con patrimonio, mientras que el modelo secular de Estado inhibe cualquier creación de comunidades políticas que desafíen su perfecto arquetipo, así, los ejidos, las comunidades cooperativas, las sociedades ancestrales o el movimiento de los comuneros serán arrasados y vueltos polvo por el proyecto de modernización sostenido e impulsado plenamente por los estados nación latinoamericanos. El modelo hegemónico del Estado-Nación no permite hablar desde la historicidad de pueblos que han burlado la historia, que la han vivido no como un continuo unificado, no como una superposición de fases evolutivas, sino que la han vivido dentro del mito, dentro de la colección de instantes sagrados, de interiorizaciones colectivas que deshacen la individualidad. El Estado-Nación es la violencia total sobre el lenguaje, una violencia que solo puede derivar en la destrucción de la diferencia y la concentración absolutamente ficticia y forzada de la unidad.

---

[20] SANÍN RESTREPO, Ricardo: "Teoría crítica constitucional", Bogota-Buenos Aires, Editorial Ibañez-Depalma, 2009.

El colonialismo es una máquina abstracta que produce alteridad e identidad. Así esa colosal máquina de fabricación de estratos y jerarquías, de invención de sujetos y alteridades absolutas, esa máquina llamada Nación, en Latinoamérica, lejos de encerrar la promesa de emancipación y las claves del progreso y la justicia social, ha sido precisamente el punto de fuga de la energía democrática, la palabra que anuncia el silencio y la postración del cambio social, la eliminación de alternativas de organización social y la reducción del individuo a un modelo rígido y predeterminado.

7 La independencia en América Latina: del colonialismo a la colonialidad

Lo que no hay que perder de vista es que la historia compartida entre España y Latinoamérica crea una serie de desordenes temporales y complicaciones históricas que una teoría del derecho tradicional ha sido incapaz, (al menos hasta el siglo XXI), tanto de absorber o entender y mucho menos de crear una propuesta alterna, de manera que el derecho constitucional latinoamericano, cuando se adapta pacíficamente a los postulados clásicos del derecho europeo y no hace la más mínima reflexión sobre sus fundamentos y límites teóricos resbala a ocupar el lugar de un lacayo de la historia y auxiliador de primera mano de la brutalidad de la exclusión social.

Un muy buen ejemplo lo podemos captar en una fábula política que gravita como verdad dogmática en nuestra teoría constitucional según la cual lo que le falta a Latinoamérica es vivir la modernidad, que nos hemos saltado ese paso indispensable para la modernización de nuestras sociedades y por tanto que el progreso nos es esquivo. Esta fábula no solo es mezquina en el sentido en que fija como aspiración histórica la pantomima de una pretendida evolución y progreso occidental, lo cual de por sí es falaz y muestra la subordinación de nuestra teoría constitucional, sino que pierde toda tracción histórica de nuestra realidad colonial. La colonización, en sus formas y necesidades, derivó en que las colonias se convirtieran en estados modernos mucho antes que la Metrópoli, no nos ha faltado modernidad, por el contrario nos ha sobrado. Como lo establece el teórico colombiano Roberto Vidal "La monarquía católica española enfrentó el desafío de crear sociedades, instituciones, devociones y derechos a la medida de las pretensiones de dominación colonial. La obsesión por impedir a toda costa la formación de poderes feudales que desafiaran la autoridad del rey, los llevó a crear lentamente una amplísima y costosa burocracia centralizada que gobernaba mediante un sistema administrativo de toma de decisiones que se transmitían como normas jurídicas de obligatorio cumplimiento en todos los ámbitos de la vida social y política".[21] Lo paradójico es que el complemento de esta modernización es una aplicación intensa de conceptos jurídicos netamente medievales para dividir la sociedad a partir de criterios de raza y etnia y garantizar así que el plano colonial correspondiera a una sociedad moderna completamente diferente a la sociedad matriz de la metrópoli, por ello concluye Vidal "la monarquía española construyó un Estado no democrático que usaba intensamente el monopolio del derecho y la limitación

---

[21] VIDAL LÓPEZ, Roberto: "Derecho y democracia en Colombia: las luchas históricas por la inclusión dentro de la comunidad política" Bogotá, Revista Javeriana, número 762 tomo 146, marzo 2010.

estricta de las competencias de las autoridades, salvo la del rey... (E)l nuestro tal vez sea uno de los más antiguos Estados modernos en la historia, cuya creación, diseño y barroca invención se remonta al momento de la conquista americana. Varias fueron las innovaciones que crearon una enorme distancia entre las monarquías bajomedievales europeas y lo que habrían de ser las sociedades coloniales americanas".[22] Así mientras España seguía siendo medieval América ya era moderna, de manera que Cádiz encaja mejor con el proyecto de continuidad colonial independentista que con la realidad española del siglo XIX, las líneas raciales ya estaban trazadas meticulosamente, la administración intensa sobre las personas, los territorios y las cosas correspondían ya a una ejecución jurídica instalada a través de 300 años de sometimiento. Todo indica que Cádiz más que un ejemplo de rompimiento histórico fue el periplo de continuidad heredado por los criollos ilustrados blancos y mestizos de Latinoamérica. No en vano los procesos de independencia tienen a la cabeza criollos ricos que se benefician al mantener el mismo diseño social de separación y marginamiento bajo el poderoso concepto de nación.

La participación de americanos en las discusiones constitucionales gaditanas, demuestran con claridad esta tesis. Miguel Ramos Arizpe representante de México propuso para las Américas la creación de gobiernos locales o Ayuntamientos por cada 1,000 habitantes con un método de elección indirecta cuya base era la ciudadanía,[23] una lectura tradicional nos diría que Ramos era un entusiasta del federalismo y la autonomía de las colonias[24] cuando realmente dicha disposición favorecía a las clases económicamente poderosas criollas y el gesto simplemente se traduce en un sucesión de opresión y jerarquías mediante la absorción del modelo jurídico de Cádiz, este es un anuncio del esquema jurídico que va a reproducir el proceso de independencia en Latinoamérica. La independencia, como lo fue Utrecht como modelo de sucesión imperial, es simplemente la continuación de la hegemonía blanca criolla, no hay una ruptura esencial, todo lo contrario la idea perseverante es la continuidad de la idea de Nación involucrada profunda e indivisiblemente con el concepto de Estado.

El pueblo del que hablaron las constituciones post independentistas, eran grupos reducidos de personas que habían alcanzado la categoría de ciudadanos y que se convertirían en una aristocracia excluyente, con pocos mecanismos de ascenso socio-político.[25] Las constituciones independentistas, siguiendo el ejemplo gaditano, reducen la categoría de pueblo a la nación, en un adelgazamiento de sus características de multiplicidad étnica, cultural y de variedad de manifestaciones políticas al refractario concepto de Nación que admite únicamente la fracción de esa población que se asemeje a la categoría de ciudadano, se trata de la misma artimaña empleada por el Abate Sieyés en medio del incendio revolucionario francés, la Nación recorta las dimensiones del pueblo y lo convierte en un falso lugar para la democracia. Como lo establece brillantemente el teórico Costas Douzinas, al referirse a la trampa performativa de la Declaración de los derechos del hombre y del ciudadano "La Declaración

---

[22] VIDAL LÓPEZ, Roberto: Ibídem.

[23] <http://bib.cervantesvirtual.com/portal/1812/bibliografia_4.shtml#4>.

[24] SANCHEZ AGESTA, Luis, Ibídem.

[25] VIDAL LÓPEZ, Roberto: Ibídem.

francesa es especialmente categórica en cuanto a la verdadera fuente de los derechos universales. Persigamos velozmente su estricta lógica. El artículo primero declara que los hombres nacen y permanecen libres e iguales en derechos. El artículo segundo establece que 'La finalidad de todas las asociaciones políticas es la protección de los derechos naturales e imprescriptibles', mientras que el artículo 3º procede a definir tal asociación: 'la nación' es esencialmente la fuente de toda soberanía. Nos topamos con la típica acción performativa de la declaración: crea lo que dice simplemente anunciar. Los derechos son declarados a nombre del hombre 'Universal', pero es el acto enunciativo el que crea los derechos y los enlaza inmediatamente con un nuevo tipo de asociación: la Nación y su Estado. Es en la nación y en el Estado donde se deposita toda la soberanía creadora del derecho, designando en el acto una especie singular de hombre, 'el ciudadano nacional', como el único beneficiaro de los derechos. Desde este momento, la pertenencia al Estado, la soberanía y el territorio sigue el principio nacional y pertenece a un tiempo dual. Si es cierto que la Declaración inauguró la modernidad, también inauguró el nacionalismo y todas sus consecuencias: el genocidio, las guerras étnicas y civiles, la limpieza étnica, las minorías, los refugiados y las personas sin Estado".[26] Como concluye categóricamente Vidal "Este modelo de Estado duró trescientos años, cien más de lo que ha durado la república. Sobre este Estado tuvo lugar la reescritura de la Independencia".[27]

La conclusión entonces no puede ser otra que la independencia de Latinoamérica, en muchos aspectos no ha sido una verdadera independencia sino la continuidad de un modelo estratégico de exclusión jurídica. La universalización del concepto de Nación ha permitido que durante siglos élites muy precisas definan desde un lugar privilegiado la pertenencia o no de inmensos grupos sociales.

El verdadero problema de la universalidad liberal es que nunca ha sido una auténtica universalidad, derechos, libertad o Nación son minúsculos conceptos elevados fraudulentamente al espacio de la representación universal. Ante la farsa, la propuesta debe ser una filosofía de la universalidad del marginado, del desplazado, del pobre, a esto apunta la nueva filosofía latinoamericana radical.

La política de la imaginación es la política donde se hace el sujeto, es acontecimiento desprendido de todo determinismo racional de la historia, que resiste la fuerza del Uno.

Por último, digamos que es cierto que los tres grandes motores del mundo han sido la filosofía alemana, el espíritu revolucionario francés y la economía política británico-estadounidense, pues bien habría que agregar hoy la política de la imaginación latinoamericana, que a diferencia de las anteriores es el verdadero universal y puede ser la verdadera creación, pues no es la particular obsesión por el control del saber alemán; ni un acto reiterado de hedonismo totalmente francés, totalmente local; ni la ambición obscena inglesa/gringa de manejar el mundo y sus habitantes como una plaza de mercado, sino la solidaridad desde abajo, donde los pueblos y

---

[26] DOUZINAS, Costas: "Las paradojas de los derechos humanos", en "Tendencias del derecho para el siglo XXI" Bogotá, Universidad Javeriana & Editorial Temis, 2010.

[27] VIDAL LÓPEZ, Roberto, Ibídem.

no las naciones sean los verdaderos protagonistas de su historia, donde solo el otro en carencia sea la auténtica esencia del yo.

Informação bibliográfica deste artigo, conforme a NBR 6023:2002 da Associação Brasileira de Normas Técnicas (ABNT):

RESTREPO, Ricardo Sanín. La constitución de cádiz o la antimateria de la democracia latino-americana. *In*: BALDI, César Augusto (Coord.). *Aprender desde o Sul*: Novas constitucionalidades, pluralismo jurídico e plurinacionalidade. Aprendendo desde o Sul. 1. ed. Belo Horizonte: Fórum, 2015. p. 413-425

ESTADO-NACIÓN Y ESTADO PLURINACIONAL: O CUANDO LO MISMO NO ES IGUAL

FERNANDO GARCÉS V.

> *Amo a una mujer clara*
> *que amo y me ama*
> *sin pedir nada o casi nada*
> *que no es lo mismo pero es igual*

(Silvio Rodríguez)

Desde el año 2000, un ciclo de movilizaciones sociales dio inicio a un momento de importantes transformaciones sociales y políticas en Bolivia. Entre los años 2000 al 2005, con matices, el proceso planteó la transformación radical del Estado. Para ello se demandó una Asamblea Constituyente como mecanismo de transformación de las relaciones entre Estado y sociedad civil, tanto en el ámbito de la propiedad de los recursos naturales y la redistribución de los excedentes obtenidos de los mismos, como en el de los mecanismos de participación y toma de decisiones por parte de sectores históricamente excluidos de dichas instancias de decisión. Los grandes actores de este proceso fueron las organizaciones indígenas y originarias de los sectores rurales del país y los sectores populares de procedencia también indígena. Este proceso fue canalizado, al interior del sistema político, por el Movimiento al Socialismo (MAS), el cual, en su momento de constitución fue pensado, por parte de organizaciones principalmente *campesinas,* como un Instrumento Político para la Soberanía de los Pueblos (MAS-IPSP).

Con una serie de problemas, la Asamblea Constituyente realizada entre los años 2006 y 2007 finalmente definió al Estado boliviano como *plurinacional*. Desde lo declarativo, al menos, esto significa un cambio radical de la concepción del país en el formato Estado-nación. Como se sabe, los estados de los países latinoamericanos fueron construidos bajo el imaginario de correspondencia un Estado – una Nación. La declaración del Estado boliviano como plurinacional abre las puertas a otras formas comprensivas de ejercicio de ciudadanía colectiva y de estructura estatal menos *aparente* (Zavaleta 1986).

Desde la promulgación de la nueva Constitución Política del Estado (7 de febrero de 2009) la retórica estatal ha cambiado: en los discursos y textos oficiales ya no se habla de la *República de Bolivia* sino del *Estado Plurinacional de Bolivia*. El término *nación*, que fue expurgado del texto constitucional aprobado en Oruro, en diciembre de 2007, fue restituido en las negociaciones congresales de octubre de 2008. Lo dicho ofrece indicios de que ha habido o debería haber habido un cambio profundo en la reestructuración del Estado y en la relación de éste con la sociedad.

En la presente comunicación intentaremos bosquejar elementos conceptuales en torno al Estado, la nación, el Estado-nación y el Estado plurinacional con el fin de mirar desde ahí el proceso boliviano y sus prácticas estatales, de cara, precisamente, a su declaración de plurinacionalidad según reza la Constitución.

Estado

Partimos del supuesto que hay múltiples formas de comprender el Estado: como regulador del estado de naturaleza (Hobbes 1651), como poseedor de la legitimidad de la violencia (Lenin 1960), como representante de la clase dominante (Weber 1922), como relación social (Holloway 2002), entre otras (véase Bobbio 1985).

En la terminología clásica los tipos de Estado son capitalistas o socialistas (Bobbio (1985) y sus formulaciones tienen que ver con la mayor o menor concentración de poder expresada en la fórmula Estado mínimo o Estado máximo. Dada la complejidad de establecer una tipología de las formas de Estado se suele hacer una clasificación sobre la base del criterio histórico o sobre la base de su ya mencionada mayor o menor expansión frente a la sociedad.

Como formas históricas se suele pensar en la secuencia Estado feudal, Estado estamental, Estado absoluto, Estado representativo. Sin embargo, hay que precisar que ningún Estado absoluto llega a ser tal que no requiera formas de poder intermedio. El Estado absoluto se da mediante una progresiva concentración y centralización del poder.

El Estado representativo, por su parte y de manera similar al Estado estamental, se afirma como resultado de un compromiso entre el poder del príncipe y el poder de los representantes del pueblo. La diferencia estriba en que estos representantes no son corporativos sino individuales. Ésta sigue siendo la forma estatal ideal de las constituciones escritas en las últimas décadas (Bobbio 1985).

En cuanto al Estado socialista, la diferencia fundamental con las democracias representativas tiene que ver con la pugna entre sistema multipartidista versus sistema monopartidista, de tal manera que el partido único reintroduce el tema del gobierno monárquico en el que, ahora como una suerte de príncipe colectivo, aquél detenta el poder político e ideológico.

El debate contemporáneo enfatiza en la necesidad de reconceptualizar la soberanía estatal en el contexto de la globalización; es decir, hay una mutación en el concepto de soberanía del Estado sobre la base de la manera en que éste se procesó en el diseño inicial democrático de la Revolución Francesa, restringiéndolo al ámbito representativo (Negri y Hardt 2001). De ahí que la relación entre Estado y sociedad sea uno de los temas más recurrentes en la literatura política. Zavaleta hablaba, por ejemplo, del Estado aparente para referirse al divorcio entre la forma estatal y la configuración social boliviana (Zavaleta 1986).

Nación

Por otro lado, hoy en día el término nación, como noción única, totalitaria, abarcadora, está en crisis. Después de la bastante aceptada afirmación de tratarse de una "comunidad imaginada" (Anderson 1983), asistimos a un momento de volatilidad, polisemia y dispersión del concepto de nación, elementos que, a su vez, reflejan la compleja trama social que circunda a las *naciones*. Esta profusión conceptual del término es síntoma también de la crisis del Estado-nación, no sólo en su articulación a las formas políticas posnacionales, como dirían Negri y Hardt (2001), sino en su pretendida hegemonía cultural y política interna.

Chatterjee, en un artículo titulado "La nación y sus campesinos", muestra cómo tanto el nacionalismo como el marxismo excluyeron de su mirada y de su programa político a los campesinos; éstos eran considerados "prepolíticos", incapaces de agencia. La labor de los subalternistas surasiáticos ha sido mostrar la manera como los campesinos fueron parte de un proyecto de resistencia creativa desde su situación de subalternidad (Chatterjee 1993). En esta línea, los estudios de los últimos años enfatizan en la participación de los campesinos en la construcción de la nación, como una suerte de nacionalismo popular o comunitario (Mallon 1995).

De esta manera llegamos a la idea de que el Estado y la nación son construcciones culturales, sociales, simbólicas y políticas, en tanto formas apropiadas por sectores de poder y por sectores subalternos para construir herramientas de dominación, resistencia, lucha o transformación (Lagos y Calla 2007; Mallon 1995; Smith 2003).

Estado-nación

El Estado-nación es un tipo de configuración estatal histórica. Es decir, no es una forma natural el que el Estado se identifique o pretenda identificarse con la nación. La experiencia de los Estados nacionales es relativamente reciente: viene desde la Revolución Francesa y son las independencias de los países latinoamericanos los que en buena parte experimentan este formato. La idea que subyace al Estado-nación es que a una forma jurídica (Estado) corresponde una unidad cultural, territorial, lingüística, etc. Esta idea, en la práctica, ha negado, invisibilizado o, en el mejor de los casos, olvidado la presencia de colectivos políticos autónomos no directamente relacionados con el Estado-nación.

En el caso boliviano, la nación fue construida con los indígenas como excluidos de la misma pero al mismo tiempo sostenida por ellos; es decir, hasta la década del 70 del siglo XIX los indígenas fueron los que subvencionaron y mantuvieron a un Estado que carecía de ingresos y de incorporación a los circuitos de circulación del capital. Entre el 30 y el 60% de las rentas del Estado provenían del tributo indigenal. De tal manera que en 1825 se creó la República a través del diseño de un grupo señorial que excluía colonialmente a los indios al tiempo que los necesitaba para mantener el Estado (Rivera 1984).

Es verdad que el Estado históricamente se ha diseñado e implementado desde el sector elitario que organiza, regula y disciplina la vida social según sus intereses, pero también es verdad que los estados son construidos o contestados desde la subalternidad en determinados momentos históricos; es decir, las formas estatales y los imaginarios que despliegan no pueden verse por separado de las luchas por significar y por significarse que echan a andar los distintos actores en conflicto.

En este sentido, los pueblos indígenas originarios, en su propuesta constitucional, apostaron a la construcción de Estado; es decir, no se trató de una lucha contra el Estado en el sentido clásico. Apostaron a la construcción de otro Estado, un Estado que supere la discriminación histórica y la exclusión a la que fueron sometidos desde su instauración colonial-republicana. De igual forma, sus esfuerzos de participación están en relación a la construcción de un proyecto nacional pero en la ruta de una nación plural en consonancia con el carácter polisémico del término al que nos referíamos antes. Ésta es la forma de Estado que naciones y pueblos indígenas han llamado plurinacional.

Estado plurinacional

Es claro que históricamente los estados de los países llamados latinoamericanos se construyeron sobre dos modelos de dominación. El primero es el modelo capitalista mediante el cual las oligarquías "nacionales" y los capitales globales se apropiaron de la fuerza de trabajo y de los recursos del planeta para convertirlos en productos industrializados y en ganancia privada a partir de la materia prima. Este modelo se combina con el modelo de dominación colonial mediante el cual se clasificó racialmente a las poblaciones de nuestros países para organizar la fuerza de trabajo según los requerimientos del capital. En la interacción de estos dos modelos de dominación se ha intentado formar lo que se llama "Estados-nación"; es decir, una minoría (*etnia* deberíamos decir) hispano descendiente que intenta imponer la idea de que al interior de un Estado habita una sola nación con una población homogénea.

El Estado moderno se asienta en la idea de ciudadanos individuales, negando cualidad política a los sujetos colectivos ya que es el mismo Estado el que se atribuye el ser el único sujeto político colectivo. En este modelo la sociedad será reconocida como compuesta por individuos (Regalsky 2011; Santos 2010).

Es verdad que entre Estado y nación existe un fuerte vínculo histórico que se ha ido forjando en el establecimiento de una correspondencia entre el proceso de unificación política, que implica un solo sistema de gestión del poder político, y el proceso de homogenización y unificación cultural. Así, durante mucho tiempo la nación se identificó con la cultura, estableciendo la ecuación una nación = una cultura = Estado. Esta noción es, cuanto menos, distorsionada, si tomamos en cuenta que la nación es, principalmente, una construcción política. La nación hace referencia a una colectividad que no sólo comparte una matriz social y cultural más o menos común sino, ante todo, a una colectividad que ha desarrollado estructuras de dirección política, de autogobierno y de autonomía política. El proceso de unificación política que implica la nación puede contener un importante grado de diversidad cultural y social; sin embargo, es más importante el proceso de unificación política que el cultural. De hecho, los Estados-nación modernos son formas de unificación política y cultural montados sobre algún tipo de diversidad cultural (Tapia 2011).

En el caso boliviano, la forma de construcción del Estado-nación se basó en un programa de homogenización y ciudadanización cultural, lingüística y de clase en un esfuerzo iniciado a fines del siglo XIX y pretendidamente consolidado con la Revolución Nacionalista de 1952 (Regalsky 2011).

Como forma administrativa el Estado-nación se ha basado en dos principios de gestión de la jerarquización y de la diversidad cultural: la desigualdad y la exclusión.

El principio de desigualdad es lo que ha permitido al Estado administrar los recursos a favor de los sectores empresariales, agroexportadores, terratenientes, banqueros, etc. El principio de exclusión es el que ha construido un sistema mediante el cual los sistemas productivos de los indígenas, negros, campesinos, etc. se han subordinado a un modelo exportador y dependiente; y a nivel político se les ha quitado a estos pueblos el derecho a una participación en las instancias de decisión política y económica. Esto se ha expresado en usurpación de tierras y desestructuración de territorios indígenas, negación de su condición de sujeto político, instauración de una estructura de desigualdad que los ubicaba y ubica en uno de los últimos lugares de la escala social, ubicación en estado de servidumbre y cuasi-esclavitud, desprecio y deslegitimación de su institucionalidad jurídica, económica, cultural, educativa, etc.

Sin embargo, las luchas por la redistribución y el reconocimiento también han estado en la agenda de las movilizaciones indígenas ya desde fines del siglo XIX e inicios del siglo XX, rearticulándose en las últimas dos décadas mediante distintas estrategias y planteamientos (Díaz-Polanco 2004; Fraser 1997; Garcés 2008; Rivera 2004; Santos 2003).

Por ello, una de las transformaciones importantes que se han dado en el continente es que "Hoy [...] ya no es posible luchar por la igualdad sin luchar también por reconocimiento de las diferencias" (Santos 2007: 17).

Estado plurinacional en Bolivia

En el texto constitucional de Oruro se excluyó el término *República*, posicionando, en cambio, el de *Estado* como denominación de la unidad territorial y administrativa boliviana. Por otro lado, la definición de Estado asumida tiene varias adjetivaciones, entre la que destaca su carácter plurinacional.

Si bien el término *república* fue restituido en las negociaciones congresales de octubre de 2008, conviene preguntarse, ¿por qué se expulsó una forma de gobierno tan "históricamente instituida" como la republicana"? Recordemos que los debates sobre el gobierno republicano, además, han estado históricamente relacionados con la adopción de la democracia como la forma más "racional" de ejercicio de la ciudadanía.

Sólo de manera indicativa es importante resaltar la atribución a la democracia como la forma corrupta del gobierno de muchos que proponía Aristóteles (2002). Más tarde, Maquiavelo establece la articulación entre república y democracia al considerar esta última como asamblea popular en oposición a la asamblea de notables que sería su versión aristocrática (Maquiavelo 1513). Montesquieu volverá a plantear una trilogía (Monarquía, República y Despotismo) en la que atribuye a cada forma de gobierno una serie de principios que logran la obediencia de los individuos: la monarquía estaría basada en el honor, la república en la virtud y el despotismo en el miedo (Bobbio 1985).

Esta tipología tradicional se ha mantenido en el imaginario politológico hasta la actualidad, aunque sea como punto de partida. Según Bobbio, la innovación importante es la introducida por Kelsen, para quien la única forma de conocer los tipos de gobierno es tomando en cuenta si el ordenamiento jurídico ha sido creado desde arriba o desde abajo. En el primer caso se trata de una forma autónoma denominada autocracia y, en el segundo, una forma heterónoma denominada democracia (Bobbio 1985).

La distinción que perduró fue entre monarquía y república. Es, sin embargo, una distinción que ha perdido peso luego de la, prácticamente, total desaparición de las monarquías después de las guerras mundiales. Por ello mismo, es frecuente la homologación entre república y democracia, entendida ésta en su formulación más general: toda forma de gobierno opuesto a cualquier tipo de despotismo. Sin embargo, en el hilado fino no necesariamente se equiparan; así, puede existir una república oligárquica y no democrática (Bobbio 1982; 1985).

Lo interesante del momento contemporáneo es, no obstante, que resulta casi imposible pensar procesos de transformación social, económica y política fuera de los marcos de la democracia. Como dice Lipovetsky, "La clase política podrá estar desacreditada, acusada de corrupción, etc., pero ya no hay ataques reales contra los principios de la democracia pluralista como tal (Lipovetsky, 2000: 34).

Para nuestra reflexión es importante anotar que en la Asamblea Constituyente boliviana no pesó el imaginario de oposición de la república frente a la monarquía, sino la correspondencia de la república con la oligarquía excluyente que la memoria larga mantenía. Es decir, si bien en el imaginario de la ciencia política la república tiene una connotación positiva en cuanto opuesta al poder centralizado en una persona (monarquía), en el caso boliviano hablar de república significaba hablar de la república censitaria, excluyente, discriminadora y racista que perdura en la memoria larga de los pueblos indígenas (Irurozqui 2000; Larson 2002; Rivera 2000).

En la clasificación de los tipos de estado, resalta el representativo por el "descubrimiento" de los derechos individuales: "representa la verdadera y propia revolución copernicana en la historia de la evolución de las relaciones entre gobernantes y gobernados: el Estado ya no es considerado *ex parte principis* sino *ex parte populi*. El individuo es primero que el Estado; el individuo no es para el Estado sino el Estado para el individuo" (Bobbio 1985: 163). Ésta es la base del reconocimiento de la igualdad de los seres humanos; éstos valen por sí mismos y no como miembros de un grupo particular.

Sin embargo, en el caso boliviano el Estado que reconoce derechos individuales lo hace desde la doble articulación de favorecer la propiedad de los recursos agrarios en el siglo XIX y la reproducción colonial de segregación del indígena. Así, el principio de igualdad del liberalismo, en el contexto específico boliviano, produjo que "unos sean más iguales que otros".

En términos de Estado contemporáneo prevalece la tensión entre Estado de derecho y Estado social. En el primero, el énfasis se encuentra en el respeto a las libertades civiles, con lo que ello implica: la libertad personal, política y económica constituyen una defensa contra la intervención del Estado. Por el contrario, el Estado social apunta al derecho de participación en el poder político y en la distribución de la riqueza social producida. Así, la defensa de los derechos fundamentales representa el *statu quo*, mientras los derechos sociales no pueden satisfacerse sino según el contexto que los demanda. Por ello, estos últimos no se producen en el nivel constitucional sino en los niveles administrativo y legislativo: "Si los derechos fundamentales son la garantía de una sociedad burguesa separada del estado, por el contrario los derechos sociales representan un camino a través del cual la sociedad entra en el estado alterando su estructura formal" (Gozzi, 2007: 541).

La primera formulación de Estado Plurinacional que conocemos proviene de la tesis política del Segundo Congreso Nacional de la CSUTCB (1983). La idea será recogida, casi inmediatamente, por Xavier Albó en un artículo escrito en 1984 pero publicado tres años más tarde (Albó 1987). El contacto regional andino también contribuyó a la socialización del debate ecuatoriano sobre Estado Plurinacional planteado por la CONAIE a la Asamblea Constituyente de 1998. Sin embargo, había una suerte de retroalimentación mutua a este nivel: el debate de la CONAIE, a su vez, se alimentaba de los planteamientos del katarismo boliviano (Garcés, 2010).

Años después, en el contexto de la Marcha del 2002, aparece el concepto de Asamblea Constituyente Plurinacional, aunque éste no se explicita en sus demandas (Garcés 2010). Así mismo el filón katarista que había inspirado las primeras ideas de estado plurinacional de la CSUTCB se conecta con las discusiones del grupo Comuna que planteaba tanto la idea de "condición multisocietal boliviana" como de Estado plurinacional pero desde referentes lingüísticos y de Confederación de Naciones (García 2007; Tapia 2002).

Por otro lado, al debate del Estado Plurinacional contribuyó mucho lo avanzado en el proceso de construcción de la Propuesta del Bloque Educativo Indígena, formado por los Secretarios de Educación de las cinco organizaciones indígenas matrices y los Consejos Educativos de los Pueblos Originarios. En su propuesta, en el apartado referente a educación y Asamblea Constituyente, se puede ver ya un avance de discusión en relación a varios temas que ocuparían la atención del Pacto de Unidad: autonomías territoriales indígenas, democracia participativa comunitaria, nuevo modelo de gestión de recursos naturales, sistema educativo plurinacional, etc. (CONAMAQ y otros 2004).

Luego, el propio Pacto de Unidad hizo un esfuerzo de construcción colectiva de lo que las organizaciones entendían por Estado Plurinacional (CSUTCB y otros 2006). Tanto la experiencia de deliberación y de construcción del Pacto de Unidad como de las organizaciones indígenas de tierras bajas han sido recogidas en dos sistematizaciones recientemente publicadas (Garcés 2010; Valencia y Égido 2010).

¿Cuáles serían entonces los ejes vertebradores del Estado Plurinacional? Desde la experiencia de acompañamiento al proceso de construcción colectiva de la propuesta de Constitución del Pacto de Unidad nos atrevemos a señalar los principales:

Ejercicio del derecho de autodeterminación y autonomías indígenas. El derecho de autodeterminación es el derecho colectivo fundamental que reclaman pueblos indígenas por ser sujetos colectivos preexistentes a los Estados modernos. Es el derecho del que se derivan los demás: territorio y jurisdicción sobre temas económicos, sociales, políticos, etc. Las autonomías indígenas se plantean como formas de gobierno que producen fisuras en el imaginario y las prácticas del Estado-nación en crisis (Flores y otros 2007). No como acomodaciones del sistema liberal para lograr equilibrios en el sistema político y estatal (Kymlicka 1995; Safran, 2002).

Inclusión y redistribución simultánea que permitan abolir exclusión y desigualdad. Esto significa superar las reduccionistas visiones clasistas o culturalistas (etnicistas) y recuperar la "teoría de los dos ojos" (Sanjinés 2005); es decir, asumir la compleja conformación social boliviana que articula "etnicidad" y clase (Regalsky 2003). También implica aprender a movernos en la duplicidad semántica del concepto de nación: a) tanto desde la visión "nacional-popular" que se mantiene en la memoria corta de los pueblos indígenas y de buen sector de la sociedad boliviana en general en el sentido de mantener o reactivar mecanismos de distribución y redistribución de los excedentes producidos por los recursos llamados "estratégicos", b) como en el sentido de las comunidades preexistentes al Estado que enfatizan la diferencia y el cogobierno en términos de control sobre el territorio (Garcés 2011; Rivera 2000; Zavaleta 1986).

Tal vez aquí conviene hacer una aclaración frente a una objeción recurrente en algunos sectores intelectuales bolivianos sobre el carácter multiculturalista que tendrían las autonomías indígenas formuladas en la CPE. Se dice que la fórmula de reconocimiento de territorios indígenas termina "minorizando" a los pueblos indígenas de Bolivia cuando éstos, en realidad, son mayorías. A este punto se debe advertir que, aunque se considera que los pueblos indígenas en Bolivia constituyen el 62% de la población, según el Censo del año 2001, ellos no son una unidad homogénea y en el contexto de tierras bajas, constituyen verdaderas minorías en las que, frente al poder agroempresarial y ganadero, es necesario el desarrollo de sus formas de autogobierno. Ello se ha plasmado en la propuesta de autonomías indígenas del Pacto de Unidad (CSUTCB y otros 2006). Con respecto a la parte occidental del país, la posibilidad de que el Estado boliviano abandone su histórica carga colonial y devenga en una forma política "andina", dependerá, no sólo de la correlación de fuerzas sino también de la capacidad hegemónica que tengan las propuestas de gobierno indígena de expandir sus *habitus* administrativos al aparato estatal. Esto no significa, efectivamente, que esté ausente el riesgo de una fragmentación de los sectores subalternos que comiencen a funcionar en lógica de trinchera territorial antes que en búsqueda de coaliciones solidarias más amplias.

Derechos colectivos en, por lo menos, igualdad de jerarquía que los derechos individuales. El ejercicio de los derechos colectivos primarios de los pueblos indígenas (Santos 2007), incluso tratándose de las restricciones internas que no acepta la "apertura" liberal de Kymlicka (1995), busca abrir boquetes en el sistema político liberal que ha entronizado los derechos individuales como valores supremos de la humanidad. Éstos han sido garantes de propiedad privada como despojo de la propiedad colectiva y familiar de tierras y territorios indígenas originarios. Recordemos, al respecto, que la Ley de Exvinculación de 1874 proporcionó el reconocimiento del derecho ciudadano de que los adultos indígenas puedan enajenar sus tierras comunales (Rivera 2004).

Sin embargo, el ejercicio de los derechos primarios de los pueblos indígenas –el que ejercen en cuanto pueblos– no implica la negación del desarrollo de los derechos colectivos derivados; es decir, aquellos que el resto de población boliviana debe ejercer en tanto colectividad que se mueve aún en los marcos imaginarios del Estado-nación. El Estado boliviano debe articular ambos tipos de derechos colectivos como forma de ejercicio de una soberanía plural y de acceso a determinados beneficios fruto de los excedentes del capital en circulación en el país.

Reconocimiento del pluralismo jurídico que permita el ejercicio de la normatividad jurídica, cognitiva, política y económica en igualdad jerárquica. Esto tiene que ver también con la superación de la mirada multiculturalista que tolera las llamadas "protecciones externas" pero no "las restricciones internas" que ejercen los pueblos indígenas en sus territorios. Éste es el límite de la tolerancia liberal que plantea Kymlicka: no es posible, según él, que al interior de las formas de autogobierno se permita el disenso frente a los derechos individuales y las marcas occidentales de "justicia". Por ello, el pluralismo jurídico implica que las decisiones de los sistemas jurídicos indígenas no sean revisadas por la normativa del Estado central (Kymlicka, 1996).

Redistribución de propiedad de la tierra y el territorio para hacer efectivo uso, control y gestión desde prácticas de pueblos indígenas. Éste es uno de los planteamientos centrales de la lucha indígena, originaria y campesina de la Bolivia de las últimas décadas: no sólo luchar por la recuperación del territorio, sino también de la tierra (como mecanismo de expropiación de las grandes concentraciones que detentan los terratenientes de tierras bajas); y no sólo luchar por la tierra, sino también por el territorio.

Frente a la construcción histórica del sistema de dominación estatal, los pueblos indígenas originarios de Bolivia plantean la propuesta del Estado plurinacional. El Estado plurinacional es una propuesta que rompe la hegemonía del Estado-nación, disputa el monopolio de poder de la clase capitalista criolla y de la oligarquía, sectores privilegiados que han creído siempre ser los "constructores" de la nación. Ello implica imaginar Bolivia de otra manera: no se trata de un país habitado por una población que se siente perteneciente a una sola nación; se trata de un Estado en el que en su interior co-gobiernan y ejercen su autogobierno distintos pueblos y naciones con sus propios sistemas de vida, de producción, de manejo del espacio, etc. Y no se trata tampoco de un simple reconocimiento de la diversidad cultural (eso ya lo hizo la reforma a la Constitución de 1994); se trata de que los distintos pueblos y naciones que conforman el Estado boliviano puedan decidir sobre su destino, sus recursos, sus sistemas de elección de autoridades y sus normas de convivencia y de relación con la naturaleza.

En definitiva, se trata de ver cómo articular un Estado Plurinacional (es decir, superar el mecanismo de exclusión que por siglos ha mantenido a los pueblos indígenas fuera de los mecanismos de decisión política) con la superación de los mecanismos de desigualdad producidos por el Estado-nación. Dicho de otra manera, cómo hacer para que la inclusión de los pueblos indígenas en el Estado no sirva para reproducir y hacer más eficientes los mecanismos de desigualdad social (o sea, los mecanismos de dominación según clases sociales), y no se convierta en un peligro para que las organizaciones sociales, especialmente indígenas, pierdan su independencia frente al Estado (Padilla 1996).

Con estas ideas de trasfondo acerquémonos, ahora, a la manera como se comprende el Estado Plurinacional desde quienes lo están gestionando. Al interior de las personas que administran el Estado boliviano plurinacional Álvaro García es quien más lo ha explicitado en su concepción. Nos parece importante tratar de comprender la manera como el Vicepresidente entiende la plurinacionalidad y el Estado Plurinacional para, a partir de ahí, acercarnos a la manera como se lo está implementando desde el gobierno.

Según García Linera (2009) todo Estado tiene tres ejes transversales a partir de los cuales se puede identificar su forma. Estos tres ejes son: 1) una correlación de fuerzas, 2) un armazón institucional; y, 3) un conjunto de ideas, discursos y símbolos. En el núcleo de la nueva correlación de fuerzas ubica lo nacional popular como el articulador de la voluntad general de la sociedad: "En el núcleo nacional popular contemporáneo, tenemos aymaras, quechuas, mestizos, guaraníes, una diversidad histórica lingüística y organizativa" (García 2009: 12).

De tal manera que "En el Estado Plurinacional, los indígenas son la fuerza motriz de la construcción del Estado" (2009: 11). Sin embargo, esta fuerza indígena estaría pensada desde la forma organizativa sindical de tierras altas.

> En un intento de caracterizar al bloque histórico *gramsciano*, al bloque de liderazgo social de la estructura del país, podemos ubicar al movimiento indígena sindical articulado

con el movimiento social urbano vecinal, pequeño productor, además con núcleos obreros y otros pequeños de clase media (García 2009: 11).

Así, el nuevo estado tendría un bloque de poder, núcleo de la correlación de fuerzas actual construido a partir del ensamble de varias matrices culturales, lingüísticas e históricas. Este ensamble se da en varios sentidos y ámbitos: en las prácticas políticas, tecnológicas, cognitivas, educativas, democráticas, etc. Se trata de un ensamble de civilizaciones distintas.

> Entonces, no solamente tenemos una nueva suma o ensamble de clases sociales, sino que también tenemos un nuevo ensamble de prácticas políticas, tecnológicas, cognitivas, tanto en la salud, en la educación, en la tecnología, en la fiesta, en la democracia, en la elección, en el estudio, en la enseñanza. Tenemos entonces un ensamble de clases sociales diferentes y de interés colectivo diferentes, pero también un ensamble de civilizaciones distintas. Cada civilización es una institución, ése es el segundo componente del Estado Plurinacional, la amalgama, la articulación, el ensamble de una diversidad de lógicas organizativas de la sociedad, la nueva Constitución lo dice en varios lugares (García 2009: 13).

En tal sentido, el Estado plurinacional se traduce en el reconocimiento institucional de la igualdad de oportunidades de pueblos, idiomas, identidades. El Estado Plurinacional se concretiza en la igualdad de derechos, en la igualdad de las culturas y pueblos, en la supresión del colonialismo y discriminación.

> El Estado Plurinacional además se traduce en el reconocimiento práctico, institucional de la igualdad de oportunidades los pueblos, de los idiomas oficiales, reconocimiento de todas las identidades, posibilidad de ser educado en su propio idioma si uno lo desea y si no, sólo aprender el castellano, reconocimiento de los idiomas indígenas en igualdad de condiciones en la escuela, colegio, universidad e instituciones públicas del Estado. Recogimiento y articulación de los héroes, las propuestas y las simbologías del resto de los pueblos, en torno a la simbología nacional estatal que nos une. Ésa es la idea de Estado Plurinacional: igualdad de culturas, supresión del colonialismo, de la discriminación por idioma, por color de piel o por apellido, igualdad de oportunidades entre un indígena y un mestizo entre un mestizo y un indígena, absolutamente para todos los cargos, valoración de lo que somos, si es mestizo: vale; si es aymara, quechua, mojeño, trinitario: vale; todos están en igualdad de condiciones frente el Estado, ante el funcionario público, ante la ley, ante la justicia, pero ante todo, el reconocimiento de la igualdad de los pueblos. Ésa es la idea de un Estado Plurinacional (García 2009: 17). Lo plurinacional sólo es igualdad de derechos (García, en Schavelzon, 2010: 394, n. 346).

De esta forma, las culturas diversas se reúnen sin que ninguna se sienta superior a la otra ya que todas están en igualdad de condiciones frente al Estado.

> El Estado Plurinacional no es un tema de debate meramente intelectual, aunque sí tiene su vertiente intelectual, es un tema de hecho práctico, de realidad. Cómo nos sentamos juntos e iguales mestizos, aymaras, quechuas, guaraníes, mojeños, trinitarios, sin que ninguna cultura se sienta superior a la otra: ésa es la plurinacionalidad. Éste es el primer núcleo del eje del nuevo Estado: un bloque de poder histórico construido a partir del ensamble de varias matrices culturales, lingüísticas, históricas, que dan lugar a un bloque de poder plurilingüístico, pluricultural. Y si ése es el núcleo del Estado, entonces éste tiene que ser plurinacional. Es un tema de la raíz misma del Estado (García 2009: 12).

La nueva institucionalidad del Estado recoge parte de la institucionalidad republicana pero la enriquece, la complementa, la articula con otra institucionalidad existente pero invisibilizada por el Estado. Se trata de una institucionalidad vigente pero no "reconocida" por el Estado.

> La nueva institucionalidad del Estado recoge una parte de la institucionalidad republicana del país, pero la enriquece, la complementa, la articula con otra institucionalidad existente pero invisibilizada por el Estado, vigente pero no reconocida por las instituciones. (García 2009: 14).

En lo lingüístico la amalgama, el ensamble o la articulación se evidencia en la posibilidad de que los distintos pueblos puedan expresar en su propio idioma el conocimiento universal.

> Eso es la plurinacionalidad, la igualdad de poder practicar en su propio idioma y su cultura el conocimiento universal, los burócratas del Estado tenemos la obligación de conocer el idioma del pueblo. No es ninguna excentricidad lo que establece la CPE, es mera democracia lingüística y cultural (García 2009: 15).

Con ello se llega a la conclusión de que Estado Plurinacional significa ensamblar la diversidad existente en Bolivia.

> Lo que estamos haciendo ahora es simplemente "sincerarnos", esta CPE lo que ha hecho es "sincerar" lo que somos, mirarnos al espejo y decir "somos modernos y tradicionales, individuales y comunitarios, rezaremos a la virgen y ch'allaremos a la Pachamama", todo junto, porque eso es lo que somos. La CPE no simplemente ha visto la mitad del espejo, como se lo hacía antes, y al vernos tal y como somos, en esta dualidad de lógicas civilizatorias, las ha ensamblado: lo comunitario con lo individual, lo representativo con lo participativo, en la salud, en la educación, en el conocimiento, en la justicia, en la historia, lo que ha hecho la CPE es ensamblar la diversidad que existe en Bolivia (García 2009: 14).
>
> Entonces, por qué no construir una unidad donde esté presente lo que somos realmente: soy castellano hablante, perfecto; soy aymara hablante, muy bien; practico lógicas comunitarias, bienvenido; practico lógicas individuales, también bienvenido. Ésa es la idea del Estado Plurinacional (García 2009: 18).

Estaríamos, entonces, ante una plurinacionalidad descolonizadora que consolida una única nación estatal en el que conviven múltiples naciones culturales y pueblos.

> No existe una propuesta alternativa al de la plurinacionalidad descolonizadora que consolida una *única nación estatal* en la que conviven múltiples *naciones culturales y pueblos* (García, 2011: 10).[1]

Estas ideas merecen algunas reflexiones. En primer lugar, llama la atención la fuerte opción, sin matices, por la igualdad de oportunidades y derechos como signo de plurinacionalidad, cuando, sabemos, ellos son conceptos instaurados por el liberalismo. De ahí que conviene preguntarse, ¿qué tiene de distinta la igualdad

---

[1]   Énfasis original.

de oportunidades del Estado Plurinacional con la igualdad de oportunidades de cualquier democracia liberal?

En segundo lugar es interesante anotar la concepción cultural –y no política– de las distintas "naciones" del Estado Plurinacional; en el discurso de García Linera la única "nación" con carácter político es la nación del Estado, esto es, la boliviana de siempre. De hecho, en otro texto se homologa la pluralidad cultural con la pluri-nacionalidad (García, 2010).

En el fondo, se mantiene la idea de *un Estado central* que gobierna, que dirige, que "construye" plurinacionalidad. Está ausente la noción de que hay autogobier-nos y que por tanto la diversidad no es sólo cultural sino política. El Estado no es una sola maquinaria central sino que es un forcejeo permanente entre las formas de autogobierno y el cogobierno (Máiz 2008). No hay una sola cabeza que dirige el Estado Plurinacional: hay distintos horizontes políticos que pugnan por instalar sus intereses y que los resuelven en la conflictividad que dan las relaciones de poder.

Por otro lado, la noción de plurinacionalidad de García Linera es muy cercana a la del horizonte multiculturalista del 90, con la palabra clave "reconocimiento" y la noción de convivencia "armónica" de la diversidad. Hay una matriz central y conductora que "reconoce" la diversidad lingüística, cultural, organizativa, incluso civilizacional, pero desde un núcleo que en realidad es estatista, nacionalista, de memoria corta, de Estado-nación. Como sabemos, el momento político previo a los poderes originario y constituyente se caracterizó por un tipo de multiculturalismo tolerante que se ocupó, principalmente, de las diferencias culturales, dejando de lado las diferencias económicas y sociopolíticas (Díaz-Polanco 2006; Garcés, 2009).

Yrigoyen expresa con bastante claridad el cambio de perspectiva en la confi-guración de un Estado Plurinacional en oposición al Estado-nación multiculturalista:

> Antes, solamente era el derecho a la diversidad cultural; luego, se avanza a la idea de una nación multicultural y, finalmente, ya en un tercer momento, hacia un Estado Plurinacional como un pacto de pueblos.
>
> Ésta es quizá la pregunta central de un estado plurinacional: ¿pasamos de un Estado que reconoce derechos de arriba hacia abajo a un Estado en que los pueblos que viven ahí, se reúnen y hacen un pacto para conformar ese estado? Es desde ese pacto que se definen los derechos; por lo tanto, desde ahí pueden decir qué derechos son aplicables a todos y qué derechos nos obligamos a cumplir.
>
> Entonces ya no es una definición externa; los propios pueblos serán quienes definan los derechos que van a respetar. En este marco encontramos otras categorías; por ejemplo, en el Convenio solamente teníamos derecho al control de las propias instituciones y formas de vida; por el contrario, la Declaración de las Naciones Unidas permite fundar el reconocimiento del derecho indígena, ya no solo en la diversidad cultural sino en la libre determinación (Yrigoyen 2011: 40).

En el caso boliviano no se trata de considerar sólo la diversidad cultural y lingüística sino de pensar la articulación de diversos tipos de estructuras sociales y formas políticas diferentes del patrón institucional político dominante. De tal manera que la base del Estado plurinacional es su organización bajo el criterio del pluralismo. Éste puede tener diversas facetas: la menos problemática es el reconocimiento de la diversidad cultural y la lingüística y fue lo que se hizo en la década del 90 mediante las políticas neoliberales de la diferencia (Garcés 2009). La más complicada es la faceta del pluralismo jurídico: el reconocimiento de la existencia de diversos sistemas normativos en igualdad de jerarquía, rompiendo el principio liberal de que la ley es la misma para todos porque supuestamente todos son iguales. El principio del pluralismo jurídico también significa pensar desde la lógica de instituciones que no pueden más ser homogéneas y monoculturales (Tapia, 2011).

Estado Plurinacional y problemática territorial

Desde la perspectiva histórica del Estado boliviano y su relación con la configuración territorial de las poblaciones indígenas, en un primer momento, la Corona organizó un sistema político binario que permitió el control de la fuerza de trabajo en las minas, pero dejando, al mismo tiempo, márgenes jurisdiccionales a las comunidades indígenas y sus autoridades (Larson 1992). En el caso de los pueblos indígenas de tierras bajas la conquista territorial revistió, inicialmente, una faz religiosa y "proteccionista" mediante las reducciones, principalmente jesuíticas.

Al nacimiento de la República, por herencia colonial, se hicieron delimitaciones departamentales muchas veces arbitrarias que no respetaban o respetaban menos que en la Colonia la organización territorial de los grupos socioculturales; en otros casos quedaron fronteras indefinidas. Al decir de Albó y Barrios (2006: 18), "Estas imprecisiones muestran cuán distante quedaba la presencia estatal en esas áreas periféricas que, por tanto, mantenían un margen bastante amplio de autonomía 'de facto'".

Fue el siglo XIX el que constató una fuerte ofensiva de desestructuración del poder territorial de las comunidades campesinas indígenas por parte del Estado. El Decreto de 1866 declaró que la tierra comunal era propiedad del Estado y la Ley de "Ex vinculación" de 1874 liberó al mercado las tierras en manos de las comunidades campesinas indígenas (Regalsky 2003). De igual forma, la demanda internacional de goma sometió a los pueblos indígenas de tierras bajas a formas de (semi)esclavitud, mediante la práctica del "enganche" en favor de las barracas caucheras, desestructurando las formas de organización social, cultural y territorial de esos pueblos (Soruco 2008).

La Revolución de 1952 y la Reforma Agraria del año siguiente buscaron promover mercados libres de fuerza de trabajo y de tierras, recuperando el poder estatal de control territorial sobre el espacio de la "nación". Sin embargo y a pesar del Pacto Militar Campesino, las comunidades lograron mantener márgenes de control y jurisdicción sobre su población y sobre los recursos en general, pero principalmente sobre la tierra (Regalsky 2003). Paradójicamente, fue en el contexto de la Reforma Agraria que se desarrolló una agresiva política de modernización del agro en el Oriente boliviano, afectando, nuevamente, la territorialidad indígena.

La creación de la Confederación Sindical Única de Trabajadores Campesinos de Bolivia (CSUTCB) en 1979 y la huelga y bloqueo nacional de caminos contra el "paquete de estabilización" del gobierno de Lidia Gueiller del mismo año, dan cuenta del problema jurisdiccional territorial al que se veía enfrentado el Estado. Si bien la demanda territorial no formaba parte, en ese momento, del discurso explícito de las organizaciones campesinas indígenas sí era parte de una práctica cotidiana ejercida por los organismos político-comunitarios que controlaban y controlan el acceso a la tierra y garantizaban y garantizan la vigencia de una normatividad no escrita (Regalsky 2003).

Las medidas inauguradas con el D.S. **21060** y las reformas llamadas de segunda generación[2] tienden, entre otras búsquedas, a recuperar el poder estatal territorial. Desde esta perspectiva, la Ley de Participación Popular buscará definir una nueva jurisdicción territorial para los municipios. En la práctica, lo que ha hecho dicha Ley es abrir "un amplio margen de acción para que el Estado plantee su control sobre el espacio jurisdiccional que hasta ahora era propio de la comunidad campesina" (Regalsky 2005: 125).

Lo dicho anteriormente explica que desde la política estatal, en los últimos años, se haya desarrollado una intensa práctica de ordenamiento territorial como "proceso de organización del uso y la ocupación del territorio, en función de sus características biofísicas, socio-económicas, culturales y político-institucionales" (CEDIB 2005: 20) a fin de identificar potencialidades y limitaciones que permitan el desarrollo de políticas públicas eficientes. Este ordenamiento territorial estaría encaminado a lograr usos adecuados del suelo y la tierra y una adecuada distribución de recursos y servicios a la población confinada en los espacios específicos.

Desde la perspectiva de los pueblos indígenas, hay que destacar dos elementos que son centrales en la discusión territorial. Por un lado, una concepción de territorio con mirada integral en referencia a múltiples aspectos de su vida cultural; por otro, la explicitación de dicha concepción bajo la fórmula "tierra-territorio".

Para el caso amazónico de los países andinos, la idea de territorio estuvo desde el inicio

relacionada con naturaleza y no sólo con tierra, con provisión y no sólo con producción, con ecosistemas, con diversificación de los aprovechamientos, con apropiación cultural de espacios integrados, con un extractivismo bajo control colectivo para garantizar sostenibilidad (García 2002: 2).

De igual forma, el énfasis en la relación espiritual de los pueblos indígenas con su territorio y la implicancia de esta relación sobre sus prácticas, valores y creencias fundamentales planteó otro tipo de concepción territorial fuera de los marcos de análisis de la academia y de los aparatos técnicos estatales.

Por otro lado, la formulación indígena de su concepción territorial ha marcado el ámbito de discusión de la problemática agraria, no sólo ampliando los términos de discusión sino, en muchos casos, replanteándolos. En Bolivia el tema *tierra* está articulado al tema *territorio* y muestra, justamente, que no se trata de un mero asunto de tierra física, sino de un espacio de poder sobre el que se vive, se decide, se lucha y se ejercen derechos como pueblo: "El concepto de tierra-territorio es considerado por los pueblos indígenas como el hábitat que le permite desarrollarse con una identidad definida" (CEDIB 2005: 1). Ello, sin embargo, no debe permitir la homologación entre jurisdiccionalidad territorial y forma de propiedad de la tierra. El territorio indígena es una forma de propiedad social que no puede ser simplistamente catalogada como pública o como privada. Lo cierto es que la jurisdiccionalidad territorial ha llevado al desarrollo de prácticas y planteamientos relacionados con el ejercicio de los derechos

---

[2] Ley Nº 1544 de Capitalización, 21 de marzo de 1994; Ley Nº 1551 de Participación Popular, 20 de abril de 1994; Ley Nº 1565 de Reforma Educativa, 7 de julio de 1994; Ley Nº 1654 de Descentralización Administrativa, 28 de julio de 1995; y, Ley Nº 1715 del Instituto Nacional de Reforma Agraria, 18 de octubre de 1996.

colectivos muy ligados a la demanda de autodeterminación como pueblos indígenas (Naciones Unidas 2007).

Se encuentran en tensión, entonces, dos formas de construcción territorial; siguiendo la denominación de Albó y Barrios (2006), una de ellas desde arriba y otra desde abajo. En el primer caso nos encontraríamos en la versión formal, jurídica y administrativa de ordenamiento territorial estatal desde los intereses de sus gestionadores, cruzando variables políticas, económicas, sociales y culturales; en el segundo, nos referimos a los grupos sociales concretos que controlan, gestionan, deciden sobre su espacio apropiado. En este sentido, dice Regalsky que

> Cuando hay conflicto entre una parte de la sociedad (como son los pueblos indígenas) y un Estado, que no los representa, entonces el territorio supone la existencia superpuesta o no, de estructuras de poder político en conflicto por el acceso o control de esos recursos, es decir, el territorio. Actualmente éste es el verdadero problema en Bolivia, -el control del territorio" (Regalsky, en CEDIB 2005: 1).

Estas formas clásicas de tensión en los procesos de construcción territorial no se dan de manera *pura* y en momentos separados: bajo la fórmula distintiva de Estado y sociedad civil los conflictos por la hegemonía sobre espacios territoriales se dan también en medio de procesos de negociación y coparticipación en las apuestas de intereses y de ejercicio del poder; y ello ocurre hacia fuera de cada ámbito en conflicto (estatal o de sociedad civil) como hacia sus fronteras internas (Molina 2007: 42).

Por ello la problemática territorial y regional estuvo al centro del debate de la Asamblea Constituyente boliviana (2006-2007), al punto de poder decirse que las posibilidades de reordenamiento territorial en el país estuvieron permanentemente articuladas a las propuestas sintetizadas en la creación de autonomías territoriales indígenas y en la definición de autonomías departamentales. En el primer caso se trataba de una propuesta que buscaba convertirse en herramienta de construcción de un Estado Plurinacional (Pacto de Unidad 2007), mientras en el segundo en un mecanismo de reorganización del poder regional sobre la base de los límites departamentales definidos desde los primeros tiempos de configuración de la República (Asamblea Provisional Autonómica de Santa Cruz 2007)

Ninguno de los dos casos se basó en formas autonómicas meramente "culturalistas" en las se enfatizaría una autonomía personal sin base territorial por mecanismos de auto-adscripción (Díaz-Polanco 1991: 164-166). Antes bien, en ambos casos se tiene como objeto de demanda una base territorial que pone sobre la mesa un conjunto de intereses políticos y económicos, fundados en argumentaciones históricas y bajo el cuestionamiento a las formas de gestión estatal. Se trata de luchas territoriales activadas por posicionamientos políticos, por identidades que se desplazan permanentemente en articulaciones o cierre de fronteras que constituyen al "otro" como enemigo o adversario (Mouffe 1993).

Territorios en disputa: el caso del TIPNIS

La problemática del Territorio Indígena del Parque Nacional Isiboro Sécure (TIPNIS) puede tener diferentes entradas de análisis: económico, social, cultural, ambiental, político, etc. De igual manera los argumentos a favor o en contra pueden estar referidos a las bondades del desarrollo y comercio que implicará la nueva carretera o, por el contrario, a la destrucción de la diversidad bioecológica y cultural. Dados los límites de espacio de la presente comunicación, nos centraremos en las tensiones interpretativas del derecho al territorio desde el Estado y su aparato administrativo y desde los derechos de los pueblos indígenas; en suma, desde las reglas de juego de la normativa jurídica del Estado.

El TIPNIS fue declarado Parque Nacional mediante Decreto 7401, el 22 de noviembre de 1965, y se convirtió en territorio indígena el 24 de septiembre de 1990 mediante el Decreto 22610. En el año 2009 el gobierno de Evo Morales entregó a yuracarés, moxeños y chimanes, indígenas que habitan dicho territorio, el título de Tierra Comunitaria de Origen, con una extensión de más de un millón de hectáreas.

El proyecto de carretera en debate data de 1998 y, desde el 2003, es parte del corredor bioceánico Brasil-Bolivia-Chile y Perú. Se trata de 306 Km. que pretenden unir los departamentos de Cochabamba y Beni. El segundo tramo planificado implica 177 Km. y conecta Villa Tunari – San Ignacio de Moxos. El 15 de febrero de 2011, el Estado Plurinacional de Bolivia y el Banco Nacional de Desenvolvimiento Económico e Social de Brasil (BNDES) suscribieron el Contrato de Colaboración Financiera Nº 10219991 por la suma de 332 millones de dólares, destinados a financiar el "Proyecto Carretero Villa Tunari – San Ignacio de Moxos". El 7 de mayo de 2011 Evo Morales promulgó la Ley 112 que aprueba la contratación de un crédito brasilero por los 332 millones de dólares referidos.

Tres temas son importantes para nuestra reflexión: la propiedad / apropiación del territorio, la referencia al derecho a la consulta y el carácter del Estado en el cual se debate la problemática.

Con respecto al primer aspecto, es importante señalar el proceso de apropiación territorial que han llevado adelante los pueblos indígenas desde la *Marcha Indígena por el Territorio y la Dignidad* de 1990. En aquella ocasión la demanda territorial obtuvo la titulación, por Decreto Presidencial, de siete territorios indígenas, posicionando la defensa de la *Tierra y el Territorio* por parte de las organizaciones indígenas. Luego, en el contexto de la Ley INRA promulgada en 1996, la movilización indígena logró la inclusión de la modalidad de Tierras Comunitarias de Origen (TCO) en la mencionada Ley. Ahí se decía que las TCO "Son inalienables, indivisibles, irreversibles, colectivas". Aunque el texto en referencia (art. 41, 5) mantiene la nominación de *tierras comunitarias*, a fin de evitar explícitamente el uso de *territorio*, la concepción misma de la TCO apunta a este segundo concepto. En el mismo artículo y numeral se lee: "Las Tierras Comunitarias de Origen son los espacios geográficos que constituyen el hábitat de los pueblos y comunidades indígenas y originarias, a los cuales han tenido tradicionalmente acceso y donde mantienen y desarrollan sus propias formas de organización económica, social y cultural, de modo que aseguran su sobrevivencia y desarrollo".

En el texto constituyente, promulgado en febrero de 2009, se dispone la conversión de la TCO en Territorio Indígena Originario Campesino (7ma Disposición Transitoria). Así mismo, el artículo 394, parágrafo III, afirma que el Estado "reconoce, protege y garantiza la propiedad comunitaria o colectiva" del territorio indígena originario campesino, y que esta propiedad colectiva se declara "indivisible, imprescriptible, inembargable, inalienable e irreversible".

Lo importante a resaltar aquí es el proceso de apropiación del territorio vía legal que han desplegado los pueblos indígenas dentro del período de la "memoria corta". De tal manera que afirmaciones como "Quieran o no quieran vamos a construir y en nuestra gestión vamos a entregar el camino Villa Tunari-San Ignacio de Moxos",[3] violan de plano el principio más elemental de propiedad del derecho liberal. Ante cualquier hacienda o empresa agrícola que requiriera ser afectada en su propiedad, el Estado debería, cuando menos, efectuar un trámite de expropiación. Ello ni siquiera es posible en el caso de un Territorio Indígena que, como decíamos, no obedece a la categoría de propiedad privada, y tiene ahora, con la nueva CPE, prerrogativas explícitas de *territorio*.

Con respecto al segundo punto, cabe aclarar que el derecho no es a la consulta sino al consentimiento. La consulta es el procedimiento mediante el cual se logra el consentimiento. Ello queda claro ya desde el Convenio 169 de la Organización Internacional del Trabajo (OIT): "Las consultas llevadas a cabo en aplicación de este Convenio deberán efectuarse de buena fe y de una manera apropiada a las circunstancias, con la finalidad de llegar a un acuerdo o lograr el consentimiento acerca de las medidas propuestas" (art. 6, 2). De la misma manera queda explícito en la Declaración de las Naciones Unidas sobre los Derechos de los Pueblos Indígenas, ratificada como Ley 3760 para Bolivia el 7 de noviembre de 2007. De los múltiples artículos que se pueden citar de ahí, sólo a manera de ejemplo, explicito el 19 y el 32.

> Los Estados celebrarán consultas y cooperarán de buena fe con los pueblos indígenas interesados por medio de sus instituciones representativas antes de adoptar y aplicar medidas legislativas o administrativas que los afecten, a fin de obtener su consentimiento libre, previo e informado (art. 19).
> Los Estados celebrarán consultas y cooperarán de buena fe con los pueblos indígenas interesados por conducto de sus propias instituciones representativas a fin de obtener su consentimiento libre e informado antes de aprobar cualquier proyecto que afecte a sus tierras o territorios y otros recursos, particularmente en relación con el desarrollo, la utilización o la explotación de recursos minerales, hídricos o de otro tipo (art. 32, 2)

Para el caso boliviano, además, hay que complementar lo dicho con una puntualización importante. La referencia a la consulta que se encuentra en la CPE (art. 30, II, 15) dice que ella debe ser previa obligatoria, de buena fe, concertada, mediante procedimientos apropiados y a través de las instituciones de los pueblos indígenas (léase organizaciones), cada vez que se prevean medidas legislativas y administrativas susceptibles de afectarles. En realidad, este punto citado de la Constitución, debe ser leído complementariamente con otros tres:

> Los derechos y deberes consagrados en esta Constitución se interpretarán de conformidad con los Tratados internacionales de derechos humanos ratificados por Bolivia (13, IV).
> Los tratados e instrumentos internacionales en materia de derechos humanos que hayan sido firmados, ratificados o a los que se hubiera adherido el Estado, que declaren derechos más favorables a los contenidos en la Constitución, se aplicarán de manera preferente sobre ésta (256, I).
> Los derechos reconocidos en la Constitución serán interpretados de acuerdo a los tratados internacionales de derechos humanos cuando éstos prevean normas más favorables (256, II).

---

[3] Evo Morales, en *Los Tiempos* 30/06/11, <http://www.lostiempos.com/diario/actualidad/economia/20110630/evo-%E2%80%9Cquieran-o-no%E2%80%9D-se-construira-la-carretera-a_131848_267094.html>, consulta del 01/07/11).

Es decir, la legislación fundamental apunta a que no es posible ninguna medida legislativa o administrativa sin un procedimiento consultivo que tienda a lograr el consentimiento de los pueblos indígenas. Mientras éste no se emita, dichos pueblos estarán, de hecho, ejerciendo su derecho a veto. Frente a este panorama normativo las declaraciones de funcionarios de gobierno y del propio Presidente quedan absolutamente fuera de lugar.

> El convenio 169 de la OIT y la Constitución son claros, no hay posibilidad de veto porque las comunidades locales no pueden vetar un proyecto de impacto nacional y regional.[4]
>
> Salvo que se negaran totalmente a la consulta, entonces el Estado tiene la obligación de seguir su proyecto sin consulta y es el peligro en que están incurriendo y se los expliqué a los del TIPNIS. Si insisten en negarse a la consulta con el Ejecutivo; (entonces), al gobierno no le queda otra que trabajar sin consulta.[5]
>
> Las consultas vamos a hacerlas, pero quiero que sepan que no tienen carácter vinculante. No porque ellos (los indígenas) digan no, no se va a hacer. Las consultas están constitucionalizadas, pero no tienen carácter de obligatoriedad, por tanto, el gran deseo que tenemos para la gestión del 2014 es ver los caminos pavimentados Villa Tunari-San Ignacio de Moxos; tenemos el dinero y la empresa (OAS) está contratada.[6]
>
> Las consultas se van a hacer, pero revisemos los acuerdos internacionales o la misma Constitución; las consultas no son vinculantes. No nos engañemos, son para que haya menos contaminación por un proyecto, pero no son para que las empresas que buscan petróleo, o el Estado, sean chantajeados o extorsionados.[7]

El que la consulta deba ser "de buena fe" está relacionado con la temporaneidad de la misma. Hablamos de la obtención de un consentimiento "previo" a la realización de cualquier proyecto que afecte el sistema de vida de los pueblos indígenas. Desde esta perspectiva la Ley Nº 222 de Consulta Previa e Informada, aprobada por la Asamblea Legislativa Plurinacional y promulgada por el Presidente el 10 de febrero de 2012, no es ni previa (se la aprobó de manera absolutamente extemporánea con contrato vigente y tramos de carretera realizados), ni de buena fe (se la aprobó con la finalidad de dejar sin efecto la Ley 180 de protección del TIPNIS fruto de la VIII Marcha Indígena y en el contexto de la demanda de una contramarcha absolutamente ilegítima), ni informada (se la aprobó sin la participación con los actores directos que viven en el TIPNIS).

El tercer tema necesario de reflexionar tiene que ver con el carácter del Estado en el que se da el debate sobre la carretera que atravesaría el TIPNIS. En un Estado-nación se espera que opere una lógica de poder centralizado en beneficio de un abstracto denominado "nación". Sin embargo, es bueno recordar que, desde la promulgación de la Constitución Política del Estado, el 7 de febrero de 2009, Bolivia se ha asumido como un Estado Plurinacional. Ello significa la aceptación de existencia

---

[4] Carlos Romero, Ministro de la Presidencia, en Bolpress 21/07/11, <http://www.bolpress.com/art. php?Cod=2011072110>, consulta del 22/07/11).

[5] Luis Sánchez, Presidente de ABC, en: <http://www.erbol.com.bo/noticia.php?identificador=2147483947957>, consulta del 05/08/11).

[6] Evo Morales, en La Razón, lunes 1 de agosto de 2011, <http://www.la-razon.com/version.php?ArticleId=13 4806&EditionId=2608>, consulta del 01/08/11).

[7] Evo Morales, entrevista publicada en *La Razón*, 07/08/11.

y agencia de diversos colectivos políticos que deben tomar parte de las decisiones fundamentales del Estado, en un ejercicio de cogobierno permanente y como expresión consensuada de sus formas de autogobierno. En el caso de uno de esos colectivos políticos denominado "pueblos indígenas", el ejercicio de su libre determinación no viene dado por una bondad del Estado sino por su carácter preexistente al Estado Republicano Liberal. De tal manera que el Estado Plurinacional se realiza y actualiza materialmente en la medida que la tensión entre cogobierno (entre los distintos colectivos políticos que forman la voluntad consensuada y negociada del Estado) y autogobierno (hacia dentro de los mismos colectivos políticos) se resuelve en diálogo y forcejeo permanente. Y es que el Estado Plurinacional renuncia al ejercicio de una soberanía única detentada por el poder central.

El territorio no es un simple espacio geográfico sino que da cuenta de la apropiación de dicho espacio. Esa apropiación se da en medio de relaciones conflictivas activadas por distintos intereses. El fenómeno de la globalización ha activado un tipo de "imaginación" territorial que desafía la noción clásica de Estado-nación. Debido a la historia de usurpación que el Estado ha practicado sobre los territorios indígenas, éstos han apostado por la construcción de una nueva forma estatal denominada Estado Plurinacional.

En la Asamblea Constituyente, uno de los temas centrales de debate fue el régimen de autonomías propuesto por el Pacto de Unidad. Se buscaba una estructura territorial en la que, mediante una distribución jurisdiccional asimétrica, se pudiera responder tanto al histórico derecho de reconstitución territorial de los pueblos y naciones (autonomía indígena) como a las demandas de descentralización de las formas territoriales republicanas (autonomía departamental). En este contexto, las autonomías indígenas y los derechos colectivos indígenas fueron planteados como mecanismo de concreción del Estado Plurinacional, sobre la base de su derecho a la autodeterminación. Como se sabe, la nueva CPE aprobó las dos formas autonómicas (indígena y departamental) pero hoy quien, curiosamente, lideriza la defensa de la segunda ya no es la oligarquía de la media luna sino el gobierno.

No quisiéramos finalizar esta comunicación sin dar cuenta de una paradoja discursiva que suele ser habitual cuando las personas ocupan distintos tiempos y lugares de enunciación. Me refiero a algunas de las palabras que Evo Morales Ayma escribió en su Carta a los Pueblos Indígenas del Mundo, el 27 de octubre de 2010:

> Es fundamental que todos los países del mundo trabajemos juntos para evitar la deforestación y degradación de los bosques y la selva.
>
> Todo mecanismo de protección de los bosques y la selva debe garantizar los derechos y la participación indígena.
>
> Pleno cumplimiento de los derechos de los pueblos indígenas establecidos en la Declaración de las Naciones Unidas sobre los Derechos de los Pueblos Indígenas, el Convenio 169 de la OIT y otros instrumentos internacionales; reconocimiento y respeto a sus territorios; revalorización y aplicación de los conocimientos indígenas para la preservación de los bosques; participación y gestión de los bosques y la selva por los pueblos indígenas.

Suscribo plenamente estas palabras del líder indígena Evo Morales Ayma y deseo que las cumpla y ejecute, en lo que corresponde, el Presidente del Estado Plurinacional de Bolivia.

Referencias

Albó, Xavier

1987 "De MNRistas a kataristas de Katari", en *Resistencia, rebelión y conciencia campesina en los Andes. Siglos XVIII al XX*, compilado por Steve Stern. Lima: IEP (1990).

Albó, Xavier y Franz Barrios

2006 *Por una Bolivia plurinacional e intercultural con autonomías*. La Paz: PNUD Bolivia.

Anderson, Benedict

1983 *Comunidades imaginadas. Reflexiones sobre el origen y la difusión del nacionalismo*. Buenos Aires: Fondo de Cultura Económica (2000).

Aristóteles

2002 *La política*. Madrid: Alba (5ª reimpr.)

Asamblea Provisional Autonómica de Santa Cruz

2007 *Estatuto del Departamento Autónomo de Santa Cruz*. Santa Cruz de la Sierra, 15 de diciembre de 2007.

Bobbio, Norberto

1982 "Democracia", en *Diccionario de política*, Bobbio, Norberto, Matteucci, Nicola y Gianfranco Pasquino. México: Siglo XXI (2007).

1985 *Estado, gobierno y sociedad. Por una teoría general de la política*. Bogotá: FCE (2000).

CEDIB

2005 *Datos de la gestión de la tierra y el territorio en Bolivia*. Cochabamba: CENDA, CEJIS, CEDIB.

CONAMAQ, CSUTCB, CIDOB, APG, CSCB, FNMCB "BS", CEAM, CEPOG, CENAQ, CEA

2004 *Por una educación indígena originaria. Hacia la autodeterminación ideológica, política, territorial y socio-cultural*. Santa Cruz.

CSUTCB

1983 *Tesis política. Segundo Congreso Nacional de la CSUTCB*.

CSUTCB, CONAMAQ, CIDOB, CSCB, FNMCB "BS", CEPSC, CPEMB, MST, APG

2006 *Propuesta para una nueva Constitución Política del Estado*. Sucre, 5 de agosto.

Chatterjee, Partha

1993 "La nación y sus campesinos", en *Debates Post Coloniales. Una introducción a los Estudios de la Subalternidad*, compilado por Silvia Rivera y Rossana Barragán. La Paz: Historias, SEPHIS, Ayuwiyiri (1997), 195-210.

Díaz-Polanco, Héctor

1991 *Autonomía regional. La autodeterminación de los pueblos indios*. México: Siglo XXI (4ª ed., 2003).

2004 "Reconocimiento y redistribución", en *El Estado y los indígenas en tiempos del PAN: neoindigenismo, legalidad e identidad*, coordinado por Rosalva Aída Hernández, Sarela Paz y María Teresa Sierra. México: CIESAS, 333-356.

2006 *Elogio de la diversidad. Globalización, multiculturalismo y etnofagia*. México: Siglo XXI.

Flores, Elba; Garcés, Fernando; Limache, Walter; Valencia, Pilar; Vargas, Cintya; y, Ramiro Argandoña

2007 *Autodeterminación y derechos territoriales. La Declaración de las Naciones Unidas sobre los derechos de los pueblos indígenas y el debate constituyente en Bolivia*. Cochabamba: Agua Sustentable, CEJIS, CENDA, CEFREC, NINA.

Fraser, Nancy

1997 *Iustitia Interrupta: reflexiones críticas desde la posición "postsocialista"*. Bogotá: Siglo del Hombre Editores.

Garcés, Fernando

2008 "Ordenamiento territorial, recursos naturales y Asamblea Constituyente en Bolivia: ¿hacia un Estado Plurinacional?", en *Estados y autonomías en democracias contemporáneas: Bolivia, Ecuador, España y México*, coordinado por Natividad Gutiérrez Chong. México: UNAM, IIS, Plaza y Valdés, 141-154.

2009 *¿Colonialidad o interculturalidad? Representaciones de la lengua y el conocimiento quechuas*. La Paz: PIEB, UASB-Q.

2011 "'Una cosa es con guitarra... y otra desde el Estado': del concepto de apropiación territorial a los conflictos concretos", en *Estudios Políticos*, Nº 3. Cochabamba: Centro de Investigaciones de Ciencia Política – UMSS.

Garcés, Fernando (resp.)

2010 *El Pacto de Unidad y el proceso de construcción de una propuesta de Constitución Política del Estado*. La Paz: Programa NINA, CREFREC, Caritas, CEJIS, CENDA, Agua Sustentable.

García, Álvaro

2007 "Estado Plurinacional: una propuesta democrática y pluralista para la extinción de la exclusión de las naciones indígenas", en *La transformación pluralista del Estado*, García, Álvaro, Tapia, Luis y Raúl Prada. La Paz: Muela del diablo, Comuna.

2009 *El Estado Plurinacional*, Ponencia presentada en la Escuela de Fortalecimiento y Formación Política "Evo Morales Ayma" (La Paz, 10 de marzo de 2009).

2010 "El Estado en transición. Bloque de poder y punto de bifurcación", en *El Estado. Campo de lucha*, García, Álvaro; Prada, Raúl; Tapia, Luis; y, Vega, Oscar. La Paz: Muela del Diablo, Comuna, CLACSO.

2011 *Las tensiones creativas de la revolución. La quinta fase del proceso de cambio*. La Paz: Vicepresidencia del Estado Plurinacional, Presidencia de la Asamblea Legislativa Plurinacional.

García, Pedro

2002 "Pueblos y territorios indígenas de la amazonía andina ante un nuevo milenio: situación y perspectivas", en: www.siise.gov.ec/PageWebs/SIDENPE/ficsdp_G64.htm, consulta del 10/04/08.

Gozzi, Gustavo

1982 "Estado contemporáneo", en *Diccionario de política*, Bobbio, Norberto, Matteucci, Nicola y Gianfranco Pasquino. México: Siglo XXI (2007).

Hobbes, Thomas

1651 *Leviatán*. Buenos Aires: Libertador (2004).

Holloway, John

2002 *Cambiar el mundo sin tomar el poder. El significado de la revolución hoy*. Buenos Aires: Herramienta, Universidad Autónoma de Puebla (2005).

Irurozqui, Marta

2000 *"A bala, piedra y palo". La construcción de la ciudadanía política en Bolivia, 1826-1952*. Sevilla: Diputación de Sevilla.

Kymlicka, Will

1995 *Ciudadanía multicultural. Una teoría liberal de los derechos de las minorías*. Barcelona: Paidós (1ª ed., 1996).

Lagos, María y Pamela Calla (comp.)

2007 *Antropología del Estado. Dominación y prácticas contestatarias en América Latina*. La Paz: PNUD.

Larson, Brooke

1992 *Colonialismo y transformación agraria en Bolivia. Cochabamba, 1500-1900.* La Paz: CERES, Hisbol.

2002 *Indígenas, élites y estado en la formación de las repúblicas andinas.* Lima: PUCP, IEP.

Lenin, Vladimir

1960 *Acerca del Estado.* Barcelona: Grijalbo (1975).

Lipovetsky, Gilles

2000 "Espacio privado y espacio público en la era posmoderna", en *El reverso de la diferencia. Identidad y política*, editado por Benjamín Arditi. Caracas: Nueva sociedad, 23-35.

Máiz, Ramón

2008 "XI tesis para una teoría política de la autonomía", en *Estados y autonomías en democracias contemporáneas: Bolivia, Ecuador, España y México*, coordinado por Natividad Gutiérrez. México: UNAM, IIS, Plaza y Valdés.

Mallon, Florencia

1995 *Campesino y nación. La construcción de México y Perú poscoloniales.* México, CIESAS, El Colegio de San Luis, El Colegio de Michoacán (2003).

Maquiavelo, Nicolás

1513 *El Príncipe.* La Paz: América (1995).

Molina, Ramiro

2007 "Las investigaciones interculturalidad y territorialidad. Lineamientos para la formación de recursos humanos en la gestión territorial indígena", en *Pueblos indígenas. Referencias andinas para el debate.* Cuzco: CEBEM, IEE, CBC, pp. 21-44.

Mouffe, Chantal

1993 *El retorno de lo político. Comunidad, ciudadanía, pluralismo, democracia radical.* Barcelona: Paidós (1999).

Naciones Unidas

2007 *Declaración de las Naciones Unidas sobre los derechos de los pueblos indígenas*, Asamblea General de las Naciones Unidas, 7 de septiembre de 2007.

Negri, Toni y Michael Hardt

2001 *Imperio.* Bogotá: Desde Abajo.

Pacto de Unidad

2007 *Propuesta consensuada del Pacto de Unidad. Constitución Política del Estado. "Por un Estado Unitario Plurinacional Comunitario, Libre, Independiente, Soberano, Democrático y Social.* Sucre, 23 de mayo de 2007.

Padilla, Guillermo

1996 "Derecho mayor indígena y derecho constitucional; comentarios en torno a sus confluencias y conflictos", en *Pueblos indios, soberanía y globalismo*, coordinado por Stefano Varese. Quito: Abya Yala, 185-204.

Regalsky, Pablo

2003 *Etnicidad y clase. El Estado boliviano y las estrategias andinas de manejo de su espacio.* La Paz: CENDA, CEIDIS, Plural.

2005 "Territorio e interculturalidad: la participación campesina indígena y la reconfiguración del espacio andino rural", en *Movimientos indígenas y Estado en Bolivia*, editado por Luis Enrique López y Pablo Regalsky. La Paz: PROEIB Andes, CENDA, Plural, pp. 107-141.

2011 "La dinámica de la reconstrucción del Estado boliviano y el conflicto del TIPNIS". Documento preparado para el conversatorio *Connotaciones político-institucionales del conflicto del Territorio Indígena y Parque*

Nacional Isiboro Sécure (TIPNIS), organizado por Proyecto de Fortalecimiento Democrático del PNUD y la Fundación Boliviana para la Democracia Multipartidaria, Cochabamba, 18/11/11.

Rivera, Silvia

1984 *Oprimidos pero no vencidos*. La Paz: Aruwiyiri, Yachaywasi (4ª ed. en castellano, 2003).

2000 "La raíz: colonizadores y colonizados", en *Violencias encubiertas en Bolivia*, coordinado por Xavier Albó y Raúl Barrios. La Paz: CIPCA, Aruwiyiri, 27-131.

2004 "La noción de 'derecho' o las paradojas de la modernidad postcolonial: indígenas y mujeres en Bolivia", en *Revista Aportes Andinos*, Nº 11. Quito: UASB, PADH, 1-15.

Safran, William

2002 "Dimensiones espaciales y funcionales de la autonomía", en *Identidad y autogobierno en sociedades multiculturales*, coordinado por William Safran y Ramón Máiz. Barcelona: Ariel.

Sanjinés, Javier

2005 *El espejismo del mestizaje*. La Paz: IFEA, Embajada de Francia, PIEB.

Santos, Boaventura de Sousa

2003 *La caída del Angelus Novus: ensayos para una nueva teoría social y una nueva práctica política*. Bogotá: ILSA, Universidad Nacional de Colombia.

2007 *La reinvención del Estado y el Estado plurinacional*. Cochabamba: CEJIS, CENDA, CEDIB.

2010 *Refundación del Estado en América Latina*. La Paz: Plural, CESU.

Schavelzon, Salvador

2010 *La Asamblea Constituyente de Bolivia: etnografía del nacimiento de un Estado Plurinacional* (Tesis doctoral. Universidade Federal do Río de Janeiro).

Smith, Anthony

2003 "¿Gastronomía o geología? El papel del nacionalismo en la reconstrucción de las naciones", en *Nacionalismos y movilización política*, Anthony Smith y Ramón Máiz. Buenos Aires: Prometeo, 7-41.

Soruco, Ximena

2008 "De la goma a la soya: el proyecto histórico de la élite cruceña", en *Los barones del Oriente. El poder en Santa Cruz ayer y hoy*, Ximena Soruco, Wilfredo Plata y Gustavo Medeiros. Santa Cruz: Fundación Tierra, pp. 1-100.

Tapia, Luis

2002 *La condición multisocietal. Multiculturalidad, pluralismo, modernidad*. La Paz: CIDES-UMSA, Muela del Diablo.

2011 "Consideraciones sobre el Estado Plurinacional" en *Descolonización en Bolivia. Cuatro ejes para comprender el cambio*, Varios Autores. La Paz: Vicepresidencia del Estado Plurinacional de Bolivia, Fundación Boliviana para la Democracia Multipartidaria.

Valencia, Pilar y Égido, Iván

2010 *Los pueblos indígenas de tierras bajas en el proceso constituyente boliviano*. Santa Cruz: CEJIS.

Weber, Max

1922 *Economía y sociedad. Esbozo de sociología comprensiva*. México: Fondo de Cultura Económica (2005).

Yrigoyen, Raquel

2011 "De los derechos indígenas a la construcción del Estado Plurinacional: los retos del proyecto descolonizador en los estados plurinacionales", en *Retos y desafíos en la construcción de estados plurinacionales*. La Paz: Sistema Plurinacional de Comunicación Indígena Originario Campesino, pp. 31-40.

Zavaleta, René

1986   *Lo nacional-popular en Bolivia*. **La Paz: Plural** (2008).

Informação bibliográfica deste artigo, conforme a NBR 6023:2002 da Associação Brasileira de Normas Técnicas (ABNT):

GARCÉS, Fernando. Estado-Nación y Estado Plurinacional: o cuando lo mismo no es igual. *In*: BALDI, César Augusto (Coord.). *Aprender desde o Sul*: Novas constitucionalidades, pluralismo jurídico e plurinacionalidade. Aprendendo desde o Sul. 1. ed. Belo Horizonte: Fórum, 2015. p. 427-450

PLURINACIONALIDAD Y DESCOLONIZACIÓN: LOS CAMINOS DE LA INDIANIDAD

CARLOS MAMANI CONDORI

Algunos años atrás la palabra democracia era extraña para los indios si apenas hablaban español, y la mayoría estaba indocumentada. Excluidos por la sociedad dominante y el Estado, cómo podían saber de las bondades del sistema político que con ése término se identifica? La democracia ha sido un concepto ajeno para los pueblos indígenas, fueron instituciones republicanas que legitimadas bajo ese nombre legislaron y actuaron en contra del indio; siendo de exclusividad criolla se encargaron de otorgar legalidad al desmantelamiento de las comunidades indígenas e incluso a guerras de exterminio. Leo Gabriel cuenta que en un Seminario Internacional en San Cristóbal de las Casas, Luis Macas, entonces Presidente de la Confederación de Nacionalidades Indígenas del Ecuador, preguntó: "Es posible la democracia en nuestros estados actuales? Puede haber en ellos una vida democrática?" Respondió Guillermo Bonfil Batalla:

> La respuesta a esta pregunta depende de qué modelo de democracia, qué esquema de democracia estamos planteando. Pienso que un proyecto democrático para América Latina consiste fundamentalmente en un nuevo modelo de relaciones entre los pueblos que forman nuestros países (...).
>
> El modelo actual de relaciones entre esos pueblos es la continuación de un modelo en que uno de estos pueblos (...) asume una superioridad en todos los términos frente al resto de los pueblos e intenta imponer su propia forma de ser, su propia cultura, su propia concepción del mundo, a todos los demás porque la considera superior, absolutamente superior.[1]

El esfuerzo en la explicación de Bonfil Batalla "depende de qué modelo de democracia" lleva a una situación de confusión, cuáles eran esos varios modelos de democracia? Por un lado y por otro la dificultad que tiene de caracterizar al "modelo en uno de los pueblos asume superioridad", porque la dificultad de calificarlo como

---

[1] Citado por Leo Gabriel en: Leo Gabriel y Gilberto López y Rivas Coord. *Autonomías Indígenas en América Latina. Nuevas formas de convivencia política*, Plaza y Valdes, México, 2005. Pp 23.

colonial, ya que admite continuidad? El asunto es que es "pueblo" se asume nación y por otro lado se representa como una democracia. Así el diálogo sino imposible, es difícil, más cuando está casi establecido que los indios están para aprender, aplicar fórmulas y modelos

En la experiencia republicana desde la fundación del Estado independiente la política ha sido privativa de los descendientes de los encomenderos y los nuevos contingentes colonizadores. Así el sistema colonial, establecido para el expolio y el robo sistemático sobrevividó arropado en las formas republicanas y bajo apariencias democráticas. Fue el período en el que las fracciones modernistas conformadas por burguesías exportadoras enfrentaron a caudillos patrimonialistas que seguían las huellas de los antiguos virreyes, afanándose en establecer sistemas políticos calcados del modelo inglés o norteamericano. Los indios, que en importantes regiones del continente, persistían como mayoría demográfica fueron simplemente ignorados, confundidos con el paisaje y sometidos a la servidumbre; es el cuadro que ofrecían las llamadas repúblicas aristocráticas. Sin embargo el ideal era el poblamiento europeo pero para ello era primordial acabar con el indio, los salvajes que "cual enjambre de hienas" caían sobre el ganado y sobre las poblaciones indefensas,[2] como se lamentaba Domingo Faustino Sarmiento. El genocidio fue la suerte que tocó a los indios en vastas regiones del continente, estaban obligados a dejar limpios sus territorios para el asentamiento de inmigrantes europeos que huían del hambre y las enfermedades. En todo el continente "el mejor indio es el indio muerto"[3] fue consigna repetida y cumplida al unísono.

A pesar de semejantes convicciones republicanas una parte aún importante de los pueblos indios sobrevivieron, testimoniando una cultura, historia e identidad distintas a los implantados por las colonias. En regiones como Mesoamérica y los Andes el colonizador no pudo, a pesar de su vocación, deshacerse del indio; estuvo obligado a convivir, incluso durante la revolución mexicana las huestes de Villa y Zapata fueron conformados por campesinos indios.

Comenzando el siglo XX las necesidades criollas de formación del Estado Nación dieron paso a una nueva política: el indigenismo. Desde México la antropología irradió una acción que tenía como fin ya no la supresión del indio, sino su asimilación. De la mano de la revolución mexicana el indigenismo fue la respuesta de las élites al problema que representaban los indios, a través de la reforma agraria y la integración. Manuel Gamio que vivió entre los nahuas de Veracruz escribió el libro *Forjando Patria* (1916), donde invocaba la creación de una nueva nación tomando en cuenta a la raza indígena. Esa creación debía basarse en la homogenización cultural, las culturas indígenas debían ser integradas, de otra forma quedarían condenadas a la marginación y a la pobreza extrema, afirmaba. Correspondía a la revolución forjar una raza mestiza, fundiendo el hierro (la raza española) y bronce (la raza india). Gamio junto a José Vasconcelos, propugnó la homogenización a través del sistema educativo, que tenía como meta la destrucción de las lenguas indígenas.

---

[2] Sarmiento, Domingo Faustino. *Facundo: La gran riqueza de la pobreza*, Biblioteca Ayacucho, pp 23. El título original es *Civilización y Barabarie. Vida de Juan Facundo Quiroga*, editado en 1845 en Santiago de Chile.

[3] Frase pronunciad por Philip Henry Sheridan en la campaña del invierno de 1869 en contra de la nación Kiowa.

Sin embargo, decenios más tarde el indigenismo tocó sus límites cuando antropólogos y líderes indios calificaron sus acciones como etnocidio, otra forma de genocidio. Fue también desde México que salió la voz crítica en contra del indigenismo. La publicación del libro *De eso que llaman antropologia mexicana* (Arturo Warman, Guillermo Bonfil, Margarita Nolasco, Mercedes Olivera y Enrique Valencia) fue de crítica abierta a la antropología comprometida con la formación de la identidad nacional. Guillermo Bonfil Batalla uno de los autores señalaba "El ideal de redención del indio se traduce como en Gamio en la negación del indio. La meta del indigenismo, dicho brutalmente, consiste en lograr la desaparición del indio".

La crítica cobró fuerza con el accionar de algunos gobiernos latinoamericanos donde ocurrieron matanzas de indios en Colombia y el Brasil. Fue en el Congreso de Americanistas de Stuttgart de 1968 que Robert Jaulin hizo contundentes denuncias sobre los casos de genocidio. En 1970 publicó el libro *La Paz blanca. Introducción al etnocidio.*

La crisis indigenista coincidió con la estrategia organizativa india, que aprovechando las políticas integracionistas conllevó esfuerzos de representación nacional e internacional. En un primer momento las organizaciones fueron de carácter gremial campesina, luego expresaron los postulados políticos de las naciones indias con una clara y definida vocación autodeterminista.[4] La asimilación que era la fórmula para desintegrar al indio en la identidad nacional criolla, se encontró entonces con una clara respuesta de reconstitución, se pensaron hijos del Tawantinsuyu, Tenochitlan... en oposición a los descendientes de Colón, Cortez, Pedro de Alvarado, Pizarro (...).

La organización fue la plataforma desde donde los pueblos indios buscaron establecer relaciones basadas en los principios de igualdad y equidad con los poderes republicanos, la fórmula propuesta fue el Estado Plurinacional.

La construcción de estados plurinacionales en los andes, resultado de esfuerzos expresado en producción intelectual y la movilización tiene en los movimientos indios del Ecuador, Bolivia, Perú sus exponentes más importantes en la región.

La propuesta política india

Un punto de partida, que nos permite valorar los alcances de la propuesta política india, es el histórico levantamiento de 1990 en el Ecuador.[5] Luis Macas, que fue el líder en su rol de Presidente de la Confederación de Nacionalidades Indígenas del Ecuador, recuerda sus objetivos:

> fue un levantamiento contra la injusticia, por el derecho a una vida digna y a la autodeterminación de diez nacionalidades indígenas que luchamos por nuestros legítimos derechos históricos.[6]

---

[4]   Así expresan las Declaraciones de Barbados, del 30 de enero de 1971 y de julio de 1977.

[5]   El movimiento campesino de los años 1980 en Bolivia, representado por la Confederación Unica de Trabajadores Campesinos de Bolivia (CSUTCB) ya había formulado el concepto, requiere ahondar la investigación sobre el tema.

[6]   Macas, Luis "El levantamiento indígena visto por sus protagonistas", En: Almeida, Ileana. *Una reflexión sobre el levantamiento indígena de 1990*. ILDIS, Quito, 1991 pp 17.

Para el movimiento indio el punto de partido no era otro que los derechos históricos: la autodeterminación en el reconocimiento de la propia diversidad manifiesta en las mencionadas diez nacionalidades. Esta propuesta debe, en palabras de Macas, ser leída en el debate respecto al indio: *qué hacer con los indios*, cuando el conjunto de esa colectividad es visto como problema desde el Estado Nación. El indio es una criatura colonial, establecido y legislado por la potencia ocupante con los fines consiguientes del expolio del país y la opresión de su población. Sin embargo es aún más problemático, cuando la colonia se asume nación, legisla y desarrolla sus máximos esfuerzos en contra de las naciones pre existentes. La propuesta india apunta a la solución de la injusticia, de la arbitrariedad convertida en ley, el reconocimiento de las mutuas diferencias, la valoración de la diversidad. Es una propuesta de descolonización que mediante el reconocimiento mutuo, supera los prejuicios de la raza, la cultura, la religión y civilización superiores, cual fue la consideración y los justificativos de la dominación europea.

El levantamiento indio obligó al Ecuador no indígena a abrir los ojos a una realidad que se hizo pública,[7] escuchar de los indios que tenían por discurso la reforma del artículo primero de la constitución para que se reconozca como Estado Plurinacional y pluricultural. Sin embargo el Ecuador blanco mestizo no estaba preparado en escuchar al indio, estaban seguros que estaban repitiendo palabras pensadas por otros: antropólogos, etnólogos y sociólogos que llegaron al extremo de "darle pensando a los aborígenes lo que les conviene".[8] El levantamiento se convirtió en estrategia de lucha para la construcción de un proyecto político que tenga como fin el logro de un estado plurinacional[9] fue así como entre enero y febrero de 2001 protagonizaron nuevamente una acción de masas. Sin embargo este levantamiento posesionó al movimiento indígena en la vanguardia de la lucha política.

"Nuestro interés es el proyecto político de ir construyendo el Estado plurinacional, sobre todo pensando que todos los ecuatorianos tenemos el mismo derecho de gozar lo que tiene el Estado ecuatoriano, tenemos las mismas obligaciones que pide el Estado Ecuatoriano, tiene que, en definitiva, terminar la corrupción; debe haber equidad en la distribución de los recursos y yo creo que debe haber mínimamente dignidad, la soberanía y, por qué no decir, que debemos vivir dignamente por lo menos los ecuatorianos, es eso por lo que estamos peleando en el movimiento indígena...".[10] Las palabras del actual embajador del Ecuador en Bolivia apuntaban a la naturaleza de Estado colonial que tiene en el expolio, la corrupción y una soberanía casi inexistente sus signos más característicos.

---

[7] Es el caso que el indio como en las novelas de José María Arguedas estaban presentes en la casa de los gamonales en el tercer patio como servidumbre y no eran visibles en la vida oficial de la sociedad criolla; en el Ecuador y en la región la novela Huasipungo de Jorge Icaza Coronel es muy popular...

[8] Milton Alava "El Apartheid Indígena", diario el Universo, 23-08-90, citado por Ana Karina López "La demanda indígena de la Pluriculturalidad y multietnicidad: el tratamiento de la prensa", pp32 En: Cornejo Menacho, Diego, ed. *Los indios y el Estado País. Plruiculturalidad y multietnicidad en el Ecuador: contribuciones al debate*, Quito, Abya Yala, 1993.

[9] Entre los días 15,24-26 de junio de 1994 se produjo un nuevo levantamiento, el objetivo fue bloquear una ley que suprimía la reforma agraria y el reparto de la gran propiedad agraria.

[10] Ulcuango, Ricardo. "... cuando los gobiernos no entienden", entrevista por Leonela Cucurella pp22, En: Acosta, Alberto *et al. Nada solo para los indios. El levantamiento indígena del 2001. Analisis, crónicas y documentos*.

Qué es el Estado Plurinacional? El Proyecto Político de la CONAIE, formulado en 1994, propugnaba la consolidación de un Estado Plurinacional y una sociedad intercultural, expresando una reformulación de la democracia:

> Un democracia no solamente representativa, sino una democracia participativa, comunitaria; una democracia mucho más amplia, basada en el diálogo, en el consenso, en la revocatoria y fiscalización permanente.[11]

Una democracia participativa, comunitaria, más amplia basada en el diálogo, el consenso, la revocatoria y la fiscalización,[12] que incorpora otras racionalidades a la racionalidad política imperante, esto es la democracia formal. El Estado Plurinacional fue pensado como la superación de la exclusión, siendo inclusivo integraría a todos los sectores de la sociedad en la política, la economía, EL derecho y las culturas. El propósito: la resolución gradual de las "herencias sociales cristalizadas como analfabetismo, pobreza, desempleo, racismos, producción incipiente..." (sic).[13] Es la herencia colonial que se manifiestas en el estado de inequidad en las que se encuentran sumidas las nacionalidades indígenas y con ellas importantes comunidades rurales y urbanas mestizas. La solución del conflicto y el problema colonial, ocurrirá con el "Reconocimiento de los gobierno comunitarios, como forma de organización histórica jurídica-político de los pueblos y nacionalidades, de acuerdo a la realizad sociocultural y cosmovisión propia".[14] Este conjunto de propuestas fue propuesta por el movimiento indio del Ecuador a la Asamblea Constituyente de 2007.

En 1995 con la experiencia acumulada fue creado un propio partido político, el Movimiento de Unidad Plurinacional Pachakuti-Nuevo País (MUPP-NP). Cuyo trabajo ha sido de fundamental importancia para la participación de las nacionalidades indígenas en la política nacional y en la construcción del Ecuador Plurinacional reflejado en las asambleas constituyentes de 1998 y 2007. Uno de los principales mandatos del levantamiento de Inti Raymi (junio de 1990) la fundación del Estado Plurinacional, la reconstitución de modelos propios de sociedad y estado, es una realidad, por lo menos en el papel en que está escrita la Constitución.

En el Sur el planteo de reconstitución fue formulado con anterioridad a 1990,[15] en el Qullasuyu de 1930 por Eduardo Leandro Nina Quispe; quien huido del latifundio

---

[11] Luis Macas citado en Tiban, Lourdes y García Fernando "De la oposición y el enfrentamiento al diálogo y las alianzas: la experiencia de la CONAIE y el MICC en Ecuador" pp276. En: Leyva, Xotchil *et al. Gobernar (en) la diversidad: Experiencias indígenas desde América latina. Hacia la investigación de co-labor.* Publicaciones de la Casa Chata, México, 2008.

[12] Luis Macas, citado en: Tiban, Lourdes y García, Fernando "De la oposición y el enfrentamiento al diálogo y las alianzas: la experiencia de la Conaie y el MICC en Ecuador pp 276. En: Xochitl Leyva Araceli Burguete y Speed, Shannon. *Gobernar (en) la diversiad: Experiencia indígenas desde América Latina. Hacia la investigación de co-labor.* CIESAS-FLACOS, México DF, 2008.

[13] CONAIE, citado por Wlash, Catherine. Interculturalidad y colonialidad del poder. Un pensamiento y posicionamiento "otro" desde la diferencia colonial pp 50. En: Wlash, Catherine *et al. El giro decolonial: reflexiones para una diversida epistémica más alla del capitalismo global,* Universiad Javeriana, Bogotá 2007.

[14] CONAIE-ECUARUNARI. *Propuesta para la Asamblea Constituyente.* Consejo de Gobierno Ecuarunari 2006-2009.

[15] Esta propuesta no tuvo la resonancia del levantamiento de junio de 1990, sin embargo sus ideas centrales fueron tomados por el movimiento indio en Bolivia que ha tenido en la historia de la resistencia india una de sus referencias más importantes. Véase Mamani Condori, Carlos. *Taraqu, 1866-1935: Masacre, Guerra Y "Renovacion" En La Biografia De Eduardo L. Nina Qhispi,* Aruwiyiri, La Paz, 1990.

que se apoderó de su ayllu, Ch'iwu en Taraqu, autodidacta se formó como maestro de escuela. En una coyuntura de simpatía con la cultura indígena de las autoridades municipales el 15 de abril de 1930, fundó la Sociedad Centro Educativo Collasuyo, que tenía en su directorio a educadores y líderes indios de todo el país.[16]

A la par de la acción educativa propuso, e hizo todos los esfuerzos en base a los títulos coloniales otorgadas por España a los pueblos de indios (*markas*), una revisita general que diese cuenta del estado de los territorios y sus pueblos. Fue el inicio de la guerra con el Paraguay (julio de 1932), aprovechado para acusarlo y encarcelarlo.[17] Como cuerpo del delito, figuraba el escrito la "La Redención del Indio" que hasta el momento no ha sido conocido.

En el impreso *De los títulos de composición de la Corona de España (...)* que escribió y recopiló con el argumento y la base de los títulos de composición otorgados por España, propuso la renovación de Bolivia "en los nueve departamentos, setenta provincias, setecientos sesenta y ocho cantones". En la Bolivia renovada sería establecida una ley para todos, con el objetivo de re establecer la libertad: "Todos los bolivianos obedecemos para conservar la libertad. Los idiomas aimara y quechua, habla la raza indígena, el castellano, los hablan las razas blanca y mestiza. *Todos son nuestro hermanos*". Los idiomas aymara, quechua y castellano son puestos en igualdad y las razas blanca y mestiza reconocidas como hermanas. La renovación es una propuesta que tiene como fin preservar la libertad: "Con esta publicación y bando será una nación libre *como otro país* pero en cuatro siglos enteramente aniquilado y abandonado estamos en una casa sin luz". Bolivia será una nación libre, pero como otro país, esto es distinto a Bolivia, no será el mismo, por cuanto en la Bolivia no renovada, además de aniquilados y abandonados enteramente, estamos en "una casa sin luz"; Qullasuyu será reconstituído como república.

Nina Quispe con el recurso de la escritura, el uso del español y el estudio de la historia indígena desarrolló un proselitismo que contó con importantes aliados de medios de comunicación, académicos como Arturo Posnasky e incluso el comandante del Colegio Militar.

En la estrategia de Nina Quispe y la generalidad de los líderes indígenas del pasado siglo, el diálogo no fue planteado solo en términos de la coyuntura, sino proyectado a futuro para lo cual desarrollaron esfuerzos muy grandes en documentar con sus expedientes y producción intelectual los archivos oficiales en esos momentos existentes.

---

[16] El directorio estaba encabezado por Eduardo Nina Qusipe, Juan de Dios Sirpatico, Secretario, figurando Manuel Ramos de Cochabamba, Agustín Saavedra de Chuquisaca, Casiano Barrientos de Izosog, Gualdito Cundeya, Teodora Aparindo y Manuel Taco del Chaco.

[17] El Comandante de la Legión Cívica, fuerza destinada a guardar el orden interno durante la guerra, coronel Zegarrundo se encargó de acusar y apresar a Nina Quispe por suplantar al gobierno de Salamanca (René Arce 1987: 30). En su informe de aprehensión, decía al Prefecto de La Paz:

"La Legión Civica" que inicio una laboriosa campaña contra los comunistas adelantándose a la ultima sublevación indigenal del altiplano ha tomado mediadas contra uno que se titulaba nada menos que PRESIDENTE DE LA REPÚBLICA DEL COLLASUYO llamado Eduardo Nina Quispe, indígena que valiéndose de su condición de fundador de escuelas rurales, consiguió imponerse sobre la enorme raza indígena tejiendo indudablemente una organización subversiva. Este indígena y sus secuaces contra los cuales hemos realizado una activa investigación se encuentra en el panóptico con pruebas suficientes".

El espejo de la memoria

La propuesta del Estado plurinacional es la proyección de conocimiento y la valoración de la diversidad que conformó las distintas unidades político territoriales que se sucedieron en los andes. Ateniéndonos a la memoria escrita recurrimos a Garcilaso de la Vega que en su descripción del Cusco, identifica en dicha Capital su similitud con la composición diversa del Tawantinsuyu:

> Los curacas hacían sus casa para que viniesen a la corte, y cabe las de uno hacia otro las suyas, y luego otro y otro, guardando cada uno de ellos, el sitio de su provincia, que si estaba a mano derecha de su vecina, labraba sus casas a su mano derecha, y si a la izquierda a la izquierda, y si a las espaldas a las espaldas, por tal orden y concierto, que bien mirados aquellos barrios y las casas de tantas y tan diversas naciones como en ellas vivían, se veía comprehendida todo el imperio junto, como en el espejo o en una pintura de cosmografía.[18]

Espejo o pintura cosmográfica era la ciudad capital donde sus habitantes llevaban tocados particulares que los diferenciaban e identificaban, no fue norma impuesta sino de tradición. Juan de Betanzos que recogió la historia de la creación del mundo, refiere que Qhun T'iki habiendo creado el sol, la luna, las estrellas y el día en el sitio donde está Tiwanaku "hizo de piedra cierta gente y manera de dechado de la gente que después había de producir" en su cotidianidad y con su gobernador; que los apartaba para luego hacer otra provincia, "ansí hizo toda la gente de Perú y de sus provincias allí en Tiaguanaco". Cuando acabó con la creación mandó a dos de sus asistentes a que mirasen aquellas figuras[19] y los nombres que les había dado "señalándoles y diciéndoles estos se llamaran los tales y saldrán de tal fuente en tal provincia". Hizo las gentes de piedra, los pintó de colores, según después sería la vestimenta de cada una de las provincias.[20]

Para el Qullasuyu, convertido por la administración colonial en Audiencia de Charcas, fue el minero Luis Capoche,[21] que tuvo el cuidado de mirar la composición de las nacionalidades que concurrían al cumplimiento del trabajo forzado (mit'a) en el cerro rico de Potosí. En 1585 cuando escribió *Relación General de la Villa Imperial de Potosí* la estructura política del Qullasuyu estaba aún manifiesta en las capitanías de la mit'a, orden requerido por la administración colonial para la extracción de la plata. Así pues tenemos el cuadro casi completo, la división geográfica del país en Urqusuyu y Umasuyu. Las naciones: Pakaxa, Lupaka, Qulla, Kana, Qanchi, Qaraqara, Charqa, Sura, Azanjaqi/Killaka, Karangas, Chichas, Lipi (...) cuya relación es cada vez más fidedigna con el aporte de la investigación histórica.

La defensa de la vida y los territorios durante el período republicano estuvo basada en la memoria histórica. Saberse descendientes del Tawantinsuyu, del Qullasuyu, poseedores en testimonio de aquello de Títulos de Composición, comprados a la corona de España (haber comprado las propias tierras a la potencia colonial). Fue esta

---

[18] Vega, Inca Garcilaso de la. *Comentarios Reales de los incas*. AFA Editores, Lima, 2004 pp 498.

[19] Illas.

[20] Betanzos, Juan de. *Suma y narración de los incas*. Universidad Nacional de San Antonio Aba del Cusco. Cusco (1551) 1999, pp 11.

[21] Capoche, Luis. *Relación General de la Villa Imperial de Potosí*, Atlas, Madrid, 1959 pp 134-140.

memoria la que movió a los ayllus y *suyus* (categoría de provincia) en mayo/junio 2002 a una larga caminata para proponer la realización de una Asamblea Nacional Constituyente, que luego fue adoptado por las movilización de octubre 2003.

La reconstitución no es retorno. El protagonismo indio ha encendido las rojas luces de alarma de las usinas de pensamiento criollo y un conjunto diverso de escritores han llamado la atención respecto al fundamentalismo indio. Desde Mario Vargas Llosa hasta cercanos conocidos no ahorran esfuerzo ya sea en denunciar y alertar acerca de la *utopía arcaica* o *utopía en clave de pasado* cuál sería la motivación de líderes y movimientos indios. "los fundamentalismos cabalgan sobre diversas metas, tales como volver a un pasado que se considera dorado" señala Héctor Días Polanco al referirse al brote de la mexicanidad (aztequismo) como una apuesta hegemónica en detrimento de otras culturas.[22]

Reconstitución y Estado Plurinacional

Entender la reconstitución en el pensamiento indio, qulla para el caso de Bolivia, requiere comprender a cabalidad el concepto de Pachakuti. En la historia de la creación del mundo que fue recogido por Juan de Betanzos a la luz antecede la oscuridad, a la creación la destrucción. *Qhun T'iki*, el trueno rayo fecunda la vida, establece un orden. La invasión y posterior colonización del país fue destrucción, el final de la institucionalidad política, la pérdida de libertad. En la cosmovisión qulla, el rayo mata y devuelve la vida, una vida superior dotada de conocimiento y poder. Es éste el pachakuti. En la amplia geografía de los países de la región está ocurriendo la reconstitución de las antiguas nacionalidades, es el caso de Bolivia, donde por ejemplo el CONAMAQ se organiza en el orden que señala la memoria histórica. En el Ecuador desde la CONAIE se ha trabajado en un Proyecto de Reconstitución de Pueblos que ha tenido como resultado la visibilidad institucional de nacionalidades como: Puruaes, Quillasingas, Tomavela, Cayambe, Quitucara... se espera a través de la Circunscripción Territorial Indígena recuperen su institucionalidad, territorio y autogobierno.[23]

En Bolivia el Pacto de Unidad, que aglutinaba a las cinco organizaciones nacionales de pueblos indígenas en la propuesta del texto constitucional,[24] aprobada por consenso, proponía:

> Artículo 55.
>
> I. El Estado Unitario Plurinacional Comunitario, organiza y estructura su gobierno en cuatro poderes: Poder Legislativo, Poder Ejecutivo, Poder Judicial y Poder Social Plurinacional y se basa en la independencia, división y coordinación de estos Poderes.
>
> II. Reconoce al interior del Estado Unitario Plurinacional Comunitario a los gobiernos descentralizados y con autonomías expresados en: Regiones Indígenas Originarias Campesinas, Afrodescendientes y Comunidades Interculturales; Entidades Territoriales

---

[22] Díaz-Polanco, Hector. *La Rebelión Zapatista y la autonomía*. Siglo XXI, México DF, 1997 pp 32-33.

[23] Desde México se tiene noticias acerca de los esfuerzos del pueblo Triqui, que usando la institucionalidad municipal lleva adelante la reconstitución de su territorio en San Juan Copala.

[24] Pacto de Unidad. *Constitución Política del Estado Boliviano (Propuesta consensuada del Pacto de Unidad)*, Sucre, 2007.

Indígenas; Municipios Indígenas Originarios Campesinos, Afrodescendientes y de Comunidades Interculturales; Municipios Interculturales; y, Departamentos.
Artículo 56.19
El Estado Unitario Plurinacional Comunitario incorpora la participación de las naciones y pueblos indígenas originarios campesinos, afrodescendientes y de la población culturalmente diversa del campo y la ciudad, en todos sus poderes, órganos e instancias de gobierno, según las formas que establece esta Constitución y las leyes.

Ha quedado en la Constitución del Estado Plurinacional, solo el municipio indígena (Artículo 269. I). Sin embargo el *Artículo 2.* Reconoce: existencia precolonial de las naciones y pueblos indígena originario campesinos; dominio ancestral sobre sus territorios; garantiza su libre determinación en el marco de la unidad del Estado. La autodeterminación debe resultar en autonomía, autogobierno, reconocimiento de sus instituciones y en la consolidación de sus entidades territoriales, conforme a esta Constitución y la ley (es el candado?)

En este punto de la exposición es importante ir hacia los marcos del derecho internacional: el Convenio 169 de la OIT y la Declaración de las Naciones Unidas sobre los Derechos de los Pueblos Indígenas, que han constituido principal referente jurídico para las propuestas indígenas, cual son la autonomía, el autogobierno y la libre determinación. Es importante en relación a éste último partir de la referencia a la resolución 1514 de 1960[25] que expresa:

1. La sujeción de los pueblos a una subyugación, de nación y explotación extranjeras constituye una denegación de los derechos humanos fundamentales, es contraria a la Carta de las Naciones Unidas y com-promete la causa de la paz y de la cooperación mundiales.
2. Todos los pueblos tienen el derecho de libre determinación; en virtud de este derecho, determinan libremente su condición política y persiguen libremente su desarrollo económico, social y cultural.

La propuesta de reconstitución así pues se inscribe en la perspectiva de descolonización, cual es tan actual hoy cuando los territorios indígenas son invadidos por una diversidad de colonos entre grandes empresarios de los monocultivos hasta campesinos pobres y por las empresas trans nacionales cuyo poder no reconoce fronteras, menos soberanías estatales

Los retos de la implementación del Estado Plurinacional

La reconstitución tiene como objetivo el restablecer el modo de vida propio, vivir bien como se ha traducido a la lengua española. Es David Choquehuanca, Canciller de Bolivia, que expresa esta necesidad fundamental para los pueblos indígenas:

"los aymaras hemos dicho: queremos volver nuevamente a ser. Hemos dejado de ser, ya no somos. Volver a ser para nosotros, es volver a ser qamiri",[26] volver a ser es el resultado de la descolonización, en tanto que "hemos dejado de ser" es

---

[25] Aprobada por Asamblea General el 14 de diciembre de 1960.

[26] *Ibid.*

el no ser colonizado, volver a ser, la descolonización lleva al restablecimiento del pensamiento de la vida, *qamiri*. "Qamiri significa vivir Bién. Qamiri se dice a una persona que vive bien".[27]

En esa misma perspectiva la constitución del Ecuador proclama:

> Decidimos construir: Una nueva forma de convivencia ciudadana, en diversidad y armonía con la naturaleza, para alcanzar el buen vivir, el sumak kawsay.

Qamiri, vivir bien tiene contrapartes conceptuales en las culturas indígenas americanas, solo para ilustrar referiremos el caso guaraní. En el Chaco caminar hacia la tierra requiere caminar hacia la Tierra sin Mal (*ñomboete, yopararareko, mboyopoepi*), que ha mantenido la identidad del pueblo guaraní. La concepción viene de una matriz *Ñande Reko*, que podría traducirse como nuestro modo de ser, distinto a los otros, los españoles y sus descendientes. Este modo de ser guaraní, se traduce en *tekoa*, que antiguamente era *teko katu*, "buena vida libre". *Teko* significa "ser, estado de vida, condición, estar, costumbre, ley, hábito". En la visión de la Tierra sin Mal, *teko*, que tiene también que ver con el carácter de caminante[28] del pueblo guaraní.

En Colombia los pueblos indígenas han opuesto a los procesos de desarrollo, en particular de las industrias extractivas, el concepto *Planes de vida*, coincidente al propuesto por el Canciller Choquehuanca. El plan de vida tiene en la tierra su razón de ser: en tanto esta es considerada Madre. El pueblo indígena, tiene mandato del creador de preservar la tierra, el mandato entonces es considerado: Derecho de origen o también Derecho Mayor.[29]

Sin embargo, pese a los tan importantes avances en la región, el conjunto de los pueblos indígenas, protagonizan hoy intensas movilizaciones, caminatas por las carreteras hacia las ciudades capitales para que el derecho a la consulta (art. 6 del C 169 de la OIT), reconocido en los textos constitucionales del Ecuador y Bolivia, sea efectiva en la relación Estado y pueblos indígenas. Esta situación es muestra de que el Estado Plurinacional es todavía letra muerta en la Constitución para las elites criollo mestizas que tiene dificultades en llevar a la práctica derechos que frenan viejas prácticas coloniales de expolio de los territorios indígenas y la cotidiana violación de los derechos y las libertades fundamentales. La construcción del Estado Plurinacional se ha convertido en el desafío más importante para el movimiento indio, la implementación de la constitución es el camino que siguen los marchistas hacia Quito y La Paz.

Informação bibliográfica deste artigo, conforme a NBR 6023:2002 da Associação Brasileira de Normas Técnicas (ABNT):

CONDORI, Carlos Mamani. Plurinacionalidad y descolonización: los caminos de la indianidad. *In*: BALDI, César Augusto (Coord.). *Aprender desde o Sul*: Novas constitucionalidades, pluralismo jurídico e plurinacionalidade. Aprendendo desde o Sul. 1. ed. Belo Horizonte: Fórum, 2015. p. 451-460

---

[27] *Ibid.*

[28] Bartomeu Meliá, Ñande reko, nuestro modo de ser y bibliografía general comentada, La Paz, CIPCA 1988.

[29] Muelas, Lorenzo. "Del derecho mayor a la constitución en Colombia. En: CONAIE Derecho mayor de los pueblos indígenas de la Cuenca Amazónica, Quito, 2008.

CIUDADANÍAS INTENSAS. ALCANCES DE LA REFUNDACIÓN DEMOCRÁTICA EN LAS CONSTITUCIONES DE ECUADOR Y BOLIVIA

MARCO APARICIO WILHELMI

1 Introducción

1.1 El Estado, en cuestión

Desde su propia conformación, el Estado moderno, como aparato centralizador del poder, y el Derecho estatal, como herramienta para el ejercicio de dicho poder, han venido siendo cuestionados por quienes han visto en ellos principalmente un instrumento de dominación en constante proceso de adaptación. Hoy, cuando el carácter insostenible del modelo económico se deja sentir ya no sólo en el Sur colonizado sino el centro mismo de la metrópolis, se redobla dicha crítica y se amplían los colectivos que participan de la misma.

1.2 "No nos representan"

Si analizamos las consignas y propuestas lanzadas en los últimos meses en las movilizaciones sociales ocurridas en distintos países del Norte económico y militar, veremos que buena parte de ellas denuncian de manera cada vez más incisiva la *levedad* democrática del sistema político en sus distintas esferas. A partir del lema "no nos representan", buena parte de las propuestas de acción no se centran ya meramente en la mejora aislada de los cauces de representación, sino que apuntan a generar espacios de democracia *en acción*; espacios colectivos que permitan abordar la satisfacción de las necesidades e intereses a partir de distintas formas de autogestión, autogobierno, auto-tutela de los derechos. Espacios que, en sí mismos, crean condiciones para la participación democrática en otras esferas políticas.

1.3 Memorias del sub-desarrollo (primermundista)

Lo anterior nos trae inevitablemente la memoria de las luchas sociales emprendidas hace tiempo en los países del Sur. El grito "que se vayan todos", de la Argentina de inicios de 2000, el rechazo frontal al "mal gobierno", propio de las comunidades zapatistas en rebeldía, en el sur-este mexicano, y en general la articulación concreta, cotidiana, de prácticas de subsistencia y de resistencia. Movimientos campesinos como el Movimiento Sin Tierra (MST) de Brasil, luchas urbanas surgidas en todas las grandes ciudades recolectoras y generadoras de exclusión, y la multiplicidad de formas de continuidad comunitaria indígena,[1] a lo largo y ancho del continente,[2] ponen de manifiesto el subdesarrollo europeo, "primermundista", cuando se trata de poner freno y trazar alternativas colectivas a la expropiación sistemática de bienes y servicios compartidos.

La pérdida de las instituciones sociales, su cooptación cuando no aniquilación, ha llevado a que la reacción frente al ataque a la función social del Estado y de otras formas de realización del bien común, en nuestro contexto se tenga que enfrentar en primer lugar a la necesidad de articular colectividad e institucionalidad social, "desde abajo".

En este contexto, mirar hacia el Sur, invirtiendo así el sentido del flujo hegemónico de conocimientos y aprendizajes, deviene imprescindible. El presente texto pretende efectuar esa mirada a partir de algunos de los aspectos de la propuesta de refundación democrática que contienen las nuevas Constituciones de Ecuador (2008) y Bolivia (2009).

La tesis que vamos a desarrollar es que dicha refundación pasaría por una materialización del concepto de ciudadanía, que vendría a sustituir su dimensión meramente formal propia de las democracias liberal-representativas (de baja intensidad), como tránsito hacia una ciudadanía sustancial, presupuesto para la construcción de procesos democráticos plurales y participativos (de alta intensidad).

Como sabemos, tanto el caso ecuatoriano como el boliviano, son proyectos en los que se deja sentir el empuje de las organizaciones indígenas, por lo que resultará

---

[1] Cabe destacar, por lo que luego abordaremos, el fenómeno de autoconvocatoria y movilización espontánea de la población para llevar a cabo consultas sobre asuntos que les atañen, en cumplimiento, mediante la auto-tutela, del derecho de consulta previa, libre e informada.

[2] Los ejemplos son innumerables: la "Coordinadora del Agua" de Cochabamba, Bolivia, que protagonizó en 2000 la "guerra del agua" contra su privatización; el Movimiento de Resistencia Mapuche en Chile y Argentina; el Consejo de Defensa de la Patagonia Chilena, que se opone a megaproyectos hidroeléctricos; la Unión de Asambleas Ciudadanas (UAC) en Argentina, integrada por organizaciones sociales, indígenas, campesinas, asambleas ciudadanas, en resistencia ante el avance de las transnacionales y la destrucción de los ecosistemas; la Confederación Nacional de Comunidades Afectadas por la Minería (CONACAMI) en Perú; la Coordinadora Nacional de Mujeres Trabajadoras, Rurales e Indígenas y el Movimiento Agrario y Popular de Paraguay, que se oponen a las plantaciones transgénicas de soja; el Consejo Regional Indígena del Cauca, en Colombia, que lucha por los derechos indígenas y contra la impunidad de los actores armados; el "Frente Nacional Guatemalteco contra las Represas"; el "Movimiento Nacional Anti-represas de El Salvador (MONARES); la Coordinadora Nacional de Resistencia Popular en Honduras, en torno al agua, la protección medioambiental, la reforma agraria y el respeto a los pueblos indígenas y negros; el Consejo Cívico de Organizaciones populares e indígenas de Honduras (COPINH); el Movimiento Mazahua, encabezado por mujeres indígenas en México por el derecho al agua, la Red Mexicana de Afectados por la Minería, entre tantos otros. Fuente: L. NAVARRO TRUJILLO, y C. PINEDA RAMÍREZ, "Luchas socioambientales en América Latina y México. Nuevas subjetividades y radicalidades en movimiento", en Bajo el Volcán, Benemérita Universidad Autónoma de Puebla, Año 8, Número 14, México, 2009, pp. 86-94.

necesario prestar atención específica a los avances que se hayan podido dar para la inclusión democrática de los pueblos indígenas.

2 Ciudadanías *intensas*. Las ciudadanías social, cultural y ambiental

2.1 Derechos "políticos" y ciudadanías: más allá de la perspectiva liberal

El término "derechos políticos" ha servido tradicionalmente para hacer referencia a los derechos llamados a garantizar el conjunto de condiciones que posibilitan la participación, directa o por medio de representantes, en la vida política de la comunidad. Tales derechos dibujan el marco de relaciones entre los distintos sujetos que forman parte de la sociedad, y entre ellos y el Estado, encargado de dar forma institucional al cuerpo político, al espacio de toma de decisiones con efectos colectivos.

En el contexto de las revoluciones liberales de la Europa del siglo XIX, los derechos políticos se impregnaron hasta el extremo de planteamientos individualistas, pues no sólo se dirigían a la persona individuamente considerada sino que durante buena parte de dicho siglo se cerró el paso al derecho, individual, a crear e integrar todo tipo de asociaciones, por descontado las de tipo político. Así es, con el objetivo de dejar atrás los llamados "cuerpos intermedios" descritos por Montesquieu al referirse a la estructura socio-política del Antiguo Régimen, se dibujó un esquema basado en la igualdad formal de individuos que participan, aisladamente considerados (y bajo sistemas de sufragio censitario), en la conformación de la "voluntad general".

La socialización de la política, su paulatina democratización y el empuje de las formas naturales, imparables, de agrupación humana en la defensa de intereses colectivos forzaron a las sociedades liberales a integrar la dimensión grupal de la participación, con paulatinos reconocimientos del derecho de asociación civil, primero, y más tarde política; del derecho de reunión; de la ampliación del derecho de sufragio activo y, con más lentitud, pasivo; y, en general, del derecho de acceso a los cargos públicos en condiciones de igualdad.

El estadio descrito es el recogido por el Pacto Internacional de Derechos Civiles y Políticos de Naciones Unidas de 1966 y en él se hallan anclados los modelos de la democracia liberal representativa que hoy conocemos.

Pues bien, pese a no haber perdido su posición hegemónica, se trata de una propuesta cuestionada radicalmente desde distintos flancos. En efecto: los muros de contención fundamentados en la ciudadanía "política", en el sentido formal, liberal individualista, del término (a partir de la igualdad ante la ley, como principio regulativo), se verían desbordados por el avance de *otras ciudadanías*, las que rompen el corsé formal para dotar de sustancia a las condiciones de pertenencia y participación: la ciudadanía *social*, la *cultural* y la *ambiental*, atravesadas por las exigencias de una ciudadanía *antipatriarcal* y *cosmopolita* (o *abierta*).

Partimos de la comprensión de la ciudadanía como conjunto de condiciones que garantizan la pertenencia a un colectivo, entendida ésta como participación efectiva e igualitaria. Entendemos que el modelo de democracia liberal representativa parte del carácter limitado y formal de los derechos de participación que reconoce: la esencia de esta noción de democracia se halla en la extensión meramente formal de las vías de participación a toda la ciudadanía (definida a partir de la exclusión jurídica del extranjero).

De este modo, la igualdad formal es presupuesto de la desigualdad material, pues su predicado excluye la atención jurídica a las condiciones que materialmente permiten a los sujetos participar en las decisiones que les incumben. Como es sabido, esa ha sido la fórmula que ha acompañado el mantenimiento de distintas formas de dominación política, socioeconómica y cultural, ocultas tras el velo de la igualdad jurídico formal. Si ello ha sido y es palpable en contextos como el europeo, su contundencia es aún mayor en los países del Sur, sujetos a la pervivencia del vínculo colonial, tanto interno como externo.

La igualación material de tipo socioeconómico, como sabemos, es la que más avances, aunque en algunos contextos hayan sido más nominales que reales, ha experimentado en el seno de la evolución, o adaptación, del constitucionalismo liberal de corte europeo. En el plano internacional, ello quedaría recogido ya desde el Pacto Internacional de los Derechos económicos, sociales y culturales (PIDESC, 1966). De todas formas, conocemos también que el proyecto del constitucionalismo social, de la igualdad material, ha sido el eslabón más débil. Y debe reconocerse que en realidad nunca se llegó a ocultar dicha circunstancia: la dogmática y doctrina dominantes se han encargado de mantener la división jerárquica entre derechos civiles, políticos, económicos, sociales y culturales, y la subordinación de éstos últimos, en tanto que meros principios programáticos, a las disponibilidades financieras u otros aspectos de "oportunidad política" o necesidades del "desarrollo".[3]

Igualmente, desde el punto de vista normativo, tanto los textos constitucionales europeos y latinoamericanos[4] como los de ámbito internacional de los derechos humanos así lo han recogido, de un modo u otro, como ejemplifican las distintas intensidades de protección que acompañan la exigibilidad de los Pactos Internacionales ya referidos (el de derechos civiles y políticos y el PIDESC). El actual contexto de gestión de la "crisis" en Europa, deja poco margen de duda al respecto.

La igualación cultural, esto es, el reconocimiento de la igual dignidad de las culturas, es otro de los flancos de la superación mencionada. A diferencia de la socioeconómica, su formulación sería más reciente, su recorrido menor. Contamos sin duda con avances normativos, tanto constitucionales como internacionales y, también, con un cierto regusto de promesa incumplida, de eslabón débil, de camino por recorrer. En el plano interno, el avance y su contención es expresado por el llamado constitucionalismo multicultural latinoamericano, que iría desde finales de la década de los 80' hasta la aprobación de las vigentes Constituciones ecuatoriana y, especialmente, boliviana. En el plano internacional, contamos con el Convenio núm.

---

[3] Merece la pena mencionar, aunque sólo sea por su "rabiosa" actualidad, el modo en que se construyó el dilema entre desarrollo y derechos humanos a partir del abundante trabajo teórico de los años 60' y 70' sobre "derecho y desarrollo" y "derecho y modernización". Esa "sabiduría" convencional, lleva a percibir los derechos, y en especial los derechos sociales (y, más recientemente, los ambientales), como costos económicos que, en ocasiones, deben sacrificarse a corto y mediano plazo. Como sabemos, se trata de una doctrina que logra consagrarse en los años 90' con el modelo de desarrollo centrado en el mercado, y que hoy recibe nuevos impulsos en el marco de la gestión de la "crisis", especialmente de los países del Sur europeo. Ver B. SANTOS, Sociología Jurídica Crítica, para un nuevo sentido común en el Derecho, Trotta Madrid, 2009.

[4] Nos referirmos a los textos derivados de las reformas de los años 90, en el marco del desembarco de las doctrinas del Consenso de Washington. Para el caso ecuatoriano, se puede consultar R. ÁVILA, El neoconstitucionalismo transformador. El estado y el derecho en la Constitución de 2008, Abya-Yala, Quito, 2011, pp. 91-93. (NE- Ver o artigo de Ramiro Ávila, nesta coletânea).

169 de la OIT, de 1989, acompañado a partir de septiembre de 2007 por la Declaración de las Naciones Unidas sobre Derechos de los Pueblos Indígenas.

Así es: la práctica totalidad de textos constitucionales latinoamericanos incorporaron, entre 1987 y 2006, referencias al carácter multicultural o multiétnico de la "sociedad nacional", y reconocimientos más o menos amplios de derechos específicos para los integrantes de los pueblos indígenas. Ahora bien, el reconocimiento de la pluralidad no ha conllevado una transformación pluralista de la organización institucional y de los modos de producción jurídica, quedando lejos la superación de la disociación entre la realidad formal (un Estado nacional basado en una sociedad homogénea) y fáctica (una sociedad pluricultural y un pluralismo político y jurídico).

Pero no se trata de un proceso cerrado. Por una parte, los vigentes textos constitucionales ecuatoriano y boliviano retoman la cuestión con novedosas aportaciones. Por otro lado, la Declaración Universal de los Derechos de los Pueblos Indígenas, aprobada por la Asamblea General de Naciones Unidas en septiembre de 2007, sacude tales limitaciones, revitalizando además el Convenio núm. 169, al que inyecta una mayor carga de profundidad. Como veremos, el avance en la construcción de la ciudadanía cultural parte de la apuesta por la titularidad y ejercicio colectivos de los derechos políticos, en el marco de una (cierta) reconfiguración plural de la institucionalidad.

Finalmente, la última dimensión de la igualación material, la última invitada, es la ciudadanía ambiental. Su trayectoria es aun menor y, hasta el momento, los avances se hallan fundamentalmente en las Constituciones ecuatoriana y boliviana, como a continuación veremos. Debe señalarse que se trata, también aquí, de una materialización de la ciudadanía, de un aspecto necesario para la construcción de ciudadanías intensas, puesto que los efectos de la desigualdad material, y sus consecuencias en el desmedro de las condiciones de participación, se dejan sentir de modo cada vez más intenso en el terreno de la inequidad ambiental, determinada a su vez, y de modo interrelacionado, por las inequidades sociales y culturales.

2.2 Las dimensiones antipatriarcal y cosmopolita de la ciudadanía

En el siguiente apartado, abordaremos esas otras ciudadanías recién mencionadas y el modo en que son articuladas por los textos ecuatoriano y boliviano. Antes de hacerlo, no obstante, es necesario detenerse brevemente en las también apuntadas dimensiones antipatriarcal y abierta (o cosmopolita).

El concepto de ciudadanía abierta o cosmopolita nos conduce a denunciar el carácter limitado, por excluyente, de cualquier formulación estadocéntrica. El propio Kymlicka ha expresado sin tapujos las razones: "en un mundo caracterizado por masivas desigualdades globales, la idea de que las libertades y oportunidades que se tienen estén circunscritas al Estado significa que algunas personas nacen con un estatus legal que les garantiza seguridad personal, amplias oportunidades y un nivel de vida digno, mientras otros (sin culpa alguna) nacen con un estatus jurídico que les condena a la pobreza e inseguridad, como observa Joseph Carens, éste es el equivalente moderno del feudalismo".[5] De ahí, el mismo autor llega a señalar que la

---

[5]   W. KYMLICKA, Fronteras territoriales, Trotta, Madrid, 2006, p. 37.

justificación liberal de las fronteras territoriales y, con ellas, del estatus de ciudadanía, es difícil de sostener si no es obviando un hecho: la enorme brecha de desigualdad económica y social existente en el mundo.

Por ello, si nos tomamos en serio la materialización de la ciudadanía, y siguiendo en esto a Ferrajoli, o bien la rechazamos íntegramente o bien, en tanto que existan los Estados como espacios de delimitación territorial de la convivencia política, apostamos por una ciudadanía universal, algo que sin duda suena a utopía, "pero la historia del derecho es también la historia de utopías".[6]

Respecto de la dimensión antipatriarcal, queda fuera de discusión su carácter transversal, omnicomprensivo. Ninguna otra dimensión de ciudadanía resultaría completa sin la superación de las inequidades de género y de orientación sexual, puesto que la matriz patriarcal se fundamenta en patrones de valor heteronormativos.

La crítica feminista al modo en que se ha avanzado en la ciudadanía social ha identificado cómo su realización ha dependido del mantenimiento del papel subordinado de las mujeres en el sistema socio-económico, a partir de la división sexual del trabajo y, en general, del conjunto de trabajos productivos y reproductivos asignados a las mujeres al margen, o en una posición de subordinación, del mercado laboral formal. Esta división, no resultaría cuestionada tampoco con la paulatina incorporación de la mujer al mercado laboral, pues de ella no se deriva, en términos generales, una igualación de responsabilidades (o una reformulación de las mismas) si no, más bien, una acumulación de las mismas en la mujer o, cuando mucho, una mera sustitución en las tareas de cuidado y domésticas a partir de mano de obra migrante feminizada.[7]

Esta estructura de inequidad de género, de la que derivaría el carácter patriarcal de los derechos sociales[8] se asentaría, además, en la matriz heterosexual, entendida como "modelo hegemónico discursivo/epistemológico de inteligibilidad de género que asume que para que los cuerpos sean coherentes y tengan sentido debe haber un sexo estable expresado a través de un género estable (...) que se define jerárquicamente y por oposición a través de la práctica de la heterosexualidad obligatoria"[9] (SOLEY-BELTRÁN, 2005: 207).

Siguiendo esta idea, podríamos decir que el orden social ha necesitado "que nuestro cuerpo y la puesta en escena del mismo sean inteligibles, se ajusten a determinadas normas sociales (y sexuales). Estas normas sexuales, en nuestro contexto, se condensan en un sistema binario en cuyo centro están las categorías hombre y mujer, las cuales a su vez, están asociadas a determinadas formas de pensar, sentir y

---

[6] L. FERRAJOLI. "De los derechos del ciudadano a los derechos de la persona", en Silveira, H. C., Identidades y democracia, Trotta, Madrid, 2000, p. 249.

[7] R. MESTRE, "Dea ex machina. Trabajadoras migrantes y negociación de la igualdad en lo doméstico", Cuadernos de Geografía, núm. 27, 2000, pp. 191-205.

[8] G. PISARELLO, Los derechos sociales y sus garantías. Elementos para una reconstrucción. Trotta, Madrid, 2007, p. 123.

[9] P. SOLEY-BELTRÁN. "In-Transit: la transexualidad como migración de género", en *Género y Migraciones, Asparkía. Investigació Feminista* (núm. 15), Publicacions de l'Universitat Jaume I, Castelló, 2005, p. 207 (pp. 207-232). Citado por A. PONS RABASA, "El movimiento trans en el Estado español: ¿normalización o transformación", en M. Aparicio Wilhelmi. Contracorrientes. Apuntes sobre igualdad, diferencia y derechos, Documenta Universitaria, Girona, p. 22.

actuar que perseguirán el mantenimiento de un *status quo* específico bajo la premisa de su función reproductora".[10]

Como puede deducirse, las razones de la impugnación de la ciudadanía social construida desde la matriz patriarcal sirven también para abordar lo que debería ser una configuración plena de las ciudadanías cultural y ambiental.[11]

Las Constituciones ecuatoriana y boliviana, aunque aportan algunos elementos destacables, no profundizan en las dimensiones antipatriarcal y cosmopolita de la noción de ciudadanía. Sólo la Constitución ecuatoriana aporta avances destacables. Por una parte, incorpora un principio de equiparación en derechos, al establecer que "las personas extranjeras que se encuentren en el territorio ecuatoriano tendrán los mismos derechos y deberes que las ecuatorianas, de acuerdo con la Constitución" (artículo 9). Este mismo principio, "salvo las restricciones que ésta (la Constitución) contenga", se recoge en el texto boliviano (artículo 14 VI).

Por otra parte, la Constitución ecuatoriana incluye en el listado de derechos una sección dedicada a la "movilidad humana", en la que "se reconoce a las personas el derecho a migrar", en virtud del cual "no se considerará a ningún ser humano como ilegal por su condición migratoria" (artículo 40). Pero en realidad, y sin negar la carga política, y hasta jurídica, que pueda tener el reconocimiento del "derecho a migrar", dicha sección se ocupa más bien de establecer mandatos a los poderes públicos para la protección de los derechos de los migrantes ecuatorianos en el exterior. Finalmente, resulta interesante la existencia de un capítulo sobre integración latinoamericana, que se establece como objetivo estratégico del Estado y deberá, entre otros aspectos, "propiciar la creación de la ciudadanía latinoamericana y caribeña; la libre circulación de las personas en la región; la implementación de políticas que garanticen los derechos humanos de las poblaciones de frontera y los refugiados..." (artículo 423).

Respecto a la dimensión antipatriarcal, debe subrayarse en ambos casos el empleo de un lenguaje no sexista y la incorporación de previsiones garantes de la igualdad. Así, el texto ecuatoriano como principio general para la aplicación de los derechos parte de la prohibición de discriminación, tanto por identidad de género como por orientación sexual (artículo 11), idénticos términos a los empleados en el caso boliviano (artículo 14 II). En este caso, además, se incluyen como valores del Estado la igualdad, la inclusión, la reciprocidad, el equilibrio, la igualdad de oportunidades y la equidad de género (artículo 8). Pero, en ambos textos, más allá de las mencionadas previsiones genéricas, no existen elementos de transformación destacables. Es más, encontramos aspectos que van en sentido opuesto: las Constituciones

---

[10]   A. PONS RABASA, "El movimiento trans en el Estado español...", ob. cit., p. 23.

[11]   Es conocido el debate sobre redistribución (social) y reconocimiento (cultural). La línea que apuntamos, se situaría en la propuesta de Nancy Fraser de desarrollar una teoría crítica del reconocimiento "que defienda únicamente aquellas versiones de la política cultural de la diferencia que pueden combinarse coherentemente con la política social de la igualdad". La propuesta pasaría por hacer frente a dos tipos de injusticia: la injusticia socioeconómica (explotación, marginación económica y privación de bienes materiales necesarios) y la injusticia cultural o simbólica (dominación cultural, no reconocimiento, irrespeto). Como es sabido, se trata de dos categorías analíticamente separadas aunque fácticamente muy imbricadas: "Las normas culturales injustamente parcializadas en contra de algunos están institucionalizadas en el Estado y en la economía; de otra parte, las desventajas económicas impiden la participación igualitaria en la construcción de la cultura, en las esferas públicas y en la vida diaria. A menudo el resultado es un círculo vicioso de subordinación cultural y económica". N. FRASER, Iustitia Interrupta: reflexiones críticas desde la posición «postsocialista», Siglo del Hombre Editores, Bogotá, 1997, pp. 18-25.

ecuatoriana y boliviana, en el marco de la protección de la familia "como núcleo fundamental de la sociedad" se especifica que el matrimonio es la unión entre un hombre y una mujer (artículos 67 y 63, respectivamente). En el caso de Bolivia, a diferencia del ecuatoriano donde no se especifica, también se exige que para que tengan los mismos efectos, "las uniones libres o de hecho" deben ser "mantenidas entre una mujer y un hombre" (artículo 63 II).

3 Alcances de la refundación democrática en Ecuador y Bolivia

3.1 Democracia, derechos y participación: los pueblos indígenas y el Estado

Antes de analizar qué elementos de democratización sustancial, incluyente, incorporan los textos ecuatoriano y boliviano, puede resultar útil ahondar en la relación entre democracia, derechos y participación. Para ello, merece la pena acudir al modo en que los derechos de los pueblos indígenas han irrumpido en el debate. Efectivamente, de la mano de las luchas indígenas por el reconocimiento y su igual dignidad como culturas, de la igualdad política entre pueblos y culturas,[12] la incorporación de la titularidad y ejercicio colectivos de los derechos políticos ha supuesto, y debe suponer, una transformación radical de los procesos democráticos, superadora de la perspectiva individualista liberal.

Tomaremos como referencia los derechos políticos colectivos que recoge la Declaración sobre Derechos de los Pueblos Indígenas de Naciones Unidas (2007). En primer lugar, se reconoce el derecho de los pueblos indígenas a la libre determinación (artículo 3); en segundo lugar, el derecho a la conservación y reforzamiento de las propias instituciones políticas (artículos 5, 18 y 20); por último, el derecho a la participación en la vida política del Estado, en general (artículo 5), en todo procedimiento que lleve a la adopción de decisiones que afecten a sus derechos (artículo 18), para lo cual, además, se prevé específicamente el derecho a la consulta y a la cooperación de buena fe con el fin de obtener su consentimiento previo, libre e informado (artículo 19).

Debe resaltarse la trascendencia de la ampliación del sujeto de los derechos. Es precisamente la consideración colectiva y diferenciada de la participación en la toma de decisiones que les afectan la que se sitúa detrás de las reivindicaciones de los pueblos indígenas por el reconocimiento de sus derechos. En efecto, en buena medida la movilización y la lucha de los pueblos indígenas se articulan frente a dinámicas seculares de exclusión de los espacios de decisión. La construcción de espacios públicos culturalmente homogéneos, creados con la receta liberal de la individualización, es contestada con la pugna por espacios de participación y decisión colectivas.

Los derechos de participación recogidos en la Declaración pretenden responder a una doble necesidad: en primer lugar, asegurar el reconocimiento de las formas propias de organización; en segundo lugar, arbitrar mecanismos de participación de los pueblos indígenas, en tanto que sujetos colectivos, en las instituciones y en los procesos de toma de decisiones que deben involucrar a la sociedad en su conjunto.

---

[12]   L. TAPIA. "Gobierno multicultural y democracia directa nacional", en A. García Linera, L. Tapia, R. Prada. La transformación pluralista del Estado, Muela del Diablo, La Paz, 2007, p. 95 (NE- *Vide* o artigo de Luis Tápia nesta coletânea).

Incluso se puede ir más allá y afirmar que todos los derechos recogidos por la Declaración tienen como trasfondo la cuestión de la participación. Desde una perspectiva constitucional, el reconocimiento de derechos responde a la lógica contramayoritaria: se trata de derechos que deben marcar "la esfera de lo no decidible" por las mayorías. Aquellos sujetos con menor capacidad de participación o influencia en las decisiones colectivas deben contar con derechos que aseguren que la realización de sus intereses más elementales no va a ser menoscabada por la "voluntad general".

En esta lógica, la necesidad de contar con un amplio listado de derechos de los pueblos indígenas, como el de la Declaración, respondería a un principio de cautela o de conciencia sobre la necesidad de asegurar unas posiciones mínimas necesarias durante el "mientras tanto": mientras no exista un espacio político, llámese Estado o no, en el que participen en pie de igualdad los distintos sujetos, individuales y colectivos, que conforman nuestras sociedades, deben existir frenos, límites a lo decidible por quienes mayor capacidad de influencia tienen.

Si se pudiera prescindir de la recíproca vinculación entre derechos y democracia cabría afirmar que, en realidad, allí donde estuviera garantizada una democracia verdaderamente inclusiva no haría falta acudir a un listado de derechos específicos de los pueblos indígenas. Pero sabemos que no es así: los derechos, todos los derechos, son condiciones de participación en los procesos sociales y políticos; la democracia, esto es, los procesos de autoridad compartida,[13] es el conjunto de espacios de expresión, relación y decisión donde surgen, se actualizan, se transforman y se refuerzan los derechos.

Siguiendo esta pauta, derechos como los de representación especial, diferenciada, de los pueblos indígenas en las instituciones estatales, o incluso el mismo derecho al consentimiento previo libre e informado, son derechos que se reivindican más necesarios cuanto más débiles sean el resto de derechos, y viceversa. Esta última idea viene a subrayar que, finalmente, el punto de llegada no son los derechos en sí mismo considerados, sino un marco de convivencia que asegure que los sujetos, individuales y colectivos, participan sin exclusiones en las decisiones que les incumben.

Sin duda los derechos culturales y los derechos territoriales son, en el caso de los pueblos indígenas, aspiraciones centrales. No se trata de negar tal centralidad, sino más bien de ubicarla en un contexto más amplio. No cabe duda de que los derechos territoriales están llamados a asegurar la propia pervivencia de los pueblos indígenas. Pero de nuevo la razón está en la dimensión política, participativa: al dar forma y delimitar un espacio de jurisdicción, de decisión autónoma, los derechos territoriales se convierten en herramientas llamadas a asegurar que son los mismos pueblos quienes toman las decisiones que les afectan más directamente.

Ahora bien, no siempre los pueblos indígenas se hallan asentados de manera agrupada en territorios bien delimitados; a menudo se encuentran mezclados con otros pueblos, indígenas o mestizos. Por ello, la cuestión territorial no siempre sirve para romper las dinámicas de exclusión. Es entonces cuando aparece con claridad que de lo que se trata es de asegurar los derechos que dan cobertura a la participación colectiva de los pueblos, de las comunidades y de las personas que los integran.

---

[13] B. SANTOS. "Hacia una concepción multicultural de los derechos humanos", *Análisis Político*, núm. 31, Bogotá, 1997, pp. 3-16.

3.2 Derechos de participación y participación a través de derechos: la intensificación de la ciudadanía en Ecuador y Bolivia

La riqueza, y a la vez la complejidad y contradicción, de los textos ecuatoriano y boliviano, se halla precisamente en lo que acabamos de apuntar: como veremos, ambos dibujan un horizonte de transformación del Estado para hacerlo plural, inclusivo, integrador desde el reconocimiento de la diferencia, y al mismo tiempo se reconocen a sí mismos como procesos incipientes, inconclusos, por lo que se activa el mencionado principio de cautela, la necesidad de asegurar el "mientras tanto" a partir de un amplio listado de derechos referidos a los sujetos históricamente excluidos, y en especial a los pueblos indígenas y afro.

Vemos, entonces, con claridad, la doble dimensión de los derechos dentro de procesos emancipadores: todo derecho debe servir como herramienta de resistencia, frente a los sectores sobre-representados, frente a las minorías *mayorizadas*; al mismo tiempo, en manos de las mayorías *minorizadas*, sub-representadas, los derechos deben servir como cauces para la transformación de las condiciones que reproducen las relaciones de dominación.

Pues bien, de nuevo, el sentido de los derechos, es en cualquier caso participativo: son e incorporan participación. Todo derecho, su ejercicio, genera condiciones de participación desde donde resistir, desde donde transformar. Esta consideración unitaria de los derechos es recogida por los textos ecuatoriano y boliviano, que constitucionalizan los principios de indivisibilidad e interdependencia (artículos 11 y 13, respectivamente).

Ahora bien, aun así, puede ser útil seguir conservando la noción de que algunos derechos son *específicamente* derechos de participación, o incorporan una dimensión específicamente participativa. Más allá de los derechos políticos, entendidos desde la categorización habitual, las Constituciones ecuatoriana y boliviana recogen múltiples manifestaciones de la participación referidas a distintos derechos. Así, en el caso ecuatoriano se alude a la dimensión participativa de derechos como el de comunicación e información (artículo 16); cultura y ciencia ("derecho de acceder y participar del espacio público como ámbito de deliberación, intercambio cultural, cohesión social y promoción de la igualdad en la diversidad", artículo 23); educación ("la educación será... participativa, obligatoria, intercultural...", artículo 27); hábitat y vivienda, recogiendo el derecho a la ciudad, que se basa "en la gestión democrática de ésta..." (artículo 31); o en la constitucionalización de los derechos de la Naturaleza pues implican que "toda persona, comunidad, pueblo o nacionalidad podrá exigir a la autoridad pública el cumplimiento de los derechos de la naturaleza" (artículo 71).

En el caso boliviano no se explicitan con tanta insistencia los aspectos participativos, aunque también aparecen en casos como, por ejemplo, el derecho a la salud y a la seguridad social, al establecerse que "el Estado garantizará la participación de la población organizada en la toma de decisiones, y en la gestión de todo el sistema público de salud" (artículo 40); respecto del derecho de educación "se reconoce y garantiza la participación social, la participación comunitaria y de los padres de familia en el sistema educativo..." (artículo 83); o en el caso de los derechos ambientales, respecto de los que prevé que "cualquier persona, a título individual o en representación de la colectividad, está facultada para ejercitar las acciones legales en defensa del derecho de medio ambiente..." (artículo 34).

Los textos que analizamos aportan una dimensión múltiple del concepto de participación para situarlo más allá de los espacios que delimitan el concepto formal de ciudadanía política. El conjunto de derechos culturales a los que a continuación nos referiremos; la reforzada comprensión participativa de los derechos sociales; y la centralidad de las exigencias medioambientales, vertidas en derechos y mandatos que incorporan igualmente una fuerte impronta participativa, nos dan pie a hablar de la constitucionalización de una ciudadanía (política, en sentido amplio) que incorpora al menos las tres formas distintas de pertenencia que ya presentamos más arriba: la *ciudadanía social*, la *ciudadanía cultural* y la *ciudadanía ambiental*.

Debe mencionarse, antes de proseguir, que la íntima conexión entre las tres ciudadanías apuntadas haría incluso inviable la distinción misma. Como sucede con los derechos, también en materia de ciudadanía debemos mantener una comprensión unitaria (que, como vimos, debería además avanzar en su comprensión antipatriarcal y abierta). Ahora bien, al distinguirlas se pretende subrayar el modo en que las Constituciones ecuatoriana y boliviana amplían y refuerzan la noción de ciudadanía, los lazos de pertenencia y participación, otorgándole una naturaleza múltiple, en distintas esferas de decisión que ponen en marcha procesos de autoridad compartida.

La ciudadanía social vendría asegurada, constitucionalmente, a partir de la exigibilidad jurídica de los derechos sociales y económicos, cuya eficacia trata de asegurarse mediante la consideración de su igualdad jerárquica respecto del resto de derechos, un amplio sistema de garantías jurisdiccionales y un conjunto de mandatos o exigencias de actuación para los poderes públicos. Todos estos aspectos se hallan recogidos en los textos que analizamos. Por razones de espacio no procederemos a una ejemplificación concreta.

Al referirnos a la ciudadanía cultural estamos hablando de las formas en que se asegura la participación desde las propias realidades o identidades culturales, cuyo reconocimiento, y los cambios culturales y simbólicos que implica, se entiende como presupuesto de inclusión democrática. Seguidamente podremos ahondar en ello.

Finalmente, la ciudadanía ambiental nos remite a lo que ha señalado el Parlamento Latinoamericano en la Declaración de Montevideo (octubre de 2007): "se debe promover el ejercicio de una ciudadanía ambiental latinoamericana y caribeña, procurando a sus ciudadanos los instrumentos esenciales para participar en la toma de decisiones relacionadas con el medio ambiente, para acceder libre y oportunamente a la información de interés para el medio ambiente y la salud, y someter a las instancias administrativas, judiciales y de resolución de conflictos, sus peticiones y necesidades de justicia con el objeto de consolidar el desarrollo sostenible".[14]

El marco constitucional, de acuerdo con ello, debe asegurar la participación en ámbitos como la gestión ambiental, el acceso a la información, la veeduría o el monitoreo ambiental. Con ello, se impulsaría la conformación de ciudadanías "de alta intensidad".[15]

Esta ciudadanía ambiental encuentra una concreción amplia en las dos Constituciones que analizamos, a partir de un listado de derechos ambientales y

---

[14] Citado por Gudynas: E. GUDYNAS. El mandato ecológico. Derechos de la Naturaleza y políticas ambientales en la nueva Constitución. Abya-Yala, Quito, 2011, p. 161. (NE- *Vide* o artigo de Gudynas nesta coletânea e o apartado sobre direitos da natureza).

[15] Ibíd.

mandatos a los poderes públicos en materia de patrimonio natural, biodiversidad, recursos naturales y ecosistemas. Previsiones, además, que deben ser entendidas en relación con los principios de plurinacionalidad e interculturalidad.

Mención separada merece la innovadora apuesta ecuatoriana de ampliar la titularidad de los derechos constitucionales a la naturaleza. La novedad, la ruptura, es clara: los derechos de la naturaleza o de la *Pacha Mama*, como se afirma en el artículo 71, protegen a la naturaleza, no como medio para satisfacer los intereses de las personas, sino para proteger sus valores propios, en sí mismos considerados. El cambio de perspectiva es evidente, hasta el punto de que se apuntaría un "cambio de paradigma desde una visión antropocéntrica hacia otra biocéntrica.[16] A partir de ahí, se podría proponer el concepto de *ciudadanía ecológica*,[17] que vendría a remarcar la superación de la exclusiva dimensión antropocéntrica de la protección ambiental.

4 Ciudadanía cultural: pueblos indígenas y refundación democrática

4.1 La igualdad entre culturas como presupuesto y como horizonte

Como es sabido, dentro del conjunto de organizaciones sociales que empujan los recientes procesos constituyentes ecuatoriano y boliviano resulta indudable el peso de las organizaciones indígenas. La Confederación de Nacionalidades Indígenas del Ecuador (CONAIE) y, para Bolivia, el Pacto de Unidad, presente en la asamblea constituyente por medio de algunos de sus miembros o dirigentes. Debe señalarse que aunque en realidad el Pacto de Unidad no reunía sólo a organizaciones indígenas, pues también era central el papel de otras de tipo sindical, por ejemplo, finalmente tanto CONAMAQ (Consejo de Ayllus y Markas del Qullasuyo, que agrupa los pueblos del altiplano) como Consejo de Pueblos Indígenas de Bolivia-CIDOB (para los pueblos de tierras bajas), tuvieron un peso determinante.

La impronta de dicho empuje, de dicha presencia, es evidente. La Constitución boliviana, en su artículo primero establece la forma de estado en los siguientes términos: "Bolivia se constituye en un Estado Unitario Social de Derecho Plurinacional Comunitario, libre, independiente, soberano, democrático, intercultural, descentralizado y con autonomías. Bolivia se funda en la pluralidad y el pluralismo político, económico, jurídico, cultural y lingüístico, dentro del proceso integrador del país".

Su artículo segundo precisa cuál es el sustento de la pluralidad prescrita: "Dada la existencia precolonial de las naciones y pueblos indígena originario campesinos y su dominio ancestral sobre sus territorios, se garantiza su libre determinación en

---

[16] A. GRIJALVA. "Régimen constitucional de biodiversidad, patrimonio natural y ecosistemas frágiles y recursos naturales renovables", en Grijalva A.; Pérez E. y Oyarte R., Desafíos del Derecho Ambiental Ecuatoriano frente a la Constitución Vigente. CEDA. Quito, p. 16. En el mismo sentido, A. ACOSTA, A. "Hacia la Declaración Universal de los Derechos de la Naturaleza. Reflexiones para la acción", en *AFESE*, agosto de 2010, p. 8.

[17] E. GUDYNAS. El mandato ecológico..., ob. cit., p.160. De este mismo autor, nos recuerda Alberto Acosta, surge esta reflexión sobre ciudadanías: "los Derechos de la Naturaleza necesitan y la vez originan otro tipo de definición de ciudadanía, que se construye en lo social pero también en lo ambiental. Ese tipo de ciudadanías son plurales, ya que dependen de las historias y de los ambientes, acogen criterios de justicia ecológica que superan la visión tradicional de justicia. Gudynas denomina a estas ciudadanías como '*meta-ciudadanías ecológicas*'". ACOSTA, A., "Hacia la Declaración Universal de los Derechos de la Naturaleza...", ob. cit., p. 11.

el marco de la unidad del Estado, que consiste en su derecho a la autonomía, al autogobierno, a su cultura, al reconocimiento de sus instituciones y a la consolidación de sus entidades territoriales, conforme a esta Constitución y la ley".

Más adelante, en el artículo 9.1, se establece entre los fines y funciones esenciales del Estado "constituir una sociedad justa y armoniosa, cimentada en la descolonización, sin discriminación ni explotación, con plena justicia social, para consolidar las identidades plurinacionales".

Prevé asimismo un capítulo específico de derechos indígenas ("de las naciones y pueblos indígena originario campesinos", según el enunciado constitucional), donde quedan recogidos los derechos vertebradores de su existencia y desarrollo como tales, en sintonía con los contenidos de la Declaración de Naciones Unidas sobre derechos de los pueblos indígenas (2007). A modo de ejemplo, aparecen derechos como, sin más, "a existir libremente" (artículo 30.II.1), "a su identidad cultural" (30.II.2), "a la libre determinación y territorialidad" (30.II.4). A la consulta previa "mediante procedimientos adecuados y en particular a través de sus instituciones, cada vez que se prevean medidas legislativas o administrativas susceptibles de afectarles" (30.II.15), o "a la gestión territorial indígena autónoma" (30.II.17).

En parecidos términos se reconocen los derechos indígenas en el texto ecuatoriano, con un extenso listado en el que, aunque no aparezca el derecho a la libre determinación, sí se protegen sus tierras y territorios (artículos 57.4 y 57.11), el derecho a la consulta previa (57.7 y 57.17), a desarrollar y aplicar su derecho propio (57.10) o a proteger y desarrollar sus conocimientos colectivos, ciencias, tecnologías y saberes ancestrales (57.12).

Uno de los aspectos centrales, y en ambos casos en buena medida derivados a un desarrollo posterior, es el de la inserción del derecho de los pueblos indígenas a la autonomía en el régimen territorial del estado. Para el texto boliviano, la libre determinación indígena originaria campesina "consiste en el autogobierno como ejercicio de la libre determinación de las naciones y los pueblos indígena originario campesinos, cuya población comparte territorio, cultura, historia, lenguas, y organización o instituciones jurídicas, políticas, sociales y económicas propias" (artículo 289). En la Constitución ecuatoriana la previsión sobre la autonomía indígena se circunscribe a que se puedan "constituir circunscripciones territoriales para la preservación de su cultura" (artículo 60), previsión más adelante concretada en la posibilidad de que tratándose de parroquias, cantones o provincias conformadas mayoritariamente por comunidades indígenas o afroecuatorianas se creen "circunscripciones territoriales indígenas o afroecuatorianas, que ejercerán las competencias del gobierno territorial autónomo" (artículo 257).

Otro de los aspectos clave en la realización de la justicia cultural es el del reconocimiento del pluralismo jurídico y de la coexistencia de jurisdicciones. Como señala Boaventura de Sousa Santos, "la simetría liberal moderna –todo el Estado es de derecho y todo derecho es del Estado- es una de las grandes innovaciones de la modernidad occidental. Es también una simetría muy problemática no solamente porque desconoce toda la diversidad de derechos no-estatales existentes en la sociedades, sino también porque afirma la autonomía del derecho en relación con lo político en el mismo proceso en que hace depender su validez del Estado".[18]

---

[18] B. SANTOS, Refundación del Estado en América Latina. Perspectivas desde una epistemología del Sur, Abya Yala, Quito, 2010, p. 132. (NE- *Vide* o artigo de Boaventura Santos, nesta coletânea).

Pues bien, las dos Constituciones que comentamos vendrían a romper este paradigma bajo el supuesto de que es posible conformar un sistema jurídico unitario pero no uniforme. Esa unidad es la que diseña el texto boliviano cuando regula la Función Judicial del estado incorporando en ella la jurisdicción indígena, en pie de igualdad jerárquica, con la jurisdicción ordinaria y agroambiental (artículo179.II). En Ecuador, aunque no se opte por seguir separando la Función Judicial de la jurisdicción indígena, también se recoge la igualdad de jurisdicciones estableciendo que "El Estado garantizará que las decisiones de la jurisdicción indígena sean respetadas por las instituciones y autoridades públicas" en el marco de mecanismos de coordinación y cooperación con la jurisdicción ordinaria (artículo 171). Dicha igualdad hace que la instancia encargada de revisar las decisiones de la jurisdicción indígena no sea en ningún caso la jurisdicción ordinaria, sino la constitucional, de ahí la importancia del modo en que se configuren sus funciones y la elección de sus miembros. Ciertamente se trata de un aspecto central que este texto no puede atender como se merece. Podemos señalar por el momento que sólo en el caso boliviano se asume explícitamente la necesidad de asegurar que el Tribunal Constitucional esté integrado por miembros "elegidos con criterios de plurinacionalidad, con representación del sistema ordinario y del sistema indígena originario campesino" (artículo 197.I).

En definitiva, los textos analizados nos llevan a un horizonte de justicia cultural que, tanto en el plano territorial como jurídico pondrían fin a la ficción de la uniformidad cultural del Estado, algo que ha disparado todas las alarmas del soberanismo etnocéntrico anclado en la obsesión por el monismo político y jurídico.

4.2 Hacia un nuevo paradigma: democracia plurinacional y descolonización en Bolivia

Más allá del reconocimiento del derecho a la libre determinación, que como vimos no se realiza en el caso ecuatoriano, la principal novedad, hasta el punto de poder calificarla como giro paradigmático, de la Constitución boliviana se halla en el derecho de los pueblos indígenas "a que sus instituciones sean parte de la estructura general del Estado" (artículo 30 II.5).

El horizonte de esta previsión, de realizarse, dejaría atrás la tradicional lógica de oposición entre Estado y pueblos indígenas. Más adelante, la Constitución concreta esta previsión por medio del reconocimiento de instituciones propias y de instituciones compartidas. Como instituciones propias, deben destacarse las autonomías indígenas, señalando que "el autogobierno de las autonomías indígena originario campesinas se ejercerá de acuerdo a sus normas, instituciones, autoridades y procedimientos, conforme a sus atribuciones y competencias, en armonía con la Constitución y la ley" (artículo 292). Igualmente, en la regulación del Órgano Judicial, la Constitución señala que está conformado por las jurisdicciones ordinaria, agroambiental e indígena (originario campesina), rigiendo entre ellas el principio de igualdad jerárquica y, en consecuencia, no revisabilidad (artículo 179 II). Junto con estas instituciones particulares o propias de las distintas realidades culturales que conforman Bolivia, aparecen instituciones compartidas, que se presentan como plurinacionales, fundamentalmente: Asamblea Legislativa Plurinacional, Tribunal Constitucional Plurinacional y Órgano Electoral Plurinacional.

La regulación constitucional de la Asamblea Legislativa Plurinacional exige para la elección de sus integrantes la existencia de circunscripciones especiales indígenas (indígena originario campesinas, de acuerdo con la terminología constitucional), derivando su desarrollo a la legislación posterior, con el límite que no trasciendan las fronteras departamentales y que "se establecerán solamente en el área rural, y en aquellos departamentos en los que estos pueblos y naciones indígena originario campesinos constituyan una minoría poblacional" (artículo 146 VII).

Respecto del Tribunal Constitucional y del Órgano Electoral, su carácter plurinacional se establece constitucionalmente de modo muy escueto. Para el Tribunal Constitucional, como acabamos de ver, se marca que sus miembros estarán "elegidos con criterios de plurinacionalidad, con representación del sistema ordinario y del sistema indígena originario campesino" (artículo 197 I), mediante sufragio universal (artículo 198). Se establece, asimismo, que las candidaturas podrán ser propuestas "por organizaciones de la sociedad civil y de las naciones y pueblos indígena originario campesinos" (artículo 199 II). Para el Órgano Electoral, se establece que el Tribunal Supremo Electoral estará compuesto por siete miembros, seis de elección parlamentaria y uno de elección presidencial, respetando que "al menos dos de los cuales serán de origen indígena originario campesino" (artículo 206 II). También se garantiza representación indígena para los Tribunales electorales departamentales (de acuerdo con el procedimiento establecido por el artículo 206 V).

La plurinacionalidad, junto con la interculturalidad derivada de su realización, sentaría las bases de un nuevo pacto entre culturas, en el marco de un nuevo constitucionalismo, el constitucionalismo *dialógico*[19] basado no sólo en la garantía de una serie de derechos de los colectivos culturalmente minorizados frente a la sociedad dominante, sino a partir del reconocimiento de la igual dignidad de las culturas, que se hallarían así en condiciones de auténtico diálogo, y no de imposición. Ahí estaría el sentido de la refundación democrática desde el punto de vista cultural.

La plurinacionalidad y la interculturalidad, como partes integrantes de la definición de la forma de Estado (artículo 1), quedarían apuntadas como pilares en los que edificar el proyecto de descolonización que el preámbulo constitucional apunta. En realidad, la descolonización, esto es, la superación de las dinámicas seculares de dominación y exclusión socio-cultural, aparecería entonces como consecuencia, y al mismo tiempo motor, de la puesta en funcionamiento de los ejes de la plurinacionalidad y de la interculturalidad.

No es posible, por los límites de la extensión de este texto, abordar con mayor profundidad las cuestiones señaladas, sin duda necesitadas de ello. Bastará con apuntar la complejidad que albergan. Por un lado, el propio texto constitucional incorpora, al lado de elementos propios del mencionado cambio de paradigma, aspectos enraizados en la más pura tradición constitucional liberal. Ofrece así un panorama de intensa promiscuidad; una amalgama de factores en tensión que nos lleva a hablar, con Boaventura de Sousa Santos de un Estado, y un constitucionalismo, transformador, *experimental* y *transicional*.[20]

---

[19]   A. GRIJALVA. "El Estado Plurinacional e Intercultural en la Constitución ecuatoriana de 2008", *Ecuador Debate*, núm. 75, 2008, pp. 49-62.

[20]   B. SANTOS, Refundación del Estado en América Latina..., ob. cit., pp. 103, 169-172.

Por otra parte, es necesario observar más allá del texto constitucional, es decir, su desarrollo legislativo y su aplicación concreta. En ese plano, y sin poder entrar en un análisis más pormenorizado, después de más de tres años de andadura constitucional, se puede advertir que el desarrollo legislativo ha optado por una orientación restrictiva del alcance de los principios de plurinacionalidad, interculturalidad, tanto en el plano de la representación,[21] como en la distribución de competencias jurisdiccionales,[22] por poner dos ejemplos sensibles.

Igualmente, la efectiva aplicación del derecho de consulta previa ha experimentado importantes reveses, tanto en Bolivia como en Ecuador. En ambos casos, como señala Clavero, lo que no se ha resuelto "es el reto de la articulación del ejercicio de los poderes constitucionales con el derecho a la consulta de los pueblos indígenas", lo que, en ningún caso, "no debe disolverse en la plurinacionalidad de los órganos comunes".[23]

Sin duda, se trata de un derecho que condensa el debate sobre el alcance real de las transformaciones democráticas de Estados que se pretenden plurinacionales e interculturales. Si vamos al caso boliviano, en el plano legislativo sólo la Ley de Deslinde ha sido sometida a un proceso de consulta (aunque finalmente no se recogieran las propuestas que del mismo surgieron). Y por lo que respecta a la explotación de los recursos naturales y la afectación de territorios, se han dado casos como el que tuvo lugar ya en 2009, cuando los pueblos indígenas Leco y Mosetén del norte de La Paz denunciaron que la empresa estatal de hidrocarburos, YPFB, inició unas actividades petroleras en su territorio sin haber procedido a la consulta previa.

En el marco de la apuesta por la expansión de la actividad extractivista, el 20 de octubre de 2010, el Gobierno aprobó de manera inconsulta el Decreto Supremo 676, que duplica las áreas petroleras del país. Y al tiempo de escribir estas líneas, se encuentra abierto el conflicto por la construcción de la carretera que debe unir Villa Tunari con San Ignacio de Moxos, que afecta al Territorio Indígena Parque Nacional Isiboro Sécure (TIPNIS).

---

[21] Ley del Tribunal Constitucional Plurinacional (Ley 027, de 6 de julio de 2010), que ha rechazado la posibilidad, barajada en algunos textos iniciales, de situar el mismo número de magistrados o magistradas representantes de las jurisdicciones ordinaria e indígena originario campesina. Concretamente señala en su artículo 13.2 que sobre un total de siete "al menos dos Magistradas y Magistrados provendrán del sistema indígena originario campesino". Otro ejemplo, en la misma línea, es el que ofrece la Ley 026 del Régimen Electoral (Ley 026, de 30 de junio de 2010), que para el Congreso establece un total de nueve circunscripciones departamentales para Diputadas y Diputados plurinominales, setenta circunscripciones uninominales para Diputadas y Diputados y siete circunscripciones especiales para Diputadas y Diputados indígena originario campesinos (artículo 50 I).

[22] La Ley de Deslinde (Ley 073, de 11 de enero de 2011) supone una importante restricción del alcance material de la jurisdicción indígena originario campesina. Según su art. 10.II, en el plano penal, quedarían excluidas, entre otras, materias como los delitos por corrupción o cualquier otro delito cuya víctima sea el Estado, trata y tráfico de personas, tráfico de armas y delitos de narcotráfico. Los delitos cometidos en contra de la integridad corporal de niños, niñas y adolescentes, los delitos de violación, asesinato u homicidio; en materia civil, cualquier proceso en el cual sea parte o tercero interesado el Estado, a través de su administración central, descentralizada, desconcentrada, autonómica y lo relacionado al derecho propietario; y todo lo referente a Derecho Laboral, Derecho de la Seguridad Social, Derecho Tributario, Derecho Administrativo, Derecho Minero, Derecho de Hidrocarburos, Derecho Forestal, Derecho Informático, Derecho Internacional público y privado, y Derecho Agrario, excepto la distribución interna de tierras en las comunidades que tengan posesión legal o derecho propietario colectivo sobre las mismas.

[23] B. CLAVERO, "Estado Plurinacional o Bolivariano: Nuevo o viejo paradigma constitucional americano" (Borrador). http://clavero.derechosindigenas.org/wp-content/uploads/2011/05/Estado-Plurinacional.pdf (NE- *Vide* o artigo de Bartolomé Clavero nesta coletânea).

Tras la decisión de llevar cabo proyectos de desarrollo que afectan a pueblos indígenas sin atender a los procedimientos de consulta previa se halla, seguramente, la voluntad política de evitar riesgos "innecesarios". Pero también en buena medida, esa decisión parte de la confusión apuntada por Clavero: el Estado plurinacional, definido en las Constituciones ecuatoriana y boliviana, supondría ya, *per se*, la inclusión de los pueblos indígenas en los cauces de decisión con lo que el derecho de consulta dejaría de tener justificación, pues en realidad su objeto es responder a situaciones de exclusión o sub-representación, algo que, desde tal hipótesis, ya no tendría lugar.

Es ahí donde encontramos el núcleo del debate y, con él, un punto de llegada para este texto: los alcances de la refundación democrática contenida en la Constitución de Ecuador y en la de Bolivia dependen, precisamente, del grado de desconfianza sobre su propia realización. La plurinacionalidad, la interculturalidad, y la puesta en marcha de las ciudadanías intensas, deben entenderse siempre como horizonte normativo, cuya consecución no puede desligarse de la vigencia permanente y plena de los derechos que, en definitiva, son su cuestionamiento y su soporte.

Se trata del contexto transicional al que se ha hecho referencia. Y en el marco de este proceso, dinámico, en permanente tensión, uno de los temas a debatir será el de las funciones o sentidos de los derechos. Así es: por mucho que se pueda hacer un uso contra-hegemónico de los derechos, transicional si se quiere, no puede olvidarse que éstos tienden a garantizar la seguridad jurídica a través de la individualización de los sujetos, que pueden reivindicar su estatus jurídico en función de precisas circunstancias que el Derecho se encarga de recoger y categorizar. Sin duda, la irrupción de los derechos colectivos, de titularidad y ejercicio colectivos, supone un cuestionamiento radical de ese efecto (o función) por lo que a la dimensión individual se refiere, de ahí el airado rechazo que han generado en la doctrina jurídica convencional.

Ahora bien, incluso los derechos colectivos no dejan de suponer una segmentación de sujetos que puede provocar una tendencia hacia la separación, hacia la construcción de *trincheras identitarias*[24] que buscan reforzar los elementos distintivos entre los grupos, antes que los compartidos. Esa separación, junto con la que generan los derechos individuales, en lugar de reforzar, puede llegar a debilitar la capacidad de impugnación global de las condiciones (económicas, sociales, culturales) que generan exclusión y desigualdad entre grupos e individuos. Pero que no se malinterprete esta afirmación: no son las identidades las que generan la exclusión; es la exclusión la que refuerza la tendencia a subrayar las diferencias antes que las semejanzas, de acuerdo con las reglas de juego que el Estado impone a través de su Derecho y de sus políticas públicas.

Los derechos, desde esta perspectiva, serían vistos como herramientas de distinción, de separación, que podrían acabar socavando las posibilidades de aunar fuerzas por parte de los colectivos en posición de menor poder frente a los sujetos con

---

[24] Bauman ha querido explicar la implicación entre la lucha por los derechos y el reforzamiento de la identidad grupal: para convertirse en un derecho, "es preciso que la diferencia sea compartida por un grupo o una categoría de individuos lo suficientemente numerosos y decididos como para que sea preciso contar con ellos (...). (Ello) tiene como resultado una intensa construcción de comunidades (...), el cavar trinchera, el entrenar y armar unidades de asalto: impidiendo la entrada a los intrusos, pero también la salida a quienes están dentro (...). Es por ello que el principio de derechos humanos actúa como un catalizador que desencadena la producción y autoperpetuación de la diferencia y los esfuerzos para construir una comunidad en torno a ella" Bauman, Z., *Comunidad. En busca de seguridad en un mundo hostil*, Siglo XXI editores, Buenos Aires, 2003, p. 93.

más poder. Ahora bien, no obstante lo anterior, lo que se propone no es rechazarlos sin más, sino entenderlos como elementos que si bien por sí solos no van a generar una transformación de las relaciones de dominación, si pueden ser vistos como piezas útiles, necesarias incluso, para equilibrar las posiciones de negociación en que se hallan los distintos sujetos. Se trataría, en consecuencia, de no perder nunca de vista la dimensión política del conflicto, y ello implica no dejarnos deslumbrar por el alcance del "deber ser" jurídico, del "deber ser" de los derechos aisladamente considerados.

Esa dimensión política del conflicto es de la que nos habla el proyecto de descolonización al que se ha hecho referencia. Un proyecto que requiere desvelar y debilitar el paradigma de la modernidad colonial, con su dogma de crecimiento material ilimitado y su retórica anclada en la igualdad formal y los derechos individuales, en el marco de democracias representativas igualmente formales, desustancializadas.

Desvelar y debilitar, pero también construir horizontes de sentido diferentes, que sólo pueden desarrollarse a partir de ciudadanías intensas, las que surgen del entronque de sus dimensiones social, cultural, ecológica, antipatriarcal y abierta o cosmopolita.

Bibliografía citada

ÁVILA, R. El neoconstitucionalismo transformador. El estado y el derecho en la Constitución de 2008, Abya-Yala, Quito, 2011.

ACOSTA, A., "Hacia la Declaración Universal de los Derechos de la Naturaleza. Reflexiones para la acción", en *AFESE*, agosto de 2010.

BAUMAN, Z., *Comunidad. En busca de seguridad en un mundo hostil*, Siglo XXI editores, Buenos Aires, 2003.

CLAVERO, B., "Estado Plurinacional o Bolivariano: Nuevo o viejo paradigma constitucional americano" (Borrador). <http://clavero.derechosindigenas.org/wp-content/uploads/2011/05/Estado-Plurinacional.pdf>.

FERRAJOLI, L., "De los derechos del ciudadano a los derechos de la persona", en Silveira, H. C. *Identidades y democracia*, Trotta, Madrid, 2000.

FRASER, N. *Iustitia Interrupta: reflexiones críticas desde la posición «postsocialista»*, Siglo del Hombre Editores, Bogotá, 1997.

GRIJALVA, A., "El Estado Plurinacional e Intercultural en la Constitución ecuatoriana de 2008", *Ecuador Debate*, núm. 75, 2008, pp. 49-62.

GRIJALVA, A., "Régimen constitucional de biodiversidad, patrimonio natural y ecosistemas frágiles y recursos naturales renovables", en A. Grijalva; E. Pérez y R. Oyarte. *Desafíos del Derecho Ambiental Ecuatoriano frente a la Constitución Vigente*, CEDA, Quito, 2010.

GUDYNAS, E. *El mandato ecológico. Derechos de la Naturaleza y políticas ambientales en la nueva Constitución.* Abya-Yala, Quito, 2011.

KYMLICKA, W. *Fronteras territoriales*, Trotta, Madrid, 2006.

MESTRE, R., "Dea ex machina. Trabajadoras migrantes y negociación de la igualdad en lo doméstico", *Cuadernos de Geografía*, núm. 27, 2000, pp. 191-205.

NAVARRO TRUJILLO, L., PINEDA RAMÍREZ, C., "Luchas socioambientales en América Latina y México. Nuevas subjetividades y radicalidades en movimiento", en *Bajo el Volcán*, Benemérita Universidad Autónoma de Puebla, Año 8, Número 14, México, 2009, pp. 86-94.

PISARELLO, G. *Los derechos sociales y sus garantías. Elementos para una reconstrucción*, Trotta, Madrid, 2007.

PONS RABASA, A., "El movimiento trans en el Estado español: ¿normalización o transformación", en M. Aparicio Wilhelmi. *Contracorrientes. Apuntes sobre igualdad, diferencia y derechos*, Documenta Universitaria, Girona. 2011.

SANTOS, B., "Hacia una concepción multicultural de los derechos humanos", *Análisis Político*, núm. 31, Bogotá, 1997, pp. 3-16.

SANTOS, B. Refundación del Estado en América Latina. Perspectivas desde una epistemología del Sur, Abya Yala, Quito, 2010.

SANTOS, B., "Hacia una concepción multicultural de los derechos humanos", *Análisis Político*, núm. 31, Bogotá, 1997.

SANTOS, B. *Sociología Jurídica Crítica. Para un nuevo sentido común en el Derecho*, Trotta, Madrid, 2009.

SOLEY-BELTRÁN, P., "In-Transit: la transexualidad como migración de género", en *Género y Migraciones, Asparkía. Investigació Feminista* (15), Publicacions de l'Universitat Jaume I, Castelló, 2005, pp. 207-232.

TAPIA, L., "Gobierno multicultural y democracia directa nacional", en A. García Linera, L. Tapia, R. Prada. *La transformación pluralista del Estado*, Muela del Diablo, La Paz, 2007.

Informação bibliográfica deste artigo, conforme a NBR 6023:2002 da Associação Brasileira de Normas Técnicas (ABNT):

WILHELMI, Marco Aparicio. Ciudadanías intensas. Alcances de la refundación democrática en las constituciones de ecuador y bolivia. *In*: BALDI, César Augusto (Coord.). *Aprender desde o Sul*: Novas constitucionalidades, pluralismo jurídico e plurinacionalidade. Aprendendo desde o Sul. 1. ed. Belo Horizonte: Fórum, 2015. p. 461-479

CONSIDERACIONES SOBRE EL ESTADO PLURINACIONAL

LUIS TAPIA

I La configuración del horizonte plurinacional

La idea de estado plurinacional es producto de varios procesos de lucha y de una acumulación histórica, que han creado las condiciones de posibilidad de la asamblea constituyente y de la reforma del estado. En este sentido, el estado plurinacional es algo que no se puede definir sin tomar en cuenta la historia de constitución de sujetos, de luchas y la forma específica en que estas fuerzas han imaginado y diseñado, es decir, han hecho propuestas sobre el estado plurinacional. A su vez, el estado plurinacional es algo que se puede discutir en relación a la historia de la teoría política y la historia de construcción y reforma de los estados modernos. En estas consideraciones hago un intento de articular estos tres tipos de referentes para analizar tanto la definición, sus principios, fundamentos, como la caracterización de la forma que está tomando el estado en la nueva constitución boliviana, y algunas tareas pendientes que devienen del tipo de proceso que ha generado el diseño institucional que contiene la nueva constitución.

Antes de entrar a la definición sería bueno revisar los antecedentes histórico políticos que hacen posible y necesario discutir la construcción de un estado nacional en Bolivia, después nos referiremos a las discusiones teóricas en los procesos de construcción de estado nacional, aunque en el camino es necesario ir trabajando algunas articulaciones. Dos son las condiciones histórico políticas de posibilidad para la construcción de un estado- nación y para su definición. Por un lado la definición del tipo de estado depende de los sujetos, los que construyen un conjunto de instituciones políticas sobre un conjunto de relaciones sociales que han articulado, como también por aquellos que están en relaciones de subordinación o en condición de gobernados o dirigidos; también hay otro conjunto de sujetos que sirven de mediadores entre ambas condiciones. En este sentido, cabe prestar atención a los procesos de constitución de los sujetos y la articulación del conjunto de relaciones, para poder dar cuenta de la cualidad y del tipo de instituciones políticas que se organizan, del modo en que éstas se articulan como estado con un sistema de instituciones políticas.

La construcción de un estado plurinacional implica que no sólo se trata de reformar a las relaciones entre estado y sociedad civil o entre ciudadanos y gobierno y estructuras estatales, que pertenecen en última instancia a un mismo tipo de sociedad, sino que lo que se trata de articular de nuevo modo estructuras sociales provenientes de diferentes matrices de sociedad, además de poblaciones que se han socializado o formado en diferentes conjuntos de relaciones sociales, cosmovisiones, lenguas y también bajo diferentes estructuras de autoridad. En este sentido, es claro que primero hay que recordar cómo es que se han constituido estas fuerzas que han generado la coyuntura constituyente, en particular los sujetos que se constituían con cierto grado de exterioridad y de interioridad en las condiciones de configuración de lo que había de estado y de estado-nación en Bolivia.

Quiero rastrear sobre todo las líneas de acumulación histórica sustantivas. La primera tiene que ver con un proceso de organización de una extensa red de asambleas indígenas o centrales que se articula en tierras bajas, es decir, la Amazonia, los llanos orientales y el Chaco boliviano. Se trata de un proceso de organización y unificación que a mi parecer por lo menos tiene tres niveles. El primer nivel consiste en la unificación de las varias comunidades de una misma cultura. Cabe señalar que la mayor parte de las culturas o casi todas las culturas que habitan tierras bajas son de una matriz nómada, aunque hayan pasado luego por algunos procesos de centralización y conversión en comunidades agrícolas o incorporación en procesos económicos capitalistas. Uno los rasgos de estas culturas es el que no ocupan de manera continua el territorio y tampoco habrían tenido una forma de unificación político y de mando, equivalente a algo así como un estado. En este sentido, ha habido un proceso de articulación de las diferentes comunidades del mismo tipo de cultura y en la medida en que habitan y comparten los mismos territorios como otros pueblos y culturas, cada una de las centrales que se han articulado en tierras bajas contiene 4 o 5 diferentes pueblos. En este sentido, el segundo nivel de unificación se refiere a esa articulación interétnica en una misma central regional. El tercer nivel se refiere al proceso de unificación que constituye la Central Indígena de Pueblos del Oriente de Bolivia (CIDOB) que sería la unificación del conjunto de las formas de organización y articulación en tierras bajas en Bolivia, que es donde está contenida la mayor diversidad cultural en el país.

Este proceso de organización lanzaría una primera ofensiva hacia el estado y la sociedad civil boliviana en el año 90 con una gran marcha por el territorio, en la que se demanda precisamente un reconocimiento cultural y la territorialidad, es decir reconocimiento de sus formas de vida económica social y de sus estructuras políticas. También son los que por primera vez lanzan la consigna de una asamblea constituyente, es decir, se plantea la necesidad de que el estado boliviano se reforme de una manera que incluya a estos pueblos y culturas en condiciones de igualdad, modificando las estructuras de desigualdad que históricamente han organizado las relaciones entre la sociedad dominante de origen colonial y este conjunto de pueblos y culturas.

En esta línea de movilización histórica es importante el hecho del reconocimiento de educación bilingüe que se da en los 90s y, sobre todo, el reconocimiento de tierras comunitarias de origen (TCO) que es la introducción de otro principio de organización social en el seno de un régimen de propiedad caracterizado por la propiedad privada.

Hasta los años 70, prolongándose incluso después, en una buena parte del país se pensaba que en tierras bajas había una especie de vacío político más allá de la presencia de los ganaderos, los terratenientes y los empresarios agroindustriales; es decir, no sólo no se reconocía la existencia de otras naciones y culturas sino que no se reconoce la condición de ciudadanía o de sujeto político a los miembros del conjunto de estas culturas subalternas. En este sentido, considero que uno de los hechos más importantes de las últimas décadas ha sido este proceso de organización y unificación en estos tres niveles que se ha experimentado en estos territorios, que es además de dónde viene la primera demanda y propuesta de realización de la asamblea constituyente. Habría que ver que este proceso tiene otra doble connotación. Por un lado, las asambleas de pueblos indígenas implican un proceso de ampliación de la sociedad civil, éstas se incorporan como instituciones de la sociedad civil, que interactúan con otras instancias de la misma y con el estado. En ese sentido, tenemos una sociedad civil más multicultural, hay un componente de desarrollo de la sociedad civil; pero a la vez este proceso implica también un proceso de articulación nacional, es decir, la articulación de estos pueblos y culturas como naciones, como colectividades que están en un proceso de rearticulación de sus estructuras de autogobierno y reclaman al estado boliviano el reconocimiento de las mismas. La reconfiguración en calidad de naciones es uno de los aspectos centrales a tomar en cuenta para la definición, redefinición o conceptualización de un estado plurinacional en el país.

Estos procesos se articulan con otra línea de acumulación histórica que se despliega con anterioridad, de la cual sólo reconstruyó brevemente el último ciclo. Esto tiene que ver con la constitución del katarismo como movimiento político cultural en tierras altas. Los kataristas fueron los principales responsables de la articulación de lo que se empieza a llamar nación aymara, y que sería otra de las fuentes de demanda e imaginación de un estado plurinacional. En la década de los 70 el capitalismo produce uno de los principales cambios en las estructuras de organización del sindicalismo campesino, autonomizándolo respecto del estado y de los militares en particular. Se crea la Central Sindical Unica de Trabajadores Campesinos de Bolivia. Los kataristas proponen tener una doble mirada, una como clase explotadas, esto es, como campesinos trabajadores del agro y, por el otro lado, como nación, como una cultura que reivindica no sólo una lengua, memoria e identidad sino también un conjunto de formas de organización del espacio social y de relación con la naturaleza, de transformación de la misma y las estructuras sociales y políticas que han reproducido un conjunto de relaciones a lo largo del siglo. Desde entonces se plantea la articulación de una mirada sindical clasista con una mirada, perspectiva y horizonte de acción como nación.

A fines de los años 70 el katarismo produce los primeros partidos que ingresan al parlamento como minorías. Han de ser una de las principales fuerzas en las décadas posteriores al crear el clima intelectual y moral en el que se van cambiando las creencias y la autoimagen y definición del país, hacia la idea de Bolivia como un país multicultural, que contiene una gran diversidad cultural y que esto iba a llevar a una reforma del estado.

Bajo la iniciativa katarista aymara se ha llevado a delante un proceso de expansión y fortalecimiento del sindicalismo campesino en el país. Por un lado, en lo político suele aparece una fuerte articulación de lo quechua-aymara como si fueran parte de un mismo proyecto político nacional, aunque a la vez hay también colectividades quechuas que reivindican su singularidad nacional como parte de este proceso de reconstitución de su horizonte político. Cabe señalar que en estos años, finales de los 70 e inicios de los 80 estas fuerzas se dirigen más a una reforma inclusiva dentro del estado boliviano. En los años 90, no por primera vez ya que hay antecedentes previos, se desplegaron algunas corrientes que más bien conciben la reconstitución de un estado aymara de manera autónoma.

Aquí nos centraremos en el conjunto de fuerzas y procesos vinculados a la idea de construcción de un estado plurinacional. Es importante tomar en cuenta estos procesos de organización y unificación, ya que éstos son los sujetos que encarnan la diversidad cultural, sobre todo en relación al patrón cultural dominante de origen colonial. Es en estos procesos que se ha ido articulando la idea de un estado plurinacional. Recuerdo que hacia fines de los años 80 e inicios de los 90 en las discusiones en el seno del movimiento campesino se hablaba de un estado multinacional como el horizonte al que llevarían estos procesos de organización de estos pueblos y culturas tanto en lo sindical, lo político y lo cultural. Por un lado, en la noción de lo multinacional vemos que está presente la idea de que se trata de un proceso de constitución y reconstitución como naciones y que en tanto viven dentro del mismo país, este país debería dar cuenta de esa multiplicidad constituyéndose como un estado multinacional. En los años posteriores se sustituyó la noción de lo multinacional por la de lo plurinacional, en parte para deslindarse la connotación capitalista que tiene lo multinacional.

Para construir un estado plurinacional tiene que haber naciones. Un modo de vern el proceso de organización y unificación que se ha dado tanto en tierras bajas como en tierras altas, es prensarlo como procesos de articulación rearticulación de naciones, es decir, constitución de sujetos, de colectividades, de comunidades, de sociedades que están orientadas a que sus formas de autoridad y autogobierno también sean parte del estado. Aquí cabe pensar que la nación es un modo de traducir a términos modernos un proceso de articulación y unificación política que pretende articular vida económica, vida social, reproducción social y formas de gobierno en relación a territorios históricos, es decir, formas de totalización o de retotalización en relación a largos tiempos de dominación y fragmentación en muchos casos. No todas las culturas pueblos que habitan en territorio boliviano se están concibiendo a sí mismas como naciones, pero hay muchas que han tenido mayor capacidad de unificación en lo interno y de articulación de fuerzas en los dos grandes ámbitos del país, que se están consiguiendo sí mismas como naciones, como un modo de posicionarse como sujetos y totalidades sociales, que demandaron la reforma del estado boliviano. Este largo rodeo en tanto reconstrucción de proceso histórico y de constitución de sujetos en el país, se lo hizo precisamente para señalar este punto básico y fundamental.

La idea de un estado plurinacional y el proceso de construcción del mismo tienen como condición básica la articulación de naciones, que han estado encarnadas y desarrolladas por estos procesos de articulación de las asambleas indígenas en tierras bajas y por una articulación del desarrollo del sindicalismo autónomo campesino en tierras altas, articulado con procesos de reconstitución de estructuras de autoridad tradicional y el desarrollo de un discurso nacionalitario en el mundo aymara y quechua.

La idea de una asamblea constituyente es relanzada diez años después como parte de la guerra del agua, es decir, una de las principales formas y momentos de resistencia a la ampliación del modelo de control privado trasnacional de los recursos naturales y la economía boliviana. La coordinadora por la Defensa de la Vida y el Agua es la principal responsable de retomarla, socializarla o generalizarla hasta convertirla en una parte del programa político de la época. Fue precisamente la Coordinadora por la defensa de la vida y del agua, un movimiento social antiprivatización, la que sostuvo una idea y consigna de nacionalización, fue responsable de articular estos tres componentes que han de configurar el programa político de toda esta época: restitución del carácter público en servicios como el agua, nacionalización de los recursos naturales, los hidrocarburos en particular, y asamblea constituyente. Menciono esto por lo siguiente. La Coordinadora del Agua no es una organización indígena en sí misma, es una organización que articula sindicatos campesinos, comités de regantes, sindicatos fabriles y varias otras formas de organización de la sociedad civil, pero que no tenía por objeto un proceso de unificación de una nación, a no ser la reconstitución de la nación boliviana. Es por eso que es importante el componente nacionalización. Lo importante es que una organización que no es propiamente indígena retoma la idea de una asamblea plurinacional y, además, la idea de que esta asamblea constituyente tendría que ir dirigida al diseño y construcción de un estado plurinacional.

Vuelvo a recalcar la importancia de este hecho, ya que implica que la demanda de reconocimiento multicultural y que el estado boliviano debería reformarse en líneas plurinacionales, ya tiene legitimidad en organizaciones no indígenas, es decir, que se ha vuelto una necesidad nacional o de amplios sectores populares en el país, que muchos siendo urbanos ya interactuando en ámbitos modernos reivindican todavía otras identidades también; pero no sólo eso, incluso sectores que no tienen orígenes indígenas conciben que el estado boliviano debería reformarse hacia la constitución de un estado plurinacional. En este sentido, la coyuntura de la guerra del agua es clave, porque implica un salto de horizonte social y político, de ser una idea promovida por organizaciones y el proceso de unificación de pueblos indígenas, pasa a ser una idea incorporada por las principales formas de autoorganización social y popular en el país. Esto implica que incluso los sectores no indígenas consideran que deben reformarse a sí mismos o reformar su estado conteniendo reconocimiento político de los otros pueblos y culturas.

La idea de un estado plurinacional Bolivia ha sido canalizada a través de una asamblea constituyente, es decir, a través de una de las formas que emergieron en los procesos de constitución, desarrollo y reforma de los estados modernos, es decir, que ya es parte de las instituciones políticas modernas, en particular de los procesos de democratización. Para que esto ocurra así, ha ocurrido también otros desarrollos paralelos, que cabe recordar brevemente, ya que todos estos momentos históricos son los principales referentes en torno a los que se puede explicar, interpretar y proponer, luego, los análisis sobre la constitución y las tareas a desarrollar en adelante.

Una de las cosas que hizo posible la coyuntura de cambio es un proceso de desarrollo del sindicalismo campesino, que se viene expandiendo desde la década del 70 hasta hoy, más o menos de manera continua. Hay una faceta de este proceso que consiste en que los sindicatos campesinos empezaron a discutir la necesidad de organizar lo que llaman un instrumento político, es decir, un partido político para autorepresentarse en el parlamento y disputar el poder político. Durante años se discutió la posibilidad de que del conjunto de la central sindical salga el partido. Pugnas y diferencias internas imposibilitaron esto. Es desde un núcleo del sindicalismo campesino que al final se organiza la Asamblea por la Soberanía de los Pueblos (ASP), que luego por cuestiones de reconocimiento electoral adoptó el nombre de

Movimiento al Socialismo (MAS). Este partido está presente en el sistema de partidos a través de la Izquierda Unida, el frente de izquierda que articulaba lo que quedaba de izquierda durante los años 80 y 90, y básicamente está compuesto por representantes cocaleros hacia fines de la década.

Toda la acumulación histórica que se despliega en tierras altas y en tierras bajas contra el régimen de propiedad la tierra, contra la ley del agua, contra una ampliación del control transnacional de los hidrocarburos, que pone en crisis a los gobiernos neoliberales, se canaliza en los momentos de salida de la misma por una vía institucional a través del por el MAS, que convertido en nueva mayoría a fines del 2005 convoca a una asamblea constituyente en la que se tiene que discutir la nueva reforma del estado boliviano, en particular la alternativa plurinacional.

La instancia que va a asumir la articulación del proyecto de un estado plurinacional en Bolivia es el Pacto de Unidad, la forma de unificación de las ocho grandes organizaciones agrarias, es decir, campesinas indígenas en el país, que se configura como una especie de intelectual orgánico colectivo, y que produce los dos documentos globales más importantes. Uno inicial que está más marcado por los principios organizativos y una segunda propuesta que ya contiene un diseño bajo la forma de una constitución.

El sujeto y el espacio en el que se concibe el estado plurinacional es el Pacto de Unidad. Cabe recordar que en los ciclos de movilizaciones y la dinámica política que se despliegan desde el 2000, incluso antes, la idea de un estado plurinacional y una asamblea constituyente no era parte de del discurso político del MAS, que acaba asumiéndola después de la gran resistencia en octubre del 2003 y la articulación del programa político global del campo de lo popular. Una primera hipótesis que lanzo es que es el Pacto de Unidad es el espacio de imaginación y diseño del estado plurinacional y el MAS es más bien el sujeto que trata de adaptar lo que se imagina en esa instancia al formato de un estado liberal moderno, es decir, el sujeto que establece la reducción del estado plurinacional al formato de un estado liberal moderno que contiene reconocimiento multicultural. Para esto propongo el siguiente recorrido. Primero recordar y regresar nuevamente al modo en que el Pacto de Unidad propone el diseño de un estado plurinacional, sus fundamentos y principios, las definiciones alternativas; luego un análisis relacional con algunos momentos de la teoría y la historia política más general, para luego seguir a una caracterización del tipo de estado plurinacional que queda diseñado en la constitución, de las tensiones, contradicciones y potencialidades que contiene y, de manera mucho más selectiva, algunas tareas que devienen de algunos de estos puntos que diseño constitucional.

II El estado plurinacional imaginado por las organizaciones indígenas y campesinas

Siguiendo en esta veta de reconstrucción de la idea de estado plurinacional a partir de la constitución de los sujetos que encarnan tal tipo de proyecto, reviso el modo de definir al estado plurinacional que está contenido en el documento preparado por el Pacto de Unidad elaborado para la asamblea constituyente y también el conjunto de principios y valores que se proponen para definirlo. En un segundo momento se discute el estado plurinacional en relación a la historia de la teoría política y de la formación de los estados modernos, para en un tercer momento revisar lo que dice la constitución, compararlo con los dos núcleos referentes previos.

En el documento del Pacto de Unidad elaborado para la asamblea constituyente, está formulada la idea de que el estado plurinacional "es un modelo de organización política para la descolonización de nuestras naciones y pueblos, reafirmando, recuperando y fortaleciendo nuestra autonomía territorial". Aquí cabe subrayar la idea de que el estado plurinacional tiene la finalidad de ser un proceso y un medio de descolonización. Esto implica que debe afectar y sustituir las relaciones de integración jerárquica o las condiciones de subordinación para la mayor parte de los pueblos y culturas, y avanzar en la instauración de relaciones de igualdad. Descolonizar significa, sobre todo, descentrar, reducir o eliminar el privilegio que tenía el conjunto de relaciones e instituciones que deviene de la cultura colonizadora.

Más adelante, el mismo documento afirma: "para la construcción y consolidación del estado plurinacional son fundamentales los principios de pluralismo jurídico, unidad, complementariedad, reciprocidad, equidad, solidaridad y el principio moral y ético de terminar con todo tipo de corrupción". Aquí vemos que se está pensando combinar dos cosas: pluralismo jurídico, que es inevitable en cualquier modalidad de estado plurinacional, es decir, el reconocimiento de los diferentes sistemas de normas e instituciones políticas, pero a la vez se está pensando en unidad, complementariedad y reciprocidad, equidad y solidaridad. La idea de un estado plurinacional implica la voluntad de construir y participar de una forma de gobierno común, sólo que ésta tendría que ser una forma que a su vez reconozca las diferencias culturales y las incorpore en el conjunto de las instituciones. De ahí viene la idea de que debe haber unidad. Los principios de complementariedad y reciprocidad son principios centrales en la organización social, económica y política en el seno de las culturas andinas. La reproducción de la vida es algo que es posible cuando se organizan procesos de complementariedad entre comunidades que ocupan diferentes territorios con diferentes grados de fertilidad y condiciones de posibilidad para la producción y la reproducción de la vida. Esto no está suficientemente explicado y argumentado en el documento, pero creo que los principios de complementariedad y reciprocidad son claves para pensar un estado plurinacional.

Vuelvo a recalcar, lo plurinacional implica las dos cosas a la vez: la voluntad de organizar y ser parte de un gobierno común, que contiene y reconoce diferentes culturas, no sólo identidades y sujetos; y en este sentido se está planteando también establecer relaciones de complementariedad y reciprocidad no sólo entre los miembros de una misma cultura sino entre colectividades de diferentes culturas. Desde la colonización las relaciones entre pueblos y culturas se han caracterizado precisamente por la subordinación, la exclusión, la explotación, para nada por la reciprocidad. En este sentido, la noción de complementariedad, fuertemente reforzada con la de reciprocidad, son una de las líneas de descolonización. Reafirmo el fuerte vínculo entre las dos ideas, ya que muchos pueden decir que la explotación, la sobreexplotación y subvaluación del trabajo agrario de los pueblos colonizados complementaba muy bien con la configuración de una estructura de capitalismo fuertemente dependiente o articulado de manera periférica en el sistema capitalista mundial.

El documento del Pacto de Unidad agrega que su propuesta de estado plurinacional "se fundamenta en los derechos colectivos consagrados en tratados internacionales de derechos humanos, y como el convenio 169 de la OIT". Cosa que se ve luego reforzada por el reconocimiento de las Naciones Unidas del derecho a la libre determinación de los pueblos y culturas, que pone énfasis en el reconocimiento de derechos colectivos. Una de las modalidades históricas de llevar adelante esto, incluso más allá de lo que tal vez varias interpretaciones de estáa declaración universal sostendrían, es la idea y el proceso de construcción de un estado plurinacional.

Como de estado se trata, es decir, de forma de gobierno, uno de los principales rasgos de la idea de estado plurinacional es que el conjunto de los poderes públicos tenga una representación directa de los pueblos y naciones indígenas originarias, también campesinas. La idea expresada en el documento es que se haga según usos y costumbres para este tipo de colectividades y a través del voto universal para el resto de los ciudadanos. Esto implica el reconocimiento de lo que llaman el principio de democracia comunitaria. El estado plurinacional implica también pensar que hay varias formas de vida política, en particular varias formas de democracia. La noción más moderna de que la soberanía reside en el pueblo es interpretada de una manera más amplia, en el sentido de que se plantea que la democracia participativa contemplaría los siguientes mecanismos: "asamblea constituyente, voto popular, referéndum, cabildos comunales indígenas populares, plebiscito, asambleas comunales indígenas populares, iniciativa legislativa ciudadana, otros mecanismos de democracia directa y revocatoria de mandato". Como se verá esta lista de mecanismos de democracia participativa combina mecanismos que han resultado de la historia de democratización en el seno de estados modernos, como referéndum e iniciativas legislativas ciudadanas, voto, inclusive asamblea constituyente, con algunas otras formas políticas que más bien vienen de otras culturas, como sería la asamblea comunal indígena en particular, ya que también se habla de asambleas comunales populares, un tipo de experiencia política bastante extendida en torno al sindicalismo minero primero, al campesino luego y también en las juntas vecinales y otros movimientos anti privatización en los últimos años.

En lo que concierne a democracia representativa se piensa en la composición de elección de representantes elegidos por voto universal, combinada con revocatoria de mandato, por el otro lado, elección de representantes por usos y costumbres en el ámbito de naciones y pueblos originarios y campesinos para los diferentes niveles de gobierno. Aquí cabría hacer una observación en lo que concierne a este nivel de democracia representativa, en el que se combinarían representantes elegidos por voto y aquellos elegidos por lo que llaman usos y costumbres. Hay una transformación que funciona en dirección de los códigos de las instituciones políticas antiguamente dominantes y, por eso, también hoy. La elección de autoridades en el seno de estructuras comunitarias no se hace con la finalidad y el principio de representación. Son autoridades que tienen la tarea de cuidar de la comunidad, y sólo en las condiciones de subordinación o inclusión subordinada en el seno de los estados-nación cumplen también alguna tarea o tareas de representación de la comunidad frente al estado boliviano en sus diferentes instancias. En este sentido, la representación es una función acoplada, producto de la relación colonial o neocolonial. En la medida en que se elijan representantes, aunque sea bajo usos y costumbres, en el seno de territorios comunitarios, empieza a operarse una asimilación a los códigos de las instituciones políticas del mundo moderno, que acaban imponiendo su dinámica.

Podría verse desde el otro lado, es decir, que la representación no es algo que se seleccione sólo por la vía de la competencia partidaria, a través de la agregación de los votos, que responde a la capacidad de articulación de apoyo plebiscitario desplegada por los candidatos, sino que también la representación se seleccionaría incorporando a sujetos que son elegidos no a través de la competencia sino a través de criterios de rotación y de cumplimiento de cargos en el seno de sus comunidades y redes ampliadas. En este sentido, en la medida que se aplique esto habría una reforma de lo representativo, o la dimensión representativa se vería pluralizada. El modo en que esto se ha introducido en la constitución hace que todavía predominen las instituciones representativas modernas, en particular el formato liberal, uno de los más inadecuados que implica el diseño de este proceso de selección de la representación a través de un sistema de mayorías.

En esta veta de definición y caracterización del estado binacional la clave política es la participación de miembros del conjunto de pueblos y culturas en los procesos de toma de decisiones, en particular sobre exploración y explotación, industrialización y comercialización de los recursos no renovables del país. Esto es pensado como una de las competencias de las autonomías pero también como un rasgo del estado plurinacional en su conjunto. Esto implica la idea consulta y veto, en algunos casos en relación a planes de exploración y explotación. Estas consultas tendrían que ser obligatorias. A esto se añade la idea de que debería haber también participación en la administración, control y preservación de la tierra. Dicho de otro modo, coadministración y congestión de los recursos, junto al estado unitario plurinacional.

En esta misma veta que tiene que ver con tierra y territorio, la idea es que la propiedad de los recursos no renovables sea compartida entre las naciones y pueblos indígenas originarios y campesinos y el estado plurinacional. Esta propiedad compartida implica que debe haber una consulta vinculante a los pueblos y naciones que habitan los territorios en los que han se llevaría adelante sus proyectos de exploración y explotación.

En lo que concierne al régimen de la tierra se plantea que la tierra y el territorio "son dominio de las naciones y pueblos indígenas originarios y campesinos, en el marco de la soberanía del estado plurinacional y el estado plurinacional", y se piensa que el estado plurinacional "debe garantizar, proteger y fomentar de manera preferente las diferentes formas de dominio y propiedad colectiva-comunitaria de la tierra". Este es un punto importante, ya que una de las principales condiciones de posibilidad de la existencia de diversidad cultural en el país y de su reproducción en el tiempo, es el hecho de que son culturas que se levantan sobre modalidades de propiedad colectiva de la tierra. En este sentido, un estado plurinacional que implicaría no sólo el reconocimiento sino también la defensa y el fortalecimiento de estas otras culturas, debería dedicarse a fomentar y expandir las formas colectivas de propiedad y usufructo de la tierra.

Otros rasgo que ha adquirido la definición del estado plurinacional en Bolivia, también en estas fuerzas, es el de las autonomías indígenas. Según el documento del Pacto de Unidad la autodeterminación y autogobierno en los pueblos y naciones indígenas originarios y campesinos que definen su sistemas jurídicos económico sociales culturales así como las estructuras de gobierno y la elección de sus autoridades sería el contenido principal del estado plurinacional. Estos serían los elementos que se proponen para caracterizar la autonomía territoriale indígena: 1. Territorio; 2. población culturalmente diferenciadas: idioma, cultura, historia; 3. gobierno y administración indígena originario y campesino basado en sus usos y costumbres con poder de decisión; 4. normas propias de acuerdo con la cultura, usos, costumbres, saberes; 5. administración de justicia basada en usos y costumbres; 6. control y gestión comunitaria sobre territorio, la tierra y recursos naturales; 8. Patrimonio, presupuesto y recursos propios.

Pasemos la a a ver cómo se puede pensar el estado plurinacional en relación a la historia de la teoría política y de los estados modernos, para luego retomar todos estos elementos en un análisis comparativo y crítico.

III La plurinacionalidad en la nueva constitución política de Bolivia

La nueva constitución política de Bolivia define al estado como un estado unitario social de derecho, plurinacional, comunitario libre e independiente, soberano, democrático, multicultural, descentralizado y con autonomías. Quiero referirme sobre todo al modo en que la nueva constitución incluye o no los elementos que fueron imaginados por las organizaciones indígenas y campesinas, en particular por el Pacto de Unidad. Se podría decir que hay dos niveles de inclusión principales, que son en los que me quiero centrar. Por un lado, se reconoce a través del artículo 2 la diversidad de culturas, su territorialidad y su forma de autogobierno. Es el reconocimiento más grueso e importante. Esto se traduce luego a nivel específico especifico en temas de conocimiento lingüístico y de educación bilingüe en los diversos territorios, la incorporación de símbolos de varias culturas como parte de los símbolos oficiales del estado. El proyecto del Pacto de Unidad incluía la idea de autonomía indígena, que está reconocida en la nueva constitución. Esa sería la principal forma de inclusión de algo que fue pensado en los tres ámbitos: la asamblea constituyente, el MAS y sobre todo en el Pacto de Unidad. Lo que no está incluido es un conjunto de elementos importantes que serían como el aterrizaje del reconocimiento de la autonomía indígena, que es la idea de la consulta vinculante sobre la exploración y explotación de recursos naturales y la idea de co-decidir sobre el destino, tampoco está la idea del veto. La constitución habla de una consulta informada.

Considero que la plurinacionalidad de la nueva constitución se reduce a tres elementos. Uno de ellos es reconocimiento de la diversidad cultural, de cada cultura, su forma de autogobierno y territorialidad, que es lo más importante. Esto luego se traduce en un educación bilingüe e incorporación de símbolos de otros pueblos y culturas como símbolos oficiales, es decir, en una representación o simbolización ampliada del estado boliviano. El principal modo político-económico de aterrizaje de la idea es la noción de autonomía indígena. Se trata de una autonomía indígena atravesada por la soberanía de las instancias centrales del gobierno boliviano que pueden decidir sobre el uso de recursos naturales. Se puede ver que tanto en el seno de las organizaciones indígenas y campesinas articuladas en el Pacto de Unidad como en el MAS y el gobierno, el horizonte de lo plurinacional es la autonomía indígena. En el caso de Pacto de unidad se trata de una autonomía que co-decida con el estado plurinacional sobre todo los temas relativos a tierra y recursos naturales. En la visión del partido del gobierno se trata de una autonomía subordinada a éste en torno esos temas. Por eso, se puede decir que el estado plurinacional que contiene el nuevo texto constitucional básicamente corresponde a una fase de reconocimiento de la diversidad cultural pero no diseña todavía lo plurinacional, en condiciones de igualdad.

IV El estado plurinacional en la historia de la teoría política y la construcción de los estados modernos

Por un momento discurramos sobre el estado plurinacional en relación a las trayectorias de la historia de la teoría política y la construcción de los estados modernos. Por un largo tiempo, incluso hasta hoy, en la mayor parte de los lugares la relación principal que se estableció en la teoría política es aquella que se da entre estado y nación. En este sentido, se habla de estados-naciones como la forma principal de configuración de las formas modernas de organización del gobierno y la vida política, aunque los tiempos neoliberales y lo que algunos llaman globalización o mundialización han puesto en cuestionamiento o han ido relativizando la importancia del estado-nación en la organización de la vida política de los diferentes países. En todo caso el vínculo fuerte ha sido estado y nación. Esto implica un proceso de construcción política que habría logrado establecer correspondencia entre el proceso de unificación política, es decir, la construcción de un conjunto de instituciones que forman parte de un solo sistema de gestión del poder político y de dirección de un país y, por el otro lado, un proceso de homogenización o unificación de la cultura. Ha habido, entonces, una composición de una unificación política y una homogenización cultural generada tanto por los procesos económicos como por el modo de organizar las instituciones políticas, lo que genera también una nueva forma de unificación cultural o de significación de los hechos históricos y de organización de la vida económica social y política.

En territorios donde había diversidad cultural se ha intentado construir una forma de unificación política y cultural, que en algunos casos implicó integrar fragmentos de estructuras preexistentes como parte de una nueva reorganización de la cultura o una cultura común. En países donde esto no tuvo éxito se intentó, a través del diseño del régimen político, dar cuenta de esa falta de unificación reconociendo la diversidad cultural e incorporándola en las instituciones de gobierno a través del sistema de partidos. El modelo consociacional sería un modo de combinar reconocimiento de diversidad cultural e incorporación proporcional en las instancias de gobierno, a través de un conjunto de instituciones modernas. Esto implica que a nivel de estructuras económicas y sociales ya hubo un proceso de unificación, es decir, que el conjunto de colectividades eran ya sujetos modernos y formaban parte de una misma estructura socioeconómica capitalista y moderna, y que permanecieron las diferencias de la lengua y religión, memoria, identidad, diferencias que se podían integrar a través del sistema de partidos, como ha ocurrido de manera exitosa en los países que han experimentado alguna forma de gobierno o régimen político consociacional. Un régimen consociacional no es un estado plurinacional.

Los países que han constituido un régimen consociacional no se consideran, sin embargo, un estado plurinacional, son un estado-nación plurilingüe y multicultural, que además de introducir la proporcionalidad en el legislativo y el ejecutivo, reconoce un grado de autonomía a través de un régimen federal y, por lo tanto, la posibilidad de legislar algunos derechos especiales, sobre todo en relación a educación. La idea de un estado plurinacional emerge donde la construcción de un estado nación no ha sido cumplida o completa, esto es, que a través del tiempo y a pesar de la colonización y la fundación de los modernos estados republicanos e incluso los procesos de construcción del estado-nación la diversidad cultural ha permanecido, se ha politizado y eso ha configurado las demandas de reforma del estado que incluya un reconocimiento no sólo de la lengua y la identidad sino también de territorios y estructuras de autoridad y gobierno propias de otras culturas, que habrían sido negadas de manera sistemática en las formas de organización social y política previas. Esto es lo que ha ocurrido de manera específica en el caso de la historia reciente del Ecuador y Bolivia.

Como el eje central del desarrollo de la teoría política moderna ha sido la idea de estado-nación, por lo menos para los últimos dos siglos, no hay definiciones muy trabajadas de estado plurinacional. En todo caso es una idea más reciente que viene siendo trabajada e imaginada la periferia del mundo moderno, en particular a partir de movimientos indígenas. En este sentido, no hay una idea consensual sobre la definición de estado plurinacional, es algo que está en debate, por un lado, en construcción. Antes de volver a la discusión específica planteada desde la historia política boliviana, quisiera hacer unas consideraciones generales, aunque combinadas en relación al contexto local.

Por un lado, la nación por mucho tiempo se identificaba con cultura, es decir que una nación era sinónimo de una cultura y también de un estado. La nación es una construcción política. Nación sirve para nombrar que una colectividad no sólo comparte una matriz social y cultural más o menos común sino sobre todo que tiene o ha desarrollado estructuras de dirección política, es decir, que tiene estructuras de autoridad y de autogobierno o están proceso de construcción, esto es, que tiene un proyecto de autonomía política. En ese sentido, una nación es un proceso de unificación política, que incluso puede contener diversidad cultural y social. Al pensar nación es más importante la dimensión política, de unificación política que el de la homogeneidad cultural, ya que de hecho la mayor parte de los estados-nación modernos son formas de unificación política y cultural montadas sobre algún grado más o menos significativo de diversidad cultural.

En este sentido de que una nación es un proceso de unificación política que implica el desarrollo estructuras propias del gobierno, uno podría decir que la forma adecuada del estado plurinacional sería una confederación, es decir, un nivel del gobierno común que incluye conjuntos diversos estructuras y espacios de vida política que mantendrían su especificidad y un grado de autonomía importante pero que, sin embargo, han decidido cogobernarse con otros conjuntos de estructuras políticas y colectividades. En este sentido, uno podría decir que son las confederaciones de pueblos de toda América del Norte las que podrían servir como modelo ideal, pero a la vez histórico, de constitución de una forma de gobierno plurinacional, que contenía mucho mayor igualdad que los diseños y las experiencias más contemporáneas.

La confederación es la forma política que permite incluir mayor igualdad, a la vez que autonomía, entre las diferentes formas autogobierno que deciden conformar una estructura de gobierno común. Para avanzar en esto cabe abordar el tema del tipo de diversidad cultural que contienen las diversas naciones que entran a formar parte del mismo estado, o habiendo sido ya parte del mismo estado reforman sus relaciones introduciendo un grado de reconocimiento mayor y en algunos casos mayor igualdad política entre las diferentes naciones y sus formas políticas, y a través de esto entre sus miembros. Puede haber un proceso de construcción política multicultural, incluso un estado plurinacional, que se levanta sobre colectividades se han desarrollado una identidad diferenciada, formas de unificación políticas diferenciadas, incluso diferencias lingüísticas y de memoria histórica pero que, sin embargo, estas diferentes colectividades comparten un mismo tipo de estructuras sociales, incluso un mismo tipo de estructuras políticas. Es el caso previamente citado de los países del norte atlántico europeo, que habían pasado por un proceso de modernización significativo que homogeneizó sus estructuras sociales pero en historias en las que han mantenido sus diferencias lingüísticas, religiosas y en otros ámbitos de la cultura. En estos casos se puede construir un estado que contiene diversidad cultural manteniendo, sin embargo, un mismo conjunto de estructuras políticas, ya que las diferentes culturas comparten ya un mismo tipo de estructuras sociales.

En el caso boliviano la cosa se complica, porque no sólo se trata de diferencias de lengua y de religión sino que se trata de diversos tipos de estructuras sociales; por lo tanto, las formas de articulación de la vida social en el seno de cada una de ellas es diferente, en particular las formas políticas, por lo menos diferente o heterogénea en relación al patrón institucional político dominante en lo previo, aunque hay mayores similitudes entre varias de las otras culturas. Por ejemplo, entre quechuas y aymaras hay una diferencia lingüística marcada pero comparten el mismo tipo de estructuras o sus estructuras económicas sociales y políticas son similares; algo parecido ocurre en los pueblos de tierras bajas, en donde existe el mayor grado de diversidad del país. Son más de 30 diferentes pueblos y culturas, entre los que sin embargo hay similitudes en las formas de relación con la naturaleza, sus formas de organización social y política, aunque no homogeneidad total. La gran indiferencia se da entre este conjunto de pueblos y culturas y el tipo de estructuras económicas sociales y políticas propias del mundo moderno, y que han configurado el estado en el país.

Esto nos lleva a considerar uno de los principios de construcción y definición de un estado plurinacional, que es el pluralismo, que podíamos realizar en sus varias facetas. Por un lado, el pluralismo implica un reconocimiento de la diversidad cultural, que es por lo general el primer componente de un proceso de construcción plurinacional. El reconocimiento de esta diversidad cultural se suele dar en varias dimensiones: el reconocimiento de la diversidad de lenguas, que por lo general ha sido la primera dimensión reconocida en las constituciones. En el caso América Latina esto se ha dado sobre todo en los años 90, ha sido incorporado en la mayor parte de las constituciones latinoamericanas, lleva en mayor o menor medida a formas de educación bilingüe en las diferentes regiones. Otra faceta implica el reconocimiento de la diversidad religiosa, en la medida que el estado sea laico es más fácil incorporar este tipo de reconocimiento. La otra dimensión, que es la más polémica e importante en el paso del reconocimiento multicultural a la construcción de un estado plurinacional, y es el pluralismo jurídico; es decir, reconocer la diversidad cultural lleva a reconocer que las diferentes culturas contienen sistemas normativos, un conjunto de instituciones y de prácticas diferentes, que tienen que ser reconocidos como parte del conjunto de instituciones incorporadas en la constitución del país. Implica pensar que el país se organiza normativa y políticamente a través de varios conjuntos de normas.

En este proceso de reconocimiento y pluralismo jurídico hay procesos que contienen frases y grados de profundización y democratización. Una de las formas de reconocimiento y pluralismo jurídico es la que se ha dado en llamar el reconocimiento de usos y costumbres, sobre todo para la administración de la justicia dentro de territorios reconocidos como específicamente indígenas. Esto ha sido incorporado en algunos países latinoamericanos y en Bolivia durante la década los 80 y 90. Este lenguaje también está incorporado tanto en los documentos del Pacto de Unidad como en el nuevo texto constitucional. Aquí cabe hacer un apunte crítico, que nos lleva a la consideración del punto central en torno a esta problemática. La noción de usos y costumbres si bien es usada para establecer una apertura a la diversidad cultural, sigue manteniendo una especie de juicio o prejuicio sobre la superioridad del tipo de cultura jurídica e institucional sobre otras, es decir, va acompañada de la idea de que el derecho positivo moderno, pensado como abstracto y universal, es superior a los otros conjuntos o tipos de normas y de instituciones políticas de los pueblos que han sido subalternos desde tiempos coloniales. Eso es lo que lleva a uno de los principales principios organizadores de modo liberal de reconocimiento multicultural, que también está organizando la nueva constitución política boliviana, que es la noción de jerarquía constitucional. Hay un nivel, el central, el macro o general que está pensado y diseñado en base a los criterios organizadores del estado moderno, que implica una formulación jurídica en términos de derecho positivo, es decir, con pretensiones de universalidad, abstracción y validez general, como también una pretensión de sistematicidad o de lógica en que las normas más específicas devienen de los principios más generales. En un segundo nivel se reconoce un conjunto de diferentes sistemas normativos, sobre todo de formas de administración de la justicia en territorios acotados donde habitan de manera predominante otros pueblos con otra cultura. Este es el principio de la jerarquía constitucional, es decir, hay reconocimiento multicultural que implica una forma de pluralismo jurídico pero se trata de una forma de pluralismo jurídico jerárquico. La actual constitución política boliviana está organizada en base a este principio de jerarquía constitucional, que implica reconocer e instituir la superioridad del sistema jurídico y de instituciones políticas de origen moderno por sobre el conjunto de las otras instituciones políticas, formas de organizar la vida política y de administrar la justicia. En este sentido, la nueva constitución boliviana básicamente sigue las pautas desarrolladas por la forma de reconocimiento político multicultural, que en el plano teórico fueron sistematizadas por Will Kimlicka.

V Análisis del tipo de plurinacionalidad en la nueva constitución y la segunda fase de legislación

En base a estos tres tipos de referentes podríamos hacer una caracterización y una discusión sintética del tipo de estado se ha configurado y diseñado en el constitución de Bolivia, que sirve para pensar luego de manera selectiva algunas líneas de profundización y de construcción política sobre lo plurinacional. La nueva constitución boliviana es un resultado heterogéneo, producto tanto de las intensas luchas entre el bloque sociopolítico emergente que en lo electoral aparece produciendo la historia del MAS contra el viejo bloque político y económico dominante en el país, pero también es resultado de la relación de fuerzas entre el partido (MAS) y otras fuerzas populares, en particular el Pacto de Unidad en sus diversos componentes. Un primer rasgo de la constitución es que no es un texto totalmente coherente; por lo tanto contiene elementos que en la fase de legislación complementaria pueden marcar tendencias diferenciadas y hasta contrapuestas. Por un lado, considero que la definición más radical en términos de plurinacionalidad en la nueva constitución está contenida en el artículo 2, en el que se reconoce al conjunto de los pueblos y culturas existentes en el país, su lengua, religiosidad, sus cosmovisiones, territorialidad y sus formas de autoridad o autogobierno.

Aunque no esté explicitado, este es el artículo en el que se establecería el reconocimiento más igualitario, aunque no dice que se reconoce en condiciones de igualdad a todas. Eso es lo que, tal vez, también permite que luego en varias otras partes de la constitución se empiece a diseñar un conjunto de instituciones y de articulaciones que responden al principio de la jerarquía institucional o constitucional, Considero que este es el rasgo dominante de la nueva constitución, el principio de la jerarquía constitucional, que ordena el tipo de reconocimiento multicultural que establece el artículo 2. Ya vimos que esta primacía constitucional consiste en organizar el núcleo del gobierno central según los criterios de diseño y construcción de instuituciones propias del estado moderno y en base a la doctrina jurídica del derecho positivo, que tienen las pretensiones de universalidad y validez general para todos los territorios del país, a pesar de que durante las últimas décadas se ha criticado más o menos extensamente su origen eurocéntrico y, cada vez más, también anglosajón. En este sentido, la primacía constitucional implica una reorganización del estado en torno al núcleo neocolonial, es decir en torno a instituciones eurocéntricas. Esto también está presente no sólo en el MAS, que es la fuerza dirigente a nivel del estado y mayoritaria en la asamblea constituyente sino que en parte también está presente en el mismo Pacto de Unidad, cuando conciben que el ejecutivo del país adoptaría la forma de presidencialismo, aunque el gabinete del presidente debería ser elegido por ternas sugeridas por las organizaciones populares y los pueblos indígenas. Incluso en este caso se trata de una composición que contiene la primacía de la vieja forma política del dominante. Ahí podemos ver que todavía en términos de imaginación política sobre alternativas estatales el eurocentrismo también penetra o recorrer las filas de las organizaciones indígenas.

El principal modo en que se ha reconocido la dimensión política de otros pueblos y culturas ha sido las autonomías indígenas, que implica reconocerles la organización del gobierno político en sus territorios según sus propias formas de tomar decisiones y dirigirse. Las autonomías indígenas, por un lado, se circunscriben a las fronteras departamentales y también responden a un principio de jerarquía constitucional, es decir, que pueden tomar decisiones, legislar, mientras no contradigan los principios contenidos en el núcleo supuestamente universal de la constitución. En el proceso de diseño de las nuevas leyes en Bolivia se recorta sus atribuciones en dos sentidos. Por un lado, inmediatamente después de aprobar la constitución, el gobierno indujo, por el modo en que hizo la normativa para aprobar las autonomías indígenas, a que la mayoría de ellas no sean autonomías o territorios indígenas autónomos sino municipios indígenas, lo cual implica un rango y un horizonte menor en términos de atribuciones legislativas y de gobierno, de tal manera que las autonomías no son la principal forma de organización de la vida política en el país ni en los territorios de mayoría indígena.

Por el otro lado, si comparamos las atribuciones que el documento del Pacto de Unidad pensaba que las autonomías debían tener y lo que tanto la constitución como los proyectos de ley de autonomías contienen, se ve que se elimina uno de los principales aspectos, que se refiera a que el los procesos de toma de decisiones sobre exploración y explotación de recursos naturales deberían estar ligadas a consulta vinculante y además con capacidad de veto por parte de los pueblos que habitan los territorios afectados, además de la coadministración de los mismos. En este sentido, la nueva normativa está organizando la supremacía del gobierno central sobre la autonomía indígena. Es otro modo de organizar el principio de primacía constitucional. Es la estructura del estado moderno burocrático supuestamente racional y universal la que prima por sobre los procesos políticos de los diferentes pueblos y culturas.

Añado otro aspecto para luego plantear un juicio político que articulan dos dimensiones. El otro modo de incluir diversidad cultural en el seno de las viejas instituciones políticas era la propuesta de cuotas parlamentarias para los pueblos indígenas. La constitución en su versión anterior y en la ley electoral de transición reconocio siete curules para pueblos indígenas, cifra que no permite que cada pueblo puede tener una presencia continua en el parlamento, ya que se estatuye la rotación entre los pueblos minoritarios que tendrían que acceder a este espacio mínimo muy de vez en cuando, algunos probablemente nunca. Se hizo la promesa de que eso se ampliaría en la fase de elaboración de las leyes, en particular la electoral, pero esto se ha mantenido.

En torno a esto podemos ver lo siguiente. En un país como Bolivia, la diversidad cultural existente contenía y sigue conteniendo de un modo modificado, por un lado, la relación entre mayorías excluidas del poder político y las minorías económico-políticas que controlaron el estado y los usaron en su beneficio. Esa correlación ha cambiado por la vía electoral. Por el otro lado, en el ámbito del mundo de los pueblos indígenas tenemos relaciones entre pueblos mayoritarios y minoritarias, en particular entre quechuas aymaras y el resto de los pueblos de tierras bajas como también de los urus en el corazón del altiplano. Estas relaciones se han caracterizado por prácticas de discriminación y un sentimiento de superioridad de unos por sobre los otros. A eso responde el que esta cuota de pueblos indígenas es para pueblos minoritarios, en una proporción tal que no permite que haya una voz propia de cada uno de ellos. Si juntamos las dos cosas, podemos ver que en una fase inmediatamente posterior a la aprobación de la constitución, que implica la formulación de las leyes llamadas marco, como son aquellas relativas a las autonomía y la ley electoral, que el gobierno está reduciendo el grado de pluriculturalidad y plurinacionalidad que se había logrado introducir en la nueva constitución política del estado, como producto de la presión del Pacto de Unidad sobre el MAS en la asamblea constituyente, lo cual ya era una reducción en relación a lo que estas mismas fuerzas imaginaron como proyecto.

En este sentido, la fase de implementación de la constitución en lo que respecta a estado plurinacional, en realidad está reduciendo el grado de plurinacional que potencialmente la constitución contenía. Este sería el segundo momento de reducción del plurinacionalidad, tal vez se podría decir que es el tercero si consideramos que la misma ley de convocatoria a la asamblea constituyente fue el primer momento de reducción, en la medida en que obligó a que los representantes o constituyentes fueran elegidos vía partido en base a un principio de mayoría, lo cual también imposibilito que la mayoría de los pueblos y culturas minoritarias puedan tener una presencia autónoma, en particular aquellos que imaginaron por primera vez la necesidad de una asamblea constituyente en el país. Hasta ahora, entonces, esta primera fase de implementación del estado plurinacional en Bolivia se caracteriza más bien por ser un proceso de reducción de la plurinacionalidad más que de implementación y profundización de la misma.

Si se trata de definir el tipo de estado y de plurinacionalidad que se ha configurado en la constitución y los procesos de legislación inmediatamente posteriores, yo diría que se trata de una forma de estado plurinacional débil, aunque a veces tiendo a pensar que se trata más bien de un estado multicultural liberal y no de una de un estado plurinacional en sentido estricto, por el grado de presencia que tiene el principio de jerarquía constitucional que organiza la nueva constitución y el sistema de instituciones políticas en el país. En todo caso el hecho de que algo sea plurinacional no necesariamente implica que sea igualitario. En este sentido, tomando esta veta que me parece más importante, se puede decir que lo que hay es un estado plurinacional, en el sentido de que el núcleo central, es decir, el gobierno central, el poder ejecutivo y una buena parte legislativo, siguen siendo diseñados y organizados según los principios organizativos de los estados modernos tradicionales, en particular bajo sus formas liberales más monopólicas. Esta combinación de presidencialismo con el principio representativo mayoritario a mi parecer es la inadecuada para construir un estado plurinacional, con el grado de diversidad que contiene el país y las capacidades de autoorganización de esta diversidad cultural existente. Digo que es un estado plurinacional débil en el sentido que corresponde a lo que llamaría la fase de reconocimiento de la diversidad cultural, que en caso boliviano se ha expresado en las autonomías. Esto implica que se reconoce diversidad cultural en territorios específicos en el horizonte de la jerarquía constitucional que le otorga superioridad al conjunto de instituciones modernas y liberales en particular, pero no se ha avanzado en la construcción de instituciones interculturales, es decir, allá donde se compone los procesos de gobierno, las instituciones y también los sujetos de una manera más igualitaria, esto es, yendo más allá del principio de la supremacía y jerarquía constitucional con predominio moderno neoliberal. En este sentido, creo que lo que tenemos en Bolivia es un estado plurinacional organizado en un formato liberal.

Por otro lado, es una forma de estado plurinacional débil, precisamente porque es una plurinacional todavía jerárquica y no igualitaria. Avanzar más allá de este tipo de jerarquía implicaría trabajar en interculturalidad que vaya descentrando esta jerarquía constitucional moderna, organizando núcleos compuestos más igualitarios.

VI Sugerencias sobre la implementación de la constitución y el proceso de desarrollo de un estado plurinacional en Bolivia

Centro mis observaciones y sugerencias en torno a un único conjunto de temas, nucleados en torno a lo que considero el eje principal. Primero bosquejo el problema o caracterización sobre la cual luego hago algunas propuestas. Sigo la veta propuesta en el documento del Pacto de unidad que dice que la principal finalidad en la construcción de de un estado plurinacional es la descolonización. Uno podría decir que hay grados de descolonización, por lo tanto avances, aunque no desmontaje total o global del mismo. En ese sentido, hay que ver la actual constitución de Bolivia como parte de un proceso de reformas que contienen algo de descolonización, pero que deja muchas tareas pendientes. Bosquejo este primer aspecto. Considero que es el artículo 2 de la nueva constitución el que contiene la declaración más general y el horizonte más amplio para definir y pensar el estado plurinacional y la dimensión de descolonización. El artículo 2 dice: "Dada la existencia precolonial de las naciones y pueblos indígena originario campesinos y su dominio ancestral sobre sus territorios, se garantiza su libre determinación en el marco de la unidad del estado, que consiste en su derecho a la autonomía, al autogobierno, a su cultura, al reconocimiento de sus instituciones y a la consolidación de sus entidades territoriales, conforme a esta constitución y la ley" . En este artículo se establece el reconocimiento al conjunto de naciones y pueblos, en particular se reconoce sus formas de autogobierno y sus territorios. Esto implica el reconocimiento de la diversidad cultural en el plano político, porque se reconocen las formas de autogobierno. En el mismo modo en que está redactado ese artículo también se pueden ver los límites. Se dice que se los reconoce como parte del estado boliviano pero no se explicita el principio de igualdad entre las diferentes formas de gobierno, lo cual hace posible que en otras partes importantes de la constitución, sobre todo cuando se diseña el régimen político, este se lo haga en torno al principio de una jerarquía constitucional en las que las instituciones modernas y y liberales son dominantes..

El otro límite presente en este artículo tiene que con el hecho de que se reconocen estas formas de gobierno y de cultura a través de la autonomía, por lo tanto esto implica el derecho autogobernarse en sus territorios pero no así el derecho y la obligación de introducir esas formas autogobierno en una reforma de lo que va a convertirse en el gobierno central, es decir, la forma central de tomar las decisiones macroeconómicas y políticas. En este sentido, digo que la construcción del estado plurinacional, sobre todo lo que tiene de intercultural, queda totalmente pendiente.

Considero que en Bolivia se ha abierto, desde hace años, una fase de democratización donde ya no es suficiente ampliar las áreas igualdad del conjunto las colectividades e individuos en el seno de las instituciones políticas del mundo moderno y el tipo de ciudadanía que ha ido desarrollando, sino avanzar en igualdad entre pueblos y culturas. A eso responde la idea de un estado plurinacional. En perspectiva histórica podemos ver que la nueva constitución de Bolivia avanza en el desmontaje de las formas de negación y discriminación existentes desde la fundación del estado boliviano, en el sentido de reconocer a culturas, pueblos y sus instituciones políticas como parte del estado boliviano, cosa que se había negado sistemáticamente durante dos siglos. Lo que queda pendiente es la igualdad, el establecer igualdad política, y a través de esto igualdad cultural entre los diferentes conjuntos e instituciones políticas. En ese sentido, estamos en una forma incipiente de estado plurinacional que mantiene todavía algunos rasgos de colonialidad en tanto establece una inclusión jerárquica.

Centro el grueso de mis consideraciones y propuesta principal en torno al artículo 2. Creo que lo que cabe hacia adelante es avanzar en el desarrollo de las ideas y de las instituciones que hagan que el reconocimiento del conjunto de los pueblos y culturas con sus formas autogobierno, que está contenido en el artículo 2 de la constitución, se convierta en una relación de igualdad. Esto no está enunciado en la constitución, pero da pie para que la política que se puede hacer hacia adelante vaya avanzando.

El diseño de régimen político que se hace, que implica la división de poderes, la configuración del ejecutivo y legislativo y el régimen electoral en particular, no establece una relación de igualdad. En el nivel del ejecutivo no hay plurinacionalidad. En el legislativo hay cuotas en una cantidad que ni siquiera hace que sea una presencia con voz, lejos de tener posibilidades de tener peso en la toma de decisiones. En el nivel de la ley electoral, que es el que organiza este tipo de representación, también se reproduce la jerarquía establecida. En este sentido, si uno es fiel a la idea de que el estado plurinacional debe ser una estrategia para establecer igualdad política entre los diferentes pueblos y culturas, no hay que circunscribirse a implementar lo que dice la constitución o todas las partes de la constitución, por ejemplo hay varios núcleos de la constitución que reducen el grado de exclusión y desigualdad anteriormente existentes pero los reproducen en otra escala, es decir, bajo formas de inclusión y reconocimiento jerárquico. En este sentido, habría que ver que la interpretación y aplicación de la constitución hacia adelante también es un proceso de lucha política, de debate y polémica. Es en este sentido que yo quiero abogar, sobre todo, por el desarrollo del artículo 2 en una veta igualitaria. Hay algo que está en la constitución como principio pero no se traduce en todas sus partes. En este sentido, hay cosas que se podrían hacer para crear las condiciones del paso a una nueva fase de democratización pluri e intercultural.

Quiero hacer algunas consideraciones sobre otros dos puntos claves en relación a esto, para luego juntarlas en torno a la propuesta central de este documento. La diversidad cultural existente en el país, tanto en tierras bajas como en tierras altas, tiene como una de sus de sus principios organizadores a la propiedad colectiva de la tierra. En este sentido, cumplir una de las tareas que se plantea la constitución, que es preservar y potenciar esta diversidad cultural a través de la defensa e inclusión de cada una de estas culturas y sus miembros en los espacios públicos del gobierno, implica desarrollar estrategias para el fortalecimiento y ampliación de los ámbitos de tierra colectiva, ya que en la medida en que la privatización de la tierra siga avanzando la diversidad cultural también se verá seriamente afectada. Un estado plurinacional que responde al tipo de diversidad cultural existente en Bolivia, sólo puede mantenerse y desarrollarse sobre la defensa y ampliación de una diversidad de formas de propiedad colectiva de la tierra. En este sentido, la constitución también contiene contradicciones y tensiones, ya que la constitución frenó un proceso de reforma agraria en Bolivia, mantiene la estructura agraria existente y sólo quedan algunos márgenes para la redistribución de la tierra. Esta es una de las tareas pendientes hacia adelante: una reforma de la misma constitución que habrá nuevos ciclos de reforma agraria, orientada hacia la expansión del principio organizativo de la propiedad colectiva de la tierra. Mientras tanto la tarea central del estado plurinacional tendría que ser el defender y potenciar los territorios donde existe tierra colectiva y ésta ya está reconocida legalmente. En relación a esto hay señales preocupantes, se ha ido frenando el saneamiento de la tierra. Tanto en el seno de la CSUTCB[1] como en el ejecutivo se impuso la línea que favorece una distribución privada de la tierra entre los mismos campesinos.

Aquí cabe señalar que la disputa y confrontación entre propiedad colectiva y privada no es sólo una línea de división que deja por un lado a indígenas y campesinos y del otro lado a empresarios y/o estado, sino que es algo que divide también las mismas filas dentro los las organizaciones campesinas, en particular a la CSUTCB. A esto cabe añadir otro elemento que tiene que ver con el modo de decisión sobre el uso de recursos naturales, tanto en los procesos exploración como de explotación. La nueva constitución reconoce la idea de hacer una consulta amplia e informada pero no explícita que sea vinculante, como estaba propuesto en el documento del Pacto de Unidad. El proyecto de ley de marco de autonomías consolida la idea de que la consulta no sea vinculante; por lo tanto sigue la línea de la jerarquía constitucional de lo moderno sobre lo comunitario. En este sentido, se recorta sustancialmente el reconocimiento de las formas autogobierno, ya que en última instancia las decisiones claves sobre el uso del territorio como son aquellas relativas a la explotación de recursos naturales e hidrocarburos en particular, que tienen serias consecuencias en el horizonte de la desintegración de comunidades y culturas, son decisiones que pueden ser tomadas las instancias del ejecutivo nacional sin la posibilidad de que los procesos de deliberación política de los pueblos y culturas afectados puedan incidir e incluso vetar. En ese sentido, incluso allá donde hay propiedad colectiva de la tierra el uso de los recursos naturales será objeto de decisión de una soberanía que viene

---

[1] NE – Confederación Sindical Unica de Trabajadores Campesinos de Bolivia.

de fuera. En esto se reproduce el esquema de relación estatal anterior, a pesar del reconocimiento multicultural.

En el documento del Pacto de Unidad se veía claramente la voluntad de las asambleas de pueblos indígenas y centrales sindicales de cogobernar sus territorios, es decir, de organizar, reproducir y proyectar sus formas autogobierno pero co-decidir sobre todo en temas relativos a recursos naturales con las instancias del gobierno central o plurinacional. Esto no está reconocido en la constitución y mucho menos en y las leyes que se están aprobando en esta segunda fase de legislación que sería la de implementación. En este sentido, esta segunda fase de producción de leyes, que sería una de las más importantes en el sentido de implementación, tiene un fuerte rasgo de reducción de la plurinacionalidad que entró en la constitución, lo cual ya era una reducción respecto del horizonte plurinacional imaginado y diseñado por las organizaciones indígenas y campesinas. En este sentido, creo que una de las primeras cosas que hay que hacer en esta fase de implementación es reconocer e introducir en la legislación las consultas obligatorias vinculantes con los pueblos indígenas en relación a la exploración y explotación de recursos naturales. En la medida en que esto no esté incluido estamos todavía en una fase de estado colonial y no un estado plurinacional. En este sentido la idea de co-decidir sobre los recursos naturales en territorios indígenas me parece la línea más adecuada, democrática y plurinacional y que ya fue propuesta en el documento del Pacto de Unidad.

La idea de co-decidir es una idea sobre interculturalidad y sería el principal modo de avanzar en la construcción de un estado plurinacional. En la medida que esto no esté incorporado en la legislación seguimos en un estado neocolonial aunque se nombre o se llame a sí mismo plurinacional. Lo que tenemos todavía es un estado ampliamente liberal. Esto se puede ver en el modo en que se nombra la inclusión de lo multicultural o el reconocimiento multicultural en varias partes de la constitución, donde lo que prima es la noción de igualdad de oportunidades, que tiene un peso aún mayor en los documentos del gobierno del MAS. La plurinacionalidad es reducida a igualdad de oportunidades, es decir, una idea pensada con la finalidad de descolonizar se convierte en un idea liberal, ya que la plurinacionalidad tiene como eje central reconocer las formas autogobierno de los diferentes pueblos y culturas. No sólo reconocerlos sino también incorporarlos en los procesos de toma de decisiones, en el mejor de los casos no sólo local, es decir en territorios indígenas, sino a los procesos de legislación y gobierno plurinacional o del conjunto del país.

La introducción de la idea de igualdad de oportunidades es un modo de domesticar el lado más anticolonial o descolonizador ligado a la idea de plurinacionalidad. Es la transformación de las ideas y principios políticos comunitarios en ideas y principios liberales. En este sentido, se puede ser que la constitución actual en buena parte es una máquina de traducción de la diversidad cultural incorporada reconocida en principios organizativos liberales.

Considero que la constitución contiene, por un lado, ideas y principios comunitarios que pueden hacer posible la construcción intercultural de un estado plurinacional; pero también hay varios otros, predominantes, que reorganizan el estado moderno en base a instituciones liberales bajo el principio de la supremacía constitucional de los derechos e instituciones supuestamente universales. En este sentido, la constitución puede ser hacia adelante un objeto o núcleos de polémica en torno a cuál de las líneas desarrollar. De hecho, eso ya lo estamos viendo en los conflictos que empezaron a desplegarse entre el gobierno y las asambleas de pueblos indígenas de tierras bajas en particular.

Por eso, la principal sugerencia que haría en este documento tiene que ver con la organización de un consejo multicultural o plurinacional que esté compuesto con la presencia de miembros de todos los pueblos y culturas con el mismo peso, y que debe ser el espacio donde se puede empezar a practicar la co-decisión, en particular sobre recursos naturales y que tenga la posibilidad del veto. El veto es es algo que debería estar presente en la legislación que acompaña el reconocimiento de las formas autogobierno en territorios indígenas, es decir, una combinación de co-decisión y veto. Este Consejo plurinacional, que tendría que funcionar de manera paralela al ejecutivo, y en lo posible de vinculante al ejecutivo, tendría básicamente dos tareas. Por un lado, ser el espacio donde se discute y se co-decide sobre exploración y explotación de recursos naturales y se reconoce la posibilidad del veto. Esto implicaría que la explotación y exploración de recursos naturales no sólo se consulte con el pueblo directamente afectado sino con el conjunto de pueblos, pero a la vez con la posibilidad de que el pueblo en cuestión pueda ejercer un veto vinculante. La segunda tarea que imagino que este Consejo plurinacional tendría que hacer es pensar las formas de diseñar organizar y luego construir un gobierno efectivamente intercultural y, así, plurinacional, en la medida en que la constitución no lo ha diseñado. Lo que contiene es el reconocimiento de la diversidad bajo la modalidad de autonomía en territorios y niveles estatales.

Falta pensar lo principal, el modo de reconstituir la forma de gobierno común para el conjunto del país, de un modo tal que efectivamente continúe el proceso de descolonización e instaure de relaciones de igualdad política entre el conjunto de los pueblos y culturas. En la medida en que la constitución no ha dado cuenta de esto y considerando que es algo difícil de realizar en breve tiempo, es una tarea que el Consejo plurinacional podrir realizando en la perspectiva de mediano y largo plazo, a la vez que cumpla tareas de acompañamiento político vinculante al poder legislativo y ejecutivo. He centrado mi principal propuesta en este nivel general y macro porque creo que si sólo se pasa a implementar la constitución, es decir, a elaborar un conjunto de leyes que la aterricen, la tendencia es a que ocurra lo que está ocurriendo ahora, es decir, un proceso de reducción de la plurinacionalidad, limitada pero que potencialmente contiene la constitución, en vez de un de un proceso de construcción de un estado plurinacional en el país.

Informação bibliográfica deste artigo, conforme a NBR 6023:2002 da Associação Brasileira de Normas Técnicas (ABNT):

TAPIA, Luis. Consideraciones sobre el estado plurinacional. *In*: BALDI, César Augusto (Coord.). *Aprender desde o Sul*: Novas constitucionalidades, pluralismo jurídico e plurinacionalidade. Aprendendo desde o Sul. 1. ed. Belo Horizonte: Fórum, 2015. p. 481-501

SOBRE OS AUTORES

Agustín Grijalva
Profesor agregado del Área del Derecho. Coordinador académico del Programa de Maestría en Derecho. Profesor de la Universidad Central de Ecuador (1990-1994) y de la Universidad Andina Simón Bolívar.

André J Hoekema
Universidad de Amsterdam, profesor de teoría general del derecho.

Antonio Carlos Wolkmer
Professor titular de "História das Instituições Jurídicas" dos cursos de graduação e pós-graduação em Direito da UFSC. Doutor em Direito e membro do Instituto dos Advogados Brasileiros (RJ). Pesquisador nível 1 do CNPq. Professor visitante de cursos de pós-graduação em várias universidades do Brasil e do exterior (Argentina, Peru, Colômbia, Chile, Venezuela, Costa Rica, Puerto Rico, México, Espanha e Itália). Autor de diversos livros, dentre os quais: *Pluralismo jurídico*: fundamentos de uma nova cultura no Direito. 3. ed. São Paulo: Alfa-Omega, 2001; *Direitos humanos e filosofia jurídica na América Latina* (Org.) Rio de Janeiro: Lúmen Júris, 2004; *Sintesis de uma história das ideias jurídicas*: da Antiguidade clássica à Modernidade. 2. ed. Florianópolis: Fundação Boiteux, 2008; *Introdução ao pensamento jurídico crítico*. 8. ed. São Paulo: Saraiva, 2012; *História do Direito no Brasil*. 6. ed. Rio de Janeiro: Forense, 2012; *Constitucionalismo Latino-americano*. Tendências Contemporâneas (Orgs.) Curitiba: Juruá, 2013.

Bartolomé Clavero
Jurista e historiador español. Especialista en historia del derecho. Catedrático de Historia del Derecho de la Universidad de Sevilla. Autor, dentre otros libros, de *Happy Constitution* (Trotta, 1997). *El orden de los poderes* (Trotta, 2007), *Derecho indigena y historia constitucional en America* (Siglo XXI, 1995), *Genocidio y justicia* (Marcial Pons, 2002). Miembro de Foro Permanente de las Naciones Unidas para las Cuestiones Indigenas (2008-2010 y vicepresidente durante el último año).

Boaventura de Sousa Santos
Profesor Catedrático de la Facultad de Economía de la Universidad de Coimbra y Director del Centro de Estudios Sociales de la misma Universidad. Distinguished Legal Scholar de la Universidad de Wisconsin-Madison y Global Legal Scholar de la Universidad de Warwick.

Carlos Mamani Condori
Historiador por Universidad Mayor de San Andrés y la Facultad Latinoamericana de Ciencias Sociales - Sede Quito. Profesor en la Carrera de Antropologia/Arqueologia, Universidad Mayor de San Andrés. Ex Presidente del Foro Permanente de las Naciones Unidas para

cuestiones indígenas. Activista de los derechos de los pueblos indígenas, trabaja en apoyo a las organizaciones indígenas de Bolivia y Sur América.

Catherine Walsh
Directora del Doctorado en Estudios Culturales Latinoamericanos de la Universidad Andina Simón Bolívar, sede Ecuador. Coordinadora, desde 2002, del Fondo Documental Afro-Andino. Profesora visitante Duke University 2011-2012. Autora de *Interculturalidad, Estado, sociedad. Luchas (de)coloniales de nuestra época* (Quito: AbyaYala, 2009) y *Otras compilaciones sobre interculturalidad y pensamiento decolonial.*

César Augusto Baldi
Mestre em Direito (ULBRA/RS). Doutorando Universidade Pablo Olavide (Espanha). Servidor do TRF-4ª Região desde 1989. Organizador do livro *Direitos humanos na sociedade cosmopolita* (Renovar, 2004).

César Rodríguez Garavito
Diretor do Programa de Justicia Global y Derechos Humanos da Universidad de los Andes e membro fundador do Centro de Estudios de Derecho, Justicia y Sociedad (Dejusticia).

Christian Courtis
Profesor de Filosofía del Derecho de la Universidad de Buenos Aires y profesor visitante del Departamento de Derecho ITAM-México. Dirige el Programa de Derechos Económicos, Sociales y Culturales de la Comisión Internacional de Jurists, en Ginebra. Autor de varios libros tales como *El umbral de la ciudadanía* (2006) y *Los derechos sociales como derechos exigibles* (2002).

Esther Sánchez Botero
Antropóloga por Universidad de los Andes y Doctorada en Derecho por Universidad de Amsterdam. Trabaja en área de reconocimiento de derechos propios de pueblos indígenas, en especial sistemas de justicia y pluralismo juridico. Autora, dentre otros libros, de *Entre el juez Salomón y el dios Sira* (Universidad de Amsterdam, 2005), *Los pueblos indígenas en Colombia* (Gente Nueva, 2005), *Justicia y pueblos indígenas en Colombia* (Universidad Nacional de Colombia, 2005).

Fernando Garcés V.
Doctor en Estudios Culturales Latinoamericanos de la Universidad Andina Simón Bolívar, sede Ecuador. Autor de *Colonialidad o interculturalidad? Representaciones de la lengua y el conocimiento quechuas* (La Paz: PIEB 2009) y *Los indígenas y su Estado (pluri)nacional: una mirada al proceso constituyente boliviano* (Buenos Aires: CLACSO, 2013). Profesor de Universidad Mayor San Simón, Bolivia.

Fernando L. García Yapur
Politólogo. Doctor en ciencias sociales y políticas de Universidad Iberoamericana - México. Fue coordinador nacional de la Representación Presidencial para la Asamblea Constituyente (REPAC).

Idón Moisés Chivi Vargas

Abogado, experto en Derecho indígena, ha sido Jefe de Reformas Normativas del Ministerio de Justicia. Actualmente es funcionario de la Representación Presidencial para la Asamblea Constituyente (REPAC).

José Luiz Quadros de Magalhães

Professor de Direito Constitucional e Teoria do Estado da Universidade Federal de Minas Gerais e da Pontifícia Universidade Católica de Minas Gerais. Membro da Coordenação do Programa de Pós-Graduação em Direito da Faculdade de Direito do Sul de Minas. Mestre e Doutor em Direito pela Universidade Federal de Minas Gerais.

Luis Tapia

Profesor boliviano y destacado investigador. Es licenciado en Filosofía por la Universidad Nacional Autónoma de México (UNAM). Licenciado en Ciencia Política en la Universidad Autónoma Metropolitana (UAM), Iztapalapa, México. Maestro en Ciencia Política en el Instituto Universitario de Pesquisas de Río de Janeiro (IUPERJ) con especialidad en Sistema de Partidos y Sistemas Electorales, y doctor en Ciencia Política de la misma entidad. Actualmente es director del programa de Doctorado Multidisciplinario en Ciencias del Desarrollo (CIDES) de la Universidad Mayor de San Andrés (UMSA) en la ciudad de La Paz. Forma parte del grupo comuna, junto a investigadores e intelectuales de las áreas de la sociología y la ciencia política, con quienes ha desarrollado diversos trabajos en torno a los procesos sociopolíticos en Bolivia. Autor de varios libros, dentre ellos *La invención del núcleo común* (La Paz: UMSA, 2006) y *Politica salvaje* (Buenos Aires: CLACSO, 2008).

Marcelo Fernández Osco

Aymara, de profesión sociólogo, Universidad Mayor de San Andrés (1996). Antropólogo, Facultad Latinoamericana de Ciencias Sociales, Programa Quito-Ecuador (1995). Master of Art Duke University (2007). Ph.D., Romance Studies, Duke University. Autor de los libros: *Niñas (des)educadas: entre la escuela rural y los saberes del ayllu* (2011). *Estudio Sociojurídico, Práctica del Derecho Indígena Originario en Bolivia* (2009). *Desatando invisibilidades promoviendo pluriversidades: Pluralismo, derechos humanos e interculturalidad* (2008). *La Ley del Ayllu* (2001/2004). "Modos originarios de resolución de conflictos en torno a al tema tierra en la zona Andina". En Vicente Nicolas-Marcelo Fernández-Elba Flores. *Modos originarios de resolución de conflictos en Pueblos Indígenas en Bolivia* (2007). *Historia y Memoria de la Ch'axwa* (2000). Profesor: Andean Oral Tradicion, Departament of Romance Studies-Duke University (2005-2009). Varios artículos en revistas académicas de Bolivia e Internacional. Profesor, Universidad Mayor de San Andrés Facultad de Derecho y Ciencia Política, Unidad de Postgrado y RRII (2011). Profesor invitado Carrera de Sociología, Historia, Psicología, Universidad Mayor de San Andrés (1999 a 2010). Profesor Maestría Convenio Andrés Bello (2011). Consultor nacional e internacional en temas indígenas. Actualmente profesor: "Interculturalidad e intelegalidad", Universidad Católica Boliviana "San Pablo".

Marco Aparicio Wilhelmi

Profesor de Derecho Constitucional en la Universitat de Girona. Correo electrónico: <marco. aparicio@udg.edu>.

Mauricio García Villegas

Investigador y docente del Instituto de Estudios Políticos y Relaciones Internacionales (IEPRI) de la Universidad Nacional de Colombia.

Ramiro Avila Santamaría

Doctor en jurisprudencia de la Pontificia Universidad Católica del Ecuador (PUCE). Master en Derecho de Columbia University (New York). Actualmente se desempeña como docente de planta del Área de Derecho de la Universidad Andina Simón Bolívar-Sede Ecuador y profesor de la Facultad de Jurisprudencia de la PUCE. Profesor de Constitucionalismo contemporáneo, Teoría General de Derechos Humanos, Sociología del Derecho, Garantismo Penal y Género y Derecho Penal. Es autor y editor de varias publicaciones, entre ellas: *Neonsitucionalismo transformador* (Quito, 2011). *Derechos y garantías. Ensayos críticos* (Quito, 2011). *Anteproyecto de Código de Garantías Penales. La constitucionalización del derecho penal* (Quito, 2009). *La protección judicial de los derechos sociales* (junto con Christian Courtis, 2009). *Constitución del 2008 en el contexto andino, Análisis de doctrina y derecho comparado* (Quito, 2008). *Neoconstitucionalismo y sociedad* (Quito, 2008). <ravila@uasb.edu.ec>.

Raquel Z. Yrigoyen Fajardo

Abogada peruana con Doctorado en derecho y Master en sistema penal y problemas sociales (Universidad de Barcelona). Diploma de Estudios en Antropología (PUCP). Especialización en derecho consuetudinario indígena (UNAM-USAC) y estudios en *Federal Indian Law* (*University of Oklahoma*). Miembro fundadora del Instituto Internacional de Derecho y Sociedad (IIDS), *International Institute on Law and Society* (IILS – <www.derechoysociedad>). *E-mail*: <raquelyf@alertanet.org>.

Raúl Prada Alcoreza

Escritor. Docente-investigador de la Universidad Mayor de San Andrés. Demógrafo. Miembro de *Comuna*, colectivo vinculado a los movimientos sociales antisistémicos y a los movimientos descolonizadores de las naciones y pueblos indígenas. Ex-constituyente y ex-viceministro de planificación estratégica. Asesor de las organizaciones indígenas del CONAMAQ y del CIDOB. Sus últimas publicaciones fueron: *Largo Octubre, Horizontes de la Asamblea Constituyente y Subversiones indígenas*. Su última publicación colectiva con *Comuna* es *Estado: Campo de batalla*.

Ricardo Sanín Restrepo

Profesor de teoría jurídica de la Pontificia Universidad Javeriana, Bogotá, Colombia. *E-mail*: <ricardosanin@yahoo.com>.

Roberto Gargarella

Abogado por la Universidad de Buenos Aires en 1985. Sociólogo por la Universidad de Buenos Aires en 1987. Master en Ciencia política por la Facultad Latinoamericana de Ciencias Sociales, Bs.Aires, en 1990. Doctor en derecho por la Universidad de Buenos Aires en 1991. Es Master of Laws (LL.M.) en 1992 y Doctor en Jurisprudencia (J.S.D.) en 1993, ambos por la University of Chicago Law School. Cursó sus estudios postdoctorales en el Balliol College, Oxford, en 1994. Fue investigador del Centro de Estudios Institucionales desde 1989 hasta 1991. Fue profesor visitante en Columbia University en 2003, en la New York University en 2000, en la Universidad de Bergen en 2003, en la Southwestern University School of Law en 2002, en la Universidad de Oslo en 1997, y en la Universidad Pompeu Fabra de Barcelona de 1993 a 1999. Actualmente se desempeña como Profesor de Teoría Constitucional y Filosofía Política en la Universidad Torcuato Di Tella y de Derecho Constitucional en la Universidad de Buenos Aires. Autor de varios libros, dentre ellos *El derecho a la protesta* (Buenos Aires: UBA, 2005) y la compilación *Teoría y Crítica del Derecho Constitucional* (Buenos Aires: Abeledo Perrot, 2010, 2 tomos).

Willem Assies
El Colegio de Michoacán, Centro de Estudios Rurales, Zamora, Mich., México. Correo electrónico: <assies@colmiclh.edu.mx>.

Esta obra foi composta em fonte Palatino Linotype, corpo 10
e impressa em papel Offset 75g (miolo) e Supremo 250g (capa)
pela Gráfica e Editora O Lutador, em Belo Horizonte/MG.